erbauten verwun-
GEOGR. in AUGSP.
Representation exacte de CHARLES RUH, Residence admirable de S.A.S. MONSEIGNEUR le MARGGRAVE de BADE DURLACH, gravée aux depens de MATTH. SEUTER, GEOGRAPHE de sa MAJ. IMP. & CATHOL. à AUGSBOURG
Erklærung der Buchstaben
a. Der Thurn woraus 32. Alleen zu sehen
b. Das Haupt Gebäu
c. Der rechte Flügel Bau
d. Opera u. Ballhaus
e. Orange
f. Stallungen
nach Linckenheim
nach Graben
nach Friderichsthal
nach Stutten See
Zwischen blanckenloch u. Buchet
Hags Felder Feld
Hags Felden
Futterfeld vor die Fasanen
Rintheimer Feld
nach Rintheim
nach Durlach
Gottsau
Rupprurg
Durlacher Thor
Rath-Haus
Gymnasium
Hr. v. Uxkull
Hr. v. Greck
Hr. v. Wallbronn
Hr. v. Dungern
Hr. v. Schutz
Hr. v. Leutrum
Hr. v. Baden u. Liel
Hr. v. Gryfsheim
Hr. v. Zingesar

29,80

ALLTAG
IN KARLSRUHE

4. April 90
Eröffnung

Veröffentlichungen
des Karlsruher Stadtarchivs
Band 10

Herausgegeben von Heinz Schmitt

ALLTAG IN KARLSRUHE

Vom Lebenswandel einer Stadt durch drei Jahrhunderte

Herausgegeben von
Heinz Schmitt
unter Mitwirkung von
Ernst Otto Bräunche

Badenia Verlag Karlsruhe

CIP-Titelaufnahme der Deutschen Bibliothek

Alltag in Karlsruhe : vom Lebenswandel einer Stadt durch drei Jahrhunderte ; [anläßlich der gleichnamigen Ausstellung zum 275. Jahrestag der Gründung der Stadt Karlsruhe] / hrsg. von Heinz Schmitt. Unter Mitw. von Ernst Otto Bräunche. [Hrsg.: Stadt Karlsruhe – Stadtarchiv. Begleitbuch: Heinz Schmitt ; Ernst Otto Bräunche]. – Karlsruhe : Badenia-Verl., 1990
(Veröffentlichungen des Karlsruher Stadtarchivs ; Bd. 10)
ISBN 3-7617-0262-0
NE: Schmitt, Heinz [Hrsg.]; Bräunche, Ernst Otto [Bearb.]; Ausstellung zum Zweihundertfünfundsiebzigsten Jahrestag der Gründung der Stadt Karlsruhe <1990>; Stadtbibliothek, Archiv, Sammlungen <Karlsruhe>: Veröffentlichungen des Karlsruher . . .

Dieses Buch erscheint anläßlich
der gleichnamigen Ausstellung
zum 275. Jahrestag der Gründung
der Stadt Karlsruhe

Herausgeber: Stadt Karlsruhe – Stadtarchiv

Gesamtleitung: Heinz Schmitt
Begleitbuch: Heinz Schmitt, Ernst Otto Bräunche
Ausstellung: Peter Pretsch
Ausstellungsdidaktik, räumliche und graphische Gestaltung:
Gilles Piot, Birgit Schweizer und Dominique Stemer

Umschlagsgestaltung
und Ausstellungsplakat: Herbert Kaes

Herstellung:
Badenia Verlag und Druckerei GmbH,
Karlsruhe

Gestaltung: Werner Münkel

Printed in the Federal Republic of Germany

ISBN 3 7617 0262 0

Inhaltsverzeichnis

Stadtgeschichte aus der Sicht der „kleinen Leute“	*Oberbürgermeister Prof. Dr. Gerhard Seiler*	7
Vorbemerkungen	*Heinz Schmitt*	9
1765 und 1790: Zwischen Existenzgründung und residenzstädtischem Leben	*Christina Müller*	20
1815: Im Schatten der neuen Prachtstraßen	*Alexander Mohr*	64
1840: „... und es ist wirklich auch ein schöner Anblick, den langen Wagenzug mit größter Schnelligkeit majestätisch heranrollen zu sehen ...“	*Brigitte Baumstark*	98
1865: „Wie man leben muß, um leben zu können“. Die kleinen Beamten in der großherzoglich badischen Haupt- und Residenzstadt	*Isolde Brunner-Schubert*	128
1890: „... aus verschiedensten Ständen und Berufsarten vereint.“ Die kleinen Beamten	*Isolde Brunner-Schubert*	162
1890: Die Karlsruher Arbeiterschaft	*Wolfgang Glaeser*	180
1915: Schlaglichter auf den Alltag im Ersten Weltkrieg	*Rainer Beck*	197
1940: „... sind auch hier die Führerbilder unbeschädigt“: Zum Karlsruher Herrschaftsalltag im „Dritten Reich“	*Ernst Otto Bräunche*	229
1940–1945: Der Luftkrieg über Karlsruhe. Ein Überblick	*Erich Lacker*	262
1965: Karlsruhe kann feiern	*Peter Pretsch*	269
Zur Ausstellung: Didaktik, räumliche und graphische Gestaltung	*Gilles Piot/Birgit Schweizer/Dominique Stemer*	293
Bildnachweis		296
Quellen- und Literaturverzeichnis		298
Autoren		303

Stadtgeschichte

aus der Sicht der „kleinen Leute“

Karlsruhe feiert in diesem Jahr den 275. Jahrestag seiner Gründung am 17. Juni 1715. Entstanden ist die Stadt nach dem Fürstenwillen Karl Wilhelms. Der Herrscher über die kleine Markgrafschaft Baden-Durlach ließ sich ein neues Schloß bauen und verlegte seine Residenz in den Hardtwald. Auch wenn Karlsruhe ohne diesen fürstlichen Entschluß niemals entstanden wäre, geht es in dem vorliegenden Band 10 der Veröffentlichungen des Karlsruher Stadtarchivs nicht um Markgrafen oder Großherzöge. Es geht um die „kleinen Leute“, ohne die weder Fürst noch Stadt existieren konnten. Vorgestellt wird der Lebenswandel einer Stadt durch drei Jahrhunderte – mit einer Art Momentaufnahme alle 25 Jahre. Zwar geben die „Jubiläumsjahre“ den Takt an, den Ton machen aber keineswegs nur Feste und Feierlichkeiten. Oft war der „Alltag in Karlsruhe“ in dieser Reihe von Problemen bestimmt. Das Auf und Ab im Leben der Menschen folgt einem anderen Rhythmus.

Zum ersten großen Jubiläum im Jahre 1815 erschien eine erste Stadtgeschichte, das „Statistische Gemälde der Residenzstadt Karlsruhe“ von Theodor Hartleben. Es gab einen Einblick in den Alltag der Karlsruher zu dieser Zeit. 100 Jahre später – Karlsruhe war inzwischen zur Großstadt mit einer nicht unbedeutenden Industrie geworden – wollte man das 200jährige Jubiläum in großem Stil feiern. Der Erste Weltkrieg machte die Absicht zunichte. Auch 25 Jahre später stand das Jubiläum wiederum im Schatten eines Krieges, des Zweiten Weltkrieges. Um so erfreulicher, daß die Stadt und ihre Bürger 1965 den nächsten „runden“ Geburtstag in Frieden feiern konnten – genauso wie in diesem Jahr.

Wenn Stadtgeschichte aus der Sicht der „kleinen Leute“ geschrieben wird, dann bleibt die „große“ Politik nicht ausgespart. Denn sie ist es, die – nicht immer sichtbar, aber doch gegenwärtig – den Alltag mit prägt. Der Kampf um das tägliche Brot, um Kleidung oder die Wohnung stand für viele lange Zeit im Vordergrund. Hinzu kam in Kriegszeiten die Sorge um das eigene Überleben und die Familienangehörigen, eine Sorge, die im 20. Jahrhundert um so drängender wurde, als die Waffentechnik in zunehmendem Maße die Zivilbevölkerung direkt bedrohte.

Vergleicht man unter diesem Gesichtspunkt das Alltagsleben in den „Jubiläumsjahren“, fallen die erfreulichen Veränderungen ins Auge. Wir alle hoffen, daß sich die friedliche Tradition des letzten und des diesjährigen Stadtjubiläums auch in Zukunft bewahren läßt. Die Aussichten sind besser denn je. Der mit viel Sachverstand und Engagement erarbeiteten Veröffentlichung des Stadtarchivs sowie der unter dem gleichen Titel gezeigten Ausstellung im Prinz-Max-Palais wünsche ich eine gute Resonanz.

Prof. Dr. Gerhard Seiler
Oberbürgermeister

A. GROH
1913.
MAI-OKT.
BADISCHE
JUBILÄUMS-AUSSTELLUNG
KARLSRUHE 1915
JNDUSTRIE • KUNST • HANDWERK
Protektor: S. K. H. Großherzog Friedrich II.
Zur Feier des 200 jährigen Bestehens
der Haupt- u. Residenzstadt Karlsruhe.

VORBEMERKUNGEN

Zum Thema

Schon mehrere Jahre vor dem Ersten Weltkrieg hatte die Stadt Karlsruhe damit begonnen, die Feier ihres zweihundertjährigen Bestehens im Jahr 1915 vorzubereiten. Bauten wurden eigens errichtet; ein umfangreiches Festprogramm mit vielerlei Ausstellungen (vgl. Abb. S. 8), Umzügen und Veranstaltungen war geplant. Der Krieg machte einen Strich durch die große Feier, mit der sich die Stadt Karlsruhe nicht nur präsentieren, sondern auch ihre Bedeutung für das in jeder Beziehung als Musterland geltende Großherzogtum Baden darstellen wollte. Fünfzig Jahre später hat Karlsruhe, inzwischen seiner Hauptstadtfunktion verlustig, aber doch voller Optimismus, seinen 250. Geburtstag begehen können. 1965 ist das einzige Jubiläum, das die Stadt in ihrer Geschichte bisher wirklich gefeiert hat.

Zur stattlichen Reihe der damaligen Veranstaltungen gehörte auch die Jubiläumsausstellung „Karlsruhe 1715–1965" im Landesgewerbeamt. Die Ausstellung wie das zugehörige Katalogheft boten ein Bilderbuch der Stadtgeschichte, das mit einem euphorisch gestimmten Ausblick auf neue stadtplanerische Vorhaben endete, von denen wir heute wissen, daß sie nicht alle ausgeführt wurden.

Das im Jahr 1990 zu feiernde 275. Stadtjubiläum sieht mehrere Ausstellungen mit historischem Bezug vor. Veranstalter sind unter anderen die Staatliche Kunsthalle, das Generallandesarchiv und das Badische Landesmuseum. Dieses zeigt eine Ausstellung über Planstädte der Neuzeit. Neben Versailles, Nancy, Turin, St. Petersburg (Leningrad), Mannheim, Ludwigsburg, Rastatt und anderen gehört dazu auch Karlsruhe. Hier liegt der Schwerpunkt eindeutig in der vom Feudalherrscher bestimmten Stadtgestalt. Das Leben in solchen Idealstädten ist wesentlich bestimmt durch den vorgegebenen Stadtgrundriß, dessen Ausfüllung mit vorgeschriebenen Modellhäusern und vieles andere, so z. B. auch durch rechtliche Regelungen, die häufig von den sonst üblichen abweichen. Man braucht dabei nur an die Ansiedlungsfreiheit für Angehörige aller Konfessionen, steuerliche Vergünstigungen und andere Privilegien zu denken.

Die Stadtgeschichte im Prinz-Max-Palais und das Stadtarchiv unternehmen es nun, danach zu fragen, wie sich die Bewohner in den durch die Planung vorgegebenen Strukturen der Stadt Karlsruhe eingerichtet haben und danach, wie sich das Leben in dieser Stadt mit deren Anwachsen und unter sich stets verändernden Bedingungen gewandelt hat. Von hier aus wird der Untertitel unserer Ausstellung und des zugehörigen Buches „Vom Lebenswandel einer Stadt durch drei Jahrhunderte" verständlich. Ein Lebenswandel kann gut oder schlecht sein, wie es sich eben ergibt. Es ist einfach der Gang durch die Zeit. Der Wortbestandteil „Wandel" deutet aber auch die Veränderungen an, denen dieser Lebensgang ständig unterliegt.

Was bei allen Bemühungen um die Stadtgeschichte und ihre vielgestaltigen Facetten bislang zumeist vernachlässigt wurde, ist das Leben der einfachen Leute in dieser Stadt. Während wir durch eine Fülle von Quellen über die Oberschicht recht gut unterrichtet sind, wissen wir nur wenig über die Lebensverhältnisse der unteren und mittleren Volksschichten, die ja einen sehr hohen Prozentsatz der Bevölkerung ausmachten. Wie haben diese Leute gewohnt und gearbeitet? Wie sah ihr Familienleben aus? Wie haben sie ihre Kinder erzogen? Was haben sie gegessen und wie haben sie sich gekleidet? Was bedeutete ihnen Religion und Politik? Oder anders gefragt: Wie verlief der Alltag der sogenannten kleinen Leute?

Plakat für die „Badische Jubiläumsausstellung Karlsruhe 1915". Gestaltung: A. Groh 1913, nach dem Entwurf für das Denkmal des Markgrafen Karl Wilhelm von Fritz Boehle

Unsere Ausstellung und das hier vorliegende Begleitbuch machen sich nicht anheischig, diese Frage erschöpfend beantworten zu können. Dazu wäre noch sehr viel Forschung auf unbegangenem Gelände erforderlich. Dennoch möchten wir mehr leisten, als den Blick in eine wenig erhellte Ecke der Stadtgeschichte zu lenken, in die wir zu leuchten versuchen. Die Ausstellung und das Buch vermitteln sehr wohl einen fundierten Überblick über die Sozialgeschichte der Stadt. Dabei sind die Annäherungsweisen von Buch und Ausstellung jeweils recht verschieden. Die Ausstellung ermöglicht eine optische, auch körperlich erfahrbare Entdeckungsreise, die durchaus auch Vergnügen bereiten soll. Das Begleitbuch legt dazu das wissenschaftliche Fundament. Seine Lektüre will aber nichtsdestoweniger anregend, mitunter auch amüsant sein.

„Alltag“ als wissenschaftliches Problem

Unsere Ausstellung heißt „Alltag in Karlsruhe“. Eine Zeitlang gab es die Überlegung, anstelle von „Alltag“ das Wort „Volkskultur“ zu verwenden. Aus verschiedenen Gründen wurde aber darauf verzichtet. „Volkskultur“ ist stärker emotional besetzt als „Alltag“ oder „Alltagskultur“, die zunächst völlig neutral erscheinen. Zwar hätte „Volkskultur“ gerade auch nicht alltägliches wie Feste und Feiern ungefragt eingeschlossen, andererseits aber einseitige gedankliche Verbindungen mit der Sachkultur, der „Volkskunst“ hervorrufen können. Schließlich gab die Überlegung den Ausschlag, daß „Alltag“ sich als wissenschaftlicher Terminus in den letzten zwei Jahrzehnten in der Geschichtsforschung, der Soziologie und der Volkskunde durchgesetzt hat. Manche Historiker verwenden die Begriffe „Volkskultur“ und „Alltag“ allerdings auch synonym, wenn sie bestimmte Sachverhalte meinen, denen sich die Geschichtswissenschaft sonst kaum zugewandt hat, nämlich der detaillierten Erforschung des Lebens unterschichtlicher Bevölkerungsgruppen.[1]

Die neuere Volkskunde hat den Begriff „Volkskultur“ weitgehend aufgegeben, um nicht weiter mit der vagen Begrifflichkeit einer abgetanen Epoche ihrer Wissenschaftsgeschichte konfrontiert zu werden. Hier spricht man lieber von „Popularkultur“, von „Kultur des kleinen Mannes“, von „Kultur im Erdgeschoß“ oder eben insbesondere von „Alltagskultur“ und reklamiert diese als den eigentlichen Gegenstand der Wissenschaftsdisziplin Volkskunde. Mit aller Ausführlichkeit tut dies beispielsweise der Tübinger Volkskundler Utz Jeggle in den von ihm zusammen mit anderen Fachkollegen herausgebrachten „Grundzügen der Volkskunde“.[2]

Eine fast gleichzeitig anderweitig erschienene Einführung in die Volkskunde, bearbeitet von einer anderen Wissenschaftstradition verpflichteten Gelehrten bringt das Wort „Alltag“ allerdings nicht einmal in ihrem Sachregister.[3]

Schon hieraus wird erkennbar, daß der Begriff in der Wissenschaft keineswegs unumstritten war. Die Soziologen haben ihn am frühesten für sich entdeckt. Soweit ich sehe, hat sich als einer der ersten der Franzose Henri Lefèbvre in seiner „Kritik des Alltagslebens“ bereits 1947 dieser Thematik zugewandt.[4]

In den siebziger Jahren kam die Diskussion hierüber in Deutschland in Gang. Eine vorläufige Zusammenfassung dazu gab die Frankfurter Kulturanthropologin Ina-Maria Greverus 1983.[5] Sie knüpfte dabei an die Stellungnahme von Norbert Elias an, der die soziologische Alltagsforschung, trotz des Vorliegens einer Reihe anerkannter Untersuchungen, als modischen Trend bezeichnet und dem Begriff „Alltag“ wenig Brauchbarkeit zugewiesen hatte.[6] Im Gegensatz dazu betrachtet Greverus „Alltag“ als universelle Kategorie der Sozialforschung.

Auch die Historiker diskutierten die Brauchbarkeit von Alltagsgeschichte für ihre Disziplin. Als Beispiel hierfür mag die Kontroverse zwischen Jürgen Kocka und Martin Broszat stehen, die sie 1982 in der Zeitschrift „Merkur“ austrugen.[7] Kocka wollte der Alltagsgeschichte oder der „Geschichte von unten“ nur ergänzende Funktion zuerkennen. Einzelne Ereignisse seien daraufhin zu untersuchen, inwieweit sie repräsentativ oder typisch seien. Der konstituierende Zusammenhang sei wichtiger als eine Art „Mikrohistorie“. Broszat hielt dem unter anderem entgegen, daß bestimmten sozialhistorischen Fragestellungen, wie etwa der nach der Mentalität oder der subjektiven Erfahrung, nicht quantitativ nachgegangen werden könne. Was gesamtgesellschaftliche Strukturen historisch wirklich waren, zeige sich nur an der gesellschaftlichen Basis. Die Kluft zwischen abstrakter Gesellschaftstheorie und historischer Erfahrung sei sichtbar zu machen.

Die Geschichtswissenschaft stellt heute nicht mehr grundsätzlich die Berechtigung und die Notwendigkeit der Erforschung des Alltagslebens in Frage. Eine Vielzahl von Untersuchungen, die in den letzten Jahren erschienen, vermag diese Aussage zu belegen. Das früher fast völlige Fehlen dieser Forschungsrichtung läßt sich teilweise mit der Quellenlage begründen. Alltägliche Vorgänge finden eben viel weniger Niederschlag in den Akten als spektakuläre Fälle. Andererseits schien die Erforschung des Alltags wenig zur Erhellung historischer Entwicklungen beizutragen, weshalb sich das vorrangige Erkenntnisinteresse der Geschichtswissenschaft nicht darauf richtete.[8]

Utz Jeggle, auf den ich hier noch einmal zurückkommen möchte, hat wohl entscheidend dazu beigetragen, die Kategorie „Alltag“ in die Volkskunde einzuführen.[9] Er begründet sein Eintreten dafür unter anderem historisch, indem er feststellt, daß sich die „Volkskunde . . . von ihrem Anfang an mit Alltäglichem“ befaßt habe. Die Ablösung der Volkskultur von ihren materiellen Grundlagen und den ökonomischen Prozessen sei erst zustandegekommen, als Arbeit und Leben die Kongruenz verloren hätten. Die Volkskundler hätten dann „materiell und geistig auseinanderdividiert“. So sei die Volkskunde eher zu einer „Anti-Alltags-Wissenschaft“ geworden. Der Blick fiel nur noch auf das Nichtalltägliche, das Kuriose. Trotz dieser Einschränkungen sei die Volkskunde stets dem Alltag verpflichtet gewesen. Jeggle argumentiert also aus der Wissenschaftsgeschichte und setzt „Alltag“ als zentrale Kategorie der Volkskunde ein. Im weiteren Verlauf seiner Darlegungen erkennt er die Arbeit als das konstitutive Element des Alltags. Das Fest ist als „Gegenentwurf zum Alltag“ ohne diesen nicht denkbar und ist somit untrennbar mit ihm verbunden.

Nach allem, was hier dargelegt wurde, läßt sich die Feststellung nicht vermeiden, daß es trotz aller theoretischer Diskussionen in den verschiedenen Wissenschaften an einer allgemein anwendbaren Definition des Alltagsbegriffes mangelt.

Es besteht aber ein gewisser Konsens darüber, daß darunter vor allem das Leben der Unterschichten der Bevölkerung in allen seinen geistigen und materiellen Bezügen verstanden werden soll, also Arbeiten, Wohnen, Essen, Sichkleiden, aber auch religiöses Leben und politische Teilhabe. Gegen diese Festlegung wird oft vorgebracht, daß die oberen Gesellschaftsschichten ja auch einen Alltag hätten. Dieses Argument ist nicht von der Hand zu weisen. Trotz der in der Wissenschaft weithin geltenden Festlegung wird es in unserem Projekt nicht ganz außer acht gelassen, schon weil die Beziehungen der verschiedenen Bevölkerungsgruppen nie streng getrennt waren und es heute noch viel weniger sind als früher. Einem weiteren Einwand, nämlich daß festliche Anlässe nicht zum Alltag gehörten, halte ich die Feststellung Utz Jeggles entgegen, daß Fest nur auf der Folie des Alltags vorstellbar ist und darum nicht losgelöst von diesem gesehen werden kann. Diesen Darlegungen gemäß gestaltete sich die Arbeit an unserem Buch und an der Ausstellung „Alltag in Karlsruhe“.

„Alltag“ als Ausstellungsthema

Die hier angedeutete Hinwendung der historischen, volkskundlichen und soziologischen Forschung zum Komplex „Alltag“ fand ihren Widerhall seit den siebziger Jahren auch in der Praxis mancher kulturhistorischer Museen und Ausstellungen. Diese zunächst zögernd einsetzende Entwicklung ist heute weitgehend akzeptiert. Sie ging Hand in Hand mit einem verstärkt auftretenden allgemeinen Interesse an der eigenen Vergangenheit und der daraus resultierenden Gründung zahlreicher neuer Museen. Nach dem Vorbild großer und attraktiver historischer Ausstellungen, etwa der Stuttgarter Stauferausstellung 1977, schoß auch das Ausstellungswesen mächtig ins Kraut.

Gerade für kleinere Heimat- und Lokalmuseen ergab sich dadurch die Notwendigkeit, über Neugestaltungen nachzudenken, die eben nicht nur die Darbietungsform unter Zuhilfenahme moderner Medien und Ausstellungstechniken betrafen, sondern vor allem auch die Inhalte. Was nie die Thematik großer Museen gewesen war, nämlich die Lebenswelt unterer und mittlerer Bevölkerungsschichten, läßt sich in kleineren Sammlungen leichter darstellen. Dennoch ergibt sich hier wie dort das Problem, daß die materielle Kultur ganzer Bevölkerungsgruppen einfach nicht dokumentiert ist. So ist zwar meistens genügend Material über Handwerker und Bauern vorhanden, doch fehlen weithin Objekte aus der unterbäuerlichen Schicht, der Welt der Knechte und Mägde, der städtischen Tagelöhner und Dienstboten, vor allem auch der Fabrikarbeiter. Wenn man bedenkt, welch hohen Anteil an der Gesamtbevölkerung diese Gruppen mancherorts hatten, so läßt sich leicht einsehen, daß deren fehlende Präsenz in vielen kulturhistorischen Ausstellungen durchaus zu einer Verzerrung des Geschichtsbildes führen kann. Einfache, alltägliche Gebrauchsgegenstände galten früher nicht als aufbewahrenswert. Aber selbst wenn man sie hätte sammeln wollen, wäre dies nur in wenigen Fällen möglich gewesen, denn in einfachen Verhältnissen wurde alles so lange benutzt, repariert und umgenutzt, bis nichts mehr aufzuheben war. In Fachkreisen ist es daher keine Frage, daß ein systematisches Sammeln und somit auch eine anschauliche Darstellung auf dem Gebiet der Alltagskultur erst für die neueste Zeit überhaupt möglich ist. Für frühere Epochen muß man sich mangels Objekten mit Rekonstruktionen, graphischen und statistischen Mitteln und Simulationen behelfen. Diese können bei sinnvoller Anwendung aber dennoch recht instruktiv sein und zumindest gewisse didaktische Zwecke erfüllen.

Der gesamte hier angerissene Fragenkomplex war bereits 1978 Gegenstand einer Tagung kulturgeschichtlicher Museen in Berlin.[10] Vorausgegangen waren schon einschlägige Pionierleistungen in der Gestaltung ständiger oder temporärer Ausstellungen. Wenn in diesem Zusammenhang die Dauerausstellung des Historischen Museums der Stadt Frankfurt genannt wird, dann eigentlich nur als Beispiel dafür, wie der Bogen durch ideologiebefrachtete Texte, die weithin die Exponate ersetzen, überspannt werden kann.

Durchaus gelungen erscheint die Darstellung von historischer Alltagswirklichkeit in dem 1976 neu eröffneten Rüsselsheimer Stadtmuseum, besonders in der Abteilung Industrialisierung. Waren dort ursprünglich nur die industriellen Produkte, etwa Nähmaschinen, Fahrräder und Autos, gesammelt worden, so legte man jetzt auch Wert auf die Darstellung der industriellen Arbeitsplätze, der Wohnverhältnisse der Arbeiter und die Geschichte der Arbeiterbewegung. Die fehlenden Objekte und Dokumente fand man außer im Stadtarchiv in privaten Haushalten, bei den Unternehmen, bei Sammlern und im Antiquitätenhandel.[11] Die Ausstellung zeigt die lokale industrielle Entwicklung und setzt sie in Beziehung zur allgemeinen Geschichte.[12] Dem Besucher will die Ausstellung auch seinen eigenen Alltag besser verständlich machen.

Inzwischen gibt es viele weitere Beispiele für moderne Ausstellungskonzepte, die sich mit dem Alltag beschäftigen. Unter manchen anderen wären hier drei Berliner Heimatmuseen zu nennen. So wurden im Museum Neukölln „die Requisiten einer betulichen Bürgerlichkeit" zugunsten von Ausstellungen über „den Alltag des Bezirks" weggeräumt. Eine dieser Ausstellungen hieß „Spuren jüdischen Lebens in Neukölln"; eine andere befaßte sich mit der Landwirtschaft in der Mark Brandenburg. „In einer Art Baukastensystem stellen die Neuköllner verschiedene Aspekte der Bezirksgeschichte dar, die sie später ... zu einer ständigen Ausstellung zusammenfügen wollen."[13] Der dortige Museumsleiter möchte „die Geschichte der Menschen, nicht die der Objekte" zeigen. Ähnlich arbeiten in Berlin die Museen in Schöneberg und Kreuzberg. Hier wird die historische Arbeit noch stärker politisch, pädagogisch, aufklärerisch verstanden. Die Besucherzahlen in den betreffenden Museen haben sich mit der neuen Konzeption vervielfacht.

Eine letzte Ausstellung sei erwähnt. Zu Anfang des Jahres 1989 präsentierte das Münchener Stadtmuseum „Die Prinzregentenzeit 1886 bis 1912", eine für München enorm wichtige Epoche zwischen Gründerzeit und Erstem Weltkrieg. Mit einer ungeheuren Fülle von Objekten wurde das damalige städtische Leben in vielen seiner Bezüge verdeutlicht. Es war erklärte Absicht der Ausstellung, neben der gesellschaftlichen Kultur der Großstadt auch die Industrie und das Leben der Arbeiterbevölkerung darzustellen. Diese machte damals 40 % der Einwohnerschaft aus. Aber ihrer „Intention zuwider" führte die Ausstellung „ganz überwiegend visuelle Relikte großbürgerlicher Kultur vor".[14] Obwohl man sich auf an der Münchner Universität erarbeitete einschlägige Forschungen stützen konnte, zeigte sich auch hier der Mangel an entsprechenden Objekten. Statt dessen half man sich stellenweise mit der Verwendung künstlerischer Darstellungen des Arbeitslebens.

Aus dem Geschilderten geht hervor, daß das Problem mangelnder Dokumentation bestimmter Bereiche der Sozialgeschichte weitgehend erkannt ist. In die Praxis der Museen und der Ausstellungsmacher hat sich die Erkenntnis noch nicht überall umsetzen lassen. Wichtig ist eine Zusammenarbeit der Praktiker mit denjenigen, die über das entsprechende Wissen verfügen, den Volkskundlern, Historikern und Soziologen. Natürlich ist bei vielen mit kulturhistorischer Dokumentation im weitesten Sinne Beschäftigten da und dort noch ein Umdenken erforderlich. Wichtig ist bei einem Dokument oder bei einem Objekt nicht allein sein ästhetischer Wert, seine künstlerische Bedeutung, sondern zumindest ebenso die historische Aussagekraft. Und die kann oft bei unbedeutend erscheinenden Stücken recht groß sein.

Karlsruher Alltag

Was heißt nun „Alltag in Karlsruhe" und speziell in unserer Ausstellung? Nach einer häufig gebrauchten Redewendung ist der Alltag „grau", also ohne Farbe, ohne viel Freude, ohne große Abwechslung. Unser Buchumschlag und das Plakat zu unserer Ausstellung setzen diese Aussage ins Bild um. In der Tat verbindet sich bei vielen Menschen mit Alltag die Vorstellung einer gewissen Eintönigkeit, der ständigen Wiederholung bestimmter Vorgänge, von Langeweile oder aber auch von Hektik und Gehetztsein. Alltag ist also vorwiegend negativ besetzt und bezieht sich in erster Linie auf die Arbeitswelt. Ähnliche Assoziationen ergeben sich schon bei Kindern, bei denen zu gleichförmigem Tagesablauf und Langeweile noch Lärm, Schmutz, Unfälle und dergleichen hinzukommen, wie eine Untersuchung gezeigt hat.[15] Das Kontrastmodell hierzu wäre die Freizeit und deren höchste Steigerung, der Urlaub. Die moderne und populäre Vorstellung von Alltag beruht also auf einer strikten Trennung von Arbeit und Freizeit. Diese ist aber kaum aufrechtzuerhalten und war auch in früherer Zeit, zumal im bäuerlichen und handwerklichen Bereich so nie existent. Hier waren die Übergänge eher fließend. Der Alltag war natürlich vorwie-

gend durch Arbeit bestimmt. Es wäre aber schlicht falsch, für frühere wie heutige Verhältnisse Alltag mit Arbeit gleichzusetzen und mit einer negativen Note zu versehen. Schließlich gibt es Leute, die Spaß an ihrer Arbeit haben und solche, deren Freizeit auch nicht abwechslungsreicher verläuft als ihr Arbeitstag.
Es erscheint daher nicht sinnvoll, sich in einem Alltagsprojekt nur mit der Arbeitswelt befassen zu wollen. Wir haben darum nicht kleinlich eingegrenzt, was zum Alltag in unserer Stadt gehören soll. Natürlich ist die Arbeit ein ganz wesentlicher Bestandteil des Alltags. Wenn man bedenkt, wieviel Zeit des Tages früher am Arbeitsplatz zugebracht wurde, so kann dieser Teil der Ausstellung gar nicht hoch genug bewertet werden. Die Arbeit spielt sich aber nicht nur auf Baustellen, in Werkstätten oder Fabriken ab, sondern genausogut im häuslichen Bereich. Hier kommen wir auf das wichtige Feld der weiblichen Arbeit, die natürlich in erster Linie den Haushalt und die Kindererziehung, aber auch die Heimarbeit als Nebenverdienst umfaßte. Später kam Fabrik- oder Büroarbeit, vor allem für unverheiratete Frauen, hinzu. Neben der Arbeit interessieren in unserem Zusammenhang die Wohnverhältnisse, also Lage und Größe der Wohnungen und deren Ausstattung und Fragen nach Mieten und Wohnungseigentum. Elementare Bedürfnisse wie Essen und Trinken verdienen große Beachtung. Wenn Mangel herrschte, machte er sich hier am ehesten bemerkbar. Die vielberedete badische Küche war die Angelegenheit weniger Wohlhabender und gehörte selbst bei diesen nicht unbedingt zum Alltag. Der Küchenzettel eines großen Teiles der Bevölkerung sah recht bescheiden aus. Er unterlag allerdings immer auch Wandlungen, für die das Aufkommen der Kartoffel als Beispiel stehen mag. Direkt von Moden könnte bei den Getränken, Wein, Bier, Kaffee, Schokolade, gesprochen werden. Als wichtiges Sozialabzeichen kann sicher die Kleidung gelten, wobei wir in Karlsruhe, aber nicht nur hier, für die Unterschichtbevölkerung Dokumentationsschwierigkeiten haben. Das religiöse Leben äußert sich nicht nur in der Teilnahme an kirchlichen Handlungen oder im häuslichen Gebet, sondern findet auch seinen materiellen Niederschlag im religiösen Wandschmuck und entsprechender Literatur. Wenig erforscht ist bis jetzt das Alltagsleben der Kinder. Zwar wissen wir manches über die Schulverhältnisse in der Stadt, aber wenig über Kinderspiel und noch weniger über Kinderarbeit. Dabei muß nicht einmal nur der Einsatz von Kindern in gewerblichen Betrieben, es kann beispielsweise auch die Mithilfe bei Heimarbeit gemeint sein.
Unter den Freizeitbeschäftigungen nahm der Wirtshausbesuch bei den einfacheren Volksschichten die erste Stelle ein. Allerdings betraf diese Alltagserscheinung fast nur die Männer. Die ganze Familie nahm hingegen an den Sonntagsspaziergängen teil, die um 1800 in Mode kamen. Größere Ausflüge waren wegen der höheren Kosten seltener und zunächst eher eine oberschichtliche Angelegenheit. Allerdings änderte sich dies mit dem Aufkommen der Eisenbahn und der Ausdehnung des Vereinswesens. Am Beispiel der Vereine läßt sich übrigens recht gut zeigen, wie ursprünglich sozial höher angesiedelte Kulturformen sich allmählich in alle Schichten der Bevölkerung hinein ausbreiten können. Spätestens mit der Entstehung der Arbeiterbewegung war die Organisationsform des Vereins überall selbstverständlich geworden und damit natürlich auch die zugehörige Geselligkeit und das ausgeprägte Festleben. Interessant ist, daß, zumindest in Karlsruhe (von Mannheim ist ähnliches bekannt), der Theaterbesuch nicht auf die Angehörigen der oberen Sozialschichten beschränkt war. Wir wissen, daß z. B. Schustergesellen und Dienstmädchen ins Theater gingen, wenn auch auf die billigsten Plätze. Für Beamte gehörte das Theater, selbst bei schlechtester Besoldung, zur unausweichlichen Verpflichtung. Das hing nun zweifellos mit der Residenzeigenschaft der Stadt Karlsruhe zusammen, die

auch für andere Freizeitvergnügungen verantwortlich war, wie etwa das häufige Auftreten von Militärkapellen. Die Funktion von Karlsruhe als Haupt- und Residenzstadt bescherte den Einwohnern viele große und kleine Anlässe, die sich im 19. Jahrhundert häuften und jedermann in irgendeiner Form, und sei es nur als Zuschauer, die Möglichkeit der Teilhabe boten. Da konnte es sich um den Besuch fremder Staatsoberhäupter, Hochzeiten und Begräbnisse im Fürstenhaus, Versammlungen von Wissenschaftlern und Landwirten oder um Musikfeste handeln. Fast alle Anlässe waren mit großen Volksfesten verbunden. Nach dem Verschwinden der Monarchie brach die Festtradition keinesfalls ab.

Auch technische Fortschritte wirkten sich direkt oder indirekt auf das Alltagsleben aus, so die Einführung der Straßenbeleuchtung, der Bau der Eisenbahn, die Inbetriebnahme der Wasserleitung, die Einführung der Elektrizität, von Kino, Radio und Fernsehen, um nur ein paar Beispiele zu nennen.

Besondere Situationen und starke Einschnitte in den gewohnten Alltag gab es während der beiden Weltkriege.

Es wird deutlich, daß hier der Begriff Alltag seinem Inhalt nach recht weit gefaßt ist. Ausgeklammert bleiben alle Angelegenheiten des Hofes, des Adels, der großbürgerlichen Schicht, die Regierung, die Staats- und Kommunalverwaltung und alles, was mit Kunst und Wissenschaft zu tun hat.

Nun ist es keineswegs so, daß alle sozialen und alle Sachbereiche streng gegeneinander abzugrenzen wären. Auch wenn es der Tendenz nach versucht und hier schwerpunktmäßig auf die Alltagskultur der unteren und mittleren Bevölkerungsgruppen eingegangen wird, so ergeben sich doch so viele Verbindungslinien von oben nach unten und von unten nach oben, daß eine glatte Zäsur gar nicht möglich ist. Man denke dabei nur einmal an die vielen Kategorien von Beamten zwischen hochdotierten Angehörigen der Ministerien und schlechtestbesoldeten Kanzleidienern. Die Übergänge werden offen gelassen. Vieles ist ja auch nur in der Gegenüberstellung von Oben und Unten, von Reich und Arm zu verdeutlichen. Erst die Beachtung des gesamten Sozialgefüges ergibt ein zutreffendes Bild. Wichtig ist darum immer wieder ein Blick auf die sich wandelnde Struktur der Stadt, die sich nicht nur so allmählich ergibt, sondern sich oft auch sprunghaft verändert hat.

Karlsruhes Sozialtopographie war anfangs sehr genau gegliedert. Man wußte, wo in der Stadt die oberen, mittleren und unteren Plätze waren. Und man wußte über die Soziologie des „Dörfle" Bescheid. Auch später entstandene Stadtteile, die Südstadt etwa oder die Siedlungen, waren sozial einzuordnen. Ebenso hatte jedes früher selbständige Dorf seine ganz bestimmte, unverwechselbare Sozialstruktur. Hierauf kann weder in diesem Buch noch in der Ausstellung näher eingegangen werden. Das muß einer noch zu schreibenden Sozialgeschichte der Stadt Karlsruhe vorbehalten bleiben.

Das Buch zur Ausstellung

Die Ausstellung „Alltag in Karlsruhe" und das vorliegende Buch sind zwei Teile eines Gesamtunternehmens. Das Buch will keineswegs den Besuch der Ausstellung ersetzen oder umgekehrt. Vielmehr ergänzen und vertiefen sich beide gegenseitig. Im Verlauf der bisherigen Ausführungen dürfte deutlich geworden sein, daß in Karlsruhe mit dem Thema Alltag Neuland betreten wird. Das bedeutet, daß bisher kaum eine wissenschaftliche Bearbeitung dazu oder zu einzelnen Teilbereichen vorliegt. Diese Bearbeitung, die gründliche Forschungen voraussetzt, kann auch unser Unternehmen nur sehr begrenzt leisten. Wäre dies beabsichtigt gewesen, dann hätte eine längere Vorbereitungszeit vorausgehen müssen. Diese steht aber bei der vielfältigen Inanspruchnahme und der personellen Besetzung der Stadtgeschichtlichen Sammlungen und des Archivs der Stadt Karlsruhe nicht zur Verfügung. Hier mußte, wie auch sonst, unter größtem Zeitdruck gearbeitet werden. Das Unternehmen war überhaupt nur zu bewerkstelligen durch die Mitarbeit mehrerer wissenschaftlich Tätiger von außerhalb.

Nach diesen nötigen Anmerkungen ist die Feststellung zu treffen, daß aus der Zusammenarbeit verschiedener Autoren ein vielseitiges Buch entstanden ist, das nicht nur deswegen interessant erscheint, weil es zu bislang wenig beachteten Bereichen der Stadtgeschichte hinführt, sondern weil jeder Mitarbeiter seine jeweils eigene Sichtweise und seinen eigenen Stil mit einbringt. Es ist also durchaus erkennbar, daß der Historiker anders an ein Thema herangeht als der Volkskundler oder der Kunsthistoriker. Mögen die Methoden auch nicht sehr verschieden sein, jeder wertet vorhandene Literatur und archivalische Quellen aus, so werden doch die unterschiedlichen Interessenlagen deutlich sichtbar. Aber gerade das macht den Reiz des vorliegenden Buches aus. Darum wurde auch nicht daran gedacht zu „vereinheitlichen", selbst wenn da und dort etwas nicht zum anderen zu passen scheint. Hier müßten weitere Forschungen Klarheit verschaffen, müßten die stellenweise angedeutete Problematik zu Ende führen.

Es ist sicher eine wichtige Aufgabe von Ausstellungsunternehmen unserer Art, Forschungsergebnisse zu vermitteln und Schlaglichter auf wichtig erscheinende Teile der Stadtgeschichte zu werfen. In der Erkenntnis, daß es unmöglich ist, historische Sachverhalte „naturgetreu" auszustellen, wurde ein einleuchtendes Verfahren gesucht und gefunden. Der gesamte Ablauf orientiert sich an fiktiven Jubiläumsjahren der Stadtgeschichte, die, wie wir wissen, alle bis auf eines nicht gefeiert wurden. Wir beginnen mit dem Jahr 1765, in dem Karlsruhe fünfzig Jahre alt wurde, und schreiten im Rhythmus von jeweils 25 Jahren bis 1965 fort. Die insgesamt neun Jubiläumsdaten werden in der Ausstellung in einzelnen Abteilungen dargestellt, die das für den Karlsruher Alltag in dem betreffenden Jahr Typische zeigen. Diesen Alltagsbildern, die ihrer Natur nach nur einen zeitlich fixierten Ausschnitt aus der chronologisch verlaufenden historischen Abfolge illustrieren, kann im Begleitbuch die Entwicklung von Station zu Station gegenübergestellt werden. Neun Autoren haben an dem Buch mitgewirkt und in eigener wissenschaftlicher Verantwortlichkeit insgesamt zehn Beiträge geschrieben. Nicht nur wegen der unterschiedlichen Annäherungsweise an die Thematik, sondern auch wegen der jeweils veränderten Zeitsituation ergeben sich bei den einzelnen Autoren immer neue Schwerpunkte. Freilich ist der Blick auf Einwohnerzahlen, Strukturdaten und bauliche Entwicklung der Stadt durchgängig vorhanden, wenn auch mehr oder weniger stark ausgeprägt. So hat z. B. die soziale Stellung im 18. und 19. Jahrhundert eine wesentlich größere Rolle gespielt als in den letzten fünfzig Jahren, weshalb für 1940 und 1965 praktisch darauf nicht eingegangen werden mußte.

Die beiden Jahre 1765 und 1790 behandelt Christina Müller in ihrem umfangreichen, auf gründlichem Quellenstudium beruhenden Beitrag. Dabei wird sehr deutlich die Entwicklung des Lebens in der 1765 noch recht unfertigen Stadt zu einer gewissen Konsolidierung der sozialen Verhältnisse herausgearbeitet. Das Augenmerk der Autorin gilt außerdem dem Wohnen, dem Wandel in der Ernährung, der Situation der Kinder und dem Verhalten gegenüber der Obrigkeit.

Alexander Mohr bezeichnet die Stadt des Jahres 1815 immer noch als „Dauerbaustelle". Bei ihm steht die Lebensweise der kleinen Handwerker im Vordergrund. Er geht aber auch auf das Dienstbotendasein und zeittypische Freizeitvergnügen wie Spaziergänge, Eislauf und Theaterbesuch ein.

Die 1840 zu Ende gehende Biedermeierzeit, in die bereits das Dampfschiff, die Eisenbahn und die Gasbeleuchtung einbrechen, behandelt Brigitte Baumstark. Zu den bescheidenen Freizeitvergnügen treten bereits große, organisierte Feste; aber auch die Prostitution ist ein Thema.

Das Anwachsen der Industrie macht sich 1865 deutlich bemerkbar. Karlsruhe gilt aber als „Beamtenstadt“. Am Beispiel des äußerst schlecht verdienenden Subalternbeamten behandelt Isolde Brunner-Schubert die Nöte gerade dieser doch relativ großen Bevölkerungsgruppe. Der Bogen spannt sich von Nahrung und Bekleidung über die Kindererziehung und die Lage der Frau bis zu den sauer ersparten Theaterbesuchen und seltenen Ausflügen.
Für 1890 stellt Isolde Brunner-Schubert eine Verbesserung der Situation dieser Bevölkerungsgruppe fest und geht auf das damals in höchster Blüte stehende Vereinsleben ein.
1890 hat sich die Industrialisierung verstärkt fortgesetzt. Die Stadt ist weiter gewachsen. Die Arbeiterschaft ist inzwischen eine beachtliche Größe geworden. Den Arbeits-, Wohn- und Lebensverhältnissen der Arbeiter und Arbeiterinnen ist der Beitrag von Wolfgang Gläser gewidmet, der auch die Anfänge der Arbeiterbewegung behandelt.
Auf die Wohnungsverhältnisse der Arbeiter um 1915 geht auch Rainer Beck ausführlich ein. Die Kriegszeit bringt für Frauen und Kinder besondere Belastungen bis hin zu den ersten schweren Luftangriffen auf Karlsruhe. Als neues Unterhaltungsmedium hat sich seit einigen Jahren das Kino etabliert.
Ernst Otto Bräunche setzt sich gründlich mit den nationalsozialistischen Einflüssen auf das tägliche Leben auseinander. Er verengt dabei nicht den Blick auf das Kriegsjahr 1940, sondern behandelt in mehreren Strängen die Entwicklungen, die nicht nur in Karlsruhe zu den geschilderten Zuständen führten.
Ein kurzer Überblick über die Luftangriffe auf Karlsruhe im Zweiten Weltkrieg von Erich Lacker ist hier eingeschoben, gleichzeitig als Hinweis auf eine geplante ausführliche Darstellung dieses Themas.
Peter Pretsch schließlich behandelt die Wandlungen der Nachkriegszeit, die sich bis zum Jubiläumsjahr 1965 ergeben hatten, und geht insbesondere auf die zunehmende Motorisierung, den Einfluß des Fernsehens und das sich verändernde Freizeitverhalten ein. Einen gewichtigen Teil des Beitrages bildet die Beschreibung der Jubiläumsfeierlichkeiten des Jahres 1965.
An den Schluß des Bandes sind Gedanken zur konzeptionellen Gestaltung und zur Didaktik der Ausstellung gestellt. Sie stammen von Gilles Piot, Birgit Schweizer und Dominique Stemer. Diese haben sich durch ihre vom Publikum und der Fachwelt hervorragend beurteilten Ausstellungen zu den Heimattagen Baden-Württemberg 1989 in Nürtingen als exzellente Ausstellungspraktiker ausgewiesen und wurden deshalb zur Mitarbeit herangezogen. Ihre theoretischen Überlegungen zu unserer Ausstellung legen sie hier dar.

Die Ausstellung

Das Prinzip der alle 25 Jahre gelegten Zeitschnitte durch die Karlsruher Alltagsgeschichte, das für Buch und Ausstellung angewandt wird, wurde bereits ausführlich dargelegt. Außerdem sei auf die didaktischen Überlegungen hierzu von Gilles Piot, Birgit Schweizer und Dominique Stemer in diesem Band verwiesen. Dennoch möchte ich auf die Konzeption der Ausstellung kurz eingehen, vor allem deshalb, weil sie bei den Vorbereitungen zu einer interessanten Diskussion geführt hat.
Der Besucher betritt einen Zeit-Tunnel oder Zeit-Gang, der ihn mit dem Jahr 1965 beginnend dem eigentlichen Zeitablauf entgegen in die Geschichte zurückführt. Am Schluß steht das Jahr 1765. Der Zeit-Gang präsentiert Dokumente und Bilder zu weltgeschichtlichen Ereignissen, Personen, Erfindungen und dergleichen, die, wenn auch in weitestem Sinne, Auswirkungen auf den Alltag in Karlsruhe haben konnten. Alle 25 Jahre nun weitet sich der Gang und entläßt den Besucher in den lokalen Bereich. Dort erwartet ihn beispielsweise im Jahr 1965 ein Kinoraum mit Filmen über das damalige Karlsruher Zeitgeschehen. An anderer Stelle ist es eine Werk-

statt oder eine Küche neben vielen Dokumenten, Bildern und Einzelobjekten, die natürlich alle in einen bestimmten Funktionszusammenhang gestellt sind. Die Beziehung von allgemeiner Geschichte und Stadtgeschichte wird so sinnlich erfahrbar. Ebenso der Ablauf der Zeit. Man war von der Überlegung ausgegangen, daß der Mensch Geschichte von der ihm nächstliegenden Zeit aus entdeckt und nach und nach sich weiter zurückliegende Zeiträume erschließt. In diese Überlegungen floß ein, daß die gewählte Unterteilung in 25-Jahr-Abschnitte gleichzeitig dem Generationenwechsel von Kindern zu Eltern, Großeltern, Urgroßeltern usw. entspricht. Interessant war nun, daß Nichthistoriker dieses Modell ganz natürlich fanden und bereit waren, es ohne große Einwände zu akzeptieren. Die Einwände kamen von seiten der Historiker, welche die Auffassung vertraten, daß, um eine Zeitsituation verstehen zu können, die Kenntnis der historischen Entwicklung vorausgesetzt werden müsse. Der Besucher sei also in der chronologischen Abfolge zu leiten. Hier standen sich die didaktischen Auffassungen diametral gegenüber. Über die prinzipiellen Unterschiede zwischen Buch und Ausstellung war man sich einig. Das Buch hätte nie im Sinne des vorgeschlagenen Ausstellungsmodells, sondern nur in der echten Zeitfolge angelegt werden können.

Bestimmte Argumente sprachen für den einen, weitere für den anderen Standpunkt. Nun macht es von der Anlage der Ausstellung her überhaupt keine Schwierigkeiten, den Zeit-Gang genausogut in der einen wie in der anderen Richtung zu gehen. Wir haben uns daher entschlossen, dem Publikum anheimzustellen, wie es gehen möchte. Beim Betreten der Ausstellung wird ausdrücklich darauf hingewiesen. Es ist geplant, durch eine begleitende wissenschaftliche Untersuchung festzustellen, wie sich die Besucher entscheiden und bei welcher Seite der Lernerfolg größer ist.

Der bereits beklagte Mangel an Objekten, die in der Ausstellung das Alltagsleben verdeutlichen könnten, betrifft fast alle Museen. Nur wenige, wie neuerdings das Badische Landesmuseum, haben sich bislang um dessen Behebung bemüht. Die Stadtgeschichtlichen Sammlungen der Stadt Karlsruhe sind nie systematisch bearbeitet worden und haben sich um einfache Alltagsobjekte nie gekümmert. Es ist auch jetzt noch schwierig, planmäßig Zeugnisse der Stadtgeschichte zu sammeln, da hierfür nicht nur die personellen, sondern auch die räumlichen Voraussetzungen fehlen. Wir sind also gerade bei der gegenwärtigen Ausstellung auf Leihgaben anderer Institutionen, vor allem aber auf solche aus Privatbesitz angewiesen. Naturgemäß sind ohnehin um so weniger Gegenstände überliefert, je weiter wir in der Zeit zurückgehen. Das soll in der Ausstellung nicht vertuscht werden. Deshalb wird die Präsentation mit fortschreitender Entfernung von der Gegenwart immer stärker „entmaterialisiert". Dies geschieht mit Hilfe moderner Medien, Monitoren etwa, die statt realer Objekte deren Abbilder zeigen.

Die Ausstellung „Alltag in Karlsruhe" beschreitet nicht nur inhaltlich, sondern auch in ihrer Darstellungsweise neue Wege.

Dankesworte

Zum Schluß dieser einleitenden Vorbemerkungen zu Buch und Ausstellung möchte ich allen Dankeschön sagen, die in irgendeiner Form an der Verwirklichung des Projektes mitgewirkt haben. Mein Dank gilt allen Autoren des vorliegenden Bandes und dem Badenia-Verlag Karlsruhe für die erfreuliche Zusammenarbeit.

Vorbereitung und Drucklegung dieses Bandes wurden dankenswerterweise durch einen Beitrag der Industriegewerkschaft Chemie-Papier-Keramik gefördert, den diese anläßlich ihres 13. Gewerkschaftstages am 4. September 1988 in Karlsruhe der Stadt für solche Zwecke zur Verfügung gestellt hat.

Weitere Dankesworte widme ich den Mitarbeiterinnen und Mitarbeitern meines Amtes im Sekretariat und in der Verwaltung, in der Buchbinderei und im Stadtarchiv, die alle anfallenden Arbeiten mitgetragen und die vielfältigen, für sie hoffentlich auch interessanten Aufgaben bewältigt haben. Ich möchte hier niemanden besonders hervorheben, mit zwei Ausnahmen. Bei der Redaktion dieses Buches und bei dessen Umbruch hat sich Herr Dr. Ernst Otto Bräunche, der Leiter unseres Stadtarchivs, große Verdienste erworben. Um die Vorbereitung und die technische Durchführung der Ausstellung hat sich der Leiter unserer Stadtgeschichtlichen Sammlungen, Herr Peter Pretsch M. A., besonders verdient gemacht.

Danken möchte ich gleichermaßen Frau Birgit Schweizer und den Herren Gilles Piot und Dominique Stemer, die das äußere Bild und den didaktischen Aufbau unserer Ausstellung prägten.

Viele Leihgeber halfen uns. Neben zahlreichen Privatpersonen und Institutionen, die hier nicht genannt werden können, sind es vor allem das Badische Landesmuseum und das Generallandesarchiv Karlsruhe sowie das Badische Staatstheater Karlsruhe. Allen sei herzlich Dank gesagt.

Dr. Heinz Schmitt
Leitender Direktor des Amtes
Stadtbibliothek, Archiv, Sammlungen

Anmerkungen

1 Ein Beispiel hierfür ist das Sammelwerk Volkskultur. Zur Wiederentdeckung des vergessenen Alltags (16.–20. Jahrhundert). Hrsg. von Richard van Dülmen und Norbert Schindler. Frankfurt a. M. 1984.

2 Hermann Bausinger, Utz Jeggle, Gottfried Korff und Martin Scharfe: Grundzüge der Volkskunde. Darmstadt 1978, S. 81–126.

3 Vgl. Günter Wiegelmann, Matthias Zender und Gerhard Heilfurth: Volkskunde. Eine Einführung, Berlin 1977.

4 Henri Lefèbvre: Critique de la vie quotidienne. Paris 1947. Deutsch: Kritik des Alltagslebens, München 1974–1975. Vgl. auch ders.: La vie quotidienne dans le monde moderne. Paris 1968. Deutsch: Das Alltagsleben in der modernen Welt. Frankfurt a. M. 1972.

5 Vgl. Ina-Maria Greverus: Alltag und Alltagswelt: Problemfeld oder Spekulation im Wissenschaftsbetrieb, in: Zeitschrift für Volkskunde. 79. Jg. (1983), S. 1–14.

6 Vgl. Norbert Elias: Zum Begriff des Alltags, in: Materialien zur Soziologie des Alltags. (= Kölner Zeitschrift für Soziologie und Sozialpsychologie. Sonderheft 20.). Hrsg. von Kurt Hammerich und Michael Klein. Opladen 1978, S. 22–29.

7 Vgl. Jürgen Kocka: Klassen oder Kultur. Durchbrüche und Sackgassen in der Arbeitergeschichte, in: Merkur. XXXVI. Jg. (1982), S. 955–965 und Martin Broszat: Plädoyer für Alltagsgeschichte. Ebenda S. 1244–1248.

8 Siehe hierzu die Vorbemerkung Richard van Dülmens (wie Anm. 1), S. 7–11.

9 Vgl. Utz Jeggle (wie Anm. 2), insbesondere S. 88–101.

10 Vgl. Die Alltagskultur der letzten 100 Jahre. Überlegungen zur Sammelkonzeption kulturgeschichtlicher und volkskundlicher Museen. 4. Arbeitstagung der Arbeitsgruppe „Kulturgeschichtliche Museen“ in der Deutschen Gesellschaft für Volkskunde. 29. Mai bis 1. Juni 1978 in Berlin, Berlin 1980.

11 Vgl. Peter Schirmbeck: Dokumentation industrieller Lebensverhältnisse am Beispiel des Ortes Rüsselsheim, ebenda, S. 83–112, hier S. 83.

12 Vgl. ebenda, S. 85.

13 Heike Ströle: Und man sieht auch die im Dunkeln. Moderne Ausstellungskonzepte wollen den Alltag in der Vergangenheit und die Vergangenheit im Alltag von heute zeigen, in: DIE ZEIT vom 21. April 1989.

14 So Renate Schostack: Lüster, Tüll und Tagelöhner. Münchens Weg in die Moderne: Die große Ausstellung zur „Prinzregentenzeit“ im Stadtmuseum, in: Frankfurter Allgemeine Zeitung vom 14. Februar 1989.

15 Vgl. Ina-Maria Greverus: Kultur und Alltagswelt. Eine Einführung in Fragen der Kulturanthropologie. München 1978, S. 93.

Christina Müller

1765 und 1790: Zwischen Existenzgründung und residenzstädtischem Leben

Von Zuzüglern zu Stadtbürgern – Sozialstruktur

Man stelle sich vor, eine Stadt sollte gegründet werden. Mitten in einer Landschaft wird ein Areal abgesteckt, Straßen werden angelegt, erste Häuser gebaut. Allmählich gewinnt die Stadt an Profil. Die Straßen erhalten Namen, Schule und Rathaus werden eingerichtet, eine Kirche gebaut, auch ein Friedhof angelegt. Die Stadt erhält Tore, nun wird sie erstmals auch von außen deutlich erkennbar. Will man „hinein", so muß man erst die Torwachen passieren, wird überprüft, bei Verdacht abgewiesen, schlimmstenfalls arretiert. Eine kurze Bildfolge – wie sie sich jedem Beobachter gezeigt hätte, der die Stadt Karlsruhe während der ersten fünfzig Jahre ihres Bestehens im Blick gehabt hätte. Ein wandernder Geselle etwa, der um 1715 auf dem *Schwabesträßle,* das in seinem Verlauf der heutigen Hirschstraße entsprach, entlangkam, konnte interessiert den ersten Ausstokkungsarbeiten zuschauen, vielleicht auch einige Kreuzer durch Mitarbeit verdienen, ansonsten sah er fast überall nur Bäume und Gestrüpp.[1] Führten ihn seine Geschäfte, nun allerdings als über Sechzigjährigen, abermals in die Gegend, so stand er zunächst vor den besagten Torwächtern. Erhielt er Einlaß, boten sich ihm nun zahlreiche Gasthäuser zur Übernachtung an, er erfuhr die aktuellsten Nachrichten des Landes, konnte hier bedeutende Leute treffen. Immerhin war er nun in der Residenzstadt der Markgrafschaft Baden-Durlach.[2]

Nicht weniger als für den Reisenden veränderte sich das Leben der Karlsruher innerhalb dieser Zeit. Allerdings wäre es falsch, davon auszugehen, der erwähnte Wanderer hätte 1765 die gleichen Personen wiedergetroffen, denen er viele Jahre zuvor bei den Bauarbeiten geholfen hatte. Damals waren nur Tagelöhner, Zimmerleute und Maurer da, die sich im Wald zur provisorischen Unterkunft Hütten gebaut hatten.[3] Sie lebten vom Schloßbau, und als das Gebäude nach zwei Jahren bezugsfertig war, da mußten viele ihre Hütten abreißen. Denn mit dem Umzug des Hofes im Sommer 1717 sollte auch die Stadt in einen respektablen Zustand versetzt werden. Vermutlich bestand schon 1715 die Idee, die Straßen der Stadt einem Fächer vergleichbar anzuordnen. Im Herbst 1716 begann man mit der konsequenten Durchführung. Die kreuz und quer gebauten Hütten mußten weichen, die unvorschriftsmäßig gebauten Häuser, sofern sie nicht umgebaut wurden, ebenfalls. Die meisten Arbeiter verließen wohl *Carols-Ruhe* wieder. Das war nichts Besonderes. Bauhandwerker und Tagelöhner des 18. Jahrhunderts waren es gewohnt, ihrer Arbeit hinterherzuwandern. Conrad Zwickel, ein Zimmermann aus dem Württembergischen, hatte zuvor schon bei drei anderen Schloßbauten Erfahrung gesammelt. Nach seiner Gesellenzeit in Neckarsulm fand er 1711 in Kochendorf eine Anstellung, ein Jahr darauf beim Bau des Schlosses Zaberfeld und 1714 schließlich bei Bonfeld.[4] Nicht alle unter diesen ersten Karlsruhern wollten wieder weg. Manchen gelang es, durch Ratenzahlung eines der neuen modellmäßigen Häuser zu erwerben, andere zogen nach Klein-Karlsruhe, ins „Dörfle". Hier mußte nicht nach Modell gebaut werden, hier erwarb man ein Häuslein um den vierten Teil des Preises eines Stadthauses.

Erst ab 1717 traf man in *Carols-Ruhe* auf Menschen, die geplant hatten, längerfristig in

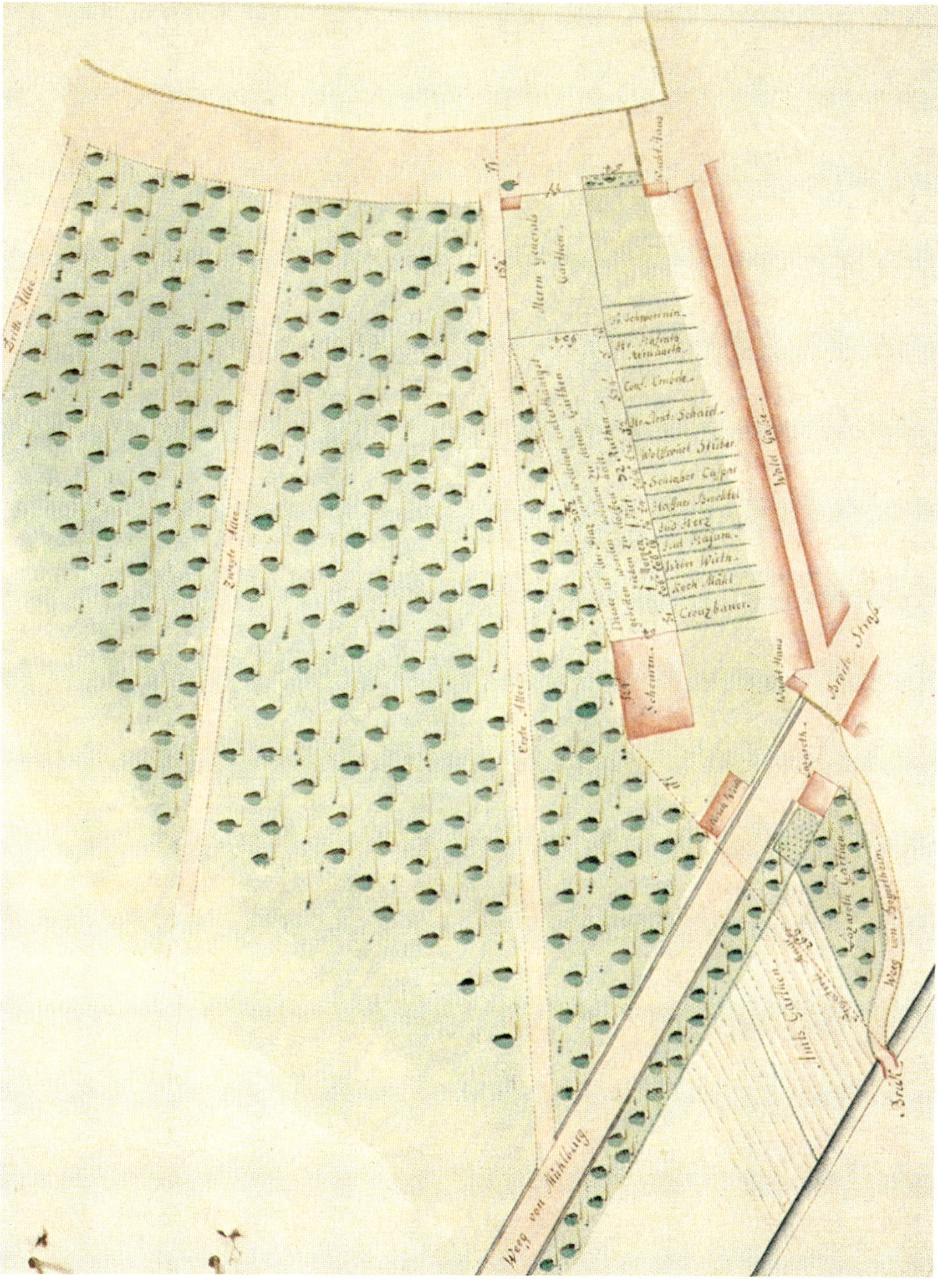

Zwar war die Stadt als „offene" Stadt, d. h. ohne Stadtmauer geplant gewesen, doch hatte man, um sich gegen „fremdes Gesindel" zu schützen, statt dessen Palisadenzäune errichtet. An der Waldgasse, dem westlichen Ende der Stadt, schlossen sich die Anwohner sogar zu einer privaten Mauerbauinitiative zusammen

der neuen Residenz zu bleiben. Den Küfer Johann Michael Necker hätte unser Reisender noch 1759 angetroffen. Necker war Anfang 1717 mit Frau und seinen beiden kleinen Kindern nach Karlsruhe gekommen. Er war gerade sechsunddreißig Jahre, erwarb die begehrte Stellung als Hofküfer und wurde in den ersten Stadtrat gewählt. Im Alter von achtundsechzig Jahren starb er dann, immer noch in Karlsruhe wohnhaft. Ganz ähnlich verlief der Lebensweg eines aus Stuttgart gebürtigen Barbiers. Rupp war wesentlich jünger als Necker, als er nach Karlsruhe kam. Gerade fünfundzwanzig Jahre, verheiratet, aber noch kinderlos. Auch er bewarb sich zunächst bei Hofe. Auf Grund seines erlernten Berufes hätte er die Aufgaben eines Kammerdieners übernehmen können, doch wurde er nicht gebraucht. So eröffnete er in der Stadt eine private Barbierstube. Wie Necker blieb Rupp bis zu seinem Lebensende anno 1758 in Karlsruhe, wie Necker saß Rupp die gesamte Zeit über im Stadtrat.[5]

Jeder der Zuzügler brachte natürlich seine eigene Geschichte mit. Sprache und Mentalität, Konfession und Berufsausbildung, Kapitalbesitz oder zurückgelassenes Land, auf das man notfalls zurückkehren konnte. Nach den Privilegien von 1715 war jeder willkommen, ob Lutheraner, Katholik oder Reformierter. Wer ein Haus baute, erwarb dadurch das Bürgerrecht. Der Hausbesitz war somit das alle Fremden verbindende und sie mit gleichen Rechten ausstattende Element. Für Juden galt das wie für Christen. Sie erhielten den gleichen Bürgerbrief und mußten nicht, wie in anderen Städten, dem Landesherrn Schutzgeld zahlen.

Nach 1722 wurde der Bürgerrechtserwerb schwieriger. Nun mußte man einen Vermögensnachweis von 200 Gulden erbringen, um als Bürger angenommen zu werden.[6] Das war vergleichsweise nicht viel. In Würzburg verlangte man 400 Gulden, und auch in Karlsruhe erhöhte man die Nachweispflicht 1752 auf 500 Gulden.[7] Ebenso war den Karlsruhern das Bürgereinkaufsgeld erlassen, das für gewöhnlich bei der Bürgeraufnahme zu zahlen war. In Pforzheim lag es 1721 immerhin bei 15 Gulden und betrug damit mehr als der Jahreslohn einer Durlacher Magd, oder anders gesehen: Das Bürgereinkaufsgeld von Pforzheim entsprach einem Viertel des Klein-Karlsruher Häuserpreises.[8]

Vor 1752 stellte es sich also vergleichsweise einfach dar, in Karlsruhe Bürger zu werden. Diese Konzessionen waren allerdings nicht ganz neu. Schon in Mühlburg hatte der Vater Karl Wilhelms 1670/1699 den Versuch gemacht, mit einer umfassenden Privilegierung Siedler anzulocken.[9]

Damals wollte es nicht recht glücken. Die Neugründung Karlsruhe entwickelte sich vielversprechender. Bis 1765 hatte die Einwohnerzahl Karlsruhes fast die der alten Residenz Durlach überrundet. Nach 1771 wuchs sie dann abermals kräftig, denn nun zog es viele Menschen auch aus dem angefallenen katholischen Landesteil in die Residenz. In jenem Jahr war die baden-badische Linie des Hauses Baden ausgestorben, und auf Grund des 1765 zwischen beiden Häusern abgeschlossenen Erbvertrages gewann der badendurlacher Regent diesen Landesteil hinzu. Karl Friedrich, der Enkel des Stadtgründers, vergrößerte damit sein Territorium auf etwa die doppelte Fläche.[10] Im Vergleich zu anderen neugegründeten Residenzstädten, Ludwigsburg etwa, stellte sich dieser Bevölkerungsanstieg eher gemächlich dar; genaugenommen zählte Karlsruhe, auch um 1800, als es die 10.000-Einwohnergrenze erreicht hatte (einschl. Klein-Karlsruhe), zu den kleineren Städten im Deutschen Reich. Sucht man nach den größten Städten am Ende des alten Reiches, so muß man Wien mit über 100.000 Einwohnern, dann Hamburg und Berlin, die zwischen 60.000 und 100.000 Einwohner zählten, und schließlich Köln nennen.[11] Wien besaß damals also etwa zehnmal so viele Einwohner wie Karlsruhe, heute sind es noch sechsmal so viele.

Kirchen, Bethaus und Synagoge

Die unterschiedlichen Voraussetzungen, die jeder einzelne Zuzügler mitbrachte, begannen erst allmählich eine deutlichere Rolle zu spielen. Anfangs verfaßten Christen und Juden gemeinsam Suppliken an den Markgrafen. Bei der ersten Ratswahl 1718 wurden sogar ein Katholik und ein Reformierter gewählt, die jedoch beide die Wahl nicht annahmen.[12] Es konnte in der ersten Zeit auch gar nicht so sehr ins Bewußtsein treten, daß der eine dieser Konfession, der andere jener zugehörte. Bis 1722 gab es in der Stadt keine Kirchen. Die Lutheraner besuchten den Gottesdienst in der Schloßkapelle. Sie war am Reformationsfest 1717 eingeweiht worden. Die Reformierten gingen nach Mühlburg, die Katholiken nach Bulach oder Beiertheim. Das religiöse Leben spielte sich in den ersten Jahren folglich außerhalb der Stadt ab. Mit der kirchlichen Organisation in Karlsruhe wurde es zur Angelegenheit der städtischen Gesellschaft. Für den Einwohner waren die Konfessionsunterschiede nun viel offensichtlicher. Sein Nachbar, Mieter oder Zunftgenosse gehörte einer anderen Kirchengemeinde an, und das spielte auch noch im frühen 18. Jahrhundert eine wichtige Rolle. Man definierte sich über seine Gemeindemitgliedschaft. Unmittelbar erfahrbar wurde dies bei Kirchenaustritten; sie waren nur bei Übertritt zu einer anderen Konfession möglich. Konfessionslosigkeit und damit einen Menschen ohne Kirchengemeinde gab es nicht.

Der Reformierte ging nun tagtäglich in die Kleine Kirche, die am Ende der Kreuzgasse gebaut worden war, der Lutheraner in die größere Kirche am Ende des Marktplatzes. Taufen, Trauungen und Beerdigungen, die wichtigsten Feste der damaligen Zeit, fanden nun sichtbar an verschiedenen Orten statt. Die unterschiedlichen Lokalitäten und Formen der Religionsausübung hemmten zwar den städtischen Gemeinsinn, doch hätte dies nicht unbedingt problematisch sein müssen. Zumindest zeigten sich innerhalb der Bevölkerung keine Anzeichen, die als massive Konflikte zwischen den christlichen Konfessionen gedeutet werden könnten, wie es zur gleichen Zeit in mehrkonfessionellen Reichsstädten an der Tagesordnung war. Dort ging es um alte, mit den einzelnen sozialen Gruppen verwachsene Rechtsansprüche, die in der jungen Residenzstadt Karlsruhe, ob ihrer Traditionslosigkeit, von vornherein fehlten. Die religiöse Toleranz war hier nicht zuletzt Resultat eines noch gering entwickelten kirchlichen Gruppenbewußtseins.[13]

Anderes galt für die beiden protestantischen Pfarrer, zumindest während der ersten Jahre. Zwischen ihnen entstanden Rivalitäten, wohl weil das Verhältnis zwischen beiden Konfessionen nicht genau definiert war. Der lutherische verstand sich als der Vertreter der Landeskonfession und damit dem reformierten Kollegen überlegen, der reformierte beanspruchte mit Verweis auf die Privilegien einen ebenbürtigen Status. Er konnte seinen Forderungen insofern Nachdruck verleihen, als er in direkter Verbindung zu den Schweizer Kantonen stand, die für die politische Situation der Markgrafschaft von Bedeutung waren.[14]

In den Streit um kirchliche Kompetenzanprüche in der neuen Residenzstadt mischten sich dogmatische Kontroversen um die rechte Lehre. Für die Gemeindemitglieder wurden diese *politica* darin deutlich, daß beide Seiten *controvers* zu predigen begannen, d. h., die Pfarrer konzentrierten sich in ihren Predigten auf die Widerlegung der anderen kirchlichen Lehrmeinung. Ganz offizielle Anlässe wie die Beerdigung der Frau Hofrätin Seubert wurden vom lutherischen Kirchenrat Krüger dazu genutzt. Sein reformierter Kollege Gysendörfer konnte da nicht ruhig bleiben. Er beschwerte sich beim Markgrafen: *Indessen ist gewiß, daß ich mich nicht unterstehe, in eine Evangelische Predigt zu gehen, auff daß ich nicht nöthig habe, solche sachen anzuhören. Auch in das künftige keiner einigen Leichsermon mehr beywohnen werde, weilen man auch in diesem anfanget wider uns zu predigen alß solche Leüt, die eine ärger lehr haben; wie erst vergangenen Sonntag Frau Rat Seubertin Begräbnuß zu Ärger der Herrn Evangelischen selbsten geschehen ist.* Kirchenrat Körner kommentierte den Beschwerdebrief am Rande nur mit folgendem Satz: *Ich, der Kirchenrat und Oberhofprediger, habe bey diesem Bergräbnus einige Errores Reformato Ecclessio* (d.s. Irrtümer in der reformierten Lehre) *angeführet und widerleget, solches aber mit all geziemender Moderation gethan.* An anderer Stelle, wo Gysendörfer dem Markgrafen beteuerte, *wie liebreich und brüderlich er sich mit denen Herren Evangelischen vertrage,* griff ihn Krüger an. *Wie liebreich sich dieser Pfarrer aufführet, ist daraus zu schließen, daß er sich auf Kundschaft leget, was hin und her im Lande wider die Reformierte Lehr geprediget wird und darüber ein Diarium führet.*[15] Die Konflikte bestanden in diesem Fall zwar zwischen den beiden Pfarrern, doch bedenkt man, welch großen Einfluß damals Pfarrer auf die Kirchgänger hatten, so konnte die Einwohnerschaft davon nicht gänzlich unberührt bleiben. Die sonntägliche Predigt bestimmte noch weitgehend das Denken der Leute. In vielen Dingen war der Pfarrer alleiniger Ratgeber.

Die Gruppe der Katholiken war immer größer als die der Reformierten. Das bedingte ganz einfach die geographische Lage der Markgrafschaft. Das baden-durlacher Unterland grenzte im Süden an die katholische Markgrafschaft Baden-Baden, das Oberland umschloß Vorderösterreich. Im Norden berührte das Unterland Gebiete des Fürstbistums Speyer und der konfessionell gemischten Kurpfalz. Die gemeinsamen Grenzen führten zwangsläufig dazu, daß wandernde Gesellen und Tagelöhner auch im fremdkonfessionellen Nachbarland nach Arbeit suchten. Für die Reformierten war der Weg weiter. Viele kamen aus den calvinistischen Kantonen der Schweizer Eidgenossenschaft, in den ersten Jahren nach der Stadtgründung auch aus Frankreich (Hugenotten) und der Kurpfalz. Bei einigen dieser ersten Karlsruher Reformierten handelte es sich um Glaubensflüchtlinge bzw. deren Nachkommen: 1683 hatte Ludwig XIV. das Toleranzedikt von Nantes aufgehoben. Damit waren die Reformierten in Frankreich der Verfolgung ausgesetzt. Wer die Möglichkeit hatte, floh über die Grenze. Weniger bekannt ist, daß auch aus der Kurpfalz Reformierte aus konfessionellen Gründen auswanderten. Nachdem 1685 die katholische Linie der Neuburger an die Regierung kam, wurde unter den drei christlichen Konfessionen zwar eine genaue Absprache getroffen, faktisch waren die überwiegend reformierten Protestanten dann doch benachteiligt.[16] Manch einen zog es deshalb in das tolerantere lutherische Baden-Durlach. Im Verlauf des 18. Jahrhunderts spielte Religionszugehörigkeit dann eine immer geringere Rolle. Im ausgehenden Jahrhundert überboten sich die aufgeklärt absolutistischen Fürsten mit toleranten Maßnahmen gegenüber religiösen Minderheiten, an der Spitze Joseph II. von Österreich mit seinen Toleranzpatenten für alle Protestanten und Griechisch-Orthodoxen (1781) und gegenüber den Juden (1782). Reformierte Glaubensflüchtlinge gab es in Karlsruhe nicht mehr, der Anteil der reformierten Einwohner sank. Umgekehrt zeigte sich die Entwicklung für die Katholiken. Auch sie waren anfangs „Flüchtlinge" – aus wirtschaftlichen Gründen. Italiener aus dem Gebiet um den Comer See und Tiroler wanderten in großer Zahl ins Deutsche Reich. In den Alpenländern und Norditalien herrschte damals große Not. Die Bevölkerung hatte sich stark vermehrt, die Gegend war für Getreideanbau schlecht geeignet. So wußte sich die von jeher arme Bevölkerung nur mit Emigration zu helfen.[17]

Auch unter den Katholiken nahm die Zahl der Weitgereisten schnell ab. Was blieb, war der Zuzug aus den katholischen Nachbarländern. Nach 1771 kamen sehr viele ehemalige baden-badische Untertanen in ihre neue Residenzstadt. Viele mittlere Beamte und mit ihnen Dienstboten, aber auch viele, die sich am Hofe Arbeit erhofften. Das „Dörfle", wo von

Beginn an viele Katholiken wohnten – einfach weil es meist ärmere Leute waren –, war schließlich zu einem vierten Teil katholisch.[18] Obwohl also die Katholiken zahlenmäßig stärker waren und obwohl es ihnen im ersten Privileg von 1715 versprochen worden war, wurden sie dennoch den protestantischen Konfessionen nicht ganz gleichgestellt. Sie erhielten kein Pfarreirecht.[19] Damit konnten sie keinen eigenen Pfarrer annehmen und auch keine Kirche bauen. Für den einzelnen bedeutete dies, daß er alle kirchlichen Handlungen, Taufe, Eheschließung und Beerdigung vom lutherischen Pfarrer vollziehen lassen mußte. Das waren damals obrigkeitliche Akte, und aus dieser Sicht ist die kirchliche Minderstellung der Katholiken auch verständlich. Der Markgraf hätte keine Kontrolle über seine katholischen Untertanen gehabt. Zwar hätte er, wie bei den Reformierten, den katholischen Pfarrer als seinen geistlichen Bedienten anstellen können, doch wäre dieser immer noch dem Bischof als seinem zweiten Herrn verpflichtet gewesen. Das konnte ein absoluter Fürst damals nicht freiwillig zulassen. Die Minderstellung wirkte sich jedoch kaum nachteilig auf die katholische Bevölkerung aus. Die Katholiken erhielten die Möglichkeit, sich an der Ecke von Lammstraße und Innerem Zirkel ein Bethaus einzurichten. Es gab darin einen *Kirchenraum mit Altar, Wandleuchter mit weißen Kerzen, eine Cantzel, Beichtstuhl, Communicantenbank und sieben verschlossene Stühle.*[20] Zwei Kapuziner aus Bruchsal lasen sonn- und feiertags die Messe. Alle zwei Wochen wurde gepredigt, nachmittags die Christenlehre gehalten und das Bittgebet gegen die Pest gebetet. An hohen Feiertagen hielten auch manchmal die Jesuiten aus Ettlingen den Gottesdienst. In diesen Räumen wurden die kirchlichen Handlungen, die zuvor vom lutherischen Geistlichen vollzogen worden waren, „auf katholisch“ wiederholt.

1730 zogen die Kapuziner ganz nach Karlsruhe. Der Markgraf ließ ihnen über dem Kirchenraum *eine große Stube und Cammer einräumen, auch behörige Matratzen und Dekken bringen, nicht weniger ihre Stube heitzen.* Er unterstützte sie auch finanziell. Warum lag dem Markgrafen soviel an den Kapuzinern? Zum einen war es gewiß ein persönlicher Zug. Er fühlte eine gewisse Affinität mit den Katholiken; zahlreiche beschäftigte er am Hofe. Was die Künstler, Musiker und Kunsthandwerker betraf, stellte das keine Besonderheit dar, denn die meisten unter ihnen waren – dem Kunstgeschmack der Zeit entsprechend – Italiener oder Franzosen und damit eo ipso katholisch. Aber auch unter den niederen Hofbediensteten gab es Katholiken. Über die persönliche Neigung hinaus war die markgräfliche Handlungsweise jedoch konsequent absolutistisch gedacht: besser die Kapuziner in der eigenen Stadt als ständig die Grenzen unkontrolliert überschreitende Patres. Im territorial zersplitterten Deutschen Reich des 18. Jahrhunderts blühte der Schmuggel, und an jedem Grenzübergang befürchtete der Herrscher politische Spionage. Außerdem konnten durch die Zulassung der Kapuzinerpatres die Jesuiten von Ettlingen, die eh und je bei protestantischen Fürsten unbeliebt waren, ferngehalten werden. So erhielten die Katholiken in Karlsruhe eine feste „Missionsstation“, wie das Bethaus genannt wurde. 1765 wurde es auf dem alten Platz errichtet (vgl. Abb. S. 26). Die Nachfahren dieser Kapuzinergemeinschaft sind heute in St. Franziskus/Weiherfeld tätig.

Daß offene Konflikte zwischen den Katholiken und den protestantischen Konfessionen ausblieben, erklärt sich auch aus dem deutlichen sozialen und ökonomischen Gefälle zwischen beiden Gruppen, zumindest bis zum letzten Drittel des Jahrhunderts. Die Katholiken spielten nie einen einflußreichen Part innerhalb der städtischen Bürgerschaft. Dazu waren sie zu sehr soziale Außenseiter: arme Handwerker oder Hofbedienstete. Anfangs gab es auch einige katholische Händler in der ökonomischen Oberschicht. Ein Handwerker, der katholische Schlosser Melchior Hugenest, war lange Jahre Zunftmeister. Aus

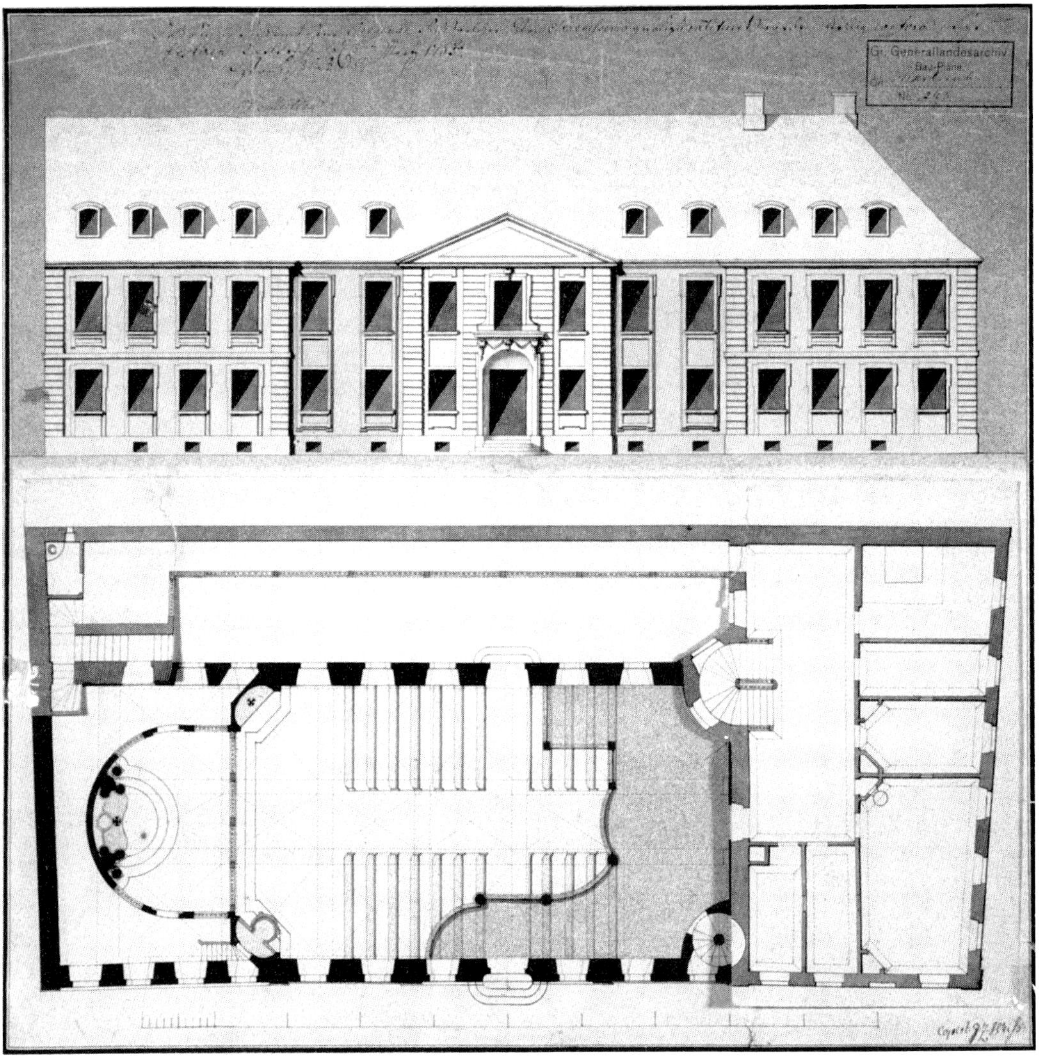

Grundriß und Aufriß des katholischen Bethauses

der Schlosserwerkstatt Hugenest stammt das große Eisentor, das heute östlich vom Schloß in den Fasanengarten führt. Nachdem 1771 vermehrt Beamte und höhergestellte Personen nach Karlsruhe zogen, spürte man jedoch auch auf Regierungsseite, daß die Einschränkung der katholischen Glaubenspraxis nicht mehr zeitgemäß war. Dem lutherischen Stadtvikar Ring war es fast peinlich, katholische Kinder taufen zu müssen. 1785 schrieb er an den Markgrafen, es ginge ihm sehr nahe, *Catholiken am Taufstein oder am Altar oder Grab zu sehen, die mit einem gewissen Unmuth dastehen und statt unseren einen ihrer Geistlichen herwünschen.*[21]

Die Juden spielten anfangs eine bedeutende Rolle in der Stadt. Durch die großzügige Privilegierung, die auch für sie galt, zog es sehr viele in die neue Residenz. Karlsruhe wurde zum jüdischen Zentrum der Markgrafschaft. Die Stadt zählte fast annähernd so viele Juden wie Mannheim, das seit 1670 ebenfalls günstige Lebensbedingungen für Juden aufwies. Für einige christliche Zuzügler, die aus Territorien kamen, wo es kaum Juden gab, wie in der Markgrafschaft Baden-Baden, wirkte dieses Bild zahlreicher langmänteliger und langbärtiger Männer wohl beängstigend. Es kam anfangs zu Ausfällen gegen Juden. 1718 wurde eine jüdische Frau von zwei Beamten tätlich angegriffen. Ein Jude wurde beschuldigt, er hätte bei Christen des Nachts an den Laden geklopft.[22] In einer Stadt voller fremder Gesichter war man zunächst mißtrauisch gegenüber dem anderen, vor allem gegen denjenigen, der sich so anders kleidete und gab. Man sprach einen jüdisch-deutschen Dialekt untereinander, schrieb seinen Namen in hebräischen Buchstaben.[23] Jeder männliche Jude konnte schreiben und lesen. Auch das unterschied ihn von manch einem christlichen Mitbürger.

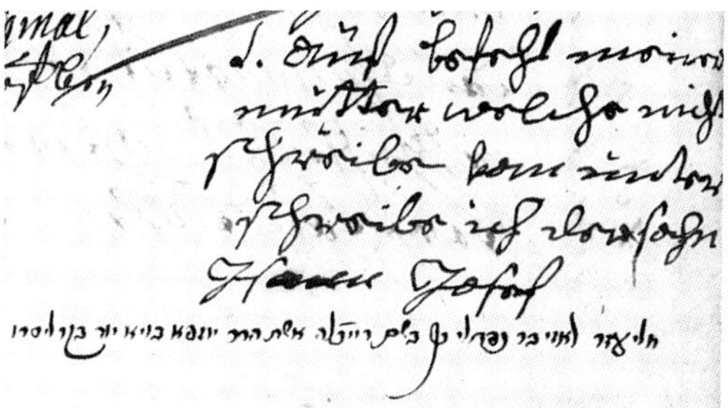

„Auf Befehl meiner Mutter, welche nicht schreiben kan, unterschreibe ich, der Sohn Isaac Josef"
Auszug aus dem Karlsruher Kontraktenprotokoll, 2. Januar 1726

Die Juden hielten samstags ihren Ruhetag, sangen ihre pijutim (synagogale Gesänge), die durch die wenigen Gassen der Stadt klangen. Die Christen gingen unterdessen ihren Geschäften nach. Sonntags darauf, wenn die christlichen Bürger in der Kirche waren, wollten die Juden das Versäumte nachholen. Sie öffneten ihre Krämerläden oder schlachteten. *Unter der Kirch* den Laden zu öffnen war verboten und wurde vom Stadtrat streng geahndet. Es ging dabei nicht nur um sonntägliche Ruhestörung, sondern um die zusätzliche und unkontrollierbare Konkurrenz. Sonntags zur Kirchzeit waren die Straßen leer. Kirchgang war Pflicht, nicht nur für die landesherrlichen Bedienten, für die es in der Hofordnung sogar ausdrücklich vorgeschrieben war. Auch die Katholiken mußten aus diesem Grund parallel zum protestantischen ihren Gottesdienst abhalten.[24] Um diese Zeit konnten sich die Juden unbeobachtet fühlen. Das war ein wichtiger Vorteil. Denn in zunehmendem Maße hatten die Christen versucht, kontrollierenden Einfluß auf ihre jüdischen Mitbürger zu bekommen. Sie wollten damit die starke jüdische Konkurrenz im Händler- und Metzgergewerbe ausschalten.[25] *Unter der Kirch*, das war also eine Zeit, während der viel Strafbares passieren konnte. Auch Christen machten sich dies zunutze. Kohlköpfe wurden in Nachbars Garten abgerissen, Kirschen vom Baum genommen. So wollte der Feldschütz Johannes Zieher Anfang November gesehen haben, wie der Sohn der Verkäuferin Leonora Bautzger eben *unter der Kirch* in den Garten Dominico Longos eingestiegen sei und dort Wirsing abgebrochen habe. Johann Jacobs Straftat wurde im Stadtrat verhandelt und die festgelegte Buße über 20 Kreuzer in den Stadtratsprotokollen festgehalten.[26] Über den Eintrag ließ sich diese, heute ungewöhnliche Verhaltensweise rekonstruieren.

Die Juden hatten wie die Christen 1718 die Erlaubnis erhalten, sich einen eigenen Schultheißen zu wählen. Bald darauf richteten sie ein Haus zur Synagoge und ein eigenes Schlachthaus ein. Sie bildeten eine unabhängige Gemeinde mit eigener Gemeindekasse. Das traditionelle jüdische Gemeindeverständnis machte keine Trennung zwischen religiöser und politischer Gemeinde. In den bürgerlichen Belangen waren die Juden jedoch wie die Christen dem Stadtrat unterstellt. Um unter sich ein Hausgeschäft zu tätigen, mußten sie aufs Rathaus und die Genehmigung einholen. Bis zu 10 Gulden konnte der Stadtrat Strafen über sie verhängen. Der

Konflikt zwischen politischer Autonomie und sozialer Integration war auch in anderen Städten mit jüdischer Minderheit vorhanden. In Karlsruhe hatte er in den ersten Jahren allerdings besonderes Gewicht. Da es verhältnismäßig viele Juden gab, unter denen sich auch die reichsten Stadtbürger befanden, und da sie vom Landesherrn die gleichen Rechte verliehen bekamen wie die Christen, wuchs das Selbstbewußtsein dieser Gruppe. Vermutlich verschärfte das Aufkeimen einer – psychologisch erklärbaren – Überfremdungsangst auf christlicher Seite die Spannungen. Man muß sich vorstellen, daß ein großer Teil der Häuser in jüdischem Besitz war. 1730 behauptete der Judenschultheiß Salomon Meyer in einer Petition an den Markgrafen, es handle sich dabei um ein Viertel aller Gebäude der Stadt.[27] Wahrscheinlich übertrieb Meyer ein wenig, um seine Bitte wirksamer zu machen. Doch ließen sich für die Mitte des Jahrhunderts immerhin ein Sechstel der Häuser in jüdischem Besitz nachweisen. Viele Juden wohnten in der Kronengasse (heute Kronenstraße), wo auch die Synagoge – damals einfach *Judenhaus* genannt – stand. Die Straße muß voll von jüdischen Kindern gewesen sein. Denn es gab vergleichsweise wenig Ledige unter den Juden, so daß die Kinderzahl im Vergleich zum Bevölkerungsanteil übergroß erschien.[28]

Die Lebenssituation der Juden veränderte sich über das Jahrhundert hinweg erheblich. Nach 1752 mußten sie zur Bürgeraufnahme einen wesentlich höheren Vermögensnachweis erbringen, gleichzeitig fiel ihre Schutzgeldfreiheit. Damit waren Juden, wie in anderen Städten auch, zu Schutzbürgern herabgesunken, deren Schutz aufkündbar war. Ausgewiesen wurde keiner der ansässigen Juden, doch hatte nunmehr nur noch ein Judensohn Anspruch auf das Schutzbürgerrecht. Die übrigen mußten abwandern. Unter den Bürgern hingegen wurde jeder Sohn in das städtische Bürgerrecht aufgenommen. Die Zahl der Juden konnte damit konstant gehalten werden. Das war der christlichen Bürgerschaft nur allzu recht. Von landesherrlicher Seite erfuhr die Judenschaft auch nicht mehr die Unterstützung wie vormals. Zur Gründungszeit war ihre Tätigkeit sehr wichtig gewesen. Als Händler brachten sie die nötigen Waren in die Stadt, die jüdischen Metzger sicherten anfangs einen großen Teil der Fleischversorgung der christlichen Bevölkerung. Die Juden bauten und bevölkerten. In der zweiten Hälfte des Jahrhunderts war all dies nicht mehr wichtig. Einige wenige reiche Juden hielten sich in der Stadt. Für die meisten war der wirtschaftliche Erfolg der Gründungszeit nicht von Dauer. Mit dem Auslaufen der Privilegien verschlechterte sich ihre Situation, viele verarmten. Das hatte auch Spannungen innerhalb der Judenschaft zur Folge, da die Wohlhabenderen für den Unterhalt der Ärmeren aufkommen mußten.[29] Nicht zuletzt fielen die *Betteljuden* in der Stadt besonders auf, weil sie nicht wie ihre christlichen Leidensgenossen Hintersassen in Klein-Karlsruhe werden konnten.[30] Dort wären sie wie diese separiert gewesen, hätten zugleich eine billigere Lebenssituation vorgefunden.

Bürger, Hintersassen und Klein-Karlsruher

Die ersten Karlsruher unterschieden sich nicht nur in ihrer Konfession untereinander. Sie brachten auch unterschiedlichen Besitz mit. Entweder Bargeld, das sie aus dem Verkauf ihres Heimatgutes erlöst hatten, oder einige Gegenstände der aufgelösten Haushaltungen, die sie auf Wagen in die Stadt transportierten. Die meisten besaßen kaum Rücklagen. Ob jemand viel oder wenig Bargeld bei der Ankunft in der Tasche hatte, war von entscheidender Bedeutung. Dadurch bestimmte sich nämlich der Rechtsstatus der Person, von welchem wiederum die Verdienstmöglichkeiten abhingen. Für einen christlichen Zuzügler gab es theoretisch drei Möglichkeiten. Besaß er nichts außer seinen Kleidern auf der Haut, blieb ihm nichts anderes übrig, als sich beim Markgrafen die Annahme zum Hintersassen in Klein-Karlsruhe zu erbitten.

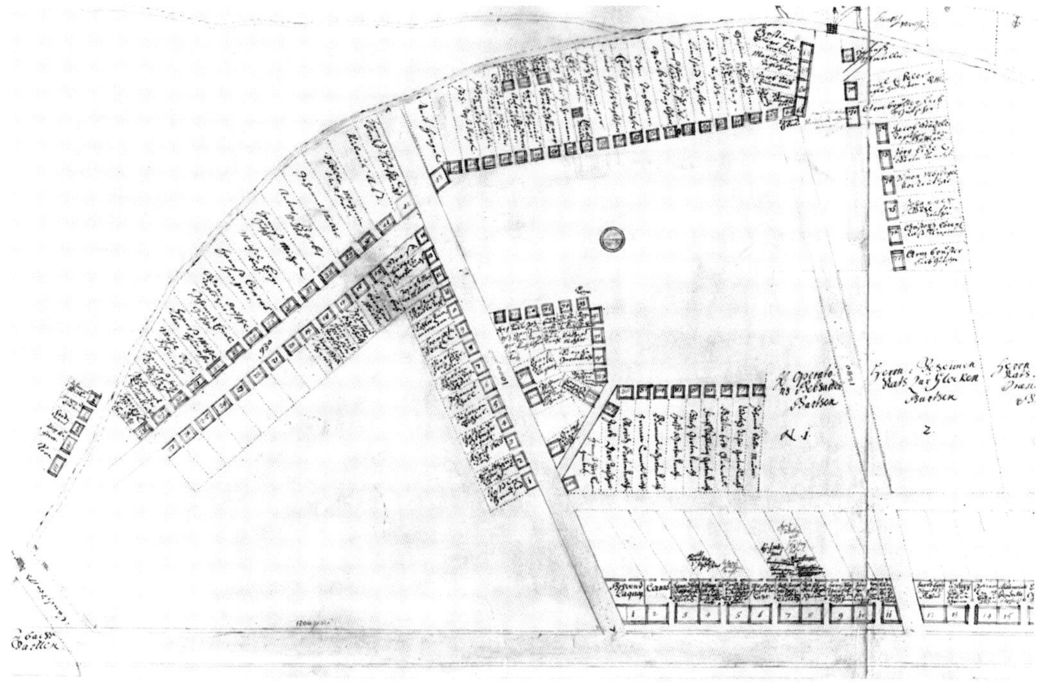

Lageplan Klein-Karlsruhe 1719. (Eingezeichnet sind die Hausbesitzer)

Dort konnte er sich zunächst bei jemandem einmieten, bis er sein eigenes Häuschen erbaut hatte oder es erbauen ließ. Das nötige Geld dazu konnte er nur in Tagelohnarbeit verdienen. Für den Hintersassenschutz hatte er dem Markgrafen Frondienste zu leisten. Diese bestanden z. B. in Bauarbeiten, später auch in Gartenarbeiten im Schloßgarten. Seit 1752 waren außerdem jährlich zwei Gulden zu entrichten.[31] Der Tagelöhner gehörte damit zu „denen im Dörfle“, den Ärmeren in Karlsruhe. Hier wohnten auch niedere Hofbedienstete, im letzten Drittel des Jahrhunderts außerdem sehr viele Soldaten; sie genossen im Gegensatz zu den Hintersassen Fronfreiheit (vgl. Abb.).

Verfügte der Zuzügler über etwas mehr Geld, war er vielleicht Handwerker in unzünftigem Gewerbe, so wird er bei der Stadt um Hintersassenannahme gebeten haben. Zwar waren die städtischen Mieten und Lebenshaltungskosten etwas höher, doch hatte er hier bessere Absatzbedingungen und mehr Lebenskomfort zu erwarten. Mit etwas Glück konnte er auch Unterstützung aus der Gemeindekasse erhalten. Im Normalfall war für die Armen aber das Oberamt zuständig. Hintersaß Johann Georg Hübscher war vom Schlag getroffen und dadurch arbeitsunfähig geworden. Er bat beim Rat um finanziellen Beistand, der ihm 4 Gulden 12 Kreuzer aus der Stadtkasse gab.[32] Nicht jeder notleidende Hintersasse wurde so großzügig behandelt. Hübscher war schon achtzehn Jahre in der Stadt, stammte überdies aus Durlach. Das wird die Ratsleute für ihn eingenommen haben. Außerdem herrschte in der Stadt bis zum Ende des Jahrhunderts ein Mangel an städtischen Hintersassen, insofern als die Hintersassen die städtischen Fronen verrichteten, die meisten der Tagelöhner jedoch aus finanziellen Gründen nach Klein-Karlsruhe zogen. Während die Durlacher Ratsleute ständig über ein Zuviel an Hintersassen klagten, 1734 wurde deren Zahl auf 50 Personen beschränkt,[33] zählte das Karlsruher Gemeinwesen gerade 30 Hintersassen.[34] Natürlich lag in jenen Jahren die Durlacher Bürgerzahl noch etwas höher als die in Karlsruhe, so daß sich hier kein direkter Vergleich ziehen läßt, doch legen die Aussagen hinsichtlich Angebot und Nachfrage nahe, daß Hintersassen in Karlsruhe ausgesprochen willkommen waren. Sie zahlten jährlich 2 Gulden Gebühr, jeweils an die markgräfliche und an die Gemeindekasse,[35] genossen dafür Schutz und Wohnrecht in der Stadt. Auch reiche Leute, welche die Bürgerpflichten wie Wachen und Einquartierungslasten vermeiden wollten, wählten diesen Rechtsstatus. Das berühmteste Beispiel war der Buchhändler Johann Michael Macklot, der über dreißig Jahre im Hintersassenstatus blieb, bis er 1788 als Hofbuchhändler in den Hofdienst übertrat.[36]

Die dritte Möglichkeit für einen Zuzügler bestand in der Bitte um Bürgerannahme. Dies bedeutete nun nicht nur eine höhere finanzielle Belastung, sondern auch eine engere Bindung an die Stadt. Die finanzielle Belastung lag in der bereits angesprochenen Kapitalnachweispflicht, im Bürgeraufnahmegeld, das entgegen den Privilegien von 1722[37] schon Mitte der vierziger Jahre erhoben wurde, der herrschaftlichen Schatzung (seit 1752) und den unregelmäßigen Umlagezahlungen. Die engere Bindung an die Stadt erwuchsen aus den Personal- und Reallasten. Jeder Bürger hatte sich am Wachdienst in der Stadt zu beteiligen und beim jährlichen Bürgeraufzug, an Philippi und Jacobi (1. Mai), anwesend zu sein. Fehlte er, so verhängte der Rat Bußgelder zwischen 15 Kreuzer und 30 Kreuzer, je nachdem ob das Ausbleiben als *mutwillig* oder nicht eingeschätzt wurde.[38] Besaß er ein Haus, so fielen auf den Hausbesitz umgelegte Steuern an, für die Stadtbeleuchtung, für die Straßenpflästerung. Da es in der Stadt keine Kaserne gab, hatte er Soldaten bei sich in Quartier zu nehmen. Der Hausbesitzer hatte für die Straßensäuberung zu sorgen, seit den sechziger Jahren mußte er sein Haus gegen Brand versichern lassen. Für alle diese Beschwerungen verfügte er jedoch auch über eine privilegierte Stellung, die insbesondere auf Handwerker zugeschnitten war. Das Bürgerrecht verlieh ihm einen Anspruch auf eine Meisterstelle und versprach das nämliche seinen Söhnen. In einer Zeit, in der die Meisterstellen so knapp waren, daß Gesellen um vierzig Jahre ältere Meisterwitwen heirateten[39] oder Handwerkerstöchter schwängerten[40], um so die Chancen auf eine Meisterstelle zu vergrößern, war man als Bürgersohn in einer begehrten Stellung. Aber auch im Alter war der Besitz des Bürgerrechtes von Vorteil. Anders als der Hintersassenstatus war das Bürgerrecht nicht aufkündbar, allenfalls durch Verfehlung verwirkbar. Konnte man seinen Lebensunterhalt nicht mehr bestreiten, so wurde man nicht vor die Tore verwiesen, sondern besaß einen Anspruch auf Unterhalt seitens der Bürgergemeinde.

Hintersasse von Klein-Karlsruhe, städtischer Hintersasse oder Bürger zu sein, bestimmte unmittelbar die täglichen Rechte und Pflichten, den Wohnplatz und das Ansehen. Außerhalb dieser drei Rechtsstellungen standen die Personen, die bei Hofe arbeiteten. Prinzipiell waren sie aus dem kommunalen Rechtskreis herausgenommen, waren weder Hintersassen noch Bürger, sondern *Hofverwandte*. Da viele jedoch in der Stadt wohnten, manche sogar im Nebenerwerb ein Gewerbe betrieben und damit wie die Bürger von ihrem Besitz Kommunalabgaben zu leisten hatten, traten jedoch auch sie häufig ins Bürgerrecht ein.

Kehren wir zu unserem Reisenden des Jahres 1765 zurück. Würden wir ihn ein wenig über Bürger- und Hintersassen in Karlsruhe ausfragen, so würde er uns vermutlich als erstes erzählen, daß es immer schwieriger geworden wäre, in Karlsruhe ins Bürgerrecht aufgenommen zu werden. Der Rat, der seit der zweiten Hälfte des Jahrhunderts die Antrittswünsche entgegennahm, würde diese immer kritischer begutachten und nach Ablehnungsgründen suchen. Trotzdem habe man eine

Chance, falls man an den Markgrafen selbst einen Bittbrief schriebe. So sei vor einigen Jahren der Händler Johannes Mallebrein aus Partenkirchen vom Rat abgewiesen worden, obgleich er über 1.500 Gulden Vermögen verfügte. Es gäbe schon zu viele Händler in der Stadt, und man erwarte noch einige Bürgersöhne, die gerade ihre Lehrzeit absolvierten; überdies sei Mallebrein Katholik, so hätte der Rat die Ablehnung begründet.[41] Mallebrein besäße nun seit einigen Jahren ein großes Haus an der Langen Straße zwischen Bären- und Kreuzgasse. Der Markgraf habe ihn persönlich zum Bürger angenommen. Es sei aber auch verständlich, daß der Rat mit Bürgerrechtsverleihungen vorsichtiger umgehe. Schon einige Hofleute habe er getroffen, die den Gedanken erwögen, sich über den Kauf des Bürgerrechtes abzusichern. Witwen von Hofbediensteten glaubten nämlich, so für ihre Kinder das Anrecht auf eine Meisterstelle erwerben zu können. Zum Kauf des Bürgerrechtes würden sie gar ihren letzten Kreuzer hergeben. Und die Hintersassen? Ihre Zahl würde ebenfalls ständig zunehmen. In der Stadt spüre man noch nichts davon, dafür um so deutlicher in Klein-Karlsruhe. Wenn dort die Einwohnerzahl weiterhin wüchse, so wäre alsbald nicht mehr das „Dörfle" sondern Karlsruhe Vorort der Residenz.

Diese beiden Beobachtungen setzten sich in den folgenden Jahren fort. Im Mai 1790 klagte der Stadtrat, *fürstliche Regierung solle doch der Stadt keine mit Häusern versehene Diener zu Bürgern aufbürden.*[42] Die Bürgeraufnahmegesuche wurden also vom Landesherrn befürwortet. Nicht zuletzt, weil mit der Bürgeraufnahme seit 1786 eine neue Form der Sozialversicherung verbunden war. Wer nun Bürger wurde, konnte Mitglied in der Bürgerwitwenkasse werden.[43] Für die Beamtenfrauen war dies neben der Fürstlichen Dienerkasse, die seit 1758 bestand und deren Mitgliedschaft verpflichtend war,[44] eine zusätzliche Absicherung. Der Markgraf konnte sich damit zusätzliche Unterstützung ersparen.

Was das Anwachsen Klein-Karlsruhes betraf, so zählte man 1796 genau 2.525 Personen und damit bereits ein Viertel der gesamten Einwohnerschaft.[45]

Arbeitsplatz Stadt und Arbeitsplatz Hof – Arbeiten

Eine Arbeit zu finden, sein Brot zu verdienen, das war das drängendste Motiv, das die Zuzügler in die neue Residenz zog. Man war dabei nicht unbedingt an seinen erlernten Beruf gebunden. Keine Zunftordnung schrieb in den ersten Jahren vor, daß nur ein Handwerksmeister bestimmte Produkte herstellen durfte. Jeder, der es sich zutraute, konnte es versuchen. Selbstverständlich fing nun nicht gerade ein Metzger mit dem Brotbacken an, dazu fehlten ihm die nötigen Kenntnisse und das Handwerkszeug. Seifensieden beispielsweise war leichter. Noch einfacher war es, in seinem Haus eine Wirtsstube einzurichten. Das Betreiben eines Wirtshauses oder eines Weinausschankes war vor 1752 ebenfalls unreglementiert, man mußte dazu keine Konzession erwerben. Sich mit Wirten etwas Zugeld zu verdienen, stand folglich jedem offen. Kaum einer ging nur einem einzigen Beruf nach. Zeittypisch waren die Unternehmungen des bereits schon erwähnten Italieners Dominico Longo. Hauptberuflich war er wohl Kaminfeger, daneben betätigte er sich als Händler und unterhielt das Gasthaus *Zu den drei Mohren*. Nach und nach wurden auf Wunsch der Handwerker einzelne Zünfte eingerichtet, in den Privilegien von 1752 auch für verbindlich erklärt.[46] Die berufliche Mobilität – oder wie es in der Zunftsprache hieß, das *Pfuschen* und die *Stümpeleien* – wurde dadurch selbstverständlich eingeschränkt, doch war der Berufswechsel nun auch nicht mehr so wichtig. In den ersten Jahren schuf die Zunftfreiheit den notwendigen Raum, in welchem sich der städtische Arbeitsmarkt einspielen konnte. Waren drei Barbiere in die neue Stadt zugezogen, so mußten sie nach und nach feststellen, daß es für alle drei nicht

genügend zu tun gab. Einer von ihnen konnte sich dann in der Stadt selbst eine andere Tätigkeit suchen, ohne gleich wieder fortziehen zu müssen. Die Zunftfreiheit führte allerdings auch zu Problemen. Die Gesellen blieben fort, weil sie von den Karlsruher Handwerkern keine Gesellenbriefe erwarten konnten, die für ein Weiterwandern Voraussetzung waren. Die Qualität der Produkte sank erheblich, nicht nur, weil manche Handwerker nun als Autodidakten antraten, sondern weil die zünftische Kontrolle fehlte. Auch den bereits etablierten Handwerkern lag an einer Zunftreglementierung. Nur so konnten sie sich gegen neue Konkurrenz wehren.
Spätestens nach 1752 zog in Karlsruhe ein Handwerkerleben ein, welches dem anderer landesherrlicher Städte vergleichbar war.
Die Schneider etwa hatten die alte Durlacher Schneiderordnung von 1699 übernommen.[47] Es wurden vier Obermeister gewählt, die vom Markgrafen bestätigt werden mußten. Sie bestimmten über die Aufnahme in die Zunft, verwalteten die Zunftkasse und Zunftlade und hatten die Strafgewalt über ihre Zunftgenossen. Hatte sich ein Junge nach Beendigung seiner Schulzeit entschlossen, das Schneiderhandwerk zu erlernen, so mußte er sich einen Meister suchen, der noch ohne Lehrjunge war. Nur immer einen Lehrjungen durfte ein Meister beschäftigen. Ging dieser dann als Geselle auf Wanderschaft, so hatte er zwei Jahre zu warten, bis er einen neuen annehmen durfte. Ausnahmen wurden nur gemacht, wenn der Meister seinen eigenen Sohn oder aber ein Waisenkind annahm. Die Zunftordnung begründete diese Sonderregelung nicht, doch spielte vermutlich auch das Lehrgeld eine Rolle. Denn für jeden fremden Lehrjungen erhielt der Meister 30 Gulden, bei Waisenkindern und den eigenen Söhnen ging er hingegen leer aus. Für den Lehrjungen begann eine 14tägige Probezeit, in der er und der Meister feststellen konnten, ob er sich zum Schneider eigne oder nicht. Die Hälfte des Lehrgeldes hatten die Eltern sofort zu bezahlen, die andere Hälfte nach eineinhalb Jahren Lehrzeit. So ermöglichte man es ärmeren Familien, die Ausbildung ihrer Kinder in Ratenzahlung zu finanzieren. 30 Gulden waren für einen Schneider viel Geld. Arbeitete er zu Hause, wo er für das Essen selbst aufkam, so durfte er für die Tagesarbeit 30 Kreuzer berechnen. Das Lehrgeld entsprach folglich einem Meisterlohn von 60 Tagen. Nach drei Jahren wurde der Lehrjunge losgesprochen; war er geschickt, konnte das Lossprechen auch etwas früher erfolgen, ganz nach dem Ermessen des Meisters. Er trat dann in den Gesellenstand ein. Damit begann der erste Schritt zum Erwachsenwerden. Der Junge war nun etwa 16 Jahre alt und verließ erstmals seine Heimatstadt. Einem Karlsruher Schneidergesellen wird es ähnlich ergangen sein wie dem preußischen Barbiergesellen Johann Dietz, der seine Erinnerungen an den Abschied von zu Hause festhielt:
Endlich wurde ich losgesprochen. Und das drei oder vier Wochen nach Michel (29. September, Anm. d. Verf.) *und gegen den Winter, da alle conditiones besetzet waren. Doch es half nichts, ich mußte fort. Man ließ mir ein neu Kleid machen von Tuch, die Elle funfzehen oder sechzehen Groschen. Bekam sechs Hemden und Halstücher. Item zehen Thaler Reisegeld. Ich bekam zwar eine Rekommendation nach Eisenberg; wollte aber weil es ein kleiner Ort und nicht viel Verdienst, solches nicht annehmen, sondern dingete mich auf eine Kutsche auf Berlin. Da denn die Mutter weinete und öfters sagete: Du lieber Sohn, wie wird dir's nun gehen, du reisest dahin und kennest niemand nicht. – Da ich sie denn getröstet: Ja, Mutter, der GOtt, der so viel tausend Menschen in der Frembde erhält, wird vor mich auch sorgen. – Der Vater solches hörende, sagte: Wann du den Glauben hast, so reise mit Frieden.*
Des andern Tages, umb elf Uhr, so zog ich in GOttes Namen aus, und ging der Vater mit bis in die Hausthüre mit diesem Spruch: Dein Lebenlang habe GOtt vor Augen und im Herzen und hüte Dich, daß du in keine Sünde willigest noch wider GOttes Gebot thust, so wird dir's

wohl gehen. – Die seelige Mutter und Schwestern aber gingen mit mir bis an den „Grünen Hof". Unter vielem Weinen nahmen sie auch Abschied und gingen nach Haus, ich aber in die weite Welt.[48] Ein Karlsruher Geselle wird sich in Richtung Straßburg oder Mannheim auf den Weg gemacht haben. Konnte er Zeugnisse von größeren Städten nachweisen, so wurde ihm ein Teil seiner Wanderzeit erlassen. Nach Karlsruhe selbst zog es viele Gesellen aus Württemberg. Kamen sie an die Stadttore, so wurde ihnen von den Wachen der Weg in die Herrengasse gewiesen. Dort in Schneider Hardnagels Haus war die Zunftstube eingerichtet. Auf einer Tafel erfuhr er, welche der Schneidermeister gerade einen Gesellen suchten. Bis zu zwei Gesellen durfte ein Meister beschäftigen. Auch die Gesellenzeit begann mit einer Eingewöhnungsfrist von 14 Tagen. Verließ der Geselle den Meister dann wieder, so mußte er auch die Stadt verlassen. Mit dieser Vorschrift wollte man das nur Streit verursachende Überwechseln in eine andere Werkstatt vermeiden. Gute Gesellen waren gefragt, nicht selten versuchte der eine Meister, dem anderen einen Gesellen „abspenstig" zu machen. Der Geselle wohnte, wie auch der Lehrjunge, im Haus des Meisters, erhielt freie Kost und Logis und einen Wochenlohn, der nicht mehr als 24 Kreuzer betragen durfte. Innerhalb von zwei Wochen stand dem Gesellen ein freier Tag zu. Dabei waren die Fest- und Feiertage nicht einberechnet. Auch an diesem freien Tag mußte der Meister für das Essen des Gesellen sorgen. Nur wenn der Geselle unerlaubt einen Tag „feierte", durfte ihm das Essen verweigert werden. Fehlte er über diese Zeit hinaus, so wurde ihm der Wochenlohn gekürzt.

Für manch einen Schneidergesellen war Karlsruhe die Endstation seiner Wanderschaft. Wollte er sich um eine Meisterstelle bewerben, so mußte er sich zunächst um das Bürgerrecht bemühen. Das war, wie gesagt, schwierig. Gute Chancen hatte man als Landeskind, sehr gute, wenn man innerhalb des Oberamtes Karlsruhe geboren war. Ausländer hatten meist nur über eine Witwenheirat eine Chance. So ein Schmiedegeselle aus dem Elsaß, der um das Bürgerrecht bat und zugleich um die Hand der Hofschmidtwitwe Müller anhielt. Der Stadtrat beurteilte diesen Fall ausnahmsweise wohlwollend, *ohngeachtet die Schmidt Müllerin und ihr Verlobter um denen Jahren weit unterschieden seien, so sehe man hierorts wohl ein, daß sie das weitläuftige Handwerk nicht wohl ohne einen Mann, der demselben gewachsen, wohl fortfahren könne.*[49] War man ins Bürgerrecht *rezipiert*, so war es sehr wahrscheinlich, daß man auch in der Zunft Aufnahme fand. Nicht zuletzt, weil im Rat häufig Zunftmeister saßen. Zum Bürgereinkaufsgeld kamen nun aber auch noch die finanziellen Belastungen der Meisteraufnahme, zunächst das Aufnahmegeld. Hier sah die Zunftordnung eine Staffelung vor. Ein Meistersohn zahlte nur 2 Gulden 30 Kreuzer, ein Fremder hingegen fast das Doppelte (4 Gulden 15 Kreuzer). Außerdem mußte jedem der vier Obermeister ein Gulden als Entschädigung für die Begutachtung des Meisterstückes gezahlt werden. Das Meisterstück war denn auch die Legitimation des einzelnen Handwerkers, wenn er etwa in eine fremde Stadt zog. Im traditionellen Handwerk wurde die Meisteraufnahme mit dem Meistermahl beschlossen. Dieser Brauch wurde schon in Durlach nicht mehr gepflegt. Der Neumeister zahlte statt dessen 10 Gulden in die Zunftkasse. In ähnlicher Weise war das Leben der anderen zünftigen Handwerksberufe geregelt. Nach 1760 gab es sogar für alle baden-durlacher Zunftorganisationen gleich welcher Branche gemeinsame Rahmenverordnungen.[50] Zur Herstellung des Meisterstückes durfte nun nicht mehr länger als eine Woche veranschlagt werden, die Taxen für die Lossprechung wurden vereinheitlicht und manch anderes mehr. Auch durften jetzt mehr als nur zwei Gesellen beschäftigt werden. Die meisten Handwerker sahen diese Liberalisierung nicht gerne. Sie verstärkte den Konkurrenzdruck von seiten der wenigen größeren Betriebe und ließ es für die breite Masse ärmerer Handwerker, die häufig allein arbeiteten oder allenfalls einen Gehilfen hatten, noch schwieriger werden, sich finanziell über Wasser zu halten. Das waren Situationen, wie sie sich um die gleiche Zeit in vielen anderen gewerblich orientierten Städten fanden.[51]

Dennoch, die Arbeitswelt im Karlsruhe des 18. Jahrhunderts hatte ihre Besonderheiten, die man so in keiner anderen baden-durlacher Stadt antraf. Es gab in Karlsruhe den Hof, der das Berufsbild der Stadt entscheidend prägte und auch Einfluß auf die städtischen Gewerbetreibenden nahm.

Adelige, aber auch bürgerliche Beamte hatten ganz andere Bedürfnisse als die bürgerliche Handwerkerschaft. Perücken, Kämme, Hüte, Seidenstrümpfe, Uhren und dergleichen Dinge waren in Residenzstädten gefragt, möglichst gefertigt nach der neuen französischen, später auch englischen Mode. Wenngleich die markgräfliche Familie den größten Teil ihrer Luxusartikel direkt aus Frankreich bezog, so gab es dafür genügend Aufträge seitens der Beamtenschaft, die dem Hofstandard entsprechen wollte und sich mit billigeren Plagiaten aus Karlsruher Produktion begnügten. Diese „Spezialhandwerker" paßten nun nicht so recht in das traditionelle System einer Handwerkerschaft, wie es oben geschildert wurde. Einerseits waren es oft zu wenige, als daß sie sich zu einer eigenen Zunft hätten zusammenschließen können; andererseits war auch der Anschluß an verwandte Zünfte nicht unproblematisch. Die Uhrmacher und Büchsenmacher verbanden sich mit den Schlossern zu einer Sammelzunft, die das gesamte Oberamt umfaßte. Das Gewicht der Spezialisten innerhalb dieser Zunft war jedoch denkbar gering. Drei Büchsenmachern und einem Uhrmacher standen neun Schlosser gegenüber.[52] Es gab keine spezifischen Produktionsbestimmungen und keine Vorschrift für Meisterstück oder Ausbildung. Für diese eingezünfteten Spezialhandwerker, vor allem aber für die unzünftigen Spezialisten, spielte sich das Leben damit in weniger normierten Bahnen ab. Bei den Unzünftigen versuchte man, zumindest was die Ausbildung betraf, das traditionelle Handwerksrecht aufzunehmen und in privaten Verträgen festzulegen. Im Kontraktenprotokoll der Stadt Karlsruhe für das Jahr 1744 wurde ein Vertrag zwischen dem Lakaien Johann Heinrich Brunner und dem Perückenmacher La Fontaine niedergeschrieben. Er besagte, daß der Sohn Brunners auf drei Jahre zu La Fontaine in die Lehre gehen dürfe, ohne daß dem Perückenmacher ein Lehrgeld gezahlt werden müsse. Dafür behalte Brunner seinen Sohn das erste Jahr bei sich zu Hause. Auch verpflichtete er sich, seinem Sohn für die gesamte Zeit ein eigenes Bett anzuschaffen. Nach eineinhalb Jahren werde der Frau La Fontaine dann ein *Dukaten zur Erkenntlichkeit* gegeben. Falls La Fontaine vor Beendigung der Lehrzeit sterben würde, so müsse die Frau den Jungen dennoch bis zum Ende der Lehrzeit bei sich behalten[53] (vgl. Abb.). Manche Bestimmungen, wie die Dauer der Lehrzeit, waren dem traditionellen Handwerk entnommen; andere, wie die Tatsache, daß der Junge bei seinem Vater blieb, stellen individuelle Lösungen dar. La Fontaine wird vermutlich selbst nur über eine kleine Mietwohnung verfügt haben, so daß eine andere Möglichkeit ohnehin nicht vorhanden war. Die Perückenmacher wurden zu einer immer größeren Gruppe in der Stadt. Der Beruf geriet zum Modeberuf. Die Frisierkunst war auch tatsächlich gefragt, allerdings versuchten sich nun viele Fachfremde an dieser Tätigkeit. Hofbedienstete, Bodenwichser, Maurer, Stallknechte und sogar fürstliche Tagelöhner wurden von den Perückenmachern beim Markgrafen als Pfuscher angeklagt. Da der Markgraf den etablierten Perückenmachern einen zünftischen Zusammenschluß verwehrte, mußten sie weiter mit dieser Konkurrenz leben.

Auch für einen Handwerker im traditionellen Gewerbe bestand die Chance, in Hofkreise aufgenommen zu werden, dann nämlich, wenn es ihm gelang, Hofaufträge zu erhalten

Johann Ernst de La Fontaine, geb. 7. 3. 1740 Karlsruhe, gest. 10. 2. 1822 Karlsruhe
Dieses Mitglied der Familie La Fontaine avancierte später zum Hofperückenmacher

Maria Katharina de La Fontaine, geb. Schlotterbeck, 17. 5. 1754 Karlsruhe, gest. 23. 6. 1812 Karlsruhe
Johann Ernst de La Fontaine heiratete am 23. 2. 1768 die Tochter eines Karlsruher Handwerksmeisters

und irgendwann mit dem offiziellen Titel eines Hofhandwerkers belohnt zu werden. Seine Lebenssituation veränderte sich dadurch nicht unwesentlich. Er durfte nun immer wieder hinüber zu den herrschaftlichen Ämtern, wo er die Aufträge einholte oder fertiggestellte Ware ablieferte. Auf diese Weise gewann er nicht nur zusätzliche Einkünfte, sondern auch Ansehen innerhalb der Bürgerschaft. Noch einschneidender veränderte sich der Alltag für einen Handwerker, der eine Hofhandwerksstätte übernahm. Bei gleicher Tätigkeit wechselte er in seiner beruflichen Position vom Selbständigen zum Angestellten. Werkstatt, Werkzeug und Material bekam er nun gestellt. Die Einstellung der Gesellen und Lehrjungen konnte er selbst vornehmen, allerdings nur mit herrschaftlicher Zustimmung. Er sorgte für Kost und Logis des Gesindes und erhielt seine Auslagen in Geld erstattet. Für jeden neuberufenen Hofhandwerker, der in dieser Angestelltenform für den Hof arbeitete, wurde ein Arbeitsvertrag aufgesetzt und damit gleichsam eine persönliche Handwerksordnung geschaffen. Schreiner Riedel übernahm 1751 die Hofschreinerei. Er blieb in seinem Stadthaus wohnen, wurde jedoch verpflichtet, jeden Morgen pünktlich zur Arbeit zu erscheinen. Er durfte ausschließlich für den Hof arbeiten und mußte über seine Arbeitsleistung regelmäßig Buch führen. Dafür erhielt er eine Jahresbesoldung von 80 Gulden zuzüglich einiger Naturalien.[54]

Mit dem Übertritt ins Hofhandwerk veränderte sich auch seine rechtliche Stellung. Beging er eine Straftat, so wurde er direkt vor das Hofmarschallamt, vor die Personalbehörde des Hofes, zitiert. Früher mußte er bei kleineren Delikten dem Stadtrat Rede und Antwort stehen.

Noch stärker vom Hof vereinnahmt lebten

die anderen am Hofe im Dienst Stehenden. Neben der festen Arbeitszeit und der Besoldung waren sie in eine strenge Hierarchie eingebunden. Die Oberwaschmagd stand über der Leibwaschmagd, die wiederum war ranghöher als die ordentlichen Waschmägde und Näherinnen. Doch auch diese waren nicht das letzte Glied in der Befehlskette; fünf Tagelöhnerinnen beschäftigte die Hofwäscherei für die niedersten Arbeiten.

Am Hof gab es verschiedene Arbeitsbereiche.[55] Da war der markgräfliche Civilstaat, der alle in den Behörden beschäftigten Personen umfaßte, die Beamten bis hinunter zum Kanzleidiener oder Türwächter; dann der vom Marschallamt geführte Hofhaushalt, der sich, wie jeder große Haushalt, nach den Bereichen Küche, Wäscherei, Möbelverwaltung usw. organisierte. Ausgegliedert war hier die Wartung des Transportwesens, die Pferde und Kutschen. Sie unterstanden dem Marstallamt. Daneben führten Mitglieder der markgräflichen Familie noch einen persönlichen Hofstaat. In allen Arbeitsfeldern gab es Aufgaben für einfache Leute. Man erlernte seine Tätigkeit zumeist erst dort. Die beiden Kaffeemägde in der Kaffeesiederei werden vermutlich erst am Hofe mit dem neuen Getränk Kaffee in Berührung gekommen sein. Stellten sie sich geschickt an, so hatten sie die Möglichkeit, einmal in eine höhere Position zu gelangen. Wahrscheinlicher war es, vorab von einem anderen Hofbediensteten geheiratet zu werden. Bevorzugt geheiratet wurden die fürstlichen Garderobenmägde. Auch ambitionierte Stadtbürger holten sie sich gerne zur Frau. Sie waren von standesgemäßer Herkunft, Bürgerstöchter aus Pforzheim, Durlach oder dem Oberland, und hatten sich außerdem im Umgang mit Hofleuten bewährt. Was konnte einem Handwerker, der sich um Hofaufträge bemühte, Besseres passieren, als eine solche Meisterin für seine Werkstatt zu bekommen? Eine große Gruppe am Hofe bildeten die herrschaftlichen Knechte. Sie arbeiteten in den Stallungen oder beim Bauwesen. Nicht alle bezogen eine feste Besoldung. Die Tagelöhner unter ihnen arbeiteten *auf Zettul*, d. h. daß sie des Morgens nach Gottesau zum Baufuhrstall, zur Gärtnerei oder zum Marstall am Schloß gingen und nach Arbeit fragten. War Holz zu fällen oder waren Steine auszuladen, so erledigten sie diese Aufträge und ließen sich dafür vom *Zettulschreiber* eine Bescheinigung über ihre Arbeit und ihren Lohn ausstellen. Mit diesem Zettel konnten sie sich dann bei der Kassenverwaltung das Geld abholen. Nach dem gleichen Prinzip wurden auch die Tagelöhner bei der Stadt bezahlt.

Die Höhe des Lohnes richtete sich nach einer landesherrlich erlassenen Taxordnung. Mit ihr wurden jedoch keinesfalls Mindestlöhne festgesetzt, wie dies heutzutage in Tarifabschlüssen der Fall ist. Vielmehr handelte es sich dabei um Höchstlöhne. Der Arbeitgeber durfte dem Tagelöhner nicht mehr als 18 Kreuzer bezahlen[56] (vgl. Abb. S. 37).

Hintergrund dieser Höchstlohnregelung war die Überzeugung seitens der Obrigkeit, daß die Arbeitslust der ärmeren Bevölkerung nur erhalten bleiben könne, wenn man sie am Existenzminimum leben ließ. Geht man davon aus, daß ein Tagelöhner 240 Tage im Jahr Arbeit fand, so kam er auf einen durchschnittlichen Wochenlohn von 1 Gulden 30 Kreuzer. Zwei Drittel bis drei Viertel des Arbeitseinkommens mußte man in der zweiten Hälfte des Jahrhunderts für den Nahrungsbedarf ausgeben. Davon konnte sich der Tagelöhner 1765 etwa 12 kg Schwarzbrot kaufen. Das reichte gerade für ihn aus .[57] Auch lag er mit seinem Lohn über dem von der Armenfürsorge veranschlagten Existenzminimum von 1 Gulden 7 Kreuzer. Allerdings fand ein Tagelöhner nicht jeden Tag Arbeit, auch handelt es sich bei der Berechnungsgrundlage wie bemerkt um den Höchstlohn. Gewiß ist jedenfalls, daß der Tagelöhner ohne anderweitige Einkünfte nicht in der Lage war, eine Familie zu ernähren. Dienstboten gab es natürlich auch in der Stadt. Viele der Handwerker hatten mindestens eine Magd, manche auch einen Knecht. Die Beamten benötigten

Stadt Carlsruher

Tax-Ordnung,

Wornach sich künftighin, sowohl die Zimmerleut, Maurer, Taglöhner, Heubinder, Acker-Bauleut, Holz-Säger, als auch Fuhrleute und Strohschneider, bey Strafe, richten sollen.

Zimmerleute und Maurer.

Sommers Zeit dem Meister.

dem Gesellen.

Winters Zeit dem Meister.

dem Gesellen.

Weilen deren ihr Taglohn veränderlich, als hat man sich jederzeit hauptsächlich nach dem Herrschaftlichen Tax zu richten.

Handlanger.

Im Sommer täglich 18. kr.

Im Winter 15. kr.

Taglohn insgemein.

Sommer-Taglohn.

Ein Mann, ohne Kost, 18. kr.

Eine Frau 12. kr.

Ein Mann, mit der Kost. 10. kr.

Eine Frau. 6. kr.

Winter-Taglohn.

Ein Mann, ohne Kost, 15. kr.

Eine Frau 10. kr.

Ein Mann, mit der Kost, 8. kr.

Eine Frau 5. kr.

Worunter Treschen, Hacken, und aller Taglohn verstanden.

Wascher-Lohn.

So Morgens um 2. oder 3. Uhr angehet, nebst der Kost, täglich. 12. kr.

Die Sommer-Taglohn gehen an den 17. Merz auf Gertruden-Tag.

Die Winter-Taglohn aber gehen an auf Gallen-Tag.

Wochen-Lohn.

Nebst der Kost, sowohl Sonn- als Feyertags, gleich dem Gesind,

Sommers einem Mann 36 kr.

einer Frau 26. kr.

Winters einem Mann 26. kr.

einer Frau 20. kr.

Holzsäger-Lohn.

Von einem Meß Herrschaftlichen Holz zu sägen und zu spalten. 22. kr.

Zu sägen allein. 12. kr.

Von einem Meß Holz aber, so durch Bauren zum Verkauf eingeführet wird.

Zu sägen und zu spalten 18. kr.

Zu sägen allein 10. kr.

Und von der Stund zu sägen oder zu spalten 2. kr.

Botten-Lohn.

Einem Mann von einer Meile Wegs überhaupt hin- und her 15. kr.

Brunnenbuzer-Lohn.

Von einem Brunnen sauber zu butzen 30. kr.

Heubinder-Lohn.

Von einem Centner Heu, den Bund zu 21. Pfund. 1½. kr.

Acker-Lohn.

Von einem Morgen Ackers zu ackern, zu säen, und zu egen. 1. fl.

Zum Welschkorn zu ackern. 48. kr.

Zu brachen oder zu stürzen. 40. kr.

Schneiden und Mähen.

Ein Morgen Ackers zu schneiden und zu binden. 1. fl.

Nebst ein Laib Brod.

Ein Morgen Ackers zu schneiden allein. 40. kr.

Nebst ein Laib Brod und einer Suppe, aber von ihrem Brod einzuschneiden.

Ein Morgen Wiesen zu mähen und zu heuen 40. kr.

Zu mähen allein. 20. kr.

Von einem Morgen Ackers zu hacken. 1. fl.

Fuhrlohn.

Von einem Wagen Mist mit aufgelegten Leitern, und 4. Pferdten bis an die Scheid der Marckthum. 15. kr.

Besser herein. 12. kr.

In der Nähe. 10. kr.

Mit 3. Pferdten, bis an die Scheid. 12. kr.

Besser herein. 10. kr.

In der Nähe. 8. kr.

Von einem Wagen Frucht, Welschkorn, Rieben rc.

An der Scheid. 15. kr.

Besser herein. 12. kr.

Von einem Karch. 8. kr.

Leimen vom Wagen. 16. kr.

Vom Karch. 8. kr.

Strohschneider-Lohn.

Sommers Zeit täglich. 24. kr.

Winters Zeit aber 18. kr.

Carlsruhe den 5. Julii 1752.

Burgermeister und Rath allda.

Tax-Ordnung der Stadt Karlsruhe vom 5. Juli 1757, mit welcher der Stadtrat Höchstlöhne für Taglöhner und Handwerker festsetzte

meistens mehr Dienstpersonal. Im Gegensatz zu den Handwerkern, unter denen es kaum Ledige, allenfalls Witwer gab, waren sie häufig unverheiratet. Bis zur Jahrhundertmitte genossen die meisten noch Hofkost, d. h. daß sie als Teil ihrer Besoldung das Recht erhielten, ihre Mahlzeiten am Hofe einzunehmen. Die Hofkost wurde allmählich durch monetäre Auszahlung, das *Kostgeld*, ersetzt.[58] Die Beamten kamen folglich nicht umhin, sich einen eigenen Haushalt aufzubauen, Koch, Mägde und Knechte anzustellen. Es war ihnen nicht unrecht, konnten sie so ihrem eigenen Repräsentationsbedürfnis nachkommen. Unter diesem Aspekt galten Dienstboten in Privathäusern, mehr noch als am Hofe, als Repräsentationsobjekte. Wenn ein Beamter seine Bediensteten mit schönen Livreen ausstattete, diente das in erster Linie seiner eigenen Reputation und mußte nicht unbedingt mit Wohlwollen gegenüber den Untergebenen verbunden gewesen sein. Umgekehrt hatte der Bedienstete am Prestige seiner Herrschaft innerhalb der Stadt unmittelbar Anteil. Er stieg und fiel mit jenem, und so konnte ihm nur daran gelegen sein, seinem Dienstherrn keine Schande zu machen, denn als Dienstbote gehörte man zur Familie. Wollte ein Dienstmädchen heiraten, so konnte es dies nur mit Einwilligung des Hausherrn tun. Es durfte abends nicht außer Haus, mußte vielmehr ständig zur Verfügung

stehen. Auch für die Bediensteten, die im Schloßbereich wohnten, galt diese Haussässigkeit. Im Winter um neun Uhr abends, sommers um zehn Uhr wurde der Zaun, der die Schloßgemarkung von der Stadt trennte, geschlossen. Wer zu spät kam, wurde beim ersten Mal bestraft, beim zweiten Mal entlassen.[59]
Die Besoldung am Hofe lag nicht unbedingt höher als die in der Stadt. Auch die Hofmägde erhielten kaum mehr als 10–20 Gulden Jahreslohn. Was den Hofdienst attraktiv machte, war wohl eher die Atmosphäre, von der man täglich umgeben war.
Völlig unbeachtet blieb bisher die Gruppe der Händler. Hatten sie einen besonderen Tagesablauf, der sich von dem der Handwerker abhob? Die großen Kaufleute gewiß. Sie reisten häufig zu den Messen nach Frankfurt, Leipzig und Hamburg und verstanden sich deshalb weniger als wirkliche Stadtbürger. Das galt allerdings nur für einige Kaufleute, zumeist solche, die auch für den Hof arbeiteten, den jüdischen Hoffaktor etwa. Die meisten Händler der Stadt waren hingegen kleine Krämer. Ein großer Teil war Juden, die mit vielen Dingen handelten. Die christlichen Krämer betrieben oftmals noch ein anderes Gewerbe. Ein Wirt konnte leicht ein Zimmer in seinem Wirtshaus als Kramladen einrichten und so seine Gäste gleichzeitig zum Kauf anregen.

Von der Baraque zum Steinhaus – Wohnen

Ein Dach über dem Kopf zu haben, war für einen Zuzügler nicht minder wichtig als über einen Arbeitsplatz zu verfügen. Von den *Baraquen*, welche die ersten Schloßarbeiter in den Hardtwald stellten, wurde schon erzählt. Um einer solch willkürlichen und unsoliden Bauweise vorzubeugen, hatte der Markgraf 1715 verfügt, daß *zu mehrerer Zierde und Gleichheit des Orts ein durchgehendes Modell* als Bauvorlage dienen solle.[60] Dieses Modell sah einen Holzfachwerkbau vor. Das Fundament war gemauert, darüber wurde aus Holzbalken ein Rohbau errichtet, dessen Zwischenräume mit Lehm und Stroh auszufüllen waren. In den Privilegien von 1752 wurde dann ein neues Modell vorgeschrieben. Nun mußte man in Stein bauen, an Stelle des Mansardendachs sollte nun ein zweiter Stock gebaut werden (vgl. Abb. S. 40 f.).
Bauplatz, Holz und Sand bekamen die Neubürger umsonst. Auch hier ging alles nach dem Zettelsystem. Wer einen Bürgerbrief besaß, erhielt auf dem Bauamt einen Schein, mit dem er zum Forstamt gehen konnte, das ihm dann einen Platz im Wald zuwies, den er ausstocken durfte. Auf diese Weise erhielt der Markgraf zusätzliches Rodungsareal für die Stadtanlage. Ganz kostenfrei konnten sich auch zur Gründungszeit die Zuzügler nicht ansiedeln. Steine, Kalk, Ziegel wurden außerdem benötigt, auch mußte das Holz erst bearbeitet werden. Für ein neuerbautes großes Eckhaus zahlte man immerhin 620 Gulden. Metzger Schöndorf, Schultheiß aus Otterberg (Kurpfalz), hatte sich entschlossen, in die neue baden-durlacher Residenz zu ziehen. Bis Martini 1718 wollte er ein einzugsbereites Haus vorfinden. Im August 1717 kaufte er vom Markgrafen das Eckhaus an der Kreuzgasse, das gerade im Rohbau stand. 420 Gulden bezahlte er bar, davon 200 Gulden direkt an die Zimmerleute. Der vollständige Ausbau wurde dem Baujuden Joseph, dem ersten Karlsruher „Makler“, übertragen. Die restlichen 200 Gulden beglich Schöndorf beim Einzug.[61] Fast immer wurden diese Hausgeschäfte in Ratenzahlung getätigt. Nicht selten zahlten die Zuzügler noch über viele Jahre an ihrem neuen Haus ab. Eine Möglichkeit, die Raten schneller begleichen zu können, war, sich einen Mieter einzulogieren. Metzger Schöndorf, der alsbald die Wirtschaft *Zum Kreuz* aufmachte, nahm sich den Maurer Mitterauer ins Haus. Bäcker Trautmann aus Schriesheim beherbergte drei Tagelöhner und einen Maurer in seinem Haus. Alle vier hatten ihre Frauen mit dabei, es wohnten folglich mindestens fünf Kleinfamilien beieinander. An diesem Beispiel läßt

sich weiter ablesen, daß gemischtkonfessionelles Wohnen durchaus üblich war. In dem erwähnten Haus in der Waldgasse wohnten Lutheraner, Katholik und Reformierter gemeinsam unter einem Dach.[62] Mit der Vermietung wurde auch spekuliert. Der Italiener Massino nahm den Händler Schickard auf drei Jahre bei sich auf. Die 160 Gulden Mietzins verwandte er, um auf dem Nachbarsgrundstück ein kleineres Häuslein errichten zu lassen, das er in dieser Zeit bewohnte. Nach den drei Jahren war er stolzer Besitzer von zwei Häusern.[63]

Häuserspekulation, Hauserwerb, aber auch Haustausch bestimmten das städtische Leben in den ersten Jahren nach der Gründung. Adam Röckle, dem Barbier, der sich, nachdem er in den Rat gewählt worden war, auch *Chirurg* nannte, gefiel es 1724 in der Kronengasse nicht mehr. Seitdem sich die jüdische Gemeinde dort ein Haus gekauft und ein Bethaus eingerichtet hatte, zogen immer mehr Juden in diese Straße.[64] Gerne tauschte er sein Haus gegen das von Schreiner Hepperditzel ein. Es lag in der Langen Straße (Kaiserstraße). Rechts und links wohnten bereits ehrbare Bürger: Posthalter Herzog und Kammerdiener Dill. Allerdings mußte Röckle einen Aufpreis von 112 Gulden zahlen, nicht nur wegen der Lage, sondern auch weil die Häuser in der Langen Straße neuer waren.[65]

Immer mehr Hausplätze wurden überbaut, Hausbau und fertiggestellte Häuser immer teurer. Flächenmäßig waren die Hausgrundrisse meist großzügig geplant. Nicht immer hielt man sich an die einheitlich geplante Breite von 40 Schuh (12 m), größere, aber auch viele kleinere Häuser wurden gebaut.

Um mehr Wohnraum für Privatbesitzer zu schaffen, begann man die Häuser zu teilen. Wie eine solche Teilung gedacht war, läßt sich heute leicht nachvollziehen. In den Kontraktenprotokollen der Stadt, den Büchern, in welchen alle Hausverträge notiert wurden, hielt man diese Teilungen genau fest. Im September 1739 hatten sich Barbier Hennig und Friedrich Geron gemeinsam ein Haus für 1.000 Gulden gekauft. Es handelte sich dabei um ein Eckhaus, welches sich ob seiner Größe gut teilen ließ. Der Eingang, der 12 Schuh maß (= 3,60 m), sollte *akkurat in der Mitte durchaus sowohl unten als oben im Stock und Dach mit einer Ziegelwand separiert werden.*[66] Das Haus besaß einen Keller. Um ihn aufzuteilen, zog man parallel zur Straße eine Lattenwand ein. Für den hinteren Teil mußte deshalb ein zweiter Eingang geschaffen werden, der zum Hof hin anzulegen war. Was von beiden Partien gemeinschaftlich genutzt werden durfte, sprach man ebenfalls genau ab. Hof und Einfahrt, der Speicher sowie der Brunnen im Hof. Die Schweineställe wurden wie das Haus geteilt, ein zweiter Holzlegeplatz geschaffen. Der Kuhstall hingegen sollte nur einem Haus zugehören. Auch für die Dunglege mußte gesorgt werden. Beide Besitzer kamen überein, daß im Hof kein Mistplatz angelegt werden dürfe und der Dung immer sofort außerhalb des Stadtbezirks in die Gärten oder an den hinteren Zirkel gebracht werden solle. Diese Regelung nahmen die Hauseigentümer schon deshalb auf, weil das Teilungsprojekt erst vom städtischen Baumeister und herrschaftlichen Werkmeister gemeinsam begutachtet und genehmigt werden mußte, von deren Seite ein großes Interesse an städtischer Reinlichkeit zu erwarten war. Zahlreiche solcher Teilungen fanden in diesen Jahren statt (vgl. Abb. S. 42). Öfters wurden sie jedoch stockwerkweise vorgenommen. Wie in anderen Städten auch war man nun häufig Besitzer einer Eigentumswohnung, eines *halben Hauses*, wie es damals hieß. Die Verteilung von Rechten und Pflichten zwischen den einzelnen Eigentümern wurde immer komplizierter. Noch ein Beispiel: 1765 verkaufte die Witwe des ehemaligen Stadtbaumeisters Singeisen ihr halbes Haus an den Schuhmacher Feyerabend. Es handelte sich dabei um das Erdgeschoß eines Hauses in der Kronengasse. Dazu gehörten drei Räume, nämlich Stube, Kammer und Laden sowie eine Küche nebst Küchenkammer. Eine zweite Kammer

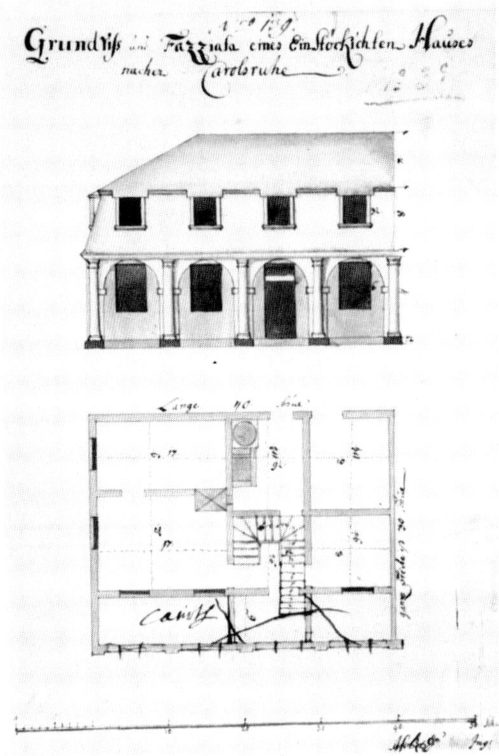

1. Modellhaus

Modellhaus Fasanenstraße 32/34

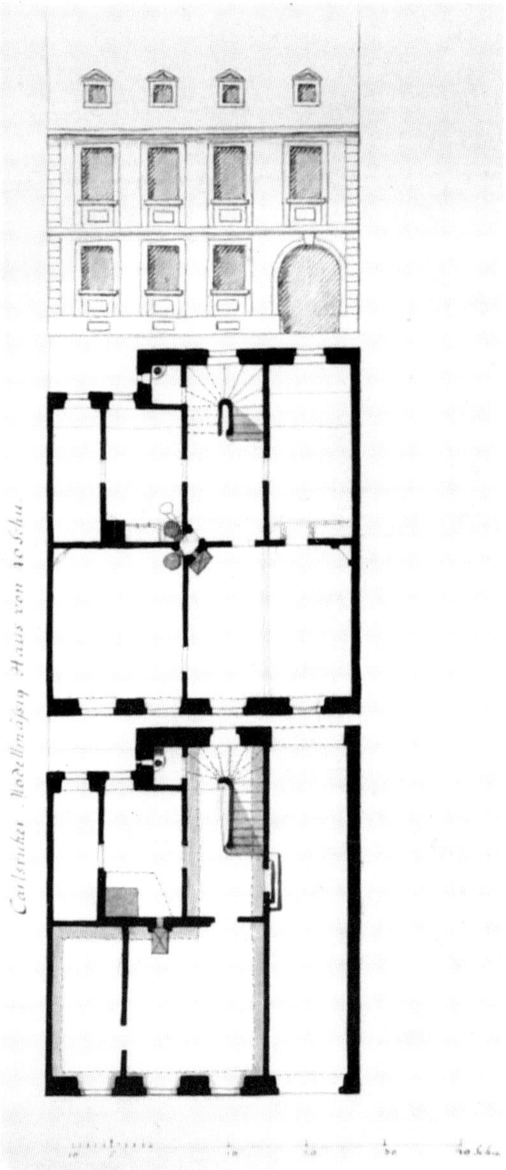

2. Modellhaus

Modellhaus Kronenstraße 9 (Aufnahme 1905)
Nach der Jahrhundertwende abgerissen
Beispiel für den Ausbau des Mansarddaches (1. Modell) entsprechend den Bauvorschriften von 1752 (2. Modell)

Modellhaus Kronenstraße 9
Hofansicht der alten Modellbauweise von 1715

Modellhaus Kronenstraße 14
Erstes Modell, einstöckig, mit Mansardgeschoß (von oben)

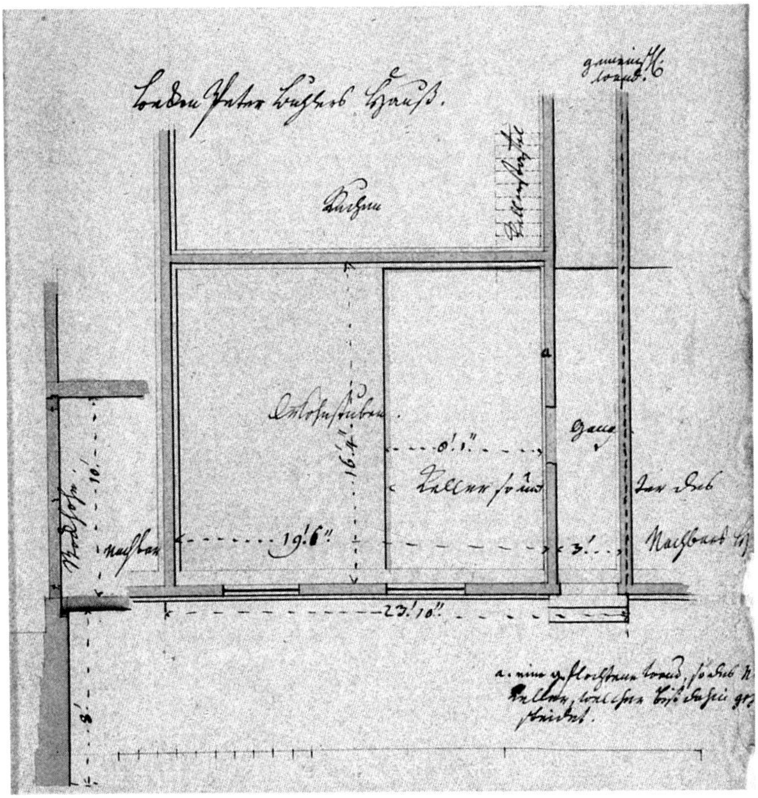

Haus Bäcker Bühler 1769 am Mühlburger Tor. Es handelt sich hier um einen nicht modellmäßigen Bau, die Hausbreite beträgt nur 23 Schuh. Ein Umbauvorhaben wurde 1769 wegen der geringen Breite für unzweckmäßig erklärt. Aus dem Grundriß geht weiter hervor, daß das Haus mit dem Nachbarhaus eine gemeinsame Wand besaß und auch der Keller unter beiden Häusern verbunden war, es muß ein geteiltes Haus gewesen sein

war im Hinterhaus vorhanden. Auch die Teilung der Wirtschaftsräume mußte hier nochmals genau festgelegt werden. Feyerabend fiel der *halbe Keller rechter Hand, halber Stall zur linken Hand nebst einem Schweinestall und halbem Garten linker Hand neben dem Maurer Bergmüller ingleichen einer Cammer auf dem Speicher neben dem bärischen Haus zu, wobey anzumerken,* so das Protokoll, *daß denen besitzern des oberen Stocks, Schneidermeister Friedrich Wiedmann und denen seinigen die Gerechtsame zuständig ist, durch die untere Küche in den Hof und Garten so oft als sie es benötigt zu gehen.*[67]

Es wurde langsam eng in der Stadt. Die ursprüngliche Stadtprojektion hatte eigentlich keine Erweiterung vorgesehen. Die Stadtanlage umfaßte die neun Radialstraßen, die im Süden von der Langen Straße begrenzt wurden. Das Stadtareal belief sich in seiner Nord-Süd-Ausdehnung auf knapp 500 m, in Ost-West-Richtung auf etwa 1.000 m. Um 1765 standen 328 Privathäuser auf diesem Terrain.[68] Berechnet man die sich um den Stadtkern legenden Gärten und Äcker mit ein, so erstreckte sich die städtische Gemarkung über etwa 158 ha. Für eine Stadterweiterung hätten sich zwei Möglichkeiten angeboten. Die Fächeranlage basierte ja auf einer Radialanlage. Von dieser waren aber erst neun Alleen bebaut, die übrigen 27 Alleen reichten in den Hardtwald, dienten unter Karl Wilhelm zur Erschließung seines Jagdreviers und hätten theoretisch zur Ausstockung freigegeben werden können. Dann wäre aber auch eine Verlängerung der bestehenden Gassen über die Lange Straße hinaus denkbar gewesen. Für die letzte Möglichkeit entschloß man sich just im Jahre 1765. Die Kronengasse wurde in Richtung auf das Dörfle verlängert.[69] Nach

1771 wurde die Erweiterung planmäßig angegangen, denn nun konnte man sich ungehindert nach Süden ausdehnen. Die baden-badische Grenze stand nicht mehr als Hemmnis entgegen (vgl. Abb.).

Bis 1790 boten insgesamt 407 Häuser Wohnraum. Viele der alten Gebäude waren außerdem aufgestockt oder erweitert worden. Das Stadtbild hatte seine Dimensionen verändert, aber auch seinen äußeren Anblick. Seit 1752 durften die Häuser nur noch aus Stein ausgebessert, neue Häuser ausschließlich als Steinbau erstellt werden. Der Steinbau entsprang nicht nur dem Wunsch, der Stadt ein solides, stadtgemäßes Aussehen zu verleihen. Aus Holz zu bauen war bei der steigenden Holznot des 18. Jahrhunderts schwieriger geworden. Der Baumbestand des Hardtwaldes war so niedergewirtschaftet worden, daß bereits in der Mitte des Jahrhunderts Brennholz aus den baden-badischen Gebieten importiert werden mußte.[70]

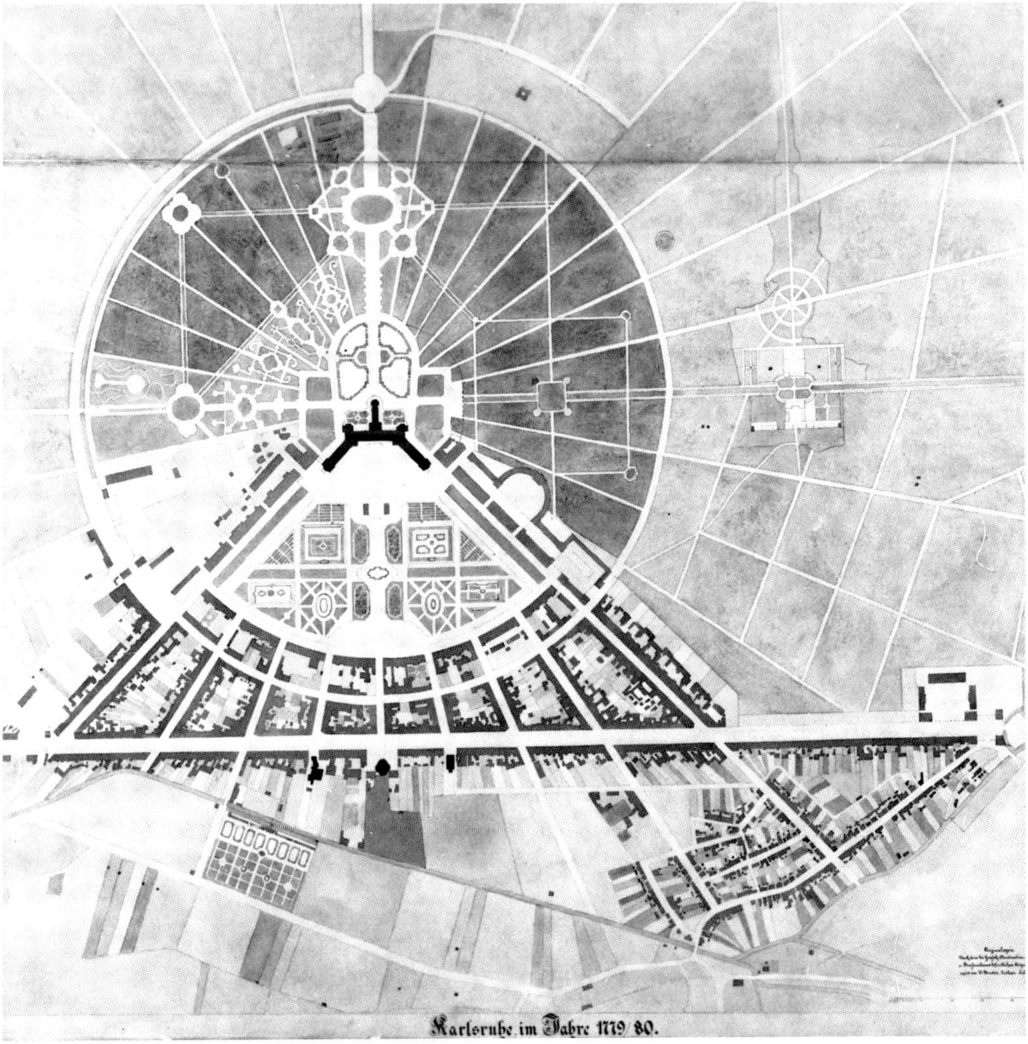

Stadtgrundriß 1779/1780. Im Südosten Klein-Karlsruhe

Die Häuser wurden nicht nur rot, sondern bunt angestrichen. Das war bereits in Durlach Usus gewesen, weiß, grau, gelb und rosa, wobei die Fassadengliederung jeweils in einer anderen Farbe gefaßt war. Die Gesimse waren grün eingefärbt.[71] Um die Farbigkeit der Karlsruher Häuser entstand sogar eine Sage: „In der Nähe von Karlsruhe stand einst ein rotes Häuschen. Welche Farbe es ursprünglich gehabt hatte, wußte man nicht; jedenfalls war es aber nicht rot gewesen. In manchen Nächten änderte es seine Farbe. Eines Morgens stand es blau da, ein andermal grün, dann wieder schwarz. Als es den Leuten zu toll wurde, gab ein Sachverständiger den Rat, an das Häuschen abends einen Hund zu binden, dann behielte es die Farbe. Das tat man, und am andern Morgen war der Hund tot. So blieb das Häuschen rot, wie es am Tage vorher gewesen war."[72] Vielleicht läßt sich aus der Geschichte lesen, daß es sehr wohl die Verordnung gab, die Häuser ausschließlich rot zu streichen, die Hausbesitzer jedoch, aus welchen Gründen auch immer, sich nicht daran halten wollten. In den Quellen schlug sich diese Farbenfrage jedenfalls nicht nieder.

Auch was den äußeren Komfort betraf, stieg die Lebensqualität in der Stadt. Bis 1778 waren die Straßen gepflastert, dann begann man mit der Einrichtung einer Straßenbeleuchtung. Zwei Jahre später brannten 384 Öllaternen in der Stadt, 51 in Klein-Karlsruhe.[73] Damit verlor das nächtliche Stadtleben einerseits von seiner bedrohlichen Unheimlichkeit, andererseits aber auch von seiner schützenden Heimlichkeit. Zuvor waren die Leute früh schlafen gegangen – zwangsläufig – denn, wenn nicht gerade der Vollmond schien, konnte man sich in den Gassen nur schwer zurechtfinden. Außerdem hatte man sich vor dem Lumpengesindel geängstigt, das man in der Dunkelheit vermutete, und so waren früh die Läden geschlossen worden. Unter den brennenden Lampen, die seit den achtziger Jahren an Seilen über den Gassen hingen, fand nun ein jeder unschwer seinen Weg durch die Stadt. Man blieb länger auf, auch die Sperrstunde war inzwischen von 22 auf 23 Uhr verlängert worden. Allerdings waren die Wege, die man nachts einschlug, nun auch für die Polizeistreifen besser erkennbar, und das war auch das Motiv der Obrigkeit, die Beleuchtung zu veranlassen. Die Stadt sollte dadurch besser kontrollierbar sein.

Das Wohnen in der Stadt unterlag während der ersten 50 Jahre zweifellos einem starken Wandel, die Wohnqualität war der einer kleineren Residenzstadt angepaßt worden. Ob diese nun gut oder schlecht, ob die Stadt schön oder häßlich war, kam schon damals sehr auf den Standpunkt des Betrachters an. Zwei Zeitgenossen, die beide in den siebziger Jahren die Stadt besuchten, kamen zu vollkommen gegensätzlichen Urteilen. Der schwäbische Publizist und Satiriker Wilhelm Ludwig Weckerlin (1731–1792) schwärmte: *Die Stadt Karlsruhe ist, wie man weiß, in einem regelmäßigen Geschmack erbaut. Ihre Straßen sind schnurgerecht und die Häuser laufen unter einerlei Geschoß. Die öffentlichen Plätze und die Lusthäuser verraten den Wohlstand der Einwohner. Karlsruhe ist einer der angenehmsten und reizendsten Ruhepunkte des Lebens.*[74] Für den sächsischen Hofarzt Johann Friedrich Karl Grimm (1737–1821) war der Aufenthalt in Karlsruhe nicht so angenehm, wie sein Reisebericht schließen läßt. Nach einer Beschreibung der Radialanlage fährt er fort: *Aber dieses allein macht es doch nicht zur schönen Stadt. Die Straßen sind unerträglich schmutzig und so mit Kot angefüllt, daß man immer zu versinken fürchten muß. Es ist mir vorgekommen, als ob sie gar nicht gepflastert wären. Außerdem ist Carlsruhe höchst unregelmäßig gebaut. Einige Häuser sind groß, gleich daneben steht eins, das gar keinen Aufsatz hat, dann wieder eins, das einem Treibhause* (gemeint ist wohl das Orangeriehaus am Zirkel, Anm. d. Verf.) *ähnlich sieht, welches alles zusammen genommen eine sehr widrige Wirkung auf das Auge macht.*[75]

**Vom Brot zur Kartoffel –
Vom Wein zu Bier und Kaffee –
Essen und Trinken**

Nicht viel anders als auf den Dörfern oder in den ackerbürgerlichen Städtchen des Umlandes ernährten sich die ersten Zuzügler. Nur daß sie weniger von ihren Nahrungsmitteln selbst produzieren konnten. Zwar besaß jeder Hausbesitzer ein Gartenstück hinter dem Haus, viele hatten sich zusätzlich ein paar Morgen Ackerland außerhalb des bebauten Stadtareals gekauft, und einige, die von den umliegenden Orten nach Karlsruhe gezogen waren, besaßen dort noch landwirtschaftliche Nutzfläche, doch Bauern, wie man sie in Durlach antraf, gab es in Karlsruhe nicht. Man hielt sich ein paar Schweine in einem Stall im Hof, pflanzte Kohl und Rüben, hatte ein paar Obstbäume. Die Reicheren hielten sich auch Kühe.[76] Was zur täglichen Versorgung fehlte, wurde von den umliegenden Dörfern in die Stadt gebracht. Jeden Morgen liefen die Bauersfrauen durch die Straßen und riefen ihre Waren, Milch und andere Viktualien zum Kauf aus. Dies paßte natürlich keineswegs in das Bild einer modernen Residenzstadt, wie es manch einem Beamtenkopf, der Potsdam oder Wien kannte, vorschwebte. So wurde 1766 verordnet, daß sich die Verkäufer, *an ein oder die andere derer dahier befindlichen 9 Gaßen und zwar vornen an das Eckhaus stellen und allda erwarten sollen, bis die Leute aus der Stadt das Nötige bey ihnen abholen und erkaufen.*[77] Einen wöchentlichen Markttag gab es auch. Seit 1717 wurde er freitags abgehalten. Den Einwohnern genügte dies nicht, da *sie nicht auf eine ganze Woche hinauß sich provisionieren wollten und die victualien nicht allezeit biß auf den Sonntag sich aufbehalten ließen,* wie es in einer Bittschrift an den Markgrafen hieß.[78] Die Ärmeren unter ihnen werden einfach nicht genügend Bargeld zur Vorratshaltung gehabt haben. Der Wochenmarkt wurde dann zweimal die Woche, montags und donnerstags, abgehalten.

Brot war das wichtigste Lebensmittel im 18. Jahrhundert. 40% des Energieverbrauches wurden in der frühen Neuzeit über Getreidekonsum gedeckt, im 18. Jahrhundert lag der Wert vermutlich noch höher (zum Vergleich der heutige Prozentsatz: 25%). Der hohe Anteil an Getreidenahrung war Folge der zunehmenden Siedlungsverdichtung, welche mit dem Ausgang des Mittelalters ihren Anfang nahm. Die landwirtschaftlichen Nutzflächen nahmen ab, die Bevölkerung hingegen zu. Um die Nahrungsversorgung sicherzustellen, mußte man vom Fleischkonsum auf den billigeren und sicheren Kalorienlieferanten, die bespelzten Wintergetreidearten, übergehen.[79] Roggen, im südwestdeutschen Raum vornehmlich der Dinkel, wurde zum wichtigsten Brotgetreide. Das Brot kaufte man bei den Bäckern in der Stadt. Die Karlsruher Bäcker besaßen das besondere Privileg, im Laden verkaufen zu dürfen. Sie mußten nicht, wie in anderen Städten, ihre Waren an einer Brotbank auf dem Markt feilbieten. Ihre Kunden kamen zu ihnen ins Haus. Im Bäckergewerbe war damit die Lage des Hausplatzes ein wichtiger wirtschaftlicher Faktor. Das wurde den Bäckern erst bewußt, nachdem um die Jahrhundertmitte fast alle ihren Laden in der östlichen Langen Straße hatten. Die Situation sah folgendermaßen aus: Die Backstuben von Nothard, Bader und Thaller lagen unmittelbar nebeneinander. Drei weitere Bäcker wohnten rechts und links davon, nur ein paar Häuser weiter. Direkt gegenüber lagen fünf weitere Bäckereien. Damit befanden sich 10 der insgesamt 16 Backhäuser in diesem Areal. Vollkommen unterversorgt blieben die westlichen Radialstraßen.[80] Da den Bäckern der Verkaufspreis durch die Obrigkeit vorgeschrieben war, konnten sie die Käufer nicht über billige Angebote anlocken. Sie ersannen andere Aktionen, die an Praktiken der modernen Werbebranche erinnern. Kaufte man bei Bäcker Stoll und Bäcker Trießler, so wurde einem zu günstigem Preis ein Glas Wein angeboten; beides konnte man dort im Laden verzehren.[81] Ausschließlich bei Bäcker Suttor erhielt man das neue *öko-*

nomische Brot. Im Carlsruher Wochenblatt wurde es folgendermaßen angepriesen: *Das ökonomische Brod unterscheidet sich vom gemeinen dadurch, daß es aus dem gesamten Mehl, so die Frucht auf der Mühle abgiebt, gebacken und also vorher kein Weißmehl besonders ausgezogen, sondern das weise und schwarz Mehl alles untereinander gelassen wird.*[82]

Es handelte sich also um Mischbrot, das nun erstmals angeboten wurde. Zuvor konnte der Käufer nur zwischen Schwarzbrot, Weißbrot und Wecken wählen. Man zahlte einen festen Preis, 5 Kreuzer für das Schwarzbrot, 6 Kreuzer für das Weißbrot, 2 Kreuzer für den Wekken. Stieg der Kornpreis, erhielt man einfach ein leichteres Brot zum alten Preis. Das Brotgewicht schwankte dabei zwischen 3 und 4 Pfund, das Gewicht der Wecken lag um die 22 Loth (etwa 330 g). Geringe Preisveränderungen waren so für den Konsumenten kaum bemerkbar. Dies änderte sich, als man in Zeiten großer Teuerung (um 1770/1771) dazu überging, den Brotpreis parallel zum Getreidepreisanstieg anzuheben. Das Gewicht des Schwarzbrotes blieb bei 4 Pfund, der Preis stieg ab Juni 1770 von 9 Kreuzern auf 16½ Kreuzer im Mai 1771. Der Karlsruher zahlte also monatlich ungefähr einen Kreuzer mehr für das Brot. Konnte ein Taglöhner 1770 gerade noch seine Familie ernähren, so war dies 1771, bei einem doppelt so hohen Brotpreis, unmöglich geworden. Was blieb, wollte man nicht verhungern? Man schlich sich in die Gärten der wohlhabenderen Bürger, riß ab, was gerade eßbar war. Nicht umsonst waren die Gärten damals besser gesichert als die Häuser. Hohe Zäune und Schlösser umgaben sie. Eine andere Möglichkeit war, auf die Felder zum „Stupfeln" zu gehen. Aus einigen gestohlenen Ähren Korn vermochte man immerhin etwas Mehl zu gewinnen. Wurden die Diebe erwischt, so drohte ihnen *Einthürmung*, denn die Erhebung einer Geldstrafe war sinnlos. Kinder wurden mit Rutenschlägen bestraft, die der Bettelvogt öffentlich auf dem Marktplatz austeilte.

Wie in anderen Städten wuchs im ausgehenden 18. Jahrhundert in Karlsruhe eine hungernde verarmte Unterschicht heran. Wie in anderen Städten auch, sah die Oberschicht im Armenproblem eine Herausforderung, die es gemäß den aufklärerischen Maximen zu lösen galt. Wie in anderen Städten, wurden für diese Bevölkerungsgruppe soziale Einrichtungen geschaffen. Seit 1785/1786 bestand in Karlsruhe ein Arbeitshaus, in welchem sich die städtischen Almosenempfänger einen Teil ihres Unterhaltes durch Spinnen selbst verdienen mußten.[83] 1804 wurde eine Rumfordsche Suppenanstalt angebaut (vgl. Abb. S. 47). Diese Form der Armenspeisung ging auf den britischen Naturforscher Benjamin Thompson (1753–1814) zurück. Thompson, der später geadelt und dabei zu dem Namen Rumford kam, entwickelte eine Suppe, die nahrhaft und sparsam zugleich war. In München, wo Thompson das Armenwesen reorganisiert hatte, wurde sie zuerst ausprobiert.[84] Die Suppe bestand aus einer Knochenbrühe, in der Graupen, Erbsen und Kartoffeln gekocht wurden. Jeder Karlsruher, der zur Armenunterstützung berechtigt war, erhielt die Suppe umsonst, ein anderer für 2 Kreuzer. Dreimal am Tag wurde sie ausgegeben. Zwischen 7 und 8 Uhr in der Früh, mittags zwischen 12 und 13 Uhr und abends zwischen 19 und 20 Uhr. Die Bedürftigen konnten sie dort in einem Speisesaal zu sich nehmen oder aber nach Hause tragen. Wem es peinlich war, bei der Armenspeisung gesehen zu werden, der konnte auch in einem Nebenzimmer mit besonderem Eingang sein Essen abholen. Die Essenausgabe war dabei so konstruiert, daß selbst der Essenausteiler den Empfänger nicht erkennen konnte.[85]

Die steigende Nahrungsmittelknappheit bei den unteren Schichten war nicht die einzige Veränderung, die sich im 18. Jahrhundert im Bereich Essen und Trinken vollzog. Die damals eingeführten Neuerungen bestimmen bis heute unsere moderne Eßkultur.[86] Suppen und Breie, aus denen die mittelalterlichen Morgen- und Abendmahlzeiten bestanden,

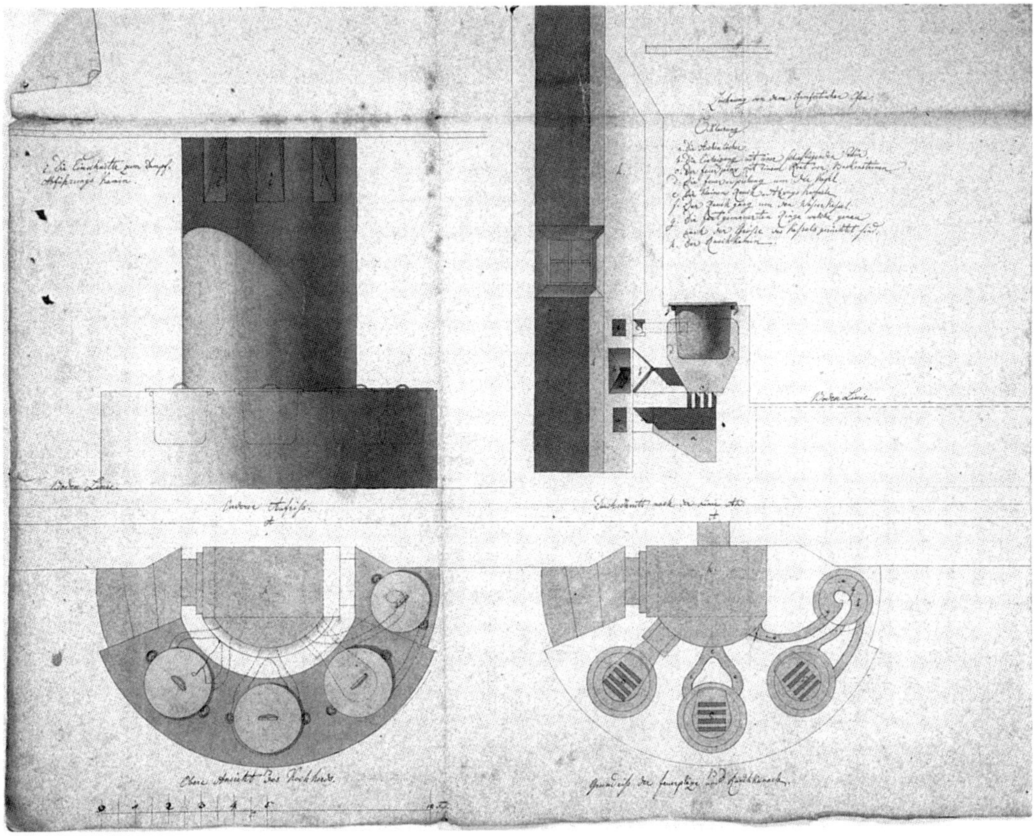

Inneneinrichtung der Küche mit dem sogenannten Rumfordschen Ofen

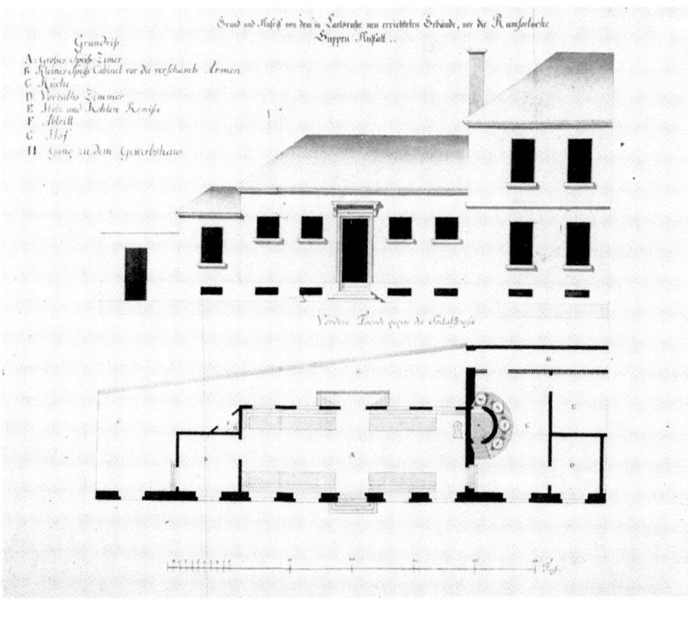

Spinnhaus mit angebauter Suppenanstalt

wurden von den neuen Warmgetränken, Kaffee, Tee und Kakao verdrängt. Man aß Brot dazu, das ging schneller und man hatte dennoch etwas Warmes im Magen. Die Kaffeepause als schnelle Zwischenmahlzeit entstand in jener Zeit. Auch unter den ärmeren Leuten verbreitete sich das Kaffeegetränk rasant. Für sie gab es bald ein billiges Surrogat, den Zichorienkaffee. Teilweise ersetzte er die alkoholischen Getränke. Früher regte der allmorgendliche Schluck Branntwein den Kreislauf an. Selbst den Almosenempfängern billigte man den Branntwein zur Morgensuppe zu. Nun übernahm diese Aufgabe das Koffein. Um 1800 stellte ein Chronist fest: *Der Kaffee ist in der Hütte des Bettlers wie bei dem Reichsten anzutreffen, nur sucht der erste seine ganze Glückseeligkeit in einem Getränk, das er auf die elendeste Art bereitet. Die Beimischungen sind: der Cichorienkaffee, gelbe Rüben, Dickrüben, oder Eicheln, Roggen ect. Der Arme genießt seine elende Brühe als Frühstück, Mittag- und Abendessen in großer Quantität...*[87] Die heiße Schokolade blieb für den kleinen Mann hingegen unerschwinglich. Die Verbreitung der Warmgetränke stand in engem Zusammenhang mit dem Beginn der mitteleuropäischen Zuckerproduktion. 1747 entdeckte man, daß aus Rüben ein der teuren Importware Rohrzucker vergleichbares Produkt gewonnen werden kann. Bisher hatte man nur wenig, vor allem mit Honig und Rosinen gesüßt; die meisten der mittelalterlichen Speisen wurden jedoch sauer oder herb gewürzt. Nun war der Zucker erstmals kein Luxusartikel mehr, und wie der Kaffee revolutionierte auch die neue „Lust am Süßen" die Ernährungsgewohnheiten aller Schichten. Konfekt und Schokolade aßen die Reichen, Marmelade die Ärmeren. Der Zucker wurde damit erstmals auch als Konservierungsmittel benutzt. Eine weitere wichtige Veränderung bedeutete die Einführung der Kartoffel. Von der Kurpfalz, wo sie 1680 erstmals angebaut wurde, drang sie in die Markgrafschaft vor. Anfangs galt die Kartoffel als Schweine- oder bestenfalls als Gesindekost. Während der großen Getreidemißernte von 1771/1772 war sie das wichtigste Ersatznahrungsmittel für die hungernde Bevölkerung und auch die Rumfordsche Suppe wäre ohne sie nicht denkbar gewesen.

Wurde die Kartoffel zum Brot des kleinen Mannes, so wurde das Bier zu seinem Wein. In der ersten Hälfte des Jahrhunderts trank man fast nur Wein. Das Angebot war reichlich. Manch einer der Hofbediensteten verkaufte einen Teil seines Besoldungsweines. Viele der von Durlach Zugezogenen besaßen dort noch Weinberge. Wein war kein Luxusgetränk. Doch nicht nur das Essen wurde in der zweiten Hälfte des Jahrhunderts teurer. Auch für den Wein wurde mehr verlangt, obgleich die Löhne nicht in gleichem Maße stiegen. Wer sich dennoch nicht nur mit Wasser oder Milch begnügen wollte, griff nun nach dem schon immer etwas kostengünstigeren Bier. Dieses war auch in ausreichender Menge vorhanden. 1758 hatte Markgraf Karl Friedrich die stillgelegte Bierbrauerei des Kammergutes Gottesau neu eingerichtet.[88] Wer einen Bierschank in der Residenz eröffnen wollte, erhielt problemlos eine Konzession, allerdings mit der Auflage, ausschließlich Gottesauer Bier zu verkaufen.[89] Mit dem steigenden Biergenuß wurde die soziale Schranke zwischen der wohlhabenderen und der ärmeren Bevölkerung auch im Nahrungsmittelkonsum deutlich. Die Reicheren frönten der neuen Mode des Schokoladetrinkens, für die Ärmeren wurde das Biertrinken zum Charakteristikum.

Stammhalter, Arbeitskräfte oder lästige Bastarde – Karlsruher Kinder

Kind in Karlsruhe zu sein – war das etwas anderes als in Pforzheim, Freiburg oder Berlin? Prinzipiell sicherlich nicht. Viel mehr als heute war ein Kind des 18. Jahrhunderts noch „Kind seiner Eltern", war der Lebensweg durch das Elternhaus vorgezeichnet. Der Erstgeborene des Hofhandwerkers Schwartz wurde von Geheimrat zur Glocken und Kirchenrat Krüger zur Taufe getragen. Bessere Startchancen gab es wohl kaum. Die vielen Kinder, bei denen der Pfarrer am Rande des Taufbucheintrages notierte *aus Hurrerey erzeuget!* hatten andere Lebensperspektiven. Auf ihre Väter konnten sie meistens nicht zählen: Soldaten oder wandernde Gesellen, zuweilen auch Mitglieder der Bürgerschaft, die eine eigene Familie besaßen. Anfänglich waren diese *Bastarde* Ausnahmefälle und dadurch besonders augenfällig. Als der lutherische Pfarrer nach 1743 dazu überging, für die bisher bei den Lutherischen eingetragenen katholischen Täuflinge ein separates Taufbuch anzulegen, trug er bezeichnenderweise von nun an alle *Bastardtaufen* (katholische und lutherische) in dieses Taufbuch ein. Ihre Zahl nahm dann jedoch so stark zu, daß 1775 ein eigenes Taufbuch für uneheliche Kinder angelegt werden mußte. Nur um die Größenordnung zu verdeutlichen, seien drei Zahlen genannt: Zwischen 1760 und 1769 lag der Anteil der unehelich Geborenen bei 4,0 %, in den beiden folgenden Dezennien stieg er über 5,6 % auf 8,6 % an. Das sind für das 18. Jahrhundert keine außergewöhnlichen Werte. In der sozialgeschichtlichen Forschung wird darüber diskutiert, ob diese Zunahme der Illegitimität in erster Linie auf den allgemeinen Traditionsbruch der Aufklärungszeit, den Verlust der moralischen Werte im Sinne einer „sexuellen Revolution" zurückzuführen ist oder ob hier äußere Faktoren eine wichtigere Rolle spielten, etwa das steigende Heiratsalter im Handwerk, das seinerseits durch den Mangel an Meisterstellen bedingt war, oder die mit dem Aufbau stehender Heere wachsende Zahl der auf Lebenszeit verpflichteten Soldaten.[90] Auch ihnen war ob ihrer geringen Besoldung eine Familiengründung meistens nicht möglich, zumal sie zur Heirat das Einverständnis ihres militärischen Vorgesetzten benötigten. In Karlsruhe spielte sicherlich die mit dem Heeresaufbau nach 1771 zunehmende Zahl einquartierter Soldaten eine maßgebliche Rolle für die hohe Illegitimitätsquote der Folgejahre.

Ob arm oder reich, wenn ein Kind im 18. Jahrhundert die Welt erblickt hatte, war es ebenso wahrscheinlich, daß es alsbald wieder starb, wie daß es über drei Jahre alt wurde. *Blattern* (Pocken), Keuchhusten oder *Gichtern*, wie unerklärbare Krämpfe bezeichnet wurden, ließen die Hälfte aller Kinder sterben. Vor allem in den Sommer- und Spätsommermonaten rafften die Epidemien die Neugeborenen hinweg. Im Juli 1757 mußten innerhalb von wenigen Tagen zwölf Säuglinge zu Grabe getragen werden. Bis ins Schulalter hinein blieb ein Kind – natürlich mit abnehmender Tendenz – ein potentieller Sterbefall. Deshalb war es nicht nur ein Ausdruck mangelnder Familienplanung, wenn die Frauen sehr schnell hintereinander Kinder bekamen. Geburt und Tod waren in allen Familien ständig präsent; das Leben war – was die physische Existenz anbetrifft – gegenüber heute sehr unsicher. Ein Rückgang der hohen Kindersterblichkeit setzte eine Verbesserung der hygienischen und medizinischen Verhältnisse voraus. In Karlsruhe war man vergleichsweise fortschrittlich. 1794 führte der britische Mediziner Edward Jenner seine Schutzimpfung mit Rinderpocken durch und immunisierte so seine Patienten gegen die gefürchteten Blattern.[91] 1800 richtete man im Städtischen Hospital eine Impfabteilung ein.[92] Viele Sterbefälle im Säuglingsalter wurden jedoch auch durch unsachgemäße Behandlung der Wöchnerinnen und Neugeborenen seitens der Hebammen verursacht. Die 1795 bei Macklot erschienene Hebammeninstruktion gibt Einblicke in die traditionellen Methoden der Geburtshilfe. Die Hebamme sollte *niemals durch drücken auf den Unterleib, oder durch ausdehnen und unnöthiges Wühlen in den Geburtstheilen Wehen zu erregen suchen ... auch nach Herausziehung des Mutterkuchens ... mit dem Wegschaffen und der Verwahrung der Nachgeburt ... keinen albernen Aberglauben treiben z. B. sie nicht unter die Bettstätte der Wöchnerin zur Vertreibung der Nachwehen sezen, oder mit der Nachgeburt, Muttermähler vertreiben wollen. Beim Umgang mit dem Neugeborenen mußte der Hebamme verboten werden, den etwa schiefen, oder spitzen Kopf eines Kindes mit Gewalt gerade drücken, oder das zu kurz scheinende Zungenband mit den Nägeln zu lösen trachten.*[93]

Überstand ein Kind die ersten Lebensjahre bis ins Alter von fünf bis sechs Jahren, so begann die Schulzeit. Schon 1717 hatte der Markgraf einen Volksschullehrer, oder wie es damals hieß, *Deutschschullehrer* angestellt. Für eine lange Zeit mußte der Unterricht allerdings in einem gemieteten Raum stattfinden. Erst 1731 wurde das Schulhaus erbaut, direkt neben der Stadtkirche. Anfangs gingen alle Kinder ohne Rücksicht auf ihre Konfession in diese lutherische Schule. Nach Einrichtung der reformierten Gemeinde im Jahre 1722 gab es für die reformierten Kinder einen eigenen Lehrer. Die katholischen Kinder besuchten weiterhin bis 1736 die evangelische Schule. Dieser konfessionell gemischte Unterricht war im 18. Jahrhundert von größerer Bedeutung, als es heute auf den ersten Blick erscheint. Volksschulbildung war Katechismuswissen, das Lesen lernten die Kinder anhand der biblischen Geschichten. In der Kirchenlehre wurde dabei sehr genau auf die Unterschiede zwischen den drei christlichen Konfessionen abgehoben. So standen im Spenerschen Katechismus, der in der Markgrafschaft verwandt wurde, zwei Fragen, die sich ausdrücklich gegen die katholische Liturgie wandten. Diese beiden Fragen wurden nach der Vereinigung mit dem katholischen Landesteile 1771 zum Politikum.[94] In der Karlsruher Bevölkerung scheinen Konfessionsstreitigkeiten tatsächlich keine Rolle mehr gespielt zu haben. Es konnte vorkommen, daß Eltern ihre Kinder zeitweilig in eine konfessionsfremde Schule schickten, sofern dort ein besserer Lehrer angestellt war.[95] Nach 1756 enthielt der Lehrplan auch nicht mehr ausschließlich religiöse Inhalte. In jenem Jahr begann ein umfassendes Schulreformprogramm für die gesamte Markgrafschaft.[96] Den wichtigsten Punkt bildete die Einführung der Schulpflicht. Alle Kinder über 6 Jahre hatten die örtliche Deutschschule zu besuchen. Drei Klassen waren gebildet mit jeweils zwei Abteilungen. Die Klasseneinteilung bedeutete nun jedoch keinesfalls, daß die Gruppen getrennt unterrichtet wurden, denn es gab nur zwei Lehrer an der Schule; einer für die Mädchen, der andere für die Knaben.[97] 117 Buben und 157 Mädchen nahmen 1770 regelmäßig am Unterricht teil. Stellt man gegenüber, daß 1769 in der Stadt 219 Knaben im Alter zwischen sieben und vierzehn Jahren und 190 Mädchen gezählt wurden,[98] so kann daraus geschlossen werden, daß die Schulpflicht, wenn auch nicht lückenlos, so doch insbesondere, soweit sie Töchter betraf, befolgt wurde. In den Kernunterrichtszeiten zwischen 8 und 10 Uhr und zwischen 12 und 15 Uhr waren alle Klassen anwesend. Sie mußten folglich vom Lehrer parallel beschäftigt werden. Die Kleinen memorierten aus dem *Spruchbuch* (Sammlung ausgewählter Bibelsprüche), während die Großen in den *Biblischen Historien* (Biblische Geschichte) lasen. Immer noch war die Didaktik stark lehrbuchbezogen, wobei das Auswendiglernen wie früher im Vordergrund stand. Die Schulreform brachte vor allem neue Lehrinhalte. Die erste Klasse, welche die ältesten Kinder umfaßte, erhielt vier Stunden in der Woche Geometrieunterricht. Dabei wurden die Grundrechnungsarten bis hin zum Dreisatz gelehrt. In vielen Landgemeinden war dieses aufgeklärte Vorhaben des Markgrafen ein Problem, da die Lehrer häufig selbst nur ungenügend rechnen konnten. Ihre Ausbildung hatten sie bei Pfarrern oder alten Lehrern erhalten, während ihrer Lehrtätigkeit fanden sie kaum Gelegenheit zur Fortbildung. Doch die Karlsruher Lehrer waren alle noch jung. Der Knabenschullehrer, der seit 1751 unterrichtete, war gerade 25 Jahre, als er sein Amt antrat. Als gebürtiger Sachse wird sein Dialekt, der zweifellos auf die Karlsruher Knaben vorbildlich wirken sollte, bei manchem schwäbisch-fränkisch-alemannisch schwätzenden Kind eine weitere dialektale Spur hinterlassen haben.[99]

Der Schulbesuch der Kinder war eine nicht unbeträchtliche finanzielle Belastung für die Eltern. Alle Vierteljahre mußten sie jedem Kind 15 Kreuzer Schulgeld mitgeben. Für arme Bürgerskinder zahlte die Stadtkasse, für andere Kinder der Almosenfond oder die herrschaftliche Gratialkasse. Anfänglich mußten auch die Kinder einen Beitrag zur Unterhaltung der Schule erbringen. Das Putzen des Schulraumes war ihnen übertragen worden. Einige große Mädchen wuschen regelmäßig die Fenster, die anderen Kinder brachten Besen von zu Hause mit und fegten die Stuben. Nachdem aber die Zahl der zerbrochenen Scheiben stieg und die Kinder sich ständig beim Reinigen stritten, beschloß man die städtischen Bettelvögte zur Schulreinigung anzustellen.[100]

Die Schulzeit endete für ein Kind, wenn es vom Lehrer zur Erstkommunion bzw. Konfirmation entlassen wurde. Der baden-durlacher Schulschematismus sah dabei für Mädchen ein Alter von 13, für Buben von 14 Jahren vor.[101] Die Mädchen aus bürgerlichen Familien wurden dann bis zur Heirat gewöhnlich zu Hause beschäftigt. Ärmere Familien schickten die Töchter als Dienstmägde in Stellung, auch an den Hof. Einem Jungen, der ein Handwerk erlernen wollte, stand nun seine zweijährige Lehrlingszeit bevor. Im Normalfall blieb er dafür in Karlsruhe, doch wechselte er in den Haushalt des Meisters über, was den ersten Schritt zum Erwachsenwerden bedeutete. Im Haus des Meisters lernte er Gesellen aus anderen Orten näher kennen und arbeitete als vollwertiges Mitglied im Produktionsprozeß einer Werkstatt mit. All das führte ihn hin zur Gesellenzeit, in der er sich zumindest für eine gewisse Zeit völlig von der Stadt lösen mußte.

Kinder, die in Klein-Karlsruhe geboren waren, gingen nicht in die städtische, sondern in die dortige Schule. Das war schon seit der Gründungszeit so, angeblich weil die Kinder sich für ihre schlechte Kleidung schämten.[102] Es wird jedoch auch im Interesse der Bürgerschaft gelegen haben, ihre Stammhalter nicht neben Tagelöhnerkindern sitzen lassen zu müssen. Die Klein-Karlsruher Schule war lange Zeit in verwildertem Zustand, bis sie 1767 der Sohn des Wolfartsweierer Lehrers übernahm. Nun lernten die Kinder, wie ihre städtischen Altersgenossen auch rechnen, eine dreiviertel Stunde jeden Tag. Nur die *Mägdlein versuchen zum Teil davon zu schleichen,* so das Visitationsprotokoll.[103]

Die Schulreform brachte für Klein-Karlsruhe die Einführung einer Spinn- und Strickschule. Wie in den Landgemeinden des Oberamtes wurde hier seit 1769 dieser Unterricht erteilt. In erster Linie ging es dabei nicht um Wissensvermittlung. Mädchen wie Jungen sollten vielmehr schon früh dazu angeleitet werden, ihren Lebensunterhalt selbst zu bestreiten. Es war also eine Präventivmaßnahme gegen Armut, die allerdings nur von wenigen Schulkindern wahrgenommen wurde. Die Klein-Karlsruher Spinnschule ging dann später im Arbeitshaus auf. Räumlich befanden sich beide Einrichtungen unter einem Dach. Das im Herbst 1785 fertiggestellte und im Januar des Folgejahres offiziell eröffnete Arbeits- und Spinnhaus an der Ecke Spital- und Kronengasse beherbergte im ersten Stock die Klein-Karlsruher Schule, im Erdgeschoß befand sich der Spinnsaal (vgl. Abb. S. 52). Für die Spinnkinder wurden später eigens Unterrichtsstunden, morgens zwischen 6 und 8 Uhr, eingerichtet, so daß ihnen genügend Zeit blieb, um sich im Spinnsaal etwas Geld zu verdienen. Auch galt nun für alle Kinder, deren Familien von der

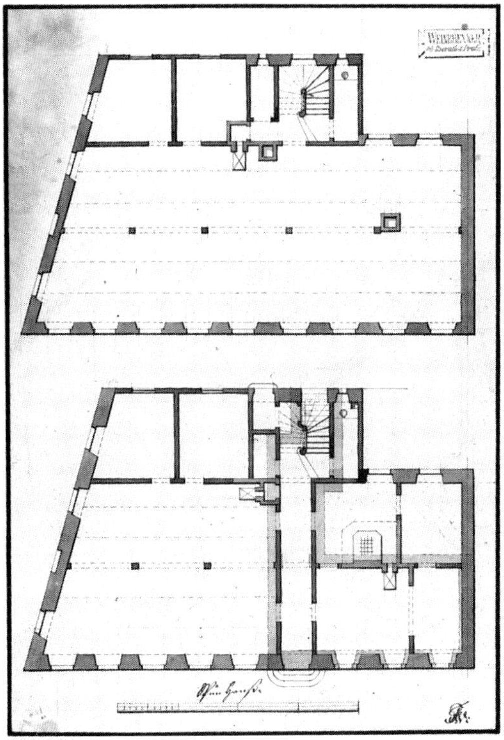

Plan des Spinnhauses, undatiert; 1783 erfolgte die Planung durch J. Müller, Oktober 1785 Fertigstellung des modellmäßigen Gebäudes, Ecke Kronen-/Spitalgasse

Almosenunterstützung lebten, Spinnzwang. Seit 1786 gab es noch eine vierte Deutschschule in Karlsruhe, die Garnisonschule. Die Zahl der Soldatenkinder hatte mit der Vergrößerung der badischen Haustruppen stark zugenommen, auch war es zwischen den Soldatenkindern, die bisweilen nicht in Karlsruhe geboren waren, und ihren einheimischen Mitschülern häufig zu Streit gekommen. Bei dieser Schulgründung handelte es sich allerdings wiederum nur um die Bildung neuer Klassen. Die 88 schulpflichtigen Soldatenkinder wurden weiterhin in den Räumen der Klein-Karlsruher Schule (im Spinnhaus) unterrichtet. Als Lehrer dienten Kandidaten des Schullehrerseminars, das ebenfalls im Zuge der baden-durlacher Schulreform, in den sechziger Jahren im Karlsruher Gymnasium eingerichtet worden war.[104]

Das Leben eines Soldatenkindes ähnelte dem der Tagelöhnerkinder, oftmals übte der Vater auch beide Berufe aus. Er erhielt nur einen geringen Lohn, konnte jederzeit entlassen werden. Einziger Vorteil, der einem Soldatenkind widerfuhr, war die Fürsorge des Markgrafen. Die ärmsten unter ihnen erhielten regelmäßig Kleidung und Nahrung. Für Kinder, die zum Soldatenberuf geeignet erschienen, gab es eine ganz besondere Chance. 1781 war vom Markgrafen im alten Jagdzeughaus an der Linkenheimer Allee eine Militärschule eingerichtet worden (vgl. Abb.). Die aufgenommenen Jungen wurden dort internatsmäßig untergebracht, die Ausbildung konzentrierte sich auf körperliche Ertüchtigung.

Waise zu sein war für ein Kind im 18. Jahrhundert kein seltener Fall. Es mußte nur einmal die Ruhr in einer Familie grassiert haben oder die Mutter im Kindbett, der Vater alsbald durch einen Arbeitsunfall gestorben sein. Nicht umsonst war ein Ratsmitglied extra zum Waisenrichter bestimmt worden. Er hatte die Verhältnisse der hinterbliebenen *unerzogenen* Kinder zu regeln. Besaßen die Eltern Besitz, so konnte er kapitalisiert und gewinnbringend angelegt werden. Für diese Kinder bestimmte der Waisenrichter eine vertrauenswürdige Person zum Pfleger. Aus den Zinsen wurden die Pflegekosten bezahlt. Hinterließen die Eltern nichts, so fielen die

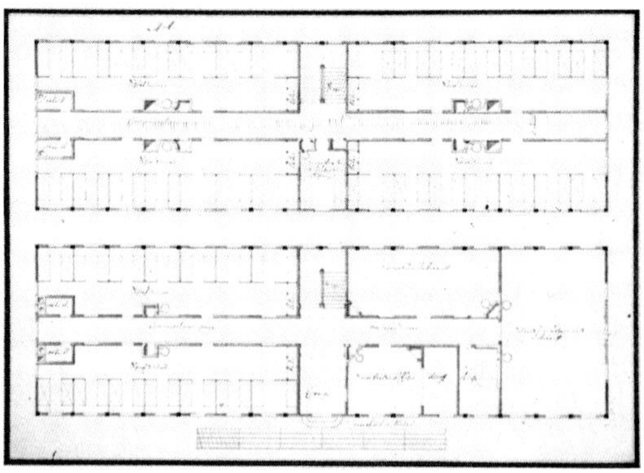

Militärschule

Kinder der Armenunterstützung anheim, welche die Unterbringung finanzierte. In der ersten Hälfte des Jahrhunderts wurden diese Kinder ins Pforzheimer Zucht- und Waisenhaus gewiesen, das von Karl Wilhelm 1714 als überlokale soziale Institution gegründet worden war.[105] Dort wurden sie versorgt, mußten aber auch zu ihrem Unterhalt durch Spinnen beitragen. Unter Markgraf Karl Friedrich, der sich der modernen philantropischen Pädagogik anschloß, kehrte man zur traditionellen Unterbringung in Pflegefamilien zurück.[106] Auch in Karlsruhe waren Waisen in Pflegefamilien untergebracht. So Magdalena Eß, deren Lebenssituation das Visitationsprotokoll von 1775 folgendermaßen beschreibt: *Sie weiß ihr Alter nicht, ist auf Ostern aus der Schule entlassen worden; dient bei dem Grießhändler Blessinger, wird zur Kirche geschickt, zum Grießhandel gebraucht und erwartet von ihm* (d. i. Blessinger Anm. d. Verf.) *Kleidung, welche sie von ihrem Bruder, bei welchem sie vorher gewesen, nicht erhalten hat.*[107]
Die Lebenssituation eines Kindes barg, alleine aufgrund der hohen Sterblichkeit, ungleich vielfältigere Formen als heutzutage: starb die Mutter, heiratete der Vater eine Stiefmutter; starb alsbald auch der Vater, heiratete die Stiefmutter einen Stiefvater... – nicht selten geriet so ein Kind in eine Familie ohne leibliche Verwandte.

Gehorchen und bitten – nicht räsonieren – politischer Alltag

Erstaunlich demokratisch ging es in den ersten Jahren in Karlsruhe zu. Alle Karlsruher Bürger waren bei der ersten Wahl zur Kommunalvertretung beteiligt. 1718 wählten sie einen Bürgermeister und sechs Ratsmitglieder. Das war unüblich für baden-durlacher Städte jener Zeit. Normalerweise wurde der Bürgermeister aus dem Ratsgremium gewählt. Die Ratsmitglieder hatten ihr Amt auf Lebenszeit inne; verstarben sie, so wurden ihre Nachfolger kooptiert. In gleicher Weise verfuhr man in Karlsruhe in späterer Zeit.

Schattenrisse, von Schülern der Militärschule angefertigt

Das einmal gewählte Ratskollegium veränderte sich in der Folgezeit also nur mit Zustimmung der alten Ratsmitglieder bzw. der des Markgrafen, der als absolutistischer Fürst sich in jedem Fall das Bestätigungsrecht vorbehielt.
Das Ratskollegium bildete deshalb nur bedingt eine Vertretung der Bürgerschaft. Es organisierte, kontrollierte und verfügte vielmehr über die Bürgerschaft – immer unter Vorbehalt der obrigkeitlichen Bestätigung. Dazu war jedem Ratsmitglied ein oder mehrere Polizeiämter übertragen. Es gab die Fleischschätzer und die Brotwieger, welche die Preise festlegten und zugleich die Gewichts- und Qualitätskontrolle durchführten. Dann gab es die Waisenrichter und die Almosenpfleger. Erstere kümmerten sich um die Hinterlassenschaft und die Versorgung der verwaisten Kinder. Letztere sammelten in Haussammlungen für das Stadtalmosen und verwalteten diese Kasse. Weitere Ämter waren die des Marktmeisters, des Kaufhausinspektors, der Maß- und Gewichteicher. Neben dem Bürgermeister war der Stadtbaumeister einer der wichtigsten Männer im Rat. Gemeinsam führten beide die Stadtkasse. Der Rat selbst hatte nochmals Exekutivorgane, die Viertelmeister. Auch sie waren nicht von der Bürgerschaft gewählt, sondern vom Rat eingesetzt. Jedem Viertelmeister oblag die Aufsicht über bestimmte Straßenzüge. Hier hatte er für Ordnung zu sorgen, ungehöriges Benehmen, etwa das Unterlassen der wöchentlichen Straßenreinigungspflicht dem Rat zu melden.
Was blieb dem einzelnen Stadtbewohner hier noch an Mitbestimmungsmöglichkeiten? Eine Bürgerumfrage gab es nur einmal in der Stadtgeschichte des 18. Jahrhunderts, und die fiel noch in die Gründungszeit. Damals, im Jahre 1726, ging es um die Anlage des Marktplatzes, ob dieser vor die Stadtkirche oder an den Zirkel kommen sollte. Wollten die Bürger in späterer Zeit in ihrer Stadt oder an ihrer Situation etwas verändern, so konnten sie dies nur über direkte Petitionen an den Markgrafen erreichen. Diese Petitionen waren jeden Montag schriftlich oder mündlich einzugeben. Auch ärmeren Personen stand die Möglichkeit offen, sie mußten allerdings die Gebühr für den Stadtschreiber oder einen Advokaten aufbringen können.[108] Dieser begann dann das schriftliche Gesuch mit einer schwungvollen Courtise *Durchleuchtigster Markgraf, Gnädigster Fürst und Herr!* Der Inhalt der Bitte wurde vom Schreiber entsprechend stilvoll und devot in Worte gekleidet. Die reformierte Schneiderswitwe Bob bat um den Schutz gegen ihren eigenen Gemeindepfarrer. Er wollte sie zwingen, ihre nach dem Vater lutherisch getauften Kinder reformiert zu erziehen. Als sie sich weigerte, ließ er sie nicht mehr zum Abendmahl zu. Ihre Bitte endete in den Worten des Schreibers folgendermaßen: *Da ich nun bey des Pfarrer Burckhardts Eigensinn, keine andere Hülffe als bey Eurer Hochfürstlichen Durchleuchtigkeiten zu suchen weiß, so imploriere höchst dieselbe hiermit unterthänigst fußfälligst demselben aufzugeben, daß er mich bey denen angeführten Umbständen fernerhin ohngekränckt lassen, und mir nicht weiter meine Kinder der Evangelischen Religion abzuführen zumuthen, auch mich so bald wieder in der reformierten Kirchen Communion gehalten wird, gleich andern communiciren, und in keinen weiteren Jammer, Seuffzen und Schreyen bringen solle. Die Sache ist so beschaffen, daß ich an gnädigster Erhörung keinen Zweiffel haben darff, um welche ich hiermit nochmahlen demühtigst fußfälligst bitte und ohnablässig verharre.*
Eure Hochfürstliche Durchleuchtigkeiten unterthänigst gehorsambste (eigenhändig) *Anna Maria Bobin, Wittwe.*[109]
Erschien die Situation der Karlsruher zur Gründungszeit an die einer autonomen Kolonistensiedlung zu erinnern, so wurde in der zweiten Hälfte des Jahrhunderts der absolutistische Zugriff des Landesherrn immer stärker. Einen Höhepunkt erfuhr diese Entwicklung 1787 mit der Einrichtung der Polizeideputation, einer Behörde mit eigenartiger

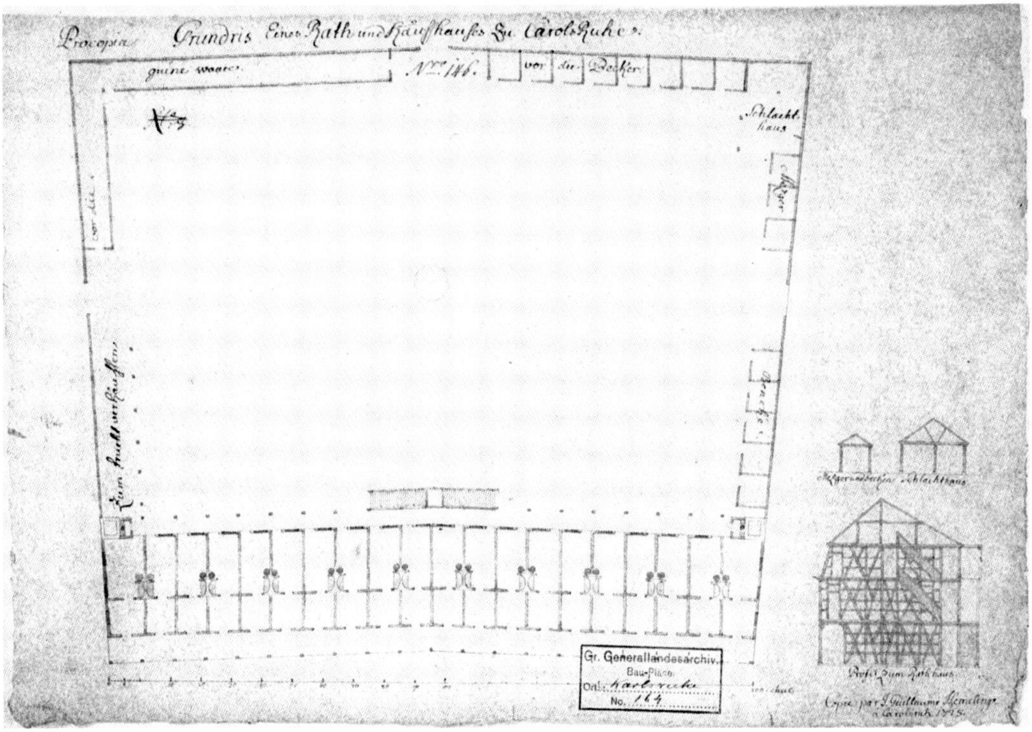
Gr. Generallandesarchiv.
Bau-Pläne
No. 164

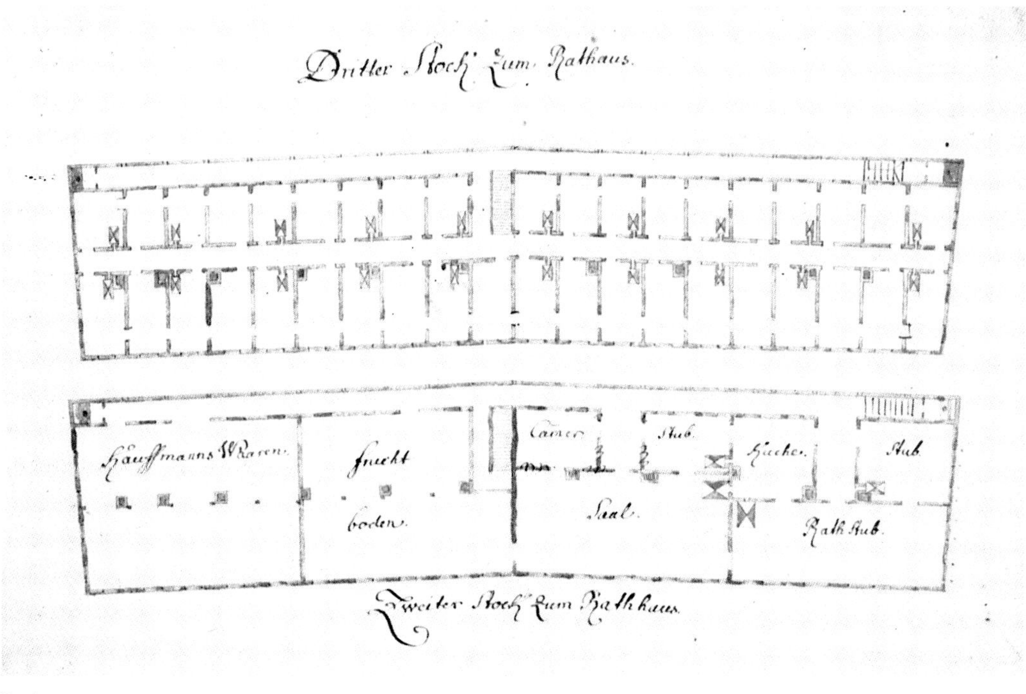
Dritter Stock Zum Rathaus.
Camer
Stub.
Stub.
Saal.
boden.
Rath Stub.
Zweiter Stock Zum Rathhaus.

Rathaus

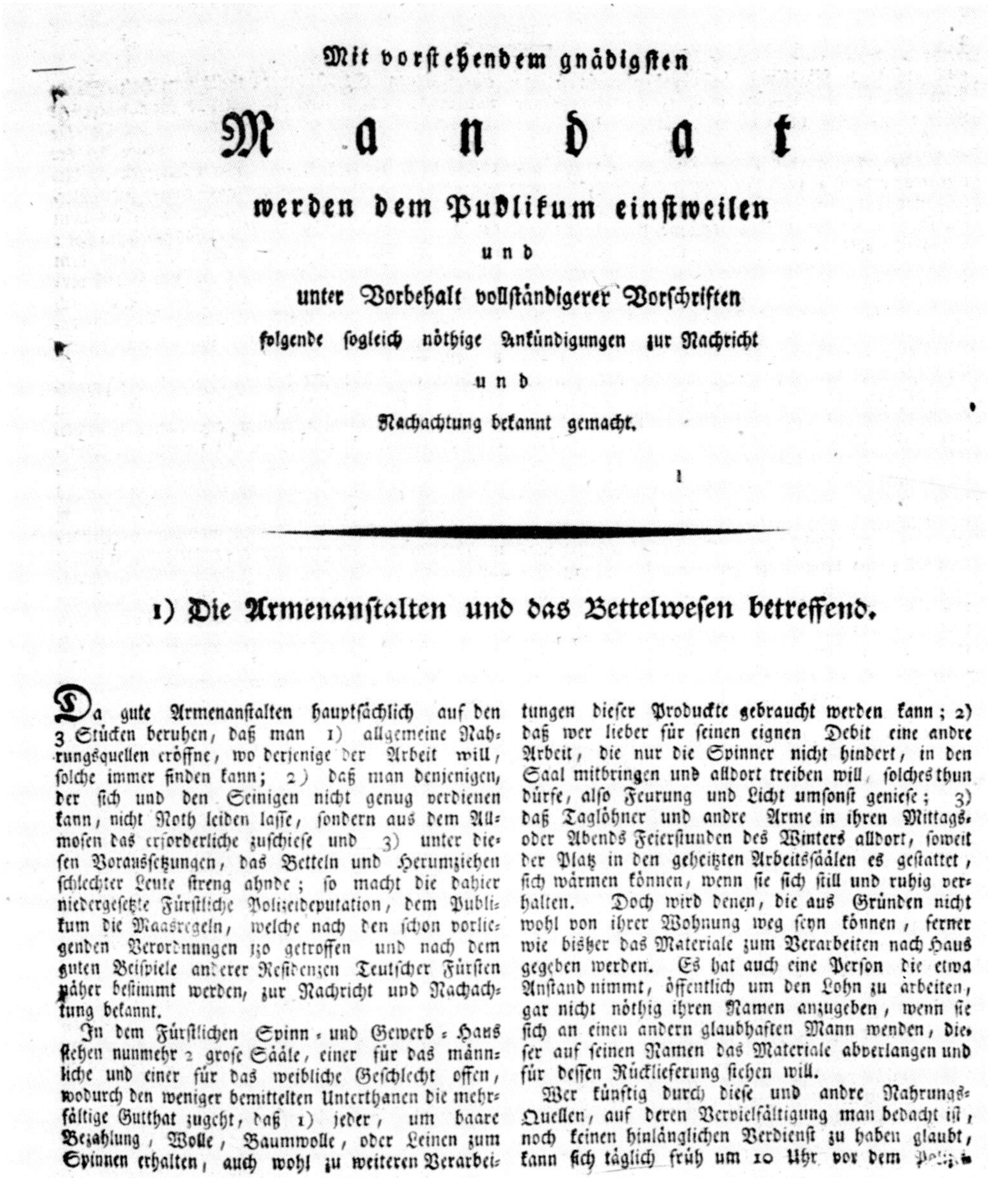

Mit vorstehendem gnädigsten

Mandat

werden dem Publikum einstweilen

und

unter Vorbehalt vollständigerer Vorschriften

folgende sogleich nöthige Ankündigungen zur Nachricht

und

Nachachtung bekannt gemacht.

1

1) Die Armenanstalten und das Bettelwesen betreffend.

Da gute Armenanstalten hauptsächlich auf den 3 Stücken beruhen, daß man 1) allgemeine Nahrungsquellen eröffne, wo derjenige der Arbeit will, solche immer finden kann; 2) daß man denjenigen, der sich und den Seinigen nicht genug verdienen kann, nicht Noth leiden lasse, sondern aus dem Allmosen das erforderliche zuschiese und 3) unter diesen Voraussetzungen, das Betteln und Herumziehen schlechter Leute streng ahnde; so macht die dahier niedergesetzte Fürstliche Polizeideputation, dem Publikum die Maasregeln, welche nach den schon vorliegenden Verordnungen izo getroffen und nach dem guten Beispiele anderer Residenzen Teutscher Fürsten näher bestimmt werden, zur Nachricht und Nachachtung bekannt.

In dem Fürstlichen Spinn- und Gewerb-Haus stehen nunmehr 2 grose Sääle, einer für das männliche und einer für das weibliche Geschlecht offen, wodurch den weniger bemittelten Unterthanen die mehrfältige Gutthat zugeht, daß 1) jeder, um baare Bezahlung, Wolle, Baumwolle, oder Leinen zum Spinnen erhalten, auch wohl zu weiteren Verarbeitungen dieser Produckte gebraucht werden kann; 2) daß wer lieber für seinen eignen Debit eine andre Arbeit, die nur die Spinner nicht hindert, in den Saal mitbringen und alldort treiben will, solches thun dürfe, also Feurung und Licht umsonst geniese; 3) daß Taglöhner und andre Arme in ihren Mittags- oder Abends Feierstunden des Winters alldort, soweit der Platz in den geheitzten Arbeitssäälen es gestattet, sich wärmen können, wenn sie sich still und ruhig verhalten. Doch wird denen, die aus Gründen nicht wohl von ihrer Wohnung weg seyn können, ferner wie bisher das Materiale zum Verarbeiten nach Haus gegeben werden. Es hat auch eine Person die etwa Anstand nimmt, öffentlich um den Lohn zu arbeiten, gar nicht nöthig ihren Namen anzugeben, wenn sie sich an einen andern glaubhaften Mann wenden, dieser auf seinen Namen das Materiale abverlangen und für dessen Rücklieferung stehen will.

Wer künftig durch diese und andre Nahrungs-Quellen, auf deren Vervielfältigung man bedacht ist, noch keinen hinlänglichen Verdienst zu haben glaubt, kann sich täglich früh um 10 Uhr vor dem Poliz-

Markgräfliches Mandat aus dem Jahre 1787, mit dem die Aufgaben und Befugnisse der neugeschaffenen Karlsruher Polizeideputation festgelegt wurden

Zwittergestalt.[110] Als landesherrliche Behörde war sie ausschließlich für kommunale Aufgaben zuständig, trat damit nicht nur in die Nachfolge oberamtlicher Funktionen, sondern konnte diese durch ihre beschränkte Zuständigkeit intensivieren, z. B. den Einfluß auf den Stadtrat weiter verstärken. Augenfälligstes Zeichen war der Tagungsort die-

ses Gremiums, das Rathaus (vgl. Abb. S. 55). Den landesherrlichen Beamten der Polizeideputation wurde die volle Kontrollgewalt über alle Einwohner gegeben. Nachteile, aber auch Vorteile hatte die dichte Reglementierungs- und Kontrollierungspolitik für die Einwohner. Der einzelne konnte sich in größerer Sicherheit wiegen, Sicherheit vor Fremden (Pkt. 7 des Polizeimandates), vor Ruhestörung (Pkt. 5), vor unverschuldeter Armut (Pkt. 1); er konnte statt dessen die Vorzüge einer reinlichen Stadt genießen (Pkt. 8) – soweit sich die Verordnungen durchsetzen ließen (vgl. Abb. S. 56).
Was er verlor, war ein Stück Entscheidungsfreiheit und die Aufgabe der Eigenverantwortlichkeit – ein Spannungsfeld das mit der Sozialfürsorge des aufgeklärt-absolutistischen Landesherrn entstand und sich auf den modernen Sozialstaat übertrug.

Armut, Krankheit und Alter – Fürsorge um 1790

Armut, Krankheit und Alter waren Faktoren, die im 18. Jahrhundert eng beieinander lagen. Nicht nur die Tagelöhner lebten damals vom täglichen Verdienst, auch die Handwerkerschaft hatte selten nennenswerte Rücklagen. Verlor man durch Krankheit kurzfristig, durch Alter langfristig seine Erwerbsfähigkeit, so verlor man seine Existenzgrundlage. Als Einkünfte verblieben allenfalls ein ererbtes Kapital, das man festverzinslich verleihen oder ein Garten, aus welchem man Grundnahrungsmittel ziehen konnte. Doch waren dies häufig nur Zuschüsse zum Lebensunterhalt. Eine sehr gute Rendite ermöglichte der Hausbesitz. Ein hochbetagter Hausbesitzer konnte sich einen Kostgänger in Miete nehmen oder mit einem noch jüngeren Menschen einen Pflegedienst vertraglich festlegen. Ein solcher „pactus vitalitium“ wurde 1727 zwischen Wolfgang Waffenmeyer und dem jungen Tagelöhner Franz Kög abgeschlossen. Waffenmeyer war aus Bayern zugewandert gewesen und besaß keine Verwandte in näherer Umgebung, die ihn hätten versorgen können. Dafür hatte er ein bescheidenes Häuschen in Klein-Karlsruhe; dies überschrieb er Kög. Dafür versprach Kög Waffenmeyer lebenslange Pflege.[111] Besaß man all diese Möglichkeiten nicht, so war man auf öffentliche Unterstützung angewiesen. Traditionell hieß dies, daß man zu betteln begann, und gebettelt wurde bis ins letzte Drittel des Jahrhunderts zweifellos auf den Karlsruher Straßen. Betteln war aber verboten worden. Die Unterstützungsbedürftigen hatten sich an das Oberamt zu wenden, welches den Almosenfonds verwaltete. Von dort aus sollte eine geregelte Almosenvergabe erfolgen, denn das private Spenden war ungern gesehen. Diese zentrale Armenfürsorge setzte sich jedoch erst im letzten Drittel des Jahrhunderts durch.[112] Die Gründe hierfür werden erst aus einem Blick zurück, auf die Anfänge der Sozialfürsorge deutlich.
Das Prinzip einer geregelten Almosenvergabe rührte aus der reformatorischen Zeit, dem frühen 16. Jahrhundert. Man sah die Gemeinde dabei als geschlossene Gruppe an, in der die Wohlhabenderen für die Ärmeren Sorge trugen. Das System konnte nur funktionieren, wenn Betteln und privates Spenden verhindert wurde; denn so bekam der eine oft mehr als er brauchte, ein anderer hingegen ging leer aus. Um dies zu vermeiden, mußten alle Spenden in einem Fonds gesammelt und von dort nach objektivem Bedürfnis ausgegeben werden. Was heute als so einsichtig erscheint, das menschliche Bemühen um die Verbesserung der sozialen Lage, war damals ein grundlegend neuer Gedanke. Im Mittelalter war das Spenden in erster Linie eine religiöse, weniger eine soziale Tat. Man nahm bei der Gabe nicht an, damit die Situation des armen Bettlers verändern zu können. Seine Not war gottgewollt, die Welt zu verbessern lag nicht in der Macht des Menschen. Das Spenden war vielmehr ein Ausdruck für die Arme wie Reiche umfassende Heilsgemeinschaft, die Spende war Tat in der Nachfolge Christi. Die Aufklärung, die gei-

stesgeschichtliche Bewegung der zweiten Jahrhunderthälfte, knüpfte mit ihrem utopischen Gedanken einer perfektionierbaren Welt eng an die Reformationszeit an. Armenfürsorge war ein Teil des Programmes der bürgerlichen Aufklärergesellschaft.

Dieser Exkurs läßt klarwerden, warum im ausgehenden 18. Jahrhundert in Karlsruhe plötzlich *Armenanstalten* eingerichtet wurden. Sicherlich spielten auch noch andere Ereignisse eine Rolle, so die Hungerkrise von 1770/1771 oder der Zustrom einer wachsenden Landbevölkerung in die badische Residenz, der seit 1771 auch aus dem nahen baden-badischen Landesteil floß. Beide Ereignisse ließen die Unterschichten überproportional anwachsen. Wie bei einigen Punkten bereits angedeutet, war Karlsruhe auch hier kein Einzelfall. Armenanstalten wurden um die gleiche Zeit in allen größeren Städten eingerichtet.

Worum handelte es sich bei diesen Armenanstalten? Zum einen verstand man ein Verwaltungssystem darunter, das einem jeden Bedürftigen das individuelle Maß an Unterstützung berechnete und vergab. Die dafür zuständige Behörde bildete die Polizeideputation. Daneben gab es weitere neugegründete soziale Institutionen, an welche die Bedürftigen überwiesen werden konnten. Ein Beispiel: Grenadier Bluck hinterließ eine 39jährige Witwe und zwei Kinder, Johannes im Alter von 12 Jahren und Heinrich mit 8 Jahren.[113] Für eine alleinstehende Person hatte man als Existenzminimum einen Wochensatz von 1 Gulden 7 Kreuzer berechnet. Pro Kind erhöhte sich der Satz um 30 Kreuzer. Witwe Bluck hatte folglich auf 2 Gulden 7 Kreuzer wöchentlich Anspruch. Aus dem Almosenfonds erhielt sie jedoch nur 24 Kreuzer. Den Rest, so hatten die Berechnungen ergeben, konnten Frau und Kinder über eigene Arbeitsleistung erbringen. Ob die Frau spann, wusch oder strickte, geht aus den Quellen nicht hervor. Die Kinder jedenfalls wurden ins Spinnhaus geschickt, in dem sie einen Teil ihrer Lebenshaltungskosten selbst verdienen mußten. Nach diesem Prinzip wurde für jeden Almosenempfänger ein individueller Unterstützungssatz berechnet. Doch dieser ermöglichte wirklich nur ein Leben am Existenzminimum. Gab es einen überdurchschnittlich kalten Winter, in dem das Holz nicht ausreichte, so konnte die Witwe – als *Hausarme* – Anspruch auf ein Holzalmosen anmelden. Stand eine Brotteuerung bevor, so gab es zeitweilig subventioniertes *Polizeibrot* zu erwerben. Diese Sachalmosen wurden auch an Bedürftige ausgegeben, die keine ständigen Almosen bezogen.[114] Fehlte es der Frau oder den Kindern an Kleidung, so erhielten sie leihweise Kleidungsstücke die im Spinnhaus hergestellt wurden. War einer krank, so bezog er kostenfrei Arznei aus der Hofapotheke. So human diese Maßnahmen erscheinen, muß gewahr bleiben, daß mit der Almosengabe eine permanente Kontrolle und ein massiver Arbeitszwang verbunden waren. Manch ein Armer hätte es vorgezogen, weiter betteln zu gehen, als sich der bürgerlichen Arbeitsmoral zu beugen. Betteln war jedoch, wie bereits festgestellt, verboten – da menschenunwürdig und unästhetisch im Sinne des bürgerlichen Zeitgeistes, da unkontrollierbar in den Augen der Obrigkeit.

Außer diesen unmittelbaren Unterstützungsleistungen wurden auch präventive Maßnahmen getroffen. 1786 wurde die Karlsruher Bürgerwitwenkasse, 1790 eine Versicherung für Dienstboten eingerichtet (*Dienstboteninstitut*), 1801 eine vergleichbare Einrichtung für Handwerksgesellen.

Langfristig bedeutsam wurde der Bau des Bürgerhospitals (1785–1789, Ecke Adler- und Spitalgasse) (vgl. Abb. S. 59). Seine Einrichtung erfolgte ebenfalls zur besseren Versorgung der Unterschichten. In den ersten Jahren lagen keineswegs Angehörige der Karlsruher Bürgerschaft in den Spitalbetten, sondern fast ausschließlich Dienstboten und Handwerksgesellen, denn diese Personengruppe war im Krankheitsfalle unverpflegt. Das gleiche galt für die Soldaten: drei Jahre später wurde ein eigenes Militärhospital

Bürgerhospital, Vorderansicht mit Türmchen

(1791), Ecke Kreuz- und Spitalgasse, eingerichtet[115] (vgl. Abb. S. 60).
Das Bürgerhospital war als dreistöckiger Bau vorgesehen. In einem der Seitenflügel waren der Hospitalarzt und der Verwalter untergebracht. Im Erdgeschoß befanden sich Verwaltungs- und Wirtschaftsräume, auf der einen Seite Magazine, ein Krankenzimmer, ein Badezimmer, eine Totenkammer und die Wohnstube der Türhüters, auf der anderen Seite das Versammlungszimmer der Hospitaldeputation, daneben die große Küche und die Speisekammer. Im ersten und zweiten Stock lagen die Krankenzimmer, 12–13 Schuh hoch (etwa 3,60 m – 3,90 m) und jedes so geräumig, daß darin jeweils 8 Betten im Abstand von 90 cm Platz fanden. Nur die beiden Säle für die Genesenden waren größer. Dort konnten 24 bis 28 Betten gestellt werden. Für 120 Betten war das Haus konzipiert gewesen, doch werden in den ersten zehn Jahren nicht mehr als 50 Personen gleichzeitig darin gelegen haben, da die Ausstattung mit Bettzeug noch 1802 nur für diese Zahl ausreichte.
Die Spitalkost bestand aus Suppe und Gemüse, einer Portion Weißbrot von 25 Loth (375 g), einem Drittel Schoppen Wein (0,4 l). Wer Fleisch essen durfte, erhielt täglich ¼ Pfund Rindfleisch, sonntags Kalbfleisch. Bei großer Eßlust konnte auch etwas mehr Wein und Brot ausgegeben werden.
Ein Kranker erhielt bei seiner Aufnahme Hospitalkleidung. Für Männer bestand diese aus einer weißen baumwollenen Kappe, einem Hemd, einem baumwollenen Schlafrock, einem Paar leinenen oder warmen langen Beinkleidern, einem weißen Paar baumwollenen Strümpfen, Pantoffeln und einem Schnupftuch. Für eine Frau aus einer Haube, einem Halstuch, einem Hemd, einem zeugenem Bettwams, einem wollenen Rock und ebenfalls Strümpfen, und Schnupftuch. In alle Kleidungsstücke waren Buchstaben genäht, die auf die Krankheiten des Trägers hinwiesen.
Es gab Krankenzimmer für *medizinisch* und für *chirurgisch* Kranke. Bei den medizinischen Fällen unterschied man, ob sie akut fiebrig oder chronisch waren. Dann wurden die fiebrigen Patienten nochmals danach unterschieden, ob sie einen Ausschlag hatten oder nicht, die chronischen, ob sie ansteckend waren oder nicht. In den medizinischen Abteilungen waren die Zimmer nach Geschlechtern getrennt. Bei den chirurgischen nicht, *weil chirurgisch Kranke sich schwerlich aus ihren Bette zu jemandem anderen verfügen können,* so ein Anstaltsbericht.[116]
Bei den meisten eingelieferten Fällen handelte es sich um Fiebererkrankungen.
Militär- und Bürgerspital waren für ihre Zeit sehr modern. Das Bürgerspital, insofern es nur heilbare Kranke aufnahm und sich damit von der traditionellen Spitalkonzeption, die

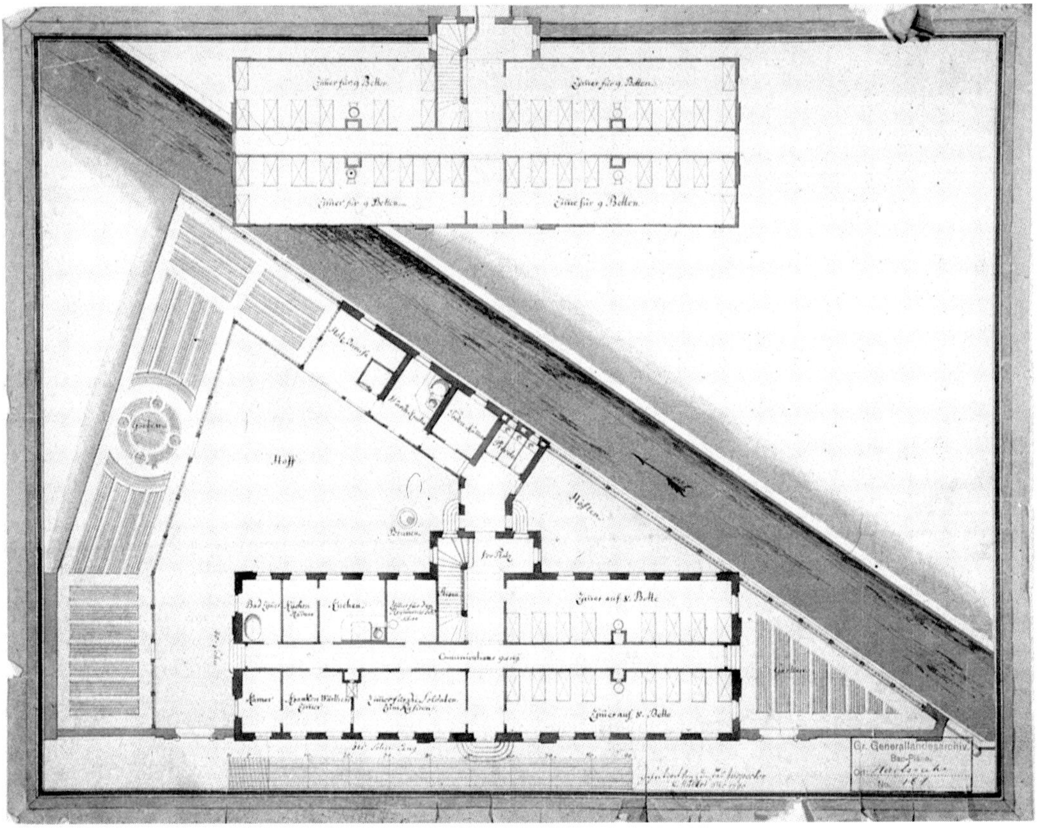

Militärhospital

auch Pflegebedürftige als Pfründner aufnahm, abwandte, hin zum modernen Heilkrankenhaus. Das im Jahre 1770 in Durlach gegründete Spital hingegen nahm noch Pfründner auf.[117] Auch hinsichtlich der inneren Raumgestaltung war man auf dem neuesten Stand. Mit den Entwürfen zu Luftzirkulationskonstruktionen knüpfte man an Projekte an, die um die gleiche Zeit in Frankreich entworfen wurden.[118] Das Militärhospital bestach zumindest hinsichtlich seiner baulichen Gestaltung. Der Plan Jeremias Müllers fand Eingang in das große Werk Dieter Jetters über die Geschichte des Hospitals. Zwar konnte Jetter den Plan nicht Karlsruhe zuordnen, doch bezeichnet er ihn als einfallsreich und gewandt und glaubte, bereits den Einfluß französischer Revolutionsarchitektur bemerken zu können[119] (vgl. Abb.).

Anmerkungen

[1] Vgl. Hansmartin Schwarzmeier: Der Traum vom Frieden. Die Vorgeschichte der Gründung Karlsruhes und das europäische Kriegstheater in der Barockzeit, in: Beiträge zur Landesgeschichte 5 (Oktober 1989), S. 13–18, bes. S. 17–18.

[2] Vgl. Franz Schneider: Die Anfänge von Schloß und Stadt Karlsruhe, in: Zeitschrift für die Geschichte des Oberrheins (ZGO) 85, 1933, S. 423–455.

[3] Folgende Angaben nach Generallandesarchiv Karlsruhe (GLA) 206/23–24.

[4] Vgl. GLA 206/23.

[5] Rekonstruktion der Lebenswege anhand folgender Quellen: GLA 206/23; C. F. Oelenheinz: Notizen meistens aus dem zweiten Decenio seit Erbauung der Residenz Carlsruhe anno 1715. Karlsruhe 1901; Kirchenbücher und Ratsprotokolle.

[6] Privilegien für die ResidenzStadt Carlsruhe vom Jahr 1722 nebst Zusätzen zu denselben vom Jahr 1724, gedruckt in: Karl-Gustav Fecht: Geschichte der Haupt- und Residenzstadt Karlsruhe, Karlsruhe 1887. Beilage II. Neue Privilegien für die Residenzstadt Karlsruhe vom Jahr 1752, gedruckt: ebenda, Beilage V. (künftig zitiert: Privilegien 1722 bzw. Privilegien 1752).

[7] Vgl. Wolfgang Leiser: Die Stadt im süddeutschen Kleinstaat des Ancien Régime, in: Volker Press (Hrsg.): Städtewesen und Merkantilismus in Mitteleuropa, Köln 1983, S. 111–135, hier: S. 129.

[8] Vgl. Stadtarchiv Karlsruhe (StadtAK) 5/Durlach B 1035 (1728).

[9] Vgl. Heinz Schmitt: Karlsruher Stadtteile, Mühlburg, Ausstellung Prinz-Max-Palais, 1982.

[10] Vgl. Carl Wilhelm Friedrich Ludwig v. Drais: Geschichte der Regierung und Bildung von Baden unter Karl Friedrich, Bd. 1, Karlsruhe 1816, S. 249–279; Bd. 2. S. 1–34.

[11] Vgl. Carlo M. Cipolla/Knut Borchardt: Europäische Wirtschaftsgeschichte 2, Stuttgart 1983, S. 22.

[12] Vgl. Karl Gustav Fecht: Geschichte der Haupt- und Residenzstadt Karlsruhe, Karlsruhe 1887, S. 62. Georg Trautmann war reformierter Konfession.

[13] Die in der Literatur hervorgehobenen konfessionellen Spannungen, so bei Fecht (ebenda S. 110) oder bei Adalbert Ehrenfried: Die Kapuziner in Karlsruhe, Karlsruhe 1962, blieben auf kirchliche Kompetenzfragen beschränkt; in den Quellen, die den sozialen Umgang der Einwohnerschaft widerspiegeln, sind Hinweise auf Benachteiligung oder Differenzen aus konfessionellen Gründen spärlich.

[14] Gemeint sind hier die unter Markgraf Karl Wilhelm (1709–1738) intensivierten Bestrebungen, sich der Neutralität der Schweizer Kantone anzuschließen. Genaueres nachzulesen bei Emil Vierneisel: Neutralitätspolitik unter Markgraf Karl Wilhelm von Baden-Durlach, in: ZGO 72, 1918, S. 373–417; S. 496–525 und ZGO 73, 1919, S. 77–132.

[15] GLA 206/2239.

[16] In Mannheim kam es zu einer regelrechten konfessionellen Bevölkerungsumschichtung. Vgl. Meinrad Schaab: Mannheim. Typus und Individualität einer oberrheinischen Festung, Residenz- und Industriestadt, in: Mannheimer Hefte 1 (1977), S. 7–17, bes. S. 13.

[17] Vgl. Johannes Augel: Italienische Einwanderung und Wirtschaftstätigkeit in rheinischen Städten des 17. und 18. Jhdts. Bonn, 1971 und Hansmartin Decker-Hauff: Bevölkerungsverlust und Bevölkerungsbewegung in den Oberrheinlanden im 17. Jahrhundert. Sitzungsprotokoll der Arbeitsgemeinschaft für geschichtliche Landeskunde am Oberrhein vom 9. Febr. 1965.

[18] Bei den Angaben zur Bevölkerungsstruktur handelt es sich um erste Ergebnisse meiner Arbeit über das Thema „Karlsruhe im 18. Jahrhundert. Zur Genese und zur sozialen Schichtung einer residenzstädtischen Bevölkerung", die als Dissertation von Prof. V. Sellin (Heidelberg) betreut wird; genauere Quellenbelege werden dort zu finden sein.

[19] Vgl. Karl Friedrich Vierordt: Geschichte der evangelischen Kirche im Großherzogtum Baden, Karlsruhe 1856. S. 322.

[20] GLA 206/2724 (auch die folgenden Zitate), vgl. auch Ehrenfried (wie Anm. 13).

[21] GLA 206/2722.

[22] Vgl. GLA 61/681.

[23] Vgl. Esther Ramon: Geschichte der jüdischen Erziehung in Karlsruhe von 1730–1933, in: Heinz Schmitt/Ernst Otto Bräunche/Manfred Koch (Hrsg.): Juden in Karlsruhe, Karlsruhe 1988, S. 301–310, S. 306 (=Veröffentlichungen des Karlsruher Stadtarchivs, Bd. 8).

[24] Vgl. Fecht (wie Anm. 12), S. 113.

[25] Zu den Karlsruher Juden ausführlicher bei Ernst Otto Bräunche: Vom Schutzjuden zum Bürger zweiter Klasse, in: H. Schmitt/E. O. Bräunche/M. Koch (Hrsg.) (wie Anm. 23), S. 41–80, hier S. 73.

[26] Vgl. StadtAK 3/B2 fo. 100.

[27] Vgl. GLA 206/1809.

[28] Vgl. GLA 74/9044.

[29] Vgl. Bräunche (wie Anm. 25), S. 70.

[30] Anders bei Fecht (wie Anm. 12), S. 71, der in einem einleitenden Teil beiläufig schreibt, zu den Klein-Karlsruhern hätten sich viel arme Juden zugesellt. Für das 18. Jahrhundert gilt dies, von ein bis zwei Ausnahmen abgesehen, gewiß nicht, wie allen zeitgenössischen statistischen Erhebungen zu entnehmen ist.

[31] Vgl. Privilegien 1752 (wie Anm. 6), 21. Punkt.

[32] Vgl. StadtAK 3/B2 fo. 94–95.

[33] Vgl. Ernst Schneider: Durlacher Volkleben 1500–1800. Karlsruhe 1980. S. 48 (=Veröffentlichungen des Karlsruher Stadtarchivs, Bd. 5).

[34] Vgl. GLA 148/289.

[35] Vgl. Privilegien 1752 (wie Anm. 6), 7. Punkt

[36] Vgl. Ernst Schneider: Karlsruher Hintersassen des 18.

Jh., in: Badische Familienkunde 1959, Heft 9, S. 117.

37 Vgl. Privilegien 1722 (wie Anm. 6), S. V.

38 Vgl. StadtAK 3/B3 fo. 35–36.

39 Vgl. hierzu das Beispiel S. 33, Anm. 49.

40 Im Mai 1774 bat ein auswärtiger Krämer beim Stadtrat um Aufnahme mit der Begründung, er habe die Rosenwirt Riedingersche Tochter geschwängert und wolle sie nun heiraten. Der Stadtrat lehnte ab mit der knappen Feststellung: „Es wäre der Rosenwirt Riedingerschen Tochter wohl zu wünschen, daß sie durch die Heurath ihres Schwängerers zu Ehren gebracht würde, allein dieses sei die Art nicht, sich durch dergleichen Vergehen in eine Stadt hineinzudrängen." Vgl. StadtAK 3/B5 fo. 164–166.

41 Vgl. StadtAK 3/B3 fo. 82.

42 StadtAK 3/B9 fo. 15–17.

43 Vgl. GLA 357/4397.

44 Vgl. Carl Friedrich Gerstlacher: Sammlungen aller Baden-Durlachischen ... Anstalten und Verordnungen, Bd. 2, Frankfurt/Leipzig 1774, S. 320–340.

45 Vgl. GLA 206/2929.

46 Vgl. Privilegien 1752 (wie Anm. 6), 18. Punkt.

47 Vgl. GLA 206/3445.

48 Zitiert nach Wolfram Fischer: Quellen zur Geschichte des deutschen Handwerks. Selbstzeugnisse seit der Reformationszeit, Göttingen 1957, S. 66–67.

49 StadtAK 3/B7 fo. 96–98.

50 Vgl. GLA 74/10 427 (Generalzunftordnung vom 25. Okt. 1760).

51 Die geringe Größe der meisten Handwerksbetriebe fand sich im 18. Jahrhundert überall im Deutschen Reich. Vgl. Karl Heinrich Kaufhold: Umfang und Gliederung des deutschen Handwerks um 1800, in: Wilhelm Abel (Hrsg.): Handwerksgeschichte in neuer Sicht, Göttingen 1978, S. 61–62.

52 Vgl. GLA 206/3437.

53 Vgl. StadtAK 3/B 109.

54 Vgl. GLA 206/172.

55 Vgl. Badenscher Hof- und Staatskalender auf das Jahr 1792, Karlsruhe 1792.

56 Vgl. GLA 206/2619.

57 Ein 5-Personen-Haushalt benötigte in der zweiten Hälfte des Jahrhunderts zwischen 56 und 71 kg Brot. Berechnet nach: Diedrich Saalfeld: Lebenstandard in Deutschland 1750–1860, in: Wirtschaftliche und soziale Strukturen im soziokulturellen Wandel. Festschrift Wilhelm Abel, Bd. 2, S. 417–443, S. 423.

58 Vgl. August Roth: Die Rechtsverhältnisse der landesherrlichen Beamten in der Markgrafschaft Baden-Durlach im 18. Jahrhundert, Karlsruhe 1906, S. 61.

59 Vgl. GLA 206/2610.

60 Kurtzer Begriff von den Freiheiten (=Gründungsaufruf 1715), Art. III, abgedruckt bei Fecht (wie Anm. 12), Beilage I.

61 Vgl. GLA 206/23.

62 Vgl. GLA 206/1783.

63 Vgl. StadtAK 3/B 105a.

64 Diese Beobachtung konnte im Rahmen von Untersuchungen zur sozialtopographischen Entwicklung der Stadt gemacht werden, vgl. Anm. 18.

65 Vgl. StadtAK 3/B 105a.

66 StadtAK 3/B 108 (auch die folgenden Zitate).

67 StadtAK 3/B4 fo. 52–54.

68 Vgl. Fecht (wie Anm. 12), S. 186.

69 Vgl. ebenda, S. 188.

70 Vgl. v. Drais (wie Anm. 10), Bd. 1, S. 134.

71 Vgl. Hans-Detlef Rösiger: Durlach und Karlsruhe, Karlsruhe 1974 (Nachschrift von 1924), S. 31.

72 Zitiert nach: Hermann Bink: Karlsruher Sagen, in: Die Pyramide 1931, Nr. 19, S. 76.

73 Vgl. Fecht (wie Anm. 12), S. 188.

74 Anselm Rabiosus (Pseudonym): Reise durch Oberdeutschland, Sachsen/Leipzig 1778. Teil 1, S. 78.

75 J. F. C. Grimm: Bemerkungen eines Reisenden durch Deutschland, Frankreich, England und Holland in Briefen an seine Freunde. Altenburg 1775. Teil 1, Dreizehnter Brief, S. 130–131.

76 Um die Mitte des Jahrhunderts gab es nachweislich eine Stadtviehherde. Allerdings war sie nicht so groß, als daß man sich einen eigenen Rindsfasel gehalten hätte; man benutzte den Gottesauer. Vgl. StadtAK 3/B3 fo. 124–125.

77 StadtAK 3/B3 fo. 69–70.

78 GLA 206/2486.

79 Vgl. Diedrich Saalfeld: Wandlungen der bäuerlichen Konsumgewohnheiten vom Mittelalter zur Neuzeit, in: Irmgard Bitsch e. a. (Hrsg.): Essen und Trinken. Vorträge eines interdisziplinarischen Symposiums, 10.–13. Juni 1987, Univ. Gießen, Sigmaringen 1987, S. 59–75.

80 Die Lage der Bäckerhäuser wurde rekonstruiert nach einer Häuserliste. Vgl. StadtAK 2/R85. Unbeachtet blieben hier die in Miete wohnenden Bäcker; auch sie änderten an der ungünstigen Versorgungslage nichts, was aus schriftlichen Aussagen zu entnehmen ist. Vgl. GLA 206/3300 (Petition des Bäckers Trißler vom Juli 1770).

81 Vgl. GLA 206/3297.

82 Allgemeines Intelligenz- oder Wochenblatt für sämtliche Hochfürstlich-Badische Lande vom 9. Oktober 1777.

83 Siehe hierzu das Kapitel: Fürsorge um 1790, S. 57 ff.

84 Vgl. Fritz Ruf: Die Suppe in der Geschichte der Ernährung, in: Irmgard Bitsch e. a. (Hrsg.) (wie Anm. 79), S. 165–182.

85 Vgl. Theodor Hartleben: Statistisches Gemälde der Residenzstadt Karlsruhe und ihrer Umgebung, Karlsruhe 1815, S. 383–384.

86 Vgl. Günter Wiegelmann: Der Wandel von Speisen- und Tischkultur im 18. Jahrhundert, in: E. Hinrichs/G. Wiegelmann (Hrsg.): Sozialer und kultureller Wandel in der ländlichen Welt des 18. Jahrhunderts, Wolfenbüttel 1982, S. 149–162.

87 Johann Christian Roller: Erster Versuch einer Be-

schreibung der Stadt Pforzheim mit besonderer Beziehung auf das physische Wohl ihrer Bewohner, Pforzheim 1811, S. 116.

[88] Vgl. Fecht (wie Anm. 12), S. 224; Der vermehrte Biergenuß stand in engem Zusammenhang mit dem intensivierten Hopfenanbau. Hierzu Willi A. Boelke: Wirtschaftsgeschichte Baden-Württembergs von den Römern bis heute, Stuttgart 1987, S. 108.

[89] Vgl. GLA 206/3300.

[90] Vgl. Michael Mitterauer: Ledige Mütter. Zur Geschichte unehelicher Geburten in Europa, München 1983, bes. S. 100–112. Interessant die Studie von Rainer Beck: Illegitimität und voreheliche Sexualität auf dem Land. Unterfinning 1671–1770, in: Richard v. Dülmen (Hrsg.): Kultur der einfachen Leute, München 1983, S. 112–150.

[91] Bereits 1766 wurden erste Versuche mit der Blatternimpfung gemacht. Vgl. v. Drais, Bd. 1 (wie Anm. 10) Anhang S. 13.

[92] Vgl. GLA 206/2564.

[93] Markgräflich-Badische Hebammenordnung oder Instruction, Karlsruhe 1795.

[94] Vgl. Christina Müller: Der Badische Erbanfall und die Konfessionsfrage. Konfessionskonflikt und Schulreform in der paritätischen Herrschaft Mahlberg. Zulassungsarbeit zum Ersten Staatsexamen für das Lehramt an Gymnasien, Heidelberg 1987.

[95] Vgl. GLA 148/245 (Kirchenvisitation 1770, Frage 65).

[96] Vgl. Fecht (wie Anm. 12), S. 281 und General-Synodalverordnung 1756, Die badischen Schulordnungen 1, hrsg. v. Karl Brunner, gedruckt in: Nr. 12, S. 98–107, Berlin 190 (= Monumenta Germaniae Pädagogica 24). Baden-Durlacher Schulordnung 1766 (Walz'scher Schulschematismus) gedruckt in: ebenda, Nr. 19. S. 135–136.

[97] Vgl. GLA 148/245, auch alle folgenden Angaben für Karlsruhe aus dieser Akte.

[98] Vgl. GLA 74/9044.

[99] Das Sächsische, insbesondere der obersächsisch-meißnische Dialekt blieb bis ins ausgehende 18. Jahrhundert im mittel- und niederdeutschen Raum als die vorbildlich geltende Schreib- und Sprechnorm. Vgl. Adolf Bach: Geschichte der deutschen Sprache. 9. Auflage, Wiesbaden o. J., S. 340–341.

[100] Vgl. GLA 148/249 (Kirchenvisitationsprotokoll 1775).

[101] Vgl. General-Synodalverordnung 1756 (wie Anm. 96).

[102] Vgl. Fecht (wie Anm. 12), S. 120.

[103] GLA 148/245 (Kirchenvisitation 1770, Frage 65).

[104] Vgl. GLA 206/2767.

[105] Über den Alltag im Waisenhaus informiert sehr anschaulich die Studie Bernhard Stiers: Fürsorge und Disziplinierung im Zeitalter des Absolutismus. Das Pforzheimer Zucht- und Waisenhaus und die badische Sozialpolitik im 18. Jahrhundert, Sigmaringen 1988 (Quellen und Studien zur Geschichte der Stadt Pforzheim, Bd. 1).

[106] Vgl. Karl Friedrich Nebenius: Karl Friedrich von Baden. Karlsruhe 1868. S. 134–135.

[107] GLA 148/249 (Kirchenvisitationsprotokoll 1775).

[108] Vgl. GLA 74/2820 und 74/2823 (Verordnungen vom 15. April 1712 und vom 15. April 1716).

[109] GLA 206/2239.

[110] Vgl. GLA 206/2628.

[111] Vgl. StadtAK 3/B 106.

[112] Vgl. GLA 206/2628 Mandat der Polizeideputation, S. 1.

[113] Angaben nach: GLA 206/2929.

[114] Vgl. Fecht (wie Anm. 12), S. 260–261.

[115] Vgl. ebenda, S. 167–168.

[116] GLA 206/2904.

[117] Vgl. Karl Gustav Fecht: Geschichte der Stadt Durlach, Heidelberg 1869, S. 434–435.

[118] Vgl. Dieter Jetter: Grundzüge der Hospitalgeschichte. Darmstadt 1973, S. 33–34.

[119] Vgl. ders.: Geschichte des Hospitals, Bd. 1. Westdeutschland von den Anfängen bis 1850. Wiesbaden 1966, S. 115.

Alexander Mohr

1815: Im Schatten der neuen Prachtstraßen

Im Jahr 1815 wurde Karlsruhe einhundert Jahre alt. Das feierte man zwar nicht besonders, doch erhielten die Karlsruher zwei allerdings recht unterschiedliche literarische Festgaben. *Bei der eingetretenen ersten Säcularfeier der Erbauung der Residenz der Großherzöge von Baden erscheinen im Monat August d. J. ... Dramatische Festspiele und Gesänge für Baden von Herrn geheimen Legationsrat Friederich. ... Ungeachtet die großen Zeitereignisse die Aufmerksamkeit verschlingen, so hoft der Verleger dennoch dem Volke Badens und den verwandten Stämmen hiermit keine unwillkommene Gabe anzubieten. Das Werkchen wird in einem niedlichen Umschlag brochirt ausgegeben. Der Subscriptionspreis ist 36 kr.*[1]

Weniger dramatisch als dieses bei Hofbuchhändler C. F. Müller erscheinende Bändchen, aber weit informativer war das andere, Theodor Hartlebens *Statistisches Gemälde der Residenzstadt Karlsruhe und ihrer Umgebung*[2], das eine Bestandsaufnahme der vergangenen hundert Jahre Stadtgeschichte bieten und den gegenwärtigen Zustand der Stadt beschreiben wollte.

Statistisch, wir haben richtig gelesen. Seit 1809 betrieb der badische Staat intensiv statistische Forschung, wie viele der damaligen Neuerungen unter Napoleons Einfluß. So finden wir bei Hartleben zum ersten Mal umfangreiches und verläßliches Zahlenmaterial über die Stadt und ihre Bewohner. 15.128 waren das jetzt, 8.472 Männer und 6.602 Frauen – der zeituntypische Männerüberschuß rührte hauptsächlich von der Garnison her.

Gegliedert nach Berufsgruppen ergab sich folgendes Bild (in Klammern die Zahl der weiblichen Angehörigen): 801 Staatsdiener (851), 2.937 Militärangehörige (545), 858 Hofdiener (1.014), 2.342 Bürger (2.716), 1.385 Dienstleute (1.292) und 149 Fremde (184). Die stärksten Gruppen waren also das Bürgertum mit ungefähr 50 % Bevölkerungsanteil und das Militär. Vom klassischen Klischee der Beamtenstadt ist Karlsruhe zu Anfang des 19. Jahrhunderts noch weit entfernt, schon die Gruppe der Hofbedienten zählte mehr Köpfe als das Beamtencorps.

Im zurückliegenden Jahrzehnt war die Stadt so schnell gewachsen wie nie zuvor (vgl. Abb. S. 65). Allein gegenüber der letzten Zählung 1809 hatte die Bevölkerung um 30 % zugenommen.[3]

Welche Gründe hatte dieser Boom? Die große Politik beeinflußt die Entwicklung von Gemeinden nur selten unmittelbar. Bei den Residenzstädten, besonders den barocken Neugründungen, war das anders. Sie hatten Konjunktur, wenn und solange der von ihnen aus regierende Fürst Erfolg hatte, und sie verödeten zumeist, wenn er sich von ihnen abwandte oder die Zeit ihn gar wegfegte – ein im Zeitalter der Französischen Revolution gar nicht so seltenes Schicksal.

Karlsruhe hatte Glück, weil Markgraf Karl Friedrich Glück hatte. Den Anfang hatte bereits 1771 die Erbschaft der Markgrafschaft Baden-Baden gemacht, der Separatfrieden von 1796 hatte ihm dann das Wohlwollen der französischen Republik eingetragen, das sich 1803 in noch umfangreichere Territorialgewinne umsetzen und den Markgraf zum Kurfürsten aufsteigen ließ. 1806 hatte Napoleon nochmals eins draufgesetzt, der Kurfürst wurde Großherzog und *Königliche Hoheit*, Baden, nochmals vergrößert, Großherzog-

Fast zur selben Zeit (1804 und 1820) wurden diese Gesellenbriefe ausgestellt, und doch zeigen sie ganz verschiedene Stadtansichten. Besonders auffällig im neueren Plan (um 1805) ist die neue Nord-Süd-Achse der Stadt

Wir geschworne Ober und andere Meistere eines ehrsamen
Handwercks derer
in der Hochfürstl. Marggräfl.
Badischen
bescheinigen hiermit, daß gegenwärtiger
Obermeister
Obermeister
als Meister, wo obiger Gesell in Arbeit gestanden.
PROSPECT der Fürstlichen Residenz Stadt Carlsruh
Mit Hochfürstl. Marggräfl. Badischem gnädigsten Privilegio verlegt und gezeichnet von G. N. Fischer Stadt Organisten in Carlsruhe

Rastadter Schloß
Heidelberger Schloß
Wir geschworne Ober und andere Meister eines
ehrsamen Handwercks derer
in der Großherzogl. Badischen
bescheinigen hiermit daß gegenwärtiger Gesell Namens
von
den
18
Obermeister
Obermeister
als Meister wo obiger Gesell in Arbeit gestanden
Pforzheim
Prospect der Kurfürstlichen Residenz Stadt CARLSRUH
Mannheim

tum und einer der im Rheinbund organisierten deutschen Vasallenstaaten des Kaisers der Franzosen.

Diese stürmische Aufwärtsentwicklung in den ersten Jahren des neuen Jahrhunderts konnte natürlich auch an der Residenz dieses Fürsten nicht vorübergehen, denn was für einen noch so aufgeklärten, modern denkenden Markgrafen genügt hatte, war angesichts der neuen Würden und Verpflichtungen nicht mehr groß und gut genug. Der Verwaltungsapparat mußte ausgebaut und ebenso untergebracht werden wie die Angehörigen des großherzoglichen Hauses. Zumal man mit Stephanie, der Adoptivtochter Napoleons und Ehefrau des Erbgroßherzogs Karl nun sogar eine *Kaiserliche Hoheit* vorzuweisen hatte, wobei sich die junge Französin am etwas steifen und provinziellen, ihr überwiegend ablehnend gegenüberstehenden Hof des steinalten Karl Friedrich sowieso nicht wohl fühlte. Von Anfang an gab sie der ehemaligen kurpfälzischen Residenz Mannheim den Vorzug, die, größer und weltoffener als Karlsruhe, auch ein besseres Theater zu bieten hatte.[4]

1811 war Karl Friedrich gestorben, und sein Enkel Karl hatte die Regierung angetreten, 1812 hatte man Klein-Karlsruhe der Residenz *einverleibt*, wie man damals diese erste Eingemeindung bezeichnete, 1813 schließlich war Napoleons Herrschaft zusammengebrochen.

Das deutsche Bürgertum, von dem die Initiative zur Befreiung von Frankreichs Vorherrschaft ausgegangen war, erwartete nun von seinen auf dem Wiener Kongreß versammelten Fürsten eine Beteiligung an der politischen Macht, zumindest aber eine Erneuerung Deutschlands als zeitgemäßen Nationalstaat – vergeblich, wie sich zeigen sollte.

Baden stellte sich ein anderes Problem. Zwar war die badische Regierung noch vor Sachsen zu den Alliierten übergewechselt, doch hinderte das weder Österreich noch Bayern daran, Ansprüche auf ehemals in ihrem Besitz befindliche Gebiete anzumelden.[5] Die einen wollten den Breisgau, die anderen die rechtsrheinische Pfalz zurück, die beide an Baden gegangen waren. Keine zehn Jahre nach seiner Entstehung stand das Großherzogtum – mithin die Bedeutung der Hauptstadt Karlsruhe – bereits wieder zur Disposition.

Daß diese Drohung bei den Karlsruher Bürgern berechtigte Befürchtungen wegen ihres weiteren wirtschaftlichen Wohlergehens auslöste, beweist ein Blick ins Jahr 1811. Damals war ein großer Teil des Hofes nach Mannheim übersiedelt und erst drei Jahre später zurückgekehrt. In dieser Zeit war die Karlsruher Bevölkerungszahl vorübergehend um fast ein Drittel abgesunken, ein allgemeiner wirtschaftlicher Rückgang war zu verzeichnen, besonders natürlich in den Gewerben, die von Hofaufträgen lebten, und Wohnungen, sonst eine Mangelware, standen reihenweise zur Vermietung.[6]

Das Wachstum der Stadt war nicht nur von der zunehmenden Bedeutung des Hofes ausgelöst worden, es hatte auch die Abhängigkeit der Stadt von dieser Institution wesentlich verstärkt. „Wie eine Treibhauspflanze"[7] war sie jetzt abhängig von diesem Klima, den fürstlichen und staatlichen Ansprüchen und Ausgaben, Quellen, aus denen alle Karlsruher nun direkt oder indirekt schöpften.

So verdankte die Stadt ihre weitere positive Entwicklung wohl hauptsächlich der Tatsache, daß die politischen und territorialen Verhältnisse unverändert blieben. Denn erst in späterer Zeit, mit der zunehmenden Unabhängigkeit der Wirtschaft von natürlichen Energiequellen und den alten Verkehrswegen, mit Dampfkraft und Eisenbahn also, sollte die Entwicklung der Stadt spürbare Eigendynamik gewinnen – im alten Karlsruhe hatte es mangels Wasserkraft nicht einmal eine Mühle gegeben.

Die erste Eingemeindung

Mit der Residenzstadt Karlsruhe ist der daran gebaute Bezirk geringerer Häuser, Klein-Karlsruhe genannt, dergestalt allmählig ange-

Ein Blick auf die ungeschönte Rückseite der Modellstadt. Zwar wurden hier im Dörfle die Bauvorschriften besonders weit ausgelegt, doch waren die Hofseiten der Modellhäuser oft nicht weniger eigenwillig und zweckgebunden

wachsen, daß eine nähere Bestimmung seiner Verhältnisse nothwendig geworden ist.[8]

Seit es Karlsruhe gab, hatte es auch das *Dörfle* genannte Klein-Karlsruhe (vgl. Abb.) gegeben, dessen Bewohner keinen Anteil an den Rechten und Freiheiten der Stadtbewohner hatten, sondern nur von Pfund- und Landzoll befreit waren. Sie waren fast alle Hintersassen gewesen, das heißt Einwohner ohne Bürgerrecht.[9] Obwohl seit einer 1790 erlassenen Verordnung ein Teil der Klein-Karlsruher, jene, die weder Tagelöhner noch Dienstboten waren, das Karlsruher Bürgerrecht erwerben konnten, wurde davon kaum Gebrauch gemacht. Karl Gustav Fecht meint, weil es zuwenig Leute gab, die dafür in Frage kamen, doch waren das Mindestvermögen von 500 Gulden und das Einkaufsgeld von 20 Gulden[10], das die Stadt verlangte, ohne dafür viel bieten zu können[11], bestimmt kein besonderer Anreiz.

Zwischen der Residenz und diesem stets als lästig empfundenen Anhängsel herrschte ein ständiger Kleinkrieg. Warum?

Der oben zitierte Abschnitt aus dem Eingemeindungsentwurf zeigt schon das ganze Dilemma. Dieser *daran gebaute Bezirk* war nichts Halbes und nichts Ganzes, weder Stadt noch Dorf, weder selbständig noch Teil der Residenz, innerhalb der Mauern, jedoch außerhalb der rechtlichen Befugnisse der Stadt und ihrer Behörden. In einer Gesellschaft, die durch das Bevölkerungswachstum ihre Stabilität zu verlieren drohte und als einzigen Ausweg nur den Ausschluß von immer mehr Menschen sah, wenn den übrigen die Existenz gesichert bleiben sollte[12], empfand man das Vorhandensein dieses Ortes geradezu als Bedrohung. Denn während die Residenz 20 Gulden verlangte, betrug die Aufnahmegebühr hier gerade 45 Kreuzer für In- und 1 Gulden 30 Kreuzer für Ausländer.[13]

Mochte die Residenz sich gegen den Zuzug von Armen durch Bürgereinkaufsgeld und Ansiedlungsverweigerung noch so wehren, Klein-Karlsruhe war, solange es bestand, wie ein Leck, durch das die Armen unkontrolliert in die Stadt strömen konnten. So sahen es die Bürger der Residenz und ließen nichts unversucht, um ins Dörfle hineinzuregieren.
Daran änderte sich auch nichts, nachdem die Regierung die Situation dadurch zu bereinigen versucht hatte, daß sie Klein-Karlsruhe 1795 zur eigenständigen Dorfgemeinde machte[14], denn abgesehen von diesem Verwaltungsakt und der Ernennung eines Bürgermeisters blieben die Verhältnisse unverändert. Und selbst hiergegen machte der städtische Gemeinderat Front, weil das bedeutete, daß man jetzt in Klein-Karlsruhe sogar Vollbürger werden und ein zünftiges Gewerbe betreiben konnte. So führte man wieder einmal Klage bei Karl Friedrich: ... *besonders in Hinsicht des Nachtheils für die städtischen Gewerbsleute, wenn in dem angebauten Klein-Karlsruhe zünftige Arbeiter mit geringerem zur dortigen Reception erforderlichen Vermögen und durch die Söhne der schon wirklichen dortigen Bürger sich verbreiten würden.*[15]
Die handfesten wirtschaftlichen Interessen der Stadt setzten sich durch, die Regierung errichtete eine Kommission, der Vertreter des Stadtmagistrats, des Ortsvorstands, ausgewählte Bürger und aus Klein-Karlsruhe sogar einige Hintersassen angehörten. Wie kaum anders zu erwarten, fand sie für die verwikkelte Problematik auch keine akzeptable Lösung, sondern kam nur zu dem Schluß: *Es sey die genaue Absonderung zweier ganz aneinander angebauter Gemeinden besonders in Rücksicht auf die Professionen eine kaum mögliche Sache.*
Inzwischen war die Situation sogar noch verwickelter geworden, da Klein-Karlsruhe spätestens seit seiner Erhebung zur Gemeinde auch eine Art soziales Auffangbecken für die Residenz geworden war. Arme Karlsruher Bürger wanderten der geringeren Lebenshaltungskosten und der Möglichkeit, wesentlich preisgünstiger zu einem Haus zu kommen, nach Klein-Karlsruhe ab. Das war für die Karlsruher lange Zeit eine bequeme Lösung, die Unterschicht wurde ausquartiert, ohne daß man auf ihre weiterhin notwendige Arbeitskraft verzichten mußte. Daß die Karlsruher die ihnen angebotene Einverleibung des Dörfle ebenso strikt ablehnten, wie dessen Bewohner die von den Städtern verlangten Gewerbebeschränkungen, *welche gleichwohl zum Besten der die größere Staatsrücksicht verdienenden Bürgerschaft in der Residenz nothwendig wären,* war angesichts dieser Verhältnisse kein Wunder ... *wir sollten fortan eine bloße Taglöhnerclasse für unsere glücklichern Nachbarn ausmachen,* beurteilte der Klein-Karlsruher Bürgermeister dieses Verhalten. Doch verstärkte sich die Übervölkerung des Dörfle so, daß schließlich an ein amtliches Eingreifen gedacht werden mußte: ... *wenn die Übervölkerung in Klein-Karlsruhe eine Absonderung der eigentlich zur dortigen Gemeinde gehörigen Glieder, von denjenigen dortigen Innwohnern nothwendig machte, die entweder eigentliche Städter, oder durch die Stadt dahin gekommen sind.* Das hätte eine großangelegte Überprüfung der Aufenthaltsberechtigung aller Klein-Karlsruher bedeutet und für die Residenz die sichere Erhöhung der Soziallasten durch die Rückführung armer Familien und Einzelpersonen städtischer Herkunft.
Erst jetzt, als die Einführung von Gewerbebeschränkungen in Klein-Karlsruhe sich als undurchsetzbar erwies und die Rückführung der Abgewanderten drohte, akzeptierte die Stadt die Lösung der Eingemeindung, allerdings mit folgender Einschränkung: Nach der Vereinigung wurden die Klein-Karlsruher Einwohner in Listen erfaßt; diese wurden durchgeforstet und alle, die sich nicht im Besitz des Bürgerrechts oder einer Aufenthaltsgenehmigung befanden, umgehend ausgewiesen.

Das Stadtbild – Besichtigung einer Baustelle

Karlsruhe um 1815, das hieß für seine Bewohner leben auf einer Dauerbaustelle – und ein Ende war nicht absehbar. Der arglose Blick auf den druckfrischen Stadtplan dieses Jahres täuscht. Vieles, was da sauber kartographiert seine Grundrisse herzeigt, stand noch immer ganz oder teilweise auf dem Papier. Prominentestes Beispiel dafür ist das Rathaus, von dem 1812/13 nur der nördliche Flügel entlang der Zähringerstraße errichtet worden war, während der übrige Bau erst zehn Jahre später entstehen sollte.[16]

Überall verliefen die am Reißbrett geplanten Straßenzüge im Sande, erhoben sich zwei- und dreistöckige Neubauten recht unvermittelt in noch unbebautem Gelände oder kokettierten an anderer Stelle mit einem Hauch von Großstadt, wie etwa am neuen Marktplatz (vgl. Abb.).

Man machte in den Jahren 1803 und 1804 den Anfang mit Verlängerung der neuen Herrengasse, so wie mit den Umgebungen eines schönen Marktplatzes. In dem Jahr 1806 entstand ein neues Lyzäumsgebäude und eine Fleischhalle, beide in edlem Style. Auf mehreren Punkten erweiterte sich die Stadt wie durch einen Zauberschlag. Man versetzte die Thore, legte in den Jahren 1807 und 1808 den Grundstein zu einer neuen evangelischen und katholischen Kirche und beförderte die Erweiterung der neuen Zähringer- und neuen Herrenstraße. Karl Friedrich ermüdete nicht, auch die letzten Kräfte seines seltenen Geistes Karlsruhes Verschönerung zu widmen . . . so daß man von ihm wie einst von einem römischen Regenten mit Recht sagen kann: Klein und von Holz erbauet, hat er die Stadt angetroffen. Groß und herrlich größtenteils von Steinen erbauet hat er sie verlassen.[17]

Wenn Hartleben Karl Friedrich hier mit Kai-

Nordansicht des Marktplatzes mit dem geplanten Denkmal der Göttin Reha. Es fehlt noch die charakteristische 1825 errichtete Pyramide

ser Augustus vergleicht, dessen Rom aus Marmor mit dem Karlsruhe aus Stein, so stimmen wohl die Proportionen nicht ganz, doch hat der Großherzog viel für die Entwicklung der Stadt getan. Das lag zwar in seinem Interesse, schließlich war die Residenz auch so etwas wie das Schaufenster seiner Herrschaft, doch bewies er mit der Wahl seines Architekten erneut seinen Sinn für zeitgemäßes Handeln.

Wie oftmals hatte der Zeitgeschmack schneller gewechselt, als das Bauwesen folgen konnte. Hatte beim Wettbewerb um die Gestaltung des neuen Stadtzentrums 1787 noch pompöser italienischer Barock das Rennen gemacht[18], so wurde der Platz nun im neuen Stil des Klassizismus bebaut. Denn Karl Friedrich *wußte als wahrer Kunst- und Menschenkenner einen ausgezeichneten, talentvollen Baukünstler durch freundliche und würdige Behandlung mit mäßigem Gehalt für seine Vaterstadt zu erhalten, als er eben im Begriff war, einem weit vorteilhafteren Ruf ins Ausland zu folgen. Damit begründete er vorzüglich eine neue glänzende Epoche für den reinern Styl und edlern Charakter in der Bauart Karlsruhes.*[19]

Weinbrenner, der Name des frischgebackenen badischen Oberbaudirektors steht für die ganze architektonische Epoche in Karlsruhe. Seine Bauten und Planungen prägten das Karlsruher Stadtbild in einem Umfang, den selbst die kriegs- und nachkriegsbedingte Zerstörung unserer Zeit nicht mehr ganz verwischen konnte.

Das war ein klarer Erfolg seiner baurechtlichen Kompetenzen. Denn wenn man auch „modern" baute, beeinflußt von der als klassisch empfundenen römischen und griechischen sowie der italienischen Renaissance-Architektur, im organisatorischen Bereich behielt man die alten Methoden weitgehend bei.

Umfassende Planung hatte ja schon am Anfang der Karlsruher Baugeschichte gestanden. Festlegungen bis in Einzelheiten, bis hinab zu den einstöckigen Häusern der Bürger, deren Aussehen und Höhe auch die Aufgabe hatten, die ständischen Rangunterschiede zu dokumentieren: höher hinaus durften damals nur der Adel und natürlich der Markgraf. Individualität war der Ständegesellschaft – zumindest nach außen hin – fremd.

Auch jetzt konzipierte Weinbrenner wieder ein Modellhaus, an dessen Fassadenentwurf sich die Bauwilligen und ihre Architekten weitgehend zu halten hatten (vgl. Abb. S. 71). Dieses später als „Weinbrennerhaus" bekannte Modell war zwei- oder dreigeschossig zu bauen, mit festgesetzten Stockwerkshöhen, Mindestbreite und -tiefe. Stein war zumindest für die Straßenfront und die Brandmauern als Baumaterial bindend vorgeschrieben, die Pläne waren dem Großherzoglichen Bauamt zur Genehmigung vorzulegen.[20]

Die Baugnaden für die Einhaltung dieser Vorschriften wurden ebenfalls beibehalten. Für ein zweistöckiges, modellmäßig gebautes Haus gab es seit 1811 12 Gulden pro Schuh Fassadenlänge an der Langen Straße, 25 Gulden für ein dreistöckiges in gleicher Lage, in den zu Nebenstraßen abgesunkenen Radialen gab es entschieden weniger: 8 Gulden, egal ob man zwei- oder dreistöckig baute. Waren die Grundstücke bisher unbebaut gewesen, reduzierten sich die Beträge um die Hälfte.[21] „Da aber der Erfolg der im August 1811 bewilligten Baugnade den gehegten Erwartungen nicht entsprach, so wurden am ersten Februar 1816 alle für Neubauten bewilligten Baugnaden aufgehoben."[22] Die vom Hof selbst ausgegangene Entwicklungskrise der Stadt nach 1811, die wohl eine Hauptursache der mangelhaften Resonanz war, blieb dabei offensichtlich unberücksichtigt, ebenso wie die Tatsache, daß die Mindestlänge der Häuser von 40 Schuh die finanziellen Möglichkeiten vieler Bauherren überforderte: *Es ist dahier in der Hauptstraße ein zweistöckigtes 40 Schuh breites Haus zu verkaufen oder gegen ein anderes halb so breites und Zahlung eines verhältnismäßigen Aufgelds zu vertauschen.*[23] Und es gab noch ein weiteres Argument, das gegen diese großen Häuser sprach:

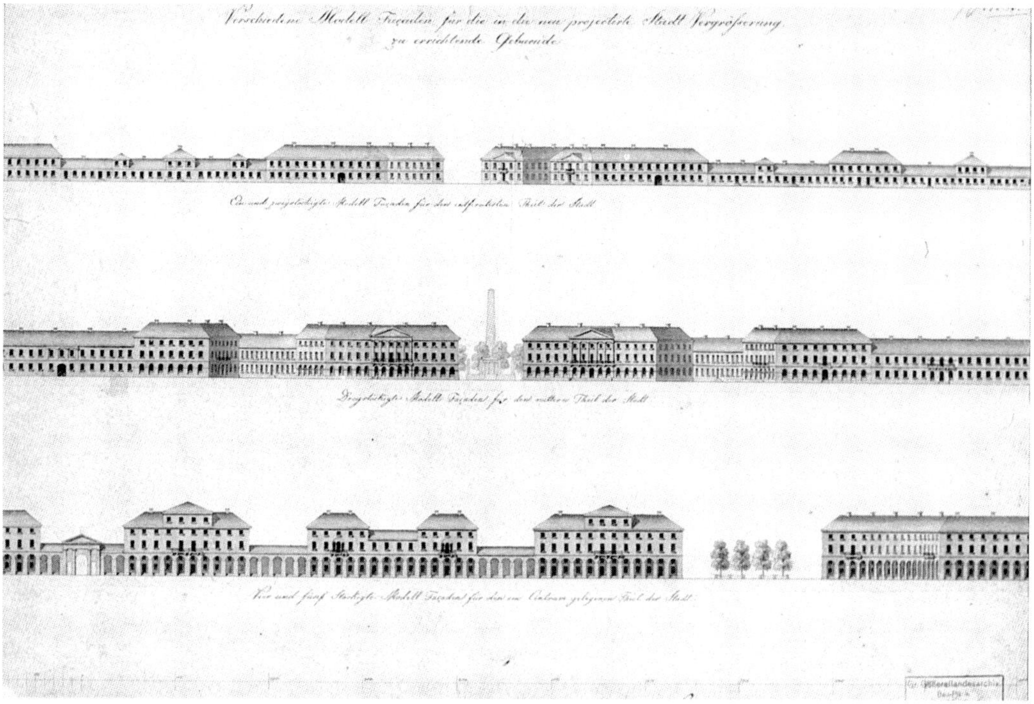

Friedrich Weinbrenners Modellentwürfe für die Stadterweiterung von Karlsruhe waren abwechslungsreicher, als es das Stadtbild in der Realität wurde. Die Bestimmungen der Baugnadenerlasse sorgten für wesentlich mehr Uniformität

im Erbschaftsfall konnte kaum eines der Kinder die notwendigen Beträge aufbringen, um seine Geschwister auszuzahlen.[24]
Die vierstöckigen Häuser des Marktplatztyps erhielten nur an dieser Stelle eine noch höhere Baugnade von 30 Gulden pro Schuh.[25] Man wollte damit verhindern, daß vor allem der Gesamteindruck der Langen Straße noch uneinheitlicher wurde. Denn trotz des bereits 1752 erlassenen Ausbesserungsverbots an Holzhäusern standen immer noch eine Menge der einstöckigen Mansarddachhäuschen der Anfangszeit. Ähnlich wie heute noch in der östlichen Kaiserstraße stießen die verschiedenen Maßstäbe der Bauepochen hart aufeinander und verursachten, was nicht nur Weinbrenner beklagte[26], einen recht unruhigen, häßlichen Eindruck. Vom Ziel einer durchgehend dreistöckigen Bebauung dieser Straße und der neuen Baugebiete war man noch weit entfernt (vgl. Abb. S. 73). Doch zeichnete sich zwischen allem bürokratischen und ästhetischen Traditionalismus auch die einsetzende gesellschaftliche Veränderung in Weinbrenners Planung ab. Da traten Bürgerhäuser mit bis zu vier Stockwerken ebenbürtig neben das Schloß. Für bestimmte Aufgaben, etwa an Straßeneinmündungen oder an herausgehobener Stelle, wurden jetzt vom Modell abweichende, individuelle Lösungen eingesetzt und nicht mehr nur die Fassaden „um die Ecke" gezogen und mit einem unbeholfenen Erker geziert; bürgerliche Wohnhäuser traten am neuen Rondellplatz in direkte Nachbarschaft zum Hochbergschen Palais, das sich fast nur durch den üppigen Säulenportikus aus der Wohnbebauung ringsum heraushob. Auch bei Hartleben erscheinen sie einträchtig nebeneinander, *... die Palais der Herren Markgrafen Fried-*

rich, der Herren Grafen von Hochberg, das Staatsrath Wohnlichische und Schreiner Stimmermännische Haus, die auf dem Platz *vorzüglich prangen.*[27]

Die zersetzende Wirkung der bürgerlichen Aufklärung auf die Barrieren der Ständegesellschaft, die in der napoleonischen Ära noch weiter um sich gegriffen hatte, fand ihre architektonische Umsetzung in der Stadt. Doch begann sich, kaum daß die alte Grenzlinie zwischen Adel und Bürgertum verschwand, eine neue zu entwickeln. Denn die „gute Gesellschaft", zu der nun auch das Bildungs- und Besitzbürgertum sich zählen durfte, schottete sich gegenüber den weiterhin in erstarrten traditionellen Lebensformen verharrenden Kleinhandwerkern und natürlich den *unteren Volksclassen* zunehmend ab. Der alte dritte Stand brach auseinander.

Diesen Schichten und ihren bescheideneren Möglichkeiten bei der Finanzierung des Hausbaus hatte Weinbrenner ein eigenes *kleines Modell* zugedacht, das er für die Außenbezirke der Stadt vorsah.[28] Es unterschied sich durch geringere Dimensionen und Kompromisse bei den Baumaterialien vom großen Modell. Sogar das sonst geschmähte Fachwerk war hier, freilich unter Putz, erlaubt. Diese Sparversion des Weinbrennerhauses durfte später jedoch nur noch im Bereich des 1812 eingemeindeten Klein-Karlsruhe gebaut werden.[29] So ließ sich schon mit baurechtlichen Mitteln verhindern, daß sich Leute mit weniger Geld außerhalb dieses Bereichs ansiedelten. Als Mieter in den Hinterhäusern waren sie jedoch auch in der restlichen Stadt willkommen.[30]

Handel und Gewerbe

In den 45 Jahren zwischen 1770 und 1815 war die Karlsruher Bevölkerung von 2.993 um das Fünffache auf 15.128 gewachsen. In dem Jahrzehnt zwischen 1800 und 1810 und dem folgenden Jahrfünft hatte sie sich jeweils nahezu verdoppelt.[31]

Auch im wirtschaftlichen Bereich war im fraglichen Zeitraum ein deutlicher Aufwärtstrend zu verzeichnen, was jedoch nicht allein mit dem zunehmenden Eigengewicht der Stadt zu begründen ist. Denn auch hier waren es zunächst die Förderung und Initiative Karl Friedrichs und seiner Regierung, die eine Ansiedlung neuer Gewerbe in der Stadt veranlaßten.[32] Die damals modernen Wirtschaftstheorien des Physiokratismus, die das Handeln des Hofes in diesem Bereich bestimmten, betrachteten eine florierende Wirtschaft und eine ertragreiche Landwirtschaft als notwendiges Fundament einer auch in Zukunft funktionierenden Gesellschaftsordnung.

Davon ausgehend bemühte sich der badische Hof anhaltend gerade auch in der Residenz um die Ansiedlung von Fabriken und Manufakturen, wobei der Begriff „Fabrik" noch wenig Ähnlichkeit mit den uns heute geläufigen Vorstellungen hat, sondern eher als Zusammenfassung mehrerer Handwerke oder unzünftiger Gewerbe unter einem Dach mit gemeinsamer Geschäftsleitung zu verstehen ist. So entstanden 1788 eine Puderfabrik und eine Seidenstrumpffabrik; 1790 gründeten der Gastwirt Strauß eine Essigfabrik und der Hoffriseur Wengler eine Siegellackfabrik, 1791 die Lehrer Hessler und Abresch eine Fabrik für physikalisch-mathematische Instrumente sowie der Geheime Hofrat und markgräfliche Leibarzt Schrickel eine Schmelztiegelfabrik. 1795 entstanden eine weitere Essigfabrik, diesmal von einem Küfer gegründet, das Ziegelwerk Lindner und die Maroquinlederfabrik von Vorholz & Auerbacher.[33] Bei all diesen Gründungen, einmal abgesehen von den beiden Essigfabriken und dem Ziegelwerk, fällt auf, daß hier zumeist Luxusgüter produziert wurden, für die in Karlsruhe nur bei Angehörigen des Hofes ein gewisser Bedarf bestand, und daß viele Gründer aus dem direkten Umfeld des Markgrafen stammten. Hier war eben nicht nur das wirtschaftspolitische Denken, sondern auch das nötige Kapital für derartige Experimente konzentriert, denn es gab zu dieser Zeit noch kein Bankhaus in Karlsruhe, nur das von Heinrich

Vierordt geleitete Kontor der Markgrafen Friedrich und Ludwig betrieb damals Geldgeschäfte.[34] Und Experimente waren diese Fabrikgründungen, ob hinsichtlich ihrer Genehmigung, ihrer Organisation oder ihres Produktionsprogramms. Beschäftigt wurden in diesen Fabriken fast ausschließlich angelernte Tagelöhner, teilweise aber auch Kinder, wie etwa in der Hochbergischen Tuchfabrik, dem späteren Gewerbhaus. 60 Kinder verrichteten hier neben 15 Erwachsenen die Arbeit.[35]

Erst langsam und begleitet von vielen Rückschlägen tastete man sich auf dem noch völlig unbekannten Terrain vorwärts, weshalb nur die wenigsten dieser Fabriken eine Lebensdauer von mehr als ein paar Jahren erreichten. Doch man machte unverdrossen weiter, wobei die Entwicklung durch die Revolutionskriege an Dynamik gewann, denn die Bedürfnisse der nun ständig durchziehenden Armeen der verschiedenen Parteien und die Ansiedlung von französischen Emigranten, die trotz häufigen Kapitalmangels nicht ganz auf den gewohnten Luxus verzichten wollten, führte zu einem Aufblühen der Karlsruher Wirtschaft.[36] Die Zahl der Handwerker und Kaufleute stieg beträchtlich, und die Produktion von Luxusartikeln wurde, nicht zuletzt weil die Revolution den Nachschub aus Frankreich unterbrochen hatte, sogar noch ausgeweitet. Nach den drei Verlagen Macklot, C. F. Müller und Braun entstanden nun eine Möbelfabrik mit 20 Arbeitern, eine Bijouteriewarenfabrik mit über 50 Arbeitskräften, eine privilegierte Tapetenfabrik, eine

Dieses in den zwanziger Jahren entstandene Panorama offenbart die ganz und gar nicht modellmäßige Entwicklung des Stadtbildes, selbst in der Stadtmitte sind noch Erker- und Mansardendach zu finden

Spielkartenfabrik und die Tabakfabrik des späteren Oberbürgermeisters Griesbach, die sogar über 60 Menschen beschäftigte.[37]
Die erste Fabrik im modernen Sinne, mit Arbeitsteilung und Maschineneinsatz, entstand ebenfalls in diesem Zeitraum: die Maschinen- und Wagenfabrik des Hofsattlers Reiss, später bekannt unter dem Namen Schmieder & Mayer.[38] Doch hier zeigten sich auch die Grenzen dieses frühen Karlsruher Wirtschaftswunders, denn Reiss mußte seine 50 Arbeiter aus England holen, weil am Ort niemand aufzutreiben war, der die maschinellen Herstellungsprozesse beherrschte, und er durfte als Sattlermeister nur in diesem Beruf ausbilden.
Die napoleonische Ära brachte die Karlsruher Wirtschaft einen weiteren Schritt vorwärts, schon allein daran erkennbar, daß nun neben den Markgrafen auch Salomon Haber und David Seligmann ins Karlsruher Bankgeschäft einstiegen.[39] Man produzierte und verkaufte jetzt weit über den örtlichen Bedarf hinaus, aber immer noch vorwiegend Luxusgüter: Roh- und Rauchtabak, Bleizucker, Krapp, Schmuckwaren, Luxuswagen, Möbel, geschliffene Steinwaren, Tapeten und Seifen. Der alte Haupthandelsgegenstand, das über die Alb angeflößte Holz aus dem Schwarzwald, trat dagegen etwas in den Hintergrund.[40]
Doch es war eine trügerische Expansion. Zwar ließen sich die Karlsruher Waren im Schutz der Kontinentalsperre in wesentlich größerem Umfang exportieren und absetzen, doch verlor man mit der Abschottung gegen England die Verbindung zum Vorreiter der industriellen Entwicklung ausgerechnet in dem Moment, da erste eigene Ansätze in dieser Richtung Austausch und Anleitung am nötigsten gebraucht hätten. Fabrikanten wie Reiss waren ja nicht zufällig der Idee verfallen, Engländer zu engagieren, die nicht nur ihre Arbeitskraft, sondern die Kenntnis der neuen, in England gebräuchlichen Fertigungsmethoden mitbrachten. Erst über zwanzig Jahre später versuchte man in Deutschland die damals abgerissenen Fäden wiederaufzunehmen.
Für den Durchschnittskarlsruher spielten diese Fragen wohl kaum eine nennenswerte Rolle. Ihn interessierte mehr, wo und wie er einkaufen konnte, und auch auf diesem Gebiet hatte sich ja inzwischen einiges geändert. Läden, wie wir sie heute kennen, mit Schaufenstern, Auslagen und schier überquellendem Warenangebot im Innern gab es im Karlsruhe des Jahres 1815 natürlich noch nicht. Lediglich ein Schild vor der Tür machte gewöhnlich darauf aufmerksam, daß sich an dieser Stelle hinter der gleichförmigen Modellfassade ein Laden verbarg. Die Einrichtung war meist sehr flexibel, ein Ladentisch, ein paar Regale, die Masse der Waren befand sich im für das Publikum unzugänglichen Lager weiter hinten. So konnte man ohne große Probleme den Laden schnell einmal verlegen, beispielsweise wenn einem das Haus darüber abbrannte: *Da wir in der Nacht vom 7. auf den 8. v. M. das Unglück hatten, den oberen Theil unseres Wohnhauses in Flammen aufgehen zu sehen, und deswegen den bisherigen Laden räumen mußten, so zeigen wir hiermit an, daß der Laden in unserm danebenstehenden Hause wieder eingerichtet ist . . .*[41]
Es wimmelte immer noch von Rechten, Beschränkungen, Vorschriften und Monopolen – selbst über den Mineralwasserverkauf besaß der Ratsherr Dürr ein örtliches Recht[42] –, die alle eines gemeinsam hatten: sie wurden unterlaufen und übertreten, wo es nur ging. Wie überall wachte der Karlsruher Handelsstand mit Argusaugen über seine Rechte und Privilegien, listenweise gingen bei der Regierung immer wieder neue Beschwerden über Mißbräuche und Verstöße ein.[43] Man beschwerte sich über die Messekaufleute, die Waren auf ihren Hotelzimmern feilhielten, über die Zitronenfrau, die neben den Zitronen, die sie verkaufen durfte, *mit Chocolades, Pomeranzen-Schalen, Citronad, Arrac und dergleichen* unerlaubt ihr Angebot abgerundet hatte, und besonders über jene Handwerker, die ihr Einkommen durch den Han-

del mit Material aufzubessern suchten. Schneider und Weber, die türkische Halstücher oder Strickbaumwolle anboten, der Hofschreiner, der mit Commod-Beschlägen sicher schwunghaften Handel trieb, die Apothekersfrau, die neben Pillen auch Zichorienkaffee bereithielt, oder der Blechner, der sein Blech nicht nur selbst verarbeitete, alle fanden sie Aufnahme im Sündenregister, das eigentlich nur Zeugnis davon ablegte, wie wenig man sich allgemein an diese alten Ordnungsvorstellungen noch gebunden fühlte und wie überfällig eine Neuordnung bereits war. Im Handelsstand war man sich jedoch noch darüber einig, all diejenigen abzuwehren, die ein Stückchen aus seinem Kuchen herauszubrechen versuchten.

Gerade die Allerärmsten, die sich mit Hausieren durchschlugen, versuchte man besonders hart zu treffen, indem man forderte, daß es Einheimischen und Fremden ganz verboten werde oder sie zumindest nur noch auf nachweisliche Bestellung in die Häuser gehen dürften. Allerdings muß man einräumen, daß das Hausieren damals einen bedeutenden Umfang hatte, denn allein 1812 wurden von der Polizeideputation 390 *Hausierscheine* genannte Genehmigungen ausgestellt.[44] Auch bevölkerungspolitisch hatten die Händler ihren Standpunkt: *Endlich wäre gut, daß kein Fremder mehr hier bürgerlich recipirt werde, der nicht ein Vermögen von 1500 fl erweisen könne.*[45]

Standen hier die Denkgewohnheiten der alten Ständegesellschaft noch in voller Blüte, wehte im Kreisdirektorium bereits ein anderer Wind, wie dessen Stellungnahme zeigt: ... *gänzliches Verbot des Hausierens auf der Messe widerspricht der Handelsfreyheyt, welche während dieser Zeit statthaben muß und eine den Wetteifer erzeugende Concurrenz bildet.* Wirtschaftsliberalismus anno 1811.

Die eben erwähnte Messe war erst vor wenigen Jahren aus den früheren Jahrmärkten

Erste Tabelle.

Darstellung des gesammten Gewerbsstandes in Karlsruhe, 1813 – 1814.

a)	I.	II. Fabriken.						III. Handels-Stand.					IV. Wirthe.						V. Professionisten.				VI.	VII.	VIII. Frucht- und Vieh-händler.		IX. Noth-händler.		b)
Jährlicher Gewerbsertrag. 1. & 2.	Künstler.	Zahl derselben †)	Verarbeitetes Materiale. Innländisches.	Verarbeitetes Materiale. Ausländisches.	Debitirt ins Inland.	Debitirt ins Ausland.	Beschäftigt Arbeiter	En gros u. Banquiers.	Ellenwaaren- u. Moden.	Spezerey- Handlung.	Spezerey- Kram.	Versch. Handel u. Wandel	Schildwirthe.	Strauswirthe.	Restaurateurs und Caffetiers.	Bier- und Brandweinschenken.	Pastetenbäcker und Köche.	Bierbrauer.	Auf eigne Handarb. werden geduldet. *)	Meister.	Es arbeiten Mit Gesellen.	Es arbeiten Ohne Gesellen. **)	Lohnkutscher.	Fuhrleute.	Christliche.	Israelitische.	Christliche.	Israelitische.	Gesamte Anzahl der Gewerbtreibenden.
150 fl.	1	=	=	=	=	=	=	=	=	=	2	=	=	=	1	=	2	=	2	45	15	30	=	2	1	=	=	22	78
150 = bis incl. 300	5	=	=	=	=	=	=	.	=	=	3	2	1	1	=	4	1	=	=	95	60	35	3	12	2	1	1	7	138
300 = . . . 500	12	=	=	=	=	=	=	=	6	2	2	2	3	2	2	2	1	=	=	141	121	20	2	1	1	1	1	8	189
500 = . . . 800	15	=	=	=	=	=	=	=	5	1	=	1	=	5	=	=	=	=	=	112	105	7	3	=	2	15	1	=	160
800 = . . . 1000	2	=	=	=	=	=	=	1	2	5	=	2	5	2	2	2	=	=	=	25	23	2	=	=	=	4	=	=	52
1000 = . . . 1200	1	=	=	=	=	=	=	1	6	8	=	1	13	=	2	2	=	=	=	7	=	=	=	=	=	1	=	=	42
1200 = . . . 1500	2	2 1 } 2	3000	21500	6/24	18/24	33	1	9	3	=	=	4	=	2	=	=	=	=	3	=	=	=	=	=	1	=	=	28
1500 = . . . 1900	3	1	20000	20000	8/24	16/24	46	=	2	=	=	=	=	=	=	=	=	=	=	3	=	=	=	=	=	=	=	=	9
1900 = . . . 2600	1	2	29000	40000	7/24	17/24	78	3	1	1	=	=	4	=	=	=	=	2	=	4	=	=	=	=	=	=	=	=	18
3000 = ...	=	=	=	=	=	=	=	=	=	=	=	=	1	=	=	=	=	=	=	=	=	=	=	=	=	=	=	=	1
3800 = ...	=	=	=	=	=	=	=	=	2	=	=	=	=	=	=	=	=	=	=	=	=	=	=	=	=	=	=	=	2
Summa	42	6	52000	81500	21	51	157	6	33	20	7	8	31	10	9	10	4	2	2	435	324	94	8	15	6	23	3	37	717

NB. Viele Personen führen mehrere Gewerbe, sie kommen aber nur unter dem Hauptgewerb, jedoch unter dem Gesammt-Ertrag der Gewerbe in der Tabelle vor, wie z. B. Bierbrauer, Lehnkutscher ꝛc.

Einkommensverhältnisse der Karlsruher Gewerbetreibenden 1813–1814

hervorgegangen. Zweimal im Jahr, im Frühjahr und Herbst, fand dieses Spektakel auf dem Marktplatz statt. Eine Woche lang reihte sich durchnumeriert Stand an Stand, und das neugierige Publikum schob sich staunend über den Platz. Hier wurde von reisenden Kaufleuten, die mit ihren Waren zur Messe herbeieilten und solange in den Gasthäusern logierten, vom Teppich bis zum Pfeifenstummel, alles angeboten. Schon in den Wochen vor dem großen Ereignis ließen sie Anzeigen wie diese im Intelligenzblatt oder in der Staatszeitung veröffentlichen: *Joh. Heinr. Stoll, Teppichmacher aus Schorndorf, empfiehlt sich mit seynen Waaren, die er allhier während der Meßzeit auf dem Markt in der Boutique N° 67 im ersten Gang feilhalten wird, nämlich: Melierte große wollenen Dekken; grün u. weiß Caro wollenen Schweißdekken unter den Sattel; dergleichen stückweis in versch. Farben, ..., ganz weißen baumwollenen einschläfrigen Bettdecken; dergleichen für Kinder; führt auch weiße baumwollene Teppiche; Moulton, aschgrauen Moulton, sowie zu Fußböden grün und schwarz Caro. Er verspricht die billigsten Preise u. logiert im Gasthaus zur Stadt Straßburg.*[46]
Abschließend wollen wir noch einen Blick auf die von Hartleben statistisch erfaßten Gewerbeeinnahmen des Wirtschaftsjahres 1813/14 werfen[47] (vgl. Abb. S. 75). Hier sieht man nämlich, wie stark sich die Gewichte zwischen den einzelnen Wirtschaftsbereichen bereits verschoben hatten. Lagen alle fünf aufgeführten Fabriken bei einem Jahresertrag zwischen 1.200 und 2.600 Gulden, so hatten im Handelsstand die Bankiers, die Mode- und Ellenwarenhändler und die Spezereihändler den höchsten Ertragsdurchschnitt, so zwischen 800 und 2.600 Gulden, während die Krämer alle unter 500 Gulden verdienten. Die Handwerker waren bereits weit abgeschlagen. Von den 435 Meistern in der Stadt kamen nur 154 auf einen Ertrag von über 500 Gulden, nur 42 lagen über 1.000 Gulden, aber 140 von ihnen kamen schon nur noch auf höchstens 300 Gulden im Jahr.

Das Leihhaus

Schon seit vierzig Jahren wird wegen der Errichtung eines Leihhauses in der hiesigen Residenzstadt Karlsruhe hin- und hergeschrieben, und noch heute besteht diese Anstalt nicht. Das schrieb 1810 ein Beamter in einem über die Leihhausfrage angefertigten Dossier.[48] Drei Jahre später war es dann doch soweit. Großherzog Karl gab am 12. Dezember 1812 die Pfandhausordnung der Residenzstadt Karlsruhe bekannt.
Aus heutiger Sicht wird die Bedeutung eines Leihhauses kaum mehr erkennbar. Wie schon gesagt gab es um 1800 gerade drei Bankiers in Karlsruhe, Bankiers allerdings, die nur Geldgeschäfte betrieben, an die Normalsterbliche kaum dachten. Bei ihnen konnte man als Kleinanleger weder ein Konto oder Sparbuch einrichten, noch einen Kleinkredit aufnehmen. Den kleinen Leuten blieb der Geldmarkt noch verschlossen und dem Ersparten nur der Weg in den Sparstrumpf. Ein weiteres Problem brachte die alte Sitte der vier Quartalstage, zu denen alles erledigt werden mußte, vom Umzug über die Einstellung neuer Dienstboten bis eben auch zum Bezahlen und Einnehmen. In den Zwischenzeiten herrschte überall Ebbe in den Kassen.
Für die kleinen Leute stellte das Leihhaus einen großen Fortschritt dar, weil sie hier auf ihre Pfänder zu einem beliebigen Zeitpunkt Geld leihen und bei niedrigen Zinsen in gleichmäßigen Raten zurückzahlen konnten. 1813 öffnete das Karlsruher Leihhaus seine Pforten. Untergebracht war es in drei Räumen im Erdgeschoß des Rathausneubaus (vgl. Abb. S. 77). In einem wurde der Kundenverkehr abgewickelt, die beiden anderen dienten als Magazin.[49] Als Pfänder wurden fast alle Sachwerte angenommen, von Edelmetall bis zu Stoffen. Ausgenommen waren nur Gegenstände, *welche dem Verderben oder einem wandelbaren Werte zu sehr unterworfen sind oder einen all zu großen Raum erfordern, wie Getreide, flüssige Sachen, Spiegel, Bücher, ... Auf liegende Güter, Obligationen,*

Wechsel und Handschriften werden keine Gelder geliehen.[50] Die Stadt war dazu verpflichtet worden, für die Diebstahls- und Feuersicherheit der Leihhausräume zu sorgen, das Grundkapital betrug 10.000 Gulden.[51]
Die neue Einrichtung wurde sofort akzeptiert, bereits im ersten Geschäftsjahr lieh man 6.447 Gulden auf 804 Pfänder aus.[52] So dauerte es nicht lange, bis das Kreisdirektorium auf den Gedanken kam, mit dem Leihhaus eine Ersparniskasse zu verknüpfen, mit der sich die finanzielle Ausstattung des Leihhauses verbessern ließ. Zu diesem Schritt konnte man sich bei der Regierung schnell durchringen, schon am 28. Februar 1815 wurde die Errichtung der Ersparniskasse vom Innenministerium genehmigt, um ... *Dienstboten, Handwerkern und Taglöhnern die sichere und verzinsliche Anlegung ihrer Ersparnisse und Gelder zu gewähren ...*

Wohnverhältnisse

Karlsruhe war eine junge Stadt. Das bedeutete, es gab keine Uralt-Bausubstanz, keine engen, lichtlosen Gassen, wenig Schmutz und kaum unhygienische Lebensbedingungen, auch wenn die Menschen in dieser Stadt vielleicht nicht weniger dicht aufeinanderhockten als anderswo.
Man war hier auf der Höhe der Zeit. Viele Häuser waren bereits mit Blitzableitern ausgestattet, Ablaufrohre an den Dachrinnen seit neuestem Vorschrift, die Straßen waren breit und durchweg gepflastert, links und rechts von mit Sandsteinplatten belegten Gehwegen gesäumt, sie verfügten über Regenwasserkanäle (vgl. Abb. S. 78). Seit 1813 wurden die Straßen das ganze Jahr über nachts beleuchtet, außer *bey ganz mondhellen Nächten*.[53] Vorher hatte man sich diesen

Hier sehen wir links den ersten 1812 bis 1813 errichteten Bauabschnitt des neuen Rathauskomplexes, in dessen hinterem Teil das Leihhaus untergebracht war

Auf diesem um 1800 entstandenen Aquarell mit dem Gasthaus Bären, das an der nordwestlichen Ecke des heutigen Marktplatzes lag, ist die Straßengestaltung deutlich zu erkennen: Die Gehwege sind durch Wasserrinnen vom Fahrweg getrennt, die in unterirdische Kanäle münden; an den Häuserecken sieht man die damaligen Karlsruher Straßenlaternen – seit 1759 gab es eine abendliche Beleuchtung der Straßen, allgemein eingeführt wurde sie aber erst 1780

Luxus nur im Winterhalbjahr geleistet. Er kostete die Hausbesitzer bereits 1780, als es erst knapp 400 Laternen gab, 4.500 Gulden für Brennöl.[54]

Hinter den Fassaden der Häuser relativiert sich dieses Bild jedoch schnell (vgl. Abb. S. 67). Die Grundstücke waren zugebaut mit Ställen, Remisen, Werkstätten, Waschküchen, Speichern und Hinterhäusern, die früheren Gärten hatten sich zumeist in neue Bauplätze verwandelt. Abtritte und Sickergruben befanden sich oft in nächster Nähe der Pumpbrunnen, aus denen man sich mit Wasser versorgte. Schweine und Gänse wurden von den kleinbürgerlichen Handwerkern wie in alten Zeiten gehalten und verirrten sich wohl immer noch ab und zu auf die Straßen oder gar in die großherzoglichen Gärten – erst 1798 war deren freies Umherlaufen auf öffentlichen Spaziergängen und in den fürstlichen Parks überhaupt verboten worden.[55] So schnell ließen sich die Karlsruher ihre Gewohnheiten doch nicht austreiben. Die Häuser waren oft vollgestopft mit Menschen, besonders im Dörfle. Hartleben rechnet durchschnittlich 12 Bewohner in einem Haus der Stadt, 11 im Dörfle[56], wobei man aber berücksichtigen muß, daß hier die Häuser meist wesentlich kleiner waren. Wohnungsnot und Mietwucher waren Karlsruher Dauerthemen. Das Geld war knapp, viele Bauherren griffen deshalb zur Salamitaktik und bauten nur alle paar Jahre, wenn sie es sich leisten konnten oder es lohnenswert erschien, ein weiteres Stockwerk ihres Hauses[57], Grundstücksspekulation sorgte für dauerhafte Baulücken selbst mitten in der Stadt.

Schon immer konnte in Süddeutschland nur

ein kleiner Teil der Handwerker allein von ihrem Beruf leben, und so hatte sich die Lebensform des Ackerbürgers entwickelt, der nebenbei Kleinlandwirtschaft betrieb. Die Selbstversorgung mit Nahrungsmitteln sparte manchen der knappen Groschen. Das war in Karlsruhe nicht anders, doch hatte man hier mit einigen besonderen Problemen zu kämpfen.

Die Böden waren alles andere als ertragreich, und Karlsruhe litt dazu noch unter Flächenmangel. Die Stadt war bei ihrer Gründung nur mit einer geringen Gemarkung ausgestattet worden, die zwar 1720 der Bevölkerung genug Platz für den Bau ihrer Häuser und die Anlage von Gärten und Feldern gegeben hatte, doch das war lange her, und die auf den frühen Idealplänen zu sehenden Gartengrundstücke innerhalb der Stadt waren inzwischen größtenteils überbaut. Der Residenzcharakter der Stadt verschärfte dieses Problem noch, seit die verschiedenen Mitglieder des großherzoglichen Hauses damit begannen, sich eigene Palais mit dazugehörigen Parks anzulegen. So beanspruchten diese fürstlichen Lustgärten um 1815 fast dieselbe Fläche wie alle Äcker und Nutzgärten der Einwohner zusammen.[58] Großherzog und Regierung versuchten wiederholt auf verschiedene Weise dieses Problem zu lösen: „Da es der Stadt an Raum zu Gärten und Äkkern fehlte, suchte Karl Friedrich diesen Mängeln dadurch abzuhelfen, daß er an der Stelle des Waldes, welchen jetzt die Akademie- und die Stefanienstraße einnimmt, zwanzig Morgen ausgestocktes Land zur Anlegung von Gärten anwies. Solche Gartenstücke kosteten 95 fl, in zwei Terminen zahlbar, waren frei von Kaufaccise und Zehnten und wurden 1793 unter den Käufern verlost.“ Darüber hinaus wurden 1795 54 Morgen des Gottesauer Kammerguts verpachtet, „20 Morgen an minder bemittelte Bürger und Diener, 34 an beliebige Einwohner . . .“.[59] Doch der ständig weitergehende Flächenverlust durch die Stadterweiterung konnte damit nur unzureichend aufgefangen werden.

Immer wieder verhedderte sich die Planung im Dickicht des längst Bestehenden, ein gutes Beispiel dafür ist die Zähringerstraße, die eigentlich der Langen Straße auf ganzer Länge als Parallelstraße folgen sollte, deren Ausbau westlich der Lammstraße jedoch auf Schwierigkeiten stieß. Am 7. Juni 1810 schrieb ein Beamter des Finanzministeriums resigniert: *Die völlige Ausführung dieses Planes wird wegen dem hohen Preiß des Geheimrath Seubertschen Gartens zimlich Schwürigkeiten unterworfen seyn, selbst der partiellen Ausführung durch einen Seitenweg wird ein Machtspruch nötig und eine Entschädigung für das Brennhaus des Hafner Geißendörfer erforderlich seyn beides scheint nicht im Verhältnis mit dem Zweck – die Erbauung von 5–6 Häuser – zu seyn; ich erlaube mir daher nochmals schriftlich anzutragen, daß die Kosten und Mühe, welche zur Ausführung dieses Projekts erforderlich sind, angewandt werden möchten, um die Zähringerstraße gegen das Durlacher Thor hin fortzusetzen.*[60]

Aber auch für manchen Hausbesitzer hatten die Veränderungen in der Stadt ihre Tücken. So plante 1805 Hoffaktor Hayum Levi den Bau eines Gartenhauses auf seinem Grundstück an der Langen Straße. Als er nichtsahnend die Baupläne einreichte, erlebte er jedoch eine unangenehme Überraschung. *Ich erhielt zu meinem größten Erstaunen die Nachricht, daß ich das Gebäude nicht anlegen dürfte, denn* es *soll auf dem Platz, den ich überbauen wollte, die verlängerte Querallee* (die Zähringerstr., d. V.) *durchgezogen werden und ebenso solle noch ein Theil dieses Platzes sowie der größte Theil meines Gartens zu dem neuen Rathhausbau gebraucht werden.*[61]

Doch zurück zum Alltäglichen. Wie sah es in den Weinbrennerhäusern aus? Eine Verkaufsanzeige verrät uns Näheres: *Da ich bis kommenden July oder August mein in der Adlerstraße neu erbautes Haus zu beziehen gedenke, so setze ich mein in der neuen Herrenstraße liegendes und vor 5 Jahren erbautes Haus . . . zum Privatverkauf aus. Dieses Haus ist sehr bequem eingerichtet, solid gebaut, die Zimmer sind vor zwei Jahren neu tapeziert worden und besteht in einem Keller von 20–25 Fuder Faß, in der unteren Etage aus sechs Piecen* (= Zimmer, d. V.), *wovon zwei tapeziert sind, in der oberen Etage aus fünf Piecen und Küche, davon sind vier tapeziert, einem fünfundvierzig Fuß langen bewohnbaren Hintergebäude, drei großen Speichern, Waschküche und Holzstall, einem geräumigen Hof und einem zweckmäßig angelegten Garten. Mit geringen Kosten können im Hintergebäude Stallungen und Chaisenremise mit Bedientenzimmer angelegt werden; dieses Haus ist auch als Gewerbsplatz, vis a vis der neuen Katholischen Kirche wohl gelegen und mit einem Blitzableiter versehen. C. F. Müller, Hofbuchdrucker.*[62]

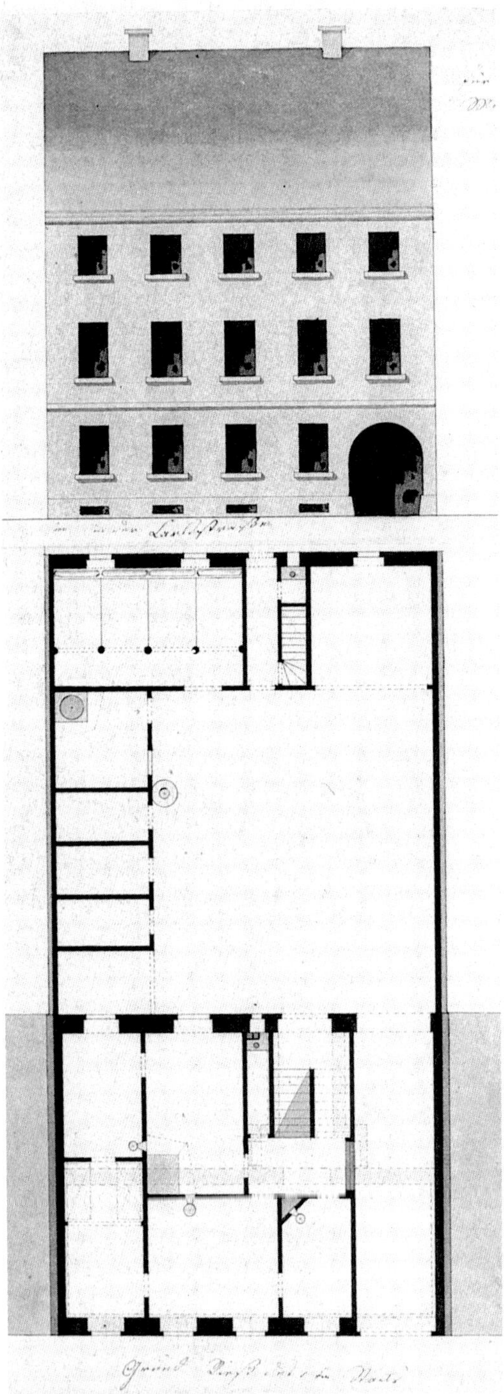

Der Traum der Karlsruher Städteplaner um 1815: das dreistöckige Modellhaus, wie es die meisten Straßen der Residenz in Zukunft säumen sollte

Betrat man eines dieser nach dem großen Modell gebauten Häuser (vgl. Abb.), stand man gewöhnlich zunächst in einem langen, quer durchs ganze Haus laufenden Gang, von dem seitlich Türen in die angrenzenden Räume und weiter hinten die Treppe zu den oberen Stockwerken abgingen. Im Erdgeschoß befand sich meistens die Wohnung des stolzen Hausbesitzers. Das waren im Karlsruhe um 1815 zumeist Hofbedienstete und zünftische Handwerksmeister wie der Hofbuchdrucker Müller. Staatsdiener befanden sich unter den Hausbesitzern nur wenige, denn viele von ihnen stammten von auswärts, waren im Rahmen des Aufbaus der großherzoglichen Staatsverwaltung nach Karlsruhe versetzt worden und verfügten mit Ausnahme der hohen Ministerialbeamten nicht über die notwendigen Mittel. Die immer noch häufigen Umstrukturierungen in der Verwaltung, die weitere Ortswechsel nicht ausschlossen, taten ein übriges. So waren die Beamten, ob als möblierte Herren oder mit Familie, die Hauptzielgruppe bei der *Logisverleihung,* wie die Wohnungsvermietung damals genannt wurde. Auf sie werden wir noch im ersten Stock stoßen.

Zurück zum Erdgeschoß und seinen Bewohnern, dem Handwerksmeister und seiner Familie. Trat man durch die Tür, so führte der Weg zunächst in die gute Stube, die, wie damals üblich, gleichzeitig als Verkaufs- und Vorführraum genutzt wurde[63] – auch ein Grund für die Handwerker, das Erdgeschoß als Wohnung zu bevorzugen (vgl. Abb.).

Als repräsentativer Raum war dieses Zimmer im Gegensatz zu den meisten untergeordneten Räumen heizbar, in einer der Ecken befand sich entweder der traditionelle Kachel- oder der neumodische, ziemlich unförmige Kanonenofen aus Metall. Geheizt wurde noch überall ausschließlich mit Holz, Steinkohle war wegen der großen Transportprobleme noch nicht verfügbar.

Die Wände waren tapeziert – natürlich mit Papiertapeten und nicht mit Stoff, was diesen ehemals dem Adel vorbehaltenen Luxus auch für Bürger mit schmalerem Geldbeutel zugänglich gemacht hatte. In den hinteren und den nichtrepräsentativen Räumen wurde auf derartigen Zierrat allerdings weiterhin verzichtet. Hier tat es ein einfacher weißer Kalkanstrich, dessen Nüchternheit man oft mit farbigen Schablonenmustern beizukommen versuchte.

Die noch bis in unser Jahrhundert übliche Raumaufteilung findet sich auch in den Weinbrennerhäusern. Nach vorne, zur Straße hin, lagen die Repräsentationsräume; Küche, Schlafzimmer, Gesindekammern und Werkstätten lagen hinten, wobei letztere oft auch im Seitenflügel oder einem Rückgebäude untergebracht waren. Flure in den Wohnungen gab es noch nicht, man ging von Zimmer zu Zimmer, weshalb es nicht gerade einfach war, einmal „die Tür hinter sich zuzumachen“. Schon durch die Anlage der Wohnungen war das Leben des einzelnen viel stärker in das der Familie eingebunden. Dabei gehörten zu

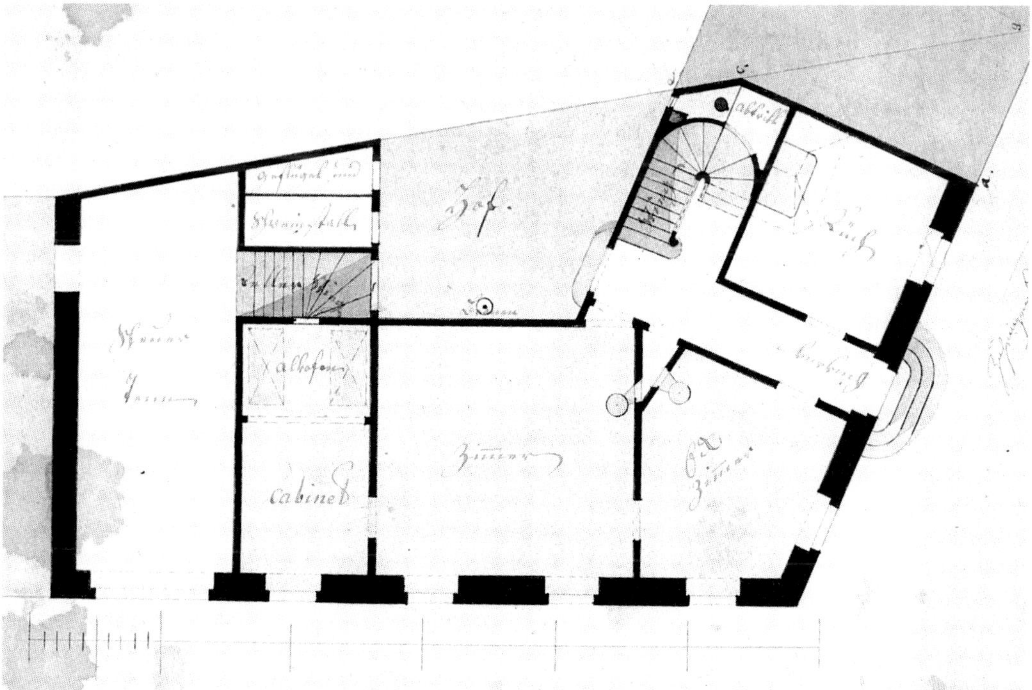

Grundrißplan vom Haus des Bürgermeisters Dollmetsch. Er gibt uns einen recht guten Einblick in die Wohnverhältnisse; über Anzahl und Lage der Öfen genauso wie über die der Ställe, die noch ganz selbstverständlich zur Ökonomie des Bürgerhauses gehörten

einer Handwerkerfamilie neben Frau und Kindern ganz selbstverständlich auch Lehrlinge, Gesellen und die Dienstmagd. Deutlich zeigt sich dieses enge Verhältnis daran, daß man gewöhnlich gemeinsam aß. Im ersten Stock, der belle etage, sah das schon anders aus.

Wie bereits erwähnt, wurde dieses traditionell als vornehm geltende Stockwerk von den Karlsruher Hausbesitzern besonders gern vermietet. *In der neuen Herrengasse Nro. 40 ist der obere Stock in 5 Zimmern, Alkov mit allen Bequemlichkeiten nebst Stallung für drei Pferde, sogleich oder auf den 23. July zu verleihen ...*[64], ähnliche Anzeigen finden sich viele im Intelligenzblatt, und sie verraten über die reine Information hinaus auch oft etwas von den Erwartungen der Vermieter an ihre zukünftigen Hausgenossen. Eine Fünf-Zimmer-Wohnung war auch 1815 schon etwas für gehobene Ansprüche, und wer hielt sich damals drei Pferde? Wen erhoffte man in einer anderen Anzeige durch die Mitteilung für sein Angebot zu interessieren, daß vier der fünf Zimmer tapeziert waren – bei den Handwerkern waren die tapezierten Zimmer meistens in der Minderzahl.

Die umfangreiche Vergrößerung des Staates hatte die Hausbesitzer in Karlsruhe offensichtlich zu Blütenträumen verführt, man schloß allgemein von den wenigen vermögenden Spitzenbeamten, die der Markgraf bisher beschäftigt hatte, auf das, was da kommen sollte: scharenweise neue Staatsdiener mit gehobenen Wohnansprüchen und wohlgefüllter Geldbörse, die auf den Komfort und nicht auf die Miete sahen. Daß der Beamtenapparat in Wirklichkeit sich kaum an der Spitze, sondern hauptsächlich in den unteren und mittleren Einkommensbereichen ausweitete, in denen die Bezahlung äußerst karg war, wurde ignoriert. Ein Beamter war als Vertreter des Staates ein gewisses Auftreten einfach schuldig, das war die verbreitete Meinung.

Umgekehrt empfanden auch die Beamten diese Verpflichtung zu einem repräsentativen Lebensstil, obwohl viele nicht wußten, woher sie das Geld nehmen sollten. *Es gibt sehr viele Familien,* schrieb Friedrich Leopold Brunn bereits 1789, *die mit 300 fl jährlichen Gehalts, nebst etwas Korn und sogenanntem Besoldungswein, leben müssen; ja Viele haben dieses nicht einmal. So ist es denn ganz natürlich, wenn sie ihren begüterten Herren Kollegen in Absicht auf Putz und Lebensart nicht nachstehen wollen, Schulden machen und am Ende nicht bezahlen können*[65], und bei Hartleben lesen wir 1815: *Ein Theil der besoldeten mittleren Klassen fühlet dagegen stärker den Druck der Zeit; er muß oft unfähig zu dem Grade des Aufwands, welches sein Standesverhältnis fordert, jede Ausgabe meiden, die das absolute Bedürfnis übersteigt.*[66] So ging es hinter der respektablen Fassade in vielen Beamtenhaushalten äußerst spartanisch zu, denn was der nach außen betriebene Aufwand kostete, mußte bei Kleidung, Nahrungsmitteln und anderen Verbrauchsgütern wieder eingespart werden – und das war hauptsächlich Aufgabe der Ehefrau. Von ihrer Fähigkeit, gut zu wirtschaften, hing für die Familie viel ab. So sparte man an allem, von den Dienstboten, wo man sich meist auf das für die häuslichen Arbeiten unentbehrliche Mädchen beschränkte, das Köchin, Waschfrau, Zofe und Kinderbetreuerin in einem war, bis zum teuren Heizmaterial, so daß die meisten der vielen installierten Öfen Staffage blieben. Doch konnte man selbst dieser Not noch eine Tugend abgewinnen: *Sie verzärteln dieselben* (die Jugendlichen, d. V.) *nicht durch zu warme Kleidungen, und vor der den jungen Leuten so nachtheiligen großen Zimmerwärme bewahren die hohen Preise des Holzes,* meint Hartleben.[67]

In dieser sowieso schon schwierigen finanziellen Situation bedeuteten die hohen Mieten in Karlsruhe, daß die Grenzen der Belastbarkeit bald erreicht waren. *Mit gerechtem Mißfallen haben wir vernommen, daß bei dem bevorstehenden Hieherzug mehrerer Diener einige Hauseigenthümer die entstandene starke Nachfrage nach Wohnungen dazu mißbrauchen, die Quartiere auf einen unmäßigen und außer allem billigen Verhältnisse mit dem Werthe der Häuser stehenden Preis zu steigern. Um dieser dringenden Lage der Quartier Bedürftigen der willkührlichen Erpressung der Hauseigenthümer nicht preiszugeben ...*, verhängte die Polizeideputation 1810 Höchstgrenzen bei Mieterhöhungen.[68] Schon eine Woche später sah man sich von Amts wegen gezwungen, eine Erklärung zu veröffentlichen, daß diese Anordnung nicht als Ermunterung zu Mieterhöhungen verstanden werden dürfe.[69] Offensichtlich hatten Hausbesitzer, die bisher mit ihren Forderungen unter der neuen Grenze lagen, kurzerhand nachgezogen.

Hatten die Beamten in ihrem Arbeitgeber einen einflußreichen Verbündeten, so waren die Tagelöhner in den Hinterhäusern der Willkür ihrer Vermieter schutzlos ausgeliefert, es sei denn, sie profitierten wie 1810 von einer für andere gemachten Regelung. Abgesehen von den hohen Mieten litten sie noch mehr unter der allgemeinen Wohnungsnot jener Tage, die auch einen der großen Nachteile der neuen Steingebäude bloßlegt: die Feuchtigkeit. *Laut verdient aber der Wunsch ausgesprochen zu werden, daß ein zweckmäßiges Polizeygesetz das schnelle Bewohnen neu gebauter Häuser nachdrücklich untersage, ... Oft schützt der Dachstuhl noch nicht vor Nässe, und schon werden die neuen Häuser beworfen und angestrichen. Kaum haben die Werkleute mit dem kleinen Hammer das Haus verlassen, so wird es von mehreren Familien bezogen, die in einem so feuchten Aufenthalte die Stoffe zu Krankheiten einhauchen, deren Urquelle oft vergebens erforscht wird, ungeachtet sie so nahe liegt. Nicht selten habe ich mit Erstaunen beobachtet, daß manche Familie ganz ruhig Zimmer bewohnte, an deren Wänden zur Winterszeit die Nässe häufig herabtropfte.*[70] Was uns höchstens als Unsitte aus der Zeit der wilhelminischen Mietskasernen bekannt ist, das gesundheitsgefährdende Trockenwohnen, war in Karlsruhe offensichtlich schon Anfang des letzten Jahrhunderts üblich. Wer keine trockene Wohnung in einem Hinterhaus bekam, dem blieb oft nichts anderes übrig, als in einen der feuchten Neubauten zu ziehen, um überhaupt ein Dach überm Kopf zu haben. War das Haus dann ausgetrocknet, stand der nächste Umzug an, oft genug wieder in ein so feuchtes Domizil. Denn selbst die Hinterhauswohnungen, die gewöhnlich aus Küche, Stube und Kammer bestanden, waren wohl noch für viele aus den unteren Volksklassen unerschwinglich.

Was von staatlicher Seite tatsächlich verboten wurde, war das Übernachten von Handwerksgesellen in unausgebauten Häusern, außer als Nachtwache. Das mußte allerdings der Polizeideputation angezeigt werden, die daraufhin den Schlafplatz besichtigte, um sich davon zu überzeugen, *daß jene Lagerstätte für die Gesundheit dessen, der sie benutzt, sodann aber auch wegen Feuergefahr und anderen Umständen Vorkehr getroffen sey.*[71] Derartige Wächter waren keineswegs überflüssig, denn Diebstähle auf den Baustellen gab es recht häufig.[72] Da Material damals wesentlich teurer war als Arbeitskraft, lohnte es sich auch.

Kinder, Frauen, Haus und Hof

Der eigene Nachwuchs der Einwohner hat nicht unwesentlich zum Wachstum Karlsruhes beigetragen. Hartleben verzeichnete in seiner Statistik für alle Jahrzehnte seit der Stadtgründung einen hohen Geburtenüberschuß. Die geringe Sterblichkeit bei Kleinkindern führte er auf die gute Bauart der Wohnungen und die Reinlichkeit zurück[73], Aussagen, die so natürlich nur für die bürgerlichen Haushalte zutrafen. Die teilweise wesentlich schlechteren Wohnbedingungen bei der Unterschicht, man denke nur an die Trockenwohner und die im Dörfle herrschende Übervölkerung, gaben den Kindern aus der Unterschicht bedeutend schlechtere Chancen. Unwissenheit, materielle Not und die übrigen Begleiterscheinungen städtischer Armut taten ein übriges.

Im aufgeklärten Bürgertum löste sich die Behandlung der Kleinkinder langsam von den alten, oft ungesunden Traditionen, obwohl manche Neuerungen recht fragwürdig waren. *Selbst unter dem Bürgerstande, welcher die schöne mütterliche Tugend des Selbststillens gewöhnlich am längsten zu bewahren pflegt, scheint man es leider immer mehr als guten Ton ansehen zu wollen, wenn sich die Mutter, welche ihr Kind zureichend ernähren könnte, von einer Amme vertreten läßt.*[74] Wieder einmal wurde ein Versatzstück aus der Adelswelt von den Karlsruhern ins bürgerliche Leben übernommen; die Amme als Statussymbol des selbstbewußten Bürgertums um 1800. Positiver Effekt dieser Mode war aber, daß Frauen aus den ärmeren Schichten die Möglichkeit hatten, auf diese Weise als Amme etwas zu verdienen, ohne ihr eigenes Kind allein lassen zu müssen. Relativ gute Kost gab es in dieser Zeit für die Amme obendrein.

Mit dem Erfolg der Pockenimpfungen hatte die moderne Medizin ihren Durchbruch, die Eltern begannen vermehrt auf die ärztlichen Ratschläge zu hören. Man wickelte die Kinder nicht mehr bis an die Grenze der Bewegungsfähigkeit, und statt der früher allgemein üblichen Mehlpampe bekamen die Kinder im Breialter jetzt Reis- oder Zwiebacksuppen verabreicht. In der Unterschicht fehlte es für derartige, etwas gehaltvollere und gesündere Nahrungsmittel natürlich am Geld. Hartleben berichtet noch von einem weiteren Erfolg der Medizin: *Es gereicht unsern Karlsruhern nicht minder zur Ehre, daß sie der Stimme einsichtsvoller Ärzte Gehör geben und ihre Kinder häufiger baden, als es in manchen anderen Städten zu geschehen pflegt.*[75]

Zwar hatte man die früher verheerende Plage der Pocken oder Blattern durch die Impfungen weitgehend verdrängt, anderen Epidemien aber stand man weiterhin recht hilflos gegenüber. Besonders in den zurückliegenden Kriegsjahren der napoleonischen Zeit waren immer wieder ansteckende Krankheiten von den durchziehenden Soldaten eingeschleppt worden. Am schlimmsten wütete in Karlsruhe 1813 eine Scharlachepidemie, die so vielen Kindern unter sieben Jahren das Leben kostete, daß ihre Zahl die Hälfte aller in jenem Jahr Gestorbenen ausmachte. Da nützte es auch nichts, daß die Obrigkeit die Pockenimpfung bei den Armen durchgesetzt hatte, indem sie allen aus Staats- oder Armenfonds Unterstützten die Pockenimpfung ihrer Kinder zur Pflicht gemacht hatte und die Kinder der übrigen Armen auf Staatskosten impfen ließ.

Derartige Zwangausübung diente jedoch nicht nur der Gesunderhaltung der Unterschichten, die Verwaltung versuchte mit diesen Maßnahmen vielmehr, einem ständigen Gefahrenherd für die Gesundheit der gesamten Bürgerschaft beizukommen. Nicht zu Unrecht wurden die Armenviertel als hervorragende Brutstätte von Epidemien betrachtet.

Waren die Kinder älter, wollten sie selbstverständlich spielen. Bürgerkinder aus gutem Hause profitierten zwar von der Errungenschaft des Kinderzimmers mit eigenem Bett und Spielzeug, hatten aber den Nachteil, daß sie das Haus außer in Begleitung der Eltern gewöhnlich nicht verlassen durften, zumindest solange sie noch nicht die Schule besuchten. Nur bei den sonntäglichen Spaziergängen und Ausflügen hatten sie Gelegenheit, mit Gleichaltrigen draußen zu spielen, wobei man aber darauf achtete, daß diese Spielkameraden standesgemäß waren.

Die Kinder aus den weniger vermögenden Schichten der Kleinhandwerker mußten mit weniger auskommen, hatten dafür aber mehr Freiheiten, solange sie noch nicht mitarbeiten mußten. Sie teilten meist mit mehreren Geschwistern ein Bett in der Schlafstube, und statt eines eigenen Zimmers diente ihnen wie den Kindern der Unterschicht die Straße vor dem Haus als Spielplatz. Da solches Tun die Ordnung aufs höchste gefährdete, erfahren wir von der Polizeideputation etwas über den damals gängigen Zeitvertreib. Die Kinder warfen Steine oder Holzstücke auf die Dächer, Sand oder Erbsen gegen die Fenster, was man *knöpfeln* nannte, manchmal ging wohl auch eine Glasscheibe zu Bruch. Oder sie schlichen sich in den Schloßgarten, was Kindern ohne Begleitung Erwachsener eigentlich verboten war, und trieben dort ihren Unfug. So wenig wie die Gebote der großherzoglichen Schloßgartenordnung erkannten die Kinder anscheinend die Autorität der Polizei an, *unartige Widerspenstigkeit* nannte man das.[76]

Die gesellschaftliche Position der Frauen war zu Anfang des 19. Jahrhunderts recht unterschiedlich, je nachdem welcher Schicht sie angehörten. Waren die Stickrahmen bei den Damen der höheren Stände nur noch ein leeres Symbol hausfraulicher Tätigkeit, während die eigentliche Arbeit von einer Zahl dienstbarer Geister verrichtet wurde, sah die Rolle einer Ehefrau aus kleinhandwerklichem Milieu ganz anders aus. Diese Frauen mußten ihre häusliche Arbeit größtenteils selbst verrichten, höchstens mit Unterstützung einer Magd. Bei schwereren Arbeiten, beispielsweise an den Waschtagen, half man sich in der Nachbarschaft gegenseitig. Allein in ein fremdes Haus zu gehen, war für sie deshalb genausowenig außergewöhnlich wie der Weg zum vor der Stadt gelegenen Garten oder Acker. Da die Kleinhandwerker durch die zunehmende Überbesetzung ihrer Gewerbe immer weniger verdienten, konnte auf das zweite wirtschaftliche Standbein, die Selbstversorgung durch eigenen Anbau, nicht verzichtet werden. Die meisten der damit verbundenen Gartenarbeiten waren jedoch ebenso Aufgabe der Frauen wie die anschließende Aufbereitung und Haltbarmachung, die neuerdings durch die Einführung des Einmachglases revolutioniert worden war.[77] Auch die Fütterung und Pflege der beim Haus gehaltenen Tiere, meistens Gänse, Hühner, Hasen und Schweine, gehörte zum Aufgabenbereich der Frau, ganz zu schweigen von den üblichen Haushaltsarbeiten und der Kinderbetreuung, solange noch kein Mädchen alt genug war, diese Aufgabe zumindest teilweise zu übernehmen.

Heute nachmittag um 1 Uhr hat es dem Allmächtigen gefallen, mir und meinen zwei unerzogenen Kindern, unseren Gatten und Vater, den Maurermeister Jakob Marbe in seinem 51. Lebensjahr an einem Zehrfieber von unserer Seite weg in eine bessere Welt abzurufen. Indem wir dies all unseren Freunden und Verwandten, unter Verbittung aller Beileidsbezeugungen bekannt machen, empfehle ich mich und meine zwei Kinder dero fernerem Wohlwollen und Gewogenheit. Zugleich mache ich hiermit bekannt, daß ich mein Handwerk mit einem dazu tauglichen Ballier fortführe und bitte meine Gönner um geneigten Zuspruch.[78]

Diese Anzeige beleuchtet das Schicksal vieler Frauen aus dieser Schicht. Früh Witwe zu werden, war nichts Besonderes. Für die Frauen der Handwerker bedeutete dieses Schicksal jedoch eine schwere Bedrohung ihrer wirtschaftlichen Existenz, da sie als Frauen den Handwerksbetrieb ihres Mannes allein nicht weiterführen konnten. Sie waren darauf angewiesen, entweder so schnell wie möglich einen geeigneten Handwerker als Kompagnon zu bekommen oder wieder zu heiraten, am besten beides zugleich. Für die Handwerksgesellen war andererseits eine derartige Heirat mit einer oft älteren Frau die einzige Möglichkeit, an eine der knappen Meisterstellen zu kommen. Wo das Heiraten so von wirtschaftlichen Notwendigkeiten bestimmt war, blieb für Trauer natürlich wenig Platz.

Frauen, die nicht wieder heiraten wollten oder keinen Mann fanden, mußten sich auf andere Art durchschlagen. Eine Möglichkeit war die Aufnahme von Kostgängern. Die Expansion jener Jahre hatte dafür einen großen Bedarf geschaffen, denn die einheimischen Bauhandwerker konnten die Arbeitsmenge nicht allein bewältigen, so daß auch jetzt wieder Wanderarbeiter die Lücken füllten.[79] Sie wollten ebenso untergebracht sein wie viele Handwerksgesellen und Tagelöhner, die entweder bei ihrem Meister keinen Unterschlupf fanden oder bei denen es für die Gründung eines eigenen Hausstands nicht reichte. Die Einkünfte, die sich damit erzielen ließen, waren freilich gering, und so versuchten einige, ihre Einnahmen durch illegalen Getränkeausschank aufzubessern. Eine andere Möglichkeit war, als Marktfrau Obst und Gemüse aus eigenem Anbau zu verkaufen, es gab sogar eine spezielle *Citronenfrau* in Karlsruhe[80], die mit Südfrüchten hausieren ging. Sonst hatten die Frauen keine große Auswahl, Frauenberufe gab es eigentlich noch keine, nicht einmal den der Lehrerin. Um so verwunderlicher ist deshalb eine Anzeige, in der Stephanienbadwirt Marbe ausdrücklich eine Köchin sucht, *die gut kochen* kann *und in Fertigung von Backwerk wohlerfahren ist.*[81]

Die Rollenverteilung war allgemein immer noch vorgegeben. Die jungen Mädchen mußten schon früh bei ihren jüngeren Geschwistern die Aufpasserrolle übernehmen, in der Elementarschule, der einzigen, die Mädchen damals offenstand, wurden sie zwar nicht nur im Schreiben und Rechnen unterrichtet, jedoch waren die Schulstunden auf zwei pro Tag beschränkt, *um ihnen hinreichend Zeit zur Erlernung weiblicher Arbeiten und zur Theilnahme an den Haushaltsgeschäften zu gewähren.*[82] Hatten die Mädchen aus der Handwerkerschicht die Pflichtschuljahre hinter sich, wurden sie entweder als Dienstbotin in Stellung gegeben oder zu Hause als billige Hilfskraft eingesetzt, bis sie – vielleicht – heirateten. Eine andere, wenn auch eifrig verschwiegene Realität des Karlsruher Frauenlebens in den Unterschichten um 1815 war die Prostitution. Direkte Hinweise darauf ergeben sich nur aus einer Akte, die wegen *Überhandnahme der Lustseuche*[83] vom Innenministerium angelegt wurde und aus der zu erfahren ist, daß alle behafteten Personen zur Heilung ins Spital eingewiesen wurden. Die Kosten dieser Aktion wurden von den *Hundstaxeinnahmen* bestritten. Die napoleonischen Kriegszüge zeigten auch hier wieder handfeste Auswirkungen, was jedoch nicht heißen soll, daß es in Karlsruhe an Kundschaft gemangelt hätte; und das Dörfle bot mit seiner lange Zeit unklaren Rechtsposition den geeigneten Nährboden, noch dazu in unmittelbarer Nähe einer der Kasernen der Karlsruher Garnison. Doch macht auch Hartleben, freilich dezent, Anmerkungen zum Thema: *Man findet hier viele arme Familien, deren Kinder nicht in Dienste gehen, sondern, sobald sie mündig sind, eigne Haushaltungen anfangen und sich durch Waschen, oft auch durch andre Art ernähren, wodurch Sicherheit und Sittlichkeit gefährdet werden.*[84]

In einer Gesellschaft, die vermögenslosen Frauen kaum Möglichkeiten bot, selbständig ihren Unterhalt zu sichern, aber viele Möglichkeiten, ins soziale Abseits zu geraten, kamen Frauen leicht in ausweglose Situationen. Dafür zeigte man im Bürgertum allerdings kein Verständnis. Brauchte man denn keine willigen Dienstbotinnen?

Für Frauen, die unehelich ein Kind zur Welt brachten, waren die Aussichten besonders düster: *Es hat Barbara Begin aus dem Württembergischen, welche gleich vielen ihrer Landsmänninnen ein uneheliches Kind allhier bekommen, nachhero aber bei dem Hof-Musikus Daun als Magd gedient, bei uns um Unterstützung ihres vorgedachten Kindes angestanden: wir haben aber dieselbe als eine Ausländerin, die kein Recht auf hiesige öffentliche Anstalten hat, mit ihrem Gesuch abgewiesen und unter der Bedingung, wenn sie nicht zeigen werde, wie sie ihr Kind ernähren könne, hier fortgewiesen und nach einigen Wochen die wirkliche Vollziehung verfügt.* So die Karlsruher Polizeideputation 1787.[85] An der rechtlichen Situation solcher Frauen hatte sich inzwischen aber nichts geändert.

Arbeit und Freizeit

Was uns heute nahezu als Gegensatz erscheint, Arbeits- und Freizeit, war am Anfang des letzten Jahrhunderts lange nicht so klar unterscheidbar. So wenig sich bei den meisten Bürgern der Arbeitsplatz von ihrem Wohnbereich abhob, so wenig läßt sich ihre Arbeitszeit von der trennen, die sie mit anderen Dingen zubrachten, als den für den handwerklichen Broterwerb nötigen.

Neben den üblichen Arbeiten, der Herstellung, Reparatur und dem Verkauf ihrer Waren, hatten die Handwerker noch vielfach einen Teil der zur familiären Versorgung dienenden Gartenarbeit und andere Nebenbeschäftigungen zu erledigen, wie beispielsweise der Hofuhrmacher Schmidt. Er hatte die ehrenvolle, aber anstrengende Aufgabe, die Turmuhr der evangelischen Stadtkirche und meistens auch die von St. Stephan, außerdem sämtliche Uhren im Schloß zu richten und aufzuziehen.[86] In Zeiten ohne Quarz- und Elektroantriebe, dafür Uhrwerken, die oft nur vierundzwanzig Stunden liefen, eine täglich wiederkehrende, zeitaufwendige und schweißtreibende Arbeit, denn Schmidt mußte nicht nur die steilen Turmtreppen erklimmen, sondern auch täglich die schweren Gewichte der Turmuhr von Hand hochkurbeln. „Aufziehen" ist da eine bodenlose Untertreibung. Solche Arbeiten außer Haus boten jedoch auch gewisse Freiheiten, einen Schwatz mit einem guten Bekannten, einen Zwischenhalt im Wirtshaus zur Auffrischung der Kräfte oder vielleicht bei schönem Wetter einen Umweg, der fast schon ein Spaziergang war; die Übergänge waren fließend.

Gleiches galt für die Arbeitszeit. Gearbeitet wurde, abhängig von der Jahreszeit, ab sechs oder sieben Uhr morgens ohne zeitliche Begrenzung, bestimmend war hauptsächlich der Arbeitsanfall und die Laune des Meisters. Von einem Acht-Stunden-Tag konnten die Gesellen und Lehrlinge nur träumen.

Erschwerend auf den Genuß der wenigen, sich auf den Sonntag und Feiertage konzentrierenden Freizeit, die einem Angehörigen des handwerklich geprägten Bürgertums blieb, scheint sich ein besonderes Phänomen ausgewirkt zu haben, das bürgerliche Arbeitsethos, das schon von Kindheit an verinnerlicht wurde und in dem sich hauptsächlich protestantisch-pietistisches Gedankengut niederschlug, das Arbeitsfleiß und -erfolg als Ausweis eines moralisch einwandfreien und gottgefälligen Lebenswandels betrachtete. Dieser für das Bürgertum, das über wirtschaftlichen Erfolg gesellschaftlich aufgestiegen war, typischen Geisteshaltung werden wir auch später im Bereich der Armenfürsorge nochmals begegnen.

Wer nicht arbeitete, hatte, drastisch gesagt, ein schlechtes Gewissen, was sich auch in der verschämten zeitgenössischen Bezeichnung der Freizeit als „Nebenstunden" niederschlug. Man wollte diese Zeit deshalb mit einer anständigen Beschäftigung füllen, der aufgeklärte Bürger wußte, womit. Bildung hieß schon seit dem 18. Jahrhundert die Devise, und so war das Lesen inzwischen des Bürgers (fast) liebster, weil respektabler Zeitvertreib.

Es ist ganz im Stil der Zeit, wenn uns Wilhelm Christian Griesbach, Tabakfabrikant und erster Oberbürgermeister der Stadt, in seinem Tagebuch verrät, daß er seine Nebenstunden der Lektüre von Hufelandts Makrobiotik oder Rousseaus Contrat Social widmete.[87] Natürlich muß man gegenüber diesem gebildeten Mann aus dem Großbürgertum einige Abstriche machen, will man die Bildungsbemühungen der mittel- und kleinbürgerlichen Schichten realistisch sehen. Hier verschob sich der Schwerpunkt von den politisch-philosophischen Schriften der Aufklärer mehr zu den religiös und sentimental gefärbten Erbauungsschriften, den Kalendergeschichten und den Romanen, von der Bildung zur Unterhaltung. Da der Bücherkauf damals ein eher noch kostspieligeres Unterfangen als heute war, hatten sich zwei Institutionsformen herausgebildet, mit deren Hilfe der Lesehunger gestillt werden konnte, der sich nicht zuletzt dank der in Baden bereits 1753 eingeführten Schulpflicht bis in die unteren Schichten ausgebreitet hatte, die eher bürgerliche Lesegesellschaft und die private Leihbibliothek. Beide boten im Prinzip dasselbe, den Zugang zu einer umfangreichen und ständig aktualisierten Literaturauswahl gegen einen Mitgliedsbeitrag. Waren die Lesegesellschaften, die relativ hohe Beiträge verlangten, mit ihren Gesellschaftslokalen und Veranstaltungen so etwas wie die Ziehstube der neuen bürgerlichen Öffentlichkeit, boten die

Leihbibliotheken gegen kleine Summen lediglich die Ausleihe ohne jedes gesellschaftliche Drumherum an.
Selbstverständlich gab es in der groß gewordenen Haupt-und-Residenzstadt beides. Neben der etwas hochgestochen erscheinenden Museumsgesellschaft zwei dieser Leihbibliotheken, die der Hofbuchbinder Müller & Gräff und die des jüdischen Antiquars Raphael Marx. *Jede derselben besteht aus mehreren tausend Bänden der vorzüglichsten Produkte der neuern deutschen und französischen Literatur, sowohl belletristischen, als auch historischen, geographischen, und politischen Inhalts. In der Sammlung des Hrn. Marx ist auch eine Kinderbibliothek gebildet, welche aus den vortrefflichen Schriften eines Campe, Weiße, Salzmann, Niemeyer, Heusinger, Lossius, Thieme u. m. a. besteht. Für ein sehr billiges monatliches oder jährliches Abonnement kann man aus diesen Leihbibliotheken täglich zwei Bücher zum Lesen wählen. Auch hängt es von der Willkür ab, tageweise ohne Abonnement diese Büchersammlung zu benutzen.*[88]
Gerade die letzte Art der Ausleihmöglichkeit zeigt, daß diese Leihbibliotheken auch von Leuten aufgesucht wurden, welche die nur aus bürgerlicher Sicht niedrigen Abonnementskosten nicht aufbringen konnten. Für Dienstboten, Lehrlinge, Tagelöhner und andere Angehörige der Unterschicht war es nur möglich, mühsam ein paar Groschen zusammenzusparen, um sich damit ein Buch leihen zu können, eine Situation, wie sie Ernst Philipp Moritz in seinem *Anton Reiser* eindrucksvoll beschrieben hat.[89]
Was machten die Karlsruher aber, wenn sie keine Lust zum Lesen hatten? Bei den höheren Schichten scheinen trotz Hartlebens gegenteiliger Behauptung die Kaffeehäuser zum standesgemäßen Treffpunkt geworden zu sein, denn 1816 erweitert der neue Besitzer des ehemals Drechslerschen Kaffeehauses, jetzt *Stadt Berlin*, sein Etablissement von bisher zwei auf fünf Räume.[90] Hier konnte man sich die Zeit mit verschiedenen Brettspielen oder dem beliebt gewordenen Billardspiel vertreiben. Für die einfacheren Leute taten es dagegen immer noch die Gastwirtschaften, die, fast unzählig über die ganze Stadt verteilt, jeder Schicht gerecht wurden. Am angesehensten waren die Gasthäuser, in denen hauptsächlich Wein ausgeschenkt wurde. Hier verkehrten die Bürger, trafen sich mit ihren Zunftgenossen und Freunden. Wein aus der Pfalz wurde dabei gegenüber dem teureren südbadischen bevorzugt. War der Wein als solcher ein Statussymbol, bei der Auswahl schauten die Bürger offensichtlich wieder aufs Geld. Weniger angesehen waren schon die Bierwirtschaften, denn Bier galt als Armeleutegetränk, und ganz unten rangierten jene Kneipen, in denen der billige, aber hochprozentige Branntwein ausgeschenkt wurde. Sie lagen zumeist im engeren Bereich des Dörfle. Hier wurde besonders auf die Einhaltung der Sperrstunde geachtet. Jeden Abend zog eine Polizeipatrouille durch die Wirtshäuser und gebot Feierabend, ließ sich aber oft genug zu einem Glas Wein oder Bier einladen, was den Gästen noch eine Schonfrist brachte. In den besseren Gasthöfen, wo die bürgerlichen Gäste von selbst gingen und nicht wie die *unteren Volksclassen* kein Ende zu finden schienen, wurde diese Ordnungsmaßnahme 1815 abgeschafft.[91]
Der Ablauf des Wirtshausbesuches war bei allen Schichten relativ ähnlich, man trank, erzählte, spielte Karten. Die sozialen Unterschiede zeigten sich bei diesem fast ausschließlich auf die Männer beschränkten Vergnügen mehr an der Zusammensetzung des Stammpublikums, der Qualität der Getränke und des mitgebrachten Tabaks. Gerade in diesem Punkt wurden die Unterschiede besonders deutlich, denn die höheren Stände waren inzwischen zum Rauchen übergegangen, in der Unterschicht wurde dagegen weiterhin gekaut. Ein weiterer bemerkenswerter Unterschied war, daß es in Unterschichtkreisen nicht unüblich war, die Frauen in die Schenke mitzunehmen. *Wenigstens an Sonntagen gewiß, wo sie sogar auch ihre Weiber mitnehmen, so daß man in allen Straßen, wo derglei-*

chen Häuser sind, Musik und Tanz, Singen und fröhliches, ja tobendes Jauchzen hört, das oft bis um Mitternacht dauert, wenn die Patrouille, die von zehen Uhr an umgeht, nicht stark genug ist, dem ihr gereichten Schoppen... zu widerstehen.[92] Hier ging es eben noch etwas ausgelassener zu als bei der zunehmend institutionalisierten bürgerlichen Geselligkeit.

Eine andere Betätigung hatte sich das Bürgertum seit dem 18. Jahrhundert erschlossen, die besonders an schönen Sonntagnachmittagen zur Dauereinrichtung wurde: der Spaziergang (vgl. Abb.). Angetan mit dem Sonntagsstaat promenierte die Familie und genoß die Natur – natürlich nicht die wild gewachsene, dafür war man weder angezogen noch überhaupt empfänglich, sondern die kultivierte, gezähmte, die auf säuberlich angelegten Wegen inspiziert wurde. Denn *der reizenden Gartenkunst verdankt der gefesselte Städter den Genuß der schönen Natur in täuschenden Bildern*[93], ganz zu schweigen von deren erzieherischem Nutzen: *Weise Fürsten wissen daher den Werth dieser schönen Kunst für die Bewohner ihrer Städte zu schätzen. Sie streben nach einem erhabenen Zwecke, wenn sie ihre Gärten nicht bloß ihrem persönlichen Genusse weihen, sondern sie zugleich als Volksgärten in ästhetischer und polizeilicher Hinsicht für die Cultur ihrer Unterthanen benutzen.*[94] Womit wir schon bei einem der belieb-

Spaziergängerin auf einer Brücke, Durlach im Hintergrund. Spaziergänge in der Natur waren im Laufe des 18. Jahrhunderts Mode geworden. Hatte sich der Adel die Natur mit dem „englischen" Garten noch in seine Parks geholt, benutzten die Bürger später die nähere Umgebung der Städte

testen Ziele der Karlsruher Spaziergänger wären, dem Schloßgarten, den Karl Friedrich bereits in den fünfziger Jahren des 18. Jahrhunderts dem Volk zugänglich gemacht hatte.[95] *Volk* ist dabei allerdings nicht ganz wörtlich zu nehmen, wie schon Artikel 2 der Gartenordnung von 1806 zeigt: *Die mit Victualien und anderen Marktwaaren in die Stadt kommenden Landleute, aus dem Walde und Felde kommende Arbeiter und Taglöhner mit ihren Angehörigen, haben sich des Durchgangs durch jene Gärten zu enthalten . . .*[96] Waren die Tagelöhner schon wegen ihrer ärmlichen Erscheinung vom Besuch ausgeschlossen, so bedurften auch die Bürger 1806 trotz aller stattgehabten *Cultur* immer noch deutlicher Verbote, um sich der Würde des Ortes gemäß zu benehmen, denn *Excesse* wurden vom aufmerksamen Wachpersonal immer wieder festgestellt. So waren das Reiten und Fahren, das Übersteigen von Einfriedungen und das Klettern auf Bäume ebenso verboten wie das Öffnen verschlossener Türen, das Pflücken oder Abreißen von Pflanzen oder Blüten, das Gehen *abseits der Wege, im Gebüsche oder auf dem Graßboden, . . ., alles Geräusche, Geschrei, Singen, Pfeiffen, Tabakrauchen, heftiges Laufen, überhaupt jedes unbescheidene oder gar unanständige Betragen.* Auf jeden derartigen *Frevel* stand eine happige Strafe von 1 Gulden 30 Kreuzer. So einfach war die Tradition des höfisch sterilen Schaugartens doch nicht abzuwerfen.

Der Beliebtheit des Schloßgartens bei den Karlsruher Bürgern tat das alles jedoch keinen Abbruch, man erfreute sich dabei nicht nur der schönen Anlagen und seltenen Pflanzen, viele nährten anscheinend auch die Hoffnung, eine der *hohen und höchsten Herrschaften* leibhaftig zu sehen oder einen Einblick in ihr Leben zu gewinnen. Ein bevorzugter Sammelplatz dieses frühen Starkults war, so wird berichtet, die Terrasse vor dem Speisesaal im Erdgeschoß des Schlosses, die zur Zeit des Abendessens das Publikum geradezu magisch angezogen habe.[97]

Doch es gab noch weitere Ziele für Spaziergänge, wie das Alleehaus (vgl. Abb. S. 91 und S. 121) auf halbem Weg nach Durlach, das Promenadenhaus oder das Stephanienbad in Beiertheim. Hier war die Atmosphäre weit ungezwungener als im etikettebewehrten Schloßgarten. Man kehrte ein; oft wurde sogar im Freien gegessen, getrunken, getanzt und häufig Karten gespielt, oder man vertrieb sich die Zeit mit Gesellschaftsspielen wie dem gerade sehr beliebten „Blinde Kuh“, für das sich auch ernsthafte Bürgersleute nicht zu schade waren.[98] Im Stephanienbad konnte man darüber hinaus, wie der Name schon andeutet, ein Bad nehmen (vgl. Abb. S. 121). Dazu waren im Erdgeschoß des Gebäudes eine Reihe von Kabinen untergebracht, in denen man allein und ungestört die Wanne bestieg.[99]

Nach Durlach zog es die Karlsruher aller Schichten während der dortigen Jahrmärkte und ganz besonders in der Zeit der Weinlese. Kartoffelwurst beziehungsweise neuer Wein und Zwiebelkuchen gehörten wohl ebenso dazu wie die allfälligen Besuche bei den Verwandten in der Nachbarstadt.

Eine neue Erscheinung waren die Ausflüge zu etwas entfernteren Zielen, wie sie vom kleinen Bürgertum aufwärts in Mode kamen. Die verbesserten Straßenverhältnisse, welche die napoleonische Ära gebracht hatte, machten es möglich, und so wurde fleißig gespart, um zumindest an den hohen Festtagen im Frühjahr, an Ostern oder Pfingsten, solch eine Fahrt machen zu können. Die Kutschen wurden angespannt, eigene oder geliehene, die man sich oft mit einer befreundeten Familie teilte, und hinaus ging's nach Rastatt oder Langensteinbach, das sich als Bad besonderer Beliebtheit erfreute. Der damalige Nahtourismus führte zu Problemen, die wir heute noch kennen. Die Chronik des Hofuhrmachers Schmidt berichtet von Pfingsten 1820 in Langensteinbach, der Andrang sei so groß gewesen, daß man in Abteilungen speisen mußte. *Für 90 war das Essen gerichtet und 200 kamen.*[100]

In der schlechten Jahreszeit schränkte sich

Eines der beliebten Ziele der Karlsruher beim Sonntagsspaziergang: das Alleehaus an der Allee von Karlsruhe nach Durlach

der Aktionsradius der Karlsruher natürlich ein. Solange es möglich war, bummelte man unter den Arkaden des Schloßplatzes entlang, wo zwar das Rauchen ebenfalls verboten war, die aber einen gewissen Schutz vor dem Wetter gaben. Das war besonders für die Frauen wichtig, denn wetterfeste Damenbekleidung gab es erst in bescheidenen Ansätzen. Nicht nur bei schlechtem Wetter gehörte die sittsame Bürgersfrau eben immer noch ins Haus.

Sonst verlagerte sich das Interesse des gehobenen Bürgertums auf Abendveranstaltungen. Man ging häufig ins Theater, das auch von der ärmeren Bevölkerung gern besucht wurde. 1815 spielte man unter anderem *Raoul – der Blaubart, heroische Oper in drei Aufzügen nach dem Französischen, Musik von Gretry; Rosamunde* von Körner, *Don Juan, Musik von Mozart* oder *Clavigo von Göthe.*[101]

Bälle wurden noch fast ausschließlich während der Fastnachtszeit veranstaltet, entweder vom Hoftheater, dem *Museum* oder dem *Badischen Hof* am Schloßplatz. Das Museum gab sich bei seinen Maskenbällen besonders exklusiv: *Zur Verhütung des Eindrangs unbefugter Personen, muß jede Maske beim Eintritt in das Vorzimmer sich vor den dazu aufgestellten Gesellschaftsbeamten demaskiren . . .,* kündigt eine Ballanzeige vom Februar 1815 an.[102] Der Hintersinn dieser Gesichtskontrolle ist einfach zu erraten. Gerade ein Maskenball hätte die „Gefahr" mit sich gebracht, daß einfache Leute im Schutze der Anonymität an dieser, ihrem Stande offensichtlich nicht zukommenden Vergnügung teilgenommen hätten – und um erst gar keine Begehr-

lichkeiten zu wecken, blieben sogar die sonst offen zugänglichen Galerien für Zuschauer geschlossen. Hier zeigt sich wieder deutlich die bereits angesprochene Kehrseite der bürgerlichen Emanzipation.
Was der Ball für die bessere Gesellschaft, war die Wirtshausmusik für die niederen Stände, schon Brunn hatte sich, wie oben zu lesen war, über dieses lautstarke Vergnügen aufgeregt. Schwerer trafen freilich den Wirt des *König von Preußen* im Jahr 1802 die Folgen derart ausgelassenen Lärms, denn die Polizeideputation verbot ihm die Musik, weil sein Gasthaus in der Nähe des Spitals lag.[103]
War der Winter hart und kalt, dann wagten sich die Karlsruher gern aufs Eis. Die zum Zweck der Eisgewinnung alljährlich überflutete Schießwiese vor dem Ettlinger Tor bot für dieses Vergnügen allen Schichten die geeignete Unterlage. Aufgekommen war das damals ganz Deutschland erfassende Schlittschuhfieber, der Nation der Dichter und Denker angemessen, durch ein Gedicht, die Eis-Ode von Klopstock. Selbst Geheimrat Goethe soll sie noch aufs Eis geführt haben. Ob sich die Karlsruher nun professionell gaben und die von dem Handelshaus Ettlinger & Wormser angebotenen *glatten und gravirten Schlittschuhe*[104] unterspannten, auf Schuhsohlen dahinschlitterten oder gar mit einem pferdebespannten Schlitten übers Eis fuhren, der Spaß war umsonst, und so konnten ihn alle Stände ohne Ausnahme genießen. Für jeden, der über das nötige Kleingeld verfügte, waren überdies am Rand hölzerne Buden aufgeschlagen, die heiße Getränke und etwas zum Essen anboten.[105]
Bei den Unterschichten sah das Verhältnis zur Freizeit notgedrungen anders aus als im Bürgertum. Denn für die Tagelöhner bedeutete freie Zeit zunächst einmal keine Arbeit und kein Lohn. Hatte man Arbeit, so war abgesehen von den Sonntagen während der verbleibenden arbeitsfreien Zeit an etwas anderes als Schlafen kaum zu denken. Denn nur wenn praktisch jede Minute mit Arbeit gefüllt wurde und alle Familienmitglieder halfen, konnte sich eine Unterschichtfamilie über Wasser halten. Was man außer Haus nicht verdiente, mußte man durch Heimarbeit ergänzen. Um so ausgelassener wurden dann am Sonntag oft die wenigen freien Stunden genossen.

Dienstbotenleben

Ein adliger oder großbürgerlicher Haushalt um 1815 war ohne Dienstboten nicht vorstellbar. In Zeiten ohne Tiefkühltruhen, Staubsauger, Waschmaschinen, Zentralheizungen oder Telefone brauchte man diese dienstbaren Geister, um ein standesgemäßes Haus zu führen, und selbst im anspruchslosen Handwerkerhaushalt kam die Hausfrau ohne die Unterstützung einer Magd kaum aus.
Ihr Arbeitsort waren die von der Straße abgewandten Teile des Hauses, Küche, Stall, Waschhaus, Holzlager und Wagenremise. Botengänge und Einkäufe führten sie außer Haus. Nur ein kleiner Teil von ihnen kam mit der Herrschaft direkt in Kontakt, die Mehrzahl erhielt ihre Arbeitsanweisungen von einem in der streng hierarchisch geordneten Dienstbotenschaft Höherstehenden. War man im Sichtbereich der Herrschaft, so hatte die Arbeit weitgehend stumm und lautlos zu erfolgen, nur wer angesprochen wurde, durfte gesenkten Blickes eine Antwort murmeln. Untergebracht war die Mehrzahl von ihnen in Kammern unter dem Dach.
Während wir Arbeitsplatz und Arbeitsbedingungen der Dienstboten kennen, bleibt der Blick auf ihr Privatleben weitgehend verschlossen. Wir wissen nur, was aus dem Blickwinkel der Obrigkeit über sie notiert wurde.
Die Dienstboten waren 1815 nach Militär und Bürgern die drittstärkste Bevölkerungsgruppe in der Stadt. Ihre Zuwachsrate seit 1800 übertraf die aller anderen Gruppen. Hatte es damals 791 gegeben, so waren es 1809 bereits 1.494 und 1814 2.677.[106]
Doch waren die Dienstboten Menschen zweiter Klasse, in ihrer Bewegungsfreiheit eingeschränkt durch obrigkeitliche Überwachung.

Die Durchorganisation des Großherzogtums nach 1809, die ganz allgemein die Freiheiten der Staatsangehörigen zugunsten staatlicher Souveränität einzuschränken begann, brachte auch für die Dienstboten weitere schwerwiegende Beschränkungen und verstärkte staatliche Kontrolle ihres Lebenswandels. Nach der neuen, 1809 erlassenen Gesindeordnung wurde die Anmeldung der Dienstboten auf der Polizei und damit einhergehend die Anlage eines Dienstbotenverzeichnisses eingeführt. *Für den Mietschein, welcher die obrigkeitliche Anerkennung darstellte, wurden 6 Kreuzer bezahlt . . ., wer einen Dienstboten ohne Mietschein behielt oder neu annahm, wurde mit einer Buße von drei Reichsthalern, Dienstboten, die man ohne Mietschein antraf, wurden ins Gefängnis und, wenn sie fremd waren, mit Ausweisung bestraft.*[107] Damit waren die Dienstboten ihrer Herrschaft nahezu ausgeliefert, konnten sie ohne den Schein doch nicht einmal auf die Straße. Auch das „Entlaufen", das Verlassen der Arbeitsstelle ohne Kündigung, führte ins Gefängnis, ohne daß lange danach gefragt wurde, wie es zu diesem Delikt gekommen war. Im Grundsatz galt, daß die Herrschaft immer recht behielt. Gegen aufmüpfige Dienstboten war auch die Regelung gerichtet, daß *Dienstboten, die in einem Jahr drei- oder in zwei Jahren viermal ohne genügenden Grund den Dienst wechselten* unter Polizeiaufsicht gestellt oder ausgewiesen wurden. Wer sich dagegen brav verhielt, dem wurde *besondere obrigkeitliche Rücksicht* in Aussicht gestellt.[108] Die Dienstboten hatten somit eigentlich zwei Herren: ihre Herrschaft und die Polizei.

Was der Staat mit der einen an Freiheiten nahm, das teilte er mit der andern in Form sozialer Absicherung wieder aus. Denn auf Anregung des damaligen Präsidenten der Polizeideputation, Freiherr von Drais, wurde ein *Institut zur Kur erkrankter Dienstboten* in Karlsruhe errichtet, zu dem die Herrschaften seit 1809 sogar Pflichtbeiträge leisten mußten.[109] Mit diesem Geld wurden Arztrechnungen und Spitalaufenthalte bezahlt.

Auch die *Heranbildung brauchbarer Dienstboten* überließ der Staat nicht länger dem Zufall. Man sorgte dafür, *daß der Schule entlassene Mädchen, die sich zu einem Dienst eigneten und durch ihr Wohlverhalten eine Belohnung verdienten, ein halbes Jahr ehe sie in einen Dienst traten, im Nähen Unterricht erhielten.*[110] Zugleich erteilte ihnen Hofdiakon Volz wöchentlich eine Unterrichtsstunde, in welcher er sie nach einem von ihm entworfenen zweckmäßigen Plane über die Pflichten ihres zukünftigen Standes im Verhältnis gegen ihre Herrschaft und deren Kinder in gesunden und kranken Tagen, gegen ihr Mitgesinde u. s. w. besonders belehrte.

Während die Schule die Vorsortierung besorgte, indem schon hier subalterner Geist belohnt wurde, übernahm die Kirche die Rolle des Platzanweisers in der Ständegesellschaft. Trotz dieser Bemühungen waren die Dienstboten – wie zu allen Zeiten – verschrien als vorlaut, putzsüchtig und durch und durch verdorben. *Zweckmäßig möchte seyn: . . . den außerordentlichen Luxus der Dienstboten (eine Urquelle ihrer Verdorbenheit) durch eine Kleiderordnung zu beschränken . . .*, meinte Herr Hartleben 1815.[111]

Die Armen

Im Bereich der Armenunterstützung, die zunehmend von einem Werk gebotener christlicher Nächstenliebe zur obrigkeitlichen Ordnungsmaßnahme wurde, bot sich kein wesentlich anderes Bild. Hier wurde bereits im Jahr 1800 eine Neuorganisation eingeführt und die sogenannte Armenkommission gebildet, deren hauptsächliche Aufgabe ebenfalls die Überwachung war. Die Stadt wurde in zwölf Bezirke eingeteilt, die jeweils einem freiwilligen Armenpfleger unterstanden, wobei offensichtlich die frühere Unterscheidung nach Stadtarmen, die Anspruch auf Unterstützung aus dem Stadtalmosen hatten, und bloß geduldeten Insassen in der obrigkeitlichen Behandlung keinen Unterschied mehr machte. *Den Armenpflegern lag die genaue*

Beobachtung der Armen ihres Bezirks und die Vertretung ihrer Interessen bei der Polizeibehörde ob. Nur wo es schlechthin unmöglich war, den Armen Arbeitsgelegenheiten zu verschaffen, wurde ihnen, in erster Reihe also schwachen, alten und kranken Personen Unterstützung zugewendet.[112]

Das Maß an Überwachung, das den Karlsruher Armen zuteil wurde, war ebenso außergewöhnlich wie die Zahl der zu ihrer Unterstützung ins Leben gerufenen Institutionen. Die Gründe dafür sind naheliegend. Als Residenzstadt hatte Karlsruhe eine stark repräsentative Funktion, offen in Erscheinung tretende Armut hätte dieser Kulisse geschadet. Schon in der „Verbannung" von Weinbrenners kleinem Modellhaus ins abseits gelegene Klein-Karlsruhe zeigte sich dieses Bemühen. Ein zweiter Grund war der bei Karl Friedrich immer spürbare Wunsch, als Vertreter moderner, aufgeklärter Monarch zu gelten. Dazu gehörten eben auch moderne Methoden bei der Armenpflege, was eine schon fast unübersichtliche Fülle von Unterstützungseinrichtungen hervorbrachte, die wie die Gründungen im wirtschaftlichen Bereich hauptsächlich experimentellen Wert hatten.

Bei all diesen Versuchen zeigt sich deutlich der zeitgemäße Trend in der Armenunterstützung, weg vom Almosen und der christlichen milden Gabe hin zum Arbeitshaus, das auch noch rentabel sein sollte. Die Idee stammte ursprünglich aus England, und man hatte dort mit ihrer Hilfe zuerst den allgemeinen Arbeitsanspruch des puritanischen Bürgertums gegenüber den Armen durchgesetzt.

Ein geradezu klassisches Beispiel eines derartigen Arbeitshaus-Experiments in Karlsruhe war die bereits erwähnte Einrichtung des Gewerbhauses. 1781 war es in einer angemieteten Scheune an der Herrenstraße als Spinnhaus gegründet worden, 1785 wurde sie in einen vom Markgrafen finanzierten Neubau verlegt und ab 1800 als Gewerbehaus bezeichnet. 1809 wurde umgebaut, zu diesem Zeitpunkt betrieb man im Haus eine Färberei, nebenbei waren hier noch die Militärschule und die Suppenanstalt untergekommen[113] (vgl. Abb. S. 95). Die ständigen Veränderungen in der Produktion des Gewerbehauses lassen zumindest den Schluß zu, daß man keine Qualifizierung der Arbeiter anstrebte, sondern sich nur am Absatzmarkt orientierte. Rentabel scheint das Gewerbehaus nie gewesen zu sein, denn immer wieder mußte die Gräfin Gelder zuschießen.

Mit Spinnen und Färben war auf derartiger Basis schon um 1800 kein großes Geschäft mehr zu machen.

Warum beschäftigte man die Armen mit Arbeiten, die ihnen nie und nimmer eine einigermaßen stabile wirtschaftliche Existenz verschaffen konnten, sondern wie die Färberei teilweise sogar noch gesundheitsschädlich waren? In der Umbauakte von 1809 findet sich ein Satz, der die Hintergründe bloßlegt. Da heißt es über das Gewerbehaus, es sei eine der Anstalten, ... *welche die Beschäftigung* (!) *der hiesigen Armen bezwecken.*[114]

Für die strukturellen Ursachen der Armut, Bevölkerungswachstum sowie statische Wirtschafts- und Gesellschaftsordnung, fand man keine funktionstüchtigen Lösungen. So blieb das Ziel der Armenfürsorge beschränkt auf die formale Anpassung des Lebenswandels der Armen an bürgerliche Normen, statt des Mangels an Verdienstmöglichkeiten bekämpfte man den Müßiggang.

Kehrseite dieser Armenunterstützung war, daß der Staat die überkommenen Methoden der Selbstversorgung der Armen, Betteln und Hausieren, jetzt noch wesentlich härter als bisher verfolgte. *Da den arbeitskräftigen Armen, wo immer möglich, Gelegenheit zur Arbeit geboten, dem zur Arbeit unfähigen Unterstützung gereicht wurde, verschärfte man noch die schon früher ergriffenen Maßregeln gegen den Straßenbettel und nahm auch keinen Anstand, notorisch arbeitsscheuen Personen durch Verhängung körperlicher Züchtigung den Hang zum gewerbsmäßigen Bettel abzugewöhnen. Um den Eifer der Polizeidiener zu steigern, erhielten sie für jeden ergriffenen Bettler eine Belohnung von 15 kr.*[115]

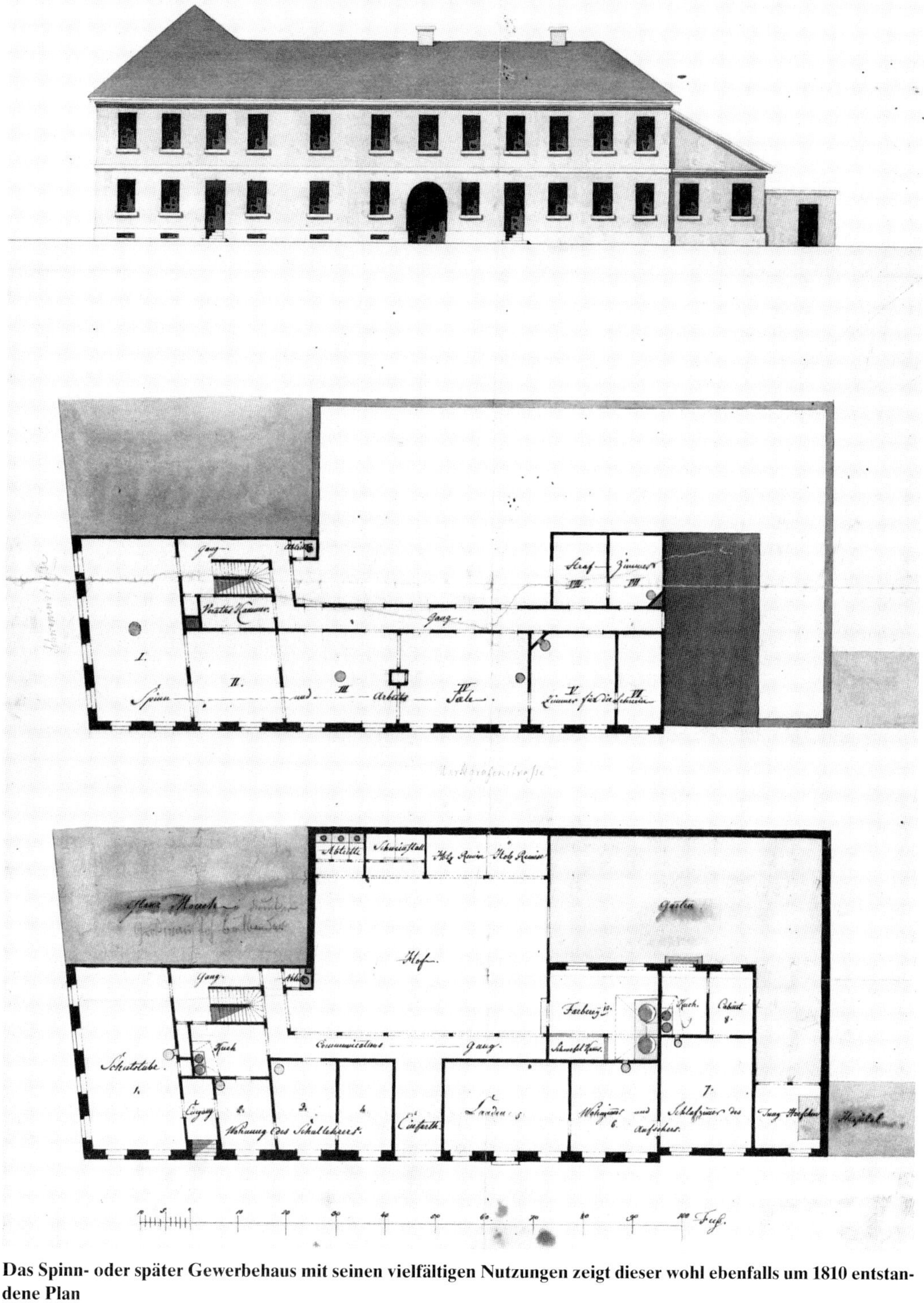

Das Spinn- oder später Gewerbehaus mit seinen vielfältigen Nutzungen zeigt dieser wohl ebenfalls um 1810 entstandene Plan

Anmerkungen

[1] Anzeige des Hofbuchdruckers C. F. Müller in der Großherzoglich Badischen Staatszeitung vom 30. 8. 1815.

[2] Vgl. Theodor Hartleben: Statistisches Gemälde der Residenzstadt Karlsruhe und ihrer Umgebungen, Karlsruhe 1815.

[3] Vgl. Friedrich v. Weech: Geschichte der Stadt Karlsruhe, 3 Bde., Karlsruhe 1895–1904; Band 1, S. 244 ff.

[4] Vgl. Hansmartin Schwarzmaier: Vom Empire zum Biedermeier: Der badische Hof nach dem Tod Großherzog Karl Friedrichs, in: Württembergisches Landesmuseum (Hrsg.): Baden u. Württemberg im Zeitalter Napoleons, Ausstellungskatalog, Stuttgart 1987, Band 2, S. 44.

[5] Vgl. hierzu Karl Stiefel: Baden 1648-1952, Karlsruhe 1977, Band 1, S. 199 f. und Karl August Varnhagen v. Ense: Die Karlsruher Jahre 1816–1819, Neuausgabe, Karlsruhe 1924, Aufzeichnungen aus dem Jahr 1816.

[6] Vgl. Otto Goldfarb: Die kommerzielle und industrielle Entwicklung der Stadt Karlsruhe, Diss. Frankfurt a. M. 1925, S. 23.

[7] v. Weech (wie Anm. 3), S. 444.

[8] Stadtarchiv Karlsruhe (StadtAK) 1/H-Reg. 4413, Vertragsentwurf zur Eingemeindung.

[9] Vgl. Karl Gustav Fecht: Geschichte der Haupt- und Residenzstadt Karlsruhe, Karlsruhe 1887, S. 212.

[10] Vgl. ebenda, S. 216.

[11] Der Erwerb des Ortsbürgerrechts zahlte sich gemeinhin durch die Beteiligung am Bürgernutzen aus: der Bürger erhielt einen teils aus Geld, teils aus Naturallieferungen bestehenden Anteil vom Ertrag der gemeindeeigenen Wiesen und Wälder. Karlsruhe verfügte über beides nicht, so daß es auch keinen Bürgernutzen gab.

[12] Vgl. Karl Ludwig Ay: Außerständische Menschen in Süddeutschland bis zur Epoche der französischen Revolution, in: Otto Büsche/Walter Grab (Hrsg.): „Die demokratische Bewegung in Mitteleuropa im ausgehenden 18. Jh., e. Tagungsbericht, Berlin 1980, S. 43–56 (= Einzelveröffentlichungen der Historischen Kommission zu Berlin, Band 29).

[13] Vgl. Fecht (wie Anm. 9), S. 213.

[14] Vgl. StadtAK 1/H-Reg. 4413, zur Vorgeschichte vgl. Fecht (wie Anm. 9), S. 213.

[15] StadtAK 1/H-Reg. 4413, auch die folgenden Zitate.

[16] Hartleben (wie Anm. 2), S. 39. Das restliche Gebäude wurde erst zwischen 1821 und 1825 errichtet, vgl. Fecht (wie Anm. 9), S. 423 f.

[17] Hartleben (wie Anm. 2), S. 15 f.

[18] Vgl. Fecht (wie Anm. 9), S. 191.

[19] Hartleben (wie Anm. 2), S. 16.

[20] Vgl. „Neues Baugnadenreglement für die Residenzstadt Karlsruhe“, § 1 und 3, in: „Karlsruher Intelligenz- und Wochenblatt“ (KIB), 14. 9. 1811.

[21] Vgl. ebenda, § 4 und 6.

[22] Fecht (wie Anm. 9), S. 448.

[23] KIB, 15. 12. 1812.

[24] Vgl. StadtAK 8/StS 13, Nr. 112, Familienchronik Schmidt-Staub, S. 20.

[25] Vgl. Neues Baugnadenreglement (wie Anm. 20).

[26] Vgl. Arthur Valdenaire, Friedrich Weinbrenner. Sein Leben und seine Bauten, Karlsruhe 1926, S. 85.

[27] Hartleben (wie Anm. 2), S. 39.

[28] Zu Weinbrenners städtebaulicher Konzeption und den Modellhäusern vgl. Valdenaire (wie Anm. 31), S. 80 ff.

[29] Vgl. Neues Baureglement (wie Anm. 25).

[30] Vgl. Vermietungsanzeigen im KIB.

[31] Vgl. Fecht (wie Anm. 9), S. 244.

[32] Vgl. Goldfarb, (wie Anm. 6), S. 15 ff.

[33] Ebenda, S. 17.

[34] Vgl. Fecht (wie Anm. 9), S. 472.

[35] Vgl. Fecht (wie Anm. 9), S. 514.

[36] Vgl. Goldfarb, (wie Anm. 6), S. 19.

[37] Vgl. Fecht (wie Anm. 9), S. 476 f.

[38] Vgl. Fecht (wie Anm. 9), S. 477 und Goldfarb (wie Anm. 6), S. 20, auch zum folgenden.

[39] Vgl. Fecht (wie Anm. 9), S. 472.

[40] Vgl. Goldfarb (wie Anm. 6), S. 21.

[41] KIB, 16. 1. 1813.

[42] Vgl. Fecht (wie Anm. 9), S. 472.

[43] Vgl. Generallandesarchiv (GLA) 206/2037, auch zum folgenden.

[44] Vgl. Fecht (wie Anm. 39), S. 472.

[45] GLA 206/2037, auch das folgende Zitat.

[46] Ghz. Badische Staatszeitung, 30. 10. 1815.

[47] Vgl. Hartleben (wie Anm. 2), zweite Tabelle, S. 299.

[48] GLA 206/2599, vgl. dort auch zum folgenden.

[49] Vgl. Weech (wie Anm. 3), S. 458. Vgl. auch Städtische Spar- und Pfandleihkasse Karlsruhe. Denkschrift aus Anlaß des 100jährigen Bestehens der Anstalt, Karlsruhe 1913 und 125 Jahre Städtische Sparkasse Karlsruhe 1813-1938, o. O., o. J. (Karlsruhe 1938).

[50] Pfandhausordnung § 5, in: KIB, 3. 3. 1813.

[51] Vgl. ebenda, § 1 und 2.

[52] Vgl. GLA 206/2599, dort auch das folgende Zitat.

[53] KIB, 20. 1. 1813.

[54] Vgl. Fecht (wie Anm. 9), S. 188.

[55] Vgl. ebenda, S. 228.

[56] Vgl. Hartleben (wie Anm. 2), S. 129.

[57] Vgl. GLA 206/298.

[58] Vgl. Hartleben (wie Anm. 2), S. 28.

[59] Vgl. Fecht (wie Anm. 9), S. 193.

[60] StadtAK 1/H-Reg. 4282.

[61] GLA 206/117.

[62] KIB, 16. 3. 1811.

[63] Familienchronik Schmidt-Staub (wie Anm. 24), S. 32.

[64] KIB, 17. 5. 1815.

[65] Friedrich Leopold Brunn: Briefe über Karlsruhe, Karlsruhe 1789 (1988), S. 44. Vgl. zu dieser Problematik auch den Beitrag von Isolde Brunner., S. XXX ff.

[66] Hartleben (wie Anm. 2), S. 145.

[67] Ebenda, S. 137.

[68] KIB, 21. 2. 1810.
[69] Vgl. KIB, 28. 2. 1810.
[70] Hartleben (wie Anm. 2), S. 139.
[71] KIB, 15. 2. 1812.
[72] Vgl. KIB, 20. 2. 1811
[73] Vgl. Hartleben (wie Anm. 2), S. 136.
[74] Ebenda, S. 134, vgl. dort auch zum folgenden, S. 135.
[75] Ebenda, S. 135/6, vgl. dort auch zum folgenden.
[76] Fecht (wie Anm. 9), S.228.
[77] Francois Appert hatte 1804 diese Haltbarmachungsmethode in Frankreich aufgebracht.
[78] KIB, 16. 3. 1811.
[79] Beispielsweise arbeiteten nach Auskunft der Polizeideputation 1804 500 Männer, „Zimmer- und andere Handwerksleute und Tagelöhner, die das starke Bauwesen hierherzieht", in der Stadt, vgl. GLA 206/ 17.
[80] GLA 206/2037.
[81] KIB, 16. 1. 1813.
[82] Hartleben (wie Anm. 2), S. 192.
[83] GLA 233/17675.
[84] Hartleben (wie Anm. 2), S. 403.
[85] GLA 206/2644.
[86] Vgl. Familienchronik Schmidt-Staub (wie Anm. 24), S. 21.
[87] Vgl. StadtAK 7/NL 1/56, Tagebücher, 22. 6. 1806.
[88] Hartleben (wie Anm. 2), S. 287.
[89] Vgl. Ernst Philipp Moritz: Anton Reiser, Leipzig 1987, Berlin 1785 ff., dritter Teil.
[90] Vgl. GLA 206/3226.
[91] Vgl. Fecht (wie Anm. 9), S. 484.
[92] Brunn (wie Anm. 65), S. 40.
[93] Hartleben (wie Anm. 2), S. 94.
[94] Ebenda , S. 95.
[95] Vgl. Fecht (wie Anm. 9), S. 177.
[96] GLA 206/2658.
[97] Vgl. Brunn (wie Anm. 65), S. 27.
[98] Vgl. Fecht (wie Anm. 9), S. 231.
[99] Vgl. Hartleben (wie Anm. 2.), S. 162 f.
[100] Familienchronik Schmidt-Staub (wie Anm. 24), S. 34.
[101] Vgl. Anzeigen des Hoftheaters im KIB.
[102] KIB, 15. 2. 1815.
[103] Vgl. GLA 206/2660.
[104] KIB, 16. 1. 1813.
[105] Vgl. Hartleben (wie Anm. 2), S. 148/149.
[106] Vgl. Weech (wie Anm. 3), S. 168 und 244.
[107] Ebenda, S. 251.
[108] Ebenda, S. 252.
[109] Ebenda, S. 250 f.
[110] Ebenda, S. 252.
[111] Hartleben (wie Anm. 2), S. 403.
[112] Fecht (wie Anm. 9), S. 246. Vgl. auch den Beitrag von Christina Müller in diesem Band, S. 20 ff.
[113] Eine eingehende Beschreibung des Gewerbehauses und seiner wechselhaften Geschichte bei Fecht (wie Anm. 9), S. 258 f.
[114] GLA 206/225.
[115] Fecht (wie Anm. 9), S. 248/49.

Brigitte Baumstark

1840: „... und es ist wirklich auch ein schöner Anblick, den langen Wagenzug mit größter Schnelligkeit majestätisch heranrollen zu sehen ...“[1]

Als Großherzog Leopold I. 1830 die Regierung antrat, begann in Baden eine neue Epoche. In seiner Anschauung gemäßigt liberal, berief er den reformfreudigen Ludwig Georg von Winter zum Innenminister. Bei den Kammerwahlen im Frühjahr 1831 kam es zu einer liberalen Mehrheit. Das Vertrauensverhältnis zwischen dem Landesherrn und dem neuen Landtag erlaubte, schon im Sommer 1831 zur ursprünglichen badischen Verfassung zurückzukehren, die unter Ludwig eingeschränkt worden war. Im selben Jahr wurde die Zensur aufgehoben, die allerdings auf Druck Preußens und Österreichs 1832 wieder eingeführt werden mußte. 1835 trat Baden dem Deutschen Zollverein bei, was sich positiv auf die wirtschaftlichen Verhältnisse des Landes auswirkte. Willy Real beurteilt die Regierungszeit Leopolds aus heutiger Sicht: „Zwar begannen sich die inneren Gegensätze deutlicher abzuzeichnen, aber im ganzen betrachtet, verband sich für weiteste Bevölkerungskreise mit der Regierungszeit Leopolds die Vorstellung von dem gesicherten Besitz bürgerlicher Freiheitsrechte, vom Funktionieren eines Repräsentativsystems und der Ausgewogenheit der Kompetenzen zwischen der landesherrlichen Regierung und den beiden Kammern. Wer von einem badischen Musterland sprach, meinte in erster Linie die Regierungsjahre Leopolds, des Mannes, der bald nach seinem Regierungsantritt die restaurativen Maßnahmen seines Vorgängers aufgehoben hatte und dessen gemäßigt-liberaler, auf kontinuierliche Reformen bedachter, hochangesehener Minister Ludwig Georg von Winter für viele der Garant einer gedeihlichen Aufwärtsentwicklung war.“[2] Doch wurde in dieser Zeit die Kluft zwischen der Stadt, wo sich der politische und gesellschaftliche Liberalismus immer mehr durchsetzte, und dem Land, wo noch immer spätfeudalistische Verhältnisse herrschten, immer tiefer. Karlsruhe 1840. Das ist die Zeit des späten Biedermeier. Der Begriff selbst ist in Baden geprägt und die Figur des *Biedermeier* hat ihr Vorbild in dem *armen Dorfschulmeisterlein* Samuel Friedrich Sauter aus Flehingen. Man ist geneigt, an eine wohlgeordnete Welt, an Idylle und Verschlafenheit zu denken. Doch der Schein trügt, denn gerade diese Zeit hat viele Facetten. Bei genauerer Betrachtung erkennt man eine Zeit des Wandels und des Aufbruchs. Viele Errungenschaften, die lange den Alltag bestimmten – und bestimmen – nehmen hier ihren Anfang. 1841 wurde zum ersten Mal in Karlsruhe Karneval gefeiert. Hygienefragen gewannen immer mehr an Bedeutung. Schon in den dreißiger Jahren empfand man die Zunftordnung als veraltet und wollte sie reformieren, was dann 1862 zur Gewerbefreiheit in Baden führte. Industrialisierung und Mobilität nahmen ihren Anfang und weiteten sich schnell aus. Jetzt wurden die Fundamente für den wirtschaftlichen Aufschwung der sechziger Jahre gelegt, der dann nach dem Deutsch-Französischen Krieg in die Gründerzeit mündete.

Schwerpunkt dieses Beitrags ist der Alltag der „kleinen Leute“. Obgleich sich dieser Ansatz als schwierig erweist, denn gerade über sie wissen wir wenig. Da man auf Zufallsfunde angewiesen ist, kann vieles nur schlaglichtartig beleuchtet werden. Grundlegende Informationen zu der Zeit gibt Friedrich Weech: *Karlsruhe. Geschichte einer Stadt und ihrer Verwaltung.* Manche eher beiläufigen Hinweise zum täglichen Leben finden sich bei Eugen Huhn: *Karlsruhe und seine Umgebung* von 1843. Die entscheidenden Informationen können jedoch den Akten des Stadtarchivs und des Generallandesarchivs entnommen werden.

Die Entwicklung der Stadt

Wir betreten also bei'm Mühlburger Thore die Langestraße, welche 715 badische Ruthen oder 7/12 Stunden lang, ganz gerade, und die breiteste Straße der Stadt ist. Die schönsten Häuser stehen in derselben, dessen ungeachtet ist sie nicht die schönste Straße, weil sie noch viele alte, niedere und schlecht gebaute Häuser in sich faßt. Sehen wir mehr auf das Gesammtbild dieser Straße, so wird das Auge zu oft durch die erwähnten alten Gebäude verletzt, und in Rücksicht auf gefälliges, gleichartiges Aeussere stehen ihr die Amalien-, Stephanien- und Schloßstraße vor, obschon keine derselben dem geschäftigen Leben und Treiben der Langenstraße gleichkommt. ... Wenn man vom Durlacher Thore in die Stadt gelangt, so kann man sich nicht gerade eine sehr hohe Vorstellung von der Schönheit der Residenz machen, denn es stehen dort noch eine Menge kleiner Häuser und der Blick des Eintretenden fällt ungehindert auf die Baraken in den Seitenstraßen.[3] Diese Schilderung der Stadt gab Huhn 1843. Weder die angestrebte gleichmäßige Gebäudehöhe noch die geforderte Einheitlichkeit der Fassaden war erreicht.

Die städtebauliche Entwicklung Karlsruhes bis in die vierziger Jahre war noch völlig von Friedrich Weinbrenner geprägt. Erst allmählich wurden alle Bauplätze gefüllt, die der Architekt in seinem Plan zu Hartlebens Jubiläumsschrift von 1815 eingezeichnet hatte. Vor allem im Westen der Stadt hatte der Architekt Parzellen ausgewiesen, die auch 1834 noch nicht überbaut waren. Dies läßt sich gut am Stadtmodell der Städtischen Sammlungen nachvollziehen, das Karlsruhe im Jahre 1834 zeigt (vgl. Abb. S. 100).

Seit 1816 wurde die Stephanienstraße angelegt. 1827 waren die Münze und einige Wohnhäuser vollendet, und in den folgenden Jahren entstanden die Häuser nach Westen.[4] 1843 war die Fahrbahn noch nicht gepflastert.[5] An der Langen Straße wurde seit 1838 ein Teil des Langensteinschen Gartens zwischen Schlachthaus- und Hirschstraße bebaut. Doch erst 1835 bis 1837 verlängerte man die Hirschstraße über den Landgraben nach Süden und nahm somit das Baugebiet in Angriff, das Weinbrenner schon in seinem Plan von 1814 eingetragen hatte. 1826 wurde die Zähringerstraße zwischen Lamm- und Ritterstraße angelegt. 13 Jahre später wurde sie auch nach Osten verlängert und der Fasanenplatz gestaltet. Auch diesen hatte Weinbrenner schon in seinem Plan von 1814 eingetragen, doch noch 1834 befanden sich dort Gärten – wie auch das Stadtmodell zeigt. 1843 wurde die Steinstraße angelegt, die vom heutigen Lidellplatz zum Rüppurrer Tor führt. Vom Ettlinger Tor nach Westen, parallel zur Kriegsstraße, entstand die Lindenstraße. Die Stadtpläne von 1814, 1834 und 1843 zeigen ein weitgehend geschlossenes Straßensystem. Die Felder zwischen den einzelnen Straßen sind schraffiert, so daß sie als geschlossene Quadranten erscheinen. Erst der Vergleich mit dem Stadtmodell macht deutlich, daß die Bebauung längst nicht so dicht war, wie die Pläne es vermuten lassen. Die Gebäude standen entlang der Straße, und die Innenräume waren als Gärten genutzt. Nur gelegentlich befanden sich dort Hinterhäuser. Am dichtesten bebaut war der östliche Teil zwischen Kronen- und Waldhorngasse, das Dörfle.

Von den repräsentativen Bauten, die in den zwanziger und dreißiger Jahren errichtet wurden, sind für unser Thema zwei von Bedeutung. Beide lagen an der neuen Stephanienstraße. Als Blickpunkt am Ende der Karlstra-

Stadtmodell von 1834. Blick vom Ettlinger Tor auf die „via triumphalis" in Richtung Schloß

ße entstand die Münze (vgl. Abb. S. 101) nach einem Entwurf von Weinbrenner. 1827 war sie vollendet. Das Gebäude besteht aus einem dreigeschossigen Mittelrisalit, dessen Mittelachse ein hoher Bogen einbeschrieben ist. Zu beiden Seiten schließt je ein zweigeschossiger Flügel an. Friedrich Theodor Fischer, ein Schüler Weinbrenners, entwarf das zweite Bauwerk, das in diesem Zusammenhang wichtig ist: das Pfründnerhaus (vgl. Abb. S. 101). Es stand am Mühlburger Tor und beherbergte die Karl-Friedrichs-, Leopolds- und Sophien-Stiftung, eine soziale Einrichtung, die sich der Pflege armer und alter Menschen annahm. Das schlichte, zweigeschossige Gebäude mit einem ausgeprägten Mittelrisalit konnte am 15. Mai 1833 bezogen werden.[6]
Schulgebäude bestimmten die Stadt um 1840 noch nicht in dem Maße, wie es von den siebziger Jahren an der Fall war. Die *I. evangelische Stadtschule* erhielt 1829 ein neues Gebäude in der Lindenstraße. Nach dem Entwurf von Heinrich Hübsch entstand ein schlichtes dreigeschossiges Haus im Rundbogenstil. Für die *II. evangelische Stadtschule*, die Elementarschule von Klein-Karlsruhe, wurden Räume im Gewerbehaus bereitgestellt.[7]
Die Produktionsstätten kleinerer Fabriken, in denen die Fabrikanten und Angestellten viele Stunden verbrachten, traten baulich nicht besonders in Erscheinung, denn sie wa-

Die Großherzogliche Münze in der Karlstraße, links der Langensteinsche Garten, um 1830

Das Pfründnerhaus in der Stephanienstraße. 1833 eröffnet

Die Tabakfabrik von Christian Griesbach am Marktplatz

ren während der dreißiger und vierziger Jahre meist in Stadthäusern untergebracht. Die Tabakfabrik von Christian Griesbach (vgl. Abb.) lag am südlichen Ende des Marktplatzes in der Schloßstraße. Die *Chaisenfabrik* Schmieder und Mayer befand sich in der Langen Straße neben der Kaserne, die Möbelfabrik der Gebrüder Himmelheber am Ludwigsplatz. Einige Betriebe siedelten sich bereits außerhalb der Stadt an der Ettlinger Straße an.[8] Die bedeutendste Karlsruher Fabrik aus den frühen Jahren der Industrialisierung lag an der Straße nach Beiertheim. Die Maschinenfabrik von Keßler und Martinsen produzierte dort seit 1837. Ein Blatt aus dem Generallandesarchiv zeigt den stattlichen Betrieb (vgl. Abb.). Als wohlgeordnete Anlage mit zwei mächtigen Kaminen an dem Spazier-

Die Maschinenfabrik von Keßler und Martinsen vor der Silhouette Karlsruhes, um 1840

weg nach Beiertheim gelegen, scheint sie sich vor der Stadtsilhouette niederzukauern.
Nach einer Aufstellung, die Eugen Huhn 1843 veröffentlichte, standen damals in Karlsruhe 1361 Häuser, 38 davon außerhalb des Stadtgebietes. In der Langen Straße zählte er 195 Häuser; zwei Bauplätze waren noch frei. Die Straßen der Innenstadt wiesen kaum noch freie Bauplätze auf, doch in der Hirsch-, Schlachthaus-, Neutor- und Stephanienstraße waren noch Parzellen verfügbar.[9]
Schon in den späten dreißiger Jahren dachten Verwaltung und Bürger über eine mögliche Stadterweiterung nach (vgl. Abb. S. 104/105). Zunächst blieb man innerhalb der Stadtgrenzen und beplante das Gebiet im Südwesten; hier mußten nur die vorhandene Schlachthaus-, die Hirsch- und die Neutorstraße bis zur Kriegsstraße verlängert werden. Auch diese Überlegungen waren schon durch Weinbrenner vorgegeben, der sie auf seinen Stadterweiterungsplänen von 1802, 1807 und 1809 darstellte.[10] Als die Bebauung realisiert werden sollte, verfaßte der Weinbrennerschüler Künzle 1843 zwei Alternativentwürfe mit leicht abgeänderter Straßenführung.[11] Obwohl die Planungen schon weit gediehen waren, wurde das Gebiet erst in den sechziger Jahren endgültig bebaut.[12]
Seit 1833 wurde das Bauen außerhalb der Stadt diskutiert. Dies hätte der ärmeren Bevölkerung die Möglichkeit geboten, billigeren Baugrund zu erwerben.[13] Doch die gedruckte *Bauordnung für die Residenzstadt Karlsruhe* von 1843 schrieb fest, daß nur Fabriken wegen ihrer Größe, dem Lärm und *der Gefahr für Vorübergehende* sowie Garten- und Landhäuser außerhalb der Stadt errichtet werden dürften.[14] Seit 1846 war die Stadterweiterung nach Süden im Gespräch. Man dachte daran, einen Teil der Augärten mit billigen Wohnungen für Arbeiterfamilien zu überbauen.[15] Das Gelände zwischen Kriegsstraße und Keßlerscher Fabrik war als offene Vorstadt geplant. Südlich des Bahnhofs sollte ein Viertel entstehen, das durch zwei Straßen geteilt wird.[16] Aber auch dieses Stadterweiterungsprojekt sollte erst Jahre später mit der Errichtung der Südstadt verwirklicht werden.
Lebenswichtig für jede Stadt ist die Versorgung mit Wasser. Diese stellte in Karlsruhe seit der Gründung ein Problem dar. Es gab keinen Fluß, der einen Teil des täglichen Wasserbedarfes hätte decken können. Der Landgraben, der die Stadt durchquerte, war eher ein Abwasserkanal, über dessen Gestank sich die Bürger immer wieder beschwerten.[17] Eine Wasserleitung brachte seit 1824 das Trinkwasser aus Durlach nach Karlsruhe. Sie speiste neben den Brunnen im Schloßbereich sechs Laufbrunnen, die nach Entwürfen von Weinbrenner an städtebaulich markanten Punkten errichtet wurden. Je einer stand auf dem Markt-, dem Rondell-, dem Spital- (heute Lidell-) und dem Ludwigsplatz sowie am Linkenheimer-Tor-Platz. Einer zierte den Platz vor der Kaserne an der Langen Straße.[18] Außerdem bestanden einige unscheinbarere Wasserentnahmestellen am Zirkel, an der Akademiestraße, bei der Stephanskirche sowie am Rüppurrer und am Durlacher Tor.[19] Manche Häuser, zum Beispiel in der Stephanienstraße, hatten eigene Brunnen im Hof. Diese lagen jedoch unweit der Senkgruben.[20] Die Wasserleitung aus Durlach brachte schon zehn Jahre nach ihrer Eröffnung nicht mehr genügend Wasser, da die Quelle nicht so ergiebig war, wie ursprünglich gedacht. Trotzdem sollte es noch fast vierzig Jahre dauern, bis die Wasserversorgung modernisiert wurde. 1871 nahm die Stadt ihr neues Wasserversorgungssystem in Betrieb. Hieran waren viele Nutzbrunnen, die in der Stadt verteilt waren, angeschlossen. In den folgenden Jahren wurden Wasseranschlüsse in den Häusern immer gebräuchlicher, und die Bedeutung der öffentlichen Brunnen für das tägliche Leben nahm immer mehr ab.[21]
Prägend für den Alltag der vierziger Jahre war der Bau der Eisenbahn. Das Stationsge-

Abb. folgende Seite: Kolorierter Plan zur Stadterweiterung, 1847

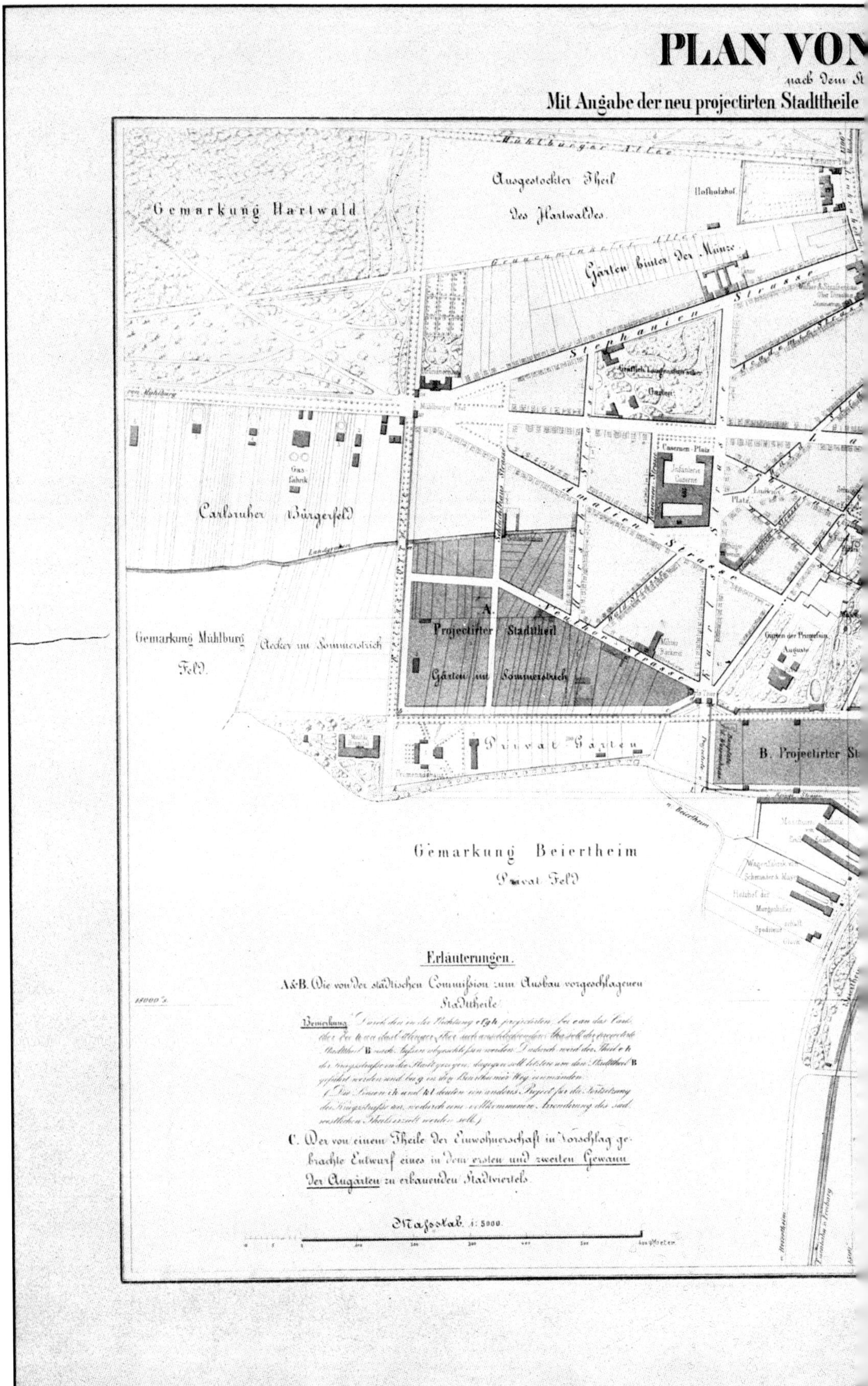

PLAN VON
Mit Angabe der neu projectirten Stadttheile
Gemarkung Hartwald
Ausgestockter Theil des Hartwaldes
Hofholzhof
Gärten hinter der Münze
Stephanien Strasse
Casernen-Platz
Infanterie Caserne
Gas-fabrik
Carlsruher Bürgerfeld
Amalien Strasse
A. Projectirter Stadttheil
Gärten im Sommerstrich
Gemarkung Mühlburg Feld
Aecker im Sommerstrich
Garten der Prinzessin Auguste
Privat Gärten
B. Projectirter St
Gemarkung Beiertheim
Privat Feld
Erläuterungen.
A&B. Die von der städtischen Commission zum Ausbau vorgeschlagenen Stadttheile
Bemerkung
C. Der von einem Theile der Einwohnerschaft in Vorschlag gebrachte Entwurf eines in dem ersten und zweiten Gewann der Augärten zu erbauenden Stadtviertels.
Massstab 1:5000.

RLSRUHE
anuar 1847.
öſsten Theils der ſtädtiſchen Gemarkung.
Schloss Garten
Fasanerie
Rintheimer Allee
Schloss Platz
Markt platz
Museum
Friedhof
Privat Gärten
Bahnhof
Kammergut
Schiess Wiese
Zum Bauen
Beantragtes Terrain
Gottesaue
Schützenplatz
Augärten
Turnplatz
Anlagen
Beiertheimer Wäldchen
Auäcker

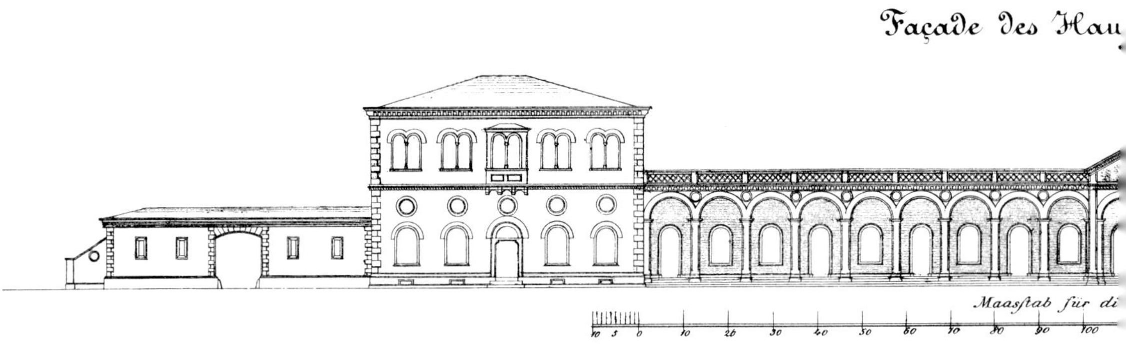

bäude (vgl. Abb.), die Werkstätten und die Gleisanlagen belegten das Areal zwischen der Ettlinger und der Rüppurrer Straße (vgl. Abb. S. 104/105). Solche Dimensionen hatten bislang nur Klosteranlagen und barocke Schloßbauten erreicht.[22] Aber auch das Leben in der Stadt änderte sich hiermit. Durch die neuen Transportmittel für Personen, die Omnibusse und Droschken, nahmen Lärm, Schmutz und Gefahren zu. Die negativen Auswirkungen des Bahnhofs und der Gleisanlagen auf die Stadtplanung gewannen erst mit dem Bau der Südstadt an Bedeutung.

Ein wichtiger Wandel in der Infrastruktur wurde mit der Auswirkung der Eisenbahn begründet: die Gasbeleuchtung. *Nun sind aber die Reisenden gewöhnt, daß, wie in England, Frankreich, Belgien, am Unterrhein und überhaupt auch in allen großen Städten Deutschlands, das eigentliche Leben erst mit Einbruch der Nacht für sie beginne: Gesellschaften, Theater, Bälle, Besuch der Läden, der Kaffeehäuser u. s. w. sind ihnen das belebende Prinzip, um so mehr, da nur die Abende zum Besuch dieser Orte und zu den Geschäften für sie übrig sind. Kommen nun Fremde des Abends hierher u. durchwandern nur einige Quadrate der Stadt, oder kehren sie aus dem Theater zurück und sehen sie zum Verkauf ausgestellte Gegenstände theils gar nicht oder theils auch nur so spärlich beleuchtet, daß solche kaum erkannt werden können, so werden sie sich zum Kauf derselben nicht besonders angezogen fühlen! Ueberall wo man es verstanden hat, den Anforderungen der Zeit hierin zu entsprechen, hat sich ein sehr reger Nachtverkehr gebildet. Jeder, den es betrifft, mag nun leicht ermessen, was sein Vortheil erheischt. Nicht minderen Vorteil gewährt die Gasbeleuchtung da, wo bisher eine glanzvolle Beleuchtung mittels Stearin- oder Wachskerzen angewendet wurde; hier ist bestimmt anzunehmen, daß nach Abzug der Zinsen für die geschmackvolle Einrichtung der Gasbeleuchtung, letztere höchstens zwei Drittel der früheren Beleuchtungskosten beträgt, und dabei eine viermal größere Helle und so reines Licht gewonnen wird, daß sich jede Farbe unverändert zeigt.*[23] Am 30. April 1847 wurde die Gasbeleuchtung in Betrieb genommen.[24]

Abb. oben: Ansicht des 1843 eröffneten Karlsruher Bahnhofes

Die Bevölkerung

Lebensart und Charakter einer Stadt zu schildern, welche erst in neuerer Zeit entstanden ist, und aus so verschiedenartigen Elementen besteht, ist sehr schwierig, und kaum läßt sich hiervon ein allgemeines Bild entwerfen; denn als Karlsruhe gegründet wurde, kamen aus fast allen Gegenden Deutschlands und der angränzenden Länder Ansiedler, welche in der neuen Stadt ihr Glück zu machen hofften, und alle Eigenthümlichkeiten ihrer Heimath mitbrachten. Diese konnten natürlich in einer so

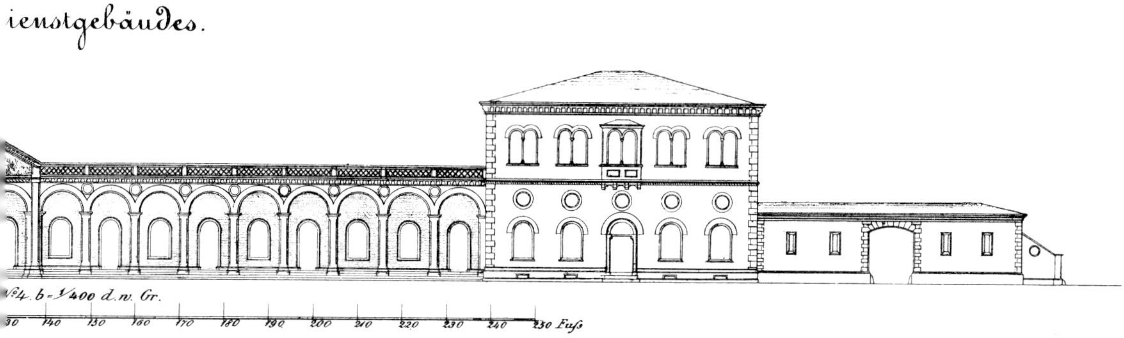

kurzen Zeit von kaum 13 Jahrzehnten noch nicht so abgeschliffen sein, daß sich daraus ein eigenthümlicher Charakter entwickelt hätte; nur das Eine läßt sich im Allgemeinen sagen, daß das Beamtenleben hier die Hauptrolle spielt. . .
Ueber die allgemeine Körperkonstitution läßt sich wegen der oben angedeuteten verschiedenartigen Abstammung der Bewohner Karlsruhe's nicht leicht im Allgemeinen sprechen. Große Gestalten trifft man nicht häufig, die mittlere Größe herrscht vor und am häufigsten erscheinen braune Haare und graue oder braune Augen. Eigentliche Schönheiten sind unter dem weiblichen Geschlechte selten zu treffen; dagegen findet man auffallend viele nette Gesichter bei demselben. Die Sprache ist weder schön noch wohlklingend; meistens ist sie ein Gemisch aus der Mundart der Umgegend und dem eigentlichen Hochdeutschen, welch' letzteres nur sehr selten rein gesprochen wird. Es ist besonders zu tadeln, daß zu viele französische Worte neben deutschen gebraucht werden, und selbst ein Wurstler will hier nur noch Charcutier genannt werden. So charakterisierte Huhn die Bevölkerung der Residenz im Jahre 1843.[25]

1842 hatte Karlsruhe 23.748 Einwohner. Die Bevölkerung wuchs langsam und hatte in den dreißiger Jahren um rund 4.000 Einwohner zugenommen. Nach Konfessionen unterteilt lebten hier 14.538 evangelische, 8.081 katholische, 4 mennonitische und 1.125 israelitische Glaubensangehörige. Der hohe Anteil an Katholiken erklärte sich dadurch, daß seit dem Ende der dreißiger Jahre die Garnison, deren Soldaten zu zwei Drittel Katholiken waren, in die Einwohnerzahl mit aufgenommen wurde. 1841 waren 2.343 Soldaten in Karlsruhe und Gottesaue stationiert.[26]

Die Bevölkerung wurde nach Stand unterschieden und unterteilte sich in Hof, Adel, Staatsdiener, Militärstand, Geistliche und Bürger. Die Bürger mußten hohe Abgaben leisten, um das Funktionieren der Stadtstruktur zu gewährleisten. Viele wohlhabende Fremde, vor allem Engländer, ließen sich während des Winters in Karlsruhe nieder und lösten „Aufenthaltskarten". Grund dafür war nicht *die Umgebung, sondern um in der ziemlich lebhaften Stadt, in der Nähe des Hofes, der Regierungsstellen und an einem Ort, wo es so viel Gelegenheit zu gesellschaftlichen Vergnügungen gibt, zu leben.*[27]

1843 waren 1.373 Gewerbebetriebe verzeichnet mit 1.988 Angestellten, die sich wiederum in 1.314 Gehilfen erster, 533 zweiter Klasse und 141 weibliche Gehilfen unterteilen. Das heißt, 5,8 % der Einwohner führten einen Betrieb, 8,4 % arbeiteten als Gewerbegehilfen, von denen wiederum 7,1 % Frauen waren, was bezogen auf die Gesamtbevölkerung jedoch nur 0,6 % ausmachte. Unter anderem gab es damals 148 Kaufleute, 116 Schuhmacher, 108 Schneider, 77 Wirte, 56 Metzger, 44 Bäcker, 24 Bierbrauer, 17 Seifensieder, 12 Friseure, 9 Barbiere, 9 Nagelschmiede, 7 Instrumentenmacher, 7 Kammacher, 5 Apotheker,

5 Pastetenbäcker, 4 Knopfmacher, 3 Schirmmacher, 3 Siebmacher, 2 Feilhauer, 1 Nadler.[28] Aber die Bewohner Karlsruhes ließen gerne bei den Handwerkern der umliegenden Ortschaften arbeiten, weil hier die Preise niederer waren.[29]
Das Karlsruher Handwerk war 1840 noch in Zünften organisiert. Durch verschiedene Verordnungen war dieses System in Baden jedoch durchbrochen, so daß es zunehmend zerfiel und die Situation insgesamt noch unbefriedigender wurde. Das Interesse der Handwerker an der bestehenden Einrichtung war gering. 1847 konnten die Bierbrauer ihre Zunftversammlung nicht abhalten, weil zu wenige Teilnehmer gekommen waren.[30]
Parallel dazu schuf sich das Handwerk 1831 mit dem Gewerbeverein eine eigene Institution und übernahm die Initiative. Vertreter aller Gewerbe und theoretisch gebildete Techniker fanden zusammen, um neue Erfindungen, ihren Nutzen und ihre Möglichkeiten zu diskutieren. Da die Aus- und Weiterbildung ein wichtiges Thema des Vereins war, forderte er eine bessere Ausbildung für die Lehrlinge und Meister. Schon 1838 konnte die Gewerbeschule eröffnet werden. Bei der Reform des Polytechnikums berücksichtigte Karl Friedrich Nebenius die Interessen des Handwerks und richtete eine Vorschule ein, in der Handwerker eine weiterführende technische Ausbildung erhalten konnten.[31] 1840 gründete der Verein eine Leseanstalt für Gewerbegehilfen. Hier konnten sie die neuesten Veröffentlichungen einsehen und technische Zeichnungen kopieren.[32] Seit 1843 veranstaltete man jährlich eine Ausstellung mit Gewerbeprodukten, die in Karlsruhe hergestellt worden waren, um die Bürger zum Kauf „heimischer" Produkte zu bewegen.[33] Außerdem fanden 1832 und 1837 zu diesem Zweck größere Gewerbeausstellungen in Karlsruhe statt.
In den dreißiger und vierziger Jahren entwickelten sich in Karlsruhe Handwerksbetriebe zu Fabriken. Die Gebrüder Himmelheber führten seit 1839 ihren traditionsreichen Handwerksbetrieb als Fabrik[34]; Wolff verlegte sich vom Friseurberuf auf die Produktion von Parfüm und Seifen. Später werden sie unter dem Namen „Kaloderma" in die Welt gehen. 1846 gründete Hofkunstfärber Printz seine Hofkunstfärberei. Bald kam eine chemische Waschanstalt hinzu. Schmieder und Mayer tauschten ihre zu kleine Produktionsstätte gegen eine neue Fabrikanlage außerhalb der Stadt ein. Sie lag direkt neben der Keßlerschen Maschinenfabrik. Zu Beginn der vierziger Jahre schlossen sich die Unternehmer im Badischen Industrieverein zusammen.
1843 produzierten in Karlsruhe 15 größere Gewerbebetriebe und Fabriken. Die Tabakfabrik von Christian Griesbach hatte 100 Arbeiter. Die Bijouteriefabrik von Zuber und Comp. konnte 80 Beschäftigte aufweisen. Die Chaisenfabrik Schmieder und Mayer hatte rund 70 Arbeiter eingestellt. Die Maschinenfabrik von Keßler und Martinsen beschäftigte um die 200 Handwerker und Tagelöhner. Verdienstmöglichkeiten boten zudem die Tapetenfabrik von Ludwig Kammerer, Johann Franz und Karl Helm, die Seifenfabrik von Johann Samsreiter, die Kartenfabrik von Wespin, die Tuchfabrik von Karl Korn, die Chemikalienfabrik von Hallwachs und Geyer, die Kupferdruckerei des Kunstverlags von Roth und Schnabel, die Steindruckereien von Creuzbauer und Hasper, Müller, Gutsch und Rupp, Wagner, Montoux und Schuhmann, die Pianoforte- und Flügelfabrikanten Gorenflo, Stein's Witwe sowie Voit und Sohn, die Buchdruckereien Braun, Groos, Gutsch und Rupp, Hasper, Macklot, Malsch und Vogel, Müller und Wolf.[35]
Unter den genannten Fabriken nahm die Keßlersche Maschinenfabrik den größten und schnellsten Aufschwung. In dem Betrieb an der Beiertheimer Allee, der dort 1837 errichtet wurde, arbeiteten 1840 bereits 145 Arbeiter, 1841 waren es schon 200, davon 13 Mechaniker, 17 Dreher, 45 Schlosser, 36 Schmiede, 26 Dampfkesselschmiede, 34 Eisen- und Messinggießer, 4 Kupferschmiede,

7 Modellschreiner sowie 8 Zimmerleute. Hinzu kamen Tagelöhner, deren Zahl sich je nach Auftragslage veränderte.[36] Ausschlaggebend für das Gedeihen dieses Betriebes war der Bau der Eisenbahn in Baden. Die Firmeninhaber Keßler und Martinsen hatten sich 1841 an das badische Innenministerium gewandt und darum gebeten, daß bei der Vergabe von Aufträgen für Lokomotiven, Untergestellen für Personen- und Transportwagen, Drehscheiben und Schienensätteln vorwiegend ihr Unternehmen berücksichtigt werden sollte. Tatsächlich lieferte die Karlsruher Maschinenfabrik 38 der bis 1848 erworbenen 66 Maschinen. Die restlichen 28 wurden aus England bezogen.[37] Seit 1844 ergingen an die Firma auch Aufträge aus Preußen, Hessen, Bayern, Württemberg, der Schweiz, Österreich und Italien.[38] Im Geschäftsjahr 1846/47 baute diese 43 Lokomotiven. Über die Arbeitsbedingungen in dieser Fabrik sind wir nicht unterrichtet. Doch auf einer Graphik (vgl. Abb.), die um 1850 entstand, sehen wir das Gebäude und einige Männer bei der Arbeit. An der Fassade lehnen Stangen, und vor einem Schuppen mit Pultdach liegen lange Rohre. Im Vordergrund hantieren Männer an einem mächtigen Baumstamm, der von Pferden auf den Fabrikhof geschleift wurde. Links von dieser Gruppe stehen zwei modisch gekleidete Herren und unterhalten sich. Das Treiben um die Fabrik wird hier ganz idyllisch und harmonisch dargestellt. Ähnlich empfindet und schildert Huhn die Anlage. Seine Worte machen deutlich, wie sehr die Zeitgenossen beeindruckt waren von der *Maschinenfabrik von Keßler, die mit ihren Seitengebäuden ein schönes und großes Etablissement bildet, worin stets eine bedeutende Thätigkeit herrscht, und die schon ferne durch das Pfeifen der Maschinen und das Hämmern der Arbeiter sich kund gibt.*[39]

Die Keßlersche Maschinenfabrik mit Arbeitern im Vordergrund, um 1850

In zeitgenössischen Veröffentlichungen zu Karlsruhe oder in den Zeitungen finden sich keine Hinweise auf arme Bevölkerungsschichten. Daß in vielen Familien Armut und Elend herrschten, erfahren wir oft nur zwischen den Zeilen. Gelegentlich gibt es Hinweise in Akten. Huhn erwähnt die *Baraken* im Dörfle. Außerdem weist er darauf hin, daß in Karlsruhe viele uneheliche Geburten registriert wurden. Auch der Stadtphysikus erwähnt die hohe Zahl an unehelichen Geburten. Der Grund dafür könnte die gesetzliche Ehebeschränkung sein, mit der man verhindern wollte, daß Paare, deren Unterhalt nicht gesichert war, heiraten konnten. Damit sollte aber auch das Bevölkerungswachstum begrenzt werden. Paare, denen der Gemeinderat die Heirat verbot, lebten oft in wilden Ehen zusammen und hatten meist auch Kinder.[40]

Die begüterten Karlsruher hatten soziale Einrichtungen geschaffen, die zur Linderung der schlimmsten Not dienen sollten. Die meisten wurden in den dreißiger und in den frühen vierziger Jahren gegründet. Diese hatten zwei Funktionen. Für adlige und bürgerliche Damen boten die Einrichtungen ein standesgemäßes Betätigungsfeld, für die Armen waren sie schlichte Notwendigkeit.[41]

Die Kleinkinderbewahranstalt, eine Vorläuferin des Kindergartens, befand sich in dem Haus *innerer Zirkel Nro. 8 parterre.* Aufgenommen wurden *Kinder vom frühesten Alter* bis zu sechs Jahren, die dann jeweils den ganzen Tag über betreut wurden. 1840 wurden dort 87 Kinder versorgt.[42]

1836 gründeten mehrere Einwohner Karlsruhes den Verein zur Rettung sittlich verwahrloster Kinder. Er kümmerte sich um Kinder aus dem Großherzogtum Baden, die zwischen fünf und 14 Jahren alt waren, *die eine Neigung zum Bösen zu haben scheinen, und an welchen die Eltern und Obrigkeiten schon alle Besserungsversuche vergebens angewendet haben.* Sie wurden entweder in Familien oder in einem Besserungshaus untergebracht. Zunächst erhielten sie regelmäßigen Schulunterricht, wurden in Hausarbeit sowie in landwirtschaftliches Arbeiten eingewiesen und konnten technische Grundkenntnisse erwerben. Später suchte der Verein für die Kinder Lehrstellen. 1841 betreute der Karlsruher Verein 32 Kinder und Jugendliche; vier lebten bei Familien, 26 waren im Rettungshaus in Durlach untergebracht und zwei Jungen machten eine Lehre.[43]

Die Karl-Friedrichs-, Leopolds- und Luisen-Stiftungen sorgten für alte Menschen. Die Mittel kamen durch fürstliche und private Spenden zusammen. Hiervon wurde das Pfründnerhaus unterhalten, ein Altersheim, in das man sich einkaufte. Alte Leute, die arm waren, konnten auch unentgeltlich aufgenommen werden. Das Gebäude am Mühlburger Tor wurde bereits vorgestellt. Die Einweihung fand am 15. Mai 1833 statt. Zu diesem Zeitpunkt lebten dort zwei Pfründnerinnen und acht Armenpfründner. 1840 hatte sich nur die Zahl der Armenpfründner verändert. Sie war auf 22 angestiegen. Auffallend ist die geringe Nachfrage bei Pfründnern, zumal das Haus insgesamt 50 Plätze bot. Pfründner und Arme lebten strikt getrennt und hatten auch gesonderte Speisesäle. Die wesentlich größere Gruppe der Armen mußte mit dem gleichen Raum auskommen wie die Pfründner.[44]

Wichtige Aufgaben auf sozialem Gebiet übernahm der 1831 gegründete Frauenverein.[45] Er widmete sich vornehmlich der Armenpflege und hatte zu diesem Zweck mehrere Einrichtungen geschaffen. So beschäftigte er zum Beispiel Frauen in Heimarbeit, das heißt, er stellte die Materialien, ließ sie gegen Lohn verarbeiten und verkaufte die Produkte. Oft vermittelte er auch Heimarbeiten. Hiermit erhielten speziell Frauen die Möglichkeit, Geld zu verdienen.[46] Während der Karlsruher Messen unterhielt er eine Bude, in der er Handarbeiten von Karlsruherinnen in Kommission verkaufte.[47] Außerdem führte er seit Juni 1839 einen Laden in der Langen Straße Nr. 82, in dem Heimarbeiten und Arbeiten der Sophienschule verkauft wurden.[48]

Ebenfalls 1839 rief der Verein zwei Einrichtungen ins Leben, die sich der Ausbildung und Betreuung von Kindern aus ärmeren Familien widmeten: die Sophienschule, die aus einer Nähschule und einer Industrieschule bestand. Sie wurde am 13. Januar 1840 eröffnet.[49]

In der Nähschule für Töchter wurden Mädchen aufgenommen, die schon konfirmiert waren und somit die Elementarschule besucht hatten. Sie mußten drei Jahre in der Schule bleiben und lernten Weißnähen, Flikken und Stopfen. Im ersten halben Jahr erhielten sie keinen Lohn ausbezahlt; dieser diente zur Finanzierung des Vereins, es sei denn, ein Mädchen war besonders fleißig, geschickt und sittsam, dann bekam sie schon in dieser Zeit ein Viertel ihres Lohnes auf einem Sparbuch gutgeschrieben. Nach dieser Zeit erhielten die Mädchen den Erlös aus den verkauften Arbeiten. Davon kam wiederum ein Viertel auf ein Sparbuch, das die Eltern oder Vormünder bei deren Austritt erhielten. Den Rest des Lohnes mußten sie an Eltern und Vormünder abgeben. Die Arbeitszeit war von 8 bis 12 sowie – Sonn- und Feiertage ausgenommen – von 14 bis 18 Uhr. Sonntags besuchten die Schülerinnen gemeinsam mit ihren Lehrerinnen den Gottesdienst. Die Schule kümmerte sich nicht nur um die Ausbildung der Mädchen, sondern auch um ihr Betragen. Sie sollten reinlich und anständig, aber ohne jeden Putz gekleidet sein. Sie durften weder Wirtshäuser noch Tanzböden besuchen. Nachts durften sie nicht auf der Straße sein. Bei der Haupt- und den drei Unterlehrerinnen achtete der Verein darauf, daß sie aus Karlsruhe stammten, um so Bewohnerinnen der Stadt Arbeitsmöglichkeiten zu bieten.

In die Industrieschule, auch Beschäftigungsanstalt für Jungen und Mädchen genannt, wurden Kinder heimatberechtigter Eltern aufgenommen. Außerhalb der Schulzeit konnten sie hier von 8 bis 12 Uhr morgens und von 14 bis 18 Uhr am Nachmittag, den Samstag ausgenommen, arbeiten, wobei auf Ruhezeiten und Aufenthalt an der frischen Luft geachtet wurden. Die Kinder wurden mit Spinnen, Stricken und Flechten beschäftigt. Den Arbeitslohn bekamen sie gutgeschrieben, oder er wurde den Eltern und Vormündern ausbezahlt.

1841 besuchten 53 Mädchen die Nähschule und 132 Mädchen sowie 34 Jungen die Industrieschule. Es ist schwierig, die Wirksamkeit und Effektivität dieser Einrichtungen einzuschätzen, da wir nicht wissen, wieviel die Kinder und Jugendlichen verdienten und wie der Verdienst im Verhältnis zu anderen Berufen gewertet werden kann. Für die Mädchen war die Nähschule eine der wenigen Ausbildungsstätten und stellte sicher eine wichtige Grundlage für ihr künftiges Leben dar. Den Kindern hatte man, im Vergleich zur Fabrikarbeit, die ja auch üblich war, eine gemilderte Form von Kinderarbeit geboten, da man ihnen – zumindest nach den Statuten – auch Zeit zur Erholung einräumte.

Um 1830 gründete die städtische Armenkommission eine Suppenküche, in der Arme für wenig Geld oder umsonst Suppe bekamen. Diese ging 1832 in den Aufgabenbereich des Frauenvereins über. Der Raum, die Einrichtung und das Heizmaterial wurden von der Stadt gestellt. Die Nahrungsmittel finanzierte der Verein von den Beiträgen der Mitglieder und durch Spenden. Außerdem verkaufte er einen Teil der Suppen, für 2 Kreuzer die normale und für 6 Kreuzer die Krankensuppe. Der Käufer erstand Billetts, die dann gegen eine Suppe eingetauscht wurden. Die Stadt bezog 40 bis 50 der Billetts täglich und verteilte diese an Bedürftige. Auch der Frauenverein gab viele unentgeltlich aus. Zudem konnten Privatleute Billetts kaufen und Armen schenken.[50]

Die Suppenküche befand sich im Dörfle neben dem Spital und fertigte 1846 täglich 300 Portionen Suppe. Wegen der Mißernte und der um sich greifenden Hungersnot seit dem Winter 1845 stieg die Nachfrage in dieser Zeit stark an. Es wurde immer schwieriger, die ständig teuerer werdenden Nahrungsmittel zu besorgen.

1846 bat der Verein den Stadtrat, eine zweite Magd für die Suppenanstalt einzustellen, da eine allein die tägliche Vorbereitung und Ausgabe von 309 bis 315 Suppen nicht mehr bewältigen könne. *Unmöglich ist es nun für eine einzige Person – die gegenwärtig den ganzen Dienst zu machen hat – alle Vorbereitungen zum Kochen, z. B. das Wassertragen, Schälen der Kartoffeln, Auslesen der Früchte und dergleichen und die bei der Austeilung selbst notwendigen Geschäfte, wie das Aus- und Einschöpfen der Suppe, die Reinigung der Schüssel und Löffel usw. selbst auszuführen, zumal wenn man bedenkt, daß die letzten Arbeiten in einem so kurzen Zeitraum von kaum 2 Stunden zu geschehen haben.*[51]

Der Stadtrat bewilligte die zweite Magd; Regine Kübler erhielt die Stelle. Über die Frau und die Umstände ihrer Einstellung erfahren wir aus dem Schreiben der Vizepräsidentin des Frauenvereins an den Stadtrat: *So sehr wir uns auch bemühten, eine Stadtangehörige zu diesem Posten verwenden zu können, so war uns dies bei den vielen zu beobachtenden Rücksichten auf die speciellen Verhältnisse, und bei den mannigfachen Erfordernissen einer hierzu tauglichen Person doch nicht möglich. Jedoch können wir Hochdemselben versichern, daß die bezeichnete Person, welche sich bereits seit mehr als 17 Jahren hier stets fleißig und untadelhaft aufgehalten hat, in jeder Hinsicht ihre Obliegenheiten getreulich und gewissenhaft erfüllen wird, soweit wir wenigstens bis jetzt die Möglichkeit hatten, ihren Charakter kennen zu lernen.* Regine Kübler verdiente 18 Kreuzer und vier Portionen Suppe, insgesamt 26 Kreuzer täglich.[52]

Mit der Suppenanstalt kommt sofort die Frage auf: Wovon ernährte man sich damals in Karlsruhe? Grundgericht war die Suppe, die man je nach Stand bis zu drei Mal täglich aß. In der Hausordnung des Pfründnerhauses werden die Speisen, die den Bewohnern zustanden, genannt: *Die Kost der Pfründner besteht in Frühstück von Suppe oder Kaffee, wenn der Preis von Zucker und Kaffee nicht über 24 kr. pr. Pfund steht – zu Kaffee wird Milch und ein Kreuzer-Weck gegeben – in Mittagskost von Suppe, 1/4 Pfund Fleisch (1/2 Pfund rohes Fleisch als Einsatz) und Gemüse (1 Schoppen), in einem Abendessen von Suppe, gekochtes Obst, oder Mehlspeise, oder Salat mit etwas Fleisch. An Getränk täglich ein Schoppen gutes Bier oder ein halber Schoppen reiner Wein, täglich 3/4 Pfund gutes halbweißes Brod. Vormittags können sie eine Tasse Fleischbrühe erhalten. ... Die Armen erhalten Morgens Suppe, Mittags Suppe und Gemüse (1 1/4 Schoppen), Abends Suppe und Gemüse (1 Schoppen), oder etwas statt Gemüse. Dreimal in der Woche 1/4 Pfund Fleisch (1/2 Pfund rohes Fleisch als Einsatz), ebenso 1 Schoppen Bier oder einen halben Schoppen Wein. Täglich 1 Pfund gutes Schwarzbrod.*[53]

Bei der Suppenanstalt des Frauenvereins wissen wir sogar, was die einzelnen Gerichte enthielten. 1847 wurde unter anderem Erbsensuppe ausgegeben, bei der man für 100 Portionen 10 Mäßlein (= 15 l; Anm. d. Verf.) Erbsen, 5 Pfund Gerste, 2 Pfund Ochsenfleisch, 8 Pfund Brot, 1 Pfund Mehl, 1 Pfund Schmalz verwendete. Die nötigen Nahrungsmittel kosteten 4 Gulden 59 13/20 Kreuzer. Für hundert Portionen Gerstensuppe kaufte der Verein 16 Pfund Gerste, 2 Pfund Ochsenfleisch, 2 Pfund Mehl, 1 Pfund Schmalz und zahlte dafür 3 Gulden 41 Kreuzer.[54]

Über die Trinkgewohnheiten berichtet wiederum Huhn. Wein wurde gerne genossen, aber die ärmeren Bevölkerungsschichten bevorzugten Bier (vgl. Abb. S. 113). Der Verbrauch von Branntwein war nicht so hoch wie in Großstädten. Tee sei wenig beliebt, *dagegen trinkt Jung und Alt Kaffee, und nicht selten wird dies am Tag zwei, ja drei Mal wiederholt; viele Arme leben fast nur vom Kaffee, von dem sie sich auch durch bittere Noth nicht trennen lassen.*"[55]

Zu den verschiedenen Facetten des Alltags gehört auch die Prostitution. Seit 1818 behandelten die Behörden diese Frage, weil man die Ausbreitung der *Lustseuche* verhindern wollte. Am 23. August 1824 verfügte die Großherzogliche Polizeidirektion die regelmäßige Visitation, das heißt die Gesundheitsuntersuchung, der *Freudenmädchen*, um die weitere Ausbreitung dieser Krankheit zu verhindern. Diese Untersuchungen sollten regelmäßig jeden dritten Tag stattfinden, aber nur einen Teil der Frauen betreffen. Am 11. April 1831 erließ die Großherzogliche Polizeidirektion erneut Richtlinien für den Aufenthalt von *Dirnen*. Sollten fremde *Dirnen* in Karlsruhe tätig sein, würden sie in ihre Heimat ausgewiesen. Angesteckte könnten im Hospital geheilt werden, wenn nachgewiesen sei, daß sie in Karlsruhe angesteckt wurden. Frauen, die nicht zu den eingeschriebenen *Dirnen* gehörten, seien, wenn sie auf glaubhafte Weise wegen Geschlechtskrankheit angezeigt wurden, nach Umständen ärztlich zu untersuchen oder ins Hospital zu bringen. *Lustdirnen* sollten in ein Verzeichnis eingetragen werden. Nächtlicher Straßenwandel sei ihnen bei Strafe untersagt. Deshalb sollten verstärkt Polizeistreifen unterwegs sein.[56]

In den Jahren 1843 und 1844 holte das Polizeiamt Karlsruhe bei Polizeiämtern größerer Städte Informationen ein, über *die Untersuchung öffentlicher Mädchen.* Anscheinend wurde überlegt, ob es nicht besser wäre nur Freudenhäuser zuzulassen, weil man so die Dirnen besser hätte überwachen und die Ausbreitung der Syphilis eindämmen können. In den vierziger Jahren gab es auch tatsächlich vier Bordelle in Karlsruhe.[57]

Am 2. März 1851 sprach sich der Großherzogliche Stadtphysikus in einem Schreiben an das Polizeiamt vorsichtig für die Einrichtung von Bordellen aus. Zum einen sei die Erkrankung unter den eingeschriebenen Dirnen selten, und zum anderen gäbe es in Karlsruhe zu wenige *ehrbahre Dirnen*. Hinzu käme, daß die einheimischen Mädchen der ärmeren Klasse schon sehr jung käuflich seien.[58] Eine Aufstellung aus dem Jahre 1844 über die im Karlsruher Spital geheilten Krätzekranken bestätigt den Stadtphysikus mit seiner Vermu-

Karlsruher Biertischgesellschaft in der Brauerei Wilhelm Roos, Aquarell um 1830

tung, die eingeschriebenen *Dirnen* seien selten krank. Hier werden 129 Krätzekranke genannt. Von den 121 männlichen waren 111 Handwerker, 1 Kaufmann, 2 Dienstboten, 6 Tagelöhner und ein Knabe. Von den 8 weiblichen Kranken waren 6 Dienstboten und 2 Freudenmädchen. Aber möglicherweise gingen die betreffenden Frauen nicht zum Arzt? Wegen des hohen Anteils an erkrankten Handwerkern mußten diese sich künftig polizeiärztlich untersuchen lassen, bevor sie in Karlsruhe eine Arbeitsstelle antreten durften.[59]

Es bereitete immer wieder große Probleme, geeignete Räumlichkeiten für diese Untersuchungen zu bekommen. 1843 hatte die Hospitalkommission den Raum im Hospital gekündigt, in dem Assistenzarzt Wolz die *Freudenmädchen* untersuchte. Da im Rathaus kein geeigneter Raum frei war, sollte der Arzt die Frauen in ihren Stuben untersuchen. Doch der Stadtphysikus äußert starke Bedenken, denn es bedeute große *Mühe und Zeitaufwand . . . in all die unsauberen Winkel zu kriechen, wo die polizeiliche Aufsicht und Ordnung nur schwer zu handhaben sein möchte . . . Es wäre häufig unmöglich, eine Visitation in Lokalen vorzunehmen, wo in einem Raum eine ganze Familie zusammenwohnt, meist aber völlig unmöglich in jenen dunklen Stuben, ohne alle Vorrichtung und Stellung des Lagers, um das Entstehen einer Krankheit zu erkennen, welche bei bestem Lichte und guten Augen dem Beobachter sogar entgehen kann.*[60] Die *Visitationen* fanden 1844 und 1845 in der Wohnung einer *Dirne* statt. Später wurde für diesen Zweck im Polizeiamt ein Verschlag gebaut, und ab 1847 stand hierfür ein Raum im Rathaus zur Verfügung.[61]

Nur zwei Karlsruher Prostituierte der vierziger Jahre sind namentlich bekannt. 1838 fragte das Stadtamt Karlsruhe beim Polizeiamt nach, ob Teresia Anselm *vulgo Maierin* die Erlaubnis habe, öffentliche *Dirnen* gewerblich zu halten und welche Beschränkung ihr auferlegt wurde. Im Leumund der Witwe des Tagelöhners Jakob Lorenz, den die Stadt 1838 ausstellte, heißt es, sie sei Mutter von sechs Kindern, arbeite im Taglohn, aber meistens nur als Straßenkehrerin und werde aus den Almosen unterstützt. Ihre Kinder habe sie stets nur zum Betteln und zum Holzfrevel angehalten, der Schule seien sie entgangen. Sie scheue sich auch nicht, von jenem Erwerb Gebrauch zu machen, den ihre 14 Jahre alte Tochter seit mehreren Jahren durch Unzucht und Diebereien sich erwarb. Abschließend heißt es, die Witwe Lorenz sei durchaus unfähig, ihre Kinder zu gesitteten Menschen zu erziehen, wohl aber dieselben zu allen Lastern heranzubilden.[62]

Die neuen Fortbewegungsmittel: Dampfschiff, Eisenbahn, Omnibus und Droschke

Das entscheidende Stichwort der vierziger Jahre heißt „Mobilität". Karlsruhe, das ursprünglich abseits der wichtigen Verkehrsknotenpunkte lag, bekam mit den modernen Transportmitteln, dem Dampfschiff und der Eisenbahn, neue Bedeutung und Zentralität. Mit der Erfindung der dampfgetriebenen Maschine konnte die Intensität der Schiffahrt wesentlich gesteigert werden (vgl. Abb. S. 5). Nach Probefahrten, die 1827 und 1830 stattfanden, kam das Dampfschiff *Ludwig* seit August 1831 alle vier Tage von Mainz nach Schröck und kehrte umgehend nach Mainz zurück. Parallel entwickelte sich ein regelmäßiger Zubringerdienst mit Kutschen von Karlsruhe zur Anlegestelle. An den Tagen, an

Inserat der Rheinischen Dampfschiffahrt in der Karlsruher Zeitung vom 26. April 1842

denen das Schiff in Schröck festmachte, ließ der Besitzer des Gasthauses *Zum Waldhorn*, Herr Müller, einen Gesellschaftswagen nach Schröck fahren, um Reisende dorthin zu bringen oder abzuholen. Von 1833 ab kam täglich ein Schiff an, und im Laufe des Jahres wurde die Linie weiter nach Süden ausgedehnt. Seit 1836 konnte man täglich nach Straßburg fahren und im selben Jahr kam zum ersten Mal ein Güterschiff direkt aus Holland in Leopoldshafen an.[63]

Als die Preußisch-Rheinische Dampfschifffahrtsgesellschaft 1833 die tägliche Verbindung zwischen Köln und Schröck eröffnete, lud die Direktion Großherzog Leopold zu einer Lustfahrt ein. Am 27. Mai fuhr er, begleitet von großem Gefolge, mit der *Stadt Koblenz* von Schröck nach Daxlanden und wieder zurück. Zum Empfang des Landesfürsten zierten die Einwohner Schröck mit einem Triumphbogen sowie mit Laub- und Blütengirlanden. Sie baten den Großherzog, den Ort künftig Leopoldshafen nennen zu dürfen.[64]

Ein weiteres feierliches Ereignis fand am Samstag, dem 14. Oktober 1837, in Leopoldshafen statt, als Großherzogin Sophie ein Dampfschiff der Preußisch-Rheinischen Dampfschiffahrtsgesellschaft auf den Namen *Großherzog Ludwig von Baden* taufte. Die Karlsruher Zeitung berichtete: *Schon in der Frühe des genannten Tages und der sich ziemlich unfreundlich anlassenden Witterung zum Trotze zogen Schaaren um Schaaren aus der hiesigen Residenz und den zahlreichen Dörfern der Umgegend dem Rheinufer und der Stelle zu, wo – reich und geschmackvoll zur Taufe geschmückt – das neue Dampfboot nebst den es begleitenden Dampfschiffen „Kronprinz von Preußen" und „Stadt Frankfurt" lag.*[65]

Eine zeitgenössische Lithographie (vgl. Abb. S. 116) zeigt den festlich geschmückten Hafen und gibt den Taufakt wieder. Um das Hafengebäude gruppieren sich die einzelnen Szenen. Links, leicht in den Hintergrund gerückt, steht der dreitorige Triumphbogen, durch den die Kutsche der großherzoglichen Familie ihren Weg nahm. Auf der Höhe der Anlegestelle steht ein hoher Leuchtturm. Der Weg, der von der Straße zum Wasser hinabführt, wird durch zwei Säulen markiert und von Festdamen mit Girlanden gesäumt. Auf dem Deck des festlich geflaggten Schiffes befinden sich die großherzogliche Familie und die Honoratioren. Großherzogin Sophie hat eben die Weinflasche erhoben, um die Taufe vorzunehmen. Links von ihr, von den übrigen Teilnehmern gerahmt, steht ihr Gatte im Zentrum dieses Bildausschnittes.

Viele Schaulustige versammelten sich. Auf dem Schiff und am Hafengebäude stehen die geladenen Gäste; die einfache Bevölkerung säumt die Wege. Die meisten Leute tragen Sonntagstracht und beobachten das Ereignis. Andere gehen ihrem Gewerbe nach. Ein Junge im Vordergrund bettelt. Der Bänkelsänger und seine Frau erleben ein Ereignis, von dem sie künftig in ihren Liedern berichten können.

Während das Schiff rheinaufwärts nach Daxlanden fuhr, wurden die Gäste bewirtet. Die Tafel war mit dem kostbaren Ratssilber der Stadt Köln geschmückt.[66]

Dieses Ereignis, an dem alle Stände teilnahmen, zeigt, daß man sich von den neuen Verkehrsmitteln einen allgemeinen wirtschaftlichen Aufschwung versprach. Hier verbanden sich die Interessen des großherzoglichen Hauses mit denen des Bürgertums.

Doch die Rheinschiffahrt war nur bedingt rentabel. Bis Maxau ging der Transport problemlos, von da an mehrten sich die Schwierigkeiten mit jedem Kilometer stromaufwärts. Infolge von niederem Wasserstand, wechselnden Sandbänken, Hochwasser oder Grundeis mußte die Schiffahrt oft über lange Zeit ruhen. Mit der Eröffnung der Eisenbahn stand ein zuverlässigeres Transportmittel zur Verfügung, auf das man gerne umstieg. Der Rhein wurde nur noch bis Mannheim für die Großschiffahrt genutzt. Dort wurde die Ladung gelöscht und mit der Bahn in Richtung Straßburg und Basel gebracht.[67]

Im Zeitalter der Industrialisierung spielte der Rohstoff- und Warentransport eine bedeutende Rolle. Wichtig war die Verbindung der Seehäfen mit dem Binnenland. Obwohl durch das ebene Gelände im Rheintal ausgezeichnete Bedingungen gegeben waren, zögerte die badische Regierung mit dem Bau der Eisenbahn. Von den ersten Denkanstößen durch Konsul Newhouse und seiner Denkschrift von 1833 zur Eröffnung der Linie von Mannheim nach Heidelberg gingen sieben Jahre ins Land. Erst als zu befürchten war, daß Frankreich eine linksrheinische Linie erbauen und Baden dadurch wirtschaftliche Einbußen hätte erlangen können, entschloß sich die Regierung zum Bau einer staatlichen Eisenbahnlinie von Mannheim nach Basel.[68]

Die Zeitungen berichteten immer wieder von den Geschehnissen um die Eisenbahn, unter anderem auch von dem Transport der Lokomotive *Der Rhein* Ende Februar 1843 von der Keßlerschen Maschinenfabrik und mehrerer Waggons aus der Fabrik von Schmieder und Mayer zum Bahnhof. Der Vorgang dauerte zwei Tage, und die Bevölkerung machte ein

Taufe des Dampfschiffes „Großherzog Leopold von Baden“ durch Großherzogin Sophie am 14. Oktober 1837 in Leopoldshafen

Volksfest daraus.[69] Am 3. April fand eine Probefahrt mit einer Keßlerschen Lokomotive von Karlsruhe nach Durlach statt. Zwischen dem 1. und dem 8. April waren täglich eine bis zwei Probefahrten zwischen Heidelberg und Karlsruhe angesetzt, bei denen zum Teil geladene Gäste zugegen waren.[70]

Am 10. April 1843 wurde die Eisenbahnstrecke Heidelberg–Karlsruhe ohne Feier in Betrieb genommen. Schon in den ersten Tagen nach der Eröffnung war der Andrang groß. Vom 10. bis zum 30. April fuhren auf der Strecke Karlsruhe–Heidelberg 49.818 Personen. Die meisten, nämlich 16.489, pendelten zwischen Karlsruhe und Durlach. Im Juni kamen 54.456 Reisende in Karlsruhe an. Zwischen Karlsruhe und Durlach fuhren jetzt fast doppelt so viele wie im April; 30.990 Personen wurden gezählt.[71]

Auch die Zahl der täglichen Verbindungen nahm rasch zu. Anfang April fuhren täglich zwei Züge nach Mannheim, und zwei kamen in Karlsruhe an. Vom 1. Mai an waren es je drei und seit 1. Juni je vier Fahrten.

Die Preise waren in vier Klassen gestaffelt, so daß man von Karlsruhe nach Durlach I. Klasse 12 Kreuzer, II. Klasse 9 Kreuzer und III. Klasse 6 Kreuzer bezahlte. Nach Bruchsal kostete die Karte I. Klasse 59, die II. Klasse 33 und die III. Klasse 24 Kreuzer. Wem die Sitzplätze zu teuer waren oder wer sie sich nicht leisten konnte, hatte die Möglichkeit, im Stehwagen zu fahren. Das Billett kostete von Karlsruhe nach Durlach 3 und nach Bruchsal 15 Kreuzer.[72]

Um den Preis für einen Stehplatz nach Durlach oder Bruchsal bewerten zu können, muß man sich ins Gedächtnis zurückrufen, daß eine Armensuppe in der Suppenanstalt 2 Kreuzer kostete und daß Regina Kübler 1846 26 Kreuzer am Tag verdiente. Im Januar 1840 mußten für 1 Pfund Mastochsenfleisch 10 ½ Kreuzer oder für 1 Pfund Kalbfleisch 8 Kreuzer bezahlt werden. 2 Pfund Mischbrot waren für 9 und 2 Pfund schweres Schwarzbrot für 7 ½ Kreuzer zu haben.[73] Bei diesen Preisen kann man davon ausgehen, daß sich auch ärmere Bevölkerungsschichten nur hin und wieder eine Bahnfahrt leisten konnten.

Die Eisenbahn wirkte sich auch auf das Freizeitverhalten der Bevölkerung aus. Am 7. Juni 1843 berichtete die Karlsruher Zeitung von mehreren Darbietungen, welche die Gesangvereine von Mannheim und Heidelberg in Bruchsal gaben, mit dem Hinweis, daß man den Genuß der eben eröffneten Eisenbahn verdanke.[74] Obwohl die Eisenbahn nach Baden-Baden erst im Frühjahr 1844 eröffnet wurde, führte man den regen Pfingstbesuch in Baden-Baden 1843 auf den Einfluß der Eisenbahn zurück. Die meisten Fremden waren aus Heidelberg und Karlsruhe gekommen. *Die Universität schien, was die Studenten anbelangte, an den Festtagen förmlich nach Baden verlegt.*[75] Außerdem nahm der Fahrplan im Winter 1844/45 Rücksicht auf den Spielplan des Karlsruher Hoftheaters.[76]

Da man auf die Eisenbahn stolz war, diente sie in den Jahren nach der Eröffnung als beliebtes Bildmotiv. Eine biedermeierlich-idyllische Szene findet sich auf einem Aquarell, das einen Zug zeigt, kurz bevor er in den Karlsruher Bahnhof einfährt (vgl. Abb. S. 118 unten). Eben überquert er die Rüppurrer Straße. Im Hintergrund rechts steht das Landesgestüt. Hölzerne Tore verriegeln die Fahrbahn, und ein Polizist überwacht das Geschehen. Der Zug besteht aus einer Lokomotive, einem Anhänger für die Kohle und fünf Waggons. Das Führerhaus der Zugmaschine ist völlig offen, nicht einmal ein Dach schützt den Lokomotivführer und seinen Gehilfen. Beim Gepäckwagen ist die Schiebetür offen, und ein Mann schaut ins Freie. Die folgenden Stehwagen scheinen beide überfüllt zu sein.[77]

Fast denselben Blickwinkel gibt der Zeichner einer Fastnachtskarikatur wieder (vgl. Abb. S. 118 oben). Ironisch stellte er die Auswirkungen der Bahn dar: Menschen werden rücksichtslos überfahren; ein arbeitsloses Pferd raucht genüßlich seine Pfeife; der Pferdekopf am Giebel des Landesgestüts wird lebendig und nagt an einem Tuch, das zum Trocknen auf der Leine hängt. Es ist das Hun-

Bei Eröffnung der Menschen und Vieh zu Grunde richtenden Eisenbahn, hat ein kluges Pferd, aus der neuen Pensions-Anstalt für verdiente Hengste, das sich für diesen Fall längst auf der benachbarten Bleiche umgesehen, glücklich — aber zum Schrecken der Eigenthümerin — das Hungertuch gefunden, an dem es nun gierig nagt.

Fastnachtskarikatur aus dem Narrenspiegel von 1843

gertuch, wie der zugehörige Bildtext erläutert.[78] Wie sehr die Eisenbahn das Bewußtsein aller Stände prägte, belegt die Tatsache, daß sie auch auf den Lehr- und Gesellenbriefen dieser Zeit dargestellt wurde. Die Schlosserzunft begnügte sich mit einem Stadtplan, auf dem man die Bahnlinie im Südosten der Stadt deutlich erkennt.[79] Auch der vorgedruckte Lehrbrief der Metzgerzunft gibt eine idyllische Ansicht des Bahnhofs wieder (vgl.

Bahnübergang an der Rüppurrer Straße. Rechts steht das Landesgestüt, und im Hintergrund sind Schloß Gottesaue und der Turmberg sichtbar, um 1845

Lehrbrief der Metzgerzunft mit der Bahnhofsanlage, Lithographie um 1845

Abb.). Ein dichter Lattenzaun trennt die promenierenden Fußgänger von dem dahinter liegenden Eisenbahngelände. Nahe beim Zaun erhebt sich das Dach des runden Maschinenhauses. In der Ferne zeichnet sich die Stadtansicht mit den charakteristischen Gebäuden ab. Dem Künstler ist jedoch ein Fehler unterlaufen. Er gibt die Stadt von Süden, den Bahnhof aber von Norden wieder. Denn die Maschinenhalle rückt weit in den Vordergrund und nicht das Stationsgebäude.[80]

Mit der Eröffnung der Eisenbahnlinie bis Karlsruhe mußte auch der Transport von Personen und Gepäck in die Stadt und zurück geregelt werden. Als öffentliche Verkehrsmittel standen seit 1844 Omnibusse (vgl. Abb. S. 120, 121 oben) und Droschken zur Verfügung. Die größeren Omnibusse waren im Innern an den Längsseiten mit Bänken ausgestattet, auf denen mehrere Fahrgäste Platz finden konnten. Das Gepäck wurde auf dem Dach verstaut. Die Omnibusse hatten ihre Haltestellen an verschiedenen Gasthäusern. Man konnte sie aber auch zum Abholen des Gepäcks nach Hause bestellen. Eine Fahrt kostete 6 Kreuzer, für Gepäck mußten zusätzlich 12 Kreuzer bezahlt werden.[81]

Als individuellere, aber auch teurere Fortbewegungsmittel standen einspännige Droschken zur Verfügung (vgl. Abb. S. 120 unten). Die Wagen waren von der Karlsruher *Chaisenfabrik* Schmieder und Mayer entworfen und wurden auch dort hergestellt.[82] Sie standen am Marktplatz, beim Langensteinschen Garten, gegenüber dem *Deutschen Hof* und beim Polytechnikum. Im Sommer mußten sie von 7 bis 21 Uhr und im Winter von 8 bis 20 Uhr bereit sein. Nach dem Ende der Vorstellung fanden sie sich vor dem Theater ein. Stadtfahrten kosteten für ein bis zwei Perso-

Ansicht des Karlsruher Bahnhofsgebäudes mit einem Omnibus im Vordergrund

nen 12 und für drei oder vier Personen 18 Kreuzer. In der Regel richtete sich der Preis nach der Dauer der Fahrt, wobei für die Stadtfahrten generell eine Viertelstunde berechnet wurde.[83]
Auch die Kinder der Stadt machten sich gleich die neuen Verkehrsmittel zunutze. Die Jungen setzten sich gerne hinten auf die Droschken, was vom Polizeiamt mit 30 Kreuzern Strafe belegt wurde! Die Omnibusfahrer beschwerten sich, daß vor Ankunft der Züge die Jungen des Dörfle zum Bahnhof kämen, um das Gepäck der Reisenden gegen ein Entgelt in die Stadt zu tragen. Die Fahrer fürchteten um ihren Verdienst und wiesen darauf hin, daß die Kinder die Schule schwänzten.[84]

Der festliche Alltag

An Sonn- und Feiertagen konnte man scheinbar dem Alltag entfliehen und wurde doch von ihm eingeholt, denn das Einkommen und die soziale Stellung bestimmten die Art des Sonntagsvergnügens. Für alle Bevölkerungsschichten erschwinglich war der Spaziergang entlang der Kriegsstraße oder in eines der umliegenden Dörfer. Dieses billige Sonntagsvergnügen war wohl seit der Zeit um 1800 ungebrochen beliebt. Huhn berichtet von einer Karlsruher Besonderheit: *Man vermißt hier den allgemeinen munteren und frohen Sinn, welcher sonst den Bewohnern von Süddeutschland so eigen ist, die öffentlichen Spaziergänge werden von den höheren Ständen nur selten besucht, im grellen Widerspruch mit jenem Leben, welches sich an anderen Orten, vor Allem aber in Wien zeigt, wo Hohe und Niedere, der Kaiser wie der Bettler, frei im Prater herumgehen.*[85] Gasthäuser vor der Stadt boten Gelegenheit, sich zu stärken. Beliebte Ausflugsziele waren das Promenadenhaus, das Stephanienbad in Beiertheim (vgl. Abb. S. 121), der Augarten sowie die Silberburg, das ehemalige Alleehaus (vgl. Abb. S. 121,

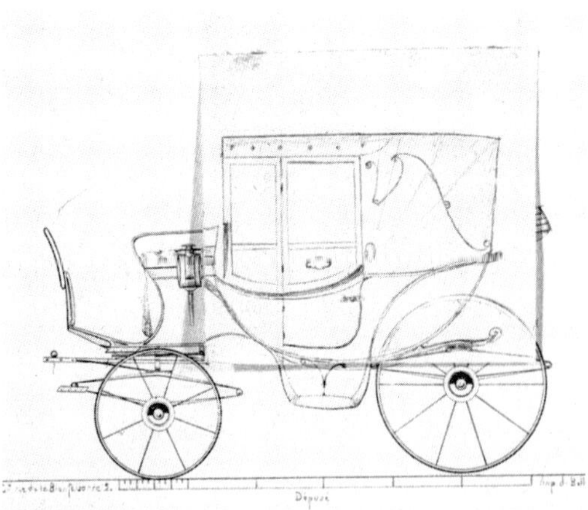

Entwurf aus dem Jahre 1844 zu den Karlsruher Droschken

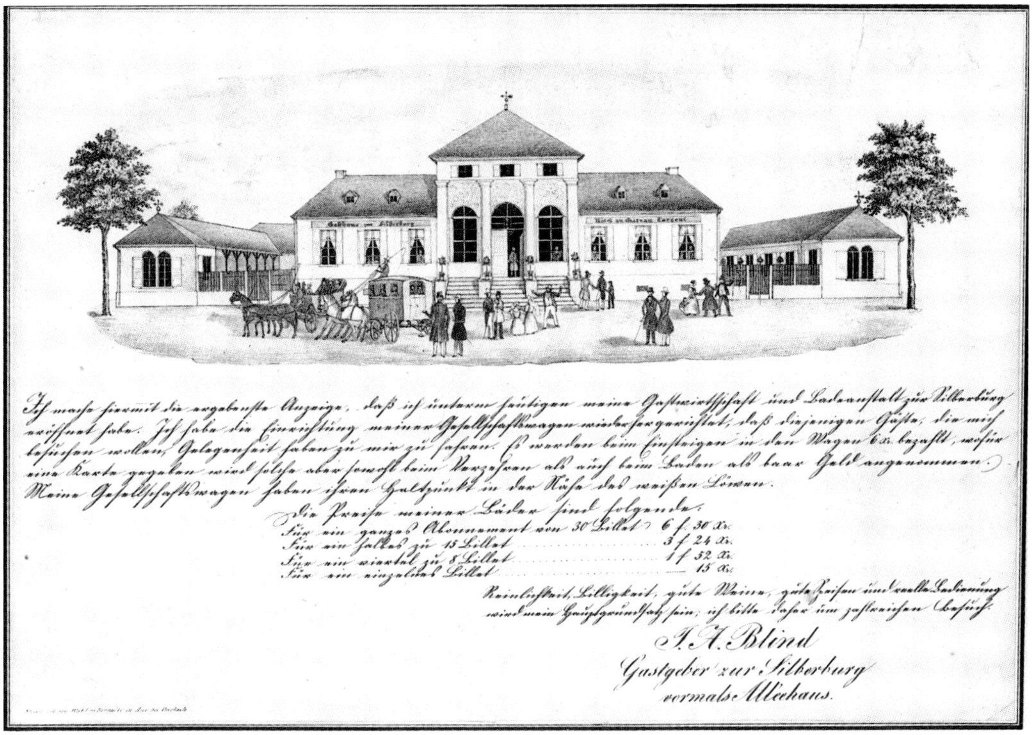

Das Alleehaus, auch Silberburg, an der Allee von Karlsruhe nach Durlach, um 1840

Das Stephanienbad in Beiertheim, um 1840

vgl. auch Abb. S. 91) an der Allee nach Durlach und das Amalienbad in Durlach selbst. Hier fanden auch häufig Tanzveranstaltungen statt, und die meisten dieser Häuser waren mit Badeeinrichtungen versehen. Der Besitzer der Silberburg ließ die Gäste aus Karlsruhe eigens mit Gesellschaftswagen abholen. Der Fahrpreis wurde auf den Preis des Verzehrs oder des Bades angerechnet. Diese Einrichtung war nach der Eröffnung der Eisenbahn nötig geworden, da nun nicht mehr so viele Leute zu Fuß gingen oder mit Fuhrwerken die Allee entlang fuhren und bei dieser Gelegenheit auch einkehrten. 1842 entstand das Rheinbad in Maxau als neues Ausflugsziel, zu dem eine Wirtschaft gehörte. Da es weit von der Stadt entfernt war, wurden sonntags vier Gesellschaftswagen eingesetzt, die vom Gasthaus *Zur Stadt Rastatt* zu dem neuen Bad fuhren. Mit 33 Kreuzern war der Fahrpreis teuer. Wer arm war, durfte den langen Weg nicht scheuen und mußte zu Fuß gehen.[86]

In Karlsruhe wurde stets gerne gefeiert. Von der Lustfahrt Großherzog Leopolds mit einem Dampfschiff der Rheinisch-Preußischen Dampfschiffahrtsgesellschaft, der Taufe des Dampfschiffes *Großherzog Ludwig von Baden* haben wir bereits gehört. Auch an der Einweihung der Schiffsbrücke bei Knielingen am 20. August 1840, die Baden und die bayerische Pfalz miteinander verband, nahmen zahlreiche Bewohner der Nachbarorte teil. Aus Karlsruhe kamen die Vertreter von Handel und Gewerbe, denn sie erhofften sich durch die leichtere Überquerung des Flusses eine deutliche Belebung ihrer Geschäfte. Sie nahmen nun Teil an dem großen Festzug, dessen reich geschmückte Wagen unter anderem Industrieprodukte und landwirtschaftliche Erzeugnisse mit sich führten.[87] Neben diesen festlichen Anlässen hat man auch beiläufige Gelegenheiten gerne genutzt, wie zum Beispiel Manöver, Paraden und Truppendurchmärsche. „Paraden auf dem Schloß- oder dem Exerzierplatz setzten die ganze Bevölkerung in Bewegung und dichte Scharen gaben den Truppen, denen die beliebten Musikkorps vorauszogen, das Geleit."[88] Ereignisse des Alltags konnten sich zum Volksfest ausweiten, wie zum Beispiel der Transport der Lokomotive *Der Rhein* von der Keßlerschen Maschinenfabrik und einiger Waggons von Schmieder und Mayer an den Bahnhof. Die Karlsruher Zeitung berichtet darüber: *Ihre Verbringung zum Bahnhof war ein Fest für die Bevölkerung unserer Stadt, die viel ersprießliches von diesem neuen Verkehrsmittel erwartet; hunderte von Zuschauern begleiten namentlich die Lokomotive, eine ungeheuere Masse von etwa 320 Zentnern mit besorgten Blicken bei ihrem langsamen Vorschreiten vermittelst einer tragbaren kleinen Eisenbahn, und belagerten förmlich die Straße, welche sie zu nehmen hatte, während der zwei Tage, wie lange der Transport dauerte.*[89]

Außer den genannten feierlichen und den zufälligen Ereignissen wurden große Feste inszeniert. Das längste und aufwendigste organisierte der Badische Landwirtschaftliche Verein anläßlich der 2. Versammlung deutscher Landwirte. Das Landwirtschaftliche Fest dauerte drei Tage und fand auf dem großen Exerzierplatz im Hardtwald statt. Hier standen der großherzogliche Pavillon sowie eine Festsäule, die mit Obst und Feldfrüchten geschmückt war, und mehrere Tribünen. Eine kleine Graphik gibt diese Szenerie wieder (vgl. Abb. S. 123). Der Höhepunkt des Festes war ein Trachtenumzug, der erste badische Trachtenumzug überhaupt. Auf dem Festplatz wurden Volksbelustigungen wie Scheibenschießen, Baumklettern, Hahnenschlag und Tanz angeboten. An *Speise- und Trink-Buden* konnte man Hunger und Durst stillen.[90]

1840 feierte man nicht das 125jährige Stadtjubiläum, wie man vielleicht vermuten könnte, sondern am 14. Juni 1840 die *vierte Säkularfeier der Erfindung der Buchdruckerkunst.* Aber die Begeisterung unter den Bürgern scheint nicht groß gewesen zu sein, denn lange hegte man Zweifel, ob die Feier überhaupt zustande kommen werde. Bei dem

Das Landwirtschaftliche Fest, 1838

Festzug wurde unter anderem eine Bibel mitgetragen, begleitet von den ältesten der hiesigen Buchdrucker. Der Zug nahm seinen Weg zur Stadtkirche und zum Rathaus, wo die Festrede gehalten wurde.[91]

Das erste Gesangsfest in Karlsruhe fand 1844 statt. Die Teilnehmer kamen aus Baden und Württemberg – von *so weit wie die Lokomotive ihre feuerspeiende Kraft treibt.* Die Vereine aus 12 Städten reisten nach Karlsruhe und gaben im Hoftheater ein Konzert. Alle Chöre, insgesamt 500 Sänger, standen auf der Bühne und sangen gemeinsam und dann wieder chorweise ihre Lieder. Nach der zweistündigen Darbietung nahm der Sängerzug seinen Weg durch die geschmückten Straßen der Stadt zum Lokal der *Eintracht.* Für den Abend hatte man die üblichen Festveranstaltungen organisiert. Außerdem sangen einzeln Chöre im Garten der *Eintracht.*[92]

In den Zeitungen wird zwar der Ablauf der Feste genau geschildert, aber von dem finanziellen Aufwand, der für den einzelnen Festbesucher nötig war, wissen wir nichts. Man wird wohl davon ausgehen müssen, daß die Veranstaltungen Eintritt kosteten. Trotzdem konnten alle Stände teilnehmen. Die Reicheren gingen zur Festtafel, zu den Bällen und den Theatervorstellungen; die Ärmeren besuchten die Volksbelustigungen oder säumten den Weg der Festzüge. Eine besondere Stellung kam dem Sängerfest zu, denn in vielen Gesangvereinen waren Arbeiter, und sie gehörten somit zu den Veranstaltern. Auf die moralische Funktion der Vereine weist die Karlsruher Zeitung eigens hin: *Wenn früher der größte Theil der Handwerker und Arbeiter ihr Tagwerk vollbracht hatten, oder als Sonntagsfeier, suchten sie durch Trunk und Spiel die Zeit zu tödten, wobei denn nur zu oft blutiger Streit und Ausschweifungen aller Art die traurigen Folgen dieses sittenlosen, verderblichen Thuns waren. Doch jetzt, wie ganz anders hat die Gewalt der Töne dies gestaltet! Jetzt eilt der Arbeiter zu seinen Brüdern, und singt mit ihnen ein schönes Lied, dessen Melodie sein Ge-*

müth ergreift und dessen Werte sein Herz bilden und den ganzen Menschen veredeln. Geht hin und hört die Liedertafeln von Köln, Mainz, Frankfurt und Darmstadt, und euer Herz wird sich erfreuen, hier Männer aus allen Ständen unter dem Banner des Gesanges geschaart zu sehen . . .[93]

1841 wurde in Karlsruhe zum ersten Mal Karneval gefeiert. Sein wesentliches Element war der Festzug, der damals zwar noch keinem Motto folgte, aber doch allgemein begeisterte. Auch 1842 war das Fest noch kleiner. 1843 erreichte es seinen Höhepunkt mit zahlreichen Veranstaltungen. Im folgenden Jahr war das närrische Treiben in Karlsruhe noch ebenso rege, doch mit dem Fastnachtsumzug von 1844 hatten die Veranstaltungen im Freien ihr vorläufiges Ende gefunden.[94]

Die Organisation lag bei Karlsruher Künstlern und Gelehrten, die zu diesem Anlaß verschiedene Schriften herausgaben: 1843 erschien eine Sammlung mit Narrenliedern zu 2 Kreuzern. Narrenzeitungen wie das *Geöffnete Narren-Turney,* und der *Narrenspiegel,* das Extrablatt des Karlsruher Tagblattes, berichteten vom närrischen Treiben.

Eine wichtige Gruppe, die das Geschehen wesentlich bestimmte und mittrug, war die Zopfmiliz (vgl. Abb.). Sie wird in der *Ausführlichen Beschreibung der ersten, großen und öffentlichen Carnevals-Feier zu Carlsruhe am 28. Februar 1843* vorgestellt: *Das ganze,*

Die Zopfmiliz

Fastnachtsveranstaltung 1844

ungefähr 60 Mann starke Korps gewährte dem Auge überhaupt einen wohlgefälligen Anblick; die rothsammtnen altmodischen Uniformen mit blauen Aufschlägen und weißen Litzen, die nett geformten dreieckigen Hütchen, die langschößige Weste, die weißen Beinkleider mit den hohen, schwarzen Gamaschen, die weiß gepuderten Zopfperücken, die Spontons der Zugführer und die Wahl der Waffen überhaupt, verbunden mit ihrer prachtvoll gestickten Fahne und den Marketänderinnen, dies Alles zusammengenommen gab dem Ganzen etwas Eigentümliches. Geschmackvoll und reich waren die Uniformen der Offiziere und des thätigen Generalissimus, der sich um Bildung und Organisierung der Mannschaft große Verdienste erworben hat.[95] Sie schlugen ihr Lager meistens auf dem Rathausplatz auf, wo sie mit militärischen Inspektionen, Paraden und buntem Lagerleben die Schaulustigen erfreuten. Sie veranstalteten Kappenfahrten in die Umgebung und beteiligten sich natürlich auch am Festzug.

1843 fand in Karlsruhe der erste organisierte Festzug statt. Er stand unter dem Motto *Königin der Fastnacht.* Im folgenden Jahr wurde der *Triumph des Hanswurst* vorgeführt. In beiden Fällen hat man höfisches Zeremoniell verulkt. Zu diesem Treiben gehörte auch der Narrenjahrmarkt, der meist auf dem Rathausplatz stattfand. Hier wurden Possen aufgeführt, allerlei Kunststücke zum besten gegeben und es wurde natürlich auch für das leibliche Wohl gesorgt. 1843 bot man in den Buden Bier, Punsch, Wurst, Käse, Zuckerbrot und Fastnachtsküchle feil.
Am Karneval, der von der Bürgerschicht geplant wurde, konnten alle Bevölkerungsschichten teilnehmen. Wir kennen zwar auch in diesem Zusammenhang keine Preise, doch gaben die vielfältigen Angebote den Armen zumindest die Möglichkeit zuzusehen, zum Beispiel beim Festzug oder beim Lagerleben der Zopfmiliz. Auf dem Narrenmarkt wurde an die Armen Reis, Brot und Fleisch verteilt.

[1] Eugen Huhn: Karlsruhe und seine Umgebung, Karlsruhe 1843, S. 246.
[2] Willy Real: Die Revolution in Baden 1848/49. Stuttgart, Berlin, Köln, Mainz 1983, S. 30–31, auch zum folgenden S. 29–31.
[3] Huhn (wie Anm. 1) S. 69 u. S. 66.
[4] Vgl. Walter Huber: Die Stephanienstraße. Ein Stück Bau- und Kulturgeschichte in Karlsruhe. Karlsruhe 1954, S. 6.
[5] Vgl. Huhn (wie Anm. 1), S. 68.
[6] Vgl. zur Münze: Arthur Valdenaire: Friedrich Weinbrenner – sein Leben und seine Bauten. Karlsruhe 1926, S. 263, zum Pfründnerhaus: Huber (wie Anm. 4), S. 99.
[7] Vgl. zur I. evangelischen Stadtschule: Heinrich Hübsch 1795–1863. Der große Baumeister der Romantik. Ausstellungskatalog, Karlsruhe 1984, S. 53, Kat. Nr. 24 und zur II. evangelischen Stadtschule: Benedict Schwarz: Geschichte der Karlsruher Schulen, Karlsruhe 1905, S. 53.
[8] Vgl. Huhn (wie Anm. 1), S. 140.
[9] Vgl. ebenda, S. 78–80.
[10] Vgl. Friedrich Weinbrenner 1766–1826. Ausstellungskatalog, Karlsruhe 1982 (2), S. 100, S. 108 u. S. 106.
[11] Vgl. ebenda Kat. Nr. 80.
[12] Vgl. GLA 206/129–130, 357/2816, 357/2825.
[13] Vgl. GLA 206/129.
[14] GLA 206/130. Bauordnung für die Residenzstadt Karlsruhe.
[15] Vgl. Friedrich Weech: Karlsruhe. Geschichte der Stadt und ihrer Verwaltung Bd. 2, 1898, S. 85.
[16] Vgl. GLA 357/2816, Schreiben der Großh. Residenzbauinspektion an das Großh. Polizeiamt der Residenz.
[17] Vgl. Huhn (wie Anm. 3), S. 80–81.
[18] Vgl. Gerhard Kabierske und Susanne Stephan: Zweck und Zierde – Brunnen in der Stadt, in: Denkmäler, Brunnen und Freiplastiken in Karlsruhe, (Veröffentlichungen des Karlsruher Stadtarchivs Bd. 7, S. 89).
[19] Vgl. ebenda, S. 288.
[20] Vgl. Huber (wie Anm. 4), S. 47 u. S. 52.
[21] Vgl. Kabierske (wie Anm. 18), S. 289.
[22] Vgl. Hans-Joachim Clewing: Friedrich Eisenlohr und die Hochbauten der Badischen Staatseisenbahn. Karlsruhe 1968, S. 70.
[23] Vgl. Karlsruher Zeitung Nr. 316 v. 19. 11. 1845.
[24] Vgl. Weech (wie Anm. 15), S. 86.
[25] Huhn (wie Anm. 1), S. 126 u. S. 128.
[26] Vgl. ebenda, S. 122 u. S. 123.
[27] Ebenda, S. 126.
[28] Vgl. ebenda, S. 135–136. Insgesamt gab es 148 Kaufleute, 116 Schuhmacher, 108 Schneider, 77 Wirte, 56 Metzger, 45 Schreiner, 44 Bäcker, 40 Kutscher und Fuhrleute, 30 Privatlehrer, 24 Bierbrauer, 20 Sattler, 19 Goldarbeiter und Juweliere, 19 Kleiderhändler, 19 Schlosser, 18 Tüncher und Maler, 17 Seifensieder, 16 Buchbinder, 16 Küfer, 14 Tapezierer, 15 Schmiede, 14 Glaser, 14 Weber, 13 Hafner, 12 Friseure, 11 Blechner, 11 Kübler, 11 Victualienhändler, 10 Conditore, 10 Dreher, 10 Maurermeister, 10 Posamentierer, 10 Weinhändler, 9 Barbiere, 9 Buch- und Kunsthändler, 9 Nagelschmiede, 8 Buchdruckereien, 8 Hutmacher, 8 Leinwandhändler, 8 Wagner, 8 Zimmermeister, 7 Gürtler, 7 Instrumentenmacher, 7 Kammacher, 7 Möbelhändler, 7 Stricker, Strumpfweber und Wollhändler, 7 Uhrmacher, 6 Büchsenmacher, 6 Handels- und Kunstgärtner, 6 Säckler, 6 Kupferstecher, 6 Messerschmiede, 6 Steindrucker, 5 Apotheker, 5 Graveure, 5 Pastetenbäcker, 5 Wurstler, 4 Bildhauer, 4 Bürstenmacher, 4 Holzhändler, 4 Knopfmacher, 4 Korbmacher, 4 Kürschner, 4 Lackierer, 4 Schieferdecker, 4 Seiler, 4 Vergolder, 4 Zeugschmiede, 4 Ziegelhüttenbesitzer, 3 Antiquare, 3 Blumenmacherinnen, 3 Brunnenmacher, 3 Korsettmacher, 3 Destillateure und Parfümeure, 3 Fisch-, Geflügel- und Wildprethändler, 3 Goldsticker, 3 Kupferschmiede, 3 Pflästerer, 3 Schirmmacher, 3 Siebmacher, 3 Silberarbeiter, 3 Steinhauer, 3 Tuchscherer, 2 Färber, 2 Feilhauer, 2 Kaminfeger, 2 Mechaniker, 2 Porzellanmaler, 2 Sesselmacher, 2 Zinngießer, 1 Kappenmacher, 1 Kravattenmacher, 1 Kupferdrucker, 1 Nadler, 1 Sporer.
[29] Vgl. ebenda, S. 142.
[30] Vgl. Egon Gütermann: Die Karlsruher Brauindustrie, Karlsruhe 1909, S. 21.
[31] Johannes Körting: Geschichte der Gewerbeförderung in Baden, Karlsruhe 1965, S. 33.
[32] Vgl. Karlsruher Zeitung Nr. 57 v. 3. 6. 1840.
[33] Weech (wie Anm. 15), S. 405.
[34] Vgl. Hans Georg Zier: Die Industrialisierung des Karlsruher Raumes. Ein Beitrag zur Wirtschaftsgeschichte Badens, in: Oberrheinische Studien Bd. II. Neue Forschungen zu Grundproblemen der Badischen Geschichte im 19. und 20. Jahrhundert, hrsg. von Alfons Schäfer, Karlsruhe 1973, S. 351.
[35] Vgl. Huhn (wie Anm. 3), S. 137–142.
[36] Vgl. Jürgen Kochendörfer: Die wirtschaftliche Entwicklung der Lokomotivenfabriken in Karlsruhe und Eßlingen unter der Leitung von Emil Keßler, in: Esslinger Studien Bd. 22, 1983, S. 115 u. S. 116.
[37] Vgl. ebenda, S. 147; GLA 236/6633. Schreiben vom 21. 12. 1841.
[38] Vgl. Kochendörfer (wie Anm. 36), S. 148.
[39] Huhn (wie Anm. 1), S. 246.
[40] Vgl. Klaus-Jürgen Matz: Pauperismus und Bevölkerung. Die gesetzlichen Ehebeschränkungen in den süddeutschen Staaten während des 19. Jahrhunderts, Stuttgart 1980.
[41] Vgl. Sabine Rumpel: Thäterinnen der Liebe. Frauen in Wohltätigkeitsvereinen, in: Carola Lipp (Hrsg.): Schimpfende Weiber und patriotische Jungfrauen.

Frauen im Vormärz und in der Revolution 1848/49, Baden-Baden 1986, S. 206–231.

42 Karlsruher Intelligenz- und Tage-Blatt Nr. 244 v. 11. 10. 1840; Huhn (wie Anm. 3), S. 169.

43 Karlsruher Intelligenz- und Tage-Blatt Nr. 312 v. 30. 12. 1842).

44 Karlsruher Zeitung Nr. 141 v. 22. 5. 1833; vgl. auch Huhn (wie Anm. 1), S. 232 und Falko Lehmann: Friedrich Theodor Fischer (1803–1867) Architekt im Großherzogtum Baden, Horb 1984, S. 84.

45 Vgl. Geschichte des Badischen Frauenvereins, Karlsruhe 1881, S. 252. Er erhielt im nachhinein den Namen Sophien-Frauenverein, da ihn Großherzogin Sophie sehr unterstützt hatte.

46 Vgl. Karlsruher Intelligenz- und Tage-Blatt Nr. 118 v. 16. 5. 1840 und Nr. 132 v. 2. 6. 1840.

47 Vgl. Karlsruher Intelligenz- und Tage-Blatt Nr. 281 v. 24. 11. 1842.

48 Vgl. Geschichte (wie Anm. 45), S. 253.

49 Vgl. Karlsruher Intelligenz- und Tage-Blatt Nr. 309 v. 27. 12. 1839; Geschichte (wie Anm. 45), S. 253–254.

50 Vgl. Geschichte (wie Anm. 45), S. 251–252.

51 StadtAK 1/H-Reg. 1996, Brief vom 1. 11. 1846.

52 Ebenda, Brief vom 22. 11. 1846.

53 Regulativ und Hausordnung der Karl-Friedrichs-Leopolds- und Sophien-Stiftung. Karlsruhe 1833.

54 Vgl. StadtAK 1/H-Reg. 1996, Aufstellung Mai 1847.

55 Huhn (wie Anm. 1), S. 127–128.

56 Vgl. GLA 357/2806. Schreiben vom 23. 8. 1824 und vom 11. 4. 1831.

57 Vgl. Hans von Pezold: Zur Geschichte der Prostitution in Karlsruhe, Karlsruhe 1826, S. 16.

58 Vgl. GLA 357/2806. Schreiben vom 2. 3. 1851.

59 Vgl. GLA 357/2808. Schreiben vom 18. 7. 1944.

60 GLA 357/2808. Schreiben vom 14. 12. 1843.

61 Vgl. GLA 357/2808.

62 Vgl. GLA 357/2783.

63 Vgl. Weech (wie Anm. 15), S. 100–103.

64 Vgl. Karlsruher Zeitung Nr. 147 v. 29. 5. 1833.

65 Karlsruher Zeitung Nr. 289 v. 18. 10. 1837.

66 Vgl. ebenda.

67 Vgl. Erwin Kech: Die Gründung der Großherzoglich Badischen Staatsbahnen. Karlsruhe 1905, S. 13.

68 Vgl. ebenda, S. 77.

69 Vgl. Karlsruher Zeitung Nr. 59 v. 2. 3. 1843.

70 Vgl. Karlsruher Zeitung Nr. 153 v. 8. 6. 1843.

71 Vgl. Karlsruher Zeitung Nr. 140 v. 24. 5. 1843 u. Nr. 187 v. 2. 7. 1843.

72 Vgl. Huhn (wie Anm. 1), S. 264.

73 Vgl. Karlsruher Zeitung Nr. 4 v. 4. 1. 1840.

74 Vgl. Karlsruher Zeitung Nr. 152 v. 7. 6. 1843.

75 Vgl. Karlsruher Zeitung Nr. 153 v. 8. 6. 1843.

76 Vgl. GLA 57/645; Karlsruher Theatergeschichte. Vom Hoftheater zum Staatstheater, Karlsruhe 1982, S. 43.

77 Vgl. StadtAK 8/PBS XIV g 1, Repro, Original Privatbesitz.

78 Vgl. StadtAK 8/PBS XIV g 1.

79 Vgl. StadtAK 8/PBS XI 820.

80 Vgl. StadtAK8/STS 18/B11.

81 Vgl. GLA 357/2397. Darin: Karlsruher Tagblatt Nr. 87 v. 29. 3. 1843.

82 Vgl. GLA 357/2400.

83 Vgl. Weech (wie Anm. 15), S. 112.

84 Vgl. GLA 357/2400. Schreiben vom 11. 12. 1844; GLA 357/2397. Schreiben vom 18. 6. 1844.

85 Vgl. Huhn (wie Anm. 1), S. 129.

86 Vgl. Weech (wie Anm. 15), S. 107.

87 Karlsruher Zeitung Nr. 231 v. 25. 8. 1840, Nr. 234 u. 28. 8. 1840.

88 Weech (wie Anm. 3), S. 38.

89 Karlsruher Zeitung Nr. 59 v. 2. 3. 1843.

90 Vgl. Heinz Schmitt: Volkstrachten in Baden. Ihre Rolle in Kunst, Staat, Wirtschaft und Gesellschaft in zwei Jahrhunderten, Karlsruhe 1988, S. 28–29; Karlsruher Zeitung Nr. 246 v. 5. 9. 1838 u. Nr. 250 v. 9. 9. 1838 u. Nr. 254 v. 14. 9. 1838 u. Nr. 255 v. 15. 9. 1838.

91 Vgl. Karlsruher Zeitung Nr. 164. v. 17. 6. 1840 und Nr. 172 v. 27. 6. 1840.

92 Vgl. Karlsruher Zeitung Nr. 245 v. 8. 9. 1844 u. Nr. 248 v. 11. 9. 1844 u. Nr. 251 v. 14. 9. 1844.

93 Karlsruher Zeitung Nr. 247 v. 10. 9. 1844.

94 Vgl. Ernst Schneider: Chronik der edlen Narrheit. Geschichte der Karlsruher Fastnacht im 19. Jahrhundert, in: Forschungen und Berichte der Volkskunde in Baden-Württemberg Bd. 3, 1974–77, S. 41–67.

95 Zitiert nach: ebenda S. 47.

Isolde Brunner-Schubert

1865: „Wie man leben muß, um leben zu können“. Die kleinen Beamten in der großherzoglich badischen Haupt- und Residenzstadt

Die Stadt

Im lieben, alten Karlsruhe gab es noch mancherlei, was ein für Feld-, Wald- und Gespensterromantik empfängliches Knabenherz entzücken mochte, erinnerte sich Heinrich Vierordt, der 1865 nach längerer Abwesenheit als Zehnjähriger in seine Geburtsstadt zurückkehrte.[1]
Noch zogen die alten, eigentümlichen Ahamauern und Ahagräben um die ganze Stadt... Noch wurden nachts die gußeisernen Gittertore, die nach dem Felde zu die Straßen abschlossen, für den Wagenverkehr gesperrt – mit Ausnahme der großen Tore... Noch verstreute der Langensteinsche Garten in der Langen Straße... mit hohen Parkbäumen erquickenden Schatten, und zur Freude der Kinderwelt streckten die zahmen Hirschchen ihre feuchten Schnauzen durch die braunen Eisengitter, ließen sich streicheln und nahmen dankbar einen Bissen Brots entgegen... Noch rann, trägflüssig und trübflutig, der übelduftende Landgraben unüberwölbt und überall sichtbar durch die Stadt... Noch reihten sich in unverfälschter Echtheit die alten, einstöckigen Häuser nach holländischem Muster in den Straßenzeilen und sahen gar bescheiden und ärmlich drein.[2]
Kindheit in einer Idylle, an der die Zeit vorbeigegangen war? Die Schilderung vermittelt ein falsches Bild. Als die Karlsruher im Jahr 1865 Bilanz über ihre 150jährige Geschichte zogen, mußten sie keineswegs feststellen, daß sie im 18. Jahrhundert stehengeblieben waren, in einer *unverfälschten* Bausubstanz, umzogen von Mauern und Gräben.
Die Einwohnerzahl der Stadt ist mittlerweile auf 30.367 angewachsen. Neben 1.168 Israeliten wohnen 16.810 Evangelische und 12.349 Katholiken in Karlsruhe. Weitere 40 Bewohner geben andere Glaubensrichtungen an.[3]
Der Bebauungsplan von 1857 will dem Raumbedürfnis der rasch anwachsenden Einwohnerzahl Rechnung tragen. Vom Schloßbezirk aus markiert die Mühlburger Allee (Moltkestraße) nach Westen ziehend bis zur heutigen Reinhold-Frank-Straße die nördliche Grenzlinie der Bebauung (vgl. Abb. S. 130/1). Als westliche Grenzlinie dient die jetzige Reinhold-Frank-Straße bis zu der in Ost-West-Richtung verlaufenden Kriegsstraße. Diese bezeichnet etwa bis zur Kronenstraße die südliche Grenze der „neuen“ Kernstadt. In nordöstlicher Richtung läuft die Bebauungsgrenzlinie am Steinschiffskanal entlang (etwa heutige Kapellenstraße) zum Durlacher Tor. An das südöstliche Ufer des Steinschiffskanals grenzt der Friedhof der christlichen Konfessionen. Etwas weiter im Südosten ist der Begräbnisplatz der Israeliten gelegen.
Südlich der Bahnhofsanlagen, die sich im Bereich zwischen dem Ettlinger Tor und dem Friedrichstor jenseits der Kriegsstraße befinden, ist *eine stattliche Vorstadt im Entstehen begriffen, welche jetzt schon circa 1800 Einwohner umfaßt,* berichtet 1865 die Handelskammer Karlsruhe.[4] Die Gartenbezirke des Augartens werden bebaut (Südstadt). Das ist naheliegend, denn jenseits der Kriegsstraße, etwas weiter im Westen, haben sich mehrere Fabriken angesiedelt, darunter die bereits in den dreißiger Jahren gegründete Maschinenbaugesellschaft Karlsruhe, mit ihren über tausend Arbeitern die weitaus größte Karlsruher Fabrik.

Auch viele der 468 Beschäftigten der Eisenbahn bemühen sich um Wohnungen in der Nähe ihres Arbeitsplatzes.
In ihrem Bericht über das Jahr 1865 meldet die Handelskammer, daß 28 neue Wohnhäuser fertiggestellt wurden, die noch im Jahr 1864 begonnen worden waren. Während des Jahres 1865 wurden weitere 18 Wohnhäuser begonnen. Sie sind bereits fertiggestellt.[5] *Zu 8 Wohnhäusern wurden dritte Stockwerke aufgebaut und über 100 Seiten- und Nebenbauten neu aufgeführt. An circa 200 schon bestehenden Gebäuden wurden größere Bauveränderungen vorgenommen.*[6]
Als besonderen *Gewinn* bezeichnet das Bezirksamt in seinem Jahresbericht die Umbauten an den *kleinen einstöckigen Häusern mit Vordächern. Die Beseitigung der schrägen Wände entweder durch Aufführung vollständig neuer Façaden oder wenigstens solcher im zweiten Stockwerk ist in mehreren Fällen vorgenommen worden und hat den Häusern ein entschieden besseres Aussehen gegeben.*[7]
Noch lieber sieht es das Bezirksamt allerdings, wenn diese Häuser durch Neubauten ersetzt werden, muß jedoch einräumen, daß der Bau *solcher gewöhnlich unverhältnismäßig gut rentierenden Häuser zu den Seltenheiten* gehört. Der Bestand an weitgehend unveränderten *Musterhäusern* wird auf etwa 50 % der gesamten Bausubstanz geschätzt.
Wer sich einen Neubau leistet, der geht offensichtlich lieber in die zur Bebauung freigegebenen stadtnahen Neubaugebiete. Dies wiederum veranlaßt die Handelskammer zu kritischen Bemerkungen:
Am Ende des westlichen Theiles der Stadt zwischen der Kriegsstraße und der städtischen Maxbahn ist nunmehr auch eine Reihe von Neubauten in Angriff genommen und damit der Anfang für einen weitern Stadttheil gemacht, was wir eben nicht sehr zweckmäßig finden können, da die Stadt nach unserem Dafürhalten im Verhältnis zu ihrer Einwohnerzahl jetzt schon eine viel zu große Ausdehnung hat. In sanitätischer Beziehung ist diese allzugroße Ausdehnung der Stadt gewiß nicht geboten, da die Straßen alle breit und luftig, vielfach durch freie Plätze und Gärten unterbrochen sind. An Bauplätzen innerhalb der bereits bestehenden Stadttheile ist auch kein Mangel, da sie für fast doppelte Einwohnerzahl hinreichen würden. Die allzugroße nicht mehr im Verhältniß zur Einwohnerzahl stehende Ausdehnung einer Stadt hat aber nicht zu verkennende Nachtheile bezüglich des Verkehrs, der Oekonomie und der Verwaltung.[8]
Sehr positiv hingegen stehen die Herren der Handelskammer einem innerstädtischen Bauprojekt gegenüber, der Bebauung des Friedrichsplatzes: *Durch die Munificenz* (Freigebigkeit) *des Großherzogs sind die beiden Erbprinzengärten, welche lange Zeit aus Rücksichten der Pietät dem öffentlichen Verkehr entzogen waren, nunmehr auch zu Bauplätzen bestimmt worden.*
Wir werden dort binnen Kurzem einen neuen Stadttheil entstehen sehen, welcher außer zwei monumentalen Gebäuden – das Museum für die vereinigten Sammlungen und das Gebäude der Direktion der Verkehrsanstalten – eine Reihe eleganter Geschäfts- und Wohnhäuser enthalten wird und als in der Mitte der Stadt gelegen ein Centralpunkt des Verkehrs zu werden verspricht.[9]
Allerdings hat die teilweise Überbauung der Erbprinzengärten auch Kritik hervorgerufen. Die Handelskammer räumt aber ihren Interessen eine höhere Bedeutung ein: *So sehr auch der Freund der Natur mit Recht bedauern mag, daß diese schönen Gärten mit ihren herrlichen Baumgruppierungen aus der Mitte der Stadt theilweise wenigstens verschwinden, so können wir vom geschäftlichen Standpunkt aus diese Änderung nur als zweckmäßig bezeichnen.* Auch im Bericht über das Jahr 1865 wird das Unternehmen lobend er-

Abb. folgende Seite: Plan von Carlsruhe, um 1868. Die Bebauung der Südstadt sowie der Reinhold-Frank-Straße war damals weiter vorangeschritten als im Plan verzeichnet. Westlich des Bahnhofs sind die Fabrikgebäude der Maschinenbaugesellschaft angesiedelt.

PLAN VON

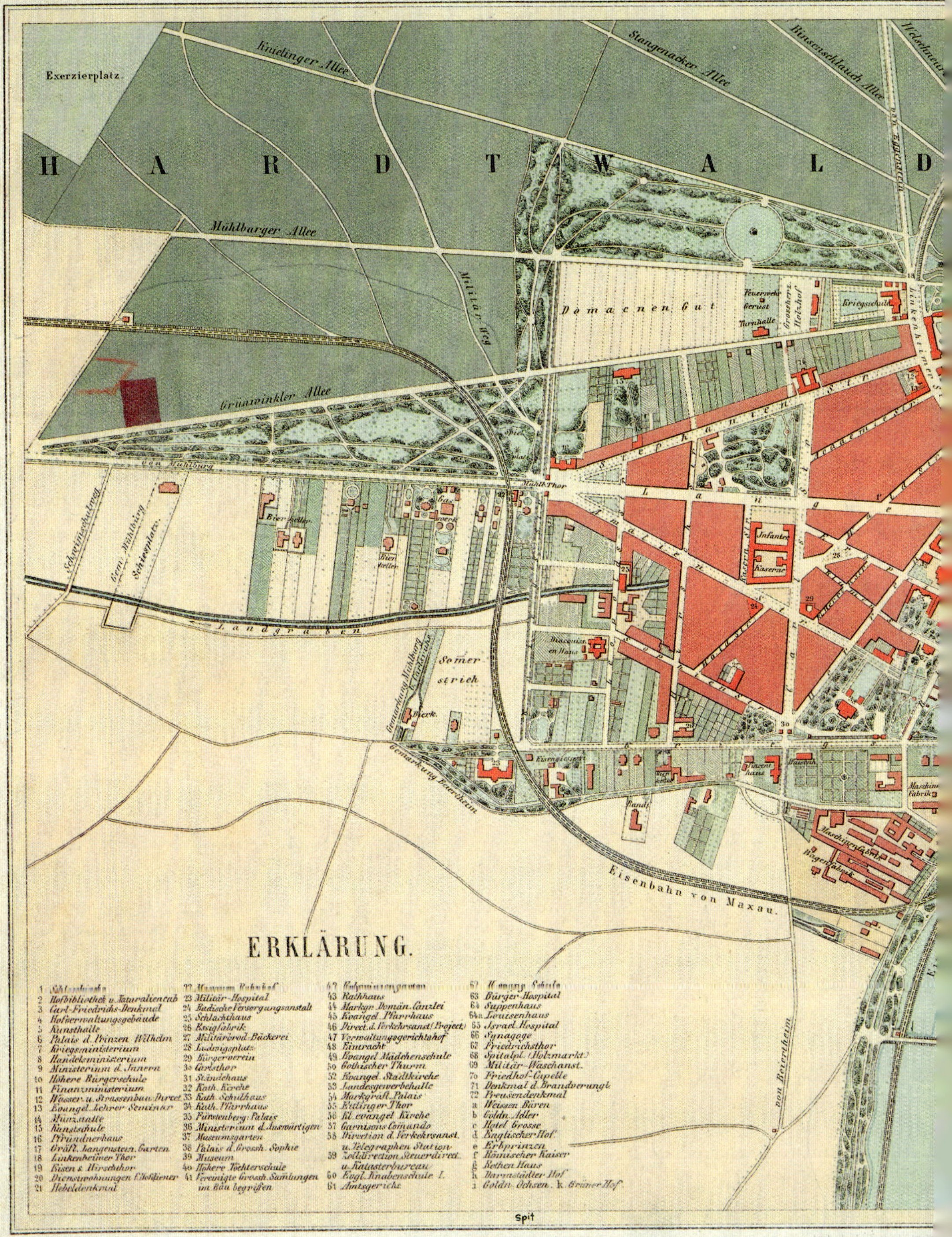
Exerzierplatz.
H A R D T W A L D
Knielinger Allee
Stangenacker Allee
Mühlburger Allee
Grünwinkler Allee
Domaenen Gut
Kriegsschule
Landgraben
Somer strich
Eisenbahn von Maxau.
von Beiertheim
ERKLÄRUNG.
2 Hofbibliothek u. Naturaliencab.
3 Carl-Friedrichs-Denkmal
4 Hofverwaltungsgebäude
5 Kunsthalle
6 Palais d. Prinzen Wilhelm
7 Kriegsministerium
8 Handelsministerium
9 Ministerium d. Innern
10 Höhere Bürgerschule
11 Finanzministerium
12 Wasser- u. Strassenbau-Direct.
13 Evangel. Lehrer Seminar
14 Münzstätte
15 Kunstschule
16 Pfründnerhaus
17 Gräfl. Langenstein. Garten
18 Linkenheimer Thor
19 Eisen & Hirschthor
20 Dienstwohnungen f. Hofdiener
21 Hebeldenkmal
23 Militär-Hospital
24 Badische Versorgungsanstalt
25 Schlachthaus
26 Essigfabrik
27 Militärbrod-Bäckerei
28 Ludwigsplatz
29 Bürgerverein
30 Carlsthor
31 Ständehaus
32 Kath. Kirche
33 Kath. Schulhaus
34 Kath. Pfarrhaus
35 Fürstenberg: Palais
36 Ministerium d. Auswärtigen
37 Museumsgarten
38 Palais d. Grossh. Sophie
39 Museum
40 Höhere Töchterschule
41 Vereinigte Grossh. Sammlungen im Bau begriffen
43 Rathhaus
44 Markgr. Domän. Canzlei
45 Evangel. Pfarrhaus
46 Direct. d. Verkehrsanst. (Project.)
47 Verwaltungsgerichtshof
48 Eintracht
49 Evangel. Mädchenschule
50 Gothischer Thurm
52 Evangel. Stadtkirche
53 Landesgewerbehalle
54 Markgräfl. Palais
55 Ettlinger Thor
56 Kl. evangel. Kirche
57 Garnisons Comando
58 Direction d. Verkehrsanst. u. Telegraphen Station
59 Zolldirection Steuerdirect. u. Katasterbureau
60 Evgl. Knabenschule I.
61 Amtsgericht
63 Bürger-Hospital
64 Suppenhaus
64a Louisenhaus
65 Israel. Hospital
66 Synagoge
67 Friedrichsthor
68 Spitalpl. (Holzmarkt)
69 Militär-Waschanst.
70 Friedhof-Capelle
71 Denkmal d. Brandverungl.
72 Preusendenkmal
a Weissen Bären
b Goldn. Adler
c Hotel Grosse
d Englischer Hof
e Erbprinzen
f Römischer Kaiser
g Rothen Haus
h Darmstädter Hof
i Goldn. Ochsen. k. Grüner Hof.
Spit

CARLSRUHE

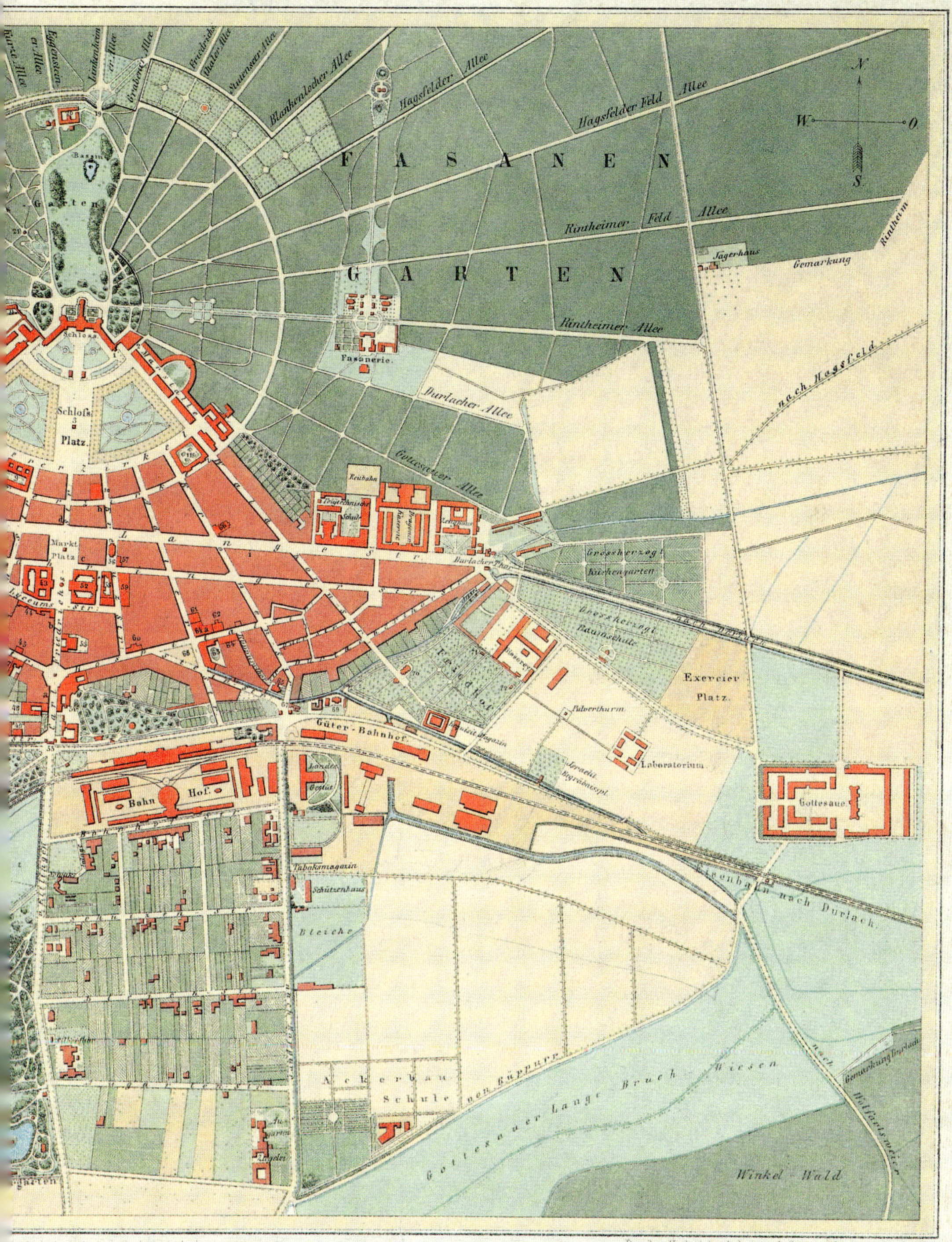

10,000.

Druck u. Verlag der lith. Anst. I. Geissendörfer, Carlsruhe.

wähnt. *Der neue Stadttheil... enthält eine große Anzahl geschmackvoll hergerichteter Ladenräume unter zwei schönen Colonnaden, welche der Stadt zur Zierde gereichen und dem Publikum auch bei ungünstiger Witterung eine weitere geschützte Promenade verschaffen werden.*[10]

Beginnende Industrialisierung

Diese großstädtische Komponente steht der 150 Jahre alten Residenz wohl an, da sie inzwischen auch eine wichtige Industriestadt geworden ist. Karlsruhe hat nicht mehr unter den schlechten Verkehrsanbindungen der Gründungsjahre zu leiden. Die Stadt ist an ein weitläufiges Eisenbahnnetz angeschlossen. Seit 1862 verfügt sie außerdem über eine stadteigene Eisenbahnlinie nach Maxau. Diese Bahn bringt nicht nur die Arbeiter aus Mühlburg und den anderen Orten westlich der Residenz zu den Karlsruher Fabriken. Sie stellt auch die Verbindung zu dem weitläufigen Rheinhafen, dem Altrhein in Maxau her, der vor allem als Umschlagplatz für Kohle dient. Abnehmer für die Kohle ist die badische Eisenbahn, ein Großteil geht aber auch an die Karlsruher Fabriken, die durch vermehrten Einsatz von Dampfmaschinen einen erhöhten Kohlebedarf geltend machen. Zwar arbeiteten schon in den dreißiger Jahren Fabriken mit Dampfkraft, doch erst die sechziger Jahre ermöglichten eine Industrialisierung auf breiter Basis.

Von tiefgreifender Bedeutung – vor allem auch für das Alltagsleben der „kleinen Leute“ – war das Gesetz über die Einführung der Gewerbefreiheit vom Jahr 1862. Nach reiflichen Erwägungen des Für und Wider hatte sich die Regierung entschlossen, die – ihren Mitgliedern soziale Sicherheit bietenden – Zünfte aufzuheben, damit nicht nur wenige Privilegierte, sondern alle Bewohner des Landes die Möglichkeit hatten, entsprechend ihren Fähigkeiten sich am Wirtschaftsleben zu beteiligen – und zu profitieren.

Die Auswirkungen des neuen Gesetzes werden nicht nur von den enttäuschten ehemaligen Zunftangehörigen argwöhnisch beobachtet, auch die zuständigen staatlichen Behörden verfolgen die wirtschaftliche Entwicklung sehr genau. Dies geht aus den Jahresberichten hervor, die von den neu organisierten Bezirksämtern an den Großherzoglichen Landes-Commissär geliefert werden. Das Bezirksamt Karlsruhe kann die neue Gewerbefreiheit und das damit verbundene Recht zur freien Wahl des Wohnortes nach zweijähriger Beobachtungszeit positiv beurteilen.

Für die Handelsgenossenschaft, die sich nach dem Inkrafttreten des neuen Gewerbegesetzes als Handelskammer der großherzoglichen Residenzstadt Karlsruhe neu organisiert hat, stand die positive Wirkung von vornherein fest. Die Mitglieder der Handelsgenossenschaft, (Groß-)Kaufleute und Fabrikanten, hatten schon seit Jahren mit Nachdruck ein neues Gewerbegesetz gefordert, als unentbehrliche Voraussetzung für die Ausweitung von Produktion und Handel.

Im Jahr 1865 gibt nicht nur die Handelskammer, sondern auch das Bezirksamt einen Überblick über die in Karlsruhe ansässigen *Fabriken* und die dort beschäftigten Arbeitskräfte. Keine der Listen führt alle Produktionsstätten auf. Die Trennung zwischen handwerklich geführtem *Gewerbebetrieb* und *Fabrik* ist nicht klar vollzogen, es scheint einen fließenden Übergang zu geben. Doch läßt die Bemerkung über die Chocoladen- und Bonbon-Fabrik Fellmeth (vgl. Abb. S. 133) mit ihren drei Arbeitern den Schluß zu, daß der Einsatz von sechs Dampfmaschinen die Bezeichnung Fabrik rechtfertigt. Schließlich produziert Fellmeth *vorzugsweise feinere Sorten..., welche denjenigen der ersten Fabriken Frankreichs in keiner Weise nachstehen.*[11]

Die Zahl der Fabrikarbeiter wird von Behörde und Handelskammer unterschiedlich beziffert. Die Zahlen beziehen sich nicht auf den gleichen Stichtag. Überdies fehlt eine für statistische Erhebungen notwendige Definition.[12] Die Bezeichnungen für die *Angehörigen der arbeitenden Classe* wechseln zwischen

Straßenbild mit Passanten. Plakat des Hotels Grosse, Karl-Friedrich-Straße 9, Carl Heilig, 1856

Schaufensterfront des Süßwarenladens der Chocolade- und Bonbon-Fabrik Fellmeth, Herrenstraße 24. Reklamebild mit eleganten Passanten und mehreren Kunden im Innern des Geschäftes, Carl Heilig, wohl kurz vor 1865

Handarbeiter, Gewerbsgehilfe und *Arbeiter* bzw. *Arbeiterin*. Wenn die Handelskammer zumeist eine höhere Durchschnittszahl als das Bezirksamt meldet, so möglicherweise deshalb, weil sie noch die bedarfsweise arbeitenden Tagelöhner dazurechnet.
Eine zahlenmäßige Erfassung der Arbeiter und Arbeiterinnen ist auch wegen der starken Fluktuation in dieser Berufsgruppe schwierig. Das mag die folgende Übersicht aus dem Jahresbericht des Bezirksamtes für das Jahr 1865 verdeutlichen:

An Gewerbsgehülfen sind in der Stadt Carlsruhe

	1865	*1864*
neu zugegangen	*3022*	*2864*
abgegangen	*3184*	*3051*
Arbeitswechsel trat ein	*1643*	*1588*
An Dienstboten sind		
neu zugegangen	*1789*	*1784*
abgegangen	*1879*	*1973*
Platzwechsel trat ein	*2997*	*2985*

In dem gleichen Jahresbericht findet sich folgende *Übersicht über die Zahl der Arbeiter in den hiesigen Fabriken*[13]

	Stand 1865	*Zugang seit 1864*
Maschinenfabrik (Maschinenbaugesellschaft)	*1018*	*182*
Eisenbahnhof (mit Zentralwerkstätten)	*468*	*11*
Schmieder und Mayer (Wagenfabrik)	*160*	*10*
Chr. Griesbach (Tabakfabrik)	*99*	*6*
Mondt und Nemnich (Seidenbandfabrik)	*50*	–
Gschwind und Zimmermann (Maschinenfabrik)	*45*	*4*
Christophle und Comp. („Silberfabrik")	*38*	*5*
Seneka (Eisengießerei Seneca)	*26*	*2*
Kammerer (Tapetenfabrik)	*25*	*2*
Weise und Comp. (Lederwarenfabrik)	*23*	*6*
Gaasgesellschaft (Gaswerk)	*20*	–
Heinrich Fellmeth (Chocoladen- u. Bonbonfabrik)	*3*	–

Im Jahresbericht der Handelskammer über das Jahr 1865 sind noch weitere Fabriken genannt.[14] Die Zahl der Beschäftigten ist als Durchschnittswert angeführt und enthält Arbeiter und Arbeiterinnen.

	Arbeiter
Badische Gesellschaft für Tabaksproduktion und Handel	250
Roth (Seidenbandfabrik)	150
Rudolph Heilbronner (Cigarrenfabrik)	90
Haid und Neu (Nähmaschinenfabrik)	24
Dorn und Daumüller (Fabrik f. künstliche Blumen)	20
Heinrich Oreans (Nähmaschinenfabrik)	12
W. Döring (Spielwarenfabrik u. Korbflechterei)	9 + 10 Lehrlinge

Erwähnenswert sind noch die Brückenwagenfabrik von Ruppert, die Handschuhfabrik von Lang und Cie., die Parfümeriefabrik von Wolff und Sohn sowie die Neugründung des Jahres 1865: eine Cementwarenfabrik.
Weitere Neugründungen im Jahr 1865 meldet das Bezirksamt. Es hat Gewerbeausweise erteilt an *19 Dienstmänner* (vgl. Abb. S. 135), *2 Comissionäre, 1 Lumpensammler, 2 Packer, 2 Pfandleiher, 1 Magdverdinger, 2 Leihhaus Comissionen.*[15]
Das neue Gewerbegesetz ermöglicht also auch mittellosen Leuten, ohne erheblichen

Dienstmann mit zweirädrigem Karren und Gepäck. Hoteldiener mit Schürze. Ausschnitt aus dem Plakat des Hotels Grosse

Kapitaleinsatz ein eigenes „Unternehmen" zu gründen. Zur obersten Schicht in diesem Kleingewerbe zählen die Schuster, Schneider und Bäcker, die ja immerhin das Geld für den Ankauf von Werkzeug bzw. die Einrichtung einer Werkstatt aufbringen müssen.

Daß sich die Begeisterung für Neugründungen seit dem Bestehen der Gewerbefreiheit etwas gelegt hat, zeigt ein vergleichender Überblick über die Jahre 1863 und 1864.[16]

Neuanmeldungen	1863	1864
Kleingewerbe	ca. 80	41
Ladengeschäfte	51	32
Neuanmeldungen von Gewerben insgesamt	130	73

In dieser Übersicht fehlen die neu eröffneten Wirtshäuser, da die Vergabe von Wirtshaus-Konzessionen nicht zu den Amtsobliegenheiten des Bezirksamtes gehört. Aber die in jüngster Zeit geschaffene Möglichkeit, nach eigenem Gutdünken ein Geschäft zu eröffnen, ermutigte viele Unternehmungslustige, sich als Wirt zu versuchen. Der Adreßkalender von Karlsruhe für das Jahr 1865 verzeichnet *43 Gasthäuser, 10 Cafehäuser mit Restauration und 14 Restaurationen.* Unter den Gasthäusern sind eigens die *Herbergen* genannt, also jene Lokale, wo sich die Gesellen verschiedener Berufssparten abends treffen, und wo durchwandernde Handwerksburschen eine billige Übernachtungsmöglichkeit finden – ein Relikt aus der Zeit des Zunftwesens. So gilt beispielsweise der *König von Preußen* als Herberge für Schlosser, Feilenhauer, Messerschmiede, Zeugschmiede, Büchsenmacher, Bäcker und Müller.[17]

Dem Bezirksamt erscheint die hohe Zahl der Hausierer bemerkenswert. Doch gehören sie *der niedersten Classe an, so daß keine Beeinträchtigung des inländischen Gewerbefleißes* zu befürchten sei. Diese Hausierer bieten also derart minderwertige Waren an, die kaum einen Gewinn bringen, so daß einheimische Geschäftsleute kein Interesse daran zeigen. Unter den Hausierern fallen die *rheinbairischen* (Pfälzer) Bilderhändler auf. Doch bürgt das Bezirksamt für gute Überwachung dieser Personengruppe, *daß keine unsittlichen oder sonst anstößigen Bilder* in Karlsruhe unter die Leute kommen.[18]

Im Rückblick auf die Jahre 1864 und 1865 äußert sich das Bezirksamt befriedigt über die stabile Lage im Gewerbebereich. Man hatte einen *raschen Rückgang der Neueinrichtungen* befürchtet; der war aber nicht eingetreten. Es war weder eine größere Zahl von Zwangsversteigerungen noch von Auswanderungen zu verzeichnen (vgl. Abb. S. 136).

Etwa 30 Gewerbetreibende, vor allem Glaser, Schreiner, Schlosser und Schmiede, besitzen nicht die ehedem nach den Regeln der Zunft vorgeschriebene Ausbildung. Die Gesamtzahl der Gewerbetreibenden beträgt nach Angaben des Bezirksamts 1.314. Im Firmenverzeichnis des Amtsgerichts sind für das Jahr 1864 240 Handelsleute eingetragen.[19]

Die rasch ansteigende Zahl der *Gewerbsgehülfen* und selbständigen Gewerbetreibenden findet zwar das volle Interesse des Bezirksamtes und der Handelsgenossenschaft, als Karlsruher aber werden zumindest die *Angehörigen der arbeitenden Classe* von den tonangebenden Residenzlern wohl nicht aner-

Anzeige im Badischen Beobachter vom 4. November 1865. An manchen Tagen finden sich bis zu sieben Anzeigen dieser Art in der Zeitung. Agenturen werben um Geschäftsreisende und Auswanderer. Per Anzeige wurde von diesen Agenturen auch die glückliche Ankunft der Schiffe im Zielhafen mitgeteilt

kannt – und das, obwohl sie ja für das „moderne" Karlsruhe ausschlaggebend sind. Gewiß, viele von ihnen gehen nach einem zwölfstündigen Arbeitstag zu ihren Familien in die umliegenden Dörfer zurück. Und die anderen wohnen zum großen Teil jenseits der Kriegsstraße, hinter dem Bahngelände, womöglich auf Beiertheimer Gemarkung.

Der Korso

Da aber, wo man sich in Karlsruhe trifft, wo man promeniert, um zu sehen und um gesehen zu werden, auf dem *Korso* in der Langen Straße, da fallen die *Angehörigen der arbeitenden Classe* nicht ins Auge, oder sie werden als solche nicht erkannt. Sie erscheinen dort vermutlich in jener *Kleiderpracht,* die ihre *Verhältnisse übersteigt*, wie im Visitationsbericht der evangelischen Pfarrgemeinde mißbilligend vermerkt wird, als es darum geht, allgemeine Charaktereigenschaften der Pfarrangehörigen zu skizzieren.[20]

Daß die Phisiognomie der Gemeinde auch ihre Flecken und Runzeln zeigt, läßt sich leicht annehmen. In letzterer Beziehung haben wir besonders die so oft die Verhältnisse übersteigende Genußsucht, Kleiderpracht und Luxus zu nennen... Mehr oder weniger zieht sich dieser Schaden durch alle Stände hindurch, was ein Vergleich mit mehreren andern Städten gleichen oder ähnlichen Umfangs alsbald beweist; am Auffallendsten jedoch erscheint er gerade in denjenigen Schichten, welche am wenigstens Grund dazu hätten, unter dem niedern Beamtenstand und der arbeitenden Klasse. Der Erwerb wird bei Letzteren nicht selten, vorab vom weiblichen Geschlechte, auf Putz (das Sich-Heraus-Putzen) *verwendet, woran sich ganz von selbst ein liederliches Leben schließt...*[21]

Es gibt allerdings auch viele arme Leute, die für Kleidung kein Geld ausgeben können und deshalb nicht wagen, mit ihren abgetragenen, zerschlissenen Gewändern zum Sonntags-Gottesdienst in die Kirche zu gehen. Da sie aber wenigstens zum Empfang des Abendmahls kommen sollen, steht zur Debatte, ob man nicht am Tag vor dem allgemeinen Abendmahl dieser Bevölkerungsschicht die Kommunion in der Sakristei reichen soll.[22]

Nach einem Spaziergang am Korso ist diesen Menschen sicher nicht zumute. Wer aber läßt sich dort sehen? Auskunft darüber gibt Albert Bürklin, den Karlsruhern als leitender Ingenieur beim Bau der Maxauer Bahn bekannt – bekannt inzwischen auch als wichtigster Mitarbeiter beim „Lahrer Hinkenden Boten".

Wer kennt nicht den Korso von Karlsruhe? Sonntag Nachmittags zwischen 1 und 3 Uhr sieht man in der langen Straße unserer Residenz zwei schwarze, in bunten Schuppen schillernde Schlangen längs den Häusern sich hinwinden, die eine von dem mühlburger nach dem durlacher Thore, die andere von dem dur-

lacher nach dem mühlburger Thore. Kopf und Schweif an diesen Thoren, – der aufgeblähte Leib zwischen der Herrenstraße und der Kreuzstraße. Doch unschuldige, unschädliche Geschöpfe sind diese Schlangen, da ihre Glieder und Ringe meist aus harmlosen Spaziergängern bestehen, welche ihre durch sechstägiges Bureausitzen steif gewordenen Glieder wieder ein Bischen gelenkig und zu dem normalen Sonntagsausfluge nach Durlach tauglich machen wollen.

Die bunten, schillernden Schuppen freilich sind schon minder harmlos, ja selbst gefährlich, namentlich wenn sie Metallblitze schleudern, oder wenn sie in Krinolines (Reifröcke) *die Trottoirs fegen, mit Stahlröcken* (mit schmalen Stahlschienen versteifte Unterröcke) *Bresche machen.*[23]

Die Damenwelt am Korso (vgl. Abb.) zieht die Aufmerksamkeit eines weiteren Beobachters auf sich, *denn sie ist ja die Blume und Creme aller Korsos und ... wie überall, so auch hier in der Mehrzahl, namentlich in der Gegend, wo die Fenster der Konfektionsgeschäfte auf die Trottoirs niederstrahlen. Ich kenne die Karlsruher Frauen und Fräulein nur vom Korso ... Auf der Straße sind aber bekanntlich alle „Gassenengel"; und dies Zeugnis kann auch ich nicht in Abrede stellen. Fein sittig und züchtiglich wandeln sie Korso auf und ab ... Man sieht ... gar viele schöne; ein Kompliment, das jeder Fremdling ... der jüngeren Damenwelt unserer Residenz wird machen müssen ... Am Sabbat, wo das in der Residenz stark vertretene israelitische Element Korso läuft, kann man dazu noch manche klassische, orientalische Schönheit zu sehen bekommen, die alle arischen Gesichter aussticht.*[24]

Was die Herren des Korsos betrifft, so zeigt sich hier weit größere Mannigfaltigkeit ... Bei den Frauen sind die Gesichter entweder schön oder unschön; weitere Charakteristik läßt sich bei dem geistig nicht viel verratenden, allgemeinen Frauengesicht nicht leicht zeichnen. Die Männer, die mehr denken, haben weit mehr Detail in ihren Gesichtern, namentlich die Zivilmenschen. Bei den Herren vom Militär machen die Uniform und der Drill auch die Gesichter einförmig, und ein Leutnant schaut drein, wie der andere (S. 249).

Einen wesentlichen Bestandteil unseres Korsos bilden die Studenten des rühmlich bekannten Polytechnikums unserer Residenz, junge Herren aus allen deutschen Landen ... in Farben und „Wichs" eine belebende Zierde des Korsos und eine wohltuende Erscheinung gegenüber den zahlreichen langweiligen Bureaugesichtern, die das Gros unserer Promenade bilden.

In jeder kleineren Residenz werden die höhern und niedern Beamten und Diener der Staatsmaschine das Charakteristikum für die Straßenbilder abgeben, und man wird deshalb einer Menge von Menschen begegnen, denen man ansieht, daß sie irgendeine offizielle Stellung bekleiden ... So kommt es, daß auch auf unserm Korso zu gewissen Stunden, vor und nach dem Bureau des Nachmittags und

Zwei junge Damen werden von einem Herrn begrüßt. Ausschnitt aus dem Plakat des Hotels Grosse

Maler mit Bildmappe und Sonnenschirm. Ausschnitt aus dem Plakat des Hotels Grosse

Abends, viele Leute sich ergehen mit Beamtenphysiognomien (S. 251 f.).
Unter all diesen Korsogestalten ist der Karlsruher Bürger, soweit er Zeit hat, sich auf dem Korso herumzutreiben, leicht zu erkennen an der friedlichen, aber vom Bewußtsein, Residenzler zu sein, gehobenen Bürgermiene und an dem eiligen Schritt des Geschäftsmannes (S. 256).
Beide Korso-Schilderungen heben hervor, daß unter den männlichen Müßiggängern viele eine *Beamtenphysiognomie* aufweisen, sie sind also in einer Amtsstube beschäftigt. Albert Bürklin glaubt feststellen zu können, daß besonders viele niedere Beamte, sogenannte Subaltern-Beamte, am Korso promenieren. *Man sagt, aber gewiß ist es in hohem Grade übertrieben, das fünfte Gesicht, welches uns Sonntags Nachmittags zwischen 1 und 3 Uhr auf diesem Korso begegne, gehöre entweder einem Revisor oder Registrator, entweder einem Expeditor oder Sekretär, entweder einem Kanzlisten oder Dekopisten, oder Einem, der es war oder werden will, kurzum einem Subaltern-Beamten.*[25]

Der Kanzleirath

Bürklin (vgl. Abb. S. 139) hebt diese Schicht aus dem Beamtenstand nicht nur hervor, weil sie in der Haupt- und Residenzstadt in besonders großer Zahl lebt. Der politisch engagierte Eisenbahningenieur wollte den Subalternbeamten durch eine ungewöhnliche Aktion, die mit einem Zeitungsartikel begann, zu einer besseren Besoldung verhelfen. Unter dem Titel *Die Besoldungsfrage* hat er in der Badischen Landeszeitung vom 21. bis zum 27. März 1857 einen Beitrag veröffentlicht. Den höheren Beamten, die schon seit Jahren über die Besoldungsfrage diskutieren, wird an einem konkreten Beispiel vor Augen geführt, daß die Gehaltserhöhung für niedere Beamte unumgänglich ist.
In ansprechender Erzählform stellt der Autor einen *Kanzleirath* vor, der gerade mit seiner Frau die Lebenshaltungskosten des vergangenen Jahres überprüft. Bis ins kleinste Detail wird nachgewiesen, was Eltern, sechs Kinder und eine Magd an Ausgaben verursachen. Da in Zukunft nicht mehr die bescheidene Mitgift der *Frau Kanzleirath* zum Lebensunterhalt angegriffen werden soll, ist mit der Jahresbilanz gleichzeitig eine Rotstift-Aktion verbunden. Die Ausgaben der Familie müssen verringert werden.
Durch die genaue Aufschlüsselung der Lebenshaltungskosten vermittelt Bürklin Einblick in den Alltag einer Modellfamilie. Da der Autor selbst einer angesehenen, alteingesessenen Karlsruher Beamtenfamilie entstammt, erhält der Leser gleichzeitig Aufschluß darüber, wie sich ein Angehöriger des gebildeten höheren Beamtenstandes den idealen Vertreter des niedern Beamtenstandes samt zugehöriger Familie wünscht. Bürklin stellt eine Musterfamilie vor, die allerdings in einem konkreten finanziellen Rahmen agiert. Sein Zeitungsbeitrag besitzt somit nicht nur hohen Informationswert, er ist gleichzeitig als „Erziehungsschrift" zu betrachten. *Der Kanzleirath* stößt auf reges Interesse, so daß noch im Jahr 1857 drei Neu-

auflagen als Sonderdruck erforderlich sind. Im Jahr 1859 wird eine vierte Auflage notwendig, weil der Autor nun die – durch sein Engagement vorangetriebene – Gehaltserhöhung in seine Kostenaufstellung einbeziehen muß. Albert Bürklin hat sein Ziel erreicht! Aus den Vorworten zu den vier verschiedenen Auflagen wird deutlich, daß Bürklin mit seiner Informations- und Erziehungsschrift auch heftige Kritik erregt hat – vermutlich bei den angesehenen höheren Beamten. Durch die detaillierte Aufschlüsselung der Lebenshaltungskosten wird jedem Leser vor Augen geführt, wie ärmlich selbst ein Subalternbeamter der höchsten Besoldungsgruppe leben muß. Da aber auch diese Armen zum – an sich angesehenen – Beamtenstand gehören, werfen die Kritiker dem Autor vor, daß durch den *Kanzleirath* der Stand der Subalternbeamten herabgesetzt werde. Sie schreien über *Verrath, daß die Schattenseiten des Beamtenlebens dem profanen Auge des Publikums blosgestellt, daß der Nimbus, der das Haupt des Staatsdieners umgeben müsse, zerstreut worden* sei (S. 4.).

Bürklin weist darauf hin, daß er das wirkliche Elend noch gar nicht gezeigt habe, und betont noch einmal, was er seinen Kollegen nach Überprüfung der Jahresausgaben vor Augen geführt hat:

Wir haben die gewiß bescheidene Haushaltung eines Beamten von 1200 fl. (Stand der 1.–3. Auflage) Besoldung beschrieben, die höchste Besoldung glauben wir, die je ein Subalternbeamter haben wird; es sind nicht viele Glückliche, die so wohl bedacht sind. Welche traurige Entdeckungen erst müßten wir machen, welch tiefes Elend müßten wir von seinem falschen Flitter entkleiden, wenn wir den Muth hätten, die Geheimnisse des Familienlebens eines Subalternbeamten von 600–800 fl. Besoldung und sehr starker Familie zu schildern. Schulden und ein übertünchtes Elend mit seinen bekannten Folgen, das ist das Loos vieler dieser Unglücklichen! (S. 35).

Bürklin, der politisch talentierte Ingenieur, weiß seine Beamten-Kollegen, die seit Jah-

Oberingenieur Albert Bürklin (1816–1890)

ren eine Neuregelung der Besoldung vor sich herschieben, an der richtigen Stelle zu packen und erinnert an den Schrecken des Bürgertums: Das Heer der Armen revoltierend auf der Straße, wie es den Karlsruhern aus den Revolutionsjahren 1848/49 in unangenehmer Erinnerung ist:

Und das Ende von Allem? Ein Beamten-Proletariat, und wahrlich, dies wird ein schlimmeres sein, als das Proletariat, welches wir bereits kennen gelernt haben. Ob sich der Staat wohl dabei befinden wird? (S. 35).

Albert Bürklin hatte – wie schon erwähnt – Erfolg mit seiner ungewöhnlichen Aktion. Als die *Haupt- und Residenzstadt Carlsruhe* 150 Jahre alt wird, ist aber dennoch ein Großteil ihrer Bewohner zu einer äußert bescheidenen Lebensführung gezwungen. Der *Kanzleirath* und seine Kollegen haben zwar inzwischen ein etwas höheres Jahreseinkommen, doch bleibt die Diskrepanz zwischen den Ansprüchen an eine äußerlich zur Schau getragene *Würde des Beamtenstandes,* die man sich selbst und seinen Standesangehörigen schuldig zu sein glaubt, und der gezwungenermaßen ärmlichen Haushaltsführung. Äußerlich ist das dem Helden der Informationsschrift nicht anzusehen, denn als *Kanzleirath* muß er *seinen Stand repräsentiren, und in seiner äußeren Erscheinung anständig sich zeigen* (S. 18).

Die Rubrik *Kleidung* im Haushaltsbuch der Musterfamilie weist nach, daß sich der *Kanzleirath* alle zehn Jahre einen Mantel nähen läßt, alle drei Jahre einen Winter- und einen Sommeranzug, bestehend aus einem Rock, (Jacke), einer Weste und Hose. Die vorhandenen Hosen werden nach ihrem Erhaltungszustand klassifiziert: Ausgehhosen, Bureauhosen und Bierhosen. *Mit den Röcken freilich kann er diese Mannigfaltigkeit nicht treiben, da müssen auf dem Bureau die Schreibärmel* (überziehbare Ärmelschoner), *im Bierhaus das als Unterlage für die Ellenbogen dienende Sacktuch als Schutzmittel dienen* (S. 17). Alle sechs Jahre kauft sich der *Kanzleirath* ein Dutzend Hemden. Gepflegte Hemden scheinen dem Muster-Subalternen ein besonderes Anliegen zu sein, denn sie werden auswärts von einer professionellen Büglerin gestärkt und gebügelt – ein Luxus, der in den Haushaltskosten schwer zu Buche schlägt. *Die Frau Kanzleirath hat sich endlich in diese Grille ihres Mannes, wie sie es nennt, gefügt, denn dies ewige Gebrumm jeden Mittwoch und Sonntag* (die Tage, an denen frische Hemden angezogen wurden, d. V.) *über zu steif oder zu blau gestärkte und schlecht gebügelte Hemden... war am Ende nicht mehr auszuhalten* (S. 19).

Auch *Vatermörder* und *Halstücher* verursachen jährlich Ausgaben. Zur Grundausstattung des sorgfältig gekleideten Mannes gehören noch Glacéhandschuhe. Überdies erscheint die jährliche Anschaffung eines Seidenhuts unumgänglich. Stiefel dagegen halten zwei Jahre. Sie bekommen *jährlich 4 Paar neue Sohlen nebst Fleck und Riestern. Den Luxus von Pantoffeln kennt er nicht; von einem Paar alten Stiefeln werden die Rohre abgeschnitten, und daraus ein Paar sehr solide Schlappen konstruirt* (S. 18).

Mädchen mit aus Stoffresten geknoteter Puppe. Ausschnitt aus einem Plakat des Spielwarengeschäftes Friedrich Wilhelm Döring in der Ritterstraße, Carl Heilig, um 1865

Umgeändert werden auch die abgelegten Anzüge des Vaters. *Wenn Rock, Hose und Weste beim Vater drei Jahre ausgedauert, so gehen sie als Erbe über auf den Stammhalter; wenn dieser sie verwachsen, auf den zweiten, wenn dieser sie verwachsen, auf den dritten Sohn... Die gute Frau Kanzleirath macht sich selbst an die Schneiderei, und nach einem seit undenklichen Zeiten in ihrer Familie vererbten Bubenhosenmuster werden drei Paar Hosen zu Tage gefördert, die bezüglich der Form und des Schnittes wahre Wunderhosen sind* (S. 18 f.).

Das Umändern der Jacke überläßt sie allerdings lieber dem Schneider. Doch geht man nicht zu einem teuren *Marchand Tailleur* in der Residenz, sondern sucht einen Landschneider in Blankenloch auf. Der fertigt dann auch *jedem Knaben einen Sonntagsanzug und für den Winter ein warmes Jäckchen* (S. 18f.).

Bei der Knabengarderobe werden noch die Ausgaben für Mützen, Hemden und Socken verbucht. Socken sowie sämtliche Strümpfe der Familie sind natürlich handgestrickt. Und selbst genäht sind die Kleider der Mutter und der drei Töchter. *Mutter und Töchter sind in ihrer Garderobe sehr bescheiden. Ein Kleidchen jedes Jahr, neue Bänder auf den Hut, eine Veränderung der Mantille* (kurzer Umhang), *das ist Alles, und Alles wird selbst gemacht... Doch man mag so sparsam sein, als man will, man muß doch auch hie und da einen neuen Hut sich anschaffen, und ein Mantel hält auch nicht länger als 10 Jahre, unter 50 fl. für sich und die drei Töchter kann man's nicht machen* (S. 19).

Das ist äußerst bemerkenswert, denn die Ausgaben für die Kleidung des Vaters allein werden mit 51 Gulden und 12 Kreuzern verbucht. Hier wird deutlich, daß Albert Bürklin mit seinem Jahresbudget nicht nur seinen entscheidungsbefugten Kollegen den Beweis liefern wollte, daß eine Gehaltserhöhung für die Subalternbeamten unumgänglich sei. Der Autor fühlt sich – im Sinn der Spätaufklärung – auch als „Volkserzieher" und prangert, ebenso wie die geistlichen Herren, die Putzsucht der Frauen aus den *minder begüterten Schichten* an. Hier sei an den Visitationsbericht erinnert, der *Kleiderpracht und Luxus* gerade in denjenigen Schichten beklagt, *welche am wenigsten Grund dazu hätten, unter dem niedern Beamtenstand und der arbeitenden Classe!*[26]

Bürklin unterläßt keine Gelegenheit, die Frauen als eitle *Putznärrinnen* zu verhöhnen. Hier aber stellt er dem Leser eine „Musterfamilie" vor, die nicht nur die Sympathie der höheren Beamten, sondern überdies die Nachahmung der Standesgenossen finden soll. *Mancher mag sich ein Exempel daran nehmen* (S. 6), schreibt der Autor im Vorwort zur dritten Auflage, denn er will den Kollegen des *Kanzleiraths* zeigen, *wie man leben muß, um leben zu können.* Der Vater ist gezwungen, *seinen Stand zu repräsentieren.* Hier steht die Würde des Beamtenstandes auf dem Spiel. Bei Mutter und Töchtern hingegen wird das bescheidene Äußere als Tugend gepriesen. Sie sind *immer nett und einfach elegant gekleidet, obschon sie weder Krinolines, noch Volants, noch Lingerie* (elegante Unterwäsche) aufzuweisen haben (S. 19).

Als es darum geht, den Jahresetat zu reduzieren, um – wie bereits erwähnt – den Rückgriff auf die Mitgift der Mutter zu verhindern, sieht das Ehepaar bei der Rubrik *Kleidung* wenig Sparmöglichkeit. Im kommenden Jahr sollen keine neuen Glacéhandschuhe gekauft werden. Die vorhandenen liegen, *sorgfältig in die Landeszeitung eingewickelt, in seiner Kommode... Von Anschaffung neuer ist dann natürlich keine Rede mehr... „Wozu auch?" sagte er, „ist es etwa unanständig, oder unehrenhaft in bloßen Händen sich zu zeigen?"* (S. 41).

Aus Ersparnisgründen wird auch die Dienstzeit des Seidenhuts *von 1 Jahre auf 1½ Jahre erhöht...* (S. 41).

Bei der Rotstift-Aktion, die ja eine wichtige pädagogische Aufgabe in der Broschüre erfüllt, gibt sich der Autor immer wieder als „Volkserzieher" zu erkennen. All die erforderlichen Sparmaßnahmen trägt das mustergültige Familienoberhaupt mit Humor, ja Heiterkeit und versucht, all den Einschränkungen etwas Positives abzugewinnen. Auch die *Frau Kanzleirath* quittiert die Entscheidungen ihres Mannes bestenfalls mit einem Seufzer, nie aber mit einem bösen Wort. Das wirkt besonders befremdend, wenn das Ehepaar sich entschließen muß, die sowieso schon knapp bemessene Fleischration drastisch zu kürzen. Auch dann nie ein Wort der Klage oder gar der Kritik am Arbeitgeber – das ist in letzter Instanz seine Königliche Hoheit, der Großherzog. Der *Kanzleirath* wird *seinen Herrn Collegen zur Nacheiferung* empfohlen und soll überdies den Beweis liefern, *daß man auch mit Wenigem glücklich, zufrieden und heiter sein kann.* Der Autor räumt ein: *Es kann's nicht jeder* (S. 8). Gar zu realitätsfern möchte Albert Bürklin denn doch nicht erscheinen.

Der *Kanzleirath* lebt mit seiner Familie in einer Mansardenwohnung, die aus drei Zimmern, einer Kammer und einer Küche besteht. Die jährliche Miete beträgt 140 Gulden, doch hat der Hausherr den Betrag um 20 Gulden erhöht, und der *Kanzleirath* befürchtet, daß *er wird ausziehen und eine bescheidenere Wohnung suchen müssen, da er die 20 fl. nicht erschwingen kann* (S. 13).

Die Ausstattung dieser Wohnung orientiert sich an bürgerlichen Vorbildern. *Vor 20 Jahren, bei ihrer Verehelichung, hatte die Frau Kanzleirath, damals noch Frau Kanzlist, ihrem Manne eine ganz respektable Einrichtung zugebracht. Für das Wohnzimmer: ein Kanapee mit 6 Rohrstühlen, ein Chiffonier* (Schrank), *ein Nähtischchen und die Familienporträts ihres Urgroßvaters und ihrer Urgroßmutter . . . für das Gesinde-, später Kinderzimmer: einen Familieneßtisch, zufällig oder in dunkler Vorahnung für 12 Personen, und einen großen Weißzeug- und Kleiderschrank; für das Schlafzimmer: zwei Bettstellen mit Zubehör und einen Waschtisch. Ein lustiger Schalk von Hochzeitsgast hatte dem Ehepaar eine Wiege zum Hochzeitsgeschenk gemacht und dadurch große Heiterkeit erregt. Nachdem der erste Stammhalter aus der Wiege herausgewachsen war, mußte nolens volens eine weitere Bettstelle angeschafft werden* (S. 2).

Für die sechs Kinder der Familie gibt es vier Bettstellen. Daß mehrere Kinder in einem Bett schlafen, ist nichts Außergewöhnliches. Immerhin, die Anschaffung der vier Bettstellen *war die größte Auslage, die sich das Ehepaar während seiner Ehe erlaubte; denn andere ausschweifende Wünsche, wie: für die Frau Kanzleirath die Einrichtung eines Visitenzimmers und ein kupferner Wasserkessel in den Herd, und für den Herrn Gemahl ein Schreibtisch und ein Sorgenstuhl, waren bisher unerfüllt geblieben* (S. 24).

Das Familienleben spielt sich im Kinderzimmer ab. An dem großen Tisch wird nicht nur gegessen, sondern auch gebügelt und genäht, am Abend brennt auf diesem Tisch ein Talglicht, die einzige Beleuchtung der Wohnung. Die Talglichter kauft man beim Seifensieder. Sie haben den Nachteil, daß der Talg am brennenden Docht stark tropft, was besonders unangenehm ist, wenn man sich mit dem Licht in der sonst unbeleuchteten Wohnung bewegen muß. Die sparsame Familie sammelt jedoch die Tropfreste und bringt sie in einem sogenannten *Profitle* nochmals zum Brennen. *Jeden Abend wird der Versuch gemacht, nur mit einem Lichte auszureichen; die Frau Kanzleirath setzt es auf den Tisch mit der finsteren Entschlossenheit, diesmal gewiß nicht nachzugeben. Aber 6 Kinder, die ihre Aufgaben für den kommenden Tag machen müssen, der Herr Kanzleirath, der liest, seine Frau, die spinnt oder flickt – nein, man ruiniert sich die Augen total, es ist nicht durchzuführen; und mit einem Seufzer wird das zweite Licht auf den Tisch gestellt. Doch darin hat die Frau Kanzleirath ihren Kopf aufgesetzt, dieses zweite Licht ist stets nur ein sog. Profitle, in welchem ein melancholischer Docht zwischen Unschlittstücken die Balance zu halten sucht.* (S. 21 f.).

Wenn Arbeiten in der Küche zu verrichten sind, wird eine Öllampe angezündet, eine „Sparlampe“ mit einem wassergefüllten Untergefäß, darüber ein Ölgefäß, in dem der brennende Docht schwimmt. In der kalten Jahreszeit aber wird die Küche kaum benützt. Wenn man wegen der niedrigen Außentemperaturen den Allzweckraum heizen muß, dann ist es keine Frage: auf dem Ofen im Kinderzimmer wird auch gekocht. Zur Diskussion steht lediglich, ob auch das Wohnzimmer geheizt werden muß. Solange das Sparguthaben der Mutter zum Lebensunterhalt herangezogen wird, rechtfertigt das Ehepaar beim Zu-

Schaufensterfront des Eisen- und Gartenmöbel-Händlers Heinrich Lange, Herrenstraße 26, Innenseite einer gefalteten Geschäftskarte, Carl Heilig, kurz vor 1865

sammenzählen der Jahresausgaben den Brennmaterialverbrauch – wie die Ausgaben für die Kleidung des Familienvaters – mit Repräsentationspflichten:

Das Wohnzimmer muß geheizt werden, denn man kann doch mit der Magd nicht in einem und demselben Zimmer sich aufhalten. Man hat so Mancherlei zu sprechen, was weder für die Ohren der Magd, noch der Kinder ist; man hat Besuche zu empfangen, man will aus dem Kinderlärm sich zurück ziehen; kurzum, es ist absolut notwendig, das Wohnzimmer zu heizen, schon die Würde der amtlichen Stellung des Herrn Kanzleiraths verlangt es. Was würde der Kanzleidiener, der ihm häufig Akten ins Haus bringen muß, denken, wenn er den Herrn Kanzleirath im Kinder- und Gesindezimmer träfe, in welchem zudem noch ein Kochofen steht, der alle Düfte des Mittagessens zum Voraus zu kosten gibt, nein, es wäre gegen allen Anstand! So aber, im Wohnzimmer, dessen Boden alle Ostern gewichst wird, der Herr Kanzleirath auf dem Kanapee und vier Bilder mit Goldleisten an der Wand, das macht sich, das gibt Ansehen und erhält den Respekt (S. 20).

Dies ist eine von mehreren Stellen in dieser „Erziehungsschrift", wo die Spottlust des Autors durchbricht. Als Angehöriger einer wohlhabenden Gesellschaftsschicht kann er sein Lachen über die „kleinen Leute" nicht verbergen, die stets bemüht sind, den Lebensstil des gutsituierten Bürgertums zu imitieren, ohne jedoch über die finanziellen und – wie an anderer Stelle gezeigt wird – intellektuellen Voraussetzungen zu verfügen.

Das Problem liegt im System selbst, das vom gesamten Beamtentum ein repräsentatives Auftreten erwartet, auch da, wo eine wenig anspruchsvolle Tätigkeit und die daraus resultierende geringe Besoldung ein – am höheren Beamten orientiertes – standesgemäßes Auftreten schon aus finanziellen Gründen nicht ermöglichen.

Doch sehr schnell wechselt Albert Bürklin vom Bild des, gewiß in privaten Kreisen der „guten Gesellschaft" viel belächelten subalternen Gernegroß zu jenem regierungsinternen Wunschbild des allzeit heiter-zufriedenen Staatsdieners. Bei der Rotstiftaktion faßt man den Entschluß, Brennmaterial zu sparen.

Bezüglich der Heizung des Wohnzimmers ist der Herr Kanzleirath auf einen Schlag anderer

Ansicht geworden. Wozu das Wohnzimmer heizen? Im Winter macht man sich gerne traulich zusammen, das Kinderzimmer ist hell und geräumig, man fühlt sich so wohl und behaglich im Kreise seiner Familie; die Kinder können so Vieles profitiren im unmittelbaren Umgange mit ihren Eltern (S. 42).

Ein wichtiger Grund für die Beheizung des Wohnzimmers ist allerdings weggefallen. Die Eltern wollten sich nicht da aufhalten, wo auch die Magd ihre Arbeiten verrichtet. Dieser Magd aber wird für das kommende Jahr gekündigt, weil zwei der drei Mädchen inzwischen so groß sind, daß sie der Mutter bei der Hausarbeit helfen können. Unterstützung erhält die Mutter in Zukunft von einem *Laufmädchen,* das nicht mehr bei der Familie wohnt und ißt, sondern nur noch stundenweise zur Arbeit kommt. Das *Gesinde- und Kinderzimmer* wird dann also nur noch kurze Zeit am Tag von einer fremden Person mitbenutzt.

Am großen Tisch im Kinderzimmer versammelt sich die achtköpfige Familie natürlich zu den Mahlzeiten. Die Magd ißt in der Küche. Aus dem sorgfältig geführten Kassenbuch, das ja gleichzeitig Anleitung für Leute in ähnlichen Situationen sein soll, geht recht deutlich hervor, was bei *Kanzleiraths* auf den Tisch kommt.

Zum Frühstück trinken die Kinder Milch, die Eltern Kaffee. Jeder ißt einen *Kreuzerweck*. Die Erwachsenen und die heranwachsenden Buben werden davon nicht satt. So steckt die Mutter den Kindern ein trockenes Stück Schwarzbrot für die Zehn-Uhr-Pause in den Schulranzen. *Der Vater brummt zwar, aber man kann doch wahrhaftig die Kinder eines Beamten nicht hungern lassen* (S. 13).

Kaffee ist ein kostspieliges Getränk, das man durch Zugabe von Zichorie als Kaffeeersatz erschwinglicher macht. Doch will man nicht auf den Kaffeegenuß verzichten. Mißtrauisch hatte sich die *Frau Kanzleirath* vor zwanzig Jahren *in ihrem Ehevertrag, die Magd in ihrem Miethvertrage den Kaffee ausbedungen* (S. 13). Billiger als Weck und Kaffee bzw. Milch wäre die bei armen Leuten übliche Frühstückssuppe, etwa eine Kartoffelsuppe. *Man hatte es bei den Kindern mit Suppe probirt, aber es kam nichts Besonderes dabei heraus, und die Kinder freuten sich gar nicht mehr auf's Aufstehen* (S. 13).

Zum Mittagessen trifft sich die Familie um *¼ auf 1 Uhr. Der Tisch ist gedeckt, der Vater kommt vom Bureau und die Kinder aus der Schule* (S. 14).

Das Essen besteht aus drei Gängen, nämlich einer Suppe: *Linsensuppe für 9 Personen 16 Teller voll; denn an der Suppe darf nicht gespart werden* (S. 13). Dann folgt ein Gang mit Fleisch, doch werden nicht wie in den „besseren" Familien mehrere Fleischsorten serviert. Man nimmt stets für die neun Personen 750 Gramm Ochsenfleisch, da bei der Zubereitung Fleischbrühe anfällt.

Zum Ochsenfleisch wird Gemüse serviert. Die Eltern essen außerdem Rettich als Beilage. Als Hauptgang kommt *eine fabelhafte Platte voller geschnitzter und geschmälzter Kartoffeln* auf den Tisch (S. 14).

Wir beschreiben hier einen Mittwochstisch; wären wir an einen Freitag gerathen, so hätten wir etwas von Dampfnudeln zu erzählen gehabt. Dampfnudeln und Schnitze, Seligkeit der Kinder (S. 14).

Das Sonntagsessen besteht aus Kartoffelbrei und Sauerkraut, auf dem zwei Würstchen liegen.

Zwischen den einzelnen Gängen wird Brot gegessen, und die Eltern trinken bei Tisch gemeinsam einen Schoppen (⅜ Liter) billigen Wein. Die Zeit der Mittagspause, die dem *Kanzleirath* bleibt, ehe er wieder in sein Büro gehen muß, beschreibt der Autor als bürgerliche Familienidylle: *Das Mittagsessen ist vorbei, man hat eine halbe Stunde getischelt, natürlich ohne Dessert; die Kinder haben die Schulsäcke zur Hand genommen und von Vater und Mutter mit einem Kuß sich verabschiedet. Vater und Mutter sind allein. Vater hat sich seine Pfeife gestopft . . . und sich behaglich in seinem Sessel ausgestreckt* (S. 15).

Dann bringt die Mutter täglich zwei Tassen

aufgewärmten Kaffee, die sie vom Frühstück zurückbehalten hat. *Die eine* trinkt *Er, zu seiner Pfeife, die andere Sie, zu einem Milchwecke. Sie kann den Kaffee ohne Tunkes nicht vertragen... Dazu wird ein Dauseß gespielt* (Brettspiel) (S. 15). Dieser Mittagskaffee samt Milchweck schlägt mit 4 Kreuzern zu Buche. Das täglich vom *Kanzleirath* beanstandete 10-Uhr-Brot für seine sechs Kinder kostet nicht mehr! So gibt diese Szenerie dem Autor nicht nur Gelegenheit, gepflegten Lebensstil bei *Kanzleiraths* zu demonstrieren. Der Autor nutzt die Gelegenheit auch, um das Familienoberhaupt etwas realistischer als einen mit kleinen Schwächen behafteten Mann zu zeigen. *Hoch wollen wir unserem Kanzleirathe diese Schwäche nicht anrechnen, glücklich für ihn, wenn es seine größte ist* (S. 15).

Um vier Uhr kommen die Kinder von der Schule zurück, und dann essen sie *Butterbrod, oder Schlecklesbrod, oder Brot mit einem Apfel* (S. 16).

Wenn um acht Uhr abends *zur Nacht gegessen* wird, kostet die Cervelatwurst, welche nur den Eltern zusteht, ebenfalls 4 Kreuzer. *Für die Gesammtheit* gibt es *eine Kartoffelsuppe, oder Kartoffeln mit Pippeleskäs* für insgesamt 18 Kreuzer (S. 16).

Weitere Ausgaben in der Rubrik „Speisen und Getränke" verursachen die Extraspeisen an den acht Geburtstagen. Die Tatsache, daß die Magd nicht mit einem Geburtstagsessen erfreut wird, tut der Autor mit der launigen Bemerkung ab: *die Kathrine ist nicht von Geburt* (S. 16). Extra-Auslagen verursacht auch *die Gastfreundschaft, die zwischen Freunden und Verwandten geübt werden muß* (S. 16). Auch die Krankenspeisen bringen Mehrkosten, da sie besonders gehaltvoll sein sollen.

Für die Rotstift-Aktion bietet die Rubrik *Speisen und Getränke* ein günstiges Betätigungsfeld. Schließlich muß innerhalb der eigenen vier Wände nicht ständig die *Würde des Beamtenstandes* zur Schau getragen werden. Zunächst rationiert man das Ochsenfleisch. Statt bisher an sechs Tagen kommt es in Zukunft nur noch mittwochs und sonntags auf den Tisch. Die feineren Geburtstagsmenüs werden gestrichen, und wenn Besuch eintrifft, muß er sich mit dem bescheidenen Familienessen begnügen. Der Schoppen Mittagswein wird um die Hälfte reduziert. Und die Kinder bekommen die ungeliebte Frühstücks-Kartoffelsuppe verordnet, *ausgenommen die Sonntage und Feiertage, da müssen auch sie ihren Kaffee haben, und etwas Mürbes darin, das gibt dann wahre Fest- und Freudentage* (S. 49).

Zur Disposition stehen auch die kargen Zwischenmahlzeiten der Kinder.

Das 10 Uhr- und 4 Uhr-Brod der Kinder veranlaßt eine sehr lebhafte Debatte; der Vater, der dieses Brod durchaus gestrichen haben will, und zwar nicht mit Butter, stößt aber auf einen so energischen Widerstand von Seiten seiner sonst so sanften und nachgiebigen Frau, daß er sie erstaunt anblickt, und eine Ahnung in ihm aufsteigt, er dürfe die Sache nicht allzuweit treiben (S. 38). Dies ist übrigens die einzige Situation, wo die Mutter den Wünschen und Vorschlägen des Vaters energisch entgegentritt. Ansonsten wird uns die *Frau Kanzleirath* als eine geschickte Hausfrau gezeigt, die jedoch alle Entscheidungen ihrem Mann überläßt. *Es kam zu einem Vergleiche und die kontrahirenden Mächte verständigten sich dahin, das 10 Uhr- und 4 Uhr-Brod zwar passiren zu lassen, aber trocken, ohne Zuthat von Butter, Schleckle, Aepfel und dergl., „sie verderben sich nur den Magen mit dem Zeug", setzte der Vater hinzu, um die Härte dieser Maßregel vor seinem eigenen Gewissen zu rechtfertigen* (S. 38).

Sparmaßnahmen, die ihn selbst betreffen, kommentiert der *Kanzleirath* mit der bereits erwähnten mustergültigen Heiterkeit.

Was das Mittagessen betrifft, so meinte der Herr Kanzleirath, er mache schon seit einiger Zeit die Bemerkung, daß das tägliche Fleischessen ihm nicht gut bekomme, es mache ihn zu vollsaftig, und er glaube als, so einen über den andern Tag ein leichtes Gemüschen ohne Fleisch, etwa geschwellte Kartoffeln, oder Kar-

toffel-Schnitze, oder frikasirte Kartoffeln, oder Kartoffel-Knöpfle, oder irgend eine andere der zahllosen Variationen dieser Gottesgabe, die Herr Drake ausdrücklich und ausschließlich für ihn und seine Herren Collegen entdeckt zu haben scheint, müsse seiner Gesundheit vortrefflich bekommen und sein Blut verdünnen (S. 38f.).
Der Kaffee nach dem Mittagessen fällt dem Spareifer jedoch nicht zum Opfer. Schließlich weiß man sich mit der Gewohnheit des Kaffeetrinkens den besseren Gesellschaftsschichten nahe.

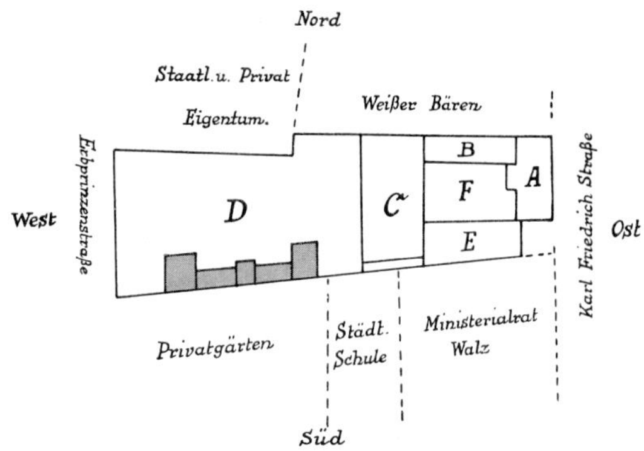

Grundstücksplan der „Eintracht“ von ca. 1860.
A: Wohnhaus an der Karl-Friedrich-Straße
B: Seitenbau
C: Saalbau
D: Garten
■ Kegelbahnen
E: Seitenbau
F: Hof

Die „Eintracht“

Den Drang zu Höherem demonstriert der *Kanzleirath* auch durch seine Mitgliedschaft bei der *Eintracht,* einer der drei bekannten *geschlossenen Gesellschaften* der Residenzstadt, die rangmäßig gleich nach dem *Mu-*

Saal der „Eintracht“

seum einzustufen ist; und das ist bekanntermaßen der Treffpunkt des Adels und der Ministerialbürokratie sowie der angesehensten Familien aus dem Karlsruher Bürgertum. Selbst die großherzogliche Familie besucht die geselligen Veranstaltungen des *Museums*. In die nächste Kategorie fällt die Eintracht, deren Mitglieder *vorzugsweise aus den bemittelten Kreisen des Handels-, Gewerbe- und Bürgerstandes* kommen.[27] Sie besitzt ein stattliches Haus in der Karl-Friedrich-Straße mit dem größten Saal der Stadt und verschiedenen Gesellschaftsräumen, in denen auch eine gut ausgestattete Bibliothek untergebracht ist. Als besondere Attraktion gilt der große, baumbestandene Garten mit Kegelbahnen.

Was bewegt nun den *Kanzleirath*, außer der gesellschaftlichen Reputation, jährlich 24 Gulden für Mitgliedsbeitrag und Verzehr bei den Veranstaltungen auszugeben? *Er ist Mitglied der Eintracht, hauptsächlich seiner Frau wegen, wie er sagt. Die arme Frau, die den ganzen Tag nur flickt, stopft, kocht, wascht und mit den Kindern sich plagt, muß auch ein wenig Zerstreuung haben, sonst verkümmert sie ganz und gar. Ein Roman aus der Bibliothek... zerstreut sie, ein Eintrachtskonzert, die Musik im Garten, oder gar ein Ball erheitern sie, und Alles kostet nicht viel. Ehe man auf den Ball geht, speist man zu Hause ein Stück lyoner Wurst mit Kartoffelsalat... und trinkt auf dem Balle ein Glas Wein, oder wenn's hoch hergehen soll, ein Glas Punsch. Bei der Musik im Eintrachtsgarten wird ein Glas Bier getrunken und ein Stückchen Schweizerkäse oder Butter gegessen* (S. 25f.). Die meiste Zeit aber verbringt das Familienoberhaupt ohne seine Frau dort. *Daß der Herr Kanzleirath jeden Abend... 2 Stunden in die Eintracht geht und hier zwei Schoppen Bier trinkt, ist sein Recht; denn nach den täglichen Plackereien auf dem Bureau und den Sorgen zu Hause gebührt ihm eine Erholung in erheiterndem Gespräche mit Freunden und Bekannten* (S. 26). Als der *Kanzleirath* jedoch Bilanz zieht und für diese Eintrachtpläsir samt Ausgaben fürs Rauchen eine Summe von 56 Gulden verbuchen muß, beschließt er, auch auf dem Vergnügungssektor zu sparen. Zwar: *Die Eintracht wird nicht aufgegeben,* denn... *das ist ja gerade so schön in der Eintracht, daß man das Lesezimmer und den Garten besuchen kann, auch ohne etwas zu genießen* (S. 45). Bier wird aber in Zukunft dort nur noch am Mittwoch und Sonntag getrunken.

Das Hoftheater

In Wirklichkeit jedoch gilt die Mitgliedschaft bei der *Eintracht* nicht als gesellschaftliche Norm für die obere Schicht der niedern Beamten. Theaterbesuche dagegen gehören unabdingbar zum gehobenen Lebensstil, liefern bei der Haushaltsdebatte allerdings Anlaß zu längeren Diskussionen. Schließlich hat man zu zweit für vier Vorstellungen 6 Gulden 24 Kreuzer ausgegeben. Wie gern würde sich das Ehepaar häufiger eine billigere Karte für die Galerie besorgen, doch das erlaubt die Standesehre nicht. *War es kein Luxus, auf das Parterre zu gehen? Was sollte er machen? Es ist allerdings ein Paradies da (die Galerie), dessen Pforte man für 18 kr. überschreiten kann, aber ihm als Subalternbeamter ist auch dieses Paradies verschlossen, denn was würde die Welt sagen, wenn der Herr Kanzleirath mit seiner Frau in so luftiger Höhe erblickt und erkannt würde? Ein lediger Referendär – ja; ein verheiratheter Kanzleirath – nein. Er hätte zu gewärtigen, von seinem Chef den Vorwurf hören zu müssen, daß er sich seiner amtlichen Stellung unwürdig benommen habe. An die Kanzleiräthe allerdings scheint der Erbauer unseres Theaters nicht gedacht zu haben, sonst würde er einen standesgemäßen Zwischenhimmel zwischen Erde und Paradies geschaffen haben* (S. 28).

In diesem Bild ist das ganze Dilemma der besseren Subalternbeamten aufgezeigt: die Unvereinbarkeit von ideeller Würde des Beamtenstandes und realem Inhalt des Geldbeutels.

Nun ist gerade das Theater der Ort, wo man sich mit der „gebildeten Schicht", an der man

„Das Musikfest im großherzoglichen Theater zu Carlsruhe am 3. Oct. 1853“

sich ja orientiert, in einem Raum befindet und mit ihr die gleichen Eindrücke teilt. Hier kann man, wenn man Glück hat, sogar der Großherzoglichen Familie nahe sein, denn traditionsgemäß werden nicht nur die Familienfeiern der Königlichen Hoheiten durch Festaufführungen im Hoftheater (vgl. Abb.) zu einem Ereignis für die Gesellschaft der Residenzstadt. Die Fürstlichkeiten nehmen allgemein regen Anteil am Karlsruher Theaterleben.

Kindererziehung

In bestem Licht aber zeigt der Autor seinen Helden, wenn die Ausbildung der Kinder zur Debatte steht. Die Kindererziehung ist mit 173 Gulden für Bücher, Schreibmaterial und Schulgeld zu verbuchen. Der *Kanzleirath* schickt seine drei Mädchen in die Höhere Töchterschule und in die Musikbildungsanstalt. Die drei Knaben besuchen das Lyzeum. Sie erhalten mit den Kindern der gutsituierten bürgerlichen Familien ihre Erziehung an den angesehensten Karlsruher Schulen und heben damit das soziale Ansehen ihrer Eltern. Denn das aufgeklärte Bürgertum zeigt sich dem Bildungsgedanken offen. Als es darum geht, die jährlichen Ausgaben der Familie zu verringern, heißt es bei der Rubrik „Kindererziehung“: *Hier wird grundsätzlich Nichts reduzirt, denn eine gute Erziehung ist ja Alles, was der Herr Kanzleirath einst seinen Kindern hinterlassen kann* (S. 48).

Er weiß, daß es ihm nicht möglich sein wird, Kapital anzusparen, um seinen sechs Kindern eine brauchbare Existenzgrundlage zu verschaffen. Wenn er nicht bereit ist, von den 1.300 Gulden seines Jahreseinkommens allein 173 Gulden für die Erziehung und Schulbildung auszugeben, ist zu befürchten, daß *seine Mädchen Mägde und seine Buben Schneider und Schuster werden* müssen (S. 35). Sie würden dann Berufe ergreifen, die nur das Kapital für die Anschaffung von einfachem Werkzeug erfordern und keine eigene Werkstatteinrichtung notwendig machen. Den Mädchen könnte er keine angemessene Aussteuer, also keine Haushaltseinrichtung mitgeben, die Voraussetzung für ihren Beruf als Hausfrau. Und so klagt der Kanzleirath, der übrigens selbst eine höhere Schulbildung hat, ein Studium jedoch wegen der Armut seiner Eltern abbrechen mußte:

Seine Mädchen, das ist eine ausgemachte Sache, werden keine Männer bekommen, denn er wird ihnen einst nichts mitgeben können, als das gute Herz, das reine Gemüth und den häuslichen Sinn ihrer Mutter. Die Mädchen versprechen zwar, bildhübsch zu werden, aber heirathen aus Liebe! Pah! wer denkt noch daran? Ein gutes Herz, ein reines Gemüth und ein häuslicher Sinn sind zwar recht hübsche Sachen: allein, die jungen Herren verlangen von ihren künftigen Gattinnen noch einige reellere Eigenschaften, welche sich vorzugsweise in den Steuerregistern finden... Was also will der Herr Kanzleirath mit seinen Mädchen anfangen? Sie müssen wahrscheinlich

Spielende Kinder. Ausschnitt aus einem Plakat des Spielwarengeschäftes Friedrich Wilhelm Döring, Ritterstraße, Carl Heilig, um 1865

einst selbst ihr Brod verdienen, sie müssen Lehrerin, Erzieherin werden. Doch um dies werden zu können, müssen sie selbst eine gute Erziehung erhalten haben (S. 32f.).

Frauen

Da der Beruf der Erzieherin die einzige Möglichkeit bietet, auf halbwegs „standesgemäße" Weise Geld zu verdienen, ist er hoffnungslos überlaufen. Die meisten Frauen müssen froh sein, wenn sie in einer Familie die schlechtbezahlte Stellung einer Privatlehrerin erhalten. So besteht eine der wichtigsten Aufgaben der Zeit darin, den Frauen und Mädchen Tätigkeitsbereiche zu erschließen, die ihnen einen angemessenen Lebensunterhalt sichern.

Einen Bericht aus Berlin zu diesem Thema lesen die Karlsruher am 16. November 1865 in der liberalen Badischen Landeszeitung. *Das Loos der unverheirateten und unversorgten Frauen und Mädchen in unserer Gesellschaft* wird hier als *eine der wichtigsten Zeitfragen* erörtert. *Die meisten jüngeren Männer* sind *in Folge unserer staatlichen und gesellschaftlichen Verhältnisse außer Stande, vor Erreichung eines höheren Lebensalters eine Familie zu gründen. Die mit einem Hauswesen verbundenen nothwendigen Ausgaben übersteigen in den meisten Fällen die geringe Besoldung oder sonstige Einnahmen, so daß in Berlin, besonders in den Beamtenkreisen, sich ein höheres Proletariat gebildet hat. Man findet hier angesehene Beamtenfamilien, welche in einem glänzenden Elende leben, darben und hungern, um ihre Stellung wenigstens äußerlich nothdürftig zu behaupten. Nicht selten sieht man Geheimraths-Töchter mit weiblichen Handarbeiten beschäftigt, zierliche Börsen, Schlummerkissen und Zigarrentaschen häkeln oder sticken, die jedoch nur zum Verkaufe bestimmt sind und nach England oder Amerika wandern, wo dieser Industriezweig einen eigenen Handelsartikel bildet.*

Auch in Karlsruhe kennt man dieses Problem. Hier warnt die Handelskammer in ihrem Jahresbericht: *Die sogenannten feinen weiblichen Arbeiten, wie feine Stickerein u. dgl., mit denen unsere jungen Mädchen jetzt die meiste Zeit zum größten Schaden ihrer Gesundheit zubringen, und welche nicht geeignet sind, nöthigenfalls ein anständiges Auskommen zu sichern, diese Tändeleien, welche für den Ernst des Lebens zu wenig und für den Scherz zu viel sind, überlasse man denjenigen, welche sich in durchaus gesicherten Vermögensverhältnissen befinden, den Wohlhabenden und Reichen.*[28]

Die Mitglieder der Handelskammer – (Groß-) Händler und Fabrikanten – nehmen sich dieses Themas gewiß nicht nur aus sozialem Mitgefühl an. Sie sehen in den verarmten Frauen natürlich auch ein ungenutztes Potential an Arbeitskräften. Der Blick über die westliche Landesgrenze zeigt, daß man Frauen viel stärker in den Arbeitsprozeß einbinden kann, nicht nur als ungelernte Fabrikarbeiterinnen. Die Herren der Handelskammer haben die mittleren Tätigkeitsbereiche im Handel und in den Kontoren der Fabriken und größeren Gewerbebetriebe im Auge. Sie möchten die Mädchen und Frauen aus den *mittleren Ständen* für diese Bereiche gewinnen.

Wie aber soll man die geplante Neuorientierung der Frauen einer selbstzufrieden-patriarchalischen Männerwelt nahebringen, ohne damit die Gefahr einer *unpassenden Emanzipation der Frauen* heraufzubeschwören![29] Der Berichterstatter der Handelskammer läßt sein pädagogisches Talent walten: *Durch die Erfindungen der Neuzeit, durch die daraus entsprungene Vertheuerung aller Lebensbedürfnisse, selbst in den von der Natur am reichsten gesegneten Ländern, wozu Baden gewiß in erster Linie gehört, ist die alte patriarchalische Ordnung in den Familien geradezu unhaltbar geworden. Wohlhabende Familien können ihre Töchter im Hause halten und ihnen nur eine leichte Beschäftigung mit sogenannten weiblichen Arbeiten gestatten. Die weit überwiegende Mehrzahl der Familien des Mittelstandes aber wird gut thun, den jungen Mädchen eine solche Ausbildung zu ge-*

ben, daß sie künftig, sei es an der Seite eines Gatten oder allein, sich selbst zu erhalten im Stande sind. Die Industrie könnte sich eines solchen neuen Zustandes der Dinge nur freuen. Wir können uns in dieser Beziehung ein Beispiel an Frankreich nehmen . . .

Man wende nicht ein, die schöne Stellung der deutschen Hausfrau könnte dadurch gefährdet werden.

Dieses wird nicht der Fall sein. Im Gegentheil, wenn eine Jungfrau durch Verheirathung in eine Lage kommt, daß sie der industriellen Thätigkeit für ihre und ihrer Familie Existenz nicht mehr bedarf, so wird ihr das, was sie gelernt hat, nicht schaden; es wird sie nicht verhindern, nur ganz ihrer Familie und ihrem Haus zu leben und sie wird dann nur um so besser im Stande sein, auch einstens ihre Töchter zu guten und tüchtigen Hausfrauen heranzubilden.[30]

Wie aber kann man einen dem herkömmlichen Denken verhafteten Familienvater dazu bewegen, seine Töchter für die *industrielle Thätigkeit* freizugeben? Um die Mädchen aus den ärmeren, aber ambitioniert-standesbewußten Familien für den Arbeitsprozeß zu gewinnen, muß man ein Bildungsprogramm anbieten, damit sie nicht in die Nähe jener, mit großer Distanz betrachteten *Frauen der arbeitenden Classe* gerückt werden. Vorläufig aber fehlen entsprechende Bildungsanstalten.

Wir müssen gestehen, es ist uns keine bekannt, räumt der Berichterstatter der Handelskammer ein. *Wenn auch in den hiesigen weiblichen Lehranstalten der eine oder andere dahin zielende Gegenstand gelehrt wird, so ist uns doch keine Lehranstalt bekannt, in welcher ein derartiger Unterricht im Zusammenhang und systematisch ertheilt wird. Man hat in Deutschland Seminarien für Erzieherinnen errichtet und damit den Andrang der Frauen zum Lehrfach über Gebühr vermehrt. Wenn Beamte oder andere Familienhäupter aus dem Mittelstande Töchter zurücklassen ohne Vermögen, so ist, wenn sie keine Aussicht haben, sich durch Heirath zu versorgen, das gewöhnliche Zufluchstmittel: das Lehrfach. Sie werden Gouvernantinnen und dieses Loos ist in den meisten Fällen wahrlich kein beneidenswerthes. Wie viel schöner und lohnender wäre es, wenn solche Mädchen im Stande wären, durch industrielle Thätigkeit ihre Existenz zu sichern und dabei ihre Selbstständigkeit zu bewahren.*[31]

Die Mitglieder der Handelskammer haben offenbar große Pläne, wenn sie bemängeln: *In Karlsruhe hat man vor ganz kurzer Zeit den Versuch gemacht, einen Kursus für Mädchen und Frauen zu eröffnen, in welchem einfache Buchhaltung und kaufmännisches Rechnen gelehrt wird. So sehr wir uns auch über diesen Anfang freuen, so genügt derselbe für die beabsichtigten Zwecke nicht.*

Die Herren scheinen keine Ahnung zu haben, wie suspekt selbst solch *ungenügende* Kurse den Familienhäuptern aus dem Mittelstande sind. Wie sonst wäre der fortschrittliche Badische Frauenverein genötigt, den von ihm abgehaltenen Buchführungskurs als nichts weiter denn einen Beitrag zur besseren Haushaltsführung zu propagieren:

Die Absicht des badischen Frauenvereines bei Veranstaltung eines Cursus über Buchführung war eine doppelte, einmal jenen Frauen und Mädchen, welche daran theilnahmen, gleichviel in welchen Vermögensverhältnissen sie leben, einen unmittelbaren Nutzen zu verschaffen und sodann durch das gegebene Beispiel vorhandene Vorurtheile zu beseitigen und Frauen und Mädchen allgemeiner zur Erwerbung dieser nützlichen Kenntniß und Uebung anzuregen.

Durch Verbreitung dieser Kenntniß und Uebung wird zunächst das materielle Wohl der Familie gefördert.

Die Buchführung bringt Ordnung in den Haushalt und lehrt die Ausgaben nach den Einnahmen richten.

Das Familienglück blüht gerne, wo der Schluß des Jahres eine Erübrigung im Haushalte, sei es auch nur eine kleine, nachweist.

Die Stellung der Frauen und Mädchen in der Familie ist eine günstigere, wenn der Hausvater diese Erübrigung der verständigen Mitwir-

Marktplatz in Karlsruhe

kung der Hausfrau und der erwachsenen Töchter zu danken hat.[32]

Ein dreißigstündiger Buchführungskurs, besucht von 64 Frauen und Mädchen, die in zwei Gruppen unterrichtet worden waren, will demnach nichts weiter als die Erprobung am schmalen Haushaltsbudget. Müssen da die Herren von der Handelskammer mit ihrem hochgesteckten Programm nicht den Mut verlieren? *Nach unserem Dafürhalten sollten Schulen oder Institute für Mädchen und Frauen errichtet werden, in welchen deutsche Korrespondenz, Schönschreiben, französische Korrespondenz, Lektüre und Konversation, kaufmännisches Rechnen, Buchführung, Hauswirthschaftslehre, Geschichte und Geographie, Zeichnen und etwas Rechtskunde gelehrt wird.*[33]

Vermutlich wissen die in der Genossenschaft zusammenwirkenden Großhändler und Fabrikanten recht gut, wo man ein auf Standesehre bedachtes Familienoberhaupt am besten treffen kann, und so scheuen sie sich nicht, die Gefahr der Prostitution anzusprechen:

Wenn wir es dahin bringen können, daß deutsche Frauen und Mädchen künftig mehr für eine industrielle Thätigkeit herangebildet werden, so wird dieses nicht allein ein großer volkswirthschaftlicher Gewinn, sondern auch ein wichtiges Förderungsmittel der Sittlichkeit sein . . . Gehen wir einen Schritt weiter und fragen wir, was ist in den meisten Fällen die Ursache, wenn Frauen der Entsittlichung verfallen? Ist es etwa nur die Neigung dazu? Gewiß nicht! Weit ab, in den meisten Fällen ist es der Mangel an genügender und zweckmäßiger Beschäftigung, die Nahrungssorge, die bittere Noth, welche sie dazu treibt.[34]

Der Berichterstatter der Handelskammer ist bereit, die Prostitution als Folge sozial-ökonomischer Probleme zu erkennen. Er beweist damit einen Realitätssinn, der den meisten seiner Zeitgenossen fehlt. Der Verfasser des Visitationsberichts hingegen zieht sich auf die selbstgefällige Position des Moralisten zurück und erklärt, daß *im niedern Beamtenstand und der arbeitenden Classe der Erwerb ... nicht selten, vorab vom weiblichen Geschlechte, auf Putz verwendet* wird, *woran sich ganz von selbst ein liederliches Leben schließt, so daß man mit einem gewissen Recht Beides als sich gegenseitig fördernd bezeichnen muß. In ähnlicher Weise verhält es sich mit dem Haschen nach Genuß. Daß mit der maßlosen Genußsucht die Sünde der Unzucht Hand in Hand geht, ist sicher.*[35]

Woher das Geld bei diesen Schichten für die Befriedigung einer *maßlosen Genußsucht* kommen soll, darüber hat sich der geistliche Herr sicher keine Gedanken gemacht. Mit der Verteilung des Jahreseinkommens eines niedern Beamten, wie sie uns Albert Bürklin vor Augen führt, hat er sich offenbar nicht auseinandergesetzt.

Die Kirchen

Man kann den Karlsruhern des Jahres 1865 aber nicht vorwerfen, daß sie die Augen vor der Armut ihrer Mitbürger verschließen. Im Visitationsbericht ist zu lesen: *Ein ... erfreulich Zug* (der hiesigen evangelischen Gemeinde) *ist die christliche Wohltätigkeit, wie sie nicht blos von den kirchlichen Organen der Gemeinde, sondern auch in freier Weise von besonderen Vereinen und einzelnen Gemeindegliedern geübt wird ...*

Selbst der *Herr Kanzleirath* zeigt sich dieser (bürgerlichen) Haltung verpflichtet: *Auch an die Armen wird gedacht. Vater und Mutter mit allen 6 Kindern besuchen jeden Sonntag die Kirche, und hier werden in 4 halben Kreuzern 2 Kreuzer in den Klingelbeutel geopfert. Dies macht mit den sonstigen Almosen, die gegeben werden, jährlich 5 fl.* (S. 25).

Im Visitationsbericht wird lobend erwähnt: *Ein hervorstehender Charakterzug der hiesigen evangelischen Gemeinde, welcher besonders bei Vergleichung mit anderen Stadtgemeinden im engeren und weitern Vaterland hervortritt, ist ihre Kirchlichkeit. Es genügt zur Begründung dieses Urtheils auf die Thatsache hinzuweisen, daß die sonntäglichen Gottesdienste durchschnittlich von etwa 4000 Personen, beinahe einem Viertel der evangelischen Bevölkerung besucht werden und daß die Zahl der jährlichen Communicanten durchschnittlich circa 7000 beträgt. Wir wissen recht wohl, daß die beiden Begriffe: kirchlich und christlich sich nicht decken; auch wissen wir, daß ein Theil der Gemeindeglieder aus allen Ständen gar nicht oder nur spärlich die Gottesdienste besucht. Immerhin dürfen wir jedoch auf Grund der berührten Thatsachen die Kirchlichkeit als einen erfreulichen Zug in der Phisiognomie unserer Gemeinde hervorheben.*

Das kann gewiß auch von der katholischen Pfarrgemeinde gesagt werden, da sich das kirchliche Leben der Katholiken stark an den Gepflogenheiten der evangelischen Mitbürger orientiert. Sie nämlich gelten als tonangebend in der Stadt, obwohl die evangelische Gemeinde mit ihren rund 17.000 Mitgliedern die katholische Gemeinde mit etwa 12.500 Mitgliedern zahlenmäßig nicht mehr so sehr überragt. Der normative Charakter der evangelischen Konfessionsgemeinschaft zeigt sich unter anderem auf dem Gebiet der Eheschließungen. Bei etwa einem Viertel aller Heiraten sind die Partner gemischtkonfessionell, doch werden *bei weitem die meisten in der evangelischen Kirche eingesegnet ... Meist fällt auch die Kindererziehung in denselben dem evangelischen Theile zu.*

Die stärkere Partei zeigt sich auch beim Konfessionswechsel. In den vergangenen drei Jahren waren jährlich etwa 10 bis 15 Übertritte von Katholiken in die evangelische Kirche zu verzeichnen, dagegen ist nur ein Protestant katholisch geworden.

In kirchlichen Kreisen spürt man allerdings,

daß der Einfluß der Kirche etwas geringer wird. Man muß feststellen, daß die Angehörigen der *arbeitenden Classe* dem sonntäglichen Gottesdienst größtenteils fernbleiben. Und die Angehörigen der anderen Schichten kommen seltener, weil sie ein breiteres „Freizeitangebot“ nutzen:
Die vielen geselligen Vereine, so wie die sich häufenden Festlichkeiten bieten eine für Viele nur zu erwünschte Veranlassung dar, der Genußsucht zu fröhnen und befördern die Entfremdung von der Kirche, die sittliche Leichtfertigkeit und die Arbeitsscheu. Außer diesen besonderen Festlichkeiten sind reichliche, immer sich mehrende Gelegenheiten zu sonn- und feiertäglichen Vergnügungen „verfänglicher und unverfänglicher Art“ geboten.

Die Messe

Ein deutlicher Rückgang des Kirchenbesuchs ist zu bemerken, wenn im Juni und November am Schloßplatz die Meßbuden aufgestellt sind. Der Schloßplatz ist im Jahr 1865 noch ein weitgestreckter Sandplatz ohne gärtnerische Gestaltung, wo sich die Kinder bei Reif- und Ballspiel ungehindert vergnügen können. Von Heinrich Vierordt erfahren wir:
Die Messe war in der damals viel kleineren, viel gemütlicheren Stadt durch die fächergestalteten Straßen von allen Seiten in gleicher Weise schnell und bequem zu erreichen.
Es war ein ungewöhnlich stimmungsvoller Platz hierfür, und man mochte sicherlich weit in der Welt umherwandern, bis man eine ähnliche, ebenso stimmungsvolle, fast poetisch zu heißende Jahrmarktstätte wieder hätte finden können.
Hier brüllten die wilden Tiere aus den allezeit jung und alt gern besuchten Tierbuden, den

„Das Volksfest auf dem Schloßplatz zu Carlsruhe am 4. October 1853“, mit Tribünen für Geschicklichkeits-Wettspiele

Kreutzberg's
große
Menagerie
auf dem
Schloßplatz
rechts.

Heute Mittwoch 1 große außerordentliche Vorstellung um 4 Uhr Abends, wobei die **berühmte Thierbändigerin** aus **Stockholm** zum dritten Male mit den dressirten Raubthieren die schwierigsten Produktionen ausführen wird. Zum Schluß jeder Vorstellung Exercitien des Wunder-Elephanten Pepita und Fütterung sämmtlicher Thiere.

G. Kreutzberg.

—1.

Anzeige im Karlsruher Tagblatt vom 15. November 1865. Kreutzbergs Menagerie galt als besondere Attraktion der Karlsruher Messe, die zweimal im Jahr jeweils 14 Tage lang auf dem Schloßplatz (bis 1872) stattfand

sog. Menagerien; hier hatten die Wachsfigurenbuden besonders starken Zulauf; hier drehten sich zum Drehorgelspiele die Karussells, wobei kecke Knaben sich eiserne Ringe stachen und der Gewinner sich eine Freifahrt errang; hier konnte man in schwindelerregenden Gondeln des „Russischen Karussells" sogar himmelan steigen; hier sangen die Moritatensänger ihre fürchterlichen, herzbrechenden Gesänge, mit langen Stangen nach den blutigen Vorgängen auf der Leinwand deutend; hier spielten die bei der Kinderwelt vorzugsweise beliebten Kaspertheater.

Auf dem östlichen . . . Teile des Schloßplatzes, also von der Karl-Friedrich-Straße bis zur Waldhornstraße, befand sich der Gläser- und Geschirrmarkt, der zwar für Hausfrauen und Köchinnen von hoher Wichtigkeit, ja von größtem Belange war, für Kinderaugen jedoch naturgemäß nichts des Anziehenden und Sehenswerten darbot.

Um so größeren Anreiz für Kauflust und Schaulust hatte der westliche Teil des Schloßplatzes mit seinen vier Reihen hölzerner, schnell erstellter Kaufbuden, im Volksmund Meßbutiken genannt . . . Und was konnte man nicht damals alles für einen Groschen (Wert von drei Kreuzern) am Groschenstande kaufen! Schüttelbilder (Kaleidoskope) in pappendeckelnen Zylindern, die man drehte und die durch ein Glas stets neue, sternartige, buntfarbige Gebilde dem bewundernden Auge boten; kleine, abschreckend häßliche Teufelsfratzen, die aus hölzernen Schachteln sprangen; Taschenuhren, natürlich keine wirklich gehenden, sondern nur solche, um damit zu spielen; und hunderterlei ähnliche Dinge.

In den 1860er Jahren kamen zum besonderen Entzücken der mit Bleisoldaten spielenden Knaben die massiven Bleisoldaten auf, vor allem Reiter, die man von den Pferden absetzen konnte, was ein außerordentlicher Fortschritt war . . .

Den Reigen der Jahrmarktstände schlossen gen Westen zu die Waffelbuden, die stets von einer kauflustigen, meistens die warme Ware begierig aus freier Hand hinunterschlingenden Menge umlagert waren. Für einen Kreuzer schon konnte man eine große, dick mit Zucker bestreute, lecker mundende Waffel erstehen, und für einen Groschen ein ganzes, stattliches, in sauberes weißes Papier gewickeltes, für die Kaufliebhaber bereits zurecht gerichtetes Paketchen voll Zimtwaffeln mit heimnehmen. Die ganze Gegend vor dem ehemaligen Palais des Prinzen Wilhelm duftete weithin nach dem süßen Geruche der Waffelbäckereien.[36]

Im Haushaltsplan des *Kanzleiraths* sind allerdings keine Ausgaben für Messefreuden vorgesehen. Die Familie scheint dieses Vergnügungszentrum nur zu besuchen, um zu schauen und um unbrauchbar gewordene Haushaltsgegenstände an den Geschirrständen zu ersetzen. Die Magd allerdings erhält ein Meßgeld von 1 Gulden 12 Kreuzern, womit der hohe Stellenwert des Messe-Vergnügens im Veranstaltungsangebot der Stadt deutlich wird. (Die Ausgaben für ein Weihnachtsgeschenk an die Magd betragen 2 Gulden.)

Äußerst bescheiden fällt das Freizeitprogramm der Musterfamilie nach der Rotstift-Aktion aus. Neben den bereits erwähnten Besuchen in der *Eintracht* und den wenigen Theaterabenden bleiben noch die sonntäglichen Familienausflüge nach Durlach, Ettlingen, Mühlburg oder Wolfartsweier. Die gelegentliche Einkehr in einem Gasthaus fällt weg. Bislang hat sich der Vater doch hin und wieder dazu entschlossen, denn *es ist die Seligkeit der Kinder, die meinen, bloße Natur ohne Butterbrod oder Fastenbretzeln seie doch auch gar zu fade* (S. 26). Höhepunkt dieser Familienunternehmungen waren bisher jährlich zwei Eisenbahnausflüge, der erste am Ostermontag nach Durlach, der zweite am Pfingstmontag nach Ettlingen. *Diese Familienausflüge sind für die Kinder die fröhlichsten Tage im Jahre* (S. 27). In Zukunft wird der Kanzleirath 7 Gulden für Eisenbahnfahrten einsparen.

Im Zuge der Sparmaßnahmen muß in der Rubrik *Vergnügen* sogar der Christbaum gestrichen werden, da er mit seinen Lichtern, Äpfeln, Zuckerbroten und goldenen Nüssen Ausgaben von 4 Gulden verursacht. An den Weihnachtsgeschenken für die Kinder kann nichts eingespart werden, da sie sowieso nur nützliche Dinge bekommen wie Kleidung und Schulbücher.

In der Realität des Jahres 1865 bringt eine achtköpfige Familie mit einem Jahreseinkom-

Weihnachtsabend in einer wohlhabenden Familie. An der Rückwand des Zimmers hoher Wandspiegel, flankiert von Porträts und Skulpturen. Sehr viele Familien konnten sich keinen Christbaum leisten, auch kein (gekauftes) Spielzeug

„Entwurf zu dem Thiergarten in Carlsruhe", um 1865

men von 1.300 Gulden wohl kaum den herben Willen zur äußersten Selbsteinschränkung auf, der nötig ist, um 173 Gulden für eine gute Schulausbildung abzusparen. Wenn überhaupt, so ist die Durchschnittsfamilie bestenfalls bereit, finanzielle Sonderbelastungen für die Erziehung der Knaben auf sich zu nehmen. Bei den Mädchen beschränkt man sich gewöhnlich auf eine gute äußere Aufmachung, die vielkritisierte *Kleiderpracht,* in der Hoffnung, damit das Interesse eines gutsituierten Mannes zu erwecken. Die berühmte „gute Partie" für das Eheleben ist das erstrebte Ziel. Bei weniger Ausgaben für die Schulbildung bleiben einer Durchschnittsfamilie der „höheren" Subalternbeamten dann noch einige Gulden übrig, um sich an den Attraktionen zu erfreuen, die das Stadtleben im Lauf eines Jahres bietet.

Reines Freizeitvergnügen verspricht der Besuch des neu eröffneten Tierparks im südlichen Teil des Sallenwäldchens rings um das Saubad (später Ludwigsee; vgl. Abb.).

Eine reichlich kostspielige Attraktion ist die Bahnfahrt über die neu eröffnete Eisenbahnschiffsbrücke bei Maxau, nach dem häufigsten Ziel vergnügungslustiger Karlsruher, dem Rheinbad auf der bairischen Seite.

Als weiterer Anziehungspunkt gilt die neu eröffnete Landesgewerbehalle. Die Ausstellung dort *soll ein Musterlager sein, welches ein Bild des Fortschritts der Gegenwart auf industriellem Gebiet zeigt.*[37]

Die hygienischen Verhältnisse

So sehr man auch auf das wirtschaftliche Gedeihen der Stadt bedacht ist, so wenig ernst nimmt man die Notwendigkeit einer grundlegenden Gesundheitsvorsorge, die Versorgung mit gesundem Trinkwasser und die einwandfreie Beseitigung von Abfällen und Ab-

wasser. Im Jahr 1865 aber muß die rasch anwachsende Bevölkerung der Stadt vor erhöhter Cholera-Gefahr gewarnt werden.
In einer dreiteiligen Beitragsfolge mahnt die Badische Landeszeitung am 18., 19. und 21. November 1865 zur Wachsamkeit und zu verändertem Verhalten im Bereich der häuslichen Hygiene:
Wir können uns die Möglichkeit nicht verbergen, daß auch wir von der Cholera heimgesucht werden. Sie ist in Paris und andern Städten Frankreichs, durch den raschen Weltverkehr ist uns Paris eine Nachbarstadt geworden, tägliche Bahnzüge bringen uns die Fremden unmittelbar aus infizirten Städten; Baden, belebter wie je in dieser Jahreszeit, ist angefüllt von Choleraflüchtlingen . . . Die Verschleppbarkeit der Cholera hat sich aber auf ihrem diesjährigen Weltzuge deutlicher gezeigt, als je vorher . . .
Der Autor erörtert die Zusammenhänge zwischen Seuchen wie Typhus, Ruhr und Cholera und der Beschaffenheit des Trinkwassers – eine Tatsache, die nicht allgemein bekannt ist. Allgemein bekannt aber ist die Tatsache, daß die Trinkwasserversorgung der Stadt dringend einer Verbesserung bedarf. Vorläufig müssen sich die Karlsruher immer noch mit ihren Hausbrunnen begnügen, die häufig direkt neben der Dunggrube angelegt sind. In dem ungewöhnlich heißen Sommer 1865 waren 70 dieser Brunnen versiegt und mußten tiefer gebohrt werden. Neben diesen Brunnen liefert eine aus dem Jahr 1822 stammende, völlig ungenügende Rohrleitung Quellwasser aus den Durlacher Hängen. Pläne der Stadtverwaltung, mit dem Schloßbezirk gemeinsam ein Wasserwerk im Rüppurrer Wald zu erstellen, hatten sich zerschlagen, da sich Stadt und Domänenfiskus nicht über die Kostenverteilung einigen konnten. Für den Hofbezirk ist inzwischen der Bau eines Wasserwerkes im Hardtwald westlich des Botanischen Gartens begonnen worden. Die Stadt aber begnügt sich weiterhin mit Planungen.[38]
Die Badische Landeszeitung meldet weiter, daß *unser Chemiker, Herr Hofrath Weltzien, im Laboratorium der polytechnischen Schule die Brunnenwasser aus verschiedenen Häusern und Stadttheilen einer erneuten genauen Prüfung* unterzogen hat, um *zu erforschen, ob in unsern städtischen Verhältnissen und Einrichtungen der Mensch dem Trinkwasser, welches er benützt, Stoffe mittheilt, die aus der Zersetzung seiner Abgänge entstehen.* Die verfeinerten Meßmethoden haben das bestätigt. Zwar hat die Hofwasserleitung *verschwindend kleine Mengen von Nitraten, fast so gering wie die laufenden* (mit Durlacher Wasser versorgten) *Brunnen der Stadt.* Sehr stark belastet ist dagegen das Brunnenwasser in der Spitalstraße (Markgrafenstraße). Kein Wunder also, wenn bei den Bewohnern dieser Straße immer wieder Typhuserkrankungen auftreten.
Nun kommt der Berichterstatter der Badischen Landeszeitung nicht umhin, sich mit den Aborten zu befassen, und da kann er den Karlsruhern kein gutes Zeugnis ausstellen. Ein Teil des Inhalts der Abortgruben versikkert im Boden, gelangt ins Grundwasser und mischt sich mit dem Trinkwasser.
Wie ist da zu helfen? Der erste Fehler liegt in unseren Gewohnheiten und der Bauart unserer Häuser . . . Wir bauen Kothbehälter in unsere Höfe, einige Schritte entfernt von dem Brunnen, der uns das Trinkwasser liefert, unter den Abtritten, die wir in unserer nächsten Nähe neben der Küche oder dem Schlafzimmer anbringen, welche fortwährend mit der Zersetzungsluft aus den Senkgruben erfüllt sind. Und wenn dieser kostbare Stoff . . . endlich so überschwänglich geworden ist, daß er nachts in hölzerne Jauchewägen geschöpft und abtransportiert wird, *so werden alle Räume des Hauses und alle Lungen . . . der Bewohner bis zum zartesten Kinde herab eine ganze Nacht über von diesen Düngergasen erfüllt: der weiße Anstrich der Thüren und Fenster und das blanke Metall in der Küche wird schwarz darob, die Bewohner aber schütteln sich, und fangen am nächsten Morgen die Sammlung von Neuem an.*

Schnitt durch ein Wohnhaus mit Wasserleitung (links). Im Dachgeschoß befindet sich ein kleines Wasserreservoir. Besonders komfortable Ausstattung mit zwei Wasserhähnen pro Wohnung. Im Erdgeschoß ein Raum mit Dusche, ein zweiter mit Wanne. Ausschnitt aus dem „Entwurf zu einer Wasserleitung für die Residenzstadt Carlsruhe" von Baurat Robert Gerwig (1857). Diese Planung kam jedoch aus Kostengründen nicht zur Durchführung, erst elf Jahre später wurde mit dem Bau eines neuen Wasserwerkes im Rüppurrer Wald begonnen

Glücklich schätzen sich da die Anwohner des Landgrabens (vgl. Abb. S. 67). Sie leiten ihre Fäkalien samt dem anfallenden Hausmüll direkt in das träge fließende Gewässer. Zwar ist dieser offizielle Abwasser-Hauptsammler teilweise überwölbt, doch da, wo er frei fließt um so übel riechender. Selbst Heinrich Vierordt findet den Landgraben bemerkenswert, denn sieht man *von der Straße tief hinab auf das schwärzlich unheimliche Gewässer, drauf zerfetzte Zeitungen, abgebrochene Besenstiele, tote Katzen und ähnliche stolze Geschwader dem Rheine zu gen Niederland* treiben, möchte *man beinahe wähnen, in das schwermütige Tal des Styx hinunterzustarren.*[39]

Kaum zu glauben, daß da *das Baden in den Gräben vor dem Durlacher- und Friedrichsthor* ausdrücklich polizeilich verboten werden muß.[40]

Überdies will das neu organisierte Bezirksamt darauf drängen, daß die Metzger wenigstens das Großvieh im Schlachthof schlachten. Denn dort ist ja die geordnete Abwasserbeseitigung durch den Landgraben gesichert. Man will nicht länger dulden, daß neben den Schweinen, Kälbern und dem Geflügel auch noch die Rinder in den Privatanwesen geschlachtet werden, da die Stadt nicht genügend fließende Gewässer in der Funktion von Abwasserkanälen hat.[41]

Der Landgraben ist durch Ablagerungen von Schlamm und Unrat beinahe zu einem stehenden Gewässer geworden, das die anfallenden Verunreinigungen kaum noch abtransportiert.

Ob dieses rückständige Entsorgungs- und Versorgungssystem dem zehnjährigen Knaben Heinrich Vierordt das Gefühl vermittelt hat, er lebe in einer Stadt des 18. Jahrhunderts?

Ganz allgemein aber war das Hygiene-Bewußtsein in der Bevölkerung nicht stark ausgeprägt. Selbst der Ingenieur Bürklin schreibt: *Das Desinfiziren der Abtritte wird* vom Kanzleirath *als eine gänzlich ungerechtfertigte Neuerung verworfen,* und der vorbildliche, aber sparsame *Mustersubalterne* opponiert: *Ich sehe nicht ein, warum wir auf Einmal in einen bessern Geruch kommen wollen, als unsere Vorfahren*" (S. 37).

Für technischen Fortschritt hingegen zeigt man sich aufgeschlossen. So hat die Stadtverwaltung eine Entwicklung aufgegriffen und vorangetrieben, die zu einem deutlichen wirtschaftlichen Aufschwung der Haupt- und Residenzstadt führte. Die agilen Mitglieder der Handelskammer unterstützen diese Bestrebungen, und das Bezirksamt widmet als Aufsichtsbehörde seine Aufmerksamkeit nicht nur dem wirtschaftlichen Leben der Stadt, sondern mahnt auch auf dem Gebiet der Gesundheitsvorsorge die erforderlichen Maßnahmen an.

Über allen aber lastet am Ende des Jahres 1865 als dunkle Vorahnung die Angst vor einem Krieg, ausgelöst durch die Vorherrschaftsansprüche zwischen Preußen und Österreich. In beinahe beschwörenden Worten scheint ihn der Berichterstatter der Handelskammer abwenden zu wollen: *Die zwei mächtigsten deutschen Staaten stehen einander feindselig gegenüber. Obgleich der Conflikt schon solche Dimensionen angenommen hat, daß gegenseitig Vorbereitungen zu Kriegsrüstungen getroffen worden sind, so glauben wir doch nicht an einen Bruderkrieg. Wir glauben nicht, daß es nach all den traurigen Erfahrungen, welche Deutschland im Beginn dieses Jahrhunderts gemacht hat, nochmals dahin kommen wird, daß sich deutsche Völker gegenseitig zerfleischen!*[42]

Anmerkungen

1 Heinrich Vierordt: Das Buch meines Lebens. Erinnerungen von Heinrich Vierordt, 2. Aufl. Heidelberg 1934, S. 38.

2 Ebenda, S. 38 f. Die Lange Straße wurde 1879 in „Kaiserstraße" umbenannt. Im nachfolgenden Text sind die heutigen Straßennamen den Bezeichnungen von 1865 in Klammern beigefügt.
Da ich das Jahr 1865 aus der Sicht eines Zeitgenossen darzustellen versuche, füge ich auch – wenn erforderlich – kurze Erläuterungen in Klammern bei.

3 Vgl. Beiträge zur Statistik der inneren Verwaltung des Großherzogthums Baden. Hrsg. vom Handels-Ministerium, 20. Heft. Die Volkszählung vom Dezember 1864. I. Theil, Carlsruhe 1865, S. 44.

4 Vgl. Jahresbericht der Handelskammer der Großherzoglichen Residenzstadt Karlsruhe für das Jahr 1864. Karlsruhe 1865, S. 12, in: Generallandesarchiv Karlsruhe (GLA) 236/10305.

5 Vgl. Jahresbericht der Handelskammer der Großherzoglichen Residenzstadt Karlsruhe für das Jahr 1865. Karlsruhe 1866, S. 41.

6 Ebenda, S. 41.

7 Jahresbericht des Großherzoglich Badischen Bezirks-Amts Carlsruhe für 1864. Gefertigt 1865. GLA 236/10305. Es handelt sich hier um die von H. Vierordt beschriebenen, angeblich in *unverfälschter Echtheit* erhaltenen *Häuser nach holländischem Muster.*

8 Handelskammer (wie Anm. 5), S. 41 f. Es handelt sich um die Grundstücke an der Westflucht der heutigen Reinhold-Frank-Straße, begrenzt durch die weiter westlich gelegene Trasse der Bahnlinie nach Maxau.

9 Handelskammer (wie Anm. 4), S. 12. Das folgende Zitat ebenda.

10 Handelskammer (wie Anm. 5), S. 41.

11 Ebenda, S. 32.

12 Einen optimalen Überblick hätte die sorgfältig erhobene Berufsstatistik der Volkszählung vom Jahr 1864 liefern können, da sie um eine möglichst konsequente Zählung bemüht war. Doch sind die Detail-Unterlagen offenbar verlorengegangen. Lediglich die Gesamtzahlen für das Großherzogtum Baden liegen vor. Vgl. Beiträge (wie Anm. 3).

13 Jahresbericht des Großherzoglich Badischen Bezirks-Amts Carlsruhe für 1865. Gefertigt 1866. GLA 236/10305. Es bleibt unklar, wieso die dem Jahresbericht für 1865 beigefügte Liste der *hiesigen Fabriken* unvollständig ist. Die unter dem Firmennamen stehenden Angaben in Klammern sind dem Bericht der Handelskammer für 1865 entnommen (wie Anm. 14). In der *Zahl der Arbeiter* sind gewiß auch die Arbeiterinnen enthalten, da beispielsweise die Seidenbandfabrik Mondt und Nemnich vorwiegend Frauen beschäftigte.

14 Vgl. Handelskammer (wie Anm. 5), S. 29–41.

15 Bezirksamt (wie Anm. 13).

16 Bezirksamt (wie Anm. 7).

17 Adreßkalender für die Residenzstadt Carlsruhe. 1865. S. XIV.

18 Bezirksamt (wie Anm. 7).

19 Vgl. ebenda.

20 Visitationsbericht der evangelischen Kirchengemeinde Carlsruhe, GLA 435/1078. Auf Anordnung des evangelischen Oberkirchenrats waren die evangelischen Pfarrämter verpflichtet, über verschiedene Bereiche des kirchlichen Lebens Auskunft zu geben. Dabei wurden auch allgemeine Charakterzüge der Pfarrangehörigen beschrieben. Vom Oberkirchenrat ernannte „Visitatoren" statteten der Pfarrgemeinde ei-

nen mehrtägigen Besuch ab und gaben dann ihrerseits ihre Beobachtungen an den Oberkirchenrat weiter.

21 Auf die Klage der Stadtpfarrer über den Kleiderluxus bei der ärmeren Bevölkerung antwortete der Oberkirchenrat in seinem Bescheid an die evangelische Gemeinde, dies sei in allen Städten so. Die hohe Behörde fügte in weiser Kenntnis der Verhältnisse hinzu, daß in der Kirchengemeindeversammlung zu Karlsruhe gewiß in nicht geringer Zahl die Häupter wohlsituierter Familien sitzen. Diese sollten mit gutem Beispiel vorangehen und Selbstbeschränkung in der Kleiderpracht zeigen. „Die von den Umständen weniger Begünstigten werden ihrem Beispiel gern nachfolgen" (GLA 435/1078). Im Visitationsbericht von 1870 erwähnten die Stadtpfarrer das Thema „Kleiderluxus" nicht mehr in anklagender Form, sondern beschränkten sich auf die Feststellung: „Diese Richtung liegt zu sehr in der Strömung unserer . . . Zeit" vgl. ebenda.

22 Visitationsbericht (wie Anm. 20).

23 Albert Bürklin: Der Kanzleirath, oder Bilder aus dem Familienleben eines Subaltern-Beamten. Ernst-humoristischer Beitrag zur Besoldungsfrage. 4. Aufl. Karlsruhe 1859, S. 9. Der Autor, geboren 1816, ist der Vater des Intendanten des Karlsruher Hoftheaters Albert Bürklin (geb. 1846).

24 Heinrich Hansjakob: In der Residenz. Erinnerungen eines badischen Landtagsabgeordneten von Heinrich Hansjakob. 4. Aufl. Stuttgart 1911, S. 247. Die nach den folgenden Zitaten genannten Seitenzahlen sind ebenfalls dieser Ausgabe entnommen. In den siebziger Jahren wohnte Hansjakob als Abgeordneter während der Landtagsperioden in Karlsruhe und machte sich unter anderem – in seiner Art – Gedanken über die Menschen am Korso, denn *hier und im Theater findest du die eigentliche, fashionable Residenz* (S. 140). Die *Industriestadt* mit ihren Arbeitern wollte auch er nicht wahrnehmen. Am Korso waren die *Angehörigen der arbeitenden Classe* als solche gewiß auch nicht zu erkennen. Die Schilderung von Hansjakob ist wichtig, weil sie die Bewohner Karlsruhes – wenn auch pointiert – zeigt, wie sie sich in ihrer Rolle als Residenzler am Korso präsentierten. Die Tatsache, daß der Autor seine Beobachtungen einige Zeit nach dem Jahr 1865 niederschrieb, ändert nichts an diesem Sachverhalt. In den siebziger Jahren hatte sich der Korso zu einem echten „Rundgang" entwickelt. Er *beginnt am Mühlburger Tor, geht durch die Lange Straße bis zum Eck der Karl-Friedrichstraße und von dieser durch das Ettlinger Tor auf die Kriegsstraße mit ihren schönen Villen und Alleen bis hinaus wieder zum Mühlburger Tor* (S. 140f.).

25 Bürklin (wie Anm. 23), S. 9. Im folgenden Text werden die Seitenzahlen der genannten Schrift direkt den Zitaten angefügt.

26 Visitationsbericht (wie Anm. 20).

27 Karl-Gustav Fecht: Geschichte der Haupt- und Residenzstadt Karlsruhe, Karlsruhe 1887, S. 488.

28 Handelskammer (wie Anm. 4), S. 40. Vgl. auch den Beitrag von Brigitte Baumstark in diesem Band, S. 98 ff.

29 Badische Landeszeitung vom 16. 9. 1865.

30 Handelskammer (wie Anm. 4), S. 39 f.

31 Ebenda, S. 40.

32 Jahresbericht des Badischen Frauenvereins für das Jahr vom 1. 7. 1864 bis 1865, S. 3 f.

33 Handelskammer (wie Anm. 4), S. 40.

34 Ebenda. Vgl. auch die Beiträge von Alexander Mohr, S. 64 ff. und Brigitte Baumstark, S. 98 ff. in diesem Band.

35 Visitationsbericht (wie Anm. 20), auch die folgenden Zitate.

36 Heinrich Vierordt: Die Alt-Karlsruher Messe, in: Die Pyramide, Jg. 13, 1924, Nr. 50, S. 283 f.

37 Handelskammer (wie Anm. 5), S. 8.

38 Vgl. Friedrich von Weech: Karlsruhe. Geschichte der Stadt und ihrer Verwaltung, Band 3, 1, Karlsruhe 1904, S. 260–267.
Die städtische Wasserleitung konnte 1870 in Betrieb genommen werden. Der Schloßbezirk wurde seit 1867 mit Leitungswasser versorgt. Vgl. auch den Beitrag von Brigitte Baumstark in diesem Band, S. 98 ff.

39 Vierordt (wie Anm. 1), S. 38.

40 Polizeivorschriften, veröffentlicht im Adreßkalender (wie Anm. 17), S. 141.

41 Vgl. Bezirksamt (wie Anm. 7).

42 Handelskammer (wie Anm. 5), S. 23.

Isolde Brunner-Schubert

1890: „. . . aus verschiedensten Ständen und Berufsarten vereint." Die kleinen Beamten

Karlsruhe *ist eine freundliche, elegante, ganz moderne Stadt. An Sehenswürdigkeiten bietet sie freilich infolge ihrer „Jugend" nicht gar viel, doch lebt es sich dort höchst angenehm und gesund. Karlsruhe ist eine der gesündesten Städte Deutschlands, wozu die weite Bauart, die günstige Lage, die vielen Gärten und die waldige Umgebung die Hauptsache beitragen.*[1]

Nicht nur *angenehm und gesund,* wie der Reiseschriftsteller bemerkte, lebte man in Karlsruhe, sondern auch abwechslungsreich. Diese Tatsache allerdings gab auch zu kritischen Bemerkungen Anlaß. So stellte Albert Bürklins *Kanzleirat* im Jahr 1886 fest:[2]

Um den Beweis zu liefern, daß das Gerede von den schlechten Zeiten pure Verleumdung sei, war in den vergangenen Jahren die Residenz ganz besonders reich an Vergnügungen, so daß man ebenfalls ganz besonders reich sein mußte an Geld oder Leichtsinn, um alles mitmachen zu können. Jubiläum, Sängerfest, Feuerwehrfest, Schützenfest, Blumenausstellung, Hühnerausstellung, Gewerbeausstellung, Kaiserparade, und Ende gut, alles gut – das Leihhaus.[2] Auch für die Zeit um 1890 gewährt uns der *Kanzleirat* als mustergültiger Vertreter des niedern Beamtenstandes Einblick in das Karlsruher Alltagsleben. Um diese Zeit allerdings waren die ,,kleinen Leute" in der Haupt- und Residenzstadt nicht mehr vorwiegend durch die Subalternbeamten, sondern auch durch die stark angewachsene Zahl der Arbeiter repräsentiert. In diesem Teil des Beitrags zum Jahr 1890 sollen die Ereignisse und Überlegungen, die uns Albert Bürklin durch den *Kanzleirat* vermittelt, als Leitfaden dienen. Sie werden in Beziehung gesetzt zur Realität des Lebens in der Residenz.

Albert Bürklin, inzwischen berühmt geworden als wichtigster Mitarbeiter des *Lahrer Hinkenden Boten* und als engagierter Landtagsabgeordneter, hat seine Informations- und Erziehungsschrift *Der Kanzleirat* 1886 aktualisiert und in etwas ausführlicherer, auch sprachlich gefälligerer Form neu aufgelegt. Inzwischen wurde das Jahresbudget in Mark und Pfennig abgerechnet, da die Reichsgründung im Jahr 1871 den ehemaligen deutschen Einzelstaaten nicht nur einen gemeinsamen Kaiser, sondern auch ein gemeinsames Währungssystem gebracht hat. Der Kanzleirat von 1890 verfügte mit 3.500 Mark Jahreseinkommen über eine *bedeutend höhere Besoldung wie sein Kollege von 1856* (Veröffentlichungen ab 1857), *aber vieles, was damals Luxus war, ist heute Bedürfnis geworden, die Preise der notwendigsten Lebensmittel haben sich gewaltig gesteigert, an die Erziehung der Kinder werden größere Ansprüche gemacht, die Steuerschraube ist frisch eingeschmiert, dreht sich lustig und der Kanzleirat des Jahres 1886 ist um kein Haar besser dran wie der 56er* (S. 5).

„Volksbelustigungen" anläßlich der Feierlichkeiten zur Doppelhochzeit in der Großherzoglichen Familie im Jahr 1881
Oben: Teil des Triumphbogens, der am Eingang zum Marktplatz aufgestellt war
Mitte: „Ball der Landestrachten im Bürgersaal". Die Trachtenpaare kamen als Abordnungen aus verschiedenen Landesteilen
Darunter: „Mehlkastengang": Geschicklichkeitslauf über einen glatten, teilweise beweglichen Balken, der über einem mit Mehl gefüllten Behälter angebracht war
Seitlich: Hauensteiner Hellebardier, Petersthaler Miliz
Am Rand: Kletterbäume. Am Wipfel des linken Baumes hängen noch die Preise für die Kletterer. Vom rechten Baum wird gerade der letzte Preis abgenommen
Unten: „Sackhüpfen"

Wenn Albert Bürklin erneut die Jahresausgaben vorlegte, dann nicht mehr, um eine bessere Besoldung für den Stand der Subalternbeamten zu bewirken. Der Autor wollte diesmal lediglich *ein Muster aufstellen, wie heutzutage ein braver Mann in ähnlichen Verhältnissen – und der Herr Kanzleirat hat viele Kollegen – sein Leben, seine Haushaltung einrichten muß, um, wenn auch bescheiden, doch glücklich leben zu können* (S. 5).

Der Herr Kanzleirat mit seiner Frau bei der Jahresabrechnung

Zu den vielen Kollegen, die sich an der Ausgabenverteilung des Kanzleirats orientieren sollten, gehörten auch die Lehrer. Ihre Zahl war in den vergangenen zehn Jahren, also von 1880 bis 1890, fast um das Doppelte angestiegen, was nicht nur auf die deutlich gewachsene Bevölkerungszahl in der Residenz deutet, sondern auch auf die Bereitschaft der Stadtverwaltung, für das Schulwesen mehr Geld auszugeben. Im Jahr 1890 hat die Stadt Karlsruhe die Besoldung der Lehrer sogar angehoben. Das Höchstgehalt eines Hauptlehrers betrug ab dem 35. Dienstjahr 3.200 Mark im Jahr. Vielleicht konnte er durch *Funktionszulagen,* etwa für *Erteilung von Fortbildungsunterricht,* das Jahreseinkommen des Kanzleirats von 3.500 Mark erreichen. Bis einschließlich zum 12. Dienstjahr verdiente der Hauptlehrer 2.000 Mark, die Hauptlehrerin 1.500 Mark. Der Schulgehilfe sollte mindestens 1.050 und eine (Hand-)Arbeitslehrerin mindestens 600 Mark im Jahr verdienen.[3] Frauen wurden grundsätzlich schlechter besoldet, weil man davon ausging, daß sie nur für sich selbst aufkommen mußten und nicht wie die Männer eine Familie zu versorgen hatten.

Kein Wunder, daß sich auch im Jahr 1890 viele Leute keine Heirat und die damit verbundene Gründung einer meist kinderreichen Familie zutrauten. So fühlte sich Albert Bürklin wieder in seiner Rolle als „Volkserzieher" gefordert, vermied aber auch 1886 – wie bereits 1857 – die Lebensverhältnisse der tatsächlich armen Bevölkerungsschichten in der Residenzstadt aufzudecken. *Der heutige Kanzleirat soll kein Schreckbild sein, der vom Heiraten abmahnt, der den Stand der alten Jungfern und der alten Junggesellen vermehren hilft – im Gegenteil, kein Schreckbild, ein Vorbild soll er sein, das den jungen Leuten zuruft: „Mut, meine Kinder! Ein braves Herz bedarf des Reichtums nicht! In bescheidenen Verhältnissen kann man auch glücklich sein! Macht es wie ich und ihr werdet es nicht bereuen"* (S. 5).

Das Wohnen

Der Alltag im häuslichen Bereich hatte sich seit der Zeit um 1865 kaum geändert. Als Wohnviertel wies Albert Bürklin seinem Karlsruher Durchschnitts-Subalternbeamten die Eisenbahnvorstadt zu (Südstadt). Immerhin bewohnte er dort im 4. Stock eines Mietshauses eine 4-Zimmer-Wohnung. Sein früherer Kollege konnte sich nur drei Zimmer für die achtköpfige Familie leisten.

Der Weg von der Wohnung zum *Geschäftszimmer* dauerte eine halbe Stunde. Da der *Kanzleirat* die Mittagspause zu Hause verbrachte, legte er diesen Weg täglich viermal zurück. Eine Wohnung in der Nähe seines Arbeitsplatzes, also in der Innenstadt, hätte mindestens 800 Mark im Jahr gekostet und war somit für den *Kanzleirat* unerschwinglich. In der Eisen-

bahnvorstadt bezahlte er 600 Mark. Auch in Mühlburg konnte man günstig wohnen, aber durch die Eingemeindung im Jahr 1886 waren dort die Mietpreise gestiegen. Der Kanzleirat mußte feststellen: *Seitdem Mühlburg ein Adoptivkind der Residenz geworden ist, macht es auch Residenzpreise und eine etwaige Ersparnis würde mit Pferdebahn und Schuhsohlen draufgehen* (S. 81).
Er blieb also, wie viele andere kleine Beamte und die Arbeiter der nahe gelegenen Fabriken und Eisenbahnanlagen in der Eisenbahnvorstadt wohnen. Die Pferdebahn auf der Strecke zwischen Mühlburg und Durlacher Tor leistete er sich nicht einmal für gelegentliche Fahrten (vgl. Abb.).
Das Baugebiet südlich der Kriegsstraße aber war inzwischen zu einer richtigen Vorstadt zusammengewachsen. Seit 1874 hatte die Eisenbahnvorstadt am Werderplatz den dritten Wochenmarkt der Stadt. Die beiden anderen Märkte wurden im tageweisen Wechsel vorm Rathaus und am Ludwigsplatz abgehalten.

Seit 1889 besitzt die evangelische Bevölkerung der Südstadt eine eigene Kirche und damit den ersten Kirchenneubau seit der Gründungszeit, wo Stadtkirche, Kleine Kirche und Schloßkirche entstanden. Eine katholische Kirche befand sich im Jahr 1890 im Bau. Die etwa 7.000 Katholiken der Eisenbahnvorstadt mußten sich in einer der ersten Karlsruher „Bürgerinitiativen" dieses Kirchengebäude regelrecht erkämpfen.[4] Schon 1863 hatten die Bewohner der Südstadt einen Bürgerverein gegründet und damit deutlich gemacht, wie sehr sie sich als eigenständige Siedlungsgemeinschaft fühlten.
In den Jahren nach der Reichsgründung erlebte Karlsruhe, wie viele andere deutsche Städte auch, einen Bauboom, der alles bisher Erlebte in den Schatten stellte. Die Bevölkerung der Stadt war auf 73.496 Einwohner angewachsen. Sie hatte seit dem Jahr 1865 – damals waren es 30.367 Einwohner – um 142 % zugenommen. *Nach den religiösen Bekenntnissen schieden sich die Bewohner der Stadt in*

Pferdebahn vor dem Gasthaus „Stadt Karlsruhe" in Mühlburg, Rheinstraße 22

39 461 Evangelische, 31 635 Katholiken, 2067 Israeliten und 333 Angehörige anderer Konfessionen.[5]
Dem wachsenden Verkehr und den Ansprüchen an ein modernes Stadtbild hatten schon in den siebziger Jahren die Stadttore weichen müssen. Allerdings war diese Maßnahme nicht unumstritten. Die zum Teil sehr schön gestalteten Toranlagen wurden gegen den Willen vieler Karlsruher abgerissen.
Von dem unerwartet raschen Wachstum der Stadt gibt auch der Verbrauch an Leucht- und Heizgas Zeugnis. In den Jahren 1885/86 war an der Durlacher Allee, weit vor dem ehemaligen Durlacher Tor, ein Gaswerk als Zusatzanlage zu dem bestehenden, aber zu klein gewordenen Gaswerk vor dem ehemaligen Mühlburger Tor erbaut worden. Die Gebäude samt technischen Einrichtungen von 1886 hätten mindestens für einen Zeitraum von zehn Jahren ausreichen müssen, wenn der Gasverbrauch in dem Maß zugenommen hätte wie im Durchschnitt der vorhergehenden achtzehn Betriebsjahre. Doch bereits 1889 war der Gasverbrauch so stark angestiegen, daß eine sofortige Erweiterung unumgänglich wurde.
Im April 1890 waren 4.024 Gasmesser *für Leuchtzwecke und 731 für Koch- und Heizzwecke aufgestellt. Öffentliche Laternen brannten 1459 Stück!*[6] Von den 14.675 Karlsruher Haushalten hatte gewiß nur ein sehr kleiner Teil einen Gasmesser für Leuchtzwecke aufgestellt. Die meisten dieser Geräte standen wohl in öffentlichen Gebäuden. In Familien aber, wo das Haushaltsgeld so knapp kalkuliert werden mußte wie bei *Kanzleirats*, war man froh über die Petroleumbeleuchtung. Oder hätte bei der Musterfamilie im Jahr 1890 doch schon eine Gaslampe gebrannt? Bürklins Schilderung stammt aus dem Jahr 1886: *Nachdem die Ölzeit und die Unschlittzeit überwunden war, kam wie ein rettender Engel die Petroleumzeit. Heute glänzt die Petroleumlampe in der kleinsten Hütte und verbreitet Licht, Aufklärung und Bildung.* (Im Lichtkegel einer Petroleumlampe konnten mehrere Leute lesen.) *Auch der Kathrine ist in dem Petroleum ihrer Küchenlampe ein Bildungsmittel geboten* (S. 41). Als die Familie noch Talg- bzw. Unschlittlichter verwendete, wurde der Magd aus dem abgetropften Unschlitt ein Licht gerichtet, *ein sogenanntes Profitle, in welchem ein melancholischer Docht zwischen Unschlittstückchen das Gleichgewicht zu behaupten* suchte, *was er aber ohne die Kathrine nicht zustande brächte, die ihn auf eine höchst sinnreiche Weise in seinen Bestrebungen mit einer Haarnadel* unterstützte (S. 41).
Die Magd konnte nun auch in der Küche etwas lesen und war nicht mehr damit beschäftigt, das spärliche Licht am Brennen zu erhalten.
Und seitdem der Fritz auf der finstern Treppe in den dritten Stock hinuntergekugelt ist, glimmt sogar ein Petroleumglühwürmchen auf dem Vorplatze zu ½ Pfennig für den Abend. Es ist so hübsch, wenn man sogar von seinem beleuchteten Treppenhaus sprechen kann . . . (S. 41 f.). *Talglichter müssen aber dennoch angeschafft werden. Schließlich gibt es für die drei Schlafräume keine Petroleumlampe. Überdies braucht man die Talglichter zum* Herumzünden, *denn* sie *explodieren nicht, und wie leicht ist mit dem Petroleum ein Unglück geschehen* (S. 42).
Geplant war, eine Petroleumlampe über den Tisch zu hängen, da eine Hängelampe bei gleichem Energieverbrauch mehr Licht verbreitet. In reicheren Haushalten aber hatte man damals sogar schon die Gasbeleuchtung überwunden und erfreute sich an elektrischem Licht.
Doch ging der technische Fortschritt, den die Stadt Karlsruhe damals ihren Einwohnern bieten konnte, nicht ganz an Bürklins Musterfamilie vorbei. Im vierten Stock des Mietshauses in der Eisenbahnvorstadt spendete ein Wasserhahn fließendes Wasser. Bei *Kanzleirats* waren die Freuden über diesen Luxus allerdings etwas getrübt, denn *der Zins für die Wasserleitung beträgt 15 M. Die Frau Kanzleirat ist zwar außer sich, daß sie für das Wasser,*

das sie an dem Pumpbrunnen vor dem Hause umsonst haben kann, so vieles Geld bezahlen soll, allein die Kathrine (die Magd), *die längst die Zeit hinter sich hat, in der sie beim Wasserholen am Brunnen ihre letzte Eroberung gemacht, hat erklärt, sie diene nur noch mit Wasserleitung* (S. 10 f.).
Für die Dienstmädchen in den einfacheren Familien war das Wegfallen des Wasserschleppens wohl so ziemlich die einzige Arbeitserleichterung, denn besondere Geräte, etwa zur Erleichterung des Wäschewaschens und -wringens fanden sie nur in reich ausgestatteten Haushalten vor. Die Haushaltsführung in ärmeren Familien hatte sich in den vergangenen drei Jahrzehnten kaum geändert. Doch dürfte die – im Vergleich zu früher – verbesserte Wohnsituation für viele Familien zutreffend gewesen sein. Bürklin hat seiner Musterfamilie nun zwei Schlafräume für die sechs Kinder zugedacht. So war Platz genug, um jedem Kind ein eigenes Bett aufzustellen. Die Magd der Familie mußte allerdings am Speicher, direkt unter den Dachziegeln in einem *luftigen Kämmerlein* schlafen (S. 7).

Wohnzimmer-Einrichtung für eine wohlhabende Familie. Anzeige im Karlsruher Adreßbuch von 1891

Das kanzleirätliche Wohnzimmer war – im Vergleich zur früheren Ausstattung – um eine Kommode bereichert worden. Wie der Schrank, das Nähtischchen und wohl auch das Sofa war sie aus Nußbaumholz gearbeitet. Außer dem Sofa dienten sechs Rohrstühle zum Sitzen (vgl. Abb.). Als wichtigste Möbel im *Gesinde- später Kinderzimmer* galten nach wie vor ein großer Eßtisch und ein großer *Weißzeug- und Kleiderkasten.* Im Schlafzimmer standen auch jetzt zwei Betten mit Zubehör und ein Waschtisch (S. 42 f.).
Eine Begebenheit, die Albert Bürklin schilderte, um die Heilkünste der *Frau Kanzleirat* zur Sprache zu bringen, läßt Rückschlüsse auf den Ofentyp im Kinderzimmer zu: *An einem grimmig kalten Sonntagmorgen* kam der kleine Sohn *aus dem kalten Schlafzimmer im Hemdchen in die Kinderstube gesprungen, um sich zu wärmen, kam dabei dem glühend heißen eisernen Ofen zu nahe und brannte sich das ganze „Urteil Salomonis" auf sein Hinterteil* (S. 69). Bei *Kanzleirats* stand also der weitverbreitete Kastenofen, charakterisiert durch die mit Flachreliefs verzierten Gußeisenplatten, welche Szenen aus der biblischen Geschichte zeigen – hier das Urteil des weisen Königs Salomon.
Auf der Wunschliste der Frau Kanzleirat des Jahres 1890 stand neben dem kupfernen Wasserkessel für den Herd nun auch eine Nähmaschine! Zwar gab es auch schon 1865 Nähmaschinen, doch damals waren sie für ärmere Leute unerschwinglich.

Die Eßgewohnheiten

Bei der Abrechnung der Rubrik *Speisen und Getränke* ist eine deutliche Verbesserung zu erkennen. Die acht Familienmitglieder und die Magd teilten sich ein Stück Ochsenfleisch von 900 Gramm – früher waren es 750 Gramm. Und als bei der Bilanz der Jahresausgaben festgestellt werden mußte, daß der Lebensstil zwar der Würde, nicht aber der Besoldung eines Subalternbeamten entsprach und über Sparmöglichkeiten beraten wurde, blieben der Familie dennoch sechs Tage mit Fleischkost erhalten – nicht wie ehedem lediglich zwei Tage! Die Geburtstage der acht Familienmitglieder wurden mit Obstkuchen gefeiert. Ansonsten sind die Eßgewohnheiten im großen und ganzen gleichermaßen bescheiden bis kärglich geblieben. Für die minderbemittelten Schichten boten sich im Bereich des Lebensmittelkonsums aber die besten Sparmöglichkeiten, wollten sie die in den Gründerjahren reichlich erweiterten Freizeit- und Konsumangebote nicht ganz übergehen. Die Zeitumstände erlaubten etwas mehr Aufwand im äußerlichen Erscheinungsbild.

Die Kleidung

So besaß die Frau Kanzleirat des Jahres 1890 ein schwarzes Seidenkleid, das sie vor zwanzig Jahren als Braut getragen hatte und das seitdem mehrmals durch Änderungen der Mode angepaßt wurde. Der *Herr Kanzleirat* besaß seit seiner Hochzeit einen schwarzen Frack. *Er ist freilich schon 20 Jahre alt und geht vornen nicht mehr zusammen, aber das schwarze feine Tuch ist noch wohl erhalten, denn er hat ihn nur bei ganz feierlichen und freudigen Ereignissen getragen. Das erstemal bei seiner Hochzeit... Sechsmal trug er ihn bei den Taufen seiner sechs Kinder, verschiedenemal bei den Neujahrsbesuchen bei seinen Vorgesetzten und bei den Geburtstagen des Landesherrn, und zweimal in der Mittwoch-Audienz, um seinen allerunterthänigsten Dank auszusprechen für erhaltene Zulagen* (S. 26).
Der Muster-Subalternbeamte der höchsten Besoldungsstufe leistete sich inzwischen überdies neben dem Wintermantel auch einen Sommermantel und statt des Ganzjahres-Anzugs trug der Kanzleirat nun einen Winter- und einen Sommeranzug. Eine besondere Art von Komfort war in der Hemdenmode zu verzeichnen, wenn mit Hilfe eines aufgesetzten Kragens, eines angesteckten *Vorhemdchens* und *Manschetten, zum Umkehren eingerichtet* sogar ein Flanellhemd sonntagsfein aufgetakelt wurde. Dank dieser Einzelstücke *konnte man ein Hemd fast eine ganze Woche tragen,* da sie einzeln je nach Bedarf ausgewechselt und zum Waschen, Stärken und Bügeln abgelegt wurden (S. 27).

Modische Neuerungen allerdings, mit denen auch die *Frau Kanzleirat* ihrer Umgebung hätte zeigen können, daß sie gewillt ist, mit der Zeit Schritt zu halten, scheiterten am Veto des Familienoberhaupts. Der sittenstrenge Vater wandte sich – wie sein Vorgänger – gegen den *Kleiderluxus* der Frauen. Seiner tugendsamen Gattin untersagte er das Tragen einer modischen Tournüre, jenes Roßhaarkissens also, das über dem Gesäß angebracht und mit Bändern um die Taille festgehalten wurde. Der darüber getragene Rock bauschte sich dann zum imposanten „Cul de Paris". Nicht jedoch bei der *Frau Kanzleirat,*

„Die Mutter ist eine vortreffliche Kleidermacherin und hat an ihren Töchtern gelehrige und fleißige Schülerinnen"

denn *ein schüchterner Versuch... der herrschenden Mode ein Opfer zu bringen und ihre Rückseite mit der Zierde einer „Tournüre" zu verunzieren, scheiterte an dem energischen Widerstande ihres Gemahls* (S. 34).
Dennoch war der *Kanzleirat* bereit, das gesteigerte Modebewußtsein der Zeit zum Wohl der Familie zu nutzen. Falls seine Töchter nicht den Beruf einer Erzieherin oder Haushälterin erlernen, sollten sie nach Beendigung der Höheren Töchterschule eine Lehre in der Modebranche absolvieren. Die Mädchen würden dann *Unterricht bei einer Kleidermacherin und Putzmacherin erhalten* (S. 72) – und das, obwohl der *Kanzleirat* so gern

über *die geputzten und aufgeschirrten Närrinnen* schimpfte, *die mit ihren Schleppen* die Straßen fegten (S. 71). Dazu muß man wissen: aufwendige Kleidung war gestattet, jedoch als ausschließliches *Vorrecht der gebildeten Stände* (S. 89). In dieser Frage war die „bessere Gesellschaft", zu der auch der Autor Bürklin zählte, ihren Prinzipien treu geblieben.

Die Geselligkeit

Die Karlsruher Bevölkerung der Gründerzeit leistete sich aber nicht nur mehr Ausgaben für Kleidung. Sie war auch bereit, mehr Geld für Geselligkeit außerhalb des Hauses auszugeben. Die Zahl der Gasthäuser mit Übernachtungsmöglichkeiten war zwar laut Verzeichnis im Adreßbuch nur gering von 43 (1865) auf 52 (1890) angestiegen.[7] Die Zahl der aufgelisteten Wirtschaften (1865 Restaurationen genannt) einschließlich der Cafés war von 24 (1865) auf 176 angewachsen. Doch offenbar hatten sich nicht alle Wirte im Adreßbuch eintragen lassen, denn die Chronik für das Jahr 1889 nannte für November 1889 insgesamt 255 Wirtshäuser.[8] 1887 waren es noch 200 Wirtsbetriebe, so daß ihre Zahl innerhalb von zwei Jahren um 25 % gestiegen war. 1890 kamen laut Statistik 288 Einwohner auf ein Wirtshaus. Unter den 255 Karlsruher Lokalen fanden sich natürlich Etablissements unterschiedlichster Art, angefangen bei der Kneipe im Bahnhofsbereich bis zum neuen Nobel-Café Bauer im Straßengeviert hinter dem Rathaus.

Der *Kanzleirat* besuchte abwechselnd das *Krokodil* in der Waldstraße und die *Eintracht* in der Karl-Friedrich-Straße. *Daß der Herr Kanzleirat dreimal in der Woche vor dem Nachtessen ein Stündchen in die „Eintracht" geht oder in das „Krokodil" und hier drei Vier-*

Im Wirtsgarten des „Weißen Bären", Karl-Friedrich-Straße 28, um 1890

tel Bier trinkt ... ist sein Recht ... Auch muß er die Landeszeitung lesen, eine eigene größere Zeitung kann er sich ja nicht halten, um über die Tagesereignisse im Laufenden zu bleiben und um seiner Frau daheim die neuesten Neuigkeiten erzählen zu können. Die übrigen Abende bleibt er zu Hause und widmet sich ganz seiner Familie und namentlich seinen Kindern, mit denen er ihre Schulaufgaben durchgeht (S. 54 f.). Nachdem der Kanzleirat beschlossen hatte, die Jahresausgaben zu reduzieren, ging er nur noch zweimal wöchentlich aus. Albert Bürklin führt hier den idealen Familienvater vor, der zwar sein „Recht" wahrnahm, *Erholung in erheiterndem Gespräch mit Freunden und Bekannten* zu suchen (S. 54), das aber in Maßen.

Gleichsam als „Antiheld" stellte Albert Bürklin dem vorbildlichen Kanzleirat einen Oberrevisor zur Seite, also einen Subalternbeamten der gleichen Besoldungsstufe. Er spielte sich auf wie ein *Rentier*, bzw. *Privatier*, der von den Zinsen seiner Kapitalien leben konnte, eine in der Gründerzeit häufigere Erscheinung. Der *Kanzleirat* aber *kann überhaupt nicht begreifen, wie's der Oberrevisor machen kann: morgens zum Frühschoppen, nachmittags zum Kaffee, vor dem Nachtessen einen sogenannten Stehschoppen und nach dem Nachtessen verschiedene Sitzschoppen bis nachts 11 Uhr. Und so treibens leider noch viele seiner Amtsgenossen und alle schimpfen in den Wirtshäusern über die schlechten Zeiten. Da muß ja das Geld und die Familie zu Grunde gehen* (S. 55).

Die vielen Wirtshäuser lebten aber nicht nur von Einzelbesuchern, sondern von den Zusammenkünften zahlreicher Vereinsmitglieder, die sich in den Lokalen unterschiedlichsten Niveaus trafen. Immerhin nannte die Karlsruher Chronik für das Jahr 1890 216 Vereine.[9] Das Adreßbuch für 1890 verzeichnete 193 unterschiedlichste Vereinigungen, die in folgende Abteilungen gegliedert waren: Kunst und Wissenschaft – Wohltätigkeit, Armen- und Krankenpflege – gemeinnützige Zwecke – gesellige Zwecke – Musik und Gesang.[10] Allein unter der letztgenannten Rubrik waren 36 Vereine aufgeführt. 1865 wurden neun genannt.

Die zahlreichen Vereine benötigten für große Treffen auf Bezirks- und Landesebene allerdings entsprechende Versammlungsräume. Die Haupt- und Residenzstadt Karlsruhe bot für diesen Zweck die Festhalle an. Sie verfügte nicht nur über einen prächtigen Festsaal und kleinere Nebenräume, ihr war auch noch eine Ausstellungshalle angeschlossen, die häufig von verschiedenen landwirtschaftlichen und gewerblichen Vereinen genutzt wurde.

Die Festhalle befand sich an exponierter Stelle am Nordrand des Stadtgartens (vgl. Abb. S. 171). Dieser galt als „eine der vornehmsten Sehenswürdigkeiten der Haupt- und Residenzstadt mit prächtigen Anlagen ..." wo regelmäßig Konzerte stattfanden. Überdies war der Stadtgarten auch „Schauplatz von Vergnügungen bei festlichen Anlässen".[11] Natürlich besuchte auch der *Kanzleirat* mit seiner Familie den Stadtgarten, denn *er ist der Versammlungsort der feinen Gesellschaft, er bietet vielen Genuß für wenig Geld* (S. 91). In Folge der Sparaktion gab der Kanzleirat sogar die Mitgliedschaft bei der *Eintracht* auf und leistete sich dafür das billigere Familienabonnement in den Stadtgarten. Dort konnte er das Lesezimmer des Restaurants besuchen, ohne dabei Geld für Speisen und Getränke ausgeben zu müssen. Auch ohne die Mitgliedschaft bei der *Eintracht* ersparte er sich so das Abonnement einer Tageszeitung.

Als besondere Attraktion galt die Musik im Stadtgarten. Da an den Konzertabenden aber extra Eintritt verlangt wurde, gingen die Eltern allein hin. *Die Kinder spazieren außen herum, auf dem sog. „Armenweg", wo sie auch alles hören und sehen können, und es kostet nichts. Dieser Weg wimmelt an Musikabenden von sparsamen Spaziergängern* (S. 51). Diese Gepflogenheit wurde auch von anderen Zeitgenossen bestätigt.

An drei bis vier Sommerabenden genoß die

„Der Stadtgarten in Karlsruhe." Oben: Restaurant im Schwarzwaldhaus. Rechts Teil der Radrennbahn am Ufer des kleinen Sees. Im Hintergrund der Lauterberg. Mitte: See mit Festhalle. Unten links: „Stadtgartenmusik." Die Kapelle spielt im Pavillon. Unten rechts: Spielplatz

Musterfamilie in den noblen Anlagen dort auch Biergartenfreuden. Da *wird ein Glas Bier getrunken mit Butterbrot und Rettich – es gilt zugleich für das Nachtessen – und man muß den Kindern doch auch ein kleines Vergnügen machen, wenn sie die Eltern mit guten Schulzeugnissen erfreut haben: auch weiß man ja, den Kindern schmeckt Schwarzbrot im Wirtshause besser als Kuchen zu Hause* (S. 51).

Damit aber waren die Vergnügungsmöglichkeiten im Bereich des Stadtgartens noch keineswegs erschöpft. *Gelegentlich* leistete sich die Familie auch einen Besuch des Tiergartens, der südöstlich an den Stadtgarten anschließt, weil dort *viel Lehrreiches und Interessantes zu sehen ist. Da ist der sog. See, früher „Saubad" genannt, in welchem zahllose Wasservögel Schlammbäder nehmen. Da sind die Wölfe, Bären, Affen, Eichhörnchen und andere wilde Tiere, früher watete auch ein Büffel im See herum, da er aber das Strohdach seines Stalles gefressen hatte, zog er sich eine Blinddarmentzündung zu und mußte geschlachtet werden. Eine Woche lang konnte man auf allen Speisekarten der Residenz „Büffelbraten" finden; er war aber etwas zähe und strohig* (S. 51 f.).

Außer dem Tiergarten gab es noch innerhalb des Stadtgartens besondere Attraktionen, die allerdings mit zusätzlichen Eintrittsgeldern verbunden waren. Wie viele andere Großstädte auch hatte sich Karlsruhe einen ständigen Vergnügungspark angelegt, da die Stadtverwaltung aufgrund der hohen Bevölkerungszahl in Stadt und Umland mit einem ständigen Besucherstrom rechnen konnte.

Zu einer Fahrt am See standen Gondeln bereit. An kalten Wintertagen war eine Eisbahn zum Schlittschuhlaufen (vgl. Abb. S. 173) freigegeben. Seit dem Herbst 1890 konnte das neu errichtete Schwarzwaldhaus bewundert werden. Im Bau befand sich eine künstliche Aufschüttung für das durch den gestiegenen Wasserbedarf in der Stadt notwendig gewordene neue Wasserreservoir. Durch den für die Aufschüttung erforderlichen Erdaushub entstanden Bodenvertiefungen, die als *Zierteiche* angelegt wurden. *Nach Vollendung des Baues erhielt der Hügel eine gärtnerisch-landschaftliche Ausstattung, auf seiner Höhe wurde in Gestalt einer künstlichen Ruine ein Aussichtsturm errichtet, eine zweite auf halber Höhe desselben.*[12]

Noch im Jahr 1890 wurde eine Radfahrbahn fertiggestellt, die in einer Länge von 400 Metern bei einer Breite von 7,35 Metern *um den See am westlichen Fuße des im Bau begriffenen Hochwasserbehälters* führte.[13] Zu den beiden bereits vorhandenen Radsport-Vereinen kam ein weiterer, der *Verein zur Abhaltung von Rad-Wettfahrten in Karlsruhe.* Er gestaltete die feierliche Eröffnung der neuen Bahn: mit einem Gartenfest am Vorabend des Eröffnungstages, *einem Radwettfahren am Nachmittag des genannten Tages und einem an die Preisverteilung sich anschließenden Banket (!) in der Festhalle.*

Auch die Stadtverwaltung nutzte bei feierlichen Anlässen die gepflegte Umgebung des Stadtgartens für repräsentative Gartenfeste. Die Oberschicht des Bürgertums lud zu Gartenfesten in den Museumsgarten an der Blumenstraße, und das Großherzogliche Haus beging Familienfeiern mit einem Gartenfest im Schloßpark. Hier fand sich neues Naturbedürfnis vereint mit gesellschaftlicher Repräsentationsfreude.

In der am Nordrand des Stadtgartens gelegenen Festhalle trafen sich die Karlsruher Bürger gern zu *vaterländischen Veranstaltungen,* so zum Beispiel am 1. April 1890 zu Bismarcks Geburtstag.[14]

Das Fest *vereinigte Angehörige der verschiedensten Stände und Parteien zu einer patriotischen Feier zu Ehren des ... großen Staatsmannes. Der große Saal der Festhalle, an dessen Südseite sich die Kolossalbüste des Fürsten vom Grün hoher Blattpflanzen leuchtend abhob, war bis auf den letzten Platz gefüllt, die obere Gallerie blieb für die Damen vorbehalten. Die Feier, deren Beginn auf Abends 8 Uhr festgesetzt war, wurde durch den von der Kapelle des Leibgrenadierregiments gespielten*

Schlittschuhläufer auf der Schießwiese vor der Westfassade der Festhalle. Widmungsblatt an eine Eisläuferin aus dem Jahr 1883.

Lieblingsmarsch Bismarcks, den Hohenfriedbergermarsch, eröffnet. Weitere Musikstücke wechselten ab mit Vorträgen des Männergesangvereins „Liederhalle“ und Solovorträgen . . . Den Toast auf Kaiser Wilhelm brachte Oberkirchenrat Trautz aus; die Versammlung sang darauf stehend ein . . . zu der Musik der Fürstenhymne gedichtetes „Kaiserlied“. Die eigentliche Festrede hielt Professor Böhtlingk. Als Abschluß sangen alle Anwesenden die *Bismarckhymne*. Den Text der beiden Lieder ebenso wie das vom Festausschuß an den Jubilar gesandte Telegramm hat der Chronist wörtlich wiedergegeben.

In etwas kleinerem Rahmen und deshalb auch im kleinen Saal der Festhalle wurde der 90. Geburtstag des Generalfeldmarschalls Graf Moltke gefeiert.

Als weitere patriotische Veranstaltung des Jahres 1890 beschrieb der Chronist die *in besonders feierlicher Weise* begangene *zwanzigste Wiederkehr des Tages von Sedan,* wo deutsche Truppen im Krieg gegen Frankreich schnelle Siege erzielt hatten.[15] Die Festhalle war diesmal Ort einer *volkstümlichen Feier,* wahrscheinlich waren viele ehemalige Kriegsteilnehmer gekommen.

Auch die *zwanzigjährige Wiederkehr des Tages der Übergabe von Straßburg* wurde zu einer patriotischen Feier genutzt.[16] Ein *allgemeiner badischer Leibgrenadiertag* vereinigte damals über 4000 Teilnehmer aus ganz Baden in Karlsruhe, der Garnisonstadt dieses Regiments. *Einen Hauptteil des Festes bildete der Festzug durch die geschmückten Straßen der Stadt nach dem Schlosse, wo der Großherzog vom Balkon aus den Vorbeimarsch seiner ehemaligen Grenadiere entgegennahm. Besondere Aufmerksamkeit erregten die in gewissen Abständen auf den Zug verteilten historischen Gruppen, welche die Entwicklung des Regiments, beziehungsweise des badischen Militärs seit seinen ältesten Anfängen veranschaulichen.*

Umzüge in historischen Gewändern erfreuten sich damals allgemeiner Beliebtheit. In Karlsruhe aber endete so ein Umzug mit einem Konzert der Regimentskapelle im Stadtgarten. Und natürlich *vereinigten sich die Festteilnehmer zu einem Bankett in der Festhalle, zu welchem der Großherzog und Prinz Karl* sowie hochrangige Angehörige des Militärs erschienen.

Höhepunkt der für die Gesamtbevölkerung zugänglichen Festveranstaltungen war das *fünfte badische Sängerfest* während der beiden Pfingstfeiertage.[17] *An den Festtagen prangte die Stadt in feierlichem Gewande, hauptsächlich die Karlfriedrichstraße, die Kaiserstraße, die Waldstraße und die Waldhornstraße, durch welche der Festzug seinen Weg nehmen sollte, waren durch Triumphbogen, Reihen von Tannenbäumen, Fahnen u.s.w. reich geschmückt. Auf dem Marktplatz war der aus den Kaisertagen des Jahres 1889 bekannte monumentale Brunnen wiederum errichtet, gekrönt von einer weiblichen Figur, welche die Stadt Karlsruhe darstellend, den einziehenden Sängerscharen gleichsam ihren Gruß darbot. In der Nähe des Hauptbahnhofes war ein kleiner Empfangspavillon erbaut, in welchem festlich gekleidete junge Damen und die Empfangskommission die ankommenden fremden Sänger erwarteten, um sie mit Blumen zu beschenken und ihnen den Willkommenstrunk zu kredenzen.*

Die erste Prüfung der wettsingenden Vereine fand im Lokal der Gesellschaft *Eintracht* statt. Der zweite Durchgang war verbunden mit einem großen Konzert in der Festhalle. In einem Vortrag bei dieser Festveranstaltung *erging sich* der Präsident des Badischen Sängerbundes *über die Mission des Bundes, die nicht in letzter Reihe auch in der Pflege und Stärkung der Vaterlandsliebe bestehe . . .*

Der Umzug fand am zweiten Pfingsttag statt. *Der Weg führte . . . nach dem Schlosse, wo der Großherzog und der Erbgroßherzog vom Balkon aus die Huldigungen der Teilnehmer am Zuge entgegen nahmen . . . Lange hatte die Stadt nicht mehr einen solch imposanten Festzug gesehen;* 156 Gesangvereine waren anwesend. Allein in Karlsruhe gab es ja schon 36 Musik- und Gesangvereine. Zu dem Fest waren aber auch Württemberger, Elsässer und Schweizer Gesangvereine erschienen. Im Festzug zeigten sich überdies verschiedene andere Karlsruher Vereine, so etwa die Feuerwehr, die Radfahrervereine, die verschiedenen Turnvereine, die Rudergesellschaft und der Athletenklub Germania. Nicht nur Stadtgarten und Festhalle waren in diesen Tagen voller Musik, *auch in der Stadt war es noch bis in die späte Mitternachtsstunde lebendig und überall ertönten frohe Lieder und heitere Musikklänge.*

Das unerwartet rasch aufgeblühte Vereinswesen hatte aber auch schon in den vergangenen Jahren erstaunliche Aktivitäten entfaltet – und den *Kanzleirat* (wie bereits erwähnt) zum Räsonieren veranlaßt: *Um den Beweis zu liefern, daß das Gerede von den schlechten Zeiten pure Verleumdung sei, war in den vergangenen Jahren die Residenz ganz besonders reich an Vergnügungen, so daß man ebenfalls ganz besonders reich sein mußte an Geld oder Leichtsinn, um alles mitmachen zu können. Jubiläum, Sängerfest, Feuerwehrfest, Schützenfest, Blumenausstellung (vom Gartenbauverein), Hühnerausstellung (vom badischen Verein für Geflügelzucht), Gewerbeausstellung, Kaiserparade . . . Es konnte einem ganz schwindlig werden. Dem Herrn Kanzleirat wurde es aber nicht schwindlig, er ließ sich nicht aus seinem gewohnten Geleise bringen, er konnte und durfte eben nicht, wenn er nicht Schulden machen wollte, und von diesen sich frei zu halten, ist sein heiligster Grundsatz.* (S. 64 f.).

Auf gewisse „Vergnügen“ konnte und wollte aber auch der *Kanzleirat* nicht verzichten. Dazu gehörte das traditionelle Festessen am Geburtstag des Großherzogs. Schon am Vorabend fanden in verschiedenen Vereinsloka-

7. Badisches Sängerbundfest im Jahr 1895. Festzug vor der Tribüne am Marktplatz

len Feiern statt. *Der Festtag selbst begann in der hergebrachten Weise mit Glockengeläute, Geschützdonner* (101 Kanonenschüsse) *und Choralmusik vom Turm der evangelischen Stadtkirche.*[18] Es folgten Feierlichkeiten im Rathaus, dann *ein Festmahl der Spitzen der Behörden im Gartensaale des Museums . . ., bei welchem Staatsminister Dr. Turban den Trinkspruch auf den Großherzog ausbrachte . . . Im Schützenhause fand wie alljährlich das übliche Festschießen zu Ehren des hohen Protektors der Gesellschaft statt, im Stadtgarten ein Gartenfest . . . im Hoftheater* eine Festaufführung. *Außerdem vereinigten sich in den Abendstunden verschiedene Vereine und Gesellschaften. . . . in ihren Gesellschaftsräumen zu entsprechenden Feierlichkeiten.*

Keine Frage, daß auch der *Kanzleirat* bei diesen vom Bürgertum getragenen Festlichkeiten nicht fehlen wollte. *An dem Geburtstage seines Landesherrn in der „Eintracht" festzuessen, davon ließe sich unser Kanzleirat um keinen Preis abbringen und müßte er sich deshalb sein tägliches Pfeifchen versagen. Natürlich wird dabei auf das Wohl des geliebten Fürsten eine Flasche Extrawein getrunken, macht mit dem Essen – 5 M* (S. 66).

Seit der Reichsgründung wurden in Deutschland neben den Geburtstagen der Landesfürsten auch die Geburtstage des deutschen Kaisers gefeiert. *Obschon der Herr Kanzleirat von den fünf Milliarden der französischen Kriegsentschädigung nichts erhalten hat, so bringt er doch alljährlich dem neuen Deutschen Reiche sein Dankopfer dar, indem er auch den Geburtstag des deutschen Kaisers mitfeiern hilft. Daß dabei auf das Wohl des Kaisers Wilhelm noch eine feinere Sorte getrunken werden muß, ist selbstverständlich und kommt ihn das Deutsche Reich jährlich auf – 6 M zu stehen* (S. 66).

Nachdem der *Kanzleirat* aber beschlossen hatte, den Jahresetat zu reduzieren, sollten die *patriotischen Feste* nur noch abwechselnd gefeiert werden. *Ein Jahr Baden, das andere Jahr das Deutsche Reich, macht 5 M Ersparnis* (S. 94).

Auch in der Neufassung seiner Informations- und Erziehungsschrift sah Albert Bürklin im Verzicht auf den Christbaum für die achtköpfige Familie eine Möglichkeit, die zu hohen Lebenshaltungskosten zu reduzieren – um 8 Mark. Es stand beispielsweise nicht zur Diskussion, ob die Wirtshausbesuche des Vaters oder sein Tabakverbrauch noch zu vermindern wären.

Die einzige gesellschaftliche Aktivität der *Frau Kanzleirat,* ein Damen-Kaffee-Kränzchen pro Jahr bei bescheidenster Aufwartung, fiel (in der Neufassung) der Sparaktion nicht zum Opfer.

Vom respektablen Mann erwartete man einfach die Teilnahme am gesellschaftlichen Leben, konnte er damit doch bildungsbürgerliches Niveau demonstrieren. Allerdings machte Bürklin bei vielen Gelegenheiten deutlich, wie schnell in der Realität die Grenzen dessen überschritten wurden, was eine Familie menschlich und finanziell verkraften konnte.

Im großen und ganzen aber konnte sich die Karlsruher Bevölkerung (in diesem Fall vor allem der männliche Teil der Bevölkerung) aufgrund der verbesserten wirtschaftlichen Situation die Teilnahme am Gesellschaftsleben der Stadt leisten – und dieses Gesellschaftsleben spielte sich vorwiegend in Vereinen ab.

Im Lauf der vergangenen Jahrzehnte war deutlich geworden, wie sehr Vereinsmitglieder Einfluß geltend machen konnten – nicht nur im Verein, sondern auch durch den Verein. Ein Beispiel für außergewöhnlich erfolgreiche Vereinstätigkeit auf unterschiedlichen Gebieten des Sozialwesens bot der Badische Frauenverein. Unter dem Protektorat der Großherzogin Luise 1859 gegründet, konnte er beispielsweise im Jahr 1890 eine neue Vereins-Klinik mit angeschlossenem *Wärterinnenheim* an der Kaiserallee eröffnen.[19]

Durch den starken Zuzug von außen bestand auch ein größeres Bedürfnis zu geselligen Vereinigungen, und zwar nicht nur in landsmannschaftlichen Gruppierungen wie etwa jener

der Württemberger oder der Schweizer in Karlsruhe. Die Neuzuzügler erprobten gemeinsam mit den alteingesessenen Bewohnern neue Formen der Freizeitgestaltung in den unterschiedlichen Wander-, Sport- und Sängervereinen bis hin zum Tierschutz- und Gartenbauverein.
Die geselligen Veranstaltungen in der überwiegenden Zahl dieser Vereinigungen orientierten sich aber am Vorbild der traditionsreichen Gesellschaften des Bildungsbürgertums. Die neueren Vereine übernahmen dabei nicht nur das Angebot an Vortrags-, Konzert- oder Tanzabenden, sondern feierten auch die patriotischen Gedenktage nach dem Vorbild der alten bildungsbürgerlichen Zirkel. Selbst der mehr oder weniger intensive Kontakt zur Familie des Landesherrn, den diese Zirkel pflegten und auch gern nach außen hin zur Schau stellten, wurde von den neuen Vereinen übernommen. Zwar fand sich der Großherzog nicht etwa im Clubheim des Athletenklubs ein, so wie er den gelegentlichen Einladungen ins Museum folgte. Doch nutzten die Vertreter verschiedener Vereine den repräsentativen Rahmen der Festhalle, um im dortigen großen Saal bei Gedenkfeiern und Festbanketts mit den Königlichen Hoheiten zusammenzutreffen. Natürlich versäumte man nicht, den hohen Gästen *für ihr huldvolles Erscheinen den Dank der Versammlung* auszusprechen.[20]
Die Festhalle war also ein Ort, wo der „Landesherr" ganz offiziell in Kontakt treten konnte mit Vertretern der „kleinen Leute". So wurden Beziehungen zwischen dem Fürstenhaus und einem großen Teil der Stadtbevölkerung über das Vereinswesen gleichsam geregelt und in einen akzeptablen Rahmen gesetzt.
Allerdings gab es auch in Karlsruhe Gruppierungen, die auf derartige Beziehungen keinen Wert legten, sie zum Teil sogar ablehnten, weil sie sich dadurch in ihrer spezifischen Entwicklung gehemmt fühlten. Gemeint sind Gruppen der Karlsruher Arbeiterschaft, die Wolfgang Glaeser im folgenden Beitrag vorstellt.

Die Aufstiegschancen

Das soziale Gefüge war während der Gründerzeit besonders stark in Bewegung geraten. Auch für die „kleinen Leute" galten diese Jahre als eine Zeit mit vielfältigsten Veränderungs- und Entwicklungsmöglichkeiten. Albert Bürklin hat 1886 in der Neuauflage des *Kanzleirats* den gesellschaftlichen Aufstieg für die Kinder der Musterfamilie geplant.
Zeigte sich der frühere *Kanzleirath* noch bedrückt von der Sorge, seine Buben müßten Schuster und Schneider, seine Mädchen Mägde werden, so schien der neue *Kanzleirat* keine Zweifel über die bevorstehende akademische Laufbahn der Söhne zu hegen. Er hat *es sich zu einem förmlichen Studium gemacht, aus den Neigungen der Knaben, ja selbst aus ihren kindlichen Spielen ihre Anlagen zu einem künftigen Berufe herauszufinden, und er glaubt das Richtige bereits getroffen zu haben* (S. 73).
Natürlich war in dieser Zeit des raschen technischen Fortschritts ein angehender Ingenieur unter den Knaben zu finden: Karl *hat mit dem Bahnwärter am Ettlinger Wegübergang bereits innige Freundschaft geschlossen, der ihm die ersten Grundsätze des Eisenbahnbaues beibringt; zu Hause hat er sich von einem alten Kuchenblech einen Elektrophor und zwei Leydener Flaschen gefertigt und das ganze Haus elektrisiert, so daß man kaum eine Thürfalle in die Hand nehmen kann, ohne einen elektrischen Schlag zu erhalten; auch trägt er vorzugsweise gerne seine Rohrstiefel über den Hosen* (S. 73).
Der zweite Sohn ist – wie könnte es in der Garnisonstadt anders sein – für den höheren Dienst beim Militär vorgesehen. *Fritz ist ein geborener Soldat; bei der Parade marschiert er neben dem Tambourmajor her, bei den Schlachten im Hardtwalde, zwischen den Türken und Russen, ist er stets Osman Pascha mit einem roten Fes auf dem Kopfe, und daheim hat er eine ganze Armee papierener Soldaten und wenn er diese kommandiert, so steckt er jedesmal einen alten Vorhangring als Zwicker*

ins Auge, was seinen Beruf zum Leutnant außer Zweifel setzt (S. 73).
Ob aus den Wasserspielen des jüngsten Sohnes allerdings auf den künftigen *Beruf zum Seemann* geschlossen werden durfte, scheint ungewiß. *Nicht nur plündert er die Rinde der Föhren im Hardtwalde, um Schiffe daraus zu machen, sondern er hat auch der Kathrine einen Holzschuh entwendet, um ihn als Admiralschiff seiner Flotte aufzutakeln... Jeden Pfennig, der sich zu ihm verirrt, spart er auf, bis es zu einer Bootfahrt auf dem Stadtgartensee reicht* (S. 74).
Zwar *schätzt sich der Herr Kanzleirat glücklich, in einer großen Stadt zu wohnen, wo er seine Buben ohne außerordentliche Kosten auf dem Gymnasium und später auf dem Polytechnikum für ihren künftigen Beruf vorbereiten lassen kann* (S. 74). Allerdings kostet die Ausbildung der Buben jährlich 190 Mark. Musikunterricht, wie ihn die Mädchen erhalten, kann ihnen der Vater deshalb nicht mehr bezahlen – *zu seinem großen Leidwesen, denn für einen jungen Mann ist Musik eine Empfehlung, die ihm Zutritt in die beste Gesellschaft verschafft* (S. 75).
Gesellschaftlicher Aufstieg erfolgte also nicht nur kraft eigener Bildungs-Anstrengungen. Man mußte in die bessere Gesellschaft geholt werden. Immerhin hat der vorbildlich strebsame Vater *jetzt schon die Genugthuung, daß die angesehensten Familien für ihre Kinder den Umgang der gut erzogenen, bescheidenen und gesitteten Mädchen des Herrn Kanzleirat Müller suchen* (S. 72).
Diese Bemerkung des Kanzleirats beruht auf der Tatsache, daß die „angesehensten Familien" inzwischen bereit waren, sich nach „unten" zu öffnen, zu den in der sozialen Rangliste weniger hoch stehenden Familien. Dieses

12. Verbandsschießen des badischen, pfälzischen und mittelrheinischen Schützenbundes im Jahr 1891. „Als Festplatz diente das an der Linkenheimer Allee gelegene, neu erbaute Schützenhaus mit seiner Umgebung." Hier: Die „Restaurationshalle der Firma Moninger"

„Öffnen" wurde mit der Verbreitung des Vereinswesens vorangetrieben. So betonte beispielsweise der Berichterstatter der Chronik des Jahres 1890, daß der neu gegründeten Sektion Karlsruhe des badischen Schwarzwaldvereins 485 Mitglieder aus *den verschiedensten Ständen und Berufsarten* angehörten.[21] Durch den Zusammenschluß in Vereinen wurden die sozialen Schranken etwas abgebaut, im Gegensatz zu den in der ersten Hälfte des 19. Jahrhunderts gegründeten geschlossenen Gesellschaften (Museum, Eintracht, Bürgerverein), die jeweils nur einer bestimmten Bevölkerungsschicht zugängig waren.

Diese Öffnung war für die bescheiden lebende Musterfamilie von großer Bedeutung, denn die Mädchen konnten – anders als die Buben – einen sozialen Aufstieg und die finanzielle Besserstellung nur über eine Heirat erreichen. Wenn ihnen aber *das Glück ... nicht wohl will,* so mußten sie ihren Lebensunterhalt als *Erzieherinnen, Haushälterinnen, oder selbst als tüchtige Arbeiterinnen* (in der Modebranche) verdienen – der Begriff „Arbeiterin" hat im Vergleich zu den Gegebenheiten des Jahres 1865 eine deutliche Aufwertung erfahren!

Anmerkungen:

1 Zeitungsartikel, wohl kurz nach 1890, Stadtarchiv Karlsruhe (Stadt AK).

2 Albert Bürklin: Der Kanzleirat. Lahr 1886, S. 64 f. Im folgenden Beitrag werden – ebenso wie im Beitrag zum Jahr 1865 – die Seitenzahlen den Zitaten aus dem „Kanzleirat" direkt beigefügt. Im Jahr 1890 ist Albert Bürklin als großherzoglicher Oberingenieur a. D. in Karlsruhe gestorben. 1983 ist ein Reprint der Ausgabe von 1857 mit einem Nachwort von Helmut Bender erschienen.

3 B. Beideck: Geschichte des Volksschulwesens der Haupt- und Residenzstadt Karlsruhe, Karlsruhe 1890, S. 32.

4 Vgl. Erzbischöfliches Archiv Freiburg (EAF), II.b.5738, Dekanat Ettlingen, Pfarrei Karlsruhe: Die Erbauung einer II. katholischen Kirche daselbst. Schriftwechsel ab 1865.

5 Chronik der Haupt- und Residenzstadt Karlsruhe für das Jahr 1890, Karlsruhe 1891, S. 5. Zum folgenden vgl. ebenda, S. 29 f.

6 Ebenda, S. 8.

7 Adreßkalender der Residenzstadt Carlsruhe, 1865, S. XIV, und: Adreß-Buch für die Haupt- und Residenz-Stadt Karlsruhe mit teilweiser Berücksichtigung der Nachbarstädte Durlach und Ettlingen, 1890, S. 356–358.

8 Chronik der Haupt- und Residenzstadt Karlsruhe für das Jahr 1889, Karlsruhe 1890, S. 54.

9 Chronik 1890 (wie Anm. 4), S. 54.

10 Adreß-Buch 1890 (wie Anm. 7), S. 77–80.

11 Friedrich von Weech: Karlsruhe. Geschichte der Stadt und ihrer Verwaltung. III. Band, Zweite Hälfte, 1875–1900, Karlsruhe 1904, S. 699.

12 Vgl. ebenda, S. 697.

13 Vgl. Chronik 1890 (wie Anm. 4), S. 58.

14 Vgl. ebenda, S. 71 f.

15 Vgl. ebenda, S. 73.

16 Vgl. ebenda, S. 78, auch das folgende Zitat.

17 Vgl. ebenda, S. 74–76.

18 Vgl. Chronik 1889 (wie Anm. 8), S. 82.

19 Vgl. Chronik 1890 (wie Anm. 4), S. 64–67.

20 Vgl. ebenda, S. 79.

21 Vgl. ebenda, S. 54.

Wolfgang Glaeser

1890: Die Karlsruher Arbeiterschaft

Die Industrialisierung Karlsruhes

Seit der Mitte des 19. Jahrhunderts war auch in Karlsruhe eine Industrie entstanden, die das Sozialgefüge und das politische Leben in der Stadt nachhaltig veränderte.
Als Geburtsjahr der Karlsruher Industrie läßt sich das Jahr 1836 bestimmen. Gab es bis dahin nur einige kleine Werkstätten für Tabak-, Möbel- und Schmuckproduktion, so entstanden nun im Karlsruher Raum die ersten großen Industriebetriebe, in Ettlingen die Spinnerei und Weberei, in Waghäusel die Zuckerfabrik und in Karlsruhe selber die Kesslersche Maschinenfabrik, die 1841 mit der *Badenia* die erste badische Lokomotive baute.[1] Bald folgte die Waggonfabrik von Schmieder und Mayer. Eine weitere Entfaltung der Industrie wurde vorerst von Mitte der vierziger Jahre ab von wirtschaftlichen Krisenerscheinungen gebremst. Die Kesslersche Maschinenfabrik überlebte nur dank der Intervention des badischen Staates, den ein Konkurs der Firma in seinen Plänen, die Teile des langgestreckten Großherzogtums mit einem Eisenbahnnetz zu verbinden, weit zurückgeworfen hätte. Seit 1852 bestand das Werk unter dem Namen „Maschinenbaugesellschaft Karlsruhe“ als Aktiengesellschaft weiter und rüstete die badische Staatsbahn mit Lokomotiven aus, bis es 1930 der Weltwirtschaftkrise zum Opfer fiel (vgl. Abb.).
Die eigentliche Industrialisierung Karlsruhes und seiner nächsten Umgebung setzte um 1860 ein, als in wenigen Jahren viele wichtige Industriebetriebe entstanden, so 1854 die Maschinenfabrik von Sebold in Durlach (heute Badische Maschinenfabrik Durlach), 1856 die Eisengießerei Seneca in Mühlburg, die 1890/91 die Hirschbrücke baute, 1857 die Parfümerie und Toilettenseifenfabrik Wolff und Sohn (vgl. Abb. S. 181), 1860 die erste deutsche Nähmaschinenfabrik von Haid und Neu (vgl. Abb. S. 181), 1870 die Nähmaschinen- und Ofenfabrik von Junker und Ruh (vgl. Abb. S. 182), und 1872 die Gritznersche

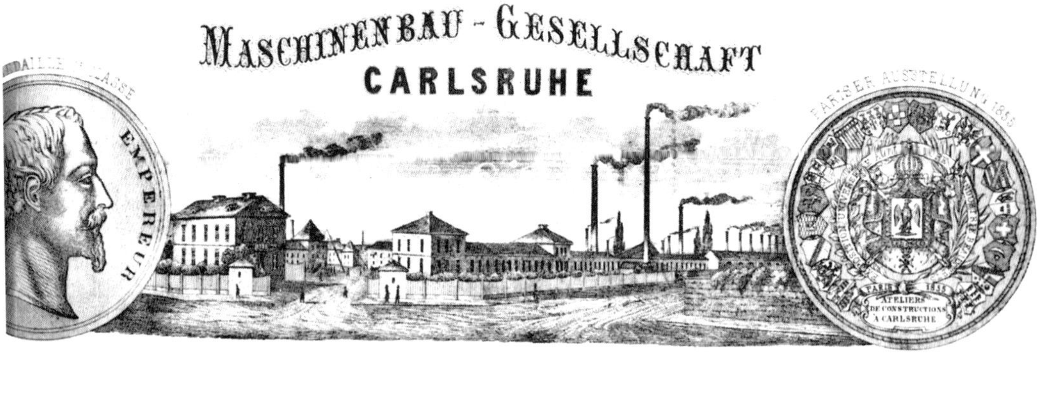

Die Maschinenbaugesellschaft Karlsruhe, Briefkopf von 1863

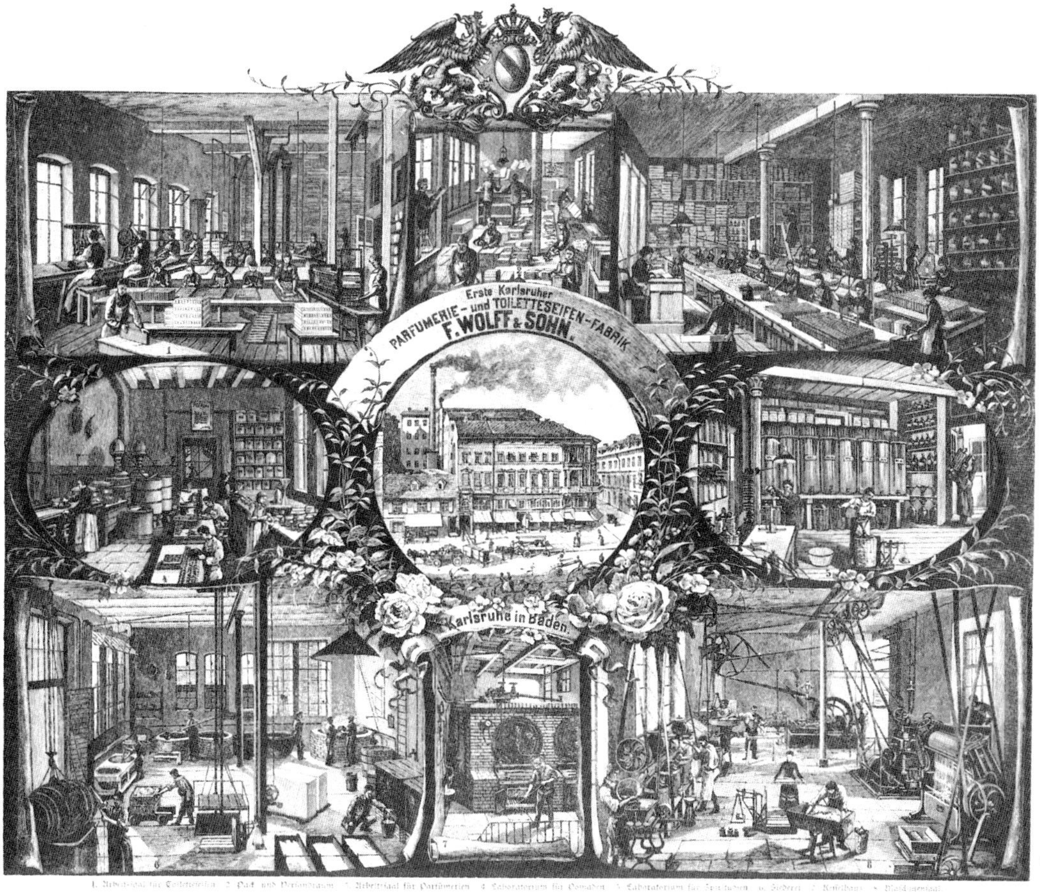

Produktionsstätten von Wolff & Sohn, um 1880

Nähmaschinenauslieferung von Haid & Neu vor der Jahrhundertwende

Nähmaschinenfabrik in Durlach (heute Pfaff) und die Metallpatronenfabrik Lorenz (später deutsche Waffen- und Munitionsfabrik, heute Industriewerke Karlsruhe-Augsburg).[2]
Wichtigster Industriezweig in Karlsruhe wurde die Metall- und Maschinenbauindustrie (speziell die Nähmaschinenproduktion), die 1875 über 3.000 der 11.488 in der Industrie Tätigen beschäftigte.[3]
Mit dem Gründerkrach 1875 wurde das Wachstum der Karlsruher Industrie ein zweites Mal gebremst. Bis 1887/88 stockte die Konjunktur. Allerdings wurden in dieser Zeit mit der Umwandlung der wichtigsten Firmen, vor allem der Metallindustrie, in Aktiengesellschaften die Voraussetzungen für das daraufhin einsetzende Wachstum geschaffen.
1888 bis 1891 belebte sich die Wirtschaft auch in Karlsruhe spürbar.[4] Gritzner erhöhte seine Belegschaft zwischen 1888 und 1891 von 500 auf 1.000 Beschäftigte, die Maschinenbaugesellschaft im gleichen Zeitraum von 518 auf 750 und die Metallpatronenfabrik allein innerhalb eines Jahres (1889 bis 1890) von 1.500 auf 3.600. Die Ende 1891 einsetzende Krise zeigte jedoch gleichfalls sofortige Auswirkungen, die Metallpatronenfabrik baute bis Jahresende wieder auf 1.100 Beschäftigte ab.[5] Erst 1895 zog die Konjunktur infolge der Aufrüstungs- und Flottenpolitik der Reichsregierung wieder an.

Die Veränderung der Bevölkerungsstruktur Karlsruhes

Mit der Industrialisierung wuchs die Bevölkerung Karlsruhes sprunghaft an, von 24.299 Einwohnern 1852 auf nahezu das Dreifache im Jahre 1890, nämlich 73.684 Einwohner.[6]
Damit kam auf die Stadt die Aufgabe zu, neue Wohnquartiere zu schaffen; in den fünfziger Jahren entstand die Südstadt und um 1890 die Oststadt im Zusammenhang mit dem neuen Industriegebiet Ost. Hier ließen sich unter anderem die Brauerei Höpfner und die Nähmaschinenfabrik Haid und Neu mit einem neuen, wesentlich vergrößerten Werk nieder (vgl. Abb. S. 183).
Die wachsende Einwohnerschaft rekrutierte sich in erster Linie aus Zuwanderern. Nach den Ergebnissen der Volkszählung vom 1. Februar 1900 waren nur 32,9 % der nun 97.185

Die Firma Junker & Ruh, 1895

Das neue Werk von Haid & Neu in der Oststadt, 1896

Karlsruher in der Stadt selbst geboren, die anderen 67,1 % waren zugezogen.[7] Die meisten der Zugezogenen kamen aus Baden, wie eine Untersuchung der städtischen Arbeiter aus dem Jahre 1897 belegt: Von den 660 Arbeitern im Dienst der Stadt waren nur 66 aus Karlsruhe gebürtig, 512 (=77,57 %) kamen aus dem übrigen Großherzogtum.[8] Der Anteil der Fernwanderer war, verglichen mit den deutschen Industiezentren in Sachsen, im Ruhrgebiet oder in Berlin, relativ gering. Karlsruhe platzte nicht in demselben Maße wie diese aus den Nähten, Wohnungsnot und Elend hielten sich in Grenzen. Der doch vergleichbar geringe Industrialisierungsgrad übte keine allzu große Sogwirkung aus. Wenige zogen auf gut Glück in die Stadt. Ein Grund dafür liegt in der besonderen ökonomischen Struktur des Großherzogtums: Wenn es auch, außer Mannheim und ansatzweise Karlsruhe und Pforzheim, keine ausgesprochenen Industriestädte gab, so war doch die Klein- und Mittelindustrie weit über das Land verteilt. Die bis 1900 in Baden vorherrschenden Industriezweige, die Tabak- und die Textilindustrie, waren in erster Linie auf dem Land angesiedelt, in der Rheinebene und den Flußtälern des Schwarzwaldes, wo sie zwar miserable Arbeitsbedingungen und geringe Löhne, aber doch immerhin Arbeitsplätze boten.[9] Dazu fehlte in Baden der Großgrundbesitz, der wie in Nord- und Ostdeutschland massenhaft besitzlose Landarbeiter an die Industrie abgab.

Die Bevölkerungsstruktur läßt sich der Berufszählung von 1897 entnehmen: Die Stadt zählte in diesem Jahr 80.823 Einwohner. 40.094 waren erwerbstätig, davon 16.899 in Industrie und Handwerk. Unter diesen befanden sich 11.973 gewerbliche Arbeitnehmer, zählt man die Arbeiter in Handel, Verkehr und Landwirtschaft dazu, so kommt man auf 16.624 Arbeiter, mit Angehörigen 29.934 Einwohner. Also kann man im Jahr 1897 etwa 37 % der Karlsruher Bevölkerung zur Arbeiterschaft rechnen.[10]

Die Arbeiterschaft in der Karlsruher Industrie setzte sich aus zwei Gruppen zusammen: den Karlsruher Arbeitern und den Pendlern, die in den Dörfern des Umlands wohnten und jeden Morgen in die Stadt fuhren. Vor allem in den größeren Betrieben stellte diese Gruppe einen erheblichen Anteil an der Belegschaft: 1902 kamen von 13.275 Arbeitern in 282 Betrieben mit mehr als 20 Beschäftigten 5.939 aus den umliegenden Dörfern.[11]

Ein Großteil dieser Arbeiter fuhr mit den öffentlichen Verkehrsmitteln nach Karlsruhe. Zusätzlich zur badischen Staatsbahn entstand in Karlsruhe ein öffentliches Nahverkehrsnetz. Die erste Straßenbahn führte ab 1877 von Mühlburg nach Durlach. Am 6. November 1890 wurde die Lokalbahn nach Durmersheim eröffnet, einige Monate später folgte der Nordabschnitt nach Spöck. 1897 wurde die Albtalbahn nach Ettlingen gebaut und 1898 nach Herrenalb und 1899 nach Ittersbach erweitert.[12] Auch die Staatsbahn Richtung Graben-Neudorf und Richtung Maxau brachte viele Arbeiter in die Stadt.

Die näher an der Stadt wohnenden Arbeiter kamen oft mit dem Fahrrad, das gerade unter jüngeren Arbeitern große Verbreitung fand, oder zu Fuß zur Arbeit. Für alle auswärts wohnenden Arbeiter bedeutete der Weg eine nochmalige Verlängerung des Arbeitstages, bis auf über 15 Stunden. Dennoch zogen es die meisten Pendler nicht allein aufgrund der Schwierigkeiten, in der Stadt eine ausreichende Wohnung zu finden, vor, auf dem Dorf wohnen zu bleiben. Sie waren hier in ihr soziales Umfeld eingebettet und hofften darauf, eines Tages in höherem Alter auf die Fabrikarbeit verzichten und von ihrer kleinen Landwirtschaft leben zu können. Ihr Denken und die Gespräche zu Hause bezogen sich viel mehr auf das Haus und den Acker als auf die Arbeit in der Fabrik. Oft wußte die Frau gar nicht, was der Mann in der Stadt arbeitete.[13]

Die Auswirkungen der Industrialisierung auf das Sozialgefüge

Die Industrialisierung veränderte nicht nur die Stadt selber, sondern auch die umliegenden Dörfer. Zahlreiche Handwerksbetriebe waren nicht mehr in der Lage, mit der Industrie zu konkurrieren, jahrhundertealte Berufe starben aus. So heißt es in einer Untersuchung aus dem Jahre 1895 über die Dörfer Hagsfeld, Blankenloch und Friedrichstal: *Drahtflechter, Leimsieder, Salpetersieder sind vergessen. Der Nagelschmied hat in den 60er Jahren wehmütig seinen Beruf an den Nagel gehängt; seine teuren Drahtstifte, die er so mühsam mit der Hand gemacht hatte, wollte niemand mehr kaufen. Und mit ihm haben Ende der 70er Jahre der Weber und der Färber ihr Geschick erfüllt; kein Gesetz, keine Verordnung hat ihnen die Ausübung ihres Berufes untersagt ... ein langsamer Tod hat sie weggenommen ... Dem Seiler ist es nicht besser ergangen; der Kübler ist überflüssig geworden; das Holz der Wasser- und Milchgefäße ist durch Email ersetzt worden. Und wie das Weberschiffchen, so wird auch in absehbarer Zeit der Leisten des Schusters, der Hobel des Schreiners und die flinke Nadel des Schneiders in die Raritätenkammer der Wirtschaftsgeschichte wandern ... Der Hagsfelder Handwerker war der Erste, der den vergeblichen Kampf mit der Fabrik eingesehen und einen ehrenvollen Kompromiss mit dem modernen Großbetrieb eingegangen hat. Er zeigt auch seinen Berufsgenossen von Blankenloch den Weg, auf dem der bisherige Handwerker noch allein vorwärts kommen kann: den Weg nach Karlsruhe, in die Karlsruher Industrie.*[14]

Auch in der Stadt verschwanden Handwerksbetriebe. So stellten bis 1903 fünf Handwerksbetriebe mit 11 bis 15 Arbeitern in Karlsruhe Feilen her. Nachdem in Ettlingen die Feilenfabrik Kühn eröffnet worden war, gingen vier dieser Werkstätten ein, die Werkstatt von Heusinger überlebte nur dadurch, daß sie sich einen kapitalkräftigen Gesellschafter suchte und gleichfalls die maschinelle Feilenproduktion aufnahm.[15]

Die Industrie benötigte jetzt in ihren arbeitsteiligen Fabriken nicht nur Facharbeiter, der Anteil der un- und angelernten Arbeiter stieg. Auch unter den städtischen Arbeitern in Karlsruhe befanden sich 382 Ungelernte neben 278 Gelernten, und von diesen arbeiteten nur 85 in ihrem Beruf.[16] Tätigkeiten und Menschen wurden austauschbar. Eine qualifizierte Ausbildung war nicht mehr Garantie einer gesicherten Berufslaufbahn. Konjunkturschwankungen wirkten sich noch direkter als

Werkstätten-Ordnung

der

Nähmaschinen-Fabrik von Haid & Neu in Karlsruhe.

1) Jeder Arbeiter hat seine polizeiliche Aufenthaltskarte bei seinem Eintritt in die Fabrik abzugeben.

2) Die Arbeitszeit ist festgesetzt:

Vom 1. April bis 15. Oktober:
von 6 Uhr Morgens bis 12 Uhr Mittags,
von 1 Uhr Nachmittags bis 7 Uhr Abends.

Vom 16. Oktober bis 31. März:
von 7 Uhr Morgens bis 12 Uhr Mittags,
von 1 Uhr Nachmittags bis 7 Uhr Abends.

Morgens von 8 bis 1/4 9 Uhr ist Frühstück.
Nachmittags von 4 Uhr bis 1/4 5 Uhr ist Vesper.
Vom 16. Oktober bis 31. März fällt die Frühstückstunde aus.

3) Tage, an denen nicht gearbeitet wird, sind folgende:
Die Sonntage und die gesetzlichen Feiertage,
die Nachmittage des ersten Montags der beiden Messen,
Fastnachtsdienstag.

4) Die Arbeiter sind streng angewiesen, die vorgeschriebene Arbeitszeit einzuhalten.
Diejenigen, welche 10 Minuten nach Beginn der vorgeschriebenen Arbeitzeit kommen, werden um 9 kr. gestraft. Wer 1 Stunde nach der vorgeschriebenen Arbeitszeit kommt, wird um 15 kr. gestraft und ist späterer Eintritt in die Fabrik nicht gestattet.

5) Die Werkstätten werden 10 Minuten vor Anfang geöffnet und 10 Minuten nach beendeter Arbeitszeit geschlossen.

6) Während der Arbeitszeit darf kein Arbeiter ohne Erlaubniß die Fabrik verlassen, noch Fremde mitbringen oder empfangen.

7) Die Zahltage finden alle 14 Tage, Samstag Abends um 6 Uhr, statt, und werden wegen gründlicher Abrechnung die 2 letzten der 14 Tage bei dem nächsten Zahltage mitgerechnet.

8) Jedem Arbeiter ist bei Vermeidung eines Abzuges von 15 kr. untersagt, unnöthiger Weise in den Werkstätten umherzulaufen, sowie andere von ihrer Arbeit abzuhalten.

9) Mit Feuer und Licht hat jeder Arbeiter sehr vorsichtig umzugehen.

10) Das Rauchen ist während der Arbeitszeit bei 30 kr. Strafe verboten.

11) Jeder Arbeiter ist verpflichtet, in die Krankenkasse der Fabrik statutengemäß beizutragen.

12) Es ist einem jeden Arbeiter zur strengen Pflicht gemacht, den Anordnungen seiner Vorgesetzten Folge zu leisten.

13) Für mangelhafte Arbeiten, nicht Instandhaltung der Werkzeuge 2c. werden im Verhältnisse des verursachten Schadens, Abzüge am Lohn des betreffenden Arbeiters gemacht.

14) Jeder Arbeiter ist für die ihm übergebenen allgemeine Werkzeuge, Pläne und Modelle verantwortlich und hat dieselben nach ihrem Gebrauche an die dazu bestimmten Orte abzuliefern, im Unterlassungsfalle unterliegt er einer Strafe von 15 kr. Für die jedem Arbeiter übergebenen kleineren Werkzeuge erhält derselbe ein Büchlein, in welchem Ab- und Zugang eingetragen sind. Bei seinem Austritt hat der Arbeiter das ihm in diesem Büchlein zugeschriebene Werkzeug seinem Vorgesetzten abzuliefern und den Werth der etwa fehlenden Stücke nach den Inventarpreisen zu ersetzen.

15) Da wo es abgeschlossene Verträge nicht anders bestimmen ist man gegenseitig gehalten 14 Tage vor dem Austritt aufzukündigen; solche Aufkündigungen können jedoch nur Samstags geschehen. Eine alsbaldige Entlassung kann stattfinden, von Seiten des Etablissements, wenn der Arbeiter sich Folgendes zu Schulden kommen läßt:
Ungehorsam, schlechte Arbeit, Schlägereien, wiederholte vorsätzliche Versäumniß der Arbeitszeit, Trunkenheit, Veruntreuungen irgend einer Art.
Von Seiten der Arbeiter, wenn dieselben durch giltige Schriften nachweisen können, daß sie durch Angelegenheiten abgerufen werden, deren Erledigung sich nicht länger verschieben läßt. Bleibt dem ungeachtet ein Arbeiter weg, ohne seine Entlassung erhalten zu haben, so hat er keinen Anspruch auf den ihm etwa gutkommenden Lohn.

16) Jedem neueintretenden Arbeiter ist es gestattet, zu jeder Zeit, bevor Lohn mit ihm gemacht ist, auszutreten. Dasselbe Recht, einen Arbeiter fortzuschicken, steht auch dem Etablissement zu.

17) Die auf den Zahltag Bezug habenden Reklamationen müssen den darauf folgenden Montag Vormittag gemacht werden. Spätere Reklamationen können nicht mehr stattfinden.

18) Sämmtliche bemerkte Abzüge fallen, insofern dieselben nicht als Ersatz für verdorbene Arbeiten oder Materialien oder beschädigte Werkzeuge gemacht sind, der Krankenkasse der Fabrik anheim, über welche Kasse besondere Statuten bestehen.

19) Ueber die pünktliche Beobachtung dieser Anordnungen werden die Vorgesetzten der Fabrik wachen und im Betretungsfall eines Arbeiters, nach bestem Ermessen die obengenannten Strafen in Vollzug setzen.

20) Gegenwärtige Verordnungen sind in allen Werkstätten der Fabrik zur Kenntnißnahme der Arbeiter angeschlagen und kann sich deßwegen kein Arbeiter mit Unkenntniß entschuldigen, durch seinen Eintritt in die Fabrik übernimmt jeder Arbeiter die Verpflichtung, sich dieser Werkstätten-Ordnung zu unterwerfen.

Karlsruhe, den 16. Oktober 1867.

Haid & Neu.

Druck von Th. Gerbracht.

Werkstattordnung von Haid & Neu, 1867

heute auf die Arbeitsplatzsicherheit aus, wie das bereits erwähnte Beispiel aus der Metallpatronenfabrik deutlich macht. Innerhalb weniger Wochen konnte ein Unternehmer mehrere tausend Arbeiter entlassen. Diese mußten sich sofort nach irgendeiner neuen Arbeit umsehen, denn eine Arbeitslosenunterstützung gab es noch nicht. Erste Arbeitslosenkassen wurden erst um die Jahrhundertwende von den Gewerkschaften eingeführt.

Andere Arbeiter wechselten ihre Arbeitsplätze aus eigenem Antrieb, in der Hoffnung auf bessere Arbeits- und Lohnbedingungen. Daher ergriffen die Unternehmer Maßnahmen, um sich eine stabile Kernbelegschaft zu schaffen. So schlossen die drei großen Nähmaschinenfabriken von Karlsruhe und Durlach einen Vertrag ab, in dem sie sich verpflichteten, sich gegenseitig keine Facharbeiter abzuwerben.[17] Als in den Jahren vor dem Ersten Weltkrieg die ersten Urlaubsregelungen eingeführt wurden, galten sie nur für langjährige Belegschaftsmitglieder. Auch die Einrichtung von Fabrikkrankenkassen diente dem Zweck, einen Arbeiterstamm an die Betriebe zu binden.

Früher hatte es zur Freiheit eines Handwerksgesellen gehört, einen Teil seines Lebens auf Wanderschaft zu verbringen. Auch der blaue Montag und zahlreiche Feiertage waren fester Bestandteil seines Lebens gewesen und machten ihm die langen Tagesarbeitszeiten erträglich.[18] Diese Elemente einer früheren Zeit standen im Widerspruch zu den Bedürfnissen der Industrie, die regelmäßig anwesende Arbeiter benötigte. Auch mußten die Arbeiter zu einer neuen, von der Uhr bestimmten Zeitdisziplin erzogen werden.

Zahlreiche Fabrikordnungen (vgl. Abb. S. 185) legten auch in Karlsruhe fest, daß Arbeiter, die nicht pünktlich auf die Minute um sechs oder sieben Uhr morgens zur Arbeit kamen, erst mittags eingelassen wurden und damit einen halben Tag Lohnausfall hinnehmen mußten.[19]

Die Arbeitsverhältnisse in der Karlsruher Industrie

In den Fabrikordnungen schrieb der Unternehmer seine Machtposition im Betrieb fest. Er war Herr im Haus, diktierte Arbeitsbedingungen, Arbeitszeit und Lohnhöhe. Die Arbeiter hatten praktisch keine Möglichkeit, sich gegen schikanöse Behandlung durch Vorgesetzte oder gar körperliche Maßregelungen zur Wehr zu setzen.[20] Bei Auseinandersetzungen hatte der Unternehmer das letzte Wort. So beinhaltete eine Fabrikordnung der Firma Gschwind folgenden Paragraphen: *In streitigen Fällen steht dem Arbeiter als höchste Instanz der Rekurs beim Fabrikherrn offen, dessen Entscheid er sich unbedingt zu fügen hat.*[21]
Vereinzelt gab es bereits Arbeiterausschüsse, deren Existenz durch die Gewerbenovelle von 1891 legitimiert wurde. Abgesehen davon, daß ihre Einrichtung nicht zwingend vorgeschrieben war, erhielten sie auch keine rechtlichen Kompetenzen. Sie sollten zwar die Anliegen der Arbeiter formulieren, aber da für ihre Mitglieder kein Kündigungsschutz bestand, konnte ihre Tätigkeit bei allzu forschem Auftreten jederzeit durch Entlassung beendet werden. So stellte auch die badische Fabrikinspektion fest, daß die Arbeiter wenig von dieser Einrichtung hielten und es nur in wenigen Karlsruher Betrieben Arbeiterausschüsse gab, deren Tätigkeit sich noch zumeist auf die Verwaltung der Fabrikkantinen beschränkte.[22]
Die Arbeitszeit in der Karlsruher Industrie betrug an die 12 Stunden am Tag und lag da-

Gießereihalle von Haid & Neu, um 1900

mit, wie im gesamten Großherzogtum, über dem Reichsdurchschnitt.[23] Die eigentliche Normalarbeitszeit war zwar meistens geringer, wurde jedoch durch angeordnete Überstunden verlängert.[24]
Sonntagsarbeit war in der Industrie bereits die Ausnahme, sie wurde mit der Gewerbenovelle von 1891 gesetzlich untersagt.[25] Allerdings gab es weite Ausnahmeregelungen, so wurde im Einzelhandel bis zum Ersten Weltkrieg regelmäßig sonntags gearbeitet.
Die Gewerbenovelle begrenzte auch den Arbeitstag für Frauen auf höchstens 11 Stunden. Diesem Maß glich sich allmählich der Männerarbeitstag an, bevor er um die Jahrhundertwende weiter verkürzt wurde.[26]
Zur reinen Arbeitszeit müssen noch die Pausen gezählt werden, um die Länge des Arbeitstages zu bestimmen. Üblich waren eine Viertelstunde vor- und nachmittags sowie eine bis eineinhalb Stunden mittags. Die Anlage von Industriegebieten außerhalb der Wohnsiedlungen führte dazu, daß immer mehr Arbeiter längere Wege hatten und in der Mittagspause nicht mehr nach Hause konnten. Daher entstanden Fabrikkantinen, die sich aber keines großen Besuchs erfreuten.[27] Viele Arbeiter zogen es vor, trotz ihres knappen Verdienstes in Gasthäuser zu gehen. Andere brachten ein Vesper mit. Daneben breitete sich der Brauch aus, sich ein Mittagessen von zu Hause bringen zu lassen. Einzelne Fuhrleute lebten davon, daß sie vormittags die Wohngebiete und die Dörfer des Umlands abfuhren und von den Arbeiterfrauen das Mittagessen für ihre Männer einsammelten.[28] Zu allen Mahlzeiten wurde kräftig Bier getrunken. Viele Unternehmer beklagten sich bei der Fabrikinspektion über den hohen Bierkonsum ihrer Arbeiter. Die Versuche, diesem durch Ausgabe von kostenlosem oder billigem Kaffee abzuhelfen, blieben erfolglos.[29]
Kinderarbeit hatte in der Karlsruher Industrie nie eine große Rolle gespielt. Lediglich in der Spinnerei und Weberei in Ettlingen waren um 1860 in größerem Ausmaße Kinder beschäftigt gewesen.[30] Anfangs der neunziger Jahre verschwand die Kinderarbeit in der badischen Industrie fast völlig.[31] In anderen Bereichen arbeiteten Kinder jedoch weiterhin. 1898 waren 852 (das waren 13,5 %) Karlsruher Volksschulkinder erwerbstätig, die meisten bis zu drei Stunden täglich. Über 80 % dieser Kinder versahen persönliche und Botendienste, 13 % gewerbliche Hilfsdienste wie Bierflaschenabfüllen in Brauereien, Kegelaufstellen in Wirtshäusern, lediglich 3,5 % leisteten gewerbliche Arbeit.[32]

Schmiede bei Seneca um die Jahrhundertwende

Arbeiterinnen in Karlsruhe

Als mit dem Aufschwung nach dem Abklingen der „Großen Depression" 1888 bis 1891 der Arbeitskräftebedarf in Karlsruhe anstieg, wirkte sich das kaum in Lohnsteigerungen aus. Die Nachfrage der Industrie bezog sich in erster Linie auf weibliche Arbeitskräfte, denen wesentlich weniger Lohn gezahlt wurde, in der Regel nicht einmal die Hälfte der Männerlöhne.[33] Frauen arbeiteten vor allem in Großbetrieben, die einen geringeren Anteil an Fachkräften benötigten als Handwerks- und Kleinbetriebe. Sie leisteten hier unqualifizierte, ungelernte Arbeit.[34] Gerade die Firma, deren Beschäftigtenzahl besonderen Schwankungen unterworfen war, beschäftigte am meisten Frauen, die Metallpatronenfabrik (vgl. Abb.). Hier arbeiteten, je nach Geschäftslage, zwischen 300 und 1.000 Frauen. Kaum eine Arbeiterin lernte einen Beruf, die meisten empfanden ihre Berufstätigkeit als Übergangsstadium zwischen Kindheit und Ehe, über 80 % der Arbeiterinnen standen im Alter von 14 bis 25 Jahren.[35] Sie entwickelten in den Jahren ihrer Berufstätigkeit auch keine persönliche Unabhängigkeit. In der Regel wohnten sie bei den Eltern, denen sie ihren Verdienst abgaben.[36]

Die materielle Lage der Karlsruher Arbeiter

Angesichts der schwierigen Datenlage für die Jahre um 1890 sollen zwei Einzelbeispiele aus der Untersuchung von Fuchs aus dem Jahre 1904 die Lebenshaltung zur Zeit des Kaiserreichs veranschaulichen:

Kernmacher in einer Eisengießerei, wohnhaft in Grünwinkel, 43 Jahre alt.
Arbeitete zuerst bei den Maurern als Tagelöhner, kam dann in verschiedene Fabriken und ist seit 17 Jahren in seinem jetzigen Arbeitsverhältnis. Heiratete mit 31 Jahren; vier Kinder im Alter von 8 bis 16 Jahren, wovon die älteste Tochter in einer Papierwarenfabrik beschäftigt ist. Der Mann verdient zur Zeit 32 Pf. pro Stunde; im Jahre 1901 verdiente er nur 30 Pf., der Jahresverdienst betrug 885 M. Die Tochter verdient erst 1 M. täglich; sie gibt den ganzen Verdienst zu Hause ab . . .

Belegschaft der Deutschen Waffen- und Munitionsfabrik, Großherzog Friedrich I. begrüßt im Mai 1895 eine türkische Delegation

Die Mietwohnung kostet jährlich 192 M.:2 Zimmer, Küche und Zubehör; ist der Familie zu teuer, wird daher bald wieder aufgegeben werden. Der Weg nach der Fabrik wird zu Fuß zurückgelegt. 1/4 Stunde für den Vater, 1/2 Stunde für die Tochter.
Das Frühstück ist Kaffee mit Brot (am Sonntag Wecken), das Vesper des Mannes am Vormittag Kaffee, Brot und Käse, am Nachmittag 1 Flasche Bier und Brot. Das Mittagessen ist Kartoffeln und Salat oder ähnliches, nur am Sonntag 1 Pfund Fleisch. Der Vater geht zum Essen nach Hause, die Tochter bekommt das Essen gebracht. Abends gibt es stets Kaffee und Brot. Die Tochter bekommt außer Brot noch 5 Pf. täglich mit. Der Mann sieht schlecht genährt aus ...
Liest eine Zeitung; ist Mitglied eines Feuerwehr- und Turnvereins.

Weißgerber in einer Lederfabrik, wohnhaft in Grünwinkel, 27 Jahre alt.
Ist gebürtig aus der Oberpfalz, kam in die Lederfabrik in die Lehre und blieb mit geringer Unterbrechung da; heiratete mit 23 Jahren eine Frau aus Grünwinkel; ein Kind ist 5 Jahre alt.
Der Mann hat 37 Pf. Stundenlohn; es wird in der Woche selten mehr als 55 Stunden gearbeitet. Jahresverdienst für 1901 betrug 1008 M. In der freien Zeit sucht er durch den Vertrieb von Fahrrädern Nebenverdienst zu erzielen. Nach seiner Angabe werden dadurch jährlich zirka 200 M. erworben ...
Bewohnt ein Parterregeschoß eines alten Hauses; 2 Zimmer, Küche samt Zubehör für 162 M. jährliche Miete.
Am Morgen gibt es Kaffee und Wecken. Die Zwischenmahlzeiten bestehen aus 1/2 bis 1 Flasche Bier, Brot, Wurst oder Käse; am Nachmittag fehlt letzteres. Das Mittagessen: Suppe, Gemüse und 4 mal (1/2–1 Pfund) Fleisch. Abends: Kaffee oder Kartoffeln und Sauermilch. Am Sonntag geht er allein oder mit Familie ins Wirtshaus ...[37]

Fuchs untersuchte auch die Löhne in verschiedenen Karlsruher Betrieben und kam zu folgenden Durchschnittslöhnen (Pfennig/Tag):[38]

	Männer	Frauen
4 Betriebe der Metallverarbeitung	345	165
Metallpatronenfabrik	357	149
2 Eisengießereien	341	–
4 Maschinenfabriken	382	–
Eisenbahnhauptwerkstätte	378	–
2 Betriebe der Feinmechanik und Elektrotechnik	375	222
Seifen- und Parfümeriefabrik	272	146
6 Papierfabriken	336	142
6 Betriebe der Holzindustrie	325	181
3 Brauereien	360	151
1 Zigarrenfabrik	293	189

Die höchsten Löhne wurden also in der Metallindustrie und im Brauereigewerbe gezahlt.
Eine Arbeiterfamilie gab über 50 % ihres Geldes für Ernährung aus, etwa 10 % für Kleidung, 20 % für Wohnung, 5 % für Heizung, 15 % standen für Sonstiges zur Verfügung.[39]
Um einen Eindruck über die Kaufkraft der Löhne zu geben, seien hier noch die Preise einiger wichtiger Lebensmittel erwähnt:[40]

	1890	1900	1910
	(jeweils in Pf.)		
Kartoffeln (100 kg)	430	661	716
Weizenmehl (1kg)	44	42	39
Roggenmehl	40	36	34
Brot	28	30	32
Rindfleisch	131	133	165
Schweinefleisch	145	150	162
Butter	223	240	280
Eier (10 Stück)	73	70	73
Milch (1 l)		20	22
Brennholz (4 Ster):			
Buche	3.700	4.050	6.250
Fichte	3.000	3.000	5.000

Die Wohnverhältnisse der Karlsruher Arbeiter

Nach einer Untersuchung von Arbeiterwohnungen aus dem Jahre 1897 befanden sich über die Hälfte der Wohnungen in Hinterhäusern, ein weiteres Viertel in den oberen Stockwerken. Die Wohnungen waren klein: 14 % der Arbeiterwohnungen bestanden aus einem Zimmer mit Küche, 63 % aus zwei Zimmern mit Küche; in 9 % dieser Wohnungen wohnte noch ein Untermieter. Nur 20 % der durchschnittlich vier- bis fünfköpfigen Arbeiterfamilien standen Wohnungen mit drei oder mehr Zimmern zur Verfügung.[41] Eine ausgesprochene Wohnungsnot gab es nicht, da die umliegenden Dörfer einen erheblichen Teil der Karlsruher Arbeiterschaft mit Wohnraum versorgten. Immerhin wohnten 22 % der Arbeiterfamilien in *geringwertigen bis ungesunden* Wohnungen. Die Mehrheit wohnte in bescheidenen, aber ordentlichen Wohnungen, wie aus einem Bericht des evangelischen Arbeitervereins hervorgeht:

Der weitaus größte Teil der Wohnungen wird von den Frauen reinlich und sauber gehalten. Zwei Betten sind die Regel. Wenn nur bis zwei Kinder vorhanden sind, gibt es für diese eine kleine Bettstelle oder einen Kinderwagen. Bei mehr Kindern schlafen 2, auch 3 in je einem Bett oder Wagen. Überall findet man einen Kleiderschrank, eine Kommode, zwei Tische und die notwendige Küchenausstattung. Der Herd ist nur selten zugleich der Ofen der Stube. Meist besitzen die Arbeiter jetzt die eisernen sogenannten Sparherde, welche sich auch in den höheren Kreisen vorfinden. Der Wert des Mobiliars, welches ein Arbeiter durchschnittlich sein eigen nennt, schwankt zwischen 500–800 Mark. Vorhänge an den Fenstern und kleine Teppiche auf den Fußböden oder Decken auf den Tischen sind die Regel. Vielfach werden Blumen gepflegt, auch Vogelzucht betrieben. An Bildern sieht man

Im „Dörfle", um 1890

die bekannten Öldruckbilder, irgendeine Landschaft darstellend. Außerdem findet man gewöhnlich das Bild des Mannes aus seiner Soldatenzeit, daneben oft Lassalle oder Marx, aber auch der erste deutsche Kaiser. Auch Bilder zur Erinnerung an die Konfirmation und andere religiöse Bilder finden sich – Heiligenbilder bei den Katholiken – bei den Protestanten Luther.[42]

Die Arbeiterbewegung in Karlsruhe

Bereits während der Revolution 1848/49 waren Arbeiter in Karlsruhe mit eigenen Forderungen aufgetreten und hatten einen Karlsruher Zweigverein der *Allgemeinen deutschen Arbeiterverbrüderung* gegründet, der nach der Niederlage der Revolution aufgelöst wurde.

1862 entstand – etwa zur selben Zeit wie in vielen anderen deutschen Städten – auch in Karlsruhe ein Arbeiterbildungsverein. Er bot seinen Mitgliedern Bildungsmöglichkeiten an, mit Hilfe derer sich die Arbeiter zu vollwertigen Bürgern entwickeln sollten.[43] Unter dem Motto *Arbeit bringt Segen, Bildung macht frei* glaubten die Initiatoren des Vereins, die Lebenssituation der Arbeiter durch deren Integration in die bürgerliche Gesellschaft verbessern zu können, ohne politische und wirtschaftliche Machtstrukturen ändern zu müssen. So verstand sich der Arbeiterbildungsverein nicht als Klassenorganisation und hatte Mitglieder aus allen Gesellschaftsschichten. Der Vorstand rekrutierte sich aus dem Bürgertum, Gründungsvorsitzender war der Geheime Hofrat Dr. Neßler; im Jahre 1890 stand der Bauunternehmer Lacroix dem Verein vor (vgl. Abb. S. 192).

Der Verein traf sich regelmäßig montags zu seinen Sitzungen, in denen Vorträge über kulturelle und gesellschaftliche Themen gehalten wurden.[44] Dazu wurden Unterrichtskurse in Rechnen, Zeichnen, Schreiben, Buchführung, Geometrie, Gesang, Maschinenschreiben, Kurzschrift und Französisch angeboten. Bereits seit 1862 bestand eine Gesangsabteilung und seit 1866 eine Turnabteilung. Man pflegte ein gutes Verhältnis zur besseren Gesellschaft, insbesondere zum großherzoglichen Haus. Der Großherzog war dann auch in der Regel bei den Stiftungsfesten des Vereins persönlich anwesend und spendete des öfteren Geldbeträge oder Bücher.

Vor diesem Hintergrund verwundert es nicht, daß die Vereinsmitglieder 1863 die Bestrebungen Ferdinand Lassalles, die deutschen Arbeiterbildungsvereine zu einer einheitlichen Organisation mit dem Ziel des allgemeinen, gleichen und freien Wahlrechts zusammenzufassen, ablehnten.[45] Der Verein verstand sich als politisch neutral.

Sein Einfluß blieb aber auf einen kleinen Teil der Arbeiterschaft begrenzt, da die Mehrheit im Verein jede Zusammenarbeit mit der um 1870 auch in Karlsruhe entstandenen sozialdemokratischen Arbeiterbewegung ablehnte.

1907 gründeten einige ehemalige Vereinsmitglieder den „Karlsruher Arbeiterdiskussionsklub", der sich zwar auch als parteipolitisch neutral empfand, sich es aber zum Ziel setzte, Arbeiter aller politischer Richtungen anzusprechen. Seine Vortrags- und Diskussionsveranstaltungen wurden gut besucht und erhielten auch im sozialdemokratischen *Volksfreund* gute Kritiken.[46]

Am 1. Februar 1869 fand in Karlsruhe die erste von Sozialdemokraten initiierte Arbeiterversammlung statt.[47] Ein Redner vom „Allgemeinen deutschen Arbeiterverein" forderte das demokratische Wahlrecht sowie vom Staat geförderte Produktionsgenossenschaften. Auf dieser Veranstaltung wurde der Karlsruher Zweigverein des ADAV gegründet, der bis zum Vereinigungsparteitag der deutschen Sozialdemokraten 1875 bestand und dann in der neuen sozialdemokratischen Partei aufging. Im März 1873 zählte der Verein 40 bis 50 Mitglieder.[48]

Die Arbeiterbewegung war damals noch nicht stark genug, um ihre Forderungen in Streiks durchzusetzen.[49] Die Arbeiter griffen zunächst auf die alte Tradition der Gesellen-

Der Arbeiterbildungsverein 1882

vereine zurück und gründeten Hilfskassen, die ihren Mitgliedern Unterstützung bei Krankheit und auf der Wanderung boten. Aus diesen Hilfskassen entwickelten sich die Gewerkschaften. Beim Inkrafttreten des Sozialistengesetzes am 1. Oktober 1878 bestanden in Karlsruhe fünf Gewerkschaften mit insgesamt 185 Mitgliedern.[50] Sie wurden wie auch die politischen Organisationen der Arbeiterbewegung verboten (vgl. Abb.). Lediglich die Hilfskassen konnten bestehenbleiben. Im Januar 1881 gab es in Karlsruhe drei Hilfskassen, die der Schreiner, der Metallarbeiter und der Schneider.[51] Mitte der achtziger Jahre versuchten sich die Arbeiter wieder in der Gründung von Gewerkschaften. Im Frühjahr 1884 entstand in Karlsruhe ein Metallarbeiterfachverein, der aber ein Jahr später wieder verboten wurde.[52]

Die Aktivisten der Arbeiterbewegung sahen

Pfeifenklub Vulkan.

Samstag den 9. August

Abends halb 9 Uhr

Ausserordentliche

Anrauch-Versammlung

beim Andres.

Probiren des vom Sultan von Sansibar geschenkten türkischen Knasters. **Der Vorstand.** Wassersack.

Anzeige für das Treffen eines sozialdemokratischen Tarnvereins unter dem Sozialistengesetz, mit dem „türkischen Knaster" sind verbotene sozialdemokratische Schriften gemeint

sich zur Zeit des Sozialistengesetzes vielerlei Repressalien ausgesetzt, die ihre berufliche Existenz aufs Spiel setzten. So wurde 1888 der 23 Jahre alte Schlosser Josef Hirschmann, beschäftigt bei der Maschinenbaugesellschaft, aus Baden ausgewiesen, da er bei der Verbreitung sozialdemokratischer Zeitungen erwischt wurde.[53] Andreas Kalnbach und Richard Volderauer, führende Mitglieder des 1885 verbotenen Metallarbeiterfachvereins, verloren ihre Arbeitsplätze und mußten sich eine neue berufliche Existenz gründen, da sie auf schwarze Listen gesetzt wurden und in ihrem Beruf keine Arbeit mehr fanden. Kalnbach wurde Wirt, und Volderauer eröffnete ein Photogeschäft.[54]

Geschäfts-Empfehlung.

Der Unterzeichnete empfiehlt Freunden und Genossen von hier und auswärts seine aufs Beste eingerichtete

Restauration

mit großem Saal.

Werde stets bemüht sein, durch Verabreichung nur **guter Speisen und Getränke** meine werthen Gäste zufrieden zu stellen und sichere billige und aufmerksame Bedienung zu. Insbesondere für die kommende Herbst- und Wintersaison bringe ich meinen **neuerbauten Saal** zur Abhaltung von **Abendunterhaltungen, Tanzkränzchen, Vereinsversammlungen** **ec.** in empfehlende Erinnerung und zeichne

Achtungsvoll

Andreas Kalnbach, Restaurateur,

Kronenstraße 46.

NB. „Berliner Volksblatt", „Südwestdeutsches Volksblatt", Mannheimer **„Volksstimme", „Metallarbeiterzeitung"** und andere Zeitungen liegen bei mir auf.

Der Obige.

Geschäftsanzeige von Andreas Kalnbach im Südwestdeutschen Volksblatt, 7. 8. 1890

Ende 1888 gab es in Karlsruhe dennoch bereits wieder 15 Fachvereine mit 590 Mitgliedern; auch der Metallarbeiterfachverein war neu entstanden. Unter dem Namen „Verein für volkstümliche Wahlen" gründeten im November 1889 100 Sozialdemokraten in Wirklichkeit einen Lokalverein ihrer Partei.[55] Die Wählerzahl der Sozialdemokratie war von 1878 bis 1890 um ein Vielfaches gestiegen, von 707 auf 3.324 Stimmen. Mit 5.476 Stimmen vereinigten die Sozialdemokraten im gesamten Wahlkreis Karlsruhe nun 25,2 % der Wähler hinter sich. Das bevorstehende Auslaufen des Sozialistengesetzes am 30. September 1890 ermunterte Partei und Gewerkschaften zu weiterer Aktivität. Seit 7. August erschien das sozialdemokratische „Südwestdeutsche Volksblatt" dreimal wöchentlich in Karlsruhe, vom 1. Oktober an unter dem Namen „Volksfreund". Am 25. August beschlossen die Vorstände der nunmehr 19 Gewerkschaften in Karlsruhe, ihre Arbeit künftig zu koordinieren und sich bei Arbeitskämpfen gegenseitig zu unterstützen.[56] Am Abend des 1. Oktober feierten 700 Anhänger der Sozialdemokratie im Saal von Kalnbach die neugewonnene Freiheit und entsandten Volderauer und den Rechtsanwalt Guttenstein als Delegierte zum Wiedergründungsparteitag der Sozialdemokratischen Partei[57] (vgl. Abb.). Bereits einen Tag später wurde der Gesangverein *Vorwärts* gegründet, der erste kulturelle Verein der Sozialdemokratie in Karlsruhe.[58] Vor dem Ersten Weltkrieg gab es dann allein acht Arbeitergesangvereine, die sich zum *Arbeitersängerkartell Karlsruhe* zusam-

---

Karlsruhe.

An die sozialdemokratischen Parteigenossen des 10 bad. Reichstagswahlkreises (Karlsruhe-Bruchsal).

Mittwoch den 1. Oktober, Abends 1/2 9 Uhr, im Kalnbach'schen Saale (Kronenstr.)

Partei-Versammlung

zur Wahl zweier Delegirten zum Parteitag in Halle.

Mühlburg.

Der Abmarsch der Mühlburger Genossen nach der Kalnbach'schen Restauration behufs Delegirtenwahl findet Mittwoch, den 1. Oktober, Abends 7 Uhr von Diefenbachers Wirthschaft aus statt. Um vollzähliges Erscheinen wird gebeten.

Gesangverein Vorwärts, Karlsruhe.

Diejenigen Herren, die sich aktiv am Verein betheiligen wollen, werden ersucht, behufs Stimmeneintheilung sich Dienstag Abends präcis halb 9 Uhr im Nebenlokal der Restauration Kalnbach einzufinden. Neuanmeldungen können zu jeder Zeit gemacht werden. **Der Vorstand.**

Anzeige für die erste öffentliche sozialdemokratische Versammlung nach dem Fall des Sozialistengesetzes und Gründungsaufruf des Gesangvereins „Vorwärts", Südwestdeutsches Volksblatt, 1890

menschlossen, mehrere Arbeitersportvereine, zwei Arbeiterradfahrervereine, den Arbeiterstenographenbund, den Arbeiterabstinentenbund und die Naturfreunde. Mit diesen Vereinen schuf sich die Arbeiterschaft eigene kulturelle Zusammenhänge. Sie grenzte sich damit ab von dem nationalen und militärischen Pathos, dem in vielen bürgerlichen Vereinen gehuldigt wurde. Eine eigentliche Gegenkultur entwickelte sich freilich nicht, eher eine sozialdemokratische Vereinsmeierei. Ein guter Sozialdemokrat war zumindest Mitglied der Partei, einer Gewerkschaft und dreier Vereine. Als 1907 der sozialdemokratische Stadtverordnete Ernst Eberle starb, erschienen im *Volksfreund* Todesanzeigen von sieben sozialdemokratischen Organisationen, in denen er Mitglied war.[59]

Die Vereinsaktivitäten kosteten Zeit; mindestens dreimal die Woche war man auf Versammlungen, sonntags oft ebenfalls. Politik fand außer Haus statt und war Männersache. Die Versuche, Frauen für die sozialdemokratischen Organisationen zu gewinnen, blieben spärlich.[60] Häufiger geschah es, daß der sozialdemokratische Mann sonntags einem Versammlungsredner lauschte, der über die gesellschaftliche Rolle der Kirche wetterte, während seine Frau mit den Kindern in eben dieser Kirche saß.

Auch das Wirtshaus hatte eine große Bedeutung. Man traf sich bei Wirten wie dem bereits erwähnten Kalnbach in der Kronenstraße oder bei August Kasper, ebenfalls Sozialdemokrat, in der Schützenstraße nicht nur zu Versammlungen, sondern auch zum regelmäßigen Bier. Sozialdemokratische Zeitungen lagen aus, und die „Parteiwirte" waren wichtige Kontaktpersonen, die bestens informiert waren über das politische und gesellschaftliche Leben der Arbeiterbewegung. Die Bedeutung des Wirtshauses für die Arbeiterbewegung beschrieb 1891 Karl Kautsky:

Das einzige Bollwerk der politischen Freiheit des Proletariers, das ihm nicht so leicht konfisziert werden kann, ist das Wirtshaus . . . Ohne Wirtshaus gibt es für den deutschen Proletarier nicht bloß kein geselliges, sondern auch kein politisches Leben.[61]

Doch die Freizeitgestaltung der Arbeiter beschränkte sich nicht allein auf diese, an den Bedürfnissen der Männer ausgerichteten Kommunikationsformen. Am Ostermontag 1890 hatte der Schuhmacherfachverein zu einer gemeinsamen Wanderung über Grünwettersbach nach Ettlingen aufgerufen, an der 350 Mitglieder aus allen Fachvereinen mit ihren Angehörigen teilnahmen.[62] Am 30. August fand im Saal von Kasper eine Feier zu Ehren von Lassalle *im Beisein von Frauen und Jungfrauen statt.*[63] Die sozialdemokratischen Organisationen übertrafen sich gegenseitig mit ihren Angeboten an Fastnachts-, Frühjahrs-, Sommer- und Weihnachtsfeiern. 4.000 bis 5.000 Besucher nahmen nach Angaben des *Südwestdeutschen Volksblatts* am Sommerfest des Metallarbeiterfachvereins im Rüppurrer Wald teil.[64]

Die Feiern unterschieden sich in ihrem Ablauf nicht sonderlich von denen der bürgerlichen Vereine. Der Vorsitzende oder ein wichtiger Repräsentant des Vereins eröffnete die Veranstaltung und hielt eine Rede, sofern kein prominenter Gastredner anwesend war. Dann folgten Gesangsbeiträge der Sängerbünde und Aufführungen der Turner und nach einer geselligen Runde ging man diszipliniert nach Hause.

Das wichtigste Fest im Jahr eines sozialdemokratischen Arbeiters war der „1. Mai". Im Juli 1889 hatte der internationale Sozialistenkongreß in Paris, zu dem Adolf Geck als Karlsruher Delegierter entsandt wurde, die Arbeiter in allen Ländern dazu aufgerufen, künftig jedes Jahr am 1. Mai für ihre Forderungen, insbesondere den Achtstundentag, zu demonstrieren.[65]

Am 15. März 1890 beschlossen die Teilnehmer einer öffentlichen Metallarbeiterversammlung, am 1. Mai nicht zu arbeiten, nahmen diesen Beschluß jedoch angesichts der Vorbereitungen der Polizei auf diesen Tag und der Drohungen der Unternehmer mit Entlassungen am 24. April wieder zurück und

riefen dazu auf, nur da die Arbeit ruhen zu lassen, wo man keine Repressalien zu befürchten habe. Der erste 1. Mai in Karlsruhe verlief dann sehr friedlich. Wer feierte, traf sich morgens bei Kalnbach, abends fand eine große Veranstaltung im Saal von Kasper statt.[66]
In Mühlburg unternahmen etwa 50 Arbeiter einen Nachmittagsausflug nach Knielingen und Daxlanden. Abends trafen sich 150 Personen in der Diefenbacherschen Halle.[67]
In den nächsten Jahren nahmen regelmäßig mehrere tausend Sozialdemokraten an den Maifeiern teil. Die Feiern fanden im Saale statt; erst 1910 gestatteten die Behörden die Maikundgebung im Freien.[68]
Der Aufschwung der sozialdemokratischen Arbeiterbewegung in den Jahren um 1890 darf allerdings nicht darüber hinwegtäuschen, daß sie noch beileibe nicht die Mehrheit der Arbeiter hinter sich hatte. In den Krisenjahren 1891 bis 1895 hatte sie mit großen Schwierigkeiten zu kämpfen, um ihre Organisationen zu festigen und die Mitgliederzahlen zu halten. Die Gewerkschafter konnten in den Betrieben aus Furcht vor Entlassung nach wie vor nicht offen auftreten. Noch 1899 waren keine 10 % der Karlsruher Arbeiter gewerkschaftlich organisiert; im größten Industriezweig, der Metallindustrie, waren es gerade 3 %.[69] Ein wesentlicher Grund für diese Umstände liegt sicher in der Tatsache, daß die Industriearbeiterschaft in Karlsruhe noch eine sehr junge Schicht war und viele Arbeiter in ihrem Bewußtsein noch an vorindustriellen Strukturen hingen, vor allem die in den Landgemeinden ansässigen.[70]
Erst nach der Jahrhundertwende entfalteten die Gewerkschaften in Karlsruhe eine solche Stärke, daß sie sich die Arbeitsbedingungen nicht mehr von den Unternehmern diktieren lassen mußten, sondern sie zunehmend in frei ausgehandelten Tarifverträgen festlegen konnten. Hier konnten sie wichtige Verbesserungen, wie höhere Löhne, Verkürzung der Arbeitszeit auf unter 10 Stunden am Tag und manchmal auch schon einen früheren Feierabend am Samstag, festschreiben, von denen nicht nur ihre Mitglieder, sondern die breite Mehrheit der abhängig Beschäftigten profitierte.

Anmerkungen:

1 Vgl. Hans Georg Zier: Die Industrialisierung des Karlsruher Raumes, in: Oberrheinische Studien, Bd. 2, Karlsruhe 1973, S. 335 ff.
2 Literaturangaben zu diesen Betrieben in: Industriearchitektur in Karlsruhe. Beiträge zur Industrie- und Baugeschichte der ehemaligen badischen Haupt- und Residenzstadt bis zum Ausbruch des Ersten Weltkrieges, Karlsruhe 1987, S. 195 ff. (= Veröffentlichungen des Stadtarchivs Karlsruhe, Bd. 6).
3 Ernst Otto Bräunche: Die Karlsruher Industrie bis zum Ausbruch des Ersten Weltkrieges, in: Industriearchitektur (wie Anm. 2), S. 12–20, S. 19.
4 Vgl. die Berichte der Handelskammer für Karlsruhe und Baden, daraus auch die folgenden Zahlen.
5 Vgl. Jahrbuch der badischen Fabrikinspektion (JbbF) 1891, S. 1.
6 Vgl. Karlsruhe 1911. Festschrift, der 83. Versammlung deutscher Naturforscher und Ärzte gewidmet, Karlsruhe 1911, S. 52.
7 Vgl. Marie Baum: Drei Klassen von Lohnarbeiterinnen in Industrie und Handel der Stadt Karlsruhe, Karlsruhe 1906, S. 25.
8 Vgl. Beiträge zur Statistik der Stadt Karlsruhe, Bd. 3, Karlsruhe 1898, S. 2.
9 Vgl. Peter Brandt/Reinhard Rürup: Arbeiter-, Soldaten- und Volksräte in Baden 1918/19, Düsseldorf 1980, Einleitung, S. XXIII ff. (= Quellen zur Geschichte der Rätebewegung in Deutschland, Bd. 3).
10 Vgl. Beiträge zur Statistik der Stadt Karlsruhe, Bd. 8, Karlsruhe 1899, S. 3.
11 Rudolf Fuchs: Die Verhältnisse der Industriearbeiter in 17 Landgemeinden bei Karlsruhe, Karlsruhe 1904, S. 42.
12 Vgl. Bernhard Wagner: Bilder von der Karlsruher Straßenbahn, Karlsruhe 1981.
13 Vgl. Fuchs (wie Anm. 11), S. 263 ff.
14 Moritz Hecht: Drei Dörfer der badischen Hardt, Karlsruhe 1895, S. 32 f.
15 Vgl. Deutsche Metallarbeiterzeitung (DMZ), 19. 3. 1904.
16 Vgl. Beiträge zur Statistik (wie Anm. 8), S. 3.
17 Vgl. Volksfreund (Vf), 11. 12. 1905.
18 Vgl. Michael Schneider: Streit um Arbeitszeit, Köln 1984, S. 21 ff.
19 Vgl. verschiedene Fabrikordnungen aus Karlsruhe, in: Generallandesarchiv Karlsruhe (GLA) 357/2282.
20 Vgl. verschiedene Berichte über die Zustände in

Karlsruher Metallbetrieben, in DMZ, 14. 5. 1898, 4. 10. 1890, 15. 11. 1890, 1. 9. 1894.

21 Südwestdeutsches Volksblatt (SwVb), 19. 5. 1889.

22 Vgl. JbbF 1894, S. 70.

23 Vgl. JbbF 1889, S.19.

24 Vgl. SwVb 19. 4. 1889; DMZ, 4. 10. 1890.

25 Vgl. Karl Bittmann: Die badische Fabrikinspektion im ersten Vierteljahrhundert ihrer Tätigkeit 1878 bis 1903, Karlsruhe 1903, S. 25 ff.

26 Vgl. JbbF 1891–1893.

27 Vgl. JbbF 1891, S. 72; JbbF, 1893, S. 87.

28 Vgl. JbbF 1913, S. 80–82.

29 Vgl. JbbF 1897, S. 96 f.

30 Vgl. Zier (wie Anm. 1), S. 356.

31 Vgl. JbbF 1894, S. 13.

32 Vgl. Beiträge zur Statistik der Stadt Karlsruhe, Bd. 7, 1899, S. 11/12.

33 Vgl. JbbF 1888, S. 5 und Fuchs (wie Anm. 11), S. 76.

34 Vgl. Baum (wie Anm. 7), S. 9 f.

35 Vgl. ebenda, S. 30.

36 Vgl. Fuchs (wie Anm. 11), S. 270 f.

37 Ebenda, S. 245 f.

38 Vgl. ebenda, S. 68 ff.

39 Vgl. Karl Bittmann: Arbeiterhaushalt und Teuerung, Jena 1914, S. VIII.

40 Vgl. Statistische Jahrbücher für das Großherzogtum Baden, Karlsruhe.

41 Vgl. Oberingenieur a. D. Delisle: Arbeiterwohnungen, in: Hygienischer Führer durch die Haupt- und Residenzstadt Karlsruhe, Karlsruhe 1897, S. 97 ff.

42 Vgl. Zitiert nach: Klaus Saul, Jens Flemming, Dirk Stegmann, Peter-Christian Witt (Hrsg.): Arbeiterfamilien im Kaiserreich, Düsseldorf 1982, S. 149 f.

43 Vgl. Ehrenbuch des Arbeiterbildungsvereins Karlsruhe, Stadtarchiv Karlsruhe (StadtAK) 8/Alben, 79 Bd. 1, S. 3 ff.

44 Vgl. die Jahresberichte des Arbeiterbildungsvereins, GLA 60/1665.

45 Vgl. Ehrenbuch (wie Anm. 43), S. 30.

46 Vgl. Alfons Fischer: Der Karlsruher Arbeiterdiskussionsklub, Leipzig 1908.

47 Vgl. GLA 236/17053.

48 Vgl. GLA 237/26187.

49 Ebenda.

50 Vgl. GLA 236/17054.

51 Vgl. GLA 236/17057.

52 Vgl. DMZ, 10. 5. 1884; 12. 9 1885.

53 Vgl. GLA 236/17060.

54 Vgl. zahlreiche Anzeigen der Geschäfte, in: SwVb Jg. 1890.

55 Vgl. SwVb, 16. 10. 1889.

56 Vgl. SwVb, 26. 8. 1890.

57 Vgl. Vf, 3.10. 1890.

58 Vgl. den Gründungsaufruf des Vereins, in: SwVb, 30. 9. 1890.

59 Vf, 28. 5. 1907.

60 Unter den 3.698 Mitgliedern der Verwaltungsstelle Karlsruhe des Deutschen Metallarbeiterverbandes im Jahre 1907 befanden sich gerade 25 Frauen. Geschäftsbericht der Verwaltungsstelle für 1907, S. 28.

61 Zitiert nach Martin Soder: Hausarbeit und Stammtischsozialismus. Gießen 1980, S. 55 f.

62 Vgl. SwVb, 16. 4. 1890.

63 SwVb, 4. 9. 1890.

64 Vgl. SwVb, 12. 8. 1890.

65 Vgl. Bericht über die Veranstaltung, auf der Geck gewählt wurde, SwVb, 23. 6. 1989.

66 Vgl. DMZ, 5. 4. 1890 und 10. 5. 1890; SwVb, 7. 5. 1890.

67 Vgl. GLA 316/10.

68 Vgl. GLA 357/24071.

69 Vgl. Correspondenzblatt der Gewerkschaften Deutschlands, 31. 7. 1899.

70 Vgl. JbbF 1897, S. 64–65.

Rainer Beck

1915: Schlaglichter auf den Alltag im Ersten Weltkrieg

Ein eigenartiges Geschick waltete bisher über den „runden" Erinnerungstagen an die Gründung Karlsruhes. Neben verschiedenen anderen Ursachen waren es nicht zuletzt auch die Verheerungen, von denen die alte Residenz Durlach der Markgrafschaft Baden-Durlach heimgesucht worden war, die den Markgrafen Karl Wilhelm bewogen hatten, im Jahre 1715 den Grundstein für eine neue Residenz zu legen. Als das hundertjährige Jubiläum der Stadt hätte gefeiert werden können, führte man gerade den letzten entscheidenden Kampf gegen Napoleon Bonaparte, und auch das zweihundertjährige fiel einem Krieg zum Opfer, der den Menschen im ersten Jahr durch seine zerstörerische und mörderische Gewalt ganz andere Aufgaben als die Durchführung eines Jubelfestes diktierte.

Die Bevölkerung

Mit der Jahrhundertwende war Karlsruhe als 34. Stadt in die Reihe der deutschen Großstädte eingerückt. Bereits zehn Jahre später war die Bevölkerungszahl auf 134.302 angewachsen.[1] Zu diesem schnellen Anwachsen im ersten Jahrzehnt unseres Jahrhunderts führten die Eingemeindungen von Beiertheim, Rintheim und Rüppurr 1907, Grünwinkel 1909 und Daxlanden im Jahre 1910.

Optimistisch blickten die Menschen in die Zukunft von Kaiserreich und Residenzstadt. Die Vorbereitungen für den 200. Jahrestag der Stadtgründung liefen bereits im Spätjahr 1910 an. Am 15. Dezember beschloß der Stadtrat *im Jahre 1915 anläßlich der Feier des 200jährigen Stadtjubiläums eine Badische Ausstellung zu veranstalten, durch die dem Land Gelegenheit gegeben werden soll, seine industriellen, gewerblichen und künstlerischen Leistungen vorzuführen. Als Ausstellungsgelände ist das freiwerdende Gelände des jetzigen Hauptbahnhofs* (der erste Karlsruher Bahnhof an der Kriegsstraße; d. Verfasser), *in Verbindung mit dem Festplatz und dem Stadtgarten in Aussicht genommen.*[2] Der Umfang der Vorbereitungen läßt die Planung eines Vorhabens erkennen, das in Größe und Inhalt durchaus an die Weltausstellungen des 19. Jahrhunderts erinnert (vgl. Abb. S. 8).

In den folgenden Jahren wurde eine Vielzahl von Projekten und Veranstaltungen für das denkwürdige Jahr 1915 in Angriff genommen, an denen sich auch Bürgerschaft und Vereine rege beteiligten. Unter anderem dachte man auch an die feierliche Enthüllung zweier Denkmäler, die schon seit einigen Jahren vorbereitet wurden: ein Denkmal für Großherzog Friedrich I. (von Hermann Binz) und eines für den Stadtgründer Markgraf Karl Wilhelm (von Fritz Boehle).[3] Daneben wurden Kommissionen für eine stadtgeschichtliche Ausstellung und ein Musikfest gebildet. Eine Mastvieh-Ausstellung, eine Jubiläums-Regatta auf dem Karlsruher Rheinhafen, ein Jubiläums-Schießen der Schützengesellschaft Karlsruhe (verbunden mit dem Badischen Landesschützentag), das XII. Oberrheinische Kreisturnfest, ein deutsches Musikfest im Juni und ein französisches im September sollten die weiteren Hauptpunkte eines umfangreichen Festkalenders bilden.

Kriegsausbruch im August 1914

Selbst als im August 1914 der Erste Weltkrieg ausbrach, glaubte kaum jemand daran, daß diese Pläne nicht zur Ausführung kommen könnten. Fast zwei Generationen hatte die Friedenszeit seit dem letzten *großen Krieg* an-

Plakate kündigten Ende August 1914 Siegesfeiern anläßlich erster militärischer Erfolge in Lothringen an. Die Aufnahme entstand auf der Kaiserstraße, im Hintergrund das Warenhaus Knopf (heute Karstadt)

gedauert. Alte Männer und Großväter wußten vom siegreichen Feldzug gegen Frankreich 1870/71, der trotz zwischenzeitlichen Krisen *dem Reich nationale Stärke* und der Wirtschaft eine unbeschreibliche Blüte gebracht hatte, zu erzählen. Es sollte jedoch ein Krieg ganz anderer Art werden. Zu Anfang war man in nationaler Selbstüberschätzung der festen Überzeugung, daß er bald wieder zu Ende sei. Spätestens zu Weihnachten würden die siegreichen Truppen wieder zu Hause sein.

Chauvinistische Kurzsichtigkeit verstellte den Blick auf die tatsächlichen Hintergründe für das in dieser Form unbekannte gegenseitige Abschlachten auf dem *Feld der Ehre.* Im Nachwort seiner Geschichte der Stadt Karlsruhe, die als einziges Jubiläumsprojekt zur Ausführung kommen sollte, schrieb Robert Goldschmit 1915: *Der Rachedurst Frankreichs, die barbarische Eroberungslust Rußlands und der blasse Neid Englands auf die wirtschaftliche Stellung Deutschlands haben den Weltkrieg entzündet. Die getreuen Vasallen der Moskowiter im Balkangebiete haben ebenfalls zu den Waffen gegriffen, auch gelang es unseren Feinden, die Raubgier der gelben Horden Ostasiens gegen uns zu wecken.*[4]

Berichte über die überschwengliche Kriegsbegeisterung weiter Bevölkerungskreise im vom Militarismus geprägten Kaiserreich sind aus der Geschichte hinlänglich bekannt. Auch für Karlsruhe sind keine anderen Verhältnisse festzustellen. Am Nachmittag des 31. Juli 1914 zogen Schutzleute, begleitet von Trompetern der Feuerwehrkapelle, durch die Straßen der Stadt, um zu verkünden, daß der Kaiser den Kriegszustand erklärt habe. Am darauffolgenden Tag wurde die Mobilmachung angeordnet. Eine *gewisse Befriedigung* soll in den Augen der Menschen geleuchtet haben, die in Scharen auf die Straßen und öffentlichen Plätze strömten. Die vaterländische Stimmung steigerte sich, als am Abend das Großherzogspaar von Badenweiler zurückkehrte. *Gegen ½ 9 Uhr fand sich eine unübersehbare Menschenmenge am Bahnhof zur Begrüßung ein. Hochrufe und das Lied: „Deutschland, Deutschland über alles" emp-*

Am 24. August 1914 wurden 15 französische Geschütze nach einem feierlichen Zug durch die Kaiserstraße am Schloßplatz als „Siegesbeute" für die Karlsruher Bürgerschaft zur Schau gestellt

fingen das Fürstenpaar. Die Spalierreihen wurden durchbrochen, so daß der Wagen nur langsam weiterfahren konnte … Jubelnde Kundgebungen wiederholten sich, als am Sonntag dem 2. August, dem ersten Mobilmachungstag, die Wachtparade durch die Straßen zog. Aus tausend und aber tausend Kehlen erklang der Sang: „Lieb Vaterland, magst ruhig sein!“[5]

In der Garnison Karlsruhe mit ihren zahlreichen militärischen Einheiten waren bald die Folgen des Kriegszustandes zu spüren.[6] Die geringe Entfernung zur Westfront verlieh ihr mit Einsätzen der Kampfhandlungen in zunehmenden Maß den Charakter einer Etappenstadt. Die Beschlagnahme eines Teiles des Pferdebestandes durch die Militärbehörde bei Fuhrunternehmern und Bauern war eine allgemein erwartete Maßnahme, die vereinzelt schon zu größeren Härten führte. Neu war die Aushebung von privaten Kraftfahrzeugen. Die Besitzer konnten sich mit ihren eigenen Autos als Chauffeure der Armee zur Verfügung stellen. Es muß auch für die Zeitgenossen ein ungewohnter Anblick gewesen sein, als sich am 10. August die Autos auf dem Gutenbergplatz versammelten.

Stark eingeschränkt wurde auch der Post- und Telegraphenverkehr. Daß der Postweg ins feindliche Ausland unterbrochen wurde, ist dabei weniger überraschend; nach Elsaß-Lothringen, der bayerischen Pfalz und einigen anderen linksrheinischen Gebieten wurden zunächst keine geschlossenen Briefe und keine Pakete befördert. Überall schien die Angst vor Spionen zu grassieren. Goldschmit berichtet von einem Gerücht, demzufolge ein Karlsruher Bürger *wegen Unterstützung eines fremden Spiones erschossen worden sei. Doch der Erschossene veröffentlichte in der Zeitung, daß er noch lebe.*[7]

Bemerkenswert erscheint in diesem Zusammenhang ein Artikel der Karlsruher Zeitung, in dem zur Besonnenheit aufgerufen wurde: *Vielfach besteht die Ansicht, es sei im Großherzogtum Baden eine Anzahl von Spionen festgenommen worden. Dem gegenüber ist festzuhalten, daß, soweit an amtlicher Stelle hier in*

Paradierende Truppen auf der Kaiserstraße, Postkarte von 1915

Karlsruhe bekannt geworden ist, sich bisher in keinem Fall ergeben hat, daß die Festgenommenen als Spione tätig waren. So anerkennenswert das Bestreben der Bevölkerung ist, die Militärbehörden in der jetzigen Zeit zu unterstützen, so muß doch dringend Mäßigung anempfohlen werden. Namentlich müssen Tätlichkeiten gegen Festgenommene unterbleiben.[8]

Der „Friedensfahrplan“ der Bahn erfuhr starke Einschränkungen. Der Betrieb der städtischen Straßenbahn hörte auf den damaligen Linien 2, 3, 5, 6, und 9 gänzlich auf. Von 348 Fahrdienstbeamten mußten 276 einrükken. Auf den übrigen Linien wurde der Betrieb zumeist mit Hilfe von Studenten, die sich als Kriegsfreiwillige gemeldet hatten, als Fahrer und Schaffner für einige Zeit aufrechterhalten, bis auch ihre Einberufung erfolgte. Nach und nach wurden andere Hilfskräfte eingestellt und ausgebildet (vgl. Abb.), so daß der Betrieb wieder etwas erweitert werden konnte. Aber auch nach Ablauf des ersten Kriegsjahres konnte er nicht vollständig wie in der Friedenszeit aufgenommen werden.

In den übrigen Teilen der städtischen Verwaltung traten ebenfalls schon in der ersten Mobilmachungsphase Schwierigkeiten auf. Von 1.028 Beamten mußten 479, von 1.456 Arbeitern 597 einrücken. Trotz Heranziehung von Hilfskräften erwuchs den Zurückbleibenden eine erheblich vermehrte Arbeitslast.

Im Kriegsjahr 1915 zählte das Statistische Amt 149.175 Einwohner.[9] Damit war die Bevölkerung im Vergleich zum Vorjahr nochmals um 2,27 % gestiegen und hatte sich seit 1815 verzehnfacht, wobei die abwesenden

Frauen im Fahrdienst der Städtischen Straßenbahn, um 1915/16

Kriegsteilnehmer nicht berücksichtigt wurden. Doch der Erste Weltkrieg zeigte schon deutliche Auswirkungen. Der Geburtenüberschuß je tausend Einwohner aufs Jahr berechnet betrug 2,88 und war somit niedriger als in sämtlichen Jahren seit 1872, dem ersten Jahr einer solchen statistischen Erhebung.[10]
Noch heute besitzt Karlsruhe allen Untersuchungen und Statistiken zum Trotz den Ruf, eine typische „Beamtenstadt" zu sein. Schon zu Beginn dieses Jahrhunderts konnte zwar festgestellt werden, daß Residenz, Landesbehörden und Garnison eine große Zahl von Beamten in der Stadt versammelten, sich jedoch *allmählich eine Umwandlung vollzogen hat, die noch nicht zum Stillstand gelangt sein dürfte.*[11]

Von je 1.000 Einwohnern (also Erwerbstätige, Angehörige und häusliche Dienstboten) gehörten zu den folgenden Berufen:	1882	1895	1907
Landwirtschaft, Forstwirtschaft usw. . . .	9,57	10,57	17,35
Industrie, Bergbau, Baugewerbe	391,72	436,73	447,04
Handel, Verkehr usw. . .	216,49	220,83	252,44
Häusliche Dienste, Lohnarbeit wechselnder Art .	19,91	18,53	11,52
Öffentlicher Dienst, freie Berufsarten	220,77	184,98	147,50
Ohne Beruf und Berufsangabe	141,54	128,36	124,15

[12]

Der Direktor des Statistischen Amts der Stadt, Dr. Berendt, kommt in seinem Bericht von 1911 zwar zum Urteil, daß sich die Gruppierung der Bevölkerung nach Berufen der *für die Großstädte eigentümlichen sehr genähert* habe – *wenn dies vielleicht auch im gesell schaftlichen Leben noch wenig in . . . Erscheinung tritt und wenn auch Unrast, Lärm und ähnliche dem Gewerbe der „Großstadt" schlechthin anhaftende Untugenden sich hier weniger bemerkbar machen.*[13] In Industrie und Handwerk, in Handel und Verkehr (darunter allerdings der umfangreiche „öffentliche Betrieb" der Badischen Staatseisenbahnen) fanden bereits 64 % der Erwerbstätigen ihren Unterhalt. Das waren nur 10 % weniger als der Durchschnitt in allen Großstädten des Deutschen Reiches. Der Großherzogliche Hof, Staat, Gemeinde und Garnison beschäftigten über 6 % der Einwohnerschaft.[14]
Als *Berufslose* (ohne Beruf oder Berufsangabe) führte die Statistik 16,5 % der Einwohner. Dazu zählten auch *die 3360 nicht im Hause ihrer Eltern lebenden Besucher hiesiger Unterrichtsanstalten . . .* Darin sah man *ein Zeichen dafür, daß die Stadt, wenn sie auch in mancher Beziehung Großstadtcharakter angenommen haben mag, es doch verstanden hat, sich die Annehmlichkeiten einer „Pensionopolis" zu wahren.*[15] Die Frauenarbeit spielte durch die wirtschaftliche *Entwicklung mit ihrer weitgehenden Arbeitsteilung* auch in Karlsruhe eine beträchtliche Rolle. *1907 waren 22,19 % aller Erwerbstätigen weiblichen Geschlechts (in allen Großstädten 24,8 %) – die 5347 Dienstboten ungerechnet.*[16]

„Neue Arbeitskräfte"

Der Mangel an Arbeitskräften machte sich bereits im Kriegsjahr 1915 empfindlich bemerkbar. Das Tiefbauamt stellte zur Straßenunterhaltung vierzig und zur Straßenreinigung zwanzig Frauen ein (vgl. Abb. S. 202). *Die Frauen erhielten einen Stundenlohn von 35 Pf. Wenn auch die weiblichen Hilfskräfte die männlichen Arbeitskräfte nicht ganz zu ersetzen vermochten, so wäre doch ohne diese, wie das Tiefbauamt mitteilt, die Erledigung der umfangreichen Betriebsarbeiten in Frage gestellt gewesen.*[17]
Zum Vergleich: Im Jahre 1913 betrug der Stundenlohn für Maurer und Zimmerer –,55 RM und für Bauhilfsarbeiter –,45 RM. Vom 1. April 1915 bis 31. März 1916 legte der geltende Tarifvertrag –,62 RM Stundenlohn fest, und bis Kriegsende verdoppelte sich in etwa der Lohn der Bauhandwerker.[18]
Mit Fortdauer des Krieges suchte die Stadt nach weiteren Möglichkeiten, um des Ar-

Straßenkehrerinnen auf dem Marktplatz

Auf dem Gelände Weiheräcker/Dammerstock wurden 1915 von der Stadt erstmals Kriegsgefangene für Erdarbeiten eingesetzt. – Hier russische Kriegsgefangene

beitskräftemangels Herr zu werden. Den Nachbarn rund um das alte Schulhaus in Rüppurr bot sich im Herbst 1915 ein ungewohntes Bild. Am 2. Oktober wies die Militärbehörde *auf Ersuchen der Stadtverwaltung 15 gefangene Russen zu, gegen eine Vergütung von 50 Pf für einen Gefangenen und Arbeitstag.*[19] Sie sollten ein Gelände im Weiheräcker- und Dammerstockgebiet südlich des Verschubbahnhofs für die Lagerung von Müll vorbereiten. Die Gefangenen und die beiden Wachleute, für deren Verpflegung die Stadt zuständig war, fanden im alten Schulhaus Unterkunft. Unter Berücksichtigung aller Kosten betrug 1915 der Tagelohn eines Gefangenen 2,50 Mark (in Folge der Steigerung der Lebensmittelpreise betrug er mit allen Nebenkosten schließlich 3,50 Mark). *Am 15. März 1916 wurden die Russen zurückgezogen, weil sie zu landwirtschaftlichen Arbeiten verwendet wurden und am 22. durch zehn gefangene Franzosen ersetzt. Das Tiefbauamt bezeichnete die Arbeitsleistung der Gefangenen als zufriedenstellend, die der Franzosen seien besser gewesen als die der Russen (vgl. Abb. S. 202).*

Bautätigkeit

Die allgemeine Bautätigkeit war durch den Krieg erheblich beeinträchtigt.[20] Nur wenige Projekte, vornehmlich im Straßenbau, konnten neu in Angriff genommen werden. Unter großer Anstrengung versuchte man, begonnene Arbeiten abzuschließen. Dazu gehörten beispielsweise Gebäude, die für die Versorgung der Bevölkerung von großer Bedeutung waren; wie etwa verschiedene Erweiterungsbauten des städtischen Schlacht- und Viehhofs.

Immer noch die Jubiläumsfeierlichkeiten im Blick, konnte das Schwimm- und Sonnenbad (vgl. Abb.) beim städtischen Elektrizitätswerk (heute Rheinhafenbad) am 4. Juni 1915 der Öffentlichkeit übergeben werden.[21] Für

Die Männerabteilung des 1915 eröffneten Rheinhafenbades (Aufnahme vermutlich nach 1918)

die damalige Zeit eine recht moderne Anlage. Zur Speisung des Beckens diente das auf etwa 20° C erwärmte Kühlwasser des Elektrizitätswerks. Alle dazugehörigen Einrichtungen waren ans städtische Versorgungsnetz angeschlossen. Das Sonnenbad hatte getrennte Abteilungen für Männer und Frauen. Die stärkste Bautätigkeit war am Festplatz entfaltet worden. Die nach Plänen von Joseph Durm 1877 fertiggestellte Festhalle, damals der größte Festsaal in Deutschland, erhielt einen großzügigen Erweiterungsbau an der Ostseite. Der gesamte Neubau konnte allerdings nicht seiner eigentlichen Bestimmung übergeben werden, da er zunächst vom Militär beansprucht wurde. Der Gartensaal diente genesenen Verwundeten als Tagesaufenthaltsraum (Verwundetenheim), die Küchenräume der Zubereitung der *Kriegsspeisung*.

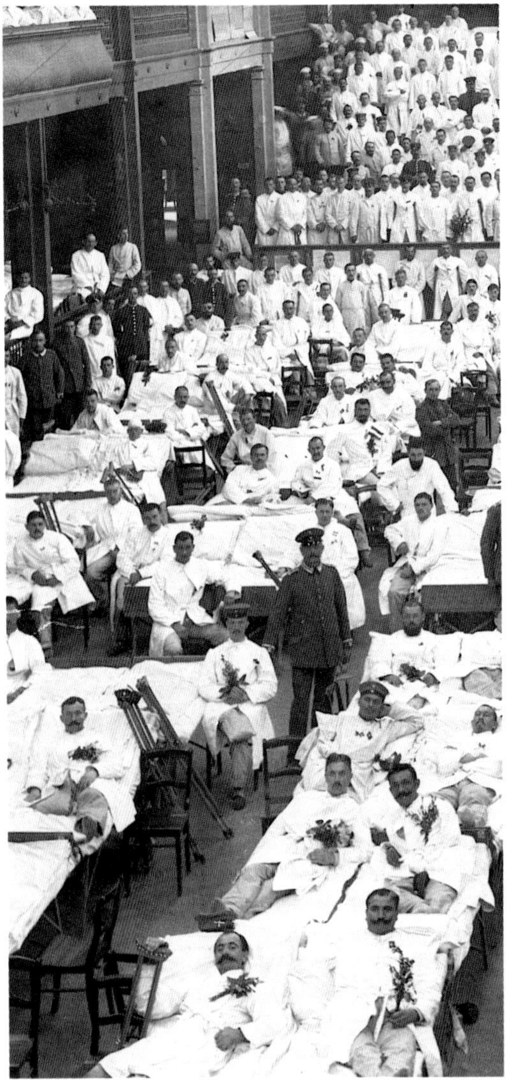

Wie zahlreiche andere öffentliche Gebäude wurde auch die Festhalle von der Militärbehörde übernommen und diente als Lazarett

Schon 1902, nachdem der Badische Landtag der Verlegung des Hauptbahnhofes zugestimmt hatte, unternahm der Stadtrat die ersten Schritte, um ein städtebauliches Konzept für den Bereich Stadtgarten, Festplatz, Ettlinger-Tor-Platz, altes Bahnhofsgelände zu finden.[22] 1913 konnte schließlich mit dem Bau von Konzerthaus und Ausstellungshalle, nach den Plänen der Architekten Robert Curjel und Karl Moser, begonnen werden. Das der Festhalle gegenüberliegende Ausstellungsgebäude (die spätere Stadthalle) erhielt nur die nötigste Innenausstattung, um schon im Sommer 1915 der Militärverwaltung zur Verfügung gestellt zu werden (vgl. Abb. S. 205). Statt einer Eröffnungsfeier fand am 11. Dezember ein Wohltätigkeitskonzert zugunsten der Karlsruher Kriegsfürsorge im ebenfalls fertiggestellten Konzerthaus statt. Die Einnahmen betrugen rund 5.000 Mark, wobei die Stadthauptkasse die entstandenen Kosten für die Veranstaltung übernahm.

Die Wohnverhältnisse

Auf Antrag der Gartenstadt Karlsruhe erhielt am 22. April 1915 der Eingangsplatz zur Siedlung der Genossenschaft den Namen *Ostendorf-Platz*.[23] Der Oberbaurat und Lehrer an der Technischen Hochschule, Dr. Friedrich Ostendorf, war im März beim Sturm auf die Loretto-Höhen gefallen. Friedrich Ostendorf war schon früh mit der Überarbeitung des Bebauungsplans der Gartenstadt beauftragt worden.[24]
Georg Botz, Mitglied des Vorstandes der Gar-

Die neue Ausstellungshalle und spätere Stadthalle erhielt bei ihrer Fertigstellung nur die nötigste Innenausstattung. Seit Sommer 1915 war hier das Bekleidungsamt des XIV. Armeekorps untergebracht

tenstadt Karlsruhe eingetragene Genossenschaft mbH, schrieb in einem Aufsatz: *Daß das Einfamilienhaus die erstrebenswerteste Wohnform ist, dürfte kaum bestritten werden. Dagegen gehen die Ansichten darüber meistens sehr auseinander, für welche sozialen Schichten das Einfamilienhaus geschaffen werden kann. Um diese Wohnungsform auch den Unbemittelten anbieten zu können, muß man natürlich alles tun, was eine Verbilligung ohne Verschlechterung der Qualität ermöglicht.*[25] Im folgenden soll gezeigt werden, daß es natürlich einen Bedarf an billigen Wohnungen gab und wie die Gartenstadtbewegung sich bemühte, die von Botz formulierten Forderungen umzusetzen.

Die Bevölkerung des Deutschen Reiches hatte sich, bezogen auf die Grenzen von 1871, in den vergangenen 100 Jahren weit mehr als verdoppelt.[26] Waren es 1816 noch 24,8 Millionen Einwohner, betrug ihre Zahl bei Kriegsbeginn 67,8 Millionen. Jedoch war der Zuwachs keineswegs gleichmäßig. 1871 lebten 63,9 % der Bevölkerung (26,2 Mio.) in Gemeinden mit weniger als 2.000 Einwohnern (ländliche Bevölkerung) und 36,1 % (14,8 Mio.) in Städten. Bis zum Ende des Ersten Weltkriegs (1919) hatte sich, bei steigender Bevölkerungszahl, das Verhältnis praktisch umgekehrt. 22,2 Millionen ländlicher Bevölkerung (37,6 %) standen 40,1 Millionen Städter (62,4 %) gegenüber. Wie eingangs schon gezeigt war auch Karlsruhe eine dieser „Boomtowns"; wenn auch nicht die tatsächlichen Verhältnisse mit Berlin, Europas „Wachstumsriesen" unter den Hauptstädten, übereinstimmen, die rein statistische Verzehnfachung der Bevölkerung im etwa glei-

chen Zeitraum ist bemerkenswert.[27] Die Ursache ist in beiden Fällen in erster Linie in der „Industriellen Revolution“ zu sehen.
Die Bodenspekulation führte zu rapide ansteigenden Grundstückspreisen, und unzureichende Bauordnungen förderten auf der einen Seite den Profit und auf der anderen Seite zunehmend menschenunwürdige Wohnverhältnisse. Die für das Land Baden gültige baupolizeiliche Verordnung von 1869 *enthält in hygienischer Hinsicht lediglich die allgemeinen Grundsätze, daß die Anlage der Gebäude die Gesundheit und Sicherheit der Bewohner nicht gefährden dürfe, und daß die Wohnung Licht und Luft im erforderlichen Maße haben müsse. Mit so dehnbaren Sätzen ist natürlich wenig zu machen,* beklagt noch 1911 der Geheime Oberbaurat Professor Dr. Baumeister.[28] Eine Präzisierung der Bauordnung folgte erst langsam, Schritt für Schritt, in den darauffolgenden Jahrzehnten. Die Karlsruher Baudichte wurde 1911 mit ungefähr 250 bis 300 Einwohnern pro Hektar angegeben. *Allein diese Rechnung hat keinen großen Wert, weil zurzeit zwischen den einzelnen Stadtteilen viel stärkere Unterschiede bestehen als früher. In der „Südstadt“ fallen auf 1 Hektar etwa 600 Köpfe, im älteren Kern der Altstadt (Geschäftsstadt) und in der Oststadt 350, in ganz weiträumigen Außenbezirken nur 100 und weniger.*[29] Dabei waren die Mieten in der Südstadt im wesentlichen keineswegs billiger; für kleine Wohnungen lagen sie sogar etwas über dem Durchschnitt, wie die 1914 veröffentlichte und unten aufgeführte Statistik zeigt.
Bei der letzten allgemeinen Wohnungszählung (1. Dezember 1910) hat sich ergeben, daß durchschnittlich gefordert wurden für Wohnungen im Vorderhaus (stets mit Küche) – ausschl. der Dachwohnungen und der Wohnungen mit Gewerberäumen –:

Stadtteil	Wohnungen mit . . . Zimmern							
	1	2	3	4	5	6	7	8 u. mehr
	M	M	M	M	M	M	M	M
Innere Oststadt	188	275	407	584	809	920	1219	1361
Innere Weststadt	180	341	505	717	934	1154	1421	1947
Alter Hardtwaldstadtteil	120	331	537	801	1218	1425	1825	2450
Äußere Oststadt	209	316	458	648	843	1129	1193	1592
Südstadt	206	298	416	549	677	955	1084	1625
Stadtgartenviertel	264	361	543	629	1163	1290	1771	2507
Südweststadt	202	311	658	684	933	1319	1593	1715
Neuer Hardtwaldstadtteil	–	200	–	1338	1824	1779	2619	2998
Mühlburg	163	249	379	589	865	1374	1814	2700
Beiertheim	158	236	342	471	597	450	1000	700
Rintheim	140	173	241	350	544	–	–	–
Rüppurr	134	174	303	468	–	1300	900	–
Grünwinkel	120	206	279	351	700	825	–	–
Daxlanden	83	136	219	381	375	–	–	–
Im Durchschnitt der Gesamtstadt	**181**	**283**	**481**	**647**	**904**	**1215**	**1574**	**2232**

M = Mark

Die Mietpreise waren aufs Jahr bezogen.[30]

Die Werbebroschüre *Karlsruhe als Wohnort und Industrieplatz* stellt die Wohnungsverhältnisse verständlicherweise etwas beschönigend dar: *In der Stadt Karlsruhe waren Ende 1913 8617 bewohnbare Gebäude vorhanden, in denen sich 31 730 Familienwohnungen und 140 Anstaltswohnungen befanden. Bei dem geringen Alter der Stadt sind die Häuser fast durchweg nach modernen Grundsätzen konstruiert und eingerichtet. Bei allen Neubauten und Reparaturen ist auf Grund einer zweckentsprechenden und streng durchgeführten Bauordnung (mit Wohnungs- und Schlafstellenordnung) den Anforderungen der Sicherheit und Gesundheit voll Rechnung zu tragen. Die Wohnungen besitzen Wasserleitungen; die meisten sind mit Gaszuleitung versehen, zum großen Teil sind sie auch an das Kabelnetz des städtischen Elektrizitätswerkes angeschlossen.*[31]

Gerade was den Mangel an Licht und Luft – abhängig von Bauhöhe und Mindestabstand – in Teilen der Innenstadt und Südstadt betraf, kam Baumeister zu einem ungünstigeren Urteil: *Leider hat sich hier die Rücksicht auf die Spekulation stärker als die Hygiene erwiesen ... Seit etwa vier Jahrzehnten haben sich in Karlsruhe die Übelstände im Wohnungswesen, welche man unter der Bezeichnung „Teuer und schlecht" zusammen fassen kann, im steigenden Maße fühlbar gemacht. Hauptsächlich sind natürlich die für die minderbemittelten Klassen bestimmten Kleinwohnungen betroffen.*[32]

Schlechte Wohnverhältnisse und ständig kranke Arbeiter wirken sich letztlich ungünstig auf die Arbeitsleistung aus. Das mußten Unternehmer und Arbeitgeber auch schon am Ende des 19. Jahrhunderts erkennen. Deshalb – und keineswegs aus reiner Nächstenliebe – führte diese Einsicht zu ersten Maßnahmen, die Wohnungsnot zu lindern. Die Stadtverwaltung führte Mitte der 90er Jahre zunächst Erhebungen über die Wohnverhältnisse von 259 verheirateten städtischen Arbeitern durch, mit dem Ziel, eine Grundlage zum Bau von Arbeiterwohnungen auf städtischem Gelände zu schaffen. Nach dieser Untersuchung wohnten
von den 259 Familien:
33 % in ganz guten Wohnungen,
45 % in ziemlich guten Wohnungen,
22 % in geringer wertigen bis ungesunden Wohnungen.[33]

Gerade bei größeren Familien sank das Platzangebot bis auf 4,2 qm pro Person. Das Verhältnis Jahreseinkommen zu Mietaufwendungen gestaltete sich wie folgt:

bis 800 Mark mindestens 8 %	höchstens 33 %	im Schnitt 20,8 %
bis 1200 Mark mindestens 11 %	höchstens 32 %	im Schnitt 19,4 %
bis 1600 Mark mindestens 9 %	höchstens 19 %	im Schnitt 14,4 %
bis 2000 Mark mindestens 5 %	höchstens 17 %	im Schnitt 11,4 %
darüber Mark mindestens 8 %	höchstens 14 %	im Schnitt 10,9 %

Dabei befanden sich mehr als die Hälfte der Wohnungen in Hinterhäusern und ein weiteres Viertel in den obersten Stockwerken der Vorderhäuser.

Bis 1911 befanden sich 42 Kleinwohnungen in städtischem Besitz, davon 22 sogenannte Dienstwohnungen für städtische Arbeiter, die übrigen zur freien Vermietung.[34] Die Jahresmiete betrug für Einzimmerwohnungen 100 Mark, für Dreizimmerwohnungen etwa 250 Mark. Im einzelnen befanden sich die Wohnhäuser in der Schlachthausstraße 2 (für das Gaswerk II), Sophienstraße 75 (für das Gaswerk I), bei der Hilfspumpstation im Stadtgarten (für Obergärtner und Aufseher) und in der Bannwaldallee. In Aufbau und Größe waren sie vergleichbar. Die Dreizimmerwohnungen hatten einschließlich der Küche, ohne Abort und Kellerraum, eine Größe von rund 56 qm. Eisenbahnverwaltung (Scherrstraße) und Hofverwaltung (in Schloßnähe) bauten ebenfalls *Dienstwohnun-*

gen; Fabrikwohnungen gab es jedoch nur wenige.

Eine Baugesellschaft, an der sich durch Aktienanteile *aus sozialen Beweggründen* reiche Bürger *und selbst der Großherzog* beteiligten, hatte sich schon kurz nach 1871 gegründet, um für billigen Wohnraum zu sorgen. Diese Gesellschaft erstellte Ecke Rüppurrer- und Augartenstraße dreißig Häuser. Doch *machte sich der Mangel an Schutzmaßregeln gegen Spekulation im Laufe der Zeit geltend. Die meisten Häuser sind mehrfach in andere Hände übergegangen, unter Steigerung der Preise bis zu 28 Prozent, etliche zusammengelegt und in Wirtschaften verwandelt. Der Verein hat sich* (schließlich wieder) *aufgelöst...*[35]

Alle Vereine und Gesellschaften mit dem Ziel, billigen Wohnraum zu schaffen, waren natürlich auf niedere Grundstückspreise angewiesen. Hier half die Großherzogliche Domänendirektion, indem sie Grundstücke zum Preis von 2 bis 3 Mark pro qm zur Verfügung stellte. Städtisches oder im Privatbesitz befindliches stadtnahes Gelände kostete ein Vielfaches.

Die Entwicklung der Grundstückpreise in den einzelnen Stadtteilen zeigt die folgende Tabelle:[36]

Stadtteil	Durchschnittspreis pro qm der verkauften Bauplätze (inkl. der versteigerten)		
	1900	1905	1913
Innere Oststadt	66.80 M.	–	60.00 M.
Innere Weststadt	–	15.63 M.	88.60 M.
Alter Hardtwaldstadtteil	45.28 M.	–	17.21 M.
Äußere Oststadt	40.34 M.	28.81 M.	25.50 M.
Südstadt	22.51 M.	43.66 M.	28.69 M.
Stadtgartenviertel	21.86 M.	30.00 M.	77.00 M.
Südweststadt	21.35 M.	22.64 M.	34.53 M.
Neuer Hardtwaldstadtteil	35.73 M.	47.53 M.	–
Mühlburg	16.70 M.	27.73 M.	18.12 M.
Insgesamt	24.42 M.	27.14 M.	25.84 M.

Der 1891 gegründete Mieter- und Bauverein GmbH baute bis 1901 zwischen Scherrstraße, Rankestraße und Sybelstraße auf dem Gelände einer früheren Obstbauschule zunächst zehn Gebäudegruppen mit 162 Wohnungen. Das Baukapital wurde durch die Vergabe von Geschäftsanteilen zu 200 Mark aufgebracht. Jedes Mitglied konnte bis zu fünf Anteile erwerben. Mehrere Darlehen zu günstigen Bedingungen deckten den Rest der Kosten.

In 14 Jahren erstellte der Mieter- und Bauverein 56 Häuser mit zusammen 411 Wohnungen.

Anzahl der Wohnungen	Zimmerzahl zuzgl. Küche	Mietpreise 1911[37]
5	1	180–190 Mark
244	2	170–360 Mark
128	3	330–570 Mark
32	4	450–750 Mark
2	5	?

Zu vergleichsweise niedrigen Mietpreisen (eine *unangemessene* Preissteigerung konnte vermieden werden) konnte so moderner Wohnraum mit Zimmern bis zu 25 qm Größe geschaffen werden. Aus der im Jahre 1905 von Dr. Hans Kampffmeyer ins Leben gerufenen Ortsgruppe Karlsruhe der Deutschen Gartenstadtgesellschaft bildete sich im März 1907 die eingetragene Genossenschaft mbH Gartenstadt Karlsruhe.[38]

Nach dem Motto *Licht, Luft und Sonne* entstanden auf einem 12 ha großen Gelände bei Rüppurr ab 1911 bis Kriegsbeginn 200 Woh-

nungen. Anders als bei den Etagenhäusern des Mieter- und Bauvereins kamen nur Einfamilienhäuser zur Ausführung. Neben der etwa gleichzeitig entstandenen Gartenstadt Hellerau bei Dresden war das die erste Gründung dieser Art in Deutschland.
Zwar wurde die Gartenstadt niemals eine reine Arbeitersiedlung – das war auch nicht vorgesehen –, doch sollte auch finanzschwächeren Schichten die Möglichkeit zur Mitgliedschaft offengehalten werden. Die Geschäftsanteile zu 200 Mark konnten auch durch eine monatliche Ratenzahlung von 2 Mark an aufwärts erworben werden. 1915 waren 21,9 % der Genossenschaftsmitglieder Arbeiter. Daß dieses Ziel teilweise erreicht wurde, zeigt auch eine Statistik der Bewohner von 1925, wobei die hohe Zahl von Beamten auffällt. Der *Beamtenbegriff* scheint hier etwas weiter gefaßt als heute; Arbeiter im öffentlichen Dienst und Angestellte wurden hier offensichtlich teilweise als *Beamte* aufgeführt.[39]

Die Bewohner setzen sich etwa wie folgt zusammen:

Bahnbeamte	45 %
Postbeamte	9 %
Schriftsetzer, Drucker, Industriearbeiter	10 %
Pensionierte Beamte und Witwen	10 %
Privatbeamte und Beamte bei öffentlichen Körperschaften	8 %
Mittlere Beamte des Badischen Staates	6 %
Höhere Beamte des Badischen Staates sowie Ärzte, Professoren, Lehrer	4 %
Städtische Beamte	4 %
Selbständige Handwerker und Gewerbetreibende	4 %
	100 %

Die Häuser der Genossenschaft wurden an die Genossen nur vermietet, nicht verkauft (das Mietverhältnis konnte von den Erben übernommen werden); dies war ein Versuch, der Spekulation einen Riegel vorzuschieben. Auch in der Zukunft sollte sich diese Maßnahme als glücklich erweisen, denn die Mitglieder, die noch keine eigene Wohnung hatten, und die Genossenschaft selbst hatten durch diese Regelung auch nach der Inflation von 1923 noch den Nutzen am gemeinsamen Projekt.
Um die Kosten bei guter Qualität niedrig zu halten, suchte man nach neuen konstruktiven Möglichkeiten. Nur acht Haustypen in geringen Variationen wurden erstellt. Die kleinsten Wohnungen, ein Reihenhaustyp wie in der Sperlinggasse (heute Staudenweg) war für Familien mit drei Kindern gedacht (Mietkosten vor dem Krieg 280 bis 300 Mark/Jahr). Die überbaute Fläche betrug nur 32,63 qm und wurde als Untergrenze für ein Einfamilienhaus angesehen. Im Erdgeschoß befindet sich hinter dem Eingang ein Vorraum, die Toilette, der Wohnraum von 13,4 qm mit einer Kochnische von 4,6 qm (vgl. Abb. S. 210). Im Obergeschoß sind zwei Schlafräume von 11,9 und 13,5 qm, während sich im Kellergeschoß die Waschküche mit Badeeinrichtung und ein Lagerraum befinden. Jedes Haus hat einen eigenen Garten; die kleinsten Häuser von 160 bis 170 qm, die größten (Doppel- und Einzelhäuser) bis zu 1.000 qm.
Im April 1912 konnten die ersten Häuser bezogen werden. 1915 wurden die vorerst letzten Gebäude (am Ostendorfplatz) bezugsfertig. Danach setzte der Krieg der Bautätigkeit ein vorläufiges Ende. Max Laeuger, ein enger Freund Friedrich Ostendorfs und ebenfalls Professor an der Technischen Hochschule, der seit 1918 zum zweiten Mal dem Aufsichtsrat der Gartenstadtgenossenschaft angehörte, führte, bedingt durch die Wohnungsnot der Nachkriegszeit, nach geänderten Plänen den Weiterbau fort.[40]
Generell kann festgestellt werden, daß schon Ende des zweiten Kriegsjahres bis auf wenige Ausnahmen der Wohnungsbau ganz zum Erliegen kam. Am 9. Mai 1917 erfolgte ein Bauverbot des Stellvertretenden Generalkommandos des XIV. Armeekorps, so daß von da an nur noch wenige kriegswichtige Bauten ausgeführt wurden. Eine Aufstellung der

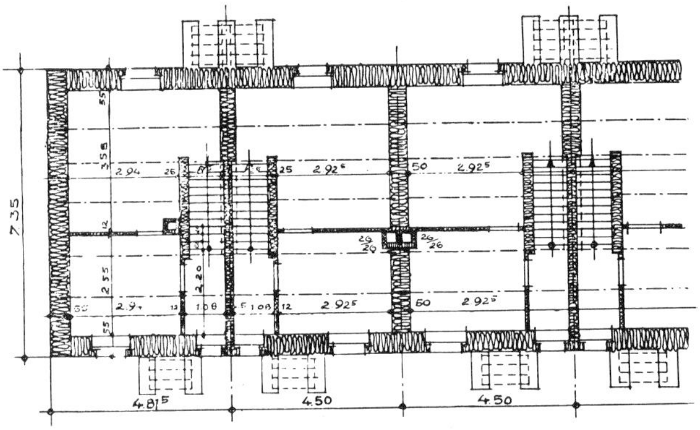

Kellergeschoß.

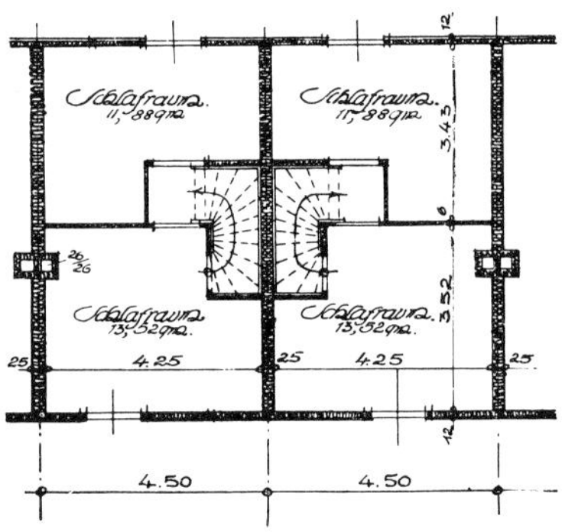

Obergeschoß.

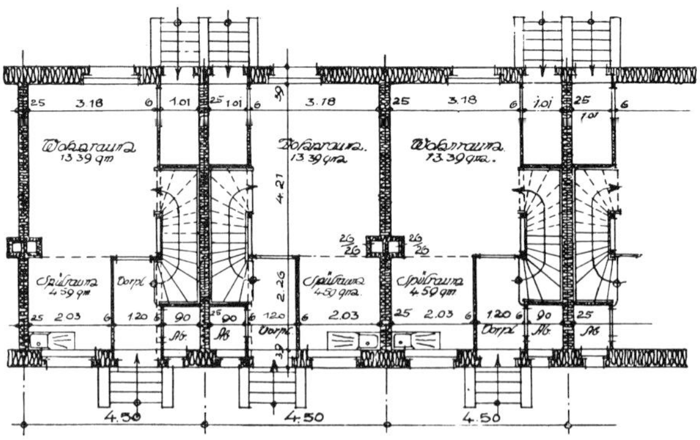

Erdgeschoß.

Typ I.

durch die Baupolizei abgenommenen Wohnungen zeigt den drastischen Rückgang im Wohnungsbau während des Krieges:

Jahr	Wohnungen	
1911	536	
1912	476	
1913	677	
1914	522	
1915	353	
1916	50	
1917	19	Vor dem Bauverbot angefangen[41]
1918	23	

Nach einer Untersuchung des Badischen Landeswohnungsvereins *Über die Wohnungsverhältnisse kinderreicher Familien* schliefen 44,02 % aller untersuchten Familien in sogenannten absolut überfüllten Schlafzimmern. D. h., die 3,5 qm Bodenfläche (10 cbm Luftraum) pro Person, die die Landesbauordnung (§ 149) vorschrieb, waren nicht vorhanden. Nach Rückkehr der Kriegsteilnehmer stieg diese Zahl auf etwa 50 %. *Man mache sich klar, was es heißt, daß die Hälfte unserer kinderreichen Familien in überfüllten Zimmern schlafen muß. Wie oft mögen dabei Kranke und Gesunde im gleichen Zimmer, ja im gleichen Bett schlafen.*

Weniger oft ist die sogenannte relative Überfüllung, d. h. die Nichtbeachtung der Geschlechtertrennung anzutreffen. Immerhin beträgt sie in Karlsruhe 27,04 % und mit der Rückkehr der Krieger 31,60 von Hundert aller Familien. Wenn auch diese Überfüllung in den meisten Fällen erfreulicherweise von den Bewohnern selbst als ungesunder Zustand empfunden wurde und anzunehmen ist, daß sie diesen Verhältnissen ihre besondere Beachtung und Aufmerksamkeit schenken, so dürfen wir trotzdem die Augen vor den sittlichen Folgen dieser Tatsache nicht verschließen.[42]

Oben Blick in die „Wohn- und Spülküche" im Erdgeschoß eines Reihenhauses Typ I der Gartenstadt in der Sperlingsgasse (heute Staudenweg), unten Grundrisse dieses Typs.

Etappen- und Lazarettstadt

Im Straßenbild machte sich der Krieg gleich von Anfang an bemerkbar. Nicht nur die zahlreichen Kasernen und Militärbehörden der Residenzstadt waren dafür verantwortlich, die strategische und verkehrsgünstige Lage mußte sie als Etappen- und Lazarettstadt bestens geeignet erscheinen lassen. Nahe zu Frankreich gelegen und mit den wichtigen Eisenbahnverbindungen durch das Oberrheintal und über den Rhein in die Pfalz und das Elsaß versehen, kam der Stadt eine wichtige logistische Rolle zu.

Mit Ausnahme von fünf Vorortschulen belegte das Militär zunächst alle Volksschulhäuser, um sie als Massenquartiere oder als Werkstätten für das Bekleidungsamt einzurichten. Nur in den Stadtteilen Beiertheim, Grünwinkel, Daxlanden, Rintheim und Rüppurr konnte am 14. September, nach den Sommerferien, der Unterricht in allen Klassenräumen stattfinden.

Linden-, Hebel-, und Markgrafenschule wurden im Herbst von der Militärverwaltung unter Vorbehalt wieder für den Unterricht freigegeben. Das Unterrichtsministerium stellte im Lehrerinnenseminar Räume für die Volksschulen zur Verfügung. Um aber den vorhandenen 369 Schulklassen der Kernstadt einschließlich Mühlburg auch nur die Hälfte der bisherigen Unterrichtsstunden zuweisen zu können, mietete die Stadtverwaltung weitere Räume in Privat- und Mietshäusern.[43]

Im Laufe des Jahres 1915 verbesserte sich die Lage deutlich; nicht zuletzt durch die Bereitstellung der neuen Räume in der Festhalle und in der Ausstellungshalle. Im April wurden die Karl-Wilhelm- und die Schillerschule vom Militär geräumt, im September die Leopoldschule, die Lidell- und die Pestalozzischule, Mitte November die beiden Mühlburger und Anfang Dezember die beiden Uhlandschulen. Die beiden Nebeniusschulen, die Gartenschule (vgl. Abb. S. 212), die beiden Gutenbergschulen und die beiden Südendschulen blieben im Besitz der Militärbehörde.

Der Krieg wirkte sich nicht nur auf das Angebot an Klassenräumen aus, auch das Lehrpersonal nahm spürbar ab. Während am 31. Juli 1914 insgesamt 475 Lehrkräfte zur Verfügung standen, waren es am 1. Dezember 1915, infolge zahlreicher Einberufungen der Lehrer zum Heeresdienst, nur noch 306. Die Zahl der Schüler an den städtischen Schulen stieg im gleichen Zeitraum um 475 auf 22.059.[44]
In der Turnhalle der Schillerschule richteten die Behörden einen zusätzlichen Tageshort ein. Aufnahme fanden nur solche Schüler, deren Vater einberufen oder gestorben war und deren Mutter den ganzen Tag außerhalb des Hauses dem Erwerb nachgehen mußte. Über 140 Mädchen und Jungen verbrachten hier die unterrichtsfreie Zeit, erhielten Frühstück, um 10 und 17 Uhr ein Vesperbrot, und gingen zum Mittagessen ins nahe gelegene Gasthaus *Zum grünen Baum.*
Daß die Gegenwart des Krieges auf das Verhalten von Kindern und Jugendlichen keinen geringen Einfluß hatte, belegt unter anderem ein Artikel im sozialdemokratischen *Volksfreund,* der über eine Untersuchung zum Thema *Kindernervosität im Krieg* berichtet. Es wird empfohlen, *vor Kindern manche Einzelheiten der kriegerischen Ereignisse nicht zu ausführlich zu behandeln.*[45] Der Schularzt Dr. Homburger kam in einer Untersuchung über die Schulkinder während des Krieges zu folgendem Ergebnis: *Die Kinder behalten das Gebotene nur schwer und haben große Mühe, die einfachsten Sachen zu verstehen. Bei den Anfängerinnen der Erw.-Mädchenschule, die sich größtenteils aus Kindern der unteren sozialen Schicht zusammensetzt, wird im Gegensatz zu den Anfängerinnen unserer Töchterschule, und zwar bei einer großen Anzahl, verlangsamtes Denkvermögen, stumpfsinniges Verhalten und Gedrücktsein festgestellt. Auch sind diese Kleinen schwer zur Aufmerksamkeit und zum Stillsitzen zu bringen.*[46]
Den Grund hierfür sah man weniger in der

Ein Teil der vom Militär belegten Schulen diente als Truppenunterkunft. Hier ein Klassenzimmer als Schlafraum in der Gartenschule

Kriegsernährung der Kinder, *als in den veränderten häuslichen Verhältnissen: in der unzureichenden Einwirkung des Elternhauses, das versagt, wo der Vater im Krieg ist, die Mutter vielfach dem Verdienste nachgeht und die Kinder dann der Straße überlassen sind, deren wechselnde Eindrücke sie nachhaltiger beeinflussen als der in der Stundenzeit wesentlich verkürzte Unterricht.*

Im Zusammenhang mit dieser Beobachtung ist auch ein Antrag vom Oktober 1915 im Bürgerausschuß erwähnenswert, wonach in der Stadtgemeinde Karlsruhe die Geldstrafen (10 bis 50 Pf), wie sie das Schulgesetz wegen ungerechtfertigter Schulversäumnisse eines Kindes gegen die Eltern vorsah, durch Mahnungen, die der Schulleiter bzw. Schulrat auszusprechen habe, zu ersetzen seien. *Die Schulversäumnisanzeigen laufen nach dem jetzigen Verfahren zu Hunderten beim Bürgermeisteramt ein ... Die Betreibung der Strafe ist in den weitaus meisten Fällen von Anfang an erfolglos und da, wo sie möglicherweise Erfolg hätte, würde ihre Durchführung mit unverhältnismäßigem Zeit- und Kostenaufwand verbunden sein.*[47]

Unter der Überschrift *Der Krieg und die Jugend* berichtete das Evangelische Gemeindeblatt für Grün- und Hohenwettersbach im November 1915: *Wie die Alten stehen sie auf dem Feld zu mähen und laden, sie pflügen und fahren. Nicht minder Großes leisten die Fortbildungsschüler. Mädchen und Knaben verfertigen in anstrengender Tag- und Nachtarbeit in verschiedenen Fabriken Patronen und Granatzünder.*[48] Doch neben dem Lob für die *vaterländische Pflichterfüllung* fand sich auch Tadel: *Vielfach aber nehmen sie sich leider das Recht heraus, ein freies, ungebundenes Leben zu führen. Sie treiben sich bis in die Nacht auf den Straßen herum und treiben allerlei Unfug, sie rauchen Zigarren und die noch viel schädlicher wirkenden Zigaretten und besuchen das Wirtshaus. Da die Klagen über das unbotmä-*

Das Rote Kreuz war mit seinen Helfern in stetigem Einsatz, hier mit einer Verpflegungsstelle im Hauptbahnhof

ßige Treiben der Jugend im ganzen Lande immer lauter wurden, hat das Großherzogliche Ministerium des Inneren die Bezirksämter angewiesen, nötigenfalls mit Strafen polizeilich gegen die Verwilderung der Jugend, namentlich gegen vorkommenden Wirtshausbesuch und gegen Rauchen, sowie gegen abendliches Herumstreifen und Lärmen auf den Straßen nach Einbruch der Dunkelheit vorzugehen.

Eine Neuregelung der Polizeistunde, welche *die Zeitverhältnisse erforderten,* trat bereits im März 1915 in Kraft. Das Ministerium des Inneren setzte durch Verordnung die nächtliche Polizeistunde in Städten mit über 10.000 Einwohnern auf 24 Uhr, in den Amtsstädten und in den Städten mit über 4.000 Einwohnern auf 23 Uhr und in allen übrigen Gemeinden auf 22 Uhr fest.[49]

Sicherlich wurde diese Maßnahme auch im Hinblick auf die vielerorts im Grenzland Baden einquartierten Soldaten ergriffen. Über die Belegung der Stadt Karlsruhe mit Truppen in *Bürgerquartieren* und *Massenquartieren* liegen folgende Angaben vor:

a) In Bürgerquartieren waren 1915 einquartiert:[50]

im Monat	General	Stabsoffiziere	übrige Offiziere	Feldwebel	Vizefeldwebel	Unteroffiziere	Gemeine	Pferde	auf Tage
Januar	2	33	127	87	65	141	490	1	17 682
Februar	1	11	90	45	44	150	959	–	19 723
März	3	8	39	16	42	135	539	–	12 963
April	2	2	24	14	31	106	471	–	11 496
Mai	2	5	43	10	19	96	508	–	11 957
Juni	3	3	43	21	34	177	1 153	–	21 872
Juli	4	6	26	22	40	188	1 155	–	20 950
August	2	9	69	16	41	165	666	–	14 872
September	2	12	147	10	26	128	428	–	11 244
Oktober	2	4	20	2	12	144	372	–	6 595
November	2	3	12	–	8	75	251	–	5 622
Dezember	2	3	23	1	13	89	205	–	5 497

b) In Massenquartieren:

im Monat	Feldwebel	Vizefeldwebel	Unteroffiziere	Gemeine	auf Tage
Januar	1	1	199	8 864	240 482
Februar	–	–	182	7 272	223 153
März	–	–	217	7 892	200 540
April	1	–	340	7 421	201 070
Mai	1	–	460	9 076	215 843
Juni	1	1	303	6 876	206 936
Juli	–	–	301	6 992	194 910
August	–	3	314	6 411	191 306
September	3	4	406	7 386	200 965
Oktober	1	2	271	5 860	171 486
November	2	–	306	5 805	172 353
Dezember	4	13	231	5 323	181 169

Immer wieder hatten Gefangenen- und Verwundetentransporte die Stadt Karlsruhe zum Ziel. Auf diese Weise erinnerten nicht nur die hier stationierten Truppen (und die abwesenden Familienangehörigen) an die Gegenwart des Krieges.
Besonderes Aufsehen erregten zwei Sonderzüge, die über Konstanz, aus der Schweiz kommend, im Austausch gegen französische Invaliden aus deutscher Gefangenschaft verletzte deutsche Soldaten in die Residenzstadt brachten. Durch diese Gefangenenaustauschaktion kamen im März 437 Verwundete am alten Bahnhof an der Kriegsstraße an. Ein großer Teil von ihnen wurde mit der Straßenbahn ins Vierordtbad gebracht, wo sie auch neu eingekleidet wurden. Unterkunft fanden sie in der Festhalle. Die Schwerverletzten, die noch ärztlicher Behandlung bedurften, verteilte man auf die verschiedenen Krankenhäuser und Lazarette (vgl. Abb.). Weitere Züge mit Austauschgefangenen folgten im Juli. Ganz offensichtlich sollte die Bevölkerung nicht allzusehr durch den Anblick

Zwei Soldaten im Lazarett Gewerbeschule: „Deutscher und Franzose, beide lagen in einem Zimmer an Wundstarrkrampf und wurden dann gute Freunde; aufgenommen zum Abschied“

schrecklich verstümmelter und entstellter Soldaten beunruhigt werden, denn die am schwersten verletzten, darunter besonders Leute mit Gesichtsschüssen oder Blinde, verlegte man in das Garnisonlazarett.[51]

Das neue Medium Kino

Zur Ablenkung und Unterhaltung, aber auch „als Bildungseinrichtung für die kleinen Leute" und zur politisch-moralischen Aufrichtung, diente ein neues Medium, das in den wenigen Jahren seit seiner Einführung vor dem Krieg zu einem atemberaubenden Siegeszug angetreten war – das Kino.[52]
Mit der Erfindung der *bewegten Bilder*, deren Anfänge im 19. Jahrhundert liegen, wurde nicht nur ein neues Medium der Information und Unterhaltung geschaffen, sondern ein neuer öffentlicher Raum für Kommunikation und Kultur. Das Kino wurde, weil es zunächst nur die Möglichkeit gab, in einem speziell dafür vorbereiteten Raum das neue Medium zu bewundern, praktisch seit seiner Geburtsstunde begrifflich mit dem Film gleichgesetzt. Als volksnahe Einrichtung, die zunächst ihren Platz in Zelten und auf Jahrmärkten und im Zirkus oder in Varietés und Ladenlokalen fand, hatte das Kino zunächst gegen starken Widerstand zu kämpfen. Von offizieller Seite beschäftigte sich vorerst die Polizeibehörde, Abteilung Sitte, mit diesem neuen Zweig innerhalb der Gilde der Schausteller, denn bevor es seinen festen Platz im gesellschaftlichen Leben hatte, galt das Kino als eine Stätte der Bedrohung von Moral und Sitte.
Bereits im September 1900 kündigte das Varieté-Theater Colosseum in der Waldstraße die Vorführung eines Kinematographen an. Das Programm versprach Originalaufnahmen der Pariser Weltausstellung, *Unsere Flotte* und *Lokalaufnahmen von Karlsruhe: Marktplatz, Bahnhof*.[53]
Gastspiele von *Kinematographischen Theatern* erfreuten sich in den darauffolgenden Jahren großer Popularität beim Karlsruher Publikum. Und seit 1906 beendeten das Colosseum und das Varieté-Theater Apollo in der Marienstraße ihre Vorstellungen regelmäßig mit kleinen kinematographischen Darbietungen.
In der Reichshauptstadt Berlin wurde 1905 das erste ständige Kinotheater eröffnet. Nach nur fünf Jahren zählte man bereits 1.500 Kinos im Reich; 1913 existierten schon 2.371. Karlsruhe blieb keineswegs hinter dieser Entwicklung zurück. Die Karlsruher Zentrale der *Internationalen Kinematographen-Gesellschaften* kündigte am 4. August 1907 ein Filmprogramm im Kinematographen in der Waldstraße 26 an, der fortan den Namen Thalia-Theater tragen sollte. Schon im November desselben Jahres konnten als eine Art Vorläufer der späteren *Wochenschau* oder heutiger Nachrichtensendungen die dokumentarischen Aufnahmen von der *Ankunft S. M. des deutschen Kaisers in Portsmouth* im *Thalia* bewundert werden. Der Erfolg dieser und anderer „erster Gehversuche" des Kinos war enorm. Und so ist es wenig verwunderlich, daß ein Jahr später in der Kaiserstraße 133 der *Welt-Kinematograph* und in der Waldstraße 30 das *Residenz-Theater* (vgl. S. 217) des Hofbäckers Otto Alban Kasper ihre Premieren feierten. Das Residenz-Theater war auch der erste Kinoneubau in Karlsruhe, mit immerhin 300 Sitzplätzen. „Die Gründung des Residenz-Theaters hatte Initialwirkung. Schon ein Jahr später besaß Karlsruhe drei weitere Kinos: das Uniontheater in der Waldhornstraße 21, das allerdings nur kurze Zeit Bestand hatte, das Central-Kino am Rondell-Platz, das ob seiner Größe, es faßte lediglich 100 Zuschauer, schlicht *Flohkischd* genannt wurde, und das Kaiser-Kino in der Kaiserstraße 5"[54], das heute noch unter dem Namen Atlantik existiert. Weitere Neueröffnungen folgten: 1911 die Luxeum-Lichtspiele in der Kaiserstraße 168 (an der Stelle des heutigen Luxor) und das Metropol-Theater in der Schillerstraße 22 (durch Umbau einer Rollschuhbahn); 1912 das Palast-Theater in der Herrenstraße und schließlich das Eldorado-

Kinema im Varieté-Theater Apollo in der Marienstraße 16. Bis Kriegsbeginn entstanden in Karlsruhe in nur sieben Jahren acht fest eingerichtete Filmtheater. Im gleichen Zeitraum etablierte sich hier der *Verein der Kinematographenbesitzer und -interessenten Badens in Karlsruhe* (ab 1914 *Südwestdeutschlands*, Elsaß-Lothringen einschließend) als eine ökonomische Interessenvertretung. Filmverleih, Werkstätten und Lager für Projektionsapparateersatzteile bildeten die Infrastruktur für den neuen Wirtschaftszweig. Der Erste Weltkrieg konnte den Boom im Kinogeschäft lediglich bremsen. Zur Frühjahrsmesse in Leipzig 1922 stellte die *Firma Badische Kinoindustrie, Otto Kern, Karlsruhe,* erstmals ihren Stahlprojektor *Badenia Modell II* vor.[55]

Auch der Film selbst erlebte seine erste Blüte. Von 1911 an entstanden die ersten Werbefilme, und um 1912 konnte man schon von einer aufstrebenden Filmindustrie sprechen. Namhafte Regisseure wie Max Reinhard, Ernst Lubitsch oder Paul Leni und bekannte Bühnenschauspieler drehten vor und während des Krieges ihre ersten großen Filme nach literarischen Vorlagen. Um 1915 war das Kino nicht nur als neue Bildungsinstitution akzeptiert, sondern bereits fest in den Kreis der offiziellen Kultur aufgenommen.

Ein Blick in die Karlsruher Kinoprogramme des Jahres 1915, abgedruckt unter anderem im Anzeigenteil der zahlreichen Tageszeitungen, zeigt, daß auch hier der Krieg zum alles beherrschenden Thema wurde. Neben Dokumentarfilmen von den Kriegsschauplätzen findet sich eine große Zahl von Unterhaltungs- und Spielfilmen, die den „Helden der Nation" gewidmet sind. Hier einige Titel: *Weihnachten in Feindesland, Der Weihnachtstraum des Landwehrmannes – Eine humorvolle Federzeichnung, Die neuesten Bilder vom Kriegsschauplatz, Maxens Feldpostbriefe! Wie Max sich das Eiserne Kreuz erwarb, Gott strafe England! Neueste Kriegsberichte.* Oder aus einer Anzeige von Residenz-Theater und Kaiser-Kino: ... *das elementarste Filmwerk der Welt „Tirol in Waffen"* ... *die*

Einladungskarte zur „Eröffnungs- und Wohltätigkeits-Aufführung" des von dem Hofbäcker Otto Alban Kasper gegründeten Residenz-Theaters vom 14. Dezember 1908

heroischen Freiheitskämpfe des Tiroler Volkes ..., die gerade in der Jetztzeit ein gigantisches Spiegelbild finden und weil dem Zeitgeist angepaßt, daher doppelt wert sind, für die Stunden der Zerstreuung und Erholung.[56]

Der Krieg als großes Abenteuer, vorgeführt zur Zerstreuung und Erholung? – Aus heutiger Sicht ein schier unglaubliches Beispiel für Werbung und Kriegspropaganda im Januar 1915. War das blanker Zynismus oder Anzeichen für erste Durchhalteparolen? Die Rechnung für die deutschen Weltmachtsträume hatten jetzt schon vor allem die „kleinen Leute" zu zahlen.

Kriegsfürsorge und Ernährung

Zur einheitlichen Zusammenfassung aller Hilfseinrichtungen und Fürsorgemaßnahmen zugunsten der Familien, deren „Ernährer" zum Heeresdienst einberufen wurde, war schon bald nach Kriegsausbruch von Stadtverwaltung und Rotem Kreuz eine gemeinsame Geschäftsstelle mit der Bezeichnung *Kriegsunterstützungsamt* eingerichtet worden.[57] Ein Ausschuß, gebildet aus Vertretern der Stadtverwaltung, des Roten Kreuzes, der Kirchengemeinden, des badischen Frauenvereins, des nationalen Frauendienstes, der Beamten- und Lehrervereinigung und des Gewerkschaftskartells, war für Leitung und Aufsicht der Geschäftsführung des Amtes zuständig.

Nach einem Reichsgesetz vom 4. August 1914 standen einer Ehefrau 12 Mark Unterstützung im Monat zu, für jedes Kind unter 15 Jahren und jede sonst unterstützungsberechtigte Person 6 Mark. Schon auf 1. November 1914 hatte der Bezirksrat für die Stadt Karlsruhe die Sätze wie folgt erhöht:

für die Ehefrau auf 20 Mark,
für die ersten zwei Kinder unter 15 Jahren auf je 10 Mark,
für die weiterfolgenden Kinder unter 15 Jahren auf je 8 Mark,
für die sonstigen Unterstützungsberechtigten auf je 10 Mark.[58]

Der Arbeitslohn einer Ehefrau schloß eine Bewilligung der Reichsunterstützung nicht aus, sofern das Amt nach Prüfung der Verhältnisse nicht zu dem Ergebnis kam, daß dieses Einkommen ausreichend sei. Die Zahl der unterstützten Familien stieg von 4.300 im November 1914 auf nahezu 7.000 Anfang August 1915. Dazu kamen 199 Familien, die Kriegswitwen- und Waisengeld und 170 Familien, die Kriegselterngeld beantragten.

Die Frauenarbeit (vgl. Abb. S. 219) erlebte einen ersten konjunkturellen Aufschwung. Die Unterstützung durch Zuweisung von *geeigneter und lohnender Arbeit* wurde als die *wertvollste* betrachtet. *Für Frauen, die vorher niemals Unterstützung in Anspruch nehmen mußten, hat sie nichts bedrückendes, und die Arbeit selbst hilft die Sorge um die vorm Feind stehenden Angehörigen nicht übermäßig werden zu lassen. Wo anfangs die Scheu stand, sich bisher ungewohntem Erwerb zu unterziehen, ist sie bald durch Beispiel oder das Zureden der Fürsorger überwunden worden, und oft genug mußten die Ausschüße eingreifen, um ein Übermaß einzudämmen, unter dem die Gesundheit oder die Pflege der Kinder Not litt.*[59] Gewiß waren nicht nur das *Beispiel oder das Zureden der Fürsorger* der Frauenarbeit förderlich, schließlich mußte die Familie ernährt werden, und die geleistete Unterstützung war keineswegs üppig.

Die Lebenshaltungskosten waren mit Kriegsbeginn deutlich gestiegen. 1913 mußten beispielsweise folgende Preise für Lebensmittel entrichtet werden: ½ kg Tafelbutter 1,50 Mark, 1 Liter Milch 22 bis 26 Pf, ½ kg Rindfleisch 94 bis 120 Pf, ½ kg Schweinefleisch 95 bis 112 Pf, 1 kg Halbweißbrot 43,8 Pf und 1 kg Schwarzbrot 32,4 Pf.[60] Im Reichsdurchschnitt stiegen die Lebenshaltungskosten bei gleichzeitig sinkendem Reallohn folgendermaßen:

Lebenshaltungskosten 1914–1920[61]

1913 = 100

Jahr	Index
1914	108
1915	151
1916	162
1917	188
1918	228
1919	352
1920	1215

Um der Preissteigerung und den „Hamsterkäufen" entgegenzuwirken, griff die Stadtverwaltung mehrfach in den Lebensmittelmarkt ein. So genehmigte beispielsweise der Stadtrat im Januar 1915 die Beschaffung *weiterer 10 000 Zentner* Kartoffeln (vgl. Abb. S. 219), die im nächsten Frühjahr ausgeliefert werden sollten, um sie dann zum Selbst-

Anfertigung von Strohsohlen für Militärpferde im Hause Zähringerstraße 47; eine Maßnahme des Kriegsunterstützungsamts. Die Unterstützung durch Zuweisung von „geeigneter und lohnender Arbeit“ wurde als die „wertvollste“ betrachtet

Kartoffelverkauf am Städtischen Gaswerk I, zwischen Kaiserallee und Sophienstraße, 1915

kostenpreis an die Bevölkerung abzugeben. Dennoch rissen die Beschwerden über Lebensmittelwucher nicht ab. Kaufleuten, die sich weigerten, Kartoffeln zu festgesetzten Preisen abzugeben, mußte von behördlicher Seite mit Beschlagnahme gedroht werden.[62]
Mehl- und Brotgetreideverordnungen sollten die Ernährung der Bevölkerung sichern. Nachdem der Versuch gescheitert war, die Versorgung auf dem Wege des freien Ankaufs durch die *Kriegsgetreidegesellschaft* zu sichern, wurde mit der Verordnung zum 25. Januar 1915 die Zwangsbewirtschaftung eingeführt. Die badischen Getreidebestände, so war zu befürchten, würden nicht bis zur Einbringung der nächsten Ernte ausreichen. Es zeigte sich bald, daß nur strenge Kontrollen die Verbrauchseinschränkung und gleichmäßige Verteilung garantieren konnten. Zum 15. März 1915 wurden daher die Brot- und Mehlkarten eingeführt.[63] Das war der Anfang des Lebensmittelkartensystems zur Sicherstellung der Volksernährung (vgl. Abb. S. 220–222).
Der *Volksfreund* klagte in seiner Ausgabe am 14. Januar 1915: *Wie ungerecht sind wir wieder einmal gegen die kleinen Diebe. Die großen Diebe, die Kriegswucherer, gehören ins Zuchthaus. Bei allen Lieferungen übervorteilen sie den Staat, im Lebensmittelhandel möchten sie das ganze Volk ausbeuten, und nun schädigen sie mit ihren Schwindeleien und ihrer Geldgier auch unmittelbar die Leute im Schützengraben.*[64] Als Beispiele werden zwei Packungen mit Lebensmitteln genannt, die als *Liebesgaben für die Front* in den Handel kamen. Ein Blechkasten, mit der deutschen Flagge verziert und der Aufschrift *Hin-*

Ausgabe von Zusatzbrotkarten in der Zähringerstraße 100 (Städtisches Arbeitsamt, Frauenabteilung). Im Vordergrund links das Rathaus, im Hintergrund Lammstraße mit dem Warenhaus Knopf (heute Karstadt)

Städtische Lebensmittelverkaufsstelle in der Kriegsstraße 80, um 1916

Lebensmittelmarken-Ausgabestelle im kleinen Saal der Festhalle

Städtische Verkaufsstände auf dem Hauptmarkt am Marktplatz, auf der Hebelstraße, um 1916

Haupt- und Residenzstadt Karlsruhe

Mehl- und Brotscheine

Für eine Person

Giltig in der Zeit vom 20. Dezbr. 1915 bis einschl. 2. Jan. 1916

Nachdruck verboten.

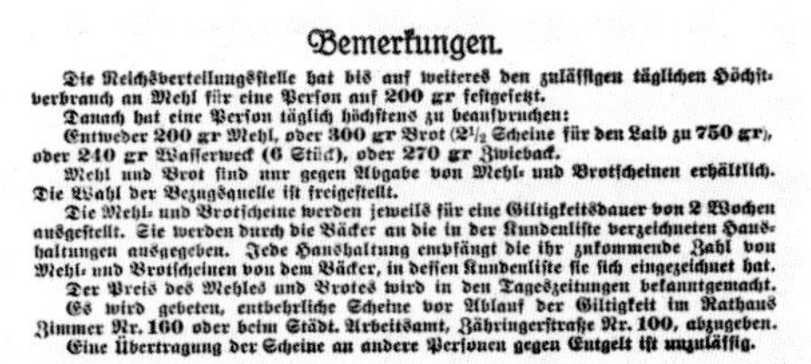

Bemerkungen.

Die Reichsverteilungsstelle hat bis auf weiteres den zulässigen täglichen Höchstverbrauch an Mehl für eine Person auf 200 gr festgesetzt.

Danach hat eine Person täglich höchstens zu beanspruchen:

Entweder 200 gr Mehl, oder 300 gr Brot ($2^1/_2$ Scheine für den Laib zu 750 gr), oder 240 gr Wasserweck (6 Stück), oder 270 gr Zwieback.

Mehl und Brot sind nur gegen Abgabe von Mehl- und Brotscheinen erhältlich. Die Wahl der Bezugsquelle ist freigestellt.

Die Mehl- und Brotscheine werden jeweils für eine Giltigkeitsdauer von 2 Wochen ausgestellt. Sie werden durch die Bäcker an die in der Kundenliste verzeichneten Haushaltungen ausgegeben. Jede Haushaltung empfängt die ihr zukommende Zahl von Mehl- und Brotscheinen von dem Bäcker, in dessen Kundenliste sie sich eingezeichnet hat.

Der Preis des Mehles und Brotes wird in den Tageszeitungen bekanntgemacht.

Es wird gebeten, entbehrliche Scheine vor Ablauf der Giltigkeit im Rathaus Zimmer Nr. 160 oder beim Städt. Arbeitsamt, Zähringerstraße Nr. 100, abzugeben.

Eine Übertragung der Scheine an andere Personen gegen Entgelt ist unzulässig.

Haupt- und Residenzstadt Karlsruhe

Halber Schein für 100 gr Mehl oder 150 gr Brot 2

Ganzer Schein für täglich:

200 gr | Mehl

oder

300 gr | Brot

oder

240 gr Wasserweck | (6 Stück zu 40 gr)

oder

270 gr (gebähten) | Zwieback

Halber Schein für 100 gr Mehl oder 150 gr Brot 1

☞ 1/6 Schein (siehe Rückseite) giltig für 40 gr Wasserweck oder 45 gr Zwieback.

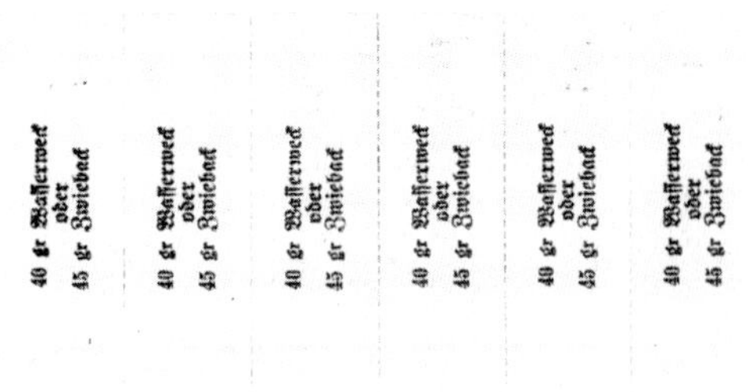

40 gr Wasserweck oder 45 gr Zwieback

40 gr Wasserweck oder 45 gr Zwieback

40 gr Wasserweck oder 45 gr Zwieback

40 gr Wasserweck oder 45 gr Zwieback

40 gr Wasserweck oder 45 gr Zwieback

40 gr Wasserweck oder 45 gr Zwieback

Als erste Lebensmittelbezugsscheine kamen 1915 „Mehl- und Brotscheine“ in Gebrauch, Abb. jeweils Vorder- und Rückseite

denburg-Kognak und *Landbutter,* habe bei genauer Prüfung Alkohol minderer Qualität und statt Butter völlig überteuerte Margarine enthalten. Feilgebotener Rum erwies sich als Zuckerwasser mit etwas Alkohol.

Das Städtische Arbeitsamt und der Beschäftigungsverein des Badischen Frauenvereins bemühten sich ebenso wie das Rote Kreuz um Aufträge für Näh- und Strickarbeiten, die in erster Linie vom Kriegsbekleidungsamt in Auftrag gegeben wurden. Zeitweise konnten über 3.000 Frauen mit Näharbeiten und ebenso viele mit Strickarbeiten betraut werden.[65] Eine größere Zahl von Frauen und Mädchen fand Arbeit im Proviantamt und bei anderen Militärämtern sowie in der kriegswichtigen Industrie, z. B. in den deutschen Waffen- und Munitionsfabriken. Der durchschnittliche Verdienst von in Heimarbeit Beschäftigten betrug bei Näharbeiten 6 bis 10 Mark, bei Strickarbeiten 2 bis 3 Mark in der Woche. In Werkstätten beschäftigte Frauen erhielten rund 50 Mark im Monat.

Der Badische Frauenverein unterhielt drei Volksküchen zur Versorgung der *minderbemittelten Bevölkerung.* Für die Volksküche im Luisenhaus, die geschlossen werden mußte, weil dort ein Lazarett eingerichtet wurde, eröffnete der Frauenverein eine neue Volksküche im alten Bahnhof. Zwei weitere *Volksspeisungsstellen* befanden sich im städtischen Krankenhaus und im städtischen Altersheim. Täglich wurden rund 400 Mittagessen kostenlos an durch das Kriegsunterstützungsamt Berechtigte ausgegeben.[66] Hinzu kam die städtische Schülerspeisung, deren Teilnehmerzahl von täglich 230 vor dem Krieg bis auf 370 gestiegen war.

Die Anzahl der Gesuche um Mietbeihilfe stieg von 615 im September 1914 auf 1.955 im Juli des folgenden Jahres; das war eine Steigerung von rund 219 %. In diesem Zeitraum wurden über 340.000 Mark ausbezahlt, wobei die monatliche Mietbeihilfe für den einzelnen Unterstützungsfall durchschnittlich 25 Mark betrug.[67]

Lazarettküche, vermutlich in der Festhalle, um 1915

Frontstadt Karlsruhe –
Der Luftangriff vom 15. Juni 1915

In Karlsruhe hatte man sich auf den Krieg eingestellt. Die Entbehrungen, die zunächst in erster Linie die „kleinen Leute" trafen, mußten notgedrungenerweise hingenommen werden. Auch wenn der Glaube an einen schnellen Sieg langsam wich und die bange Frage nach der Dauer des *heldenhaften Ringens der Soldaten in den Schützengräben* mehr und mehr die Gedanken der Menschen mit Ungeduld und Sorge erfüllte, so schien die Siegeszuversicht noch ungebrochen. Die offizielle Propaganda trug das ihre dazu bei, und die Zensur der Presse ließ keine kritischen Töne zu. Immer wieder wurde auf den *Opfergang* der Soldaten und die *Opferbereitschaft der Daheimgebliebenen* verwiesen – gemeint waren die Einschränkungen, die sich im privaten und öffentlichen Leben immer deutlicher bemerkbar machten. Daß dieser „moderne" Krieg nur noch wenig mit dem zu tun hatte, was man aus dem vergangenen Jahrhundert kannte, bekam auch bald die Karlsruher Bevölkerung zu spüren.

Die moderne Waffentechnik ermöglichte es, den Krieg auch aus der Luft zu führen. Die südbadischen Städte Freiburg und Kandern waren durch ihre Nähe zur Front bereits früh Ziel erster Luftangriffe. Ein Bericht an das Kriegsministerium in Berlin meldet im April 1915: *Ein Nachlassen der feindlichen Fliegertätigkeit ist wohl kaum zu erwarten, da die zur Verfügung stehenden Abwehrmittel sich als völlig unzulänglich erwiesen haben, und die feindlichen Flieger fast immer unversehrt wieder entkommen sind . . . Es gewinnt fast den Anschein, als ob die feindlichen Flieger es nicht nur auf die Zerstörung von Anlagen, sondern daneben geradezu auf die Tötung von Kindern abgesehen hätten, um auf diese Weise Beunruhigung und Mißstimmung unter der Bevölkerung zu erregen . . . Den vermuteten Zweck . . . haben die Flieger in gewissem Grade auch erreicht. Eine wachsende Nervosität der Einwohnerschaft des Großherzogtums läßt sich nicht verkennen.*[68] Allerdings habe dies nicht zu einer *Unzufriedenheit mit dem Kriege* und den militärischen Maßnahmen geführt. Es erscheine aber immerhin wünschenswert, daß zur Beruhigung der Bevölkerung etwas getan werde.

Am Morgen des 15. Juni 1915 zwischen 6 und 7 Uhr erschienen aus westlicher Richtung die ersten feindlichen Flugzeuge am Karlsruher Himmel.[69] Etwa eine Stunde lang kreisten die Maschinen über der Stadt und warfen ihre tödliche Fracht überall im Stadtzentrum ab, praktisch unbehelligt von einer völlig unzureichenden Luftabwehr. Mehr als 70 Bombeneinschläge wurden gezählt. Der amtliche französische Bericht meldete später, daß 23 Flugzeuge im Einsatz waren. Die Zeitgenossen zweifelten an der Richtigkeit dieser Angabe, weil gleichzeitig der militärische Erfolg des Angriffs übertrieben wurde. Von großen Bränden und einer ausgebrochenen Panik war darin die Rede; beides konnte von deutscher Seite nicht bestätigt werden.

Beim bisher schwersten Bombenangriff der Kriegsgeschichte kamen insgesamt 30 Menschen ums Leben, 55 wurden verletzt.[70] Luftschutzeinrichtungen gab es praktisch keine. Lediglich auf dem Dach der Waffen- und Munitionsfabriken und auf dem Rathaus waren Motorsirenen angebracht. Dampfpfeifen des Gaswerks II, im städtischen Elektrizitätswerk und bei der Firma Sinner in Grünwinkel sollten vor herannahenden Flugzeugen warnen. Auf Anraten der Polizeidirektion war die Bevölkerung angehalten, beim Ertönen der Alarmzeichen Straßen und öffentliche Plätze zu verlassen und sich in die nächsten Häuser zu begeben. Jedoch wurde vielfach Kritik an der mangelhaften Warnung geübt. Am 17. Juni veröffentlichte das Militär eine Mitteilung: *Die zuständige Militärstelle ist erst kurz vor dem Eintreffen der mit äußerster Geschwindigkeit fahrenden Flieger von ihrem Herannahen in Richtung Karlsruhe von auswärts telefonisch verständigt worden. Das Abwehrkommando trat sofort in Bereitschaft, setzte unmittelbar in dem Augenblick, als die*

Ein trotz schlechter Bildqualität erschütterndes Dokument. – Beim Luftangriff vom 15. Juni 1915 wurde in der Bürgerstraße/Ecke Erbprinzenstraße ein Mann tödlich verletzt. Offenbar hatte er versucht, im Haus Schutz zu finden, als er von Bombensplittern getroffen wurde. Ein Polizist hält die entsetzte und schaulustige Menge zurück

feindlichen Flieger erkannt wurden, seine Sirenen in Tätigkeit... Der Versuch, auch sofort die zuständige Zivilstelle wegen der Sirene auf dem Rathaus und der übrigen städtischen Warnungsmittel zu verständigen, mißlang jedoch tiefbedauerlicherweise, da für längere Zeit eine Störung des Telephonbetriebs eintrat.[71]

Das Alarmsystem hatte versagt. Die Bevölkerung wurde völlig überrascht. Die ordentlichen Karlsruher hatten zumeist ihre Haustüren verschlossen, so daß viele Passanten keinen Schutz fanden, was später im Falle eines Angriffes unter Strafe gestellt werden sollte. Hinzu kam, daß viele Schaulustige das „Spektakel" besichtigen wollten. Verschiedentlich sollen Leute sogar auf Dächer gestiegen sein, um eine bessere Aussicht zu haben. Die Öf-

Beim Luftangriff vom 15. Juni 1915 wurde das Haus Kriegsstraße 51 schwer getroffen und bis auf die Außenmauern zerstört

fentlichkeit war unvorbereitet, noch immer herrschte – unterstützt durch Propaganda und „Hurrapatriotismus" – die Meinung vor, der Krieg sei ein großartiges nationales Ereignis, ein Abenteuer, bei dem es gelte, dabeizusein. Insgesamt wurden 111 Gebäude beschädigt. Der militärische Nutzen des Luftangriffs war mehr als fragwürdig. Lediglich die Verwundung dreier in Lazarettpflege befindlicher Soldaten und eine Beschädigung des Unteroffizierskasinos in der Dragonerkaserne meldete die Militärbehörde. Die Munitionsfabrik hatte bis auf die Beschädigung eines Baugerüsts nicht gelitten.

Bis September 1918 sollten noch 13 weitere Luftangriffe auf Karlsruhe verübt werden und zusammen 168 Todesopfer und 344 Verletzte fordern. Der Angriff vom 22. Juni 1916 war dabei gewiß der schrecklichste. 120 Menschen kamen am Nachmittag des Fronleichnamstags ums Leben, darunter 71 Kinder. Die Besucher einer „Tierschau" des Zirkus Hagenbeck wurden vom Angriff überrascht. Als sie auf den Fliegeralarm hin ins Freie strömten, um schützende Keller aufzusuchen, schlugen die Bomben am Ettlinger Tor ein, wo das Zelt gegenüber der heutigen Oberpostdirektion stand. Die meisten Fliegeropfer des Ersten Weltkriegs wurden auf dem Karlsruher Ehrenfriedhof bestattet.[72]

Am 15. Juni 1915, zwei Tage vor dem 200jährigen Stadtjubiläum, hatte die Bevölkerung der Stadt Karlsruhe auf schreckliche Weise das neue Gesicht des Krieges kennengelernt. Im Juni waren die Feierlichkeiten endgültig abgesagt worden. Der Großherzog ließ Oberbürgermeister Karl Siegrist eine Erklärung zukommen, wonach er die Meinung des OB teile und es für *am passendsten* halte, *wenn abgesehen von der geplanten Besprechung im Stadtrat – von einer größeren Feier angesichts der Zeitlage abgesehen würde.*[73]

Die Ansprache des Oberbürgermeisters zur 200sten Wiederkehr der Stadtgründung in der Stadtratssitzung vom 17. Juni 1915 war von den Ereignissen, die das Jubiläum überschatteten, geprägt: . . . *so seien durch den mörderischen*

Die für die Badische Jubiläumsausstellung am Festplatz und Ettlinger-Tor-Platz provisorisch errichteten Hallen 11, 12 und 13 wurden im November 1915 wieder abgerissen

Überfall feindlicher Flieger auf unsere unbewehrte Stadt und die ihrer Bürgerschaft auferlegten schweren Opfer an Leben, Gesundheit und Vermögen die Jubiläumstage in Tage tiefer Trauer verwandelt. Unser rachsüchtiges und haßerfülltes Nachbarvolk, das sich stets mit seiner hohen Zivilisation brüste, habe mit seiner rohen Gewalttat und seinem eitlen Prahlen über diese „Heldentat" auf's Neue bewiesen, daß wir von ihm auch heute nichts besseres erwarten dürfen, als die Taten eines Melac, dessen Mordbrennerei die Schlösser und Städte Heidelberg und Durlach und viele andere Stätten unseres Heimatlandes zum Opfer fielen.[74]
Für die 200-Jahr-Feier, auf *die Tage des wiedergewonnenen Friedens* verschoben, fand sich auch in den schweren Nachkriegsjahren keine Gelegenheit.

Anmerkungen

1 Vgl. Karlsruhe 1911. Festschrift der „83. Versammlung Deutscher Naturforscher und Ärzte, Karlsruhe 1911, S. 51 ff.
2 Stadtarchiv Karlsruhe (StadtAK) 1/H.-Reg. 4781.
3 Vgl. ebenda und zu deren ausführlicher Geschichte: Denkmäler, Brunnen und Freiplastiken in Karlsruhe 1715 bis 1945, Karlsruhe 1987, S. 481–483 und S. 497–505 (= Veröffentlichungen des Karlsruher Stadtarchivs, Bd. 7).
4 Robert Goldschmit: Die Stadt Karlsruhe, ihre Geschichte und ihre Verwaltung. Festschrift zur Erinnerung an das 200jährige Bestehen der Stadt, Karlsruhe 1915, S. 488. – Neben Goldschmit berichtet Kurt Kranich: Karlsruhe – Schicksalstage einer Stadt, Karlsruhe 1973, in farbiger, erzählerischer Weise über die Kriegsereignisse. Leider verzichtet Kranich auf überprüfbare Quellenangaben, weshalb ich hier den Aufzeichnungen Goldschmits folge.
5 Goldschmit (wie Anm. 4), S. 490.
6 Vgl. Karlsruhe als Wohnort und Industrieplatz. Hrsg. von Stadtrat und Stadt Karlsruhe, Karlsruhe [5]1914, S. 8 f. – Zur Garnison gehörten: Das 1. Bad. Leib.-Grenadier-Regiment Nr. 109, das Bad. Feld-Artillerie-Regiment „Großherzog" Nr. 14 und das Bad. Feld-Artillereie-Regiment Nr. 50, das 1. Bad. Leib-Dragoner-Regiment Nr. 20, das Telegraphen-Bataillon Nr. 4 und eine Kadettenanstalt. Außerdem hatten zahlreiche Militärbehörden und -kommandos hier ihren Sitz.
7 Goldschmit (wie Anm. 4), S. 491 f.
8 Karlsruher Zeitung, Nr. 212 vom 6. Aug. 1914. – Für diesen Hinweis danke ich Herrn Bernhard Schmitt. Noch in diesem Jahr wird ein umfangreiches Werk über Karlsruhe im Ersten Weltkrieg von Bernhard Schmitt in der Reihe der Veröffentlichungen des Stadtarchivs erscheinen. An dieser Stelle möchte ich neben den Mitarbeitern und Mitarbeiterinnen des Stadtarchivs besonders Herrn Schmitt für Rat und Unterstützung danken.
9 Vgl. Chronik der Haupt- und Residenzstadt Karlsruhe für das Jahr 1915, XXXI. Jahrgang, Karlsruhe 1917, S. 18.
10 Vgl. ebenda.
11 Karlsruhe 1911 (wie Anm. 1), S. 54.
12 Ebenda, S. 55.
13 Ebenda.
14 Ebenda. – Hof, Staat und Gemeinde 1982, „Bildung, Erziehung und Unterricht" 1.261 und die Garnison 4.339 Personen.
15 Ebenda.
16 Ebenda, S. 57.
17 Chronik 1915 (wie Anm. 9), S. 42. –Vgl. zur Rolle der Frauen: Barbara Guttmann: „Weibliche Heimarmee". Frauen im kriegführenden Deutschland 1914–1918, dargestellt am Beispiel Baden. Phil. Diss. Uni. Karlsruhe 1988.
18 Vgl. Emil Heidelberger: Das Karlsruher Baugewerbe, Karlsruhe 1915, S. 74 ff. und Gustav Trautmann: Wohnungswesen der Landeshauptstadt Karlsruhe in Vergangenheit und Gegenwart, Masch. Wirtschafts- und Sozialwiss. Diss. Universität Frankfurt 1922, S. 69, Tabelle 15.
19 Chronik 1915 (wie Anm. 9), S. 41 f., auch das folgende Zitat.
20 Ebenda.
21 Ebenda, vgl. hier und im folgenden S. 42–48.
22 Vgl. Curjel & Moser. Städtebauliche Akzente um 1900 in Karlsruhe. Ausstellungskatalog Badischer Kunstverein, Karlsruhe 1987, S. 103–117.
23 Vgl. Chronik 1915 (wie Anm. 9), S. 40, zum folgenden S. 259.
24 Zur Gartenstadt: Georg Botz (Hrsg.): Die Gartenstadt Karlsruhe. Hrsg. im Auftrag der Verwaltung der Gartenstadt Karlsruhe e.G.m.b.H., Karlsruhe 1925 und Karlsruhe 1911 (wie Anm. 1), S. 182 ff.
25 Georg Botz: Städtische Kleinhaustypen, in: Heimat und Handwerk. Beilage zur Badischen Gewerbe- und Handwerkerzeitung, hrsg. vom Großherzoglich Badischen Landesgewerbeamt, Nr. 7/8, Karlsruhe, 24. Juli 1915, S. 29–34.
26 Zum Problem der Urbanisierung und Verstädterung vgl.: Jürgen Kuczynski: Geschichte des Alltags des Deutschen Volkes, 1600 bis 1945, Studien, Band 4 (1871–1918), Köln 1981, S. 173–217.
27 Berlin um 1800: 172.000 Einwohner, 1900: 1.889.000 Einw.: Karlsruhe 1815: 15.128 Einw., 1901: über 100.000 Einw., 1915: 149.175 Einw.
28 Vgl. Karlsruhe 1911 (wie Anm. 1), Dr. Baumeister: Bau- und Wohnungswesen, S. 123–194, hier: S. 160 f.

[29] Ebenda, S. 158.
[30] Mietpreisstatistik, nach Karlsruhe als Wohnort und Industrieplatz 1914 (wie Anm. 6), S. 21.
[31] Ebenda, S. 20.
[32] Karlsruhe 1911 (wie Anm. 1), S. 166 f.
[33] Ebenda, S. 169 ff.
[34] Vgl. auch Trautmann (wie Anm. 18), S. 33–67, S. 81 und Bericht über die Ergebnisse der Untersuchung von Wohnungen der minderbemittelten Bevölkerung in Karlsruhe, Karlsruhe 1895. Zur allgemeinen Problematik vgl.: Elisabeth Gransche und Franz Rothenbacher: Wohnbedingungen in der zweiten Hälfte des 19. Jahrhunderts 1861–1910, in: Geschichte und Gesellschaft, Zeitschrift für Historische Sozialwissenschaft, 14. Jg., 1988, Heft 1, Familie, Haushalt, Wohnen, hrsg. von Hans Ulrich Wehler, S. 64–95.
[35] Karlsruhe 1911 (wie Anm. 1), S. 177.
[36] Heidelberger (wie Anm. 18), S. 33.
[37] Ebenda, S. 177–182.
[38] Vgl. Die Gartenstadt (wie Anm. 24) und Karlsruhe 1911 (wie Anm. 1), S. 182–185.
[39] Die Gartenstadt (wie Anm. 24), S. 7, zum Arbeiteranteil 1915 vgl. Heidelberger (wie Anm. 18), S. 120.
[40] Vgl. Denkmäler (wie Anm. 3), S. 604.
[41] Vgl. Trautmann (wie Anm. 18), S. 69.
[42] Ebenda, S. 81 f.
[43] Vgl. hier und im folgenden Chronik der Haupt- und Residenzstadt Karlsruhe für das Jahr 1914, XXX. Jahrgang, Karlsruhe 1916, S. 55 ff. und Chronik 1915 (wie Anm. 9), S. 53 ff.
[44] Eine genaue Aufstellung auch über die anderen Schulen und Hochschulen befindet sich in der Anlage I der Chronik 1915 (wie Anm. 9), S. 317–319.
[45] Der Volksfreund, 2. 1. 1915.
[46] Die Schulkinder während des Krieges und die Kriegsernährung 1916/17. Von Oberlehrer Sessler und Dr. Homburger, Schularzt, Karlsruhe, in: Der Schularzt, 1917, 15. Jahrgang, Nr. 8 und 9, Leipzig 1917, S. 113–128, dort auch das folgende Zitat, S. 114.
[47] Bürgerausschußvorlage Nr. 31 vom 18. Oktober 1915, StadtAK 3/B 38.
[48] Evangelisches Gemeindeblatt für Grün- und Hohenwettersbach, Nr. 2, 11. 1915, auch das folgende Zitat.
[49] Vgl. Chronik 1915 (wie Anm. 9), S. 94 f.
[50] Ebenda, S. 18 f.
[51] Vgl. ebenda, S. 93 f. – Über die „Besichtigung" eines Gefangenentransportes am 11. 8. 1914 auf dem Bahnhof berichtet der Polizeidirektor Dr. Otto Seidenadel in seinem Tagebuch (StadtAK 8/StS 11/60).
[52] Hier folge ich im wesentlichen Gerhard Bechtold: Kino-Schauplätze in der Stadt. Eine Kulturgeschichte des Kinos in Karlsruhe, Karlsruhe 1987.
[53] Inserat in der Karlsruher Zeitung vom 1. 9. 1900, zit. nach Bechtold (wie Anm. 52), S. 14 f.
[54] Ebenda, S. 25.
[55] Vgl. Herbert Tümmel: Deutsche Laufbildprojektoren für 35- und 70-mm-Film. Ein Katalog, Stiftung Deutsche Kinemathek, Berlin 1986, S. 25. – Für diesen Hinweis danke ich Alfred Meyer vom „Kino", Arbeitsgemeinschaft Film Karlsruhe e. V.
[56] Volksfreund, 4. 1. 1915.
[57] Vgl. Die Fürsorge für die Kriegerfamilien der Stadt Karlsruhe im ersten Kriegsjahre. Hrsg. von der Kriegsunterstützungskommission, Karlsruhe 1915.
[58] Vgl. ebenda, S. 6.
[59] Ebenda, S. 9.
[60] Vgl. Karlsruhe als Wohnort und Industrieplatz 1914 (wie Anm. 6), S. 23–25.
[61] Erich Wiegand: Zur historischen Entwicklung der Löhne und Lebenshaltungskosten in Deutschland, in: derselbe und Wolfgang Zapf (Hrsg.): Wandel der Lebensbedingungen in Deutschland. Wohlfahrtsentwicklung seit der Industrialisierung, Frankfurt, New York 1982, S. 136, Tabelle 10 (= Sonderforschungsbereich 3 der Universitäten Frankfurt und Mannheim „Mikroanalytische Grundlagen der Gesellschaftspolitik", Schriftenreihe Band 10).
[62] Vgl. Volksfreund vom 2., 7. und 22. 1. 1915.
[63] Vgl. Klaus Peter Müller: Politik und Gesellschaft im Krieg. Der Legitimitätsverlust des badischen Staates 1914–1918, Stuttgart 1988, S. 318–320 (= Veröffentlichungen der Kommission für Geschichtliche Landeskunde in Baden-Württemberg, Reihe B, Forschungen, 109. Bd.).
[64] Volksfreund vom 14. 1. 1915.
[65] Vgl. hier und im folgenden: Die Fürsorge (wie Anm. 57), S. 9 f.
[66] Vgl. Kriegstätigkeit des Bad. Frauenvereins 1914–1919, Karlsruhe 1919, sowie StadtAK 1/H.-Reg.
[67] Vgl. Die Fürsorge (wie Anm. 57), S. 14.
[68] GLA 59/366. Stellvertretendes Generalkommando des XIV. Armeekorps an das Königliche Kriegsministerium in Berlin vom 21. April 1915 (Abschrift).
[69] Zum Luftangriff vom 15. 6. 1915 vgl.: Goldschmit (wie Anm. 4), S. 497–499. – Chronik 1915 (wie Anm. 9), S. 95–104. – Ehrenbuch der Stadt Karlsruhe 1914–1918. Hrsg. von der Stadt Karlsruhe, Karlsruhe 1930, S. XLIV–XLVIII, LIX–LXIII (Tabelle 10–13), 351–359.
[70] Die Zahl der Todesopfer wird 1915 noch mit 29 angegeben. Im „Ehrenbuch" sind 30 genannt, wovon 3 nicht aus Karlsruhe stammten.
[71] Chronik 1915 (wie Anm. 9), S. 102 f.
[72] Vgl. Ehrenbuch der Stadt Karlsruhe (wie Anm. 69), S. XLIII ff. – Vgl. Ernst von Salomon, Eine Epoche ging zu Ende, in: Merian Karlsruhe, Heft 2/XVIII, 1965, S. 17–19. – Salomon, 1902 in Kiel geboren, besuchte im Ersten Weltkrieg die Kadettenanstalt in Karlsruhe. Er war am Kapp-Putsch beteiligt und wurde wegen versuchter Beihilfe an der Ermordung Walter Rathenaus zu 5 Jahren Zuchthaus verurteilt. Seine Werke wurden während der NS-Zeit gefördert. Nach dem Krieg erlangte er neue Popularität.
[73] StadtAK 1/H.-Reg. 4781, Schreiben vom 7. Juni 1915.
[74] Ebenda, Stadtratssitzung vom 17. Juni 1915.

Ernst Otto Bräunche

1940: „... sind auch hier die Führerbilder unbeschädigt“: Zum Karlsruher Herrschaftsalltag im „Dritten Reich“

„Zerstörung in der Fingerabdrucksammlung der Kripo. Wie an sämtlichen bisher beobachteten Schadensstellen sind auch hier die Führerbilder unbeschädigt“[1] (vgl. Abb.).

Dieser Vermerk findet sich auf der Rückseite eines Fotos des bei einem der ersten englischen Nachtangriffe am 7. November 1940 getroffenen Karlsruher Polizeipräsidiums am Marktplatz. Der Text, der vermutlich von einem dort tätigen Beamten stammt, und die Tatsache, daß eine ganze Bildserie der Schäden dieses Angriffs dem Stadtarchiv wenig später mit dem Vermerk, *daß eine Veröffentlichung nicht erfolgen darf,* zur Aufbewahrung übergeben wurde[2], werfen ein prägnantes Schlaglicht auf das Jahr 1940. Ein Jahr, das trotz des im Vorjahr am 1. September 1939 von dem nationalsozialistischen Deutschland begonnenen Zweiten Weltkrieges noch viele Alltagselemente des *Dritten Reichs* aufwies, die seit der nationalsozialistischen Machtübernahme 1933 das Leben des größten Teils der deutschen Bevölkerung bestimmten. Andererseits deuteten aber auch schon die er-

Blick in den Raum der Fingerabdrucksammlung des Polizeipräsidiums Karlsruhe, November 1940

sten Vorboten auf das Leben in den Luftschutzkellern seit 1944 und damit auf das Ende des als *Tausendjähriges Reich* angekündigten NS-Staates.
Der Hinweis auf die nicht zerstörten Führerbilder läßt zunächst die Vermutung zu, daß es sich bei dem Schreiber um einen überzeugten Nationalsozialisten handelte, in dessen Alltag der Führerkult einen so selbstverständlichen Platz hatte, daß dieser Satz seiner innersten Überzeugung entsprach.[3] Diese Interpretation ist wahrscheinlich, durch weitere Informationen über den Schreiber allerdings nicht eindeutig zu belegen. Damit steht der Historiker, der sich mit dem Karlsruher Alltag im Dritten Reich beschäftigt, vor dem Problem, verläßliche Aussagen über die Lebensweise und „Verhaltensformen von einzelnen oder Gruppen, ihrem Betroffensein durch Auswirkungen des allgemeinen sozialen und politischen Systems" kaum treffen zu können, will oder kann er sich nicht auch auf die zeitraubende und mit großen Schwierigkeiten verbundenen Zeitzeugenbefragungen einlassen.[4] Im folgenden werden deshalb nur einige Bereiche des Karlsruher „Herrschaftsalltags" im Dritten Reich angesprochen, welche die Lebensbedingungen wesentlich bestimmten.[5]
Zu den wesentlichen Faktoren, durch welche die nationalsozialistische Herrschaft stabilisiert und der Alltag des einzelnen wesentlich mitbestimmt wurde, gehörte die unablässige Propaganda für die Ziele des Nationalsozialismus. Die Berichterstattung im Jahrgang 1940 der Karlsruher NSDAP-Zeitung *Der Führer*, des wichtigsten Propagandainstruments der Karlsruher NSDAP, bildet deshalb eine Leitlinie, auf die immer wieder zurückgegriffen wird.[6] Einige zentrale Punkte dieser nationalsozialistischen Propaganda werden vorgestellt und, soweit möglich, den realen Gegebenheiten und vor allem den Folgen gegenübergestellt.
Im Mittelpunkt der nationalsozialistischen Ideologie und damit auch der Propaganda stand der Führerkult, dem bei allen Parteiveranstaltungen und -aktionen gehuldigt wurde. Der Führer Adolf Hitler stand an der Spitze der postulierten *Volksgemeinschaft*, in deren Namen man u. a. unablässig zu Sammelaktionen, vor allem für das Winterhilfswerk, aufrief. Die Verdienste der Parteiorganisationen wie Hitlerjugend, Deutsche Arbeitsfront und Arbeitsdienst bei der Erfassung der Menschen stellte die nationalsozialistische Propagandamaschinerie ebenso groß heraus wie die Verbesserung der Versorgungs- und Wohnungslage im *Dritten Reich*. Daß trotz gegenteiliger Beteuerungen alles auf einen neuen Weltkrieg hinauslief, wollten oder konnten nur einige wenige Weitsichtige sehen. So stand das Jahr 1940 schon im Zeichen des Kriegsalltags, wenn auch das volle Ausmaß des Schreckens und des Leids, durch das bald die gesamte Bevölkerung getroffen wurde, noch nicht eingetreten war.

Führerkult, Propaganda und Terror

Der Dank des Siegers und *Adolf Hitlers stolzer Rechenschaftsbericht*, so lauten die Schlagzeilen des *Hauptorgans der NSDAP Gau Baden, „Der Führer"* vom 20. Juli 1940. Gefeiert wurde der *siegreiche Feldherr* Adolf Hitler für den Sieg über Frankreich, das zwei Tage später zur Unterzeichnung des Waffenstillstandes gezwungen war. Damit stand Hitler auf dem Gipfel seiner Popularität, der Führerkult feierte Triumphe.[7] Zu dieser Popularität hatte in erster Linie die nationalsozialistische Propaganda beigetragen, die seit der Machtübernahme am 30. Januar 1933 ungehindert die Bevölkerung erfassen konnte und den nationalsozialistischen Alltag beherrschte.[8]
Bereits vor 1933 hatte die Partei in Baden eine schlagkräftige Propagandaorganisation aufgebaut, zu der seit 1927 auch die Parteizeitung *Der Führer* gehörte, die in der Endphase der Weimarer Republik mit allen Mitteln um Wähler warb.[9] Der Fackelzug der Karlsruher NSDAP am Abend des 30. Januar 1933 deutete bereits an, was bevorstand: mit einer Un-

zahl von publikumswirksam aufgemachten Parteiveranstaltungen sollte die *Volksgemeinschaft* unter der Führung Adolf Hitlers dargestellt und gefestigt werden.
Festakte waren nun kein besonderes Erlebnis mehr, welches das Alltagsleben durchbrach, sondern eine stets wiederkehrende Pflichtübung. Die Menschen waren in diesem System nicht nur passive Objekte der Propaganda, sondern sie wurden ein Teil der Propaganda, wie auf zahlreichen Massenveranstaltungen nach dem Vorbild der Nürnberger Parteitage demonstriert wurde.
Ein Blick in die chronologische Jahresübersicht 1933 des Karlsruher Adreßbuchs bestätigt dies und zeigt schon die Bandbreite der nationalsozialistischen Propagandaveranstaltungen: Am 14. März fand *anläßlich der nationalen Erhebung eine gewaltige Kundgebung der Bevölkerung der Landeshauptstadt* auf dem Schloßplatz statt mit einer Rede des Reichskommissars und Gauleiters Robert Wagner.[10] Der Geburtstag Adolf Hitlers (20. April) wurde am 19. April mit einem Fackelzug und einem Festakt im Hochschulstadion begangen. Der 1. Mai, bis dahin *lediglich ein erzwungener Festtag des Klassenkampfes, an dem die Internationale Protestkundgebungen veranstaltete, wurde nun zu einem Fest der nationalen Entschlossenheit und Feiertag der deutschen Arbeit.*[11]
Am 6. und 7. Mai traf sich die Hitlerjugend im Hochschulstadion, wo Reichsjugendführer Baldur von Schirach eine Rede hielt. Der Muttertag am 14. Mai sah einen Festakt in der Festhalle, im Juni folgten am 22. der Jungarbeiterappell der Jugendbetriebszellen, am 24. eine *Massenkundgebung der Arbeiter und Angestellten gegen die Internationale auf dem Schloßplatz* und das Fest der Jugend *aus Anlaß der Sommersonnenwende auf dem Engländerplatz.* Die Jugend stand erneut am 16. Juli beim badischen Jugendtag mit Kundgebung auf dem Schloßplatz im Mittelpunkt. Vorausgegangen war eine Kreiskundgebung für den Arbeitsdienst auf dem Festplatz am 1. Juli. Sportlich wurde es am 23. Juli mit dem 1. Nationalsozialistischen Reiterfest, am 29. und 30. Juli mit dem Karlsruher Wehrsportfest, am 10. September, als der 1. NS-Großflugtag auf dem Programm stand, und am 17. September, als mit einem nationalsozialistischen Turn- und Sporttag der Robert-Roth-Platz eingeweiht wurde.
Kundgebungen wurden in Form der 1. Nationalsozialistischen Grenzlandkundgebung (9. bis 27. 9.), der Kundgebung der Hitlerjugend *für Friede und Ehre der Deutschen Nation* (26. 10.), einer weiteren zum Fest der deutschen Schulen (8. 10.), einer Kundgebung der Lehrerschaft *für Frieden und Gleichberechtigung* (30. 10.), des Propagandaministers Joseph Goebbels (2. 11.), der Technischen Hochschule gemeinsam mit der Nationalsozialistischen Betriebszellenorganisation anläßlich der Eröffnungsfeier des Studienjahres 1933/34 (5. 11.) und der städtischen Beamten, Angestellten und Arbeiter *für Frieden und Gleichberechtigung* (8. 11.) abgehalten. Im folgenden Jahr wurde am 30. Januar die *Machtergreifung* gefeiert und am 9. November mit einer *eindrucksvollen Nächtlichen Weihestunde* an die *Gefallenen der Bewegung der NSDAP*[12], darunter die badischen *Helden* Fritz Kröber (Karlsruhe) und Paul Billet (Lahr), erinnert.
Solche und ähnliche Veranstaltungen standen in zunehmendem Maße auf dem Programm des nationalsozialistischen Kalenders. Aber selbst wenn man sich diesen öffentlichen Veranstaltungen entziehen konnte, gab es noch genug andere Möglichkeiten der Erfassung: So wurde z. B. am 21. März 1934 eine Führerrede anläßlich der Eröffnung der Reichsautobahnteilstrecke München–Salzburg in dem von den Nationalsozialisten stark genutzten Medium, dem Rundfunk, übertragen – der legendäre *Volksempfänger* hatte auch in Karlsruhe nach seiner Präsentation auf der Funkausstellung im August 1933 Einzug gehalten. *Um allen deutschen Volksgenossen die Möglichkeit der Anhörung der Rede zu geben, wird in den Betrieben in der Zeit von 10.45 bis 11.50 eine Arbeitspause eintreten.*[13]

Oft fanden auch *Betriebsappelle* statt, die alle nach einem ähnlichen Muster abliefen:

NSDAP Gau Baden
Gaupropagandaleitung
Abt. Aktive Propaganda / Abt. Kultur

Deutsche Arbeitsfront
Gau Baden
Abt. Propaganda / Abt. Ausbildung

Betriebs-Appell

1. Antreten der Gefolgschaft[14] und Meldung an den Betriebsführer durch den Betriebswalter (möglichst im Halbkreis oder offenen Viereck).

2. Flaggenhissung:

Der Betriebswalter[15] kommandiert: Achtung, Augen rechts, heißt Flagge und dann die Augen gerade aus und rühren.

3. Tagesspruch:

Gesprochen von einem geeigneten Sprecher.

Einst schien das „Ich" der Angelpunkt der Welt,
Und alles drehte sich um seine Leiden.
Doch mählich kam erkennendes Bescheiden,
Und hat den Blick aufs Ganze umgestellt.

Nun fügt das „Ich" dem großen „Wir" sich ein,
Und wird zum kleinen Rad an der Maschine.
Nicht ob es lebe — ob es willig diene,
Bestimmt den Wert von seinem eignen Sein!

4. Verlesung der Ansprache durch den Betriebswalter
(soweit keine Ansprache durch einen anwesenden Hoheitsträger oder geeigneten Redner erfolgt).

5. Weihespruch
(Wiederum gesprochen durch einen geeigneten Sprecher):

Nun komme, Hammer, wieder hervor,
nun flammet, Kessel und Esse,
nun tut eure Dienste, Achse und Rohr,
nun werket, Stanze und Presse!

Nun juble in Feuer und Kolbengestampf
und im Kreischen der Räder und Schrauben,
im Knirschen der Krane, in Zischen und Dampf,
unser Lied vom neuen Glauben.

So schaffen wir alle an unserm Glück
mit Hebel und Pflug und Spaten:
Deutschland heißt unser Meisterstück —
Herr Gott, es muß geraten

6. Sieg Heil auf den Führer.

7. Deutschland- und Horst Wessel-Lied.[16]

Diesen Betriebsappellen konnte man sich in aller Regel kaum entziehen. Sie beweisen gleichzeitig, in welchem Maß sich der Führerkult spätestens seit 1935 durchgesetzt hatte.[17] Daß die Partei aber auch direkten Druck ausübte, belegt ein Schreiben der NSDAP-Ortsgruppe Karlsruhe Süd 1 vom 23. Mai 1938 an die *Volksgenossen und Volksgenossinnen!*, die zum Besuch der Veranstaltungen des erstmals durchgeführten Kreistages am 18. und 19. Juni 1938 aufgefordert wurden: *Jeder Volksgenosse und jede Volksgenossin trägt am 18. und 19. Juni 1938 als äußeres Zeichen der Verbundenheit die Kreistagsplakette. Niemand steht abseits*[18] (vgl. Abb.).

Kreistagsplakette 1938

Jeder, der sich nicht an dieser Veranstaltung beteiligen wollte, fiel also unweigerlich durch das fehlende Abzeichen auf, falls er nicht vorher schon vom *Blockwart* gemeldet worden war, der die Bestellisten des von ihm „betreuten" Hauses führen mußte. Immerhin mußte der Ortsgruppenleiter noch darum bitten, daß anläßlich des Kreistages ordentlich beflaggt werde, denn: *Es gibt auch in unserem Ortsgruppengebiet noch viele Häuser, bei denen die Beflaggung sehr viel zu wünschen übrigläßt.*

Diese Parteiaktivitäten bestimmten mit Abstrichen auch noch das Jahr 1940. Am 7. Januar sprach Gauleiter Robert Wagner *im Rahmen einer Generalmitgliederversammlung der NSDAP in der überfüllten Festhalle. Seine Ansprache gipfelt in dem Kampfruf „Mit Adolf Hitler durch Arbeit, Kampf und Opfer zum Sieg".*[19] Am 29. Januar folgte eine *Großkundgebung der Hitler-Jugend in der Städt. Festhalle.* Den Tag der *Machtergreifung* erlebten die Karlsruher diesmal allerdings am Lautsprecher, der die Führerrede übertrug, der nationalsozialistischen Darstellung zu-

◄ Programm des Betriebsappells anläßlich der 2. Wiederkehr des Tages der Machtübernahme durch den Nationalsozialismus am 30. 1. 1935, Montage

▲ Vorbeimarsch der Parteiformationen an Robert Ley und Robert Wagner am 19. 6. 1938 anläßlich des Kreistages am Adolf-Hitler-Platz

folge *zutiefst aufgerüttelt und hingerissen, begeistert und entschlossen, zu folgen, was auch der Führer befiehlt.* Daß die meisten Karlsruher diese Rede gehört haben, ist wahrscheinlich, ob es alle waren, mag mit Recht bezweifelt werden, denn nur wenige Tage zuvor hatte *Der Führer* am 11. Januar unter der Schlagzeile *Zuchthaus für Abhören ausländischer Sender* berichtet, daß ein 39jähriger Arbeiter zu einer Zuchthausstrafe von zwei Jahren und zweijährigem Ehrverlust verurteilt worden war.[20] Daß in dieser oder anderer Form ausgeübter Terror auch in Karlsruhe den Alltag vieler Menschen mitbestimmte, steht außer Frage. Angefangen von den Maßnahmen gegen die *Schutzhäftlinge* des März 1933, die nach einer unrühmlichen Schaufahrt am 16. Mai in das neue Konzentrationslager Kislau geschafft wurden[21], über den *„Judenboykott"* am 1. April 1933, die Zerstörung der Synagogen und die willkürliche Inhaftierung zahlreicher Karlsruher Juden im KZ Dachau nach der sogenannten *Reichskristallnacht* 1938 bis zu der Deportation aller badischen und pfälzischen Juden am 22. Oktober 1940: alle diese Terroraktionen wurden in der Presse ausführlich vorgestellt und behandelt. Sie bestimmten somit den Alltag eines jeden Karlsruhers. Neben diesen quasi öffentlichen Terroraktionen funktionierte auch hier das Überwachungssystem des Parteiapparats: Das Sprichwort *Lieber Gott mach mich stumm, daß ich nicht nach Dachau kumm* war in Karlsruhe sicher auch bekannt.[22]

Am 18. Januar folgte ein *Großer Appell der Wehrmannschaften* in der Festhalle. Dort veranstaltete die Hitlerjugend am 29. März erneut eine *Großkundgebung* – wohl aufgrund der durch die Einberufung zur Wehrmacht eingetretenen Schwächung der anderen nationalsozialistischen Gliederungen trat die HJ auffällig oft auf. Am 3. April hörte eben diese Jugend gemeinsam in Schulen und Betrieben eine Rede Hermann Görings, in demselben Monat wurde der Geburtstag des Führers am 20. gefeiert: *Betriebsappelle und Morgenfeiern mit Übertragung der Rede von Rudolf Heß. Appelle der Wehrmacht. Appelle der Technischen Hochschule und der Musikhochschule. Feierstunde des Staatstechnikums. Feierstunden in allen Ortsgruppen der Partei.*[23] *Der Führer* feierte Hitler mit der Schlagzeile: *Adolf Hitler ist Großdeutschland.*[24] Kurz zuvor hatte Gauleiter und Reichsstatthalter Wagner angeordnet, *daß trotz der gegenwärtigen vielseitigen Hemmnisse die Beamten aller Verwaltungszweige in der Kriegszeit durch das Propaganda- und Schulungswerk der Partei stärker erfaßt werden.*[25]

Zu diesem Zwecke sollten etwa alle drei Wochen Gemeinschaftsappelle durchgeführt werden, an denen auf Anweisung des Oberbürgermeisters auch die städtischen Arbeiter soweit möglich teilzunehmen hatten.

Der 1. Mai wurde diesmal *im Hinblick auf die Kriegsverhältnisse*[26] – die deutsche Offensive gegen Frankreich begann am 10. Mai – etwas bescheidener mit *kameradschaftlichen Betriebsfeiern* begangen. Erst nach dem Ende des *Feldzuges gegen Frankreich* folgten weitere Veranstaltungen. Die heimkehrenden Truppen wurden auch in Karlsruhe seit Anfang Juli begeistert empfangen, so am 28. Juli *Begrüßung und Vorbeimarsch auf dem Platz der SA. Jubelnder Empfang durch die gesamte Einwohnerschaft. Alle Häuser sind beflaggt und geschmückt.*

Diese Begrüßung kann sicher nicht als reine Parteiveranstaltung bezeichnet werden, die Freude angesichts des vermeintlich unmittelbar bevorstehenden Kriegsendes war weit verbreitet. Daß dies ein Trugschluß war, erwies sich schon wenig später. Am 6. Oktober hielt dessen ungeachtet die NSDAP auf dem Skagerrakplatz (vormals Engländerplatz) ihren ersten Kreisappell im Krieg ab.

Der 9. November, der *Gedenktag für die Gefallenen der Bewegung* sah *Ehrenwachen an den Mahnmalen der Toten. Langemarckfeiern der Karlsruher Studenten in der Technischen Hochschule, Hochschule der bildenden Künste und dem Badischen Staatstechnikum. Abends Wiedergabe der großen Rede des Führers im Rundfunk.*

Am 22. November sprach SS-Standartenführer Dr. Robert Ernst, der spätere Straßburger Oberstadtkommissar, anläßlich einer Großkundgebung in der Städtischen Festhalle. Es folgten noch eine Beamtenversammlung (8. 12.) und der Jahresschlußappell der NSDAP (31. 12.), bei dem Kreisleiter Worch den Ortsgruppen- und Kreisamtsleitern die Richtlinien für 1941 ausgab.

Das Jahr 1940 wies also noch alle typischen Veranstaltungen der nationalsozialistischen Propagandamaschinerie auf, die von den Alltagsproblemen ablenken sollten, darüber hinaus versuchte man, der Bevölkerung eine Normalität vorzugaukeln, die vor Beginn des *totalen Krieges* seit 1943/44 auch in Karlsruhe längst nicht mehr vorhanden war. Unterstützt wurden diese Bemühungen durch das Medium Film. In den dreizehn Kinos, die 1940 bestanden (mit insgesamt 5.932 Plätzen), wurde das übliche Programm mit den Stars der Zeit von Hans Albers und Willy Birgel über Heinz Rühmann zu Zarah Leander angeboten.[27]

Neben Filmen mit tatsächlich oder vermeintlich harmlosen Inhalten liefen aber auch antisemitische Hetzfilme wie z. B. „Jud Süß“. Nur einen Monat nach dessen Premiere in den Karlsruher Kinos wurden die badischen und pfälzischen Juden, darunter 905 aus Karlsruhe und Grötzingen, am 22. Oktober 1940 nach Gurs in Südfrankreich verschleppt.

Zu den in den Karlsruher Kinos angebotenen Filmen gehörte seit Ende September auch der antisemitische Hetzfilm „Jud Süß“, Anzeige in „Der Führer“ vom 1. Oktober 1940

Winterhilfswerk und Sammlungsaktionen

Am 5. Januar 1940 lasen die Karlsruher unter der Überschrift *Gaustraßensammlung im Zeichen der Gemeinschaft* einen Aufruf der an der für den 6. und 7. Januar vorgesehenen Sammelaktion beteiligten Organisationen, der mit den Worten endete: *Deutsche Volksgenossen! Kommt auf die Straßen und Plätze! Die Sammelbüchsen und prächtige Abzeichen warten auf Euch. Zeigt Euch im Opfergeist der Kameraden im feldgrauen Rock würdig.*[28] Im Vorjahr hatte der badische Gauleiter Robert Wagner wie alljährlich seit 1933 im Oktober das Winterhilfswerk (WHW) eröffnet, das auf Befehl Hitlers als Kriegswinterhilfswerk 1939/40 durchgeführt wurde.[29] Gegründet worden war das Winterhilfswerk 1933 im Zeichen der neuen Volksgemeinschaft, angekündigt wurde es als eine Initiative Adolf Hitlers, der *für den Kampf gegen Hunger und Kälte zur nationalen Solidarität aller Stände* aufgerufen habe.[30] Verschwiegen wurde, daß sich in Karlsruhe bereits am 10. November 1930 zahlreiche Wohlfahrtsorganisationen und Institutionen, darunter der Stadtrat, zur *Gründung einer „Karlsruher Notgemeinschaft" zur Linderung der Not im kommenden Winter*[31] zusammengefunden hatten. Der erste Spendenaufruf der Notgemeinschaft hatte sich zum Ziel gesetzt, dafür zu sorgen, *daß in Karlsruhe keiner hungern, keiner frieren darf.*[32]

Mit einer fast identischen Formulierung riefen der badische Gauleiter und Reichsstatthalter Robert Wagner und die badische Regierung am 1. Oktober 1933 zum *Kampf gegen Hunger und Kälte* auf: *Kein Volksgenosse darf in diesem Winter hungern oder frieren!*[33]

Die Karlsruher Notgemeinschaft war im September aufgelöst, das vorhandene Vermögen dem Winterhilfswerk übergeben worden. Das NS-Winterhilfswerk knüpfte also nahtlos an eine bereits bestehende Organisation an. Die Propaganda verstand es aber auch in Karlsruhe, die Verdienste dieser Einrichtung ausschließlich der Partei zuzuschreiben – Träger des WHW war die Nationalsozialistische Volkswohlfahrt (NSV), eine der zahlreichen Parteigliederungen.[34] Durch den Einsatz der Partei und durch das enorme Spendenaufkommen konnte aber auch tatsächlich der Eindruck vermittelt werden, daß es den neuen Machthabern gelingen könnte, die proklamierte *Volksgemeinschaft* zu verwirklichen. Unterstützt wurden mit den gesammelten Geldern und Sachspenden *alle Personen, die den nötigen Lebensbedarf für sich und ihre unterhaltsberechtigten Angehörigen nicht oder nicht ausreichend aus eigenen Mitteln und Kräften beschaffen können.*[35] Offen wurde aber auch verkündet: *Es ist eine Ehrenpflicht, bedürftige und bewährte Kämpfer der nationalsozialistischen Revolution besonders zu berücksichtigen. Ebenso muß erbgesunden, kinderreichen Familien eine ganz besondere Fürsorge zuteil werden.*

Oberbürgermeister Hüssy sammelt vor dem Karlsruher Rathaus für das Winterhilfswerk 1939/40

Konzert für das Kriegswinterhilfswerk am 18. Januar 1940 in der Festhalle

Die Aufrufe des WHW erreichten die Karlsruher von nun an alljährlich von den ersten Oktoberwochen bis in das Frühjahr des folgenden Jahres. Der uniformierte Straßensammler und Losverkäufer des Winterhilfswerks gehörte seit 1933 zum Straßenbild der deutschen Stadt.[36] Für propagandistische Zwecke beteiligten sich auch höchste Partei- und Verwaltungsspitzen an den Sammlungen, im Oktober 1933 z. B. Bürgermeister Hermann Fribolin, im Dezember 1934 Reichsstatthalter Robert Wagner, Innenminister Karl Pflaumer und Oberbürgermeister Adolf Friedrich Jäger[37], im Dezember 1937 Kreisleiter Willi Worch oder im Jahr 1940 der seit dem 1. August 1938 amtierende Oberbürgermeister Dr. Oskar Hüssy (vgl. Abb. S. 236). Zahlreiche begleitende Aktionen – Massenkundgebungen, Werbeumzüge, Verkauf von Losen, Blumen, Abzeichen und Figuren, Konzerte – z. B. am 18. Januar 1940 in der Festhalle (vgl. Abb.) und nicht zuletzt die regelmäßigen Sonntagseintopfessen – unterstützten jedes Jahr das Winterhilfswerk. *Der Führer* stellte speziell zu den Eintopfessen bereits am 18. Januar 1934 fest: *Die Praktiker des Winterhilfswerks halten die in Berlin erfundene Idee des Eintopfgerichts für die beste Idee der ganzen Aktion. Sie ist eine der vielen originellen Einfälle, die die nationalsozialistische Propaganda so schlagkräftig machen. Nach anfänglichen Schwierigkeiten hat sich die Eintopfspende, die bekanntlich am ersten Sonntag eines jeden Monats gesammelt wird, mehr und mehr durchgesetzt. . .*[38]

Die im Haushalt durch das billige Eintopfessen eingesparten Beträge wurden von Mitgliedern der verschiedenen Parteiorganisationen abgeholt. Seit dem 12. Dezember 1935 fanden zudem öffentliche Eintopfessen in der Festhalle statt, an der die Prominenz der Stadt teilnahm (vgl. Abb. S. 238). Man kann sich unschwer vorstellen, wie schwierig es für einen einzelnen war, sich solch massivem Einsatz zu entziehen, zumal der Blockwart im wahrsten Sinne des Wortes sonntags „den Braten riechen" und dies melden konnte. In einem Rundschreiben des Amtes für Erzieher der NSDAP Kreis Karlsruhe (NSLB) vom 15. 9. 1936 wird z. B. bemängelt, *daß eine erschreckend hohe Zahl von Amtsgenossen immer noch nicht den Weg zur NSV gefunden hat. Bei diesen Amtsgenossen ist durch die Amtswalter sofort eine Werbung durchzuführen zwecks Beitritt zur NSV...* In einem beigefügten, den nicht beitrittswilligen Lehrern auszuhändigenden Rundschreiben wird hervorgehoben, daß sich bereits der größere Teil der Lehrer der Nationalsozialistischen Volkswohlfahrt angeschlossen habe, aber: *Ein Häuflein uninteressierter steht noch zur Seite. Es gilt sie zu gewinnen und zu überzeugen, daß die Zugehörigkeit zur NSV Ehrenpflicht eines jeden deutschen Erziehers ist.*[39] Anschließend werden die Kreiswalter aufgefordert, alle Mitglieder des Nationalsozialistischen Lehrerbundes, die noch nicht Mitglied der NSV sind, zu melden. In einem streng vertraulichen Schreiben erinnerte der Kreisamtsleiter des NS-Lehrerbundes Dr. Guido Oeß am 22. September 1936 an dieses Schreiben und forderte die Amtswalter darüber hinaus auf, *diejenigen Amtsgenossen* zu melden, *die sich weigern, den Beitrag für das „Haus der Deutschen Erziehung" zu leisten. 2. Die Amtswalter melden zum 28. d. M. diejenigen Amtsgenossen, die sich weigerten, die Hans-Schemm-Plakette abzunehmen.*

Ähnlicher Druck wurde auch über andere NS-Organisationen ausgeübt, woran auch die Pressemeldungen keinen Zweifel ließen: *Es wird durch die straffe Organisation keinen Haushalt geben, der nicht zur Mithilfe an der Hebung der Not herangezogen wird.*[40] Von

Öffentliches Eintopfessen am 13. Dezember 1936 in der Festhalle, am vorderen Tisch links vorne Reichstatthalter und Gauleiter Robert Wagner

den städtischen Bediensteten hatte der Verwaltungsbericht für 1934 schon gemeldet: *Der überwiegende Teil der städtischen Beamten, Angestellten und Arbeiter gehört der NS-Volkswohlfahrt an und bestätigt dadurch praktisch den Gedanken der Volksgemeinschaft.*[41]

Regelmäßig meldeten die Verwaltungsberichte in den folgenden Jahren, daß sich die städtischen Bediensteten *freudigen Herzens* an den Sammlungen des Winterhilfswerks beteiligt hatten. Wie man verfuhr, belegt ein Rundschreiben des Karlsruher Oberbürgermeisters vom 16. August 1940, mit dem er anordnete, daß bereits mit den Bezügen für September mit den Abzügen für das WHW begonnen werde, die monatlich zehn Prozent der Lohnsteuer, mindestens jedoch 25 Pfennig, für Einkommensteuerpflichtige ein Prozent der Einkommensteuer betrug. *Wie im Vorjahr sehe ich auch jetzt davon ab, von jedem einzelnen Beamten, Angestellten, Versorgungsempfänger und Arbeiter eine Einverständniserklärung zu verlangen, da ich überzeugt bin, daß jeder einverstanden ist, daß die Abzüge so vorgenommen werden, wie sie in den obigen Richtlinien angegeben sind.*[42]

Auch die Landesbediensteten wurden auf diese Weise zur Spende genötigt.[43] Gesammelt wurde oft und nicht nur für das Winterhilfswerk: 1936 mußte die Parteileitung die Firmen und Wirtschaftsunternehmen mit einem Sammelverbot schützen, die sich an der *Adolf-Hitler-Spende der deutschen Wirtschaft* beteiligt hatten. Das Verbot galt für *alle Angehörigen und Stellen der Partei, ihrer Gliederungen und angeschlossenen Verbände, für den Deutschen Luftsportverband, Luftschutzbund, Arbeitsdank, Reichsbund Deutsche Seegeltung, für den Reichssportführer, die ihm unterstellten Organisationen, das Organisationskomitee der XI. Olympiade und das Organisationskomitee für die IV. Olympischen Winterspiele.*[44]

Man ahnt, wie oft die Karlsruher Bürger und Bürgerinnen mit einer Sammelbüchse konfrontiert und bedrängt wurden. Für viele stellten die Spenden ein spürbares Opfer dar, welches das spärliche Einkommen stark belastete. Dieser Aspekt trat und tritt aber bei der Beurteilung des WHW häufig in den Hintergrund: „Der Mythos der NSV und des Winterhilfswerks hat das Dritte Reich überdauert."[45]

Im Krieg steigerte sich der Appell an die Volksgemeinschaft noch einmal zusätzlich durch den bereits erwähnten Hinweis auf die Opfer an der Front. Die kalendarische Jahresübersicht des Karlsruher Adreßbuchs führt 1940 allein 30 Sammlungstermine auf.[46]

Für das Kriegswinterhilfswerk 1939/40 wurden bis zum 31. März, der letzten Straßensammlung, noch acht Sammlungen durchgeführt. Diese Sammelaktionen waren noch nicht beendet, als die Partei zur Schaffung einer *großen nationalen Metallreserve* aufrief. Am 26. März wurden die Sammelstellen geöffnet. Die Propagandaleiter der Partei hatten dafür zu sorgen, *daß die Sammelstellen selbst eine würdige räumliche Ausstattung erhalten (Ausschmückung des Gabentisches durch Führerbild bzw. Führerbüste und Hakenkreuzfahne usw.*[47]

Die Spenden wurden als Geschenk des Volkes zum Geburtstag Adolf Hitlers deklariert (vgl. Abb. S.240): *Es ist doch für den Führer!*, lautet die Überschrift eines Artikels, in dem die Opferbereitschaft mit wirkungsvollen Beispielen belegt wurde. Ein kleiner Junge liefert seine Bleisoldaten ab und antwortet auf die Frage, ob er denn nicht mehr damit spielen wolle: *„Nein, der Führer braucht Blei, hat Mutti gesagt. Also braucht er auch meine Bleisoldaten. Mutti sagt, dann freut sich Papa, wenn ich die dem Führer schenke, denn dann kann er besser schießen. Er ist nämlich am Westwall, der Papa." Der Junge strahlt über das ganze Gesicht, als ihm das Gewicht von vier Kilo genannt wird.*[48]

Im Zuge dieser Metallsammlung wurden unter anderem auch die beiden Plastiken *Fidelitas* und *Badenia* eingeschmolzen, die rechts und links des Rathauseingangs standen.[49]

Wenig später, am 10. April, sammelte die NSV *Liebesgaben für unsere Soldaten*. Am 27.

Metallsammlung im Frühjahr 1940

Die Karlsruher liefern Zinnkrüge, Kannen und Teller anläßlich der Metallsammlung 1940 ab.

April kamen zu den Kriegswinterhilfesammlungen noch die für das Kriegshilfswerk hinzu, so daß die Karlsruher in diesem Jahr noch häufiger als sonst spenden mußten. Zusätzlich veranstaltete das Badische Staatstheater am 18. Mai ein großes Wunschkonzert, dessen Erlös für den Neubau des Kreuzers Karlsruhe bestimmt war – der alte Kreuzer Karlsruhe war am 10. April 1940 versenkt worden.[50]
Anfang September wurde das zweite Winterhilfswerk mit dem ersten Opfersonntag – so hießen die Eintopfsonntage inzwischen – eröffnet. Für Spenden erhielt man Abzeichen oder Figuren, so z. B. am 21./22. September das Buchabzeichen *Des Führers Kampf im Osten* (vgl. Abb. S. 241). Diese Abzeichen erfreuten sich großer Beliebtheit, Ende 1940 wurde gar ein *Handbuch der WHW-Abzeichen* herausgegeben, welches das Sammeln erleichtern sollte.[51]
Die Bandbreite des Angebots und der Sammelmethoden demonstrierte die vierte Reichsstraßensammlung der Hitlerjugend im

Buchabzeichen des Kriegswinterhilfswerks. In der Mitte 1940/41: „Des Führers Kampf im Osten“

2. Kriegs-WHW am 14. und 15. Dezember 1940: *Von der Hauptpost bis zum Adolf-Hitler-Platz zu gelangen, war gestern nachmittag keine Kleinigkeit: hier herrschte „Blockadekrieg". Das Fähnlein 8/109 des Jungvolks hatte eine ganze Strecke der Kaiserstraße blokkiert. Die Piraten, die hier ihr Unwesen trieben, jagten den Fußgängern richtig Angst ein, aber es war alles halb so schlimm. Hatte man für eine Münze in beliebiger Höhe seinen Durchgangsschein in der Hand, wer wollte einem da noch etwas anhaben?*[52]

Jugend

Ein besonderes Augenmerk hatten die Nationalsozialisten seit 1933 auch in Karlsruhe auf die Erfassung der Jugend gelegt.[53] In Baden bestand die Hitlerjugend bereits seit 1927, in Karlsruhe jedoch schlossen sich erst 1929 einige *zum Teil noch volksschulpflichtige Jungen zusammen, um ... eine Keimzelle unserer heutigen Hitlerjugend zu gründen*[54], wie es in einer Broschüre zur Einweihung des Karlsruher HJ-Bannheims in der Kriegsstraße 57 im Jahr 1934 heißt. Zu diesem Zeitpunkt sollen bereits annähernd 4.000 Jugendliche HJ-Mitglieder gewesen sein. Ziel und Zweck der Erfassung in der Hitlerjugend nannten die nationalsozialistischen Parteigrößen ohne Umschweife, so z. B.:

> WILLI WORCH
> *Kreisleiter der NSDAP, Kreis Karlsruhe*
>
> Nie dem Kampf aus dem Wege gehen und nie schwach werden. Zu jeder Stunde bereit sein, den Kampf aufzunehmen, um was es auch immer gehe. Harte, eiserne Naturen erfordert unsere Zeit! Für weiche, zagende Menschen hat die Gegenwart keine Verwendung.

Parole des Kreisleiters der NSDAP, Kreis Karlsruhe, zur Einweihung des Karlsruher HJ-Heims „Fritz-Kröber-Heim" im Oktober 1934

Als *junge soldatische nationalsozialistische Mannschaft* sah Kultusminister Otto Wacker die Jugend. Seine Schlußfolgerung, daß es bald *keinen deutschen Buben und kein deutsches Mädel* mehr gebe, die nicht durch die Gemeinschaft und die Schulung der HJ gingen[55], wurde mit dem Gesetz über die Hitlerjugend vom 1. Dezember 1936 in die Tat umgesetzt.[56] Diese planmäßige Erfassung aller Jungen und Mädchen war in zahlreichen Aktionen vorbereitet worden. So stand der *Feldzug der Hitlerjugend* im Oktober 1935 unter der Parole *Einheit der Jugend.*[57] Alle Redner der NSDAP sollten in *Volkskundgebungen* gegen die *Jugendzersplitterung* ankämpfen. Zu diesem Zweck wurde auch über die Schule Druck ausgeübt: *Alle arischen Schüler und Schülerinnen in Baden, auch die, die bis jetzt noch nicht erfaßt sind, werden durch die Schulen zu dieser Veranstaltung geführt.*

Der entsprechenden Anordnung des Kultusministeriums zufolge mußten die Klassenlehrer ihre Schüler darauf hinweisen, *daß es die Pflicht eines jeden deutschen Jungen und deutschen Mädels ist, der H. J. bzw. dem BDM anzugehören.*

In der zweiten *Kampfwoche* dieses *Feldzuges* stand die *Ertüchtigung der Jugend* im Vordergrund. *Durch die Presse, durch den Rundfunk, durch Redner, durch sportliche Darbietungen* sollte *der Masse klargemacht werden, daß nur der Staat und die nat.soz. Partei das Recht haben, für die sportliche Ertüchtigung der Jugend einzutreten.*

Höhepunkt der Woche war eine HJ-Staffette aus 12 Hauptkreisstädten, deren HJ-Banne dem Reichsstatthalter Wagner die Parole *Für die Einheit der Jugend* zu überbringen hatten. Am 13. Oktober fanden Morgenfeiern statt unter dem Motto: *Ein Führer! Ein Volk! Eine deutsche Jugend!* Anschließend folgten öffentliche Versammlungen z. B. mit den Themen: *Warum muß der Beamte seine Kinder zur Staatsjugend schicken?* und *Die deutsche Mutter will die Zukunft der Nation und schickt ihre Jugend zur Hitlerjugend!*

In der Goetheschule hatte der Werbefeldzug

Erfolg: waren vor der Aktion von 433 *arischen* Schülern bereits 401 (= 92,61 %) in Jungvolk, HJ, SA, Fliegersturm oder als Parteigenosse in der NSDAP organisiert, waren es nach der Aktion von 435 nun 431 (= 99,08 %), d. h., nur vier Schüler hatten sich noch nicht einbinden lassen. Der Lohn: Am 8. Januar erhielt die Goetheschule das Recht, an ihrem Flaggenmast die HJ-Fahne zu hissen. Sich diesem Zwang, der in sehr vielen Fällen allerdings sowieso nicht erforderlich war[58], zu entziehen, wurde zunehmend schwieriger, 1937 mußten die Lehrer auch denjenigen *deutschblütigen* Kindern, *die sich für den Eintritt nicht anmelden,* einen Anmeldeschein mitgeben, auf dem die Eltern den Grund der Nichtanmeldung anzugeben hatten. Anfang 1938 waren in der Goetheschule auch nur noch drei Schüler nicht in der HJ, davon einer *nicht rein arisch* und einer ausgetreten. Obwohl für andere Karlsruher Schulen entsprechende Zahlen nicht vorliegen, kann man davon ausgehen, daß diese Entwicklung durchaus typisch war.

Alljährlich wurden die neuen Pimpfe und Jungmädels feierlich in das Jungvolk aufgenommen, die älteren Pimpfe und Jungmädels in die Hitlerjugend *überführt* und rechtzeitig am Tag vor dem Geburtstag Adolf Hitlers feierlich verpflichtet, so auch am 19. April 1936. Fester Bestandteil dieser Feiern war das Lied:

Kameraden fragen nicht lange: woher?
nicht lange: wo bist Du geboren?
sie haben alle zu einem Heer
und einer Fahne geschworen.

Kameraden fragen nicht lange: wohin?
Und nicht nach Tod und Verderben.
Sie haben alle ein Herz und ein Sinn,
kann einer für den andern sterben.

Kameraden fragen nicht lange: warum?
Warum die Haut denn wagen?
Denn Deutschland ist stolz
und Deutschland ist stumm
und läßt sich von keinem erst fragen.

HJ-Lied, gesungen am 19. April 1936

Daß aus diesen Parolen bald bitterer Ernst wurde, ahnten die an diesem Tage verpflichteten Kinder und Jugendlichen wohl kaum. Noch vor Kriegsbeginn bestimmte die zweite Durchführungsverordnung zum *Gesetz über die Hitler-Jugend* vom 25. März 1939 den Dienst in dieser Organisation als eine Dienstpflicht, die öffentlich-rechtlichen Charakter trug und dem Arbeits- und dem Wehrdienst gleichgestellt wurde.[59] Ein Rückblick auf die *Stolze Jahresbilanz der Karlsruher HJ* 1939 hob die *kulturelle* Arbeit der HJ im Kriege besonders hervor: *Fast Sonntag für Sonntag – erst recht aber im Kriege – sorgt sie auf öffentlichen Plätzen, in Städten und Dörfern durch Liedersingen, verbunden mit Stegreifspielen oder sonstigen lustigen Texten, für Entspannung und Freude.*[60]

Damit stand die Jugend bereit für das *Jahr der Bewährung,* zu dem das Jahr 1940 von Reichsjugendführer Baldur von Schirach erklärt wurde.[61] Auch dieses Jahr rief die Partei im März einen Jahrgang, diesmal den von 1929/30, *zum Dienst an seinem Volke*[62] auf. Wie die Dienstpflicht gehandhabt wurde, konnte man am 14. März im *Führer* lesen: *Bei der Werbung der Zehnjährigen bleibt nach wie vor die Freiwilligkeit die tragende Grundlage. Im vorigen Jahr meldeten sich 93 Prozent. Die Durchführung geht von den Schullisten aus. Wenn keine Meldung des Jugendlichen erfolgt, werden die Eltern auf die Notwendigkeit aufmerksam gemacht, und nur da, wo die Einsicht fehlt, findet das Gesetz Anwendung.*[63]

Die Verpflichtung wurde wie üblich am 19. April vorgenommen: *Die feierliche Aufnahme fand in Karlsruhe gestern abend im Saale der Festhalle statt. Fahnen und Grün umgaben die Büste des Führers, dem die Zehnjährigen sich mit ihrem Eintritt in die Bewegung verschworen.*

Der Karlsruher Jungbannführer Schöll betonte, daß die HJ gerade im ersten Kriegswinter ihre Existenzberechtigung bewiesen habe. *Bei jedem Kriegseinsatz, wo sie gebraucht wurde, war sie freudig zur Stelle.*[64]

In der Tat wurde auch in Karlsruhe die HJ zu

den im ganzen Reich üblichen Arbeiten herangezogen, unter anderem für: „Partei-Einsätze (Kurier-, Wach-, Propaganda-Dienst); Einsatz für Staat und Kommunen (Meldedienst, Luftschutz, Feuerwehrdienst); sogenannte Technische Nothilfe; Hilfsdienst bei der Post, der Bahn; Einsatz bei der Wehrmacht (Kurier- und Verladedienst, Verpflegungsausgabe, Telefondienst u. a. m.; Einsatz in Wirtschaftsbetrieben und Arbeitskommandos; Sammlungen von Altmaterial, Kleidungsstücken u. ä.; Land- und Ernteeinsatz, NSV-Dienst und ‚kulturelle Betreuung'"[65] (vgl. Abb.). Daß es nicht bei den genannten und zum Teil hier abgebildeten Tätigkeiten blieb, ist bekannt. Auch in Karlsruhe wurden Hitlerjungen im weiteren Kriegsverlauf als Flakhelfer (Abb. S. 245) und am bitteren Schluß als *Volkssturmmänner* eingesetzt.

Hitlerjungen im Winter 1940/41 beim Einsatz als Straßenbahnschaffner und bei der Weihnachtsbescherung für „bedürftige Volksgenossen"

Gymnasiasten des Jahrgangs 1928 üben im Jahr 1944 an der Flak

Mitglieder des Bundes deutscher Mädels (BDM) ersetzten im Krankendienst und im Ernteeinsatz Arbeitskräfte, die im Kriegsdienst benötigt wurden.[66] Vorbereitet worden auf diesen Dienst waren die Mädchen auch in Karlsruhe in einer Haushaltungsschule des BDM, die man 1938 in der Otto-Sachs-Straße 5 eingerichtet hatte.[67] Außer den üblichen Hausarbeiten wie Kochen und Nähen standen Ernährungslehre, Heimgestaltung und weltanschauliche, d. h. nationalsozialistische Schulung auf dem Programm.

Damit haben die Haushaltungsschulen des BDM die Aufgabe übernommen, die Mädel gründlich auf die ihnen später zufallenden Aufgaben vorzubereiten, der Frau, die tüchtig, praktisch und wachsam die Verantwortung trägt, die ihr im Rahmen des Volkes zufällt[68], d. h., über eine geschlechtsspezifische Erziehung wurde so schon der spätere Alltag vorbestimmt.

Deutsche Arbeitsfront, Arbeitsdienst und KDF

Der Einsatz der Jugendlichen wurde im Laufe des Krieges, der in zunehmendem Maße alle Kräfte beanspruchte, immer notwendiger. Die Berichte des *Führer* belegen, in welchem Umfang die Jugendorganisationen der NSDAP schon 1940 wesentliche Aufgaben übernommen hatten. Zudem wurde ein erheblicher Teil der bisher von Männern ausgeführten und diesen auch vielfach vorbehaltenen Arbeit von Frauen übernommen, die z. B. als Straßenbahnschaffnerinnen, als Briefträgerinnen oder in der Industrie arbeiteten (vgl. Abb. S. 246)[69]. Damit reihten sich die Jugendlichen und die Frauen in *Die Front der Schaffenden im Kriege*[70] ein, wie ein Artikel des *Führer* betont: *Kriegsbetriebe mußten rückversetzt werden, zahllose wichtige Arbeitskräfte wurden einberufen, das Kartensy-*

Frauen springen ein

Das heißt: eigentlich rücken sie aus, jeden Morgen, von neuem. Die wohlbekannte Mütze auf dem Kopf, die Armbinde der Deutschen Reichspost über dem Mantelärmel gestreift, die dicke Posttasche umgehängt, so gehen sie durch die morgenstillen Straßen der Stadt, so tragen sie die Nachmittagspost in die Häuser.

„Guten Morgen! Frau Wasmer, 'nen Feldpostbrief von ihrem Mann!", und schon klingelt sie an der nächsten Tür. Der alte Müller bekommt einen Haufen Geschäftsbriefe in die Hand gedrückt. „Sonst nichts?" fragt der enttäuscht. Die Frau Briefträgerin lacht: „Na, Vater Müller, gestern hat der Junge doch erst geschrieben." Sie kennt ihre Leut schon genau, und wie oft bekommt sie dieses „Sonst nichts?" zu hören. So treffen wir sie jeden Morgen, wie sie von Haus zu Haus geht, schon immer die Post für das nächste aus der Tasche suchend.

Die Straßenbahn kreischt um die Kurve zur gewohnten Zeit. Ich steige ein und stutze. Ja, das ist doch . . . „Noch

Frau Straßenbahnschaffner versieht ihren Dienst nicht nur zuverlassig sondern auch stets mit einem Lächeln, das selbst diejenigen versöhnt, denen die Tram gerade vor der Nase wegfährt.

jemand zugestiegen?" tönt eine Frauenstimme durch den Wagen. Geschäftig kommt sie auf mich zu, die Schaffnerin, in der einen Hand den Rotstift, die andere griffbereit am Fahrscheinkasten. Diesmal genügt ein Blick in die Monatskarte und in mein erstauntes Gesicht. „Jetzt fahr ich mal ein bißchen die Runde. Die Uniform von meinem Mann steht mir doch auch ganz gut, gell. Der braucht sie jetzt nimmer, der hat eine bessere gefunden, eine Graue", fügt sie stolz hinzu. „Aber die Straßenbahn muß doch weiterfahren wie immer!" Damit weist sie lächelnd ins Wageninnere und das sitzt voller Arbeiter, die zum Werkplatz streben.

Komme ich zum Bahnhof und löse eine Karte, bedient mich eine junge Frau. Gehe ich durch die Sperre, steht da die Frau Kontrolleurin, mit der Kneifzange bewaffnet, fahre ich im Mannheimer Bahnhof ein,„tönt eine Frauenstimme durch die Lautsprecher der Halle: „Bitte einsteigen und Türen schließen!" Ueberhaupt unsere Bahnhöfe, wer könnte sie sich vorstellen ohne all die Frauen mit den weißen Hauben und den Rotkreuzarmbinden mit der Aufschrift „Bahnhofsdienst", diese Frauen, die mit Körben und Kannen an den Urlauberzügen entlanglaufen und überall mit Lachen und Scherzen empfangen werden.

Und die Urlauber, was sagen die zu alle dem? Die einen, die Alten, kennen das schon vom letzten Mal her, sie nicken stumm und — stolz, und denken an die weiten Fabrikhallen, in denen Frauen an die Stelle der Männer traten, denken an ihre Aecker, über die Frauen den Pflug führen. Und die anderen, die Jungen, die es zum ersten Mal sehen! Die staunen erst über die Frau, die da den schweren Autobus sicher durch den Großstadtverkehr lenkt, aber dann lachen sie froh und nehmen Siegeszuversicht wieder mit hinaus zu ihren Kameraden. Wissen sie doch nun, daß sie dort draußen den Kampf nicht allein zu tragen haben, auch in der Heimat steht eine starke Front.

J. H.

Haben Sie heute etwas für mich, Fräulein Briefträgerin?

Und wieder stehen Tausende und aber Tausende deutsche Frauen in den Werkstätten der Industrie und füllen treu und brav ihren Arbeitsplatz aus, indes der Mann draußen im Felde mit seinem Leben die Heimat schützt.

Aufnahmen: Geschwindner

Der Führer, Sonntagsbeilage 10, 17. März 1940

stem kam. Groß- und Kleinbetriebe, Handel und Handwerk standen überall vor einem Übermaß von neuen Aufgaben, bei überall vermindertem Personal; an vielen Stellen mußte die Frau einspringen.

Lücken schlossen auch die Mädchen des Frauenarbeitsdienstes (FAD), der erst mit Beginn des Krieges verpflichtend eingeführt worden war.[71] In Baden wurden vom September 1939 bis April 1940 allein 13 neue Lager für die *Arbeitsmaiden* eröffnet.[72] Die dort ihren 26wöchigen Pflichtdienst ableistenden Mädchen wurden vor allem in der Landwirtschaft eingesetzt: *Auch hier sind wie überall im Reich die wehrfähigen Männer zu den Waffen geeilt. Auf vielen Höfen und in vielen Familien liegt seit Monaten die ganze Last der Arbeit auf den Schultern der Bäuerin ... Hier haben unsere Arbeitsmaiden nahezu unbegrenzte Möglichkeiten des Einsatzes.*[73] Darüber hinaus waren die ledigen Frauen bis zum 25. Lebensjahr zur Ableistung eines Pflichtjahres, meistens im Haushalt, aber auch in der Landwirtschaft im Dienste der Volksgemeinschaft gezwungen. Betont wurden die guten Berufsaussichten, die sich ein Pflichtjahrmädel erwerben konnte. Außerdem *bringt ein solches Mädel viel bessere Vorbedingungen für die Ehe, d. h. die Gründung eines Haushaltes mit.*[74] Pflichtjahr und Frauenarbeitsdienst gehörten für die Karlsruher Mädchen und Frauen 1940 zum Alltag selbstverständlich hinzu.

Daß mit diesem verstärkten Einsatz von Frauen das nationalsozialistische Bild der Frau als Mutter[75] in Frage gestellt war, bereitete durchaus Probleme, denn: *Eine besonders wichtige Stellung nimmt die Frau als Mutter in der heutigen Krisenzeit ein,* aber: *Der Wirkungskreis der deutschen Frau reicht über die vier Wände des eigenen Heims hinaus.*[76]

Wie dieser Widerspruch gelöst wurde, verrät *Der Führer in dem Artikel „Wo bleibt Dorle, während Mutter zur Arbeit geht?“:* Die berufstätige Mutter *kann die beruhigende Gewißheit haben, daß sie während dieser Zeit in ihren Mutterpflichten nichts versäumt. Sie liefert das Kleine morgens vor Arbeitsbeginn in der Säuglingskrippe ab, um es abends nach Arbeitsschluß gesund und munter wieder mit nach Hause zu nehmen. Und wenn sie gar am anderen Ende der Stadt wohnt, findet sie gewiß auch noch eine Nachbarschaftshelferin der NS-Frauenschaft, die ihr den Weg zur und von der Krippe abnimmt.*[77]

Bis 1936 hatte die NSDAP versucht, die Frau auf ihre Rolle als Hausfrau und Mutter zu beschränken, erst als im Zeichen des ersten Vierjahresplanes zunehmend Arbeitskräfte benötigt wurden, setzte eine Umorientierung ein, gerechtfertigt durch den *Dienst an der Volksgemeinschaft.*[78]

Der Anteil der Deutschen Arbeitsfront (DAF) an der Bewältigung der enormen Schwierigkeiten vor allem in den ersten Kriegsmonaten hob man besonders hervor: *Schon die ersten kriegsnotwendigen Maßnahmen, die Umsiedlung kriegswichtiger Betriebe, die Beschränkung des Arbeitsplatzwechsels, die Lohnstoppverordnung, erzeugten Spannungen. An den neuen Arbeitsplätzen mußte der Mann oder die Frau, bei Versetzungen die Familie betreut werden. Die Umstellung vieler Betriebe auf kriegswichtige Industrien brachte erhebliche Schwierigkeiten mit sich, mancher mußte radikal umlernen, zumal doch jede Arbeitskraft voll ausgenützt werden mußte. Überall führte hier die Arbeitsfront. Ihr Berufserziehungswerk griff helfend und fördernd ein. In zahllosen Betriebsappellen und Amtswalterbesprechungen trug die Arbeitsfront immer neue Anregungen ins schaffende Volk.*[79]

Auch in Karlsruhe war die DAF bereits in den ersten Wochen des *Dritten Reiches* an die Stelle der am 2. Mai 1933 faktisch ausgeschalteten Gewerkschaften getreten.[80] Diese Organisation diente ebenfalls in erster Linie der Herstellung und Festigung der nationalsozialistischen Volksgemeinschaft, die ja nach der nationalsozialistischen Interpretation an die Stelle des Klassenkampfes getreten war.[81] Der 1. Mai wurde seit 1933 als *Tag der nationalen Arbeit* unter maßgeblicher Beteiligung der DAF zelebriert (vgl. Abb.). In den Betrieben hielten die NS-Parolen rasch Einzug (vgl. Abb.). Mit solchen Parolen wurde bewußt verschleiert, „daß die Arbeitsmarktverfassung und die Betriebsverfassung ganz konsequent auf die Bedürfnisse eines totalitären Führerstaates und auf die nationalstaatlichen Ziele des Deutschen Reiches, insbesondere auf das Ziel der Erfüllung der Vierjahrespläne und auf die wehrwirtschaftlichen Ziele, ausgerichtet wurden".[82] Die Arbeiter hatten mühsam errungene Rechte verloren – treffend ausgedrückt durch das Führer-Gefolgschaftsverhältnis –, ihre soziale Lage war durchaus nicht besser geworden.[83] In Deutschland stieg das durchschnittliche Pro-Kopf-Einkommen von 1913–1938 nur um 9 %, während es in demselben Zeitraum in

Brauerei Sinner in Grünwinkel anläßlich des Besuchs von Reichsstatthalter und Gauleiter Robert Wagner und Ministerpräsident Walter Köhler am 30. November 1933

Aufmarsch der Betriebsgruppen am 1. Mai 1939

Frankreich um 28, in Großbritannien um 33 und in den USA gar um 53 % stieg.[84]
Kaschiert wurde dieser Tatbestand unter anderem durch die Einrichtung der *NS-Gemeinschaft Kraft durch Freude* im November 1933, der die Stadt Karlsruhe am 1. Februar 1934 als erste badische Gemeinde als förderndes Mitglied beigetreten war. Schon wenig später, am 22. Februar, traf der erste Arbeiterurlauberzug in Karlsruhe ein, am 27. Mai 1935 fuhren 500 Karlsruher Urlauber mit dem Sonderzug *Kraft durch Freude* nach Oberbayern.[85] Neben der Werbung für den *KDF-Wagen,* den späteren Volkswagen, den die Karlsruher am 1. November 1938 auf dem Marktplatz bewundern konnten[86], hatte die Abteilung *Reisen, Wandern und Urlaub* sicher den wesentlichen Anteil an der Popularität der KDF.[87] Bei den spektakulären Hochseereisen (vgl.

Hafenbetrieb

Vom 12. August bis 19. August

31. Fahrt:

Seefahrt

mit Dampfer „Oceana“

Kurs siehe unten

Gesamtkosten 59.10 RM

1 Glas Bier 22 [Pf]
Das Essen soll gut und reichlich sein.
Ehepaare sollen bevorzugt sein, und bekommen Einzelkabinen mit Luxusbetten.

An Bord finden Volksbelustigungen statt. Filmvorführungen Vorträge über Seeschlachten

Nur Badener beherrschen während dieser Fahrt die Nordsee! Sie kommen auf der „Oceana“ mit Kurs auf Norwegen. Wir entnehmen wiederum einem Bericht eines Urlaubers folgende Zeilen, die von der Arbeit jener Männer sprechen, die unsere Urlauber an Bord beherbergen: „Einmal hatte ich mir vorgenommen, auf den Herzschlag des Schiffes zu lauschen, wenn alle Mann in den Kojen ruhen. Denn das Schiff schläft nicht, es sei denn im Hafen. Auf hoher See kennt es Tag und Nacht keine Rast. Seine Maschinen stampfen den gewaltigen Rhythmus, auch wenn die tiefen, violetten Schatten des nächtlichen Meeres die schwimmende Stadt umlagern; auf der Kommandobrücke und im Kartenzimmer brennen die Lichter der Wachsamkeit auch dann, wenn die wegweisenden Kegelscheine eines Feuerschiffes oder eines Leuchtturmes das Dunkel der See zerschneiden. Alles schläft, auch der Kapitän hat sich nach schwerem Tagesdienst der verdienten Nachtruhe hingegeben. Aber auf der Kommandobrücke wacht der diensttuende Offizier mit zwei Matrosen. Die Kommandobrücke – das Gehirn des Schiffes – setzt in der Arbeit nie aus. 2000 Menschen sind an Bord und vertrauen der guten, pünktlichen Arbeit des Gehirns. Kein Nerv darf versagen und keine Übermüdung die Wachsamkeit vermindern. So fahren wir durch die Nacht.“

Wissenswertes über die Fahrt:

Abfahrt 12. August abends. Rückfahrt 19. August abends. Hamburg: Stadt- und Hafenrundfahrt. Kurs: Norwegen.

34

Aus dem KDF-Programm 1935. Mit Bleistift geschrieben: „1 Glas Bier 22 Pf. Das Essen soll gut und reichlich sein. Ehepaare sollen bevorzugt sein und bekommen Einzelkabinen mit Luxusbetten. An Bord finden Volksbelustigungen statt, Filmvorführungen, Vorträge über Seeschlachten“

Abb. S. 249), die sowieso nur 2 Prozent des KDF-Angebots ausmachten, waren „Arbeiter und Arbeiterinnen im Gegensatz zu DAF- und anderen NS-Funktionären weit unterrepräsentiert".[88]
Auch 1940 war die *NS-Gemeinschaft Kraft durch Freude* noch tätig! Man organisierte nun Vortragsveranstaltungen, Lichtbild- und Filmvorführungen und bunte Abende vor allem im Rahmen der Truppenbetreuung für die Soldaten und Verwundeten an der Front und in den Lazaretten. Zuvor hatte man schon die beim Westwallbau eingesetzten Arbeiter unterhalten.[89] Nach der französischen Niederlage organisierte die KDF in Baden auch *über 100 Omnibusfahrten, mittels derer bisher etwa 5000 Elsässer das badische Gaugebiet besuchen konnten, um sich selbst an Ort und Stelle von der Wahrheit über den Nationalsozialismus und das nationalsozialistische Deutschland zu unterrichten.*[90]
Seit 1933 war immer der Reichsarbeitsdienst (RAD) an den Feierlichkeiten des 1. Mai beteiligt: *In die Festzüge hatte sich auch der Arbeitsdienst unter Führung der neuen Kommissare eingegliedert. In großenteils einheitlicher Kleidung marschieren die Arbeitsdienstmannschaften in vorbildlich soldatischer Ordnung durch die Städte.*[91] Der Autor dieses Berichts über den 1. Mai 1933 in Karlsruhe, Otto Ebbecke, erwähnt immerhin, daß es den Freiwilligen Arbeitsdienst bereits seit zwei Jahren gab. Auch hier knüpften die Nationalsozialisten also an eine bereits bestehende Einrichtung an, die zur Bekämpfung der hohen Jugendarbeitslosigkeit schon 1931 eingerichtet worden war.[92]
Ein wesentlicher Faktor zur Stabilisierung des NS-Regimes war in der Tat die Absenkung der enorm hohen Arbeitslosenzahlen. Ein Beitrag des ersten NS-Oberbürgermeisters Jäger über den wirtschaftlichen Aufstieg Karlsruhes aus dem Jahr 1937 betont deshalb auch, daß es gelungen sei, durch eine Reihe von Arbeitsbeschaffungsmaßnahmen die Zahl der Arbeitslosen bis Ende 1936 deutlich zu senken: *Die Ziffer der Arbeitslosen in hiesiger Stadt hat sich von 15 000 im Winter 1932/33 auf 4200 Ende November 1936 = um 73 v. H. gesenkt, die Zahl der Wohlfahrtserwerbslosen von 6400 auf 800, die in Betreuung des Fürsorgeamts stehenden Parteien haben sich von 14 400 auf 9800 vermindert.*[93]
Im Oktober 1938 fiel die Zahl der Arbeitslosen in Karlsruhe erstmals unter 1.000.[94] Erreicht wurde dieser Abbau zunächst durch ein propagandistisch groß herausgestelltes Arbeitsbeschaffungsprogramm, das wiederum an bereits zuvor eingeleitete Maßnahmen anknüpfte.[95] 1938 machte sich in Karlsruhe ganz offensichtlich auch der Bau des Westwalls bemerkbar, der städtische Verwaltungsbericht spricht in diesem Zusammenhang vorsichtig von *einer merklichen Belebung der örtlichen Wirtschaft.*[96] Inwieweit auch die Umstellung auf kriegswichtige Produktionen eine Rolle gespielt hat, müssen künftige Detailanalysen der wirtschaftlichen Entwicklung Karlsruhes erst zeigen. Das Verdienst, die Arbeitslosigkeit beseitigt zu haben, wird vor allem bei sogenannten Stammtischgesprächen vielfach der NSDAP unkritisch zugesprochen, ohne nach den damit verbundenen Folgen zu fragen – seit 1936 stand die deutsche Wirtschaft eindeutig unter dem Diktat der Aufrüstung zur Kriegsvorbereitung. Mit Ausbruch des Zweiten Weltkrieges ging auch in Karlsruhe die Arbeitslosigkeit nochmals rapide zurück, seit Juli 1940 blieb die Zahl konstant unter 100, die vom statistischen Amt geführte Tabelle endet am 8. März 1943 mit dem Vermerk:
Gemäß neben erwähntem Runderlaß vom 4. 7. 1942, demzufolge zunächst die Ausschreibung der Arbeitssuchenden einzustellen war, *und infolge Einführung des totalen Kriegseinsatzes ab 1943 kommt eine Weiterführung dieser Tabelle vor Kriegsende nicht mehr in Frage.*[97]
Ein Problem, das den Alltag vieler Karlsruher Familien vor allem nach Ausbruch der Weltwirtschaftskrise in den Jahren 1930 bis 1934 erheblich belastet hatte, war damit also beseitigt, doch um welchen Preis?

Versorgungs- und Wohnungslage

1940 betonte Oberbürgermeister Hüssy, daß sich das örtliche Leben auf die veränderten Verhältnisse rasch eingestellt habe. Hierzu gehörte auch die Einrichtung eines Ernährungs- und Wirtschaftsamts, das die Ausgabe der Lebensmittelkarten und die Bedarfslenkung übernommen hatte.[98] Die Lebensmittelkartenverteilung durch das Statistische Amt war bereits vorbereitet worden. Dessen Direktor ordnete am 27. August 1939 die Verteilung der *schon längere Zeit in Verwahrung befindlichen Lebensmittelkarten an die Bevölkerung* an: *Bewirtschaftet und zugeteilt wurden ab sofort:*

1. *Brot pro Kopf und Tag 465 Gramm (oder Mehl 350 Gramm),*
2. *Milcherzeugnisse, Öle, Fette = 50 Gramm pro Tag u. Kopf,*
3. *Kartoffel 450 Gramm pro Tag,*
4. *Hülsenfrüchte (Erbsen, Bohnen oder Linsen) 15 Gramm je Woche,*
5. *Fleisch und Fleischwaren (auch Konserven) 700 Gramm je Woche,*
6. *Milch, 0.20 Liter je Tag pro Kopf,*
7. *Kaffee oder Ersatzmittel 63 Gramm pro Woche,*
8. *Graupen, Grütze, Grieß, Sago, Haferflocken, 150 g. pro Woche,*
9. *Zucker und Marmelade, u. zw.:*
   Zucker 280 Gramm pro Woche
   Marmelade 110 Gramm pro Woche
   oder Zucker anstelle von Marmelade: 55 Gramm pro Woche,
10. *Eier: 1 Stück pro Woche,*
11. *Tee: 20 Gramm im Monat,*
12. *Seife: 125 Gramm Kernseife oder*
    a) 1 Stück Einheitsseife oder 200 Gramm Schmierseife oder 125 Gramm Haushaltsseife in zerkleinerter Form, jedoch keine Feinseife,
    b) 250 Gramm Seifenpulver oder 200 Gramm Schmierseife oder 125 Gramm Haushaltsseife,

Hausbrandkohlen, zugeteilt wurden pro Kopf und Monat zunächst 1,2 Ztr.[99]

Alle vier Wochen wurden nun in Karlsruhe 800.000 Lebensmittelkarten von 36 NSDAP-Geschäftsstellen, jeweils zum gleichen Zeitpunkt 10 Tage vor Beginn des neuen Versorgungszeitraumes in der Zeit von vormittags 9 Uhr bis abends 6 Uhr an die Bevölkerung ausgegeben.[100] Wer seine Karten später abholte, mußte 50 Pfennig Gebühr bezahlen, was verschiedentlich zu Unmutsäußerungen führte. Ansonsten scheint die Verteilung ohne größere Schwierigkeiten vonstatten gegangen zu sein[101], wie auch *Der Führer* nach einem Jahr des *Lebens auf Marken* feststellte: *Ein Jahr lebt das deutsche Volk nun schon auf Marken. Es ist darüber weder weich in den Knieen geworden, noch hat es den Hungerriemen enger schnallen müssen. Es erfreut sich auch heute noch der allerbesten Gesundheit – wer möchte es bezweifeln, nachdem es seine Fäuste wiederholt auf die niedersausen ließ, die ihm ein längeres Siechtum zugedacht haben.* Weiterhin hob der Artikel hervor, daß die Aktion wohlvorbereitet gewesen sei und eine durchdachte Vorratswirtschaft nun *große Früchte* zeige. *Ein Drittes kam hinzu – die außerordentliche Disziplin des deutschen Volkes, seine in sechs Jahren nationalsozialistischer Erziehungsarbeit gewonnene politische Einsicht. Die Einführung der Lebensmittelmarken wurde als eine Selbstverständlichkeit hingenommen.*[102] Außerdem wurden die Hausfrauen gelobt, die es trotz der Einführung der Lebensmittelkarten verstanden hätten, den Speiseplan variabel zu gestalten und mit den teilweise eingeführten Ersatzstoffen zurechtzukommen. Seit dem 16. März befand sich das Ernährungsamt im Markgräflichen Palais am Rondellplatz (vgl. Abb. S. 252), die bisherigen Räume in der Gartenstraße waren für die wachsenden Aufgaben zu klein geworden.

Bewirtschaftet wurden außerdem Textilien und Lederwaren, Treibstoffe und Mineralöle sowie Fahrradreifen und -schläuche. Sonderzulagen gab es für Schwer- und Schwerstarbeiter, Lang- und Nachtarbeiter, Binnenschiffer, für werdende und stillende Mütter, Kinder und Kranke.[103] Anders als im Ersten Welt-

Der neue Abfertigungsraum der Lebensmittelkartenstelle des Wirtschafts- und Ernährungsamtes am Rondellplatz

krieg blieb die Versorgung lange Zeit im Sinne der Sicherung des Existenzminimums ausreichend, erst 1942 erfolgte die erste Kürzung der Rationen, ernsthafte Probleme traten aber bis 1944/45 nicht auf.[104]

Neben der Sorge um das tägliche Brot bestimmte wohl in erster Linie das Wohnungsproblem den Alltag vieler Karlsruher. Am 18. November 1940 kündigte *Der Führer* eine *sozialistische Großtat* an mit der Schlagzeile: *Der Führer sorgt für sozialen Wohnungsbau.*[105] Im ersten Nachkriegsjahr sollten allein 300.000 neue Wohnungen entstehen. Da die deutschen Städte noch nicht das Ziel alliierter Großangriffe geworden waren, mußten also bereits in der Vorkriegszeit erhebliche Versorgungslücken bestanden haben.

Das Wohnungsproblem gehörte in der Tat zu den ungelösten sozialen Fragen, verstärkt seit dem Ersten Weltkrieg: *Neben der Arbeitslosigkeit war die Wohnungsnot unbestritten das schwerste soziale und wirtschaftliche Übel der vergangenen Epoche und eine der drükkendsten Lasten, die der Weltkrieg durch seine Auswirkungen dem deutschen Volke auferlegte*[106] stellte das Karlsruher Tagblatt Mitte 1935 fest. Es herrschte vor allem eine starke Nachfrage nach Kleinwohnungen, ein Problem, das auch 1940 trotz einiger Großprojekte im Bereich des Siedlungsbaus (Heidenstückersiedlung, Gartenstadt Kirchenpfad nördlich von Rintheim, Rheinstrandsiedlung)[107] noch nicht gelöst war.

Dieser von dem städtischen Oberbaurat Dommer erstellten Grafik zufolge gab es

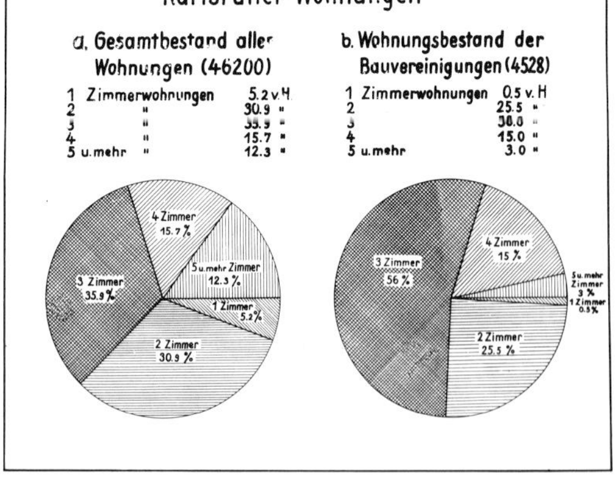

1937, also vor der Eingemeindung von Durlach und Hagsfeld, in Karlsruhe 46.200 Wohnungen, von denen 72 Prozent Kleinwohnungen mit 1–3 Zimmern waren. Da hiervon aber mehr als die Hälfte nur 1–2-Zimmer-Wohnungen waren, bestand nach wie vor ein relativ großer Bedarf an Wohnungen für Familien mit Kindern.[108]

Noch am 1. Dezember 1938 stellte Bürgermeister Fribolin in einer Ratsherrensitzung fest, daß in Karlsruhe noch etwa 1.000 Kleinwohnungen fehlen würden, während Wohnungen mit vier und mehr Zimmern jederzeit zu haben seien. Da die Karlsruher Baugenossenschaften angesichts der eingetretenen Materialverknappung ihren Plan, noch eine Anzahl neuer Wohnungen zu erstellen, nicht habe durchführen können, beabsichtige die Stadt, 30 bis 40 Not- und Behelfswohnungen nördlich von Hagsfeld an der Jägerhausstraße zu errichten.[109] Die kriegsvorbereitenden Maßnahmen vor allem durch den Bau des Westwalls unterbrachen also die kontinuierliche Fortsetzung der Wohnungsbeschaffung. Kreisleiter Worch berichtete wenig später am 2. Februar 1939, daß er bei einem Rundgang durch die Altstadt habe feststellen müssen, *daß eine Familie mit 7 Kindern in einem einzigen Raum wohne. Das beleuchte schlagartig die unhaltbaren Zustände. Der Bau von Volkswohnungen für Minderbemittelte sei eines der vordringlichsten Probleme. Es sei deshalb notwendig, den Straßenbau zugunsten des Baues von Volkswohnungen einzuschränken. Dazu sei auch die Hilfe der Industrieunternehmungen notwendig.*[110]

In derselben Ratsherrensitzung berichtete der neue Karlsruher Oberbürgermeister Oskar Hüssy, daß er dieses Problem bei einem kürzlichen Aufenthalt in Berlin angesprochen habe. Er sei gewillt, für Karlsruhe *den Bau auf allen Gebieten voranzutreiben... Um Karlsruhe wieder zu einer besonderen Geltung zu verhelfen, habe man sich entschlossen, ihr das besondere Gesicht einer Stadt des Bauschaffens zu geben. In Karlsruhe solle alles repräsentiert werden, was mit dem Bau im weitgefaßten Sinne zusammenhänge, also der Bau an sich, die Erprobung neuer Baumethoden, die Baumaterialforschung usw.*

Bei Kriegsausbruch lag der Fehlbestand an Kleinwohnungen immer noch bei rund 1.000. Im Jahr 1940 entstanden noch einmal 98 neue Wohngebäude mit 243 Wohnungen, darunter 112 Kleinwohnungen mit 1–3 Zimmer.[111] Zudem wurde in diesem Jahr der Wohnungsmangel *durch die Evakuierung der Juden* verringert, *so daß sich der anfängliche Fehlbestand um 500 Wohnungen verminderte.*[112]

Die Tabelle auf der folgenden Seite belegt, daß die von der nationalsozialistischen Propaganda so groß herausgestellten Erfolge ihrer Wohnungsschaffungspolitik nach 1933 sich nicht sonderlich von der Zeit vor 1933 unterschieden.

Lag die Zuwachsrate 1919–1932 durchschnittlich bei 232 neuen Wohngebäuden bzw. 623 Wohnungen, fiel sie von 1933–1940 sogar auf 206 bzw. 523. Damit wird die Legende, daß das Dritte Reich Außergewöhnliches im Bereich des Wohnungsbaus geleistet habe, auch in Karlsruhe eindeutig widerlegt. Am Ende des Zweiten Weltkrieges waren in Karlsruhe von 56.914 Wohnungen 12.644 total zerstört, 2.032 schwer und rund 31.000 mittelschwer bis leicht beschädigt.[114]

Ich habe den Ehrgeiz, mir einmal im deutschen Volk ein Denkmal zu setzen. Aber ich weiß auch, daß dieses Denkmal besser im Frieden aufzustellen ist als in einem Kriege. Wenn wir heute in einen Krieg gestoßen würden, dann kostet jede 30-cm-Granate gleich 3000 Mark, und wenn ich noch anderthalbtausend Mark dazulege, dann habe ich dafür ein Arbeiterwohnhaus, und wenn ich eine Million solcher Häuser habe, in denen so viele deutsche Arbeiter wohnen können, dann setze ich mir ein Denkmal.

Die Festschrift zum 40jährigen Bestehen des Mieter- und Bauvereins Karlsruhe veröffentlichte diesen Redeauszug mit der Bemerkung: *Diese goldenen Worte sprach der Führer am 12. März 1936 in Karlsruhe.*[115]

Neue Wohngebäude und Wohnungen 1919–1940 und 1988[113]

Jahr:	Wohngebäude	Wohnungen	mit 1–3	4–6	mehr Zimmern
1919	41				
1920	175				
1921	244	(1919–1923) 1452	1138	300	14
1922	172				
1923	246				
1924	225	341	287	46	8
1925	247	572	384	178	10
1926	302	852	571	279	2
1927	394	1216	837	369	10
1928	331	1067	666	394	7
1929	408	1262	752	494	16
1930	199	972	765	205	2
1931	158	834	745	89	—
1932	119	156	152	4	—
1933	48	135	112	21	2
1934	199	405	331	70	4
1935	288	596	470	119	7
1936	261	840	697	141	2
1937	411	1057	784	260	13
1938	242	596	458	97	2
1939	107	318	109	179	4
1940	98	243	112	130	1
Zum Vergleich:					
1988	266	804	357	392	55

Kriegsalltag

Die Äußerung Adolf Hitlers bei einer Massenveranstaltung am 12. März vor der „Reichstagswahl" 1936 in der Hochschulkampfbahn vor *60 000 Volksgenossen*[116], war wenig mehr als drei Jahre später als reine Propaganda entlarvt. Allen Friedensbeteuerungen zum Trotz hatte das nationalsozialistische Deutschland am 1. September 1939 Polen überfallen und den Zweiten Weltkrieg begonnen. Der Kriegsausbruch hatte wohl auch in Karlsruhe anders als beim Beginn des Ersten Weltkrieges kaum Begeisterung ausgelöst[117]. Er bedeutete für rund 90.000 Karlsruher – die Stadt hatte am 17. Mai 1939 190.081 Einwohner, von denen 5.592 als Soldaten, Arbeitsmänner oder Arbeitsmaiden abwesend waren – zunächst einmal die Evakuierung aus der Stadt, die in unmittelbarer Nachbarschaft zur französischen Grenze von den Kriegsauswirkungen direkt bedroht schien. Nachdem aber klargeworden war, daß sich Frankreich nicht zu einem direkten Angriff entschließen würde, konnten die Evakuierten bis Weihnachten 1939 wieder zurückkommen.[118] Das Jahr 1940 begann also für die Karlsruher relativ ruhig. Die Kampfhandlungen waren so gut wie eingestellt. Dennoch gab es täglich Hinweise, daß dies nur eine Verschnaufpause war, die jederzeit enden konnte. Die Zeitungsberichte ließen auch keinen Zweifel daran, daß immer noch Krieg herrschte, in der Regel war auch mindestens ein Familienmitglied zur Wehrmacht eingezogen worden, manche Familie hatte gar schon ein Todesop-

fer im Krieg gegen Polen oder im Dienst der Luftwaffe zu beklagen.
Mit dem Beginn der Offensive gegen Frankreich im Mai 1940 füllten sich die Anzeigenspalten des *Führer* auch wieder mit Todesanzeigen:
Im Kampf für sein Vaterland fiel mein lieber, einziger Sohn ... kurz vor seinem 20. Lebensjahr (12. 5.)
Den Heldentot in seinem 33. Lebensjahr für Führer und Volk gestorben (24. 5.)
... im Alter von 26 Jahren im Westen für Führer, Volk und Vaterland auf dem Felde der Ehre gefallen (26. 5.)
In treuer Pflichterfüllung erlitt den Fliegertod als Bordfunker bei einem Luftkampf in Südfrankreich für Führer, Volk und Vaterland unser lieber und treuer Sohn, Bruder, Neffe, Enkel und Bräutigam ... im Alter von 23 Jahren (30. 5.)
Am 17. Mai 1940 ist unser einziger lieber Sohn, Bruder und Schwager ... im 20. Lebensjahr bei einem Angriff für unser Vaterland gefallen (31. 5.)
eine Reihe, die sich beliebig fortsetzen ließe. Das Leid, das über die betroffenen Familien kam, kann man nur ahnen.
Deshalb war auch in Karlsruhe die Freude groß, als das Ende des Krieges nach der französischen Kapitulation greifbar nahe schien. Die Sondermeldungen vom Sieg der deutschen Truppen hörten am 25. Juni Tausende Karlsruher auf dem Marktplatz (vgl. Abb.). Die heimkehrenden Soldaten wurden wenige Tage später begeistert empfangen (vgl. Abb. S. 256).[119] Doch wer nun hoffte, daß damit

Nach einer Sondermeldung auf dem Marktplatz, Juni 1940

Die Karlsruher Bevölkerung begrüßt am 3. und 4. Juli begeistert die heimkehrenden Truppen

der Krieg beendet sei, sah sich bald getäuscht. Der einzige verbliebene Gegner Großbritannien dachte nicht daran, den Kampf gegen Hitler-Deutschland einzustellen. So konnten die Karlsruher in den folgenden Wochen durch die Lektüre des *Führer* einen Eindruck von dem bekommen, was ihnen selbst noch bevorstand (vgl. Abb. S. 257):

Daß auch die deutsche Zivilbevölkerung durch Luftangriffe gefährdet war, hatten seit Kriegsbeginn zahlreiche Artikel betont:

Verdunkelungssünder gefährden die Landesverteidigung
Volksgenossen denkt an die Verdunkelung
Volksgenossen beachtet die Vorschriften über die Verdunkelung
Sind die Luftschutzräume in Ordnung?

– so lauteten die Aufrufe und Mahnungen im Januar und Februar 1940.[120]

Seit dem 15. Juni 1915, als es in Karlsruhe die ersten Todesopfer in der Zivilbevölkerung durch einen Fliegerangriff gegeben hatte, spätestens jedoch nach dem Angriff auf den alten Karlsruher Bahnhof am 22. Juni 1916, bei dem der gerade dort gastierende Zirkus Hagenbeck getroffen wurde und zahlreiche Kinder den Tod gefunden hatten, war man sich dieser Gefahr als Folge der modernen Kriegsführung bewußtgeworden.[121] So setzten bereits Ende der 20er Jahre Bemuhungen um die Organisation des Luftschutzes ein.[122] Im Dezember 1932 entstand auch in Karlsruhe eine Ortsgruppe des Deutschen Luftschutzverbandes. Zu diesem Zeitpunkt gab es durchaus noch „kritische Gedanken“ zu diesem Thema. Ein Artikel der Karlsruher Zentrumszeitung „Badischer Beobachter“

Schlagzeilen des „Führer“ 1940

Der Führer
DAS HAUPTORGAN DER NSDAP GAU BADEN
DER BADISCHE STAATSANZEIGER

Gauhauptstadt Karlsruhe

Einzelpreis 10 Rpf. Außerhalb Badens 15 Rpf. Karlsruhe, Mittwoch, den 11. September 1940 14. Jahrgang / Folge 250

Schwere Brände wüten in der Londoner City

Die Angriffe gehen unentwegt weiter / Gestern abend um 22 Uhr hatte London bereits zum sechsten Mal ...

Wie vom Erdboden ...

Einzelpreis 10 Rpf. Außerhalb Badens 15 Rpf. Karlsruhe, Donnerstag, den 26. September 1940 14. Jahrgang / Folge 265

20000 Menschen in London obdachlos

Starke Angriffe auf Wales — Schaden „weit umfassend" — Die Regierung läßt die Opfer ihrer verbrecherischen Politik im Stich

DAS HAUPTORGAN DER NSDAP GAU BADEN
DER BADISCHE STAATSANZEIGER

Einzelpreis 10 Rpf. Außerhalb Badens 15 Rpf. Karlsruhe, Montag, den 28. Oktober 1940 14. Jahrgang / Folge 297

London saß 14 Stunden im Keller

Die „bisher ausgedehntesten Angriffe" / Stockholm meldet Riesenangriffe / Schwere Schäden in London / Brände in vielen Städten

Neue Großerfolge unserer Luftwaffe am Sonntag — Nachschublager der britischen Luftwaffe getroffen — Volltreffer auf zwei 8000-Tonnen-Dampfer — Acht britische Jäger abgeschossen

DAS HAUPTORGAN DER NSDAP GAU BADEN
DER BADISCHE STAATSANZEIGER

Einzelpreis: Sonntag-Ausgabe 15 Rpf. Karlsruhe, Sonntag, den 17. November 1940 14. Jahrgang / Folge 317

Coventry ist nur noch ein Trümmerhaufen

Wie das englische Rüstungszentrum zerschlagen wurde / Zahlreiche Treffer bei der Fortsetzung der Vergeltungsangriffe auf London

DAS HAUPTORGAN DER NSDAP GAU BADEN
DER BADISCHE STAATSANZEIGER

Karlsruhe, Dienstag, den 10. Dezember 1940 14. Jahrgang / Folge 340

Ein Feuermeer verwüstet London

Großangriff mit sehr starken Kräften

Vergeltung für die Angriffe auf westdeutsche Städte / Rollender Einsatz vom Abend bis zum Morgen / Bomben schwersten Kalibers

DER BADISCHE

Einzelpreis 10 Rpf. Außerhalb Badens 15 Rpf. Karlsruhe, Samstag, den 14. Dezember 1940 14. Jahrgang / Folge 344

Nach dem Beispiel von Coventry

Schwerindustriestadt Sheffield zerschlagen

Gewaltige Stichflammen und riesige Brandherde auf 150 km Entfernung sichtbar / Vernichtender Schlag gegen Englands Rüstung

endete: *Keine doch nur unvollständigen Schutzmaßnahmen, die nur eine untragbare finanzielle Volksbelastung ohne weiteren Schutz bedeuten würden, aber unerbittlichen Kampf überall gegen alle finsteren Mächte, die zu Volksverhetzung und Krieg treiben.*[123]
Ob der Schreiber ahnte, daß die *Volksverhetzer* und *Kriegstreiber* unmittelbar vor der Machtübernahme standen, muß dahingestellt bleiben. Seit März 1933 waren solche Artikel nicht mehr opportun, die Ortsgruppe des Deutschen Luftschutzbundes hielt am 11. Mai 1933 einen ersten Probealarm mit Verdunkelungsmaßnahme als Luftschutzübung in Karlsruhe ab.[124] Dieser ersten Übung folgten zahlreiche weitere (vgl. Abb.).[125] Dennoch stellte Oberbürgermeister Hüssy fest, daß bei Kriegsausbruch eine der dringlichen Aufgaben die Verbesserung bzw. die Schaffung von Luftschutzeinrichtungen gewesen sei.[126] Angesichts der Tatsache, daß bis zum Juni 1940 gerade eine Stunde Fliegeralarm gegeben worden war, schien die Gefahr relativ gering zu sein.[127] Am 12. 3. 1940 warnte deshalb der *Führer* vor Nachlässigkeit: *Die Stunde, die den vollen Einsatz der Luftschutzfront fordert, kann jederzeit schlagen. Daß wir – schon im fünften Kriegsmonat – das Gegenteil allzu phantasievoller Vorkriegsbetrachtungen erleben, beweist gar nichts. Luftangriffe unserer Feinde sind möglich. Vorstöße feindlicher Kampfflugzeuge müssen deshalb auch die Heimatfront stets gewappnet und geschlossen finden. Und das zeigt sich vor allem auch in einer gewissenhaft – wie am ersten Kriegstag – durchgeführten Verdunkelung. Kein noch so schwacher Lichtstrahl soll den feindlichen Fliegern einen Anhaltspunkt bieten.*[128] Daß diese Stunde bald kommen sollte, belegt der folgende Beitrag von Erich Lacker. Aus den Luftschutzübungen der Vorkriegszeit wurde bitterer Ernst: Schon 1941 gab es eine größere Zahl von Toten, spätestens seit dem Frühjahr 1944 gehörte das Leben in den Luftschutzräumen und -bunkern zum Alltag der Karlsruher[129] – Ergebnis der verbrecherischen Politik des NS-Regimes.

Luftschutzübung am 31. August 1939

Anmerkungen

[1] Stadtarchiv Karlsruhe (StadtAK) 8/Alben 5, Bd. 2, S. 324. Für die kritische Durchsicht des Manuskripts danke ich meiner Kollegin Dr. Susanne Asche.

[2] Das Bild ist heute Bestandteil einer Dokumentation der Jahre 1933 bis 1949, die in den 60er Jahren vom damaligen Verwaltungsleiter des städtischen Amtes Archiv – Bibliothek – Sammlungen Fritz Ehret angelegt wurde, vgl. StadtAK 8/Alben 5.

[3] Zum Führerkult vgl. Ian Kershaw: Der Hitler-Mythos. Volksmeinung und Propaganda im Dritten Reich, Stuttgart 1980.

[4] Detlev Peukert und Jürgen Reulecke (Hrsg.): Die Reihen fest geschlossen. Beiträge zur Geschichte des Alltags unterm Nationalsozialismus, Wuppertal 1981, S. 15. Die Herausgeber betonen mit Norbert Elias zu Recht die „gänzliche Unbestimmtheit" des Begriffs „Alltag". Zur Problematik der Zeitzeugenbefragung vgl. Lutz Niethammer (Hrsg.): Lebenserfahrung und kollektives Gedächtnis. Die Praxis der „Oral History", Frankfurt a. M. 1980. Das Thema „Drittes Reich" in Karlsruhe wird das Stadtarchiv in den nächsten Jahren schwerpunktmäßig bearbeiten. In diesem Rahmen sind u. a. auch systematische Zeitzeugenbefragungen vorgesehen.

[5] Vgl. Hans Mommsen und Susanne Willems (Hrsg.): Herrschaftsalltag im Dritten Reich. Studien und Texte, Düsseldorf 1988 und Ulrich Herbert: Vor der eigenen Tür. Bemerkungen zur Erforschung der Alltagsgeschichte des Nationalsozialismus, in: Dieter Galinski/Ulrich Herbert/Ulla Lachauer (Hrsg.): Nazis und Nachbarn. Schüler erforschen den Alltag im Nationalsozialismus. Ergebnisse, Erfahrungen, Anregungen, Reinbek bei Hamburg 1982, S. 9–33.

[6] Diese Beschränkung auf ein nationalsozialistisches Propagandainstrument ist nicht unproblematisch, sie erfordert eine sorgfältige Kennzeichnung (wörtliche Zitate werden kursiv wiedergegeben) und Interpretation der Quellen. Soweit möglich wurden deshalb ergänzend Archivalien vor allem aus den Beständen des Stadtarchivs herangezogen.

[7] Vgl. dazu Ian Kershaw: Hitlers Popularität. Mythos und Realität im Dritten Reich, in: Mommsen/Willems (Hrsg.) (wie Anm. 5), S. 24–96, S. 42.

[8] Vgl. Hans Mommsen, Einleitung zu ders./Willems (Hrsg.) (wie Anm. 5), S. 9–23, S. 13.

[9] Zur Organisation und Presse der NSDAP vgl. Ernst Otto Bräunche: Die NSDAP in Baden 1928–1933. – Der Weg zur Macht, in: Thomas Schnabel (Hrsg.): Die Machtergreifung in Südwestdeutschland. Das Ende der Weimarer Republik in Baden und Weimar 1928–1933, S. 15–48. Zur NS-Agitation vgl. auch ders., Agitation und Propaganda, in: 1933. Machtergreifung in Freiburg und Südbaden, Freiburg 1983, S. 24–31 (= Stadt und Geschichte. Neue Reihe des Stadtarchivs Freiburg i. Br. Heft 4).

[10] Zu Wagner vgl. Ernst Otto Bräunche: Die Entwicklung der NSDAP in Baden bis 1932/33, in: Zeitschrift für die Geschichte des Oberrheins (ZGO), 125, NF. 86, 1977, S. 331–375, S. 339 f.

[11] Adreßbuch der Landeshauptstadt Karlsruhe 62. Jg., 1933/34, S. I.4, vgl. dort auch zum Folgenden, S. I.4 ff.

[12] Adreßbuch der Landeshauptstadt Karlsruhe, 63. Jg., 1934/35, S. I.7.

[13] StadtAK 1/TBA 249.

[14] So die nationalsozialistische Bezeichnung für die Belegschaft. Das Gesetz zur Ordnung der nationalen Arbeit vom 20. 1. 1934 hatte das Führer-Gefolgschafts-Prinzip eingeführt, wodurch die erstrebte Unterordnung der Arbeiter und Angestellten treffend ausgedrückt wurde.

[15] Als Amtswalter wurden in der Regel Parteifunktionäre bezeichnet.

[16] StadtAK 1/TBA 249.

[17] Vgl. Kershaw (wie Anm. 7), S. 32.

[18] StadtAK 8/Alben 5, Bd. 2, S. 169, auch das folgende Zitat.

[19] Karlsruher Adreßbuch, 67 Jg., 1940, S. I.7., auch das folgende Zitat.

[20] Vgl. Der Führer, 11. 1. 1940.

[21] Vgl. Ludwig Marum. Briefe aus dem Konzentrationslager Kislau, hrsg. von den Stadtarchiven Karlsruhe und Mannheim, 2. Aufl. Karlsruhe 1988, S. 36 ff. und Ernst Otto Bräunche: Von der Demokratie zur Diktatur in Baden und Karlsruhe, in: Wilfried Rößling (Hrsg.): Stilstreit und Führerprinzip. Künstler und Werk in Baden 1930–1945, S. 11–27, S. 21.

[22] Detailanalysen müssen an dieser Stelle aufgrund der fehlenden Vorarbeiten unterbleiben, vgl. aber zur badischen Situation Jörg Schadt: Verfolgung und Widerstand unter dem Nationalsozialismus in Baden. Die Lageberichte der Gestapo und des Generalanwalts Karlsruhe 1933–1940, Stuttgart 1976 (= Veröffentlichungen des Stadtarchivs Mannheim Bd. 3).

[23] Adreßbuch der Gau- und Landeshauptstadt Karlsruhe, 68. Jg., 1941, S. I.2., vgl. dort auch zum Folgenden, S. I.2. ff.

[24] Der Führer, 20. 4. 1940.

[25] StadtAK 1/TBA 249.

[26] StadtAK 1/WuE 9.

[27] Zur Karlsruher Kinolandschaft im Dritten Reich vgl. Gerhard Bechtold: Kino. Schauplätze der Stadt. Eine Kulturgeschichte des Kinos in Karlsruhe, Karlsruhe 1987, S. 46 ff. Zur Frühgeschichte des Kinos in Karlsruhe vgl. auch den Beitrag von Rainer Beck in diesem Band S. 197 ff.

[28] Der Führer, 5. 1. 1940.

[29] Vgl. hierzu und zum Folgenden StadtAK 1/H-Reg. 1931–1932.

[30] Badischer Beobachter, 29. 8. 1933.

[31] StadtAK 1/H-Reg. 1983. Die Rolle und das Wirken der Karlsruher Notgemeinschaft in der Endphase der Weimarer Republik wird die derzeit entstehende Ar-

beit von Klaus Eisele „Karlsruhe in der Weltwirtschaftskrise“ ausführlich behandeln.

32 Badische Presse, 18. 11. 1930.

33 Karlsruher Tagblatt, 1. 10. 1933.

34 Zur NSV vgl. Adelheid Gräfin zu Castell Rüdenhausen: „Nicht mitzuleiden, mitzukämpfen sind wir da!“ Nationalsozialistische Volkswohlfahrt im Gau Westfalen-Nord, in: Peukert/Reulecke (Hrsg.) (wie Anm. 4), S. 223–243 und Herwart Vorländer: Die NSV: Darstellung und Dokumentation einer nationalsozialistischen Organisation, Boppard a. Rhein 1988 (= Schriften des Bundesarchivs 35).

35 Badischer Beobachter, 28. 9. 1935, auch das folgende Zitat.

36 Vgl. 1/StadtAK 1/H-Reg. 1932.

37 Vgl. Adreßbuch der Landeshauptstadt Karlsruhe, 66. Jg., 1935/36, S. I.5.

38 Der Führer, 18. 1. 1934. Zum Erfolg des WHW vgl. auch Vorländer (wie Anm. 32), S. 179 ff.

39 StadtAK 1/Schulen 90, auch das folgende Zitat.

40 Badische Presse, 28. 9. 1933.

41 Verwaltungs- und Rechenschaftsbericht der Landeshauptstadt Karlsruhe für das Wirtschaftsjahr 1934 (1. April 1934 bis 31. März 1935, o. O., o. J. (Karlsruhe 1935), S. 25.

42 StadtAK 1/WuE 1.

43 Vgl. GLA 357/10295.

44 StadtAK 1/Schulen 90.

45 Vorländer (wie Anm. 34), S. 186.

46 Vgl. Karlsruher Adreßbuch 1940, 67. Jg., S. I.7., Adreßbuch der Gau- und Landeshauptstadt Karlsruhe 1941, 68. Jg., S. I.2.–I.4. und 1942, 69. Jg., S. I.2.

47 GLA 465d/68.

48 Vgl. Der Führer, 7. 4. 1940.

49 Vgl. Beatrice Vierneisel: „Badenia“ und „Fidelitas“, in: Gerlinde Brandenburger u. a.: Denkmäler, Brunnen und Freiplastiken in Karlsruhe 1715–1945, 2. Aufl. Karlsruhe 1989, S. 404–407 (= Veröffentlichungen des Karlsruher Stadtarchivs Bd. 7) und Der Führer, 26. 5. 1940.

50 Vgl. StadtAK 1/WuE 9.

51 Vgl. Der Führer, 6. 12. 1940.

52 Der Führer, 15. 12. 1940.

53 Vgl. hierzu den Ausstellungskatalog von Anne Reuter-Rautenberg/Katrin Simons/Eckehard Westermann: Karlsruher Kinder im „Dritten Reich“, Karlsruhe 1982, der unter didaktischen Gesichtspunkten Informationen zur Erfassung der Jugend, darüber hinaus zu weiteren wichtigen Bereichen des Alltagslebens im Dritten Reich liefert.

54 „Fritz Kröber Heim“, Das Bannheim der Karlsruher Hitlerjugend, Karlsruhe o. J. (1934), S. 12, GLA 465d/1465, dort S. 7 das folgende Zitat. Zur badischen HJ vgl. auch: Bräunche, Die NSDAP (wie Anm. 9), S. 37.

55 Vgl. „Fritz Kröber Heim“ (wie Anm. 5.), S. 8.

56 Zur Hitlerjugend vgl.: Arno Klönne: Jugend im Dritten Reich. Die Hitler-Jugend und ihre Gegner. Dokumente und Analysen, Düsseldorf/Köln 1982 und Matthias von Hellfeld/Arno Klönne: Die betrogene Generation. Jugend im Faschismus. Quellen und Dokumente, Köln 1985.

57 Vgl. StadtAK 1/Schulen 29, auch zum Folgenden.

58 Vgl. dazu von Hellfeld/Klönne (wie Anm. 56), S. 92 f.

59 Vgl. ebenda, S. 98, dort S. 137–141 auch der Text der Verordnung.

60 Der Führer, 8. 1. 1940.

61 Vgl. Der Führer, 12. 2. 1940.

62 Der Führer, 1. 3. 1940.

63 Der Führer, 14. 3. 1940.

64 Der Führer, 20. 4. 1940.

65 von Hellfeld/Klönne (wie Anm. 56), S. 192.

66 Vgl. Der Führer, 6. 9. 1940, StadtAK 1/Schulen 29 und 35 sowie Josef Werner: Karlsruhe 1945. Unter Hakenkreuz, Trikolore und Sternenbanner, Karlsruhe, 2. Aufl. 1986, S. 42 ff.

67 Vgl. StadtAK 1/H-Reg. 119. Zum BDM vgl. auch GLA 465d/1469.

68 Der Führer, 5. 2. 1940.

69 U. a. auf die Rolle der Frau im Dritten Reich wird eine für 1991/92 geplante Ausstellung und Publikation zur Geschichte der Frauen in Karlsruhe eingehen. Einen Überblick über den Forschungsstand gibt neuerdings Günther Grünthal: Die Frau im Dritten Reich, in: Fridericiana. Zeitschrift der Universität Karlsruhe, Heft 43, Karlsruhe 1989, S. 33–46.

70 Der Führer, 20. 8. 1940.

71 Vgl. Dorothee Klinsiek: Die Frau im NS-Staat, Stuttgart 1982, S. 84 ff., und Rita Thalmann: Frauen im Dritten Reich, München/Wien 1984, S. 51 f.

72 Vgl. Der Führer, 26. 4. 1940, auch zum Folgenden.

73 Ebenda.

74 Der Führer, 5. 2. 1940.

75 Vgl. Klinsiek (wie Anm. 71), S. 113 ff.

76 Alice Rilke, Hauptschriftleiterin der Zeitschrift „Frau am Werk“ in einem Vortrag über „Frauenarbeit im Krieg“ am 28. 1. 1940 in Karlsruhe, Der Führer, 31. 1. 1940, auch das folgende Zitat.

77 Der Führer, 1. 2. 1940.

78 Vgl. Klinsiek (wie Anm. 71), S. 84 ff. und 103 ff.

79 Der Führer, 20. 8. 1940.

80 Vgl. z. B. Karlsruher Tagblatt, 2. 5. 1933 und 20. 5. 1933. Herbert Lögler, Karlsruhe, im Zeichen der nationalsozialistischen Machtergreifung, masch.schr. Diplomarbeit Mannheim 1984, S. 112–114, geht kurz auf die Ausschaltung der Gewerkschaften ein.

81 Vgl. Tilla Siegel: Rationalisierung statt Klassenkampf. Zur Rolle der Deutschen Arbeitsfront in der nationalsozialistischen Ordnung der Arbeit, in: Mommsen/Willems (Hrsg.) (wie Anm. 5), S. 97–224, S. 108.

82 Heinz Lampert: Staatliche Sozialpolitik im Dritten Reich, in: Karl Dietrich Bracher/Manfred Funke/Hans-Adolf Jacobsen (Hrsg.): Nationalsozialistische Diktatur 1933–1945. Eine Bilanz, Bonn 1983, S. 177–

205, S. 192 (= Schriftenreihe der Bundeszentrale für politische Bildung Bd. 192).

[83] Vgl. Ulrich Herbert: Arbeiterschaft im „Dritten Reich“. Zwischenbilanz und offene Fragen, in: Geschichte und Gesellschaft. Zeitschrift für Historische Sozialwissenschaften, 15. Jg., 1989/Heft 3, Arbeit und Arbeiter im „Dritten Reich“, hrsg. von Heinrich August Winkler, S. 320–360, S. 331, hier auch Hinweise auf die neueste Literatur.

[84] Vgl. Richard J. Overy: „Blitzkriegswirtschaft?“ Finanzpolitik, Lebensstandard und Arbeitseinsatz in Deutschland 1939–1942, in: Vierteljahreshefte für Zeitgeschichte 36. Jg., 1988, S. 379–435, S. 384.

[85] Vgl. Adreßbuch der Landeshauptstadt Karlsruhe, 62. Jg., S. I.5 ff.

[86] Vgl. Reuter-Rautenberg u. a. (wie Anm. 53), S. 43.

[87] Vgl. Siegel (wie Anm. 81), S. 131. Welche Konsequenzen sich aus dieser breiten Akzeptanz der KDF für die Beurteilung der Stellung der Karlsruher Arbeiterschaft zum Nationalsozialismus ergeben, kann an dieser Stelle aufgrund fehlender Vorarbeiten nicht erörtert werden.

[88] Ebenda, S. 136.

[89] Vgl. Der Führer, 7. 1. 1940, 25. 9. 1940 und 26. 11. 1940.

[90] Der Führer, 27. 11. 1940.

[91] Otto Ebbecke: Die deutsche Erhebung in Baden, Karlsruhe 1933, S. 36.

[92] Vgl. StadtAK 1/TBA 198. Zur Entwicklung des Arbeitsdiensts in Baden vgl. Grenzland Baden: Spaten zur Hand! Vom Werden und Schaffen des Arbeitsgaues. XXVII Baden, hrsg, von dem Führer des Arbeitsgaues XXVII Generalarbeitsführer Helff, 7. Aufl., Karlsruhe 1939.

[93] Friedrich Jäger: Der wirtschaftliche Aufstieg der Gau- und Grenzlandhauptstadt Karlsruhe, in: Karlsruher Adreßbuch, 64. Jg., 1937, ohne Seitenangabe, vor S. I.1. Der Rückgang der Arbeitslosen in Karlsruhe lag damit durchaus im Bereich des Reichsdurchschnitts, vgl. Broszat/Frei (Hrsg.) (wie Anm. 27), S. 99.

[94] Vgl. StadtAK 1/AEST 666.

[95] Vgl. StadtAK 1/H-Reg. 1956–1957 und 1/AEST 666.

[96] Landeshauptstadt Karlsruhe. Verwaltungs- und Rechenschaftsbericht 1938, Karlsruhe 1941, S. 5.

[97] StadtAK 1/AEST 666.

[98] Vgl. Oskar Hüssy: Die Grenzlandhauptstadt Karlsruhe und ihre Verwaltung im Kriege, in: Karlsruher Adreßbuch, 67. Jg., 1940, ohne Seitenangabe, vor S. I.1., Der Führer, 20. 3. 1940 und StadtAK 1/WuE 1.

[99] StadtAK 1/WuE 6.

[100] Vgl. StadtAK 1/WuE 1, auch zum Folgenden.

[101] In den Akten des Wirtschafts- und Ernährungsamtes findet sich nur eine Notiz einer Beschwerde über Schikanen des Amtes, vgl. StadtAK 1/WuE 2.

[102] Der Führer, 4. 9. 1940.

[103] Vgl. Hüssy (wie Anm. 98).

[104] Vgl. Rudolf Herbst: Deutschland im Krieg 1939–1945, in Broszat/Frei (Hrsg.) (wie Anm. 27), S. 63–73, S. 64 und Overy (wie Anm. 84), S. 403.

[105] Der Führer, 19. 11. 1940.

[106] Karlsruher Tagblatt, 30. 6. 1935, vgl. auch den Beitrag von Rainer Beck in diesem Band, S. 197 ff.

[107] Die Entwicklung des Siedlungswesens in Karlsruhe ist bisher noch nicht wissenschaftlich untersucht worden.

[108] Vgl. StadtAK 1/H-Reg. 1025 und Verwaltungs- und Rechenschaftsbericht der Landeshauptstadt Karlsruhe 1937, S. 102.

[109] Vgl. StadtAK 3/B 18 a.

[110] Ebenda, auch das folgende Zitat.

[111] Errechnet nach StadtAK 1/AEST 460.

[112] StadtAK 1/H-Reg. 1022. Zu der hier verharmlosend als „Evakuierung“ bezeichneten Verschleppung der Karlsruher Juden am 22. Oktober 1940 zunächst in das südfranzösische Lager Gurs vgl. Josef Werner: Hakenkreuz und Judenstern. Das Schicksal der Karlsruher Juden im Dritten Reich, Karlsruhe 1988, S. 302 ff. (= Veröffentlichungen des Karlsruher Stadtarchivs Bd. 9).

[113] Zusammengestellt nach 1/AEST 990, den städtischen Verwaltungsberichten 1933–1938 und dem Statistischen Jahrbuch der Stadt Karlsruhe, 44. Jg., 1989.

[114] Vgl. Werner (wie Anm. 66), S. 21.

[115] Festschrift zum 40jährigen Bestehen des Mieter- und Bauvereins Karlsruhe e.G.m.b.H. 1897–1937, Karlsruhe 1937, S. 51.

[116] Karlsruher Adreßbuch, 64. Jg., 1937, S. I.3.

[117] Vgl. dazu: Hans Mommsen: Kriegserfahrungen, in: Ulrich Borsdorf/Mathilde Jamin (Hrsg.): Über Leben im Krieg, Kriegserfahrungen im Ruhrgebiet 1939–1945, Reinbek bei Hamburg 1989, S. 7–14, S. 12 f., vgl. auch den Beitrag von Rainer Beck in diesem Band S. 197 ff.

[118] Vgl. StadtAK 1/WuE 1 und 1/AEST 297.

[119] Vgl. Der Führer, 29. 7. 1940.

[120] Vgl. Residenzanzeiger, 4. 1. 1940 und 13. 1. 1940 sowie Der Führer, 13. 1. 1940 und 7. 2. 1940.

[121] Vgl. dazu den Beitrag von Rainer Beck in diesem Band, S. 197 ff. Der Angriff vom 22. 6. 1916 wurde immer wieder in der Diskussion als Begründung für die Notwendigkeit eines Luftschutzes angeführt, vgl. StadtAK 1/H-Reg. 1874.

[122] Vgl. dazu Erich Hampe: Der Zivile Luftschutz im Zweiten Weltkrieg. Dokumentation und Erfahrungsberichte über Aufbau und Einsatz, Frankfurt a. Main 1963, S. 3 ff. Zeitungsartikel und Druckschriften finden sich in StadtAK 1/H-Reg. 1874.

[123] Badischer Beobachter, 15. 12. 1933.

[124] Vgl. Badischer Beobachter, 12. 5. 1933.

[125] Vgl. StadtAK 1/H-Reg. 1874 und 1/TBA 369.

[126] Vgl. Hüssy (wie Anm. 98).

[127] Vgl. StadtAK 1/AEST 351.

[128] Der Führer, 12. 3. 1940.

[129] Vgl. Werner (wie Anm. 66), S. 11 ff.

Erich Lacker

1940–1945: Der Luftkrieg über Karlsruhe. Ein Überblick

1940: Das Ende des Krieges vor Augen

Eigentlich waren wir doch etwas verwundert, als zum zweiten Mal in diesem Kriege, am Samstag, dem 15. Juni 1940, um 0.30 Uhr die Sirenen aufheulten. Nach unserem vermeintlich gesunden Menschenverstand, der tatsächlich aber nur Wunschträume politischer Laien widerspiegelt, war der Krieg ja praktisch beendet.[1] In Nordfrankreich war die Weygand-Linie durchbrochen, Paris und Le Havre genommen, die Maginotlinie bei Saarbrücken aufgerissen. Im hohen Norden hatten sich schwere deutsche Seestreitkräfte gegen einen britischen Trägerverband durchgesetzt, Narvik war zurückerobert; die Alliierten hatten Norwegen aufgegeben. Im Osten gab der Hitler-Stalin-Pakt vermeintlich Sicherheit. Verständlich, daß an Familien- und Stammtischen die Meinung herrschte, ein weiteres Kräftemessen von Großbritannien und Deutschland sähe am Ende zwar auf dem Papier einen Sieger, in Wirklichkeit aber zwei ausgeblutete Völker; der lachende Dritte wäre die Sowjetunion. An einer Weiterführung des Krieges war niemandem gelegen.
Aus solchen Betrachtungen wurde die Karlsruher Bevölkerung wenig später jäh aufgeschreckt, als die ersten Bomben bei Grünwettersbach niedergingen, ohne allerdings nennenswerten Schaden anzurichten.[2] Noch eine Reihe weiterer Angriffe erfolgte bis zum Jahresende. Meistens waren die Randbezirke betroffen. Der erste in den Akten belegte Häuserschaden trat am 30. Oktober in der Weingartener Straße 11 auf. Besonders erwähnt sei der Angriff vom 7. November auf die Innenstadt. Am Ende einer Schadensmeldung des Polizeipräsidiums findet sich der uns heute merkwürdig anmutende, aus der damaligen Zeit heraus aber verständliche Satz: ... sind auch hier die Bilder des Führers unbeschädigt[3] (vgl. Abb. S. 229).

1941: Die Nonstop-Offensive

Acht Alarme von insgesamt 14 Stunden Dauer kennzeichneten die erste Hälfte des Jahres 1941. März und Juni blieben sogar alarmfrei. Dann änderte sich die Lage grundlegend. Zur Unterstützung des durch den deutschen Überfall auf die Sowjetunion unerwartet gewonnenen Bundesgenossen sollte das deutsche Eisenbahnnetz in einer Nonstop-Offensive des britischen Bomberkommandos zerschlagen werden. Dem Verkehrsknoten Karlsruhe, in dem sich die Verbindungen von Frankreich nach dem Osten und von Norddeutschland nach dem Mittelmeerraum kreuzten, maß man britischerseits solche Bedeutung bei, daß auf ihn vom 5. 8. bis 2. 10. sechs Luftangriffe, darunter zwei Doppelschläge angesetzt wurden. Am erfolgreichsten war noch der erste Doppelschlag vom 5./6. und 6./7. August 1941 (vgl. Abb. S.261). Betroffen waren der Rheinhafen, Mühlburg, der Hauptbahnhof und Durlach, wo das Markgrafen-Gymnasium teilweise abbrannte. Die Eisenbahnhauptwerkstatt, das Ziel der zweiten Nacht, erlitt nur unerhebliche Schäden. Die Ergebnisse der übrigen Angriffe blieben weit hinter den hochgesteckten englischen Erwartungen zurück. Das völlige Scheitern des Großangriffs vom 1./2. Oktober beeinflußte wesentlich die Entscheidung des britischen Kriegskabinetts, künftig statt der Angriffe gegen ausgesuchte Einzelziele nun Flächenangriffe durchzuführen. Weitere Mißerfolge und unerträglich hoch werdende Verluste zwangen schließlich zur Einstellung

Nach dem Angriff vom 5./6. August 1941

der mit so großen Hoffnungen begonnenen Offensive und zu einer grundlegenden Änderung der Luftkriegsstrategie.

1942: Flächenangriffe: Der erste Pfadfinderangriff

Die Mißerfolge des Jahres 1941 brachten das britische Kriegskabinett zu der Erkenntnis, daß relativ kleine Ziele wie Bahnhöfe und Fabriken beim Stande der damaligen Navigation nicht erfolgreich anzugreifen waren. So wurde auf einer Sitzung vom 14. Februar der schicksalshafte Beschluß zu Flächenangriffen gefaßt und am 20. Februar mit der Ernennung von Arthur Harris der geeignete Vollstrecker dieser neuen Taktik gefunden.[4] Als erste Stadt war am Palmsonntag Lübeck betroffen, dann folgten Rostock und Ende Mai beim ersten 1000-Bomber-Angriff Köln.[5] Im Laufe des Monats Mai war Karlsruhe das Ziel von vier kleineren Angriffen. Der taktische Ablauf eines Angriffes litt bisher darunter, daß das Ziel erst mühsam gefunden und durch Brände gekennzeichnet werden mußte. Zeitverzögerungen und Warteschleifen trieben die Verluste in die Höhe. Ein neues Verfahren, das Pfadfinderverfahren, sollte helfen, die Verluste erträglich zu gestalten. Besonders ausgebildete Besatzungen sollten mit modernstem Navigationsgerät ausgestatteten Maschinen dem Hauptverband etwa zehn Minuten voranfliegen und das Ziel mit Leuchtbomben, im Volksmund *Christbäume* genannt, abstecken. Dann hatte der eng aufgeschlossene Verband in raschem Durchflug durch die Flakzone den Mittelpunkt des abgesteckten Gevierts mit Bomben zu belegen. Nach einigen Vorversuchen war dieses neue Verfahren Anfang September 1942 einsatzbereit; das Ziel: Karlsruhe.[6]
Der Angriff traf die von Flak weithin ent-

blößte Stadt mit ungeahnter Wucht. Vom Rondellplatz bis zum Rheinhafen und nach Knielingen zog sich eine Schneise der Verwüstung. Das markgräfliche Palais, die Landessammlung für Naturkunde, fast die gesamte Westendstraße, heute Reinhold-Frank-Straße, die Christuskirche, Teile von Mühlburg und viele Betriebe im Hafen verglühten. Auch Beiertheim und das Weiherfeld wurden getroffen. Der ungeheure Luftdruck der ersten über Deutschland abgeworfenen 80 Zentner schweren Luftmine fegte große Teile der oberen Körnerstraße hinweg. 73 Tote und 711 Verwundete waren als Opfer zu beklagen (vgl. Abb.). Bei einem Verlust von nur acht

NACHRUF

Als Opfer des englischen Terrorangriffes auf die Gauhauptstadt Karlsruhe in der Nacht vom 2. zum 3. September 1942 gaben ihr Leben:

Pauline Bertsch 62 Jahre	Maria Kirchenbauer 64 Jahre	Christa Reinhardt 2 Jahre
Emil Bödigheimer 34 Jahre	Roland Kirchenbauer 3 Jahr	Gottlob Reinhardt 69 Jahre
Franziska Braun 45 Jahre	Magdalene Klotz 19 Jahre	Johanna Reinhardt 29 Jahre
Maria Dressler 29 Jahre	Gunther König 17 Jahre	Mina Reinhardt 62 Jahre
Marie Eschner 64 Jahre	Siegfried König 7 Jahre	Josef Rieck 53 Jahre
Margarethe Flörke 34 Jahre	Karl Koch 16 Jahre	Emilie Rinkenburger 41 Jahre
Adolf Frei 66 Jahre	Elise Krämer 47 Jahre	Oskar Rinkenburger 46 Jahre
Hans Geiger 36 Jahre	Karl Krämer 49 Jahre	Sofie Schanz 60 Jahre
Jlse Geiger 14 Jahre	Emilie Kull 27 Jahre	Anna Schrem 42 Jahre
Margot Geiger 13 Jahre	Karoline Lacher 68 Jahre	Anna Stahl 17 Jahre
Paula Geiger 44 Jahre	Erna Lauterbach 39 Jahre	Anna Stichling 59 Jahre
Jakob Greß 74 Jahre	Wolfg. Lauterbach 45 Jahre	Anna Sturm 39 Jahre
Gustav Hanekam 46 Jahre	Karl Lüdtke 63 Jahre	Horst Sturm 4 Jahre
Wilhelm Herlan 48 Jahre	Emma Maier 25 Jahre	Klara Sturm 8 Jahre
Karl Hoftmann 39 Jahre	Johannes Martin 75 Jahre	Georg Vollmer 72 Jahre
Georg Huber 55 Jahre	Emilie Mayer 30 Jahre	Karl Wiora 53 Jahre
Hermann Huber 56 Jahre	Gerhard Mayer 4 Jahre	Albert Wollensack 54 Jahre
Elsa Jäckle 29 Jahre	Peter Mayer 1½ Jahr	Franz Wormer 75 Jahre
Adolf Kirchenbauer 70 Jahre	Anton Ostländer 50 Jahre	Hermann Wunsch 45 Jahre
Helmuth Kirchenbauer 3 Jahre	Erna Ramsperger 38 Jahre	Franz Zimmermann 43 Jahre
	Anna Rapp 65 Jahre	

Sie starben für die Freiheit unseres Volkes. Die Angehörigen der Toten stehen in ihrem Schmerz nicht allein; alle Karlsruher sind ihnen in tiefem Mitgefühl herzlich verbunden. Das Opfer, das die Toten für Großdeutschland brachten, wird nie vergessen sein.

Der Kreisleiter
des Kreises Karlsruhe
W. Worch, Oberbereichsleiter der NSDAP.

Der Oberbürgermeister der
Gauhauptstadt Karlsruhe
Dr. Hüssy, SA-Standartenführer

Anzeige im „Führer“ vom September 1942

Flugzeugen konnte man britischerseits befriedigt feststellen: „. . . it was undoubtly one of the most successfull operations.“
1943 schien Karlsruhe vergessen zu sein, denn es blieb von nennenswerten Angriffen verschont. Jedoch ließ das Schicksal vieler Städte, wie Hamburg oder Kassel, Schlimmes ahnen.

1944: Die Trümmerberge wachsen – Knapp am Untergang vorbei

Als am 25. April 1944 kurz nach Mitternacht die Sirenen aufheulten, schien das Schicksal von Karlsruhe besiegelt.
Über 600 viermotorige Bomber, beladen mit mehr als 2.000 Tonnen Spreng- und Brandbomben, befanden sich im Zielanflug auf Karlsruhe. Ein während der Markierung aufkommender Gewittersturm und wirksame Abwehr brachten jedoch den Angriff um seine Wirkung. Blieb auch die Innenstadt weitgehend verschont, so mußten die Vororte Rintheim, Hagsfeld und Grötzingen schwer leiden.[7] Nach geglückter Invasion in der Normandie nahm das Bomberkommando seine Angriffe gegen deutsche Städte wieder auf. Vor allem Stuttgart wurde mehrmals angegriffen.[8] Eine vom Hauptverband abgekommene Maschine beschädigte St. Stephan schwer.

Alltag im Luftschutzkeller

Die Graphik auf der folgenden Seite zeigt von Januar bis April ein dauerndes Ansteigen der Alarme. Waren es im Januar, bedingt durch die Schlacht in Berlin, nur 6¾ Stunden Fliegeralarm, so mußte die Karlsruher Bevölkerung im April 49¾ Stunden im Keller verbringen. Diese Zunahme der Alarmdauer bedingte zunächst zögernd, dann ab August immer mehr, eine Verlagerung des täglichen Lebens in die Luftschutzräume.
Unser Luftschutzraum in der Scheffelstraße 62 war von massiven Sandsteinwänden begrenzt. Auf ihnen lagen U-förmige Eisenträger, deren Zwischenräume mit Beton ausgegossen waren. Als zusätzliche Stütze hat unser Hauswirt, Herr Heinzmann, die Eisenträger in der Mitte abgestützt. Ein Ofen, dessen

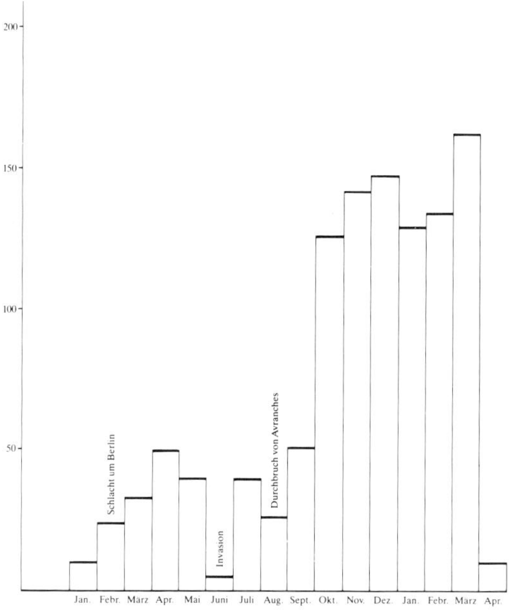

Luftalarmstunden in Karlsruhe 1944/45

Nach dem Großangriff am 2. September 1942

Feuer bei Angriffsbeginn gelöscht wurde, spendete behagliche Wärme. An zwei Seitenwänden standen Bänke, an deren Stützbalken Hocker oder für die älteren Mitbewohner Sessel. Zur Straßenseite führte ein durch einen Vorbau gesicherter Notausgang. An der dritten Seite waren zweistöckige Feldbetten für Kinder, Kranke und Gebrechliche aufgeschlagen. Von besonderer Wichtigkeit waren Notapotheke, Notverpflegung, Schaufeln, Pickel, Seile, Einreißhaken und ein großes Wasserfaß. In dieses wollten wir im Falle eines Feuersturmes bereitgelegte Decken und Mäntel vor der Flucht tauchen. Die Nebenräume des Luftschutzkellers waren über Mauerdurchbrüche mit den Nachbarhäusern verbunden.

Die Fächerstadt unter dem Todesfächer

Am 27. September 1944, um 5.00 Uhr früh, gaben die Sirenen zum dritten Male in dieser Nacht Alarm. Alles glaubte, er gelte einzelnen zurückfliegenden Maschinen. Minuten später mischten sich in die Abschüsse der Flak die Detonationen der ersten Luftminen. Die Innenstadt war mit grünen Leuchtkaskaden abgesteckt. Wie wenige Nächte zuvor in Darmstadt[9] überschütteten, fächerförmig ausschwärmend, die Bomber binnen weniger Minuten Karlsruhe mit fast einer halben Million Brandbomben. Riesige Brände loderten auf und verwandelten den barocken Stadtfächer zum Skelett.[10] Nur die breiten Straßen, viele Plätze und die bereits am 3. September 1942 abgebrannte Westendstraße verhinderten, daß sich der gierende Glutofen der Innenstadt mit der sengenden Lohe im Westen zu einer einzigen, alles verzehrenden Feuersbrunst vereinigte.[11] 52 Tote waren zu beklagen. Schwer waren die Schäden, doch reichten sie nicht an das heran, was Harris unter „Sättigung" verstand. So reifte bei den Stäben in High Wycombe der Plan von einem alles vernichtenden Schlag gegen Karlsruhe. Der 4. Dezember 1944 sollte der Schicksalstag für Karlsruhe werden.

Die Westendstraße, heute Reinhold-Frank-Straße, nach dem Großangriff am 2. September 1942

Complete destruction![12]: das Erdbeben

Fahl neigte sich die Sonne am Abend des 4. Dezember am milchigen Winterhimmel Karlsruhes gen Abend[13], als von ihren Plätzen in East Anglia etwa 1.000 Bomber abhoben, um Karlsruhe und die alte Weingärtner-Stadt Heilbronn von der Landkarte zu tilgen. Zwischen 19.26 Uhr und 19.50 Uhr hagelte die unvorstellbare Menge von 186 Luftminen, 3.700 Spreng- und 185.000 Brandbomben nieder. Der Angriff, der am Stadtrand von Durlach mit dem Abwurf einzelner Minen begonnen hatte, sich dann beim Einschlag von bis zu zehn (!) Sprengbomben je Sekunde zum Erdbeben steigerte, nahm schließlich über der Weststadt und Mühlburg apokalyptisches Ausmaß an. Ganze Häuserzeilen verschwanden vom Erdboden, die Bewohner unter sich begrabend. Im öffentlichen Luftschutzraum unter den „Drei Linden" zu Mühlburg kamen etwa 100 Mitbürger um. Groß waren die Schäden, 375 Tote lagen zerfetzt, erschlagen, verkohlt unter den Trümmern, doch die vollständige Zerstörung war wiederum nicht erreicht.

Ein nochmaliger Versuch, Karlsruhe zu zerstören, scheiterte an widrigen Wetterbedingungen in der Nacht vom 2./3. Februar 1945. Nur wenige Bomben fielen beim Rathaus, in Durlach und in Hagsfeld. Leidtragende waren die Orte der Unteren Hardt. Dann blieb Karlsruhe vor weiteren nächtlichen Großangriffen verschont.

Die Amerikaner kommen

Mit Kriegseintritt der USA hatte sich der „Europäische Krieg" zum Weltkrieg ausgeweitet. Bald machte sich mit dem Auftreten der 8. US Army Air Force (USAAF) das gewaltige Rüstungspotential dieses Gegners bemerkbar. Im Gegensatz zu den Engländern verfolgten die Amerikaner die Strategie der Tagespräzisionsangriffe gegen ausgesuchte Industrie- und Verkehrsziele. Nach zeitweilig schwersten Verlusten – am 14. 10. 1943 wurde anläßlich eines Angriffes auf Schweinfurt fast die gesamte 8. USAAF vernichtet – wirkten sich diese Angriffe bald lähmend auf Wirtschaft und Verkehr aus.

Zur Vorbereitung der Invasion erfolgte am Pfingstsamstag, dem 27. Mai 1944, ein Großangriff auf Bahnanlagen in Südwestdeutschland. Bei bester Sicht wurden die Ostgruppe des Rangierbahnhofes, die Ost- und Südstadt schwer getroffen. Erstmals erlitten auch das Gottesauer Schloß, die Liebfrauen-, Johannis und Evangelische Stadtkirche schwere Schäden.[14] Zwar wurden nur vier der *Fliegenden Festungen* abgeschossen, doch erlitten 43 % der Angreifer so schwere Beschädigungen durch die Karlsruher Flak, daß der Verband am nächsten Tage nicht einsatzfähig war. 108 Tote – viele hatten den Luftschutzraum nicht aufgesucht – waren zu beklagen.

Nach dem Durchbruch von Avranches am 31. Juli 1944 versuchten die Alliierten jeglichen

Aufbau einer neuen deutschen Front im Keime zu ersticken und das Verkehrsnetz unbenutzbar zu halten. Die schweren Tagesangriffe vom 9. August, 5., 8. und 15. September, 19. Oktober und 5. November dienten diesem Ziel. Jedesmal wurden die Südstadt, Oststadt, Beiertheim und das Weiherfeld mitgetroffen. St. Bernhard, St. Michael, die Johannis- und die Lutherkirche sanken in Trümmer. Besonders erwähnt seien die Angriffe vom 5. und 8. September, weil bei ihnen das *bombing round the clock* praktiziert wurde. Engländer und Amerikaner lösten sich in rollenden Angriffen ab.

Bei den Tagesangriffen vom 11. Dezember 1944 und 10. Januar 1945 verlagerte sich der Schwerpunkt zur Rheinbrücke.[15]

Mit dem Näherrücken der Front gelangte unsere Heimat mehr und mehr in den Wirkungsbereich der alliierten Tieflieger, die vor allem auf Eisenbahnzüge, Fahrzeuge und im Jagdfieber auf alles, was sich bewegte, schossen. Die deutsche Abwehr war dagegen mangels geeigneter Waffen nahezu machtlos. Der erste Jabo-Angriff ist für den 28. September auf das Gebiet Aue–Grünwettersbach belegt. Insgesamt dürften auf Karlsruher Gemarkung etwa 30 Jabo-Angriffe erfolgt sein.

Als am Ostersamstag 1945 um 16.45 Uhr die letzte Entwarnung gegeben wurde, konnten die überlebenden Karlsruher auf 1.032 Alarme mit einer Gesamtdauer von 1.477 Stunden zurückblicken.[16] Etwa 100 Luftangriffe hatten 1.754 Opfer gefordert; 25 % aller Vorkriegsgebäude lagen in Trümmern, der Rest war mehr oder minder stark beschädigt. Die Gebäude, Kirchen und Profanbauten, die Karlsruhe sein unverwechselbares Ausse-

Der Zirkel Ende 1944 zwischen Herren- und Ritterstraße, rechts unzerstört das Gasthaus „Zum Landsknecht“

hen verliehen hatten, waren verglüht, geborsten, verschwunden.
Die Verwunderung über den ersten Alarm am 15. Juni 1940 war dem Wunder gewichen, zu den Überlebenden jener Schreckensjahre zu gehören.

Amerikanische Luftbildaufnahme vom 21. März 1945. Innenstadtbereich vom Mühlburger Tor bis zum Marktplatz. Unten im Bild ist die zerstörte Festhalle, oben rechts der Marktplatzbereich zu erkennen

Anmerkungen

1 Der Verfasser dieses Artikels ist Jahrgang 1930, hat also die Kriegszeit als Junge miterlebt. Er beschäftigt sich schon seit längerer Zeit mit dem Thema „Luftkrieg", zu dem eine Veröffentlichung in der Reihe des Stadtarchivs derzeit in Vorbereitung ist.
2 Vgl. Heinrich Berger: Grünwettersbach am Kriegsende, Karlsruhe 1947, S. 1.
3 Vgl. Stadtarchiv Karlsruhe (StadtAK) 8/Alben 5, Bd. 3, S. 324 und Beitrag von Ernst Otto Bräunche in diesem Band, S. 229.
4 Vgl. Hans Rumpf: Das war der Bombenkrieg, Oldenburg 1961, S. 35.
5 Vgl. Eric Taylor: 1000 Bomber auf Köln, Düsseldorf 1979, S. 158.
6 Vgl. W. Lawrence: No 5 Bomber Group, S. 79, London 1951, S. 158.
7 Vgl. Erich Lacker: Ein Gewittersturm rettet die Fächerstadt, Badische Neueste Nachrichten (BNN) 7., 24. 4. 1984.
8 Vgl. Heinz Bardua: Stuttgart im Luftkrieg, Stuttgart 1967.
9 Vgl. Klaus Schmidt: Die Brandnacht, Darmstadt 1964, S. 5.
10 Vgl. Kurt Kranich: Schicksalstage einer Stadt, Karlsruhe 1973, S. 145.
11 Vgl. Erich Lacker: Luftkriegsschäden, in: Bericht des Helmholtz-Gymnasiums, Jahresbericht 1981/82.
12 So der Befehl an die englischen Bomberpiloten.
13 An diesen Eindruck erinnert sich der Verfasser, der im Hof seines Elternhauses diese Beobachtung machte.
14 Vgl. Karl Rentschler: Das Gottesauer Schloß zerstört, BNN, 12. 1. 1978.
15 Vgl. Fritz Kobe: Die letzte Glocke von Knielingen, Karlsruhe 1949.
16 Vgl. Clara Sieberts Aufzeichnung der Luftalarme in Karlsruhe, in: StadtAK 1/AEST 351.

Peter Pretsch

1965: Karlsruhe kann feiern

Dem Fortschritt zugewandt

250 Jahre nach ihrer Gründung wurde ein runder Geburtstag der Stadt zum ersten Mal angemessen gefeiert, nachdem die Jubiläumsjahre der Vergangenheit entweder nicht beachtet oder durch Weltkriege verhindert worden waren. Dieses Mal fiel der Zeitpunkt des Jubiläums in günstigere Zeitumstände. Die Stadt hatte sich weitgehend von den Schrecken des Krieges und seinen Folgen erholt, und der Blick war eigentlich mehr nach vorn gerichtet als zurück – schließlich stand die Bundesgartenschau 1967 vor der Tür.

Die Vergangenheit sah man eher romantisch verklärt, als daß man sich kritisch mit ihr auseinandergesetzt hätte. Die Bevölkerung und auch die Politik waren immer noch von jener Aufbruchstimmung erfaßt, die den Wiederaufbau erst ermöglicht hatte und nun in ein gewaltiges Wirtschaftswachstum übergegangen war. Am Anfang dieser Entwicklung hatte eine zu 35 % zerstörte Stadt gestanden, wobei das Ausmaß der Zerstörung in manchen Vororten, wie z. B. in Rintheim oder in der Innenstadt noch weit größer gewesen war, als der auf die gesamte Stadtgemarkung bezogene Prozentsatz deutlich machen kann.[1]

So hatte die Trümmerbeseitigung in den ersten Nachkriegsjahren zum Alltag der Bevölkerung gehört. Zunächst Aufgabe zwangsverpflichteter ehemaliger Parteigenossen, beteiligten sich nach einem Aufruf des damaligen Oberbürgermeisters Veit Tausende Bürger freiwillig daran. Schließlich war dies die Voraussetzung für den Wiederaufbau, der erst wieder ein Leben unter normalen Bedingungen ermöglichen sollte. Von knapp 57.000 Wohnungen waren nur etwas mehr als 11.000 unbeschädigt geblieben. Die Lebensverhältnisse in notdürftig, oft nur mit Brettern instand gesetzten Gebäuden waren daher für ihre Bewohner schwer erträglich. Bis Ende März 1950 hatten die etwa 800 fest eingestellten Arbeiter der AAK, der Aufräumungs-Arbeitsgemeinschaft Karlsruhe, und ihre freiwilligen Helfer die Schuttmenge von eineinhalb Millionen Kubikmetern bewältigt und konnten ihre Tätigkeit einstellen. Möglich war diese Leistung auch durch eine eigens eingerichtete Schuttbahn gewesen, deren Geleise durch das gesamte Stadtgebiet bis zum Rheinhafen verlegt worden waren, wo der Schutt ein Niederungsgelände auffüllte (vgl. Abb.).

Karlsruhe konnte sich daher schon am 20. Juni 1948, dem Tag der Währungsreform, als

Schuttbahn in der Kaiserstraße, 1946

am besten aufgeräumte Stadt präsentieren. Mit der Währungsreform waren auch die wirtschaftlichen Möglichkeiten für einen Neuanfang gegeben. Seit Beginn der fünfziger Jahre wurde daher nicht nur die alte Bausubstanz im Stadtkern wiederhergestellt, sondern es entstanden auch neue Stadtrandsiedlungen, von denen die Waldstadt das größte Projekt war. Neue Wohnformen sollten hier und in anderen Stadtteilen in Zukunft den Alltag der Menschen prägen. Bereits 1955 waren die ersten Wohnhochhäuser im Mühlburger Feld fertiggestellt[2] (vgl. Abb.). Damit gehörte auch der Fahrstuhl, wie schon lange zuvor in Amerika, zum unverzichtbaren Bestandteil des Alltags in einem Mietshaus, das die Wolken berührte. Aber vor allem für die Arbeitswelt sollte diese neue Bauweise in der Nachkriegszeit bestimmend werden, was sich gleichzeitig auf das Stadtbild auswirkte. Am 17. April 1952 wurde das zehngeschossige Werksgebäude der Firma Siemens in Knielingen für 5.000 Beschäftigte fertiggestellt, drei Jahre später das vierzehngeschossige Hochhaus der Karlsruher Lebensversicherung und das zehngeschossige Verwaltungsgebäude der Firma Mona, um nur einige Beispiele zu nennen. Der Architekt Erich Schelling erbaute bis 1964 das zwanziggeschossige Verwaltungsgebäude der Landesversicherungsanstalt Baden in der Gartenstraße, lange Zeit das höchste Gebäude in der Stadt überhaupt[3] (vgl. Abb. S. 271). Im Innern dieser Paläste aus Stahl, Glas und Beton wurde auch eine neue Raumaufteilung für die *Schreibtisch-Arbeiter* eingeführt, das sogenannte Großraumbüro. Nach amerikanischem Vorbild sollten dort die Verwaltungsvorgänge um so effektiver und vor allem schneller vonstatten gehen, da ein unmittelbarer Kontakt der Mitarbeiter untereinander gegeben war. Daß damit auch die Streßbelastung und die Krankheitsanfällig-

Westlicher Ortseingang von Mühlburg mit Wohnbebauung der fünfziger Jahre, 1963

Fensterputzer am LVA-Gebäude, 1963

keit nicht zuletzt durch die hermetisch abgeschlossene klimatisierte Raumsituation anstieg, wollte man damals noch nicht wahrhaben. Andere in Amtsstuben und Verwaltungen tätige Menschen arbeiteten aber noch in traditioneller Weise. Obwohl Karlsruhe seinen Status als Landeshauptstadt 1952 mit der Gründung des Landes Baden-Württemberg endgültig verloren hatte und damit die Arbeit für die Ministerien wegfiel, ging der Charakter einer Behördenstadt nicht ganz verloren. Nach der Volkszählung von 1961 waren wieder 35 % der Beschäftigten im öffentlichen Dienst und im Dienstleistungsgewerbe tätig und damit mehr als vor dem Zweiten Weltkrieg.[4] Dies hing auch damit zusammen, daß Karlsruhe 1950/51 mit dem Bundesverfassungsgericht und dem Bundesgerichtshof Sitz der beiden höchsten Gerichte der Bundesrepublik geworden war und sich deswegen mit dem Titel einer Residenz des Rechts schmükken konnte. Aber auch andere Bundes- und Landesbehörden und vor allem Versicherungen und Banken nahmen neben den schon bestehenden ihren Sitz in Karlsruhe, so das Regierungspräsidium Nordbaden, die Oberfinanzdirektion, die Versorgungsanstalt des Bundes und der Länder und die Landeskreditanstalt, um nur einige zu nennen.

Daß Karlsruhe nach dem Zweiten Weltkrieg zu einem *Wirtschaftszentrum am Oberrhein* werden sollte, ist in erster Linie der Ansiedlung von einigen Großunternehmen zu verdanken. Neben den traditionellen Maschinenfabriken war die schon erwähnte Errichtung der Firma Siemens & Halske für einen Anstieg der Beschäftigtenzahlen in der Elektro-Branche verantwortlich. Die Niederlassung von zwei Ölraffinerien förderte weniger die Beschäftigtenzahlen, bewirkte aber eine erhebliche Umsatzsteigerung in der Industrie. Mit rund 18 % aller Erwerbstätigen lag der Anteil der Industriearbeiter aber immer noch niedriger als die Beschäftigtenzahlen in den zahlreichen kleineren Handwerksbetrieben. Immerhin gehörten nun zusammen mit Handel, Banken und Versicherungen schon über drei Viertel der arbeitenden Bevölkerung dem Bereich *Freie Wirtschaft* an.[5]

Hausen und Wohnen

Die Entstehung von Trabantenstädten wie der Waldstadt wurde nicht zuletzt durch den anhaltenden Flüchtlingsstrom aus der damaligen Ostzone vor dem Mauerbau und den Vertriebenen aus den ehemaligen deutschen Ostgebieten gefördert. So konnte die Stadt Karlsruhe bis 1963 aus diesen Bevölkerungsgruppen einen Zuwachs von weit über 50.000 Einwohnern verzeichnen, und Oberbürgermeister Klotz begrüßte noch im gleichen Jahr als 250.000. Einwohner eine neue Karlsruherin.[6] Durch den Bedarf an Arbeitskräften hatte sich bis zu diesem Zeitpunkt aber auch die Zahl der ausländischen Mitbürger auf nahezu 11.000 vergrößert.[7] Vor diesem Hintergrund, der aktueller denn je erscheint, sah sich nicht nur die Stadt Karlsruhe veranlaßt,

möglichst rasch für ausreichenden Wohnraum zu sorgen. Trotz immenser Anstrengungen auf diesem Sektor – zu den 41.000 nach dem Zweiten Weltkrieg noch bewohnbaren Altbauwohnungen waren immerhin 23.000 öffentlich geförderte Neubauwohnungen hinzugekommen – wohnten 1965 beispielsweise an der damaligen Albuferstraße immer noch einige Familien in Holzbaracken[8] (vgl. Abb.). Auch die nach heutigen Begriffen karg ausgestatteten Sozialwohnungen der Gemeinnützigen Flüchtlings-Wohnungsbaugenossenschaft Stuttgart eGmbH an der Brauer-, Stösser-, Albtal- und Hertzstraße waren noch in den sechziger Jahren mit zwei und mehr Familien pro Wohneinheit belegt worden und damit noch lange nicht ausreichend.[9]
Zur Wohnkultur auch bescheidener Wohnungen gehörte es allerdings schon, daß viele von ihnen mit einem Balkon ausgestattet waren. Auf einen Fernseher mochten selbst ärmere Familien nicht verzichten, wie man an dem Antennenwald über der Baracken-Siedlung erkennen konnte. Waschmaschine und Kühlschrank sowie Stereo-Anlage zählten ebenso damals schon zur Wunschausstattung einer Wohnung. Das sprunghafte Anwachsen der Stadtbevölkerung verführte die Verwaltung allerdings auch zu Fehlplanungen. So war um den Knielinger See eine weitere Trabantenstadt, die sogenannte Rheinstadt, für 29.000 Menschen vorgesehen. Die rückläufige Bevölkerungsentwicklung zunächst bei der Rezession von 1967 und später nach 1970 ließ die Ausführung dieses Bauvorhabens im Sande verlaufen.[10] Andere Siedlungsprojekte wurden dagegen verwirklicht, etwa die mit ihren Hochhaus- und Terrassenbauten gewaltige Richt-Wohnanlage bei Durlach, die noch 1965 zur Ausführung kam, oder die Siedlung

Baracken-Siedlung an der Albuferstraße, 1961

Oberreut, die jedoch nicht durch die Bevölkerungszunahme verursacht, sondern im Zuge der Altstadtsanierung als Ersatz für die im Dörfle abgerissenen Häuser gebaut wurde, deren Bewohnern man eine neue Unterkunft schaffen mußte.[11]

1965 wohnten immerhin noch rund 6.500 Menschen im Dörfle, obwohl schon zwei Abrißwellen über die Altstadt gerollt waren. Vor dem Neuaufbau Mitte der siebziger Jahre war die Altstadtbevölkerung nach den Maßnahmen der Flächensanierung auf ihren tiefsten Stand mit etwa 2.200 Einwohnern gesunken. 1950 hatten noch rund 10.000 Menschen in der Altstadt gelebt.[12] Die Lebensverhältnisse im Dörfle vor der Sanierung hat eine damals dort tätige Sozialfürsorgerin recht eindringlich geschildert:

Die Menschen in der Altstadt führen, wenn auch in einer Stadt mit über 200 000 Einwohnern lebend, ein Eigenleben und haben ihre Gesetze. Die verwinkelten und sehr oft baufälligen Häuser prägen auch die Mieter. Die Straßen sind alt und schmal; die Hinterhöfe dunkel und ohne Sonne (vgl. Abb.). Kinder wachsen im Schatten auf. Sie werden von den Eltern geliebt, so wie ein Tier sein Junges schützt und betreut. Zwar fallen nicht selten harte Worte und wird in der Familie gehadert und geschrieen. Wenn es aber gilt zusammenzustehen, so wird niemand diese Mauer durchstoßen können.

Die Jänischen greifen leicht zum Messer und Schlägereien gehören zum täglichen Leben. Liebe wechselt rasch über in Haß und in diesem Wechselspiel kann man sich gar zu leicht verstricken. Gestern klagte man sich noch an und heute ist man wieder ein Herz und eine Seele.

Spüren die Leute, daß man sie zu verstehen sucht und ihnen helfen will, bringen sie nach anfänglichem Mißtrauen unbeschränkte Zuneigung entgegen. Sie sind anhänglich, lassen sich wie Kinder loben und schelten, erzählen viel zu viel, sodaß man, wenn man nicht genügend Kraft hat, innerlich abzustellen, ungeheuer seelisch belastet wird.

Hinterhof im Dörfle, 1965

Das Laster, welches dort zuhause ist, läßt sich nicht vertreiben. Die Dirnen in ihren goldenen Käfigen sind Gefangene der Unzucht und kommen in den meisten Fällen nicht mehr zu einem anständigen Leben. Warum ergeben sich soviele der Trunksucht, vor allem, wenn sie älter werden? Es ekelt sie vor sich selbst. Der Strick, der sie aber mit ihrem „Beruf" bindet, ist stärker, als die Kraft herauszukommen. Gerät eine Dirne in Krankheitsnot, so helfen ihr die anderen und stirbt eine aus ihren Reihen, so gibt es nur erster Klasse Beerdigung mit viel Pomp, Blumen und viel Tränen. Und verliert ein „Zuhälter" sein Leben, ist allgemein großer Schmerz.[13]

Große Teile der Altstadtbevölkerung zogen, wie bereits erwähnt, im Zuge der Altstadtsanierung in die neuen Stadtrandsiedlungen.[14] So verschwand mit der Abräumung der alten

Bausubstanz im Dörfle auch weitgehend die alte Sozialstruktur dieses um die Zeit der Grundsteinlegung zum Karlsruher Schloß 1715 entstandenen Stadtteils.
Ein anderer Stadtteil, dessen soziologische Zusammensetzung indessen eine Kontinuität bis zur Gegenwart aufweist, ist die[1] seit den sechziger Jahren des 19. Jahrhunderts im Zuge der beginnenden Industrialisierung als Arbeiter- und Eisenbahnerviertel entstandene Südstadt (vgl. Abb.). Auf deren Geschichte bezugnehmend, meinte noch Anfang der fünfziger Jahre ein damals für die Stadtplanung maßgeblicher Architekt:
Der Stadtteil ist einer der unerfreulichsten, ungesundesten und überbevölkertsten von Karlsruhe und gilt als Musterbeispiel für den Städtebau einer überlebten Epoche, in der das Profitstreben keine Rücksicht auf die Bedürfnisse der Menschen nahm.[15]

Daß die Zustände auch hier nicht mehr tragbar erschienen, belegt unter anderem ein Studienprojekt von Architekturstudenten an der Universität Karlsruhe, die vom Sommersemester 1975 bis zum Sommersemester 1977 zahlreiche Interviews mit den Südstadt-Bewohnern durchführten. Ein Fallbeispiel aus dieser Untersuchung sei exemplarisch vorgestellt, da die Lebensverhältnisse ein Jahrzehnt früher hier kaum anders ausgesehen haben dürften.
Familie K., Werderstraße, Hinterhaus
Frau K.: Flüchtlinge aus Ost-Deutschland, seit 1950 in Karlsruhe, Kassiererin im Stadtgarten.
Herr K.: In Heilbronn berufstätig, kommt nur am Wochenende nach Hause.
Sohn: 16 Jahre, besucht die letzte Klasse der Hauptschule, will eine Gärtnerlehre beginnen.

Blick über die Hinterhöfe der Südstadt, 1966

Wohnung: 2-Zimmer-Wohnung mit Küche unter dem Dach, kleiner Flur zwischen Küche und Wohnzimmer; durch das Wohnzimmer ist das Schlafzimmer zu erreichen; kein Bad; WC eine Etage tiefer; kein Balkon, schräge Wände, Fenster sehr hoch; Zimmer klein, in einwandfreiem Zustand, bei ihrem Einzug vom Vermieter neu tapeziert; PVC-Belag.
Gesamteindruck; eng und etwas finster. Miete DM 178,– + DM 12,50 Miete für Gasofen. Treppenhaus äußerst eng, die Treppe fast unzumutbar steil; vor der Wohnungstür von Familie K. kein Treppenpodest, dunkel.
Wir sahen in den kurzen Flur zwischen Küche und Wohnzimmer und in das Wohnzimmer, das mit einem Schrank, Sofa, 2 Sesseln und einem Tisch möbliert war. In der Ecke knisterte ein Meerschweinchen in einem Pappkarton; auf dem Fernsehgerät stand ein halbleeres Aquarium. Auf Sesseln, Sofa und Tisch lagen unzählige alte Zeitungen und Comics, Kleidungsstücke, Klebstoff, Tablettenschachteln und Zigaretten.
Wir unterhielten uns mit Frau K.; sie wohnt mit ihrer Familie seit 1953 in diesem Haus; ist vom Vorderhaus vor einigen Jahren ins Hinterhaus unters Dach gezogen. Sie und ihr Mann wohnen gern in der Südstadt, kaufen hier ein und kennen viele Geschäftsleute und Nachbarn. Am Anfang des Gesprächs sagte sie, sie würden nächstes Jahr hier ausziehen, sie hätten schon eine Wohnung woanders gemietet, was sich später als unwahr herausstellte.
Der einzige Mangel, den sie an ihrer Wohnung nennen konnten, ist, daß sie ein Zimmer zuwenig hat. Sie hätte gern einen Raum für den 16jährigen Sohn, der während der Woche bei ihr im Ehebett schläft und am Wochenende im Wohnzimmer auf dem Sofa. Einen Balkon fände sie ganz schön für ihre Blumen, die im

Wohnbebauung in der Waldstadt, 1965

Flur auf dem Boden und auf Schränken stehen. Ihre Wäsche gibt sie weg, kleine Wäsche wäscht sie in der Küche und trocknet sie auf der Leine quer über dem Hof. Unstimmigkeiten mit den anderen Hausbewohnern kann sie keine nennen; sie kennt alle und kommt gut mit ihnen aus. Die unter ihr wohnende jugoslawische Familie hebt sie besonders hervor, weil der Mann ihr schon zweimal das Fernsehgerät kostenlos repariert hat.[16]

Die hier geschilderten Lebensbedingungen trafen allerdings nur für den alten Baubestand in der Südstadt zu, der heute weitgehend modernisiert ist. Vor diesem Hintergrund wird aber verständlich, daß schon in den sechziger Jahren viele Familien in die besser ausgestatteten Stadtrandsiedlungen zogen, sobald sie es sich finanziell leisten konnten. In der Pionierzeit, beispielsweise in der Waldstadt (vgl. Abb. S.275), wurde die Wohnsituation dort aber noch recht skeptisch beurteilt. Zumindest die alteingesessenen Karlsruher kostete es nicht wenig Überzeugungskraft, ihren alten Wohnbezirk, zentral gelegen mit historisch gewachsenen Versorgungseinrichtungen, für ein städtebauliches Niemandsland aufzugeben. Der moderne Wohnkomfort, verbunden mit einem gesünderen Leben in der Natur, und nicht zuletzt die verkehrstechnische Entwicklung haben aber schließlich bewirkt, daß zumeist Leute mit besseren Verdienstmöglichkeiten in die neuen Siedlungen am Stadtrand gezogen sind, während die alten Quartiere im Innenstadtbereich in der Mehrzahl der weniger wohlhabenden Bevölkerungsschicht und Ausländern vorbehalten blieben.[17]

Verkehr und Konsum

Auch die Entwicklung des Individualverkehrs veränderte in der Nachkriegszeit schon bald das Gesicht der Stadt. Bereits 1963 mußten weit über 50.000 Kraftfahrzeuge insgesamt von der Stadt bewältigt werden.[18] In Karlsruhe wie in anderen Städten zielte die Verkehrsplanung zunächst auf eine *autogerechte Stadt*. Zu den ersten Maßnahmen auf diesem Gebiet hatten schon in den fünfziger Jahren das Anbringen von Verkehrsampeln, die Anlage von Verkehrsinseln, auf die sich die Fußgänger vor den Autos retten konnten, und andere verkehrsregelnde Einrichtungen gehört (vgl. Abb. S. 277). Dem wachsenden Autoverkehr wurde man damit aber nicht Herr. Deshalb mußten neue Straßen und Unterführungen gebaut werden. So wurden noch im Jubiläumsjahr 1965 die Untertunnelung des Schloßplatzes mit der Tiefgarage und die Unterführung der Kriegsstraße am Ettlinger-Tor-Platz fertiggestellt. Der Ausbau der Kriegsstraße zur Stadtautobahn war damit eingeleitet. Außerdem wurden die Arbeiten an der Südtangente, einer Schnellstraße zur Umgehung der Innenstadt, in Angriff genommen.[19] Der zunehmende Autoverkehr hatte schon seit den fünfziger Jahren zu Staus im Innenstadtbereich geführt, worüber auch in der Presse des öfteren Klage geführt wurde[20] (vgl. Abb. S. 277). Auf der anderen Seite wurde mit großen Autoschauen das Kaufinteresse der Bürger geweckt. Auch die Kino-Branche trug dazu bei. 1960 war der Film „Der letzte Fußgänger" mit Heinz Erhardt und Christine Kaufmann in den Hauptrollen in Karlsruhe uraufgeführt worden. Die Beliebtheit des Motorrollers, der noch Mitte der fünfziger Jahre rund ein Drittel des gesamten privaten Kraftfahrzeugbestandes in Karlsruhe ausgemacht hatte, sank rapide zugunsten des Automobils. Immerhin gab es aber in Karlsruhe bis in die sechziger Jahre hinein einen *Vespa-Club*, der auch manchmal vor der Kamera Furore machte.[21] Bezüglich der Kraftfahrzeugdichte kam Karlsruhe im Städtevergleich der Bundesrepublik von 1963 mit 4,5 Einwohnern auf ein Kraftfahrzeug gleich hinter Frankfurt auf den zweiten Platz.[22]

Zum Verkehrsaufkommen insgesamt trugen auch die zahlreichen Pendler aus den umliegenden Dörfern bei, übrigens damals mehr als ein Viertel aller in Karlsruhe beschäftigten Personen. Von diesen benutzten aber immerhin noch mehr als die Hälfte die öffentlichen

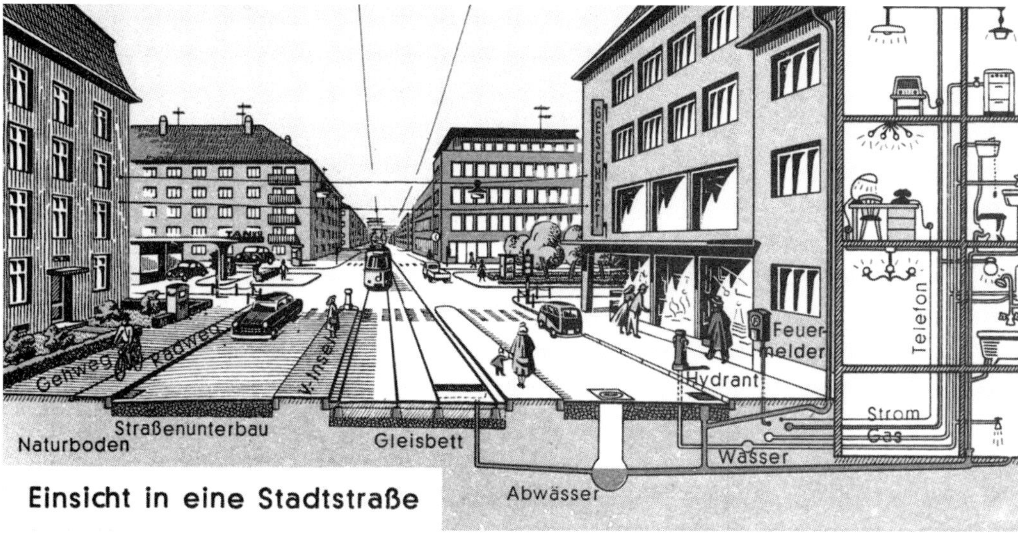

Verkehrsplanung und Energieversorgung in den fünfziger Jahren

Verkehrsmittel Bahn und Bus.[23] Den Bewohnern des Albtals kam dabei zugute, daß die Albtalbahnstrecke nach Herrenalb bereits seit über 60 Jahren existierte und gerade auf Gleichstrombetrieb umgestellt worden war.[24] Eine neue Strecke der Karlsruher Straßenbahn war bis dahin nur in die Waldstadt gebaut worden, wenn man von Modernisierungsmaßnahmen wie der Anlegung neuer Straßenbahnhaltestellen und der Umstellung auf Doppelgleisanlagen absieht. Zum Personal der Straßenbahn gehörten damals erstaunlich viele Frauen, die zum größten Teil als Straßenbahnschaffnerinnen, wie schon in

Stau in der Kaiserstraße Mitte der sechziger Jahre

den beiden Weltkriegen, zu einem geringen Maße auch als Fahrerinnen eingesetzt waren.[25]
Viele Leute aus Karlsruhe und Umgebung fuhren aber nicht nur *in die Stadt,* um dort zu arbeiten, sondern – zumeist die Hausfrauen – um hier einzukaufen. Nach einer Erhebung der Industrie- und Handelskammer von 1965 kauften sie in erster Linie Textilien und Schuhe, machten aber auch größere Anschaffungen wie Möbel, Waschmaschinen und Elektrogeräte. Verständlicherweise rangierten Lebensmittel am unteren Ende dieser Skala.[26] Vor allem das Warenangebot der großen Karlsruher Kaufhäuser, deren Tradition ja zum Teil bis in die Zeit vor dem Ersten Weltkrieg zurückgeht, zog die Dorfbewohner in die Stadt. Eine Umstrukturierung der Geschäftsorganisation, welche die Schwellenangst senkte, spielte dabei sicherlich ebenfalls eine Rolle: Mehr und mehr wurden die Kaufhäuser zu Selbstbedienungsläden umgestaltet. Die Cash- und Carry-Läden nach amerikanischem Vorbild hielten auch in der Lebensmittelbranche Einzug, was für viele *Tante-Emma-Läden* traditioneller Prägung das Aus bedeutete (vgl. Abb.). Diese Entwicklung sollte später mit der Errichtung von riesigen Supermärkten auf der grünen Wiese mit großem Parkplatzangebot – auch eine Konzession an das Auto – zum Höhepunkt geführt werden. Das 1968 eröffnete Wertkauf-Center am Durlacher Autobahnkreuz ist ein Beispiel dafür. 1952 hatte übrigens die Firma Pfannkuch in Karlsruhe den ersten Selbstbedienungsladen eingerichtet.[27]
1965 kostete ein Kilo Kartoffeln durchschnittlich 42 Pfennige, ein Glas Bier 48 Pfennige, ein Liter Milch 50 Pfennige, ein Pfund Kaffee 8 DM und ein Kilo Schweinefleisch ebenfalls

Im Supermarkt der Waldstadt, 1961

um 8 DM. Ein Straßenanzug war für etwa 180 DM zu haben, ein Damenkleid für 60 DM[28]. Ein Angestellter mit mittlerem Einkommen verdiente als Vorstand eines Vier-Personen-Haushaltes knapp 1.000 DM netto im Monat, eine ledige Verkäuferin ungefähr 600 DM. Vor diesem Hintergrund ist die nachstehende Tabelle zu werten, welche die monatlichen Ausgaben für die Lebenshaltung eines Vier-Personen-Haushaltes im Jahre 1965 festhält, wobei auffällt, daß der Posten für die Wohnungsmiete mit 12,3 % an den Gesamtausgaben im Vergleich zu den heutigen Verhältnissen noch relativ bescheiden ausfällt.

Durchschnittliche monatliche Ausgaben für den privaten Verbrauch je Vier-Personen-Arbeitnehmer-Haushalt mit mittlerem Einkommen des Haushaltsvorstandes:

	1965	
Ausgabengruppen	*DM*	*%*
Nahrungs- und Genußmittel	*325,19*	*36,8*
davon: Nahrungsmittel	*279,98*	*31,7*
Genußmittel	*45,21*	*5,1*
Kleidung und Schuhe	*98,52*	*11,2*
Wohnungsmiete	*108,64*	*12,3*
Elektrizität, Gas, Brennstoffe u. ä.	*37,78*	*4,3*
Übrige Haushaltsführung	*82,08*	*9,3*
Verkehr	*121,61*	*13,8*
Körper- und Gesundheitspflege	*31,83*	*3,6*
Bildung und Unterhaltung	*57,76*	*6,6*
Persönliches	*18,77*	*2,1*
Gesamtausgaben für den privaten Verbrauch	*882,18*	*100,0*[29]

1965 herrschte Vollbeschäftigung, das heißt, bei rund 160.000 Beschäftigten im Stadtkreis Karlsruhe wurden nur 166 Arbeitslose gezählt, wenig mehr als 0,1 %, eine Zahl, die heutzutage geradezu märchenhaft erscheint.[30]

Freizeitverhalten und Schule

Zu den traditionellen Institutionen, die auch 1965 noch das Freizeitverhalten der Karlsruher Bevölkerung prägten, gehörten der Stadtgarten, das Staatstheater, die Museen, die Kinos und die Vereine. Als wichtiger Freizeitfaktor war aber inzwischen das Fernsehen hinzugetreten, das nicht wenig Einfluß auf die Frequentierung der anderen Freizeiteinrichtungen gewonnen hatte. So ließen sich immerhin schon 64 % der Karlsruher Erwachsenen regelmäßig durch das Fernsehen berieseln, noch mehr, nämlich 79 %, hörten außerdem auch Radio[31] (vgl. Abb. S. 280).
Mitte der sechziger Jahre übertraf in Karlsruhe die Zahl der Automobile die der nahezu 50.000 Fernsehgeräte. Diese gewaltige Zunahme an Mobilität veränderte natürlich auch das Freizeitverhalten; die „Fahrt ins Grüne" bekam einen wichtigen Stellenwert für die Nachkriegsbevölkerung.[32] Die damalige Entwicklung wird auch durch Filmberichte dokumentiert. Sie wurden von 1957 bis 1966 im Vorprogramm der Kinos gezeigt und können heute als Quelle für die Karlsruher Alltagsgeschichte genutzt werden (vgl. Abb. S. 281). Die Filmreihe „Karlsruher Monatsspiegel" wurde mit Unterstützung der Stadt Karlsruhe produziert.[33] Daß sie 1966 eingestellt wurde, lag nicht nur am Tode des Produzenten Emil Meinzer, sondern hing auch mit der immer stärker werdenden Konkurrenz der anderen Freizeitmöglichkeiten, aber natürlich vor allem des Fernsehens, zusammen. Diesem waren bis 1965 schon neun der 26 fünf Jahre zuvor noch auf Karlsruher Stadtgebiet vorhandenen Filmtheater zum Opfer gefallen. Der Kinobesuch fiel von seinem höchsten Stand im Jahre 1956 mit 4,5 Millionen Besuchern auf 2,7 Millionen zurück.[34] Im Vergleich mit den anderen Freizeiteinrichtungen hatte das Kino trotz des Fernsehens bei der Bevölkerung aber immer noch einen hohen Stellenwert. Nach den statistischen Erhebungen kauften 1965 über 660.000 Personen Eintritts- und Dauerkarten für den Stadtgarten

Blick in ein Wohnzimmer der sechziger Jahre

mit Zoo (1967 zur Bundesgartenschau 6,3 Millionen!). Die Museen (Kunstverein, Pfinzgaumuseum, Kunsthalle, Landessammlungen für Naturkunde) besuchten knapp 170.000 Menschen. Das Badische Landesmuseum war wegen der Beendigung des Wiederaufbaus des Schlosses 1965 geschlossen. 1963, als dieses Museum seine Schätze wenigstens im wiederhergestellten Mittelbau des Schlosses zeigen konnte, war von den Museen insgesamt noch eine Besucherzahl von 210.000 erreicht worden. In vergleichbarem Rahmen dürfte sich die Benutzung der öffentlichen Bibliotheken bewegt haben. Die Stadtbibliothek[1] (vgl. Abb.) mit ihren Zweigstellen und die Gewerbebücherei frequentierten insge-

Märchenstunde in der Stadtbibliothek am Marktplatz vor Weihnachten 1963

Programm des in den Karlsruher Kinos gezeigten „Karlsruher Monatsspiegels" von 1958 ▷

Karlsruher Monatsspiegel

Der aktuelle Filmbericht in Bild und Ton

Produktion: Meinzer-Film Karlsruhe

Karlsruhe im Jahre 1945 und sein Wiederaufbau

Originalaufnahmen von der zerbombten Residenzstadt bis zur heutigen Wiedererstehung

US-Ehrung für Dr. Huber, OB Klotz und Landrat Groß

Möbel-Ehrfeld repräsentiert seine reichhaltige Möbelschau

KSC - Young Fellows Zürich

Ein Besuch im Damensalon Iris mit neuzeitlichen Frisuren

Bambi-Verleihung an beliebte Filmstars in Karlsruhe

Empfang im Rathaus von Maria Schell und Toni Sailer.
Rundfahrt beider Stars mit der Straßenbahn.
Festlicher Empfang in der Schwarzwaldhalle.
Cocktail-Empfang in der Stadthalle.

Frühjahrsmoden im Kaufhaus UNION

Sie sehen diesen Film in folgenden Theatern:

Kamera - Luxor - neue Kurbel - Studio 3 - Resi - Gloria (Mühlburg) **- Scala** (Durlach) **- Atlantik**

KLAMBT-DRUCK GMBH., SPEYER

samt 130.402 Leser. Über eine halbe Million Bücher aus allen öffentlich zugänglichen Bibliotheken wurden 1965 verlangt. Dieses für die damalige Zeit gute Ergebnis wäre ohne die knapp 8.000 an der Technischen Hochschule, der Staatlichen Ingenieursschule und der Pädagogischen Hochschule Studierenden sicherlich nicht möglich gewesen. Das Badische Staatstheater konnte in der Spielzeit 1964/65 fast 400.000 Besucher verzeichnen und war damit zu 70 % ausgelastet. Mehr als doppelt so viele Besucher zählten die städtischen Hallen- und Volksbäder, wobei das 1955 eröffnete Tulla-Bad mit 454.670 Schwimmern den Löwenanteil der Badegäste aufnahm. Immerhin eine halbe Million Menschen gingen auch in die Karlsruher Freibäder – hier hatte allein das Rheinstrandbad Rappenwört die Hälfte der Badegäste angezogen.[35]

Die Vereine spielten in der Freizeitgestaltung der Karlsruher Bevölkerung nicht mehr die bedeutende Rolle, die sie früher einmal innehatten. Zu diesem Ergebnis kommt jedenfalls das von den Professoren Bergstraesser und Tenbruck erarbeitete Gutachten von 1965. Im einzelnen werden dafür folgende Gründe angeführt:

1. ... die Anhebung des Lohnniveaus, die Verkürzung der Arbeitszeit, staatlicher Schutz bei Krankheit, Arbeitslosigkeit und Verarmung einerseits und die Abdichtung der Institutionen des Verwaltungs- und Wohlfahrtsstaates gegen private Wohlfahrtsinitiativen andererseits haben zumindest eine bestimmte Art von Wohlfahrts- und Unterstützungsvereinen überflüssig gemacht oder ihren Funktionswandel erzwungen ...

2. ... bei aller Vermittlung der überlokalen Wirklichkeit war der Verein ... oft sogar überwiegend, auch, eine Welt für sich! Er kapselte die Mitglieder ab und nahm sie oft ganz in Beschlag. Aber die Verschärfung der sozialen Differenzierung, der rapidere soziale Wandel verlangen einen mehr und mehr anpassungsfähigen Menschentyp. Die persönlichen Beziehungen müssen sich heute zunehmend offener gestalten, müssen immer mannigfaltiger und durchlässiger werden, um den Kontakt zu immer mehr und immer verschiedeneren Menschen zu ermöglichen ...

3. ... eine dritte, wesentliche Änderung ergibt sich mit der zunehmenden Bedeutung der modernen Vergnügungsindustrie. Vor ihrer Entstehung waren es die Vereine gewesen, die fast ausschließlich das Problem hatten lösen können, das sich zu Beginn der Industrialisierung mit der vermehrten Freizeit des einzelnen stellte. Diese wurde nicht mehr wie im Dorfe automatisch durch Familie und Nachbarschaft, also dem Tageszyklus, ausgefüllt, sondern konnte und mußte von den isolierten Einzelnen „gestaltet" werden. Demgegenüber bietet die moderne Vergnügungsindustrie Alternativen für das Vereinsleben an. So beklagte ein eifriger Karlsruher Sangesbruder, daß so viele Vereinsfreunde den Chorproben fernblieben, wenn z. B. einmal ein spannender Film oder ein Fußballspiel im Fernsehen gezeigt würde ...

4. ... schließlich spielt die veränderte Struktur der modernen Familie eine Rolle, die als Intim- und Privatsphäre für die Eheleute eine neue Bedeutung erhalten hat. Mit der veränderten Stellung der Frau in der Familie sind die Ansprüche an private oder gemeinsam zu verbringende Freizeit innerhalb oder außerhalb des Hauses gewachsen. Gleichzeitig ist die Familie stärker abgeschnitten von vorgegebenen sozialen Beziehungen und Pflichten in Standes- oder in ähnlichen Gruppen. Sie schafft sich ihr eigenes soziales Feld und füllt ihre Freizeit stärker nach individuellen Wünschen aus. Insoweit läßt sich von einem gewissen „Rückzug auf die Familie" sprechen, durch den der Mann aus anderen sozialen Außenbeziehungen, u. a. den Vereinen, herausgenommen wird.[36]

Trotz der hier geschilderten Entwicklungstendenzen der modernen Industriegesellschaft errechneten die Gutachter 1965, daß immerhin 46,9 % der erwachsenen Karlsruher Bevölkerung Mitglied in einem oder mehreren Vereinen waren. Den Löwenanteil dieses

Prozentsatzes stellten mit etwa 33.000 erwachsenen Mitgliedern die Karlsruher Sportvereine, die außerdem noch ungefähr 11.000 Kinder und Jugendliche in ihren Reihen hatten. In der Beliebtheitsskala der Sportarten führte dabei der Fußball (annähernd 12.000 Mitglieder) knapp vor Turnen und Gymnastik, darauf folgten 4.700 Wanderwillige vor immerhin schon 3.663 in Vereinen organisierten Skifahrern und 3.119 Handballern. Die übrigen 23 Sportarten waren unterschiedlich stark frequentiert. So hatten die Schwimm- und die Rad- und Motorsportvereine jeweils über 2.000 Mitglieder und die Fecht- und Hockey-Vereine unter 100.[37] Die starke Dominanz des Fußballs hing natürlich auch mit der Rolle des Karlsruher Sport-Clubs zusammen (vgl. Abb.). In der Saison 1964/65 spielte er in der damals noch jungen Bundesliga, wovon nicht nur der in den Karlsruher Filmtheatern als Vorschau gezeigte *Karlsruher Monatsspiegel,* sondern auch des öfteren das überregionale Fernsehen Kenntnis nahm. Der KSC hatte deshalb damals schon für die Ausübung dieser Sportart Vorbildfunktion und war außerdem für das Ansehen der Stadt imagebildend.[38]

Sportliche Aktivitäten wurden aber nicht nur in Vereinen, sondern vor allem auch an den Schulen gepflegt. 1965 lag Karlsruhe noch im Trend der Geburtenüberschüsse, d. h., in den Jahren von 1960 bis 1968 wurden rund 40 % der Bevölkerungszunahme allein durch Geburtenüberschüsse erreicht.[39] In den Jahren zuvor waren es noch wesentlich mehr gewesen. Es mußten also in der Nachkriegszeit

Szene aus dem Spiel des KSC gegen die Mannschaft von Werder Bremen im Wildparkstadion, 1964

nicht nur die zerstörten Schulen wiederaufgebaut, sondern angesichts des erhöhten Bedarfs auch viele neue Schulen errichtet werden. Dabei wurde auch darauf geachtet, daß die körperliche Ertüchtigung der Kinder und Jugendlichen nicht zu kurz kam, denn bei den Neubauten waren immer eine Turnhalle und oft auch ein Spiel- und Sportplatz mit eingeplant, was bei Schulbauten der Vorkriegszeit manchmal nicht der Fall gewesen war.[40] Wegen des rapiden Anstiegs der Schülerzahlen kam man mit dem vorhandenen Personal an Lehrkräften nicht mehr aus. Nach dem Schuljahr 1965/66 wurden deswegen an Gymnasien zwei sogenannte *Kurzschuljahre* eingeführt, durch welche der Schuljahresbeginn vom Frühjahr auf den Herbst verlegt wurde. Diese Maßnahme war im Oktober 1964 von den Ländern der Bundesrepublik beschlossen worden, um eine Vereinheitlichung des Schulwesens zu erreichen. Diese *Kurzschuljahre* waren etwa um ein Drittel kürzer als normale Schuljahre.[41] Wegen des Lehrermangels wurden auch einige pensionierte Lehrkräfte wieder reaktiviert, obwohl man schon Ende der fünfziger Jahre eine *Überalterung* des Lehrkörpers beklagt hatte.[42]

Feste und Politik

Viele Festveranstaltungen, die im Stadtgebiet stattfinden, gehen auf dörfliche Traditionen zurück. Sie werden in den Stadtteilen abgehalten, die früher selbständige Gemeinden waren. Dort finden seit altersher Kirchweih-, Fischerfeste und Jahrmärkte statt, die in der Nachkriegszeit zwar meistens nur unter Mühe von geselligen und kirchlichen Vereinen wieder aktiviert werden konnten, aber schon seit den sechziger Jahren mehr denn je von der Bevölkerung angenommen werden. Eigentliche Stadtfeste mit solch langer Tradition gibt es in Karlsruhe selten. Zu ihnen zählt das Lindenblütenfest in der Weststadt. Es wird auf dem Gutenberg-Platz gefeiert, der um die Jahrhundertwende angelegt wurde. Die den Platz begrenzenden Linden, von denen das Fest seinen Namen hat, wurden vom städtischen Gartenbauamt zur Jahreswende 1904/05 gepflanzt. Der bald hundertjährige Bürgerverein der Weststadt rief danach die Tradition der Lindenblütenfeste, bei der eine Lindenblüten-Königin und zwei ihr assistierende Prinzessinen gewählt werden, ins Leben. Wann allerdings das erste Lindenblütenfest gefeiert wurde, läßt sich heute leider nicht mehr feststellen. In der Nachkriegszeit wurde die Tradition 1949 wiederaufgenommen.[43] Das Lindenblütenfest 1965 hat uns Emil Meinzer ebenso wie die Karlsruher Frühjahrsmesse des gleichen Jahres, die seit 1911 am selben Platz an der Durlacher Allee stattfindet, in Bild und Ton in seinem *Karlsruher Monatsspiegel* überliefert.[44]

Eine längere Geschichte hat der Karlsruher Fastnachts-Umzug. Bereits 1841 zum ersten Mal veranstaltet, durch die Restauration nach der Revolution von 1848/49 für längere Zeit unterdrückt, wurde er seit der Gründerzeit bis zum Ausbruch des Zweiten Weltkrieges fast jedes Jahr durchgeführt. Der erste Fastnachts-Umzug nach dem Kriege fand 1951 statt. Die noch heute so beliebte „Tulpen-Garde", die sich auf die Vorliebe des Stadtgründers für das schöne Geschlecht bezieht, marschierte erstmals 1955 mit.[45] Damals kamen auch die sogenannten *Schwell-Köpfe* in Mode, mit denen man sich zumeist über Politiker lustig machte. Dabei wurde auch beim Umzug von 1965 vor allem der damalige Oberbürgermeister Günther Klotz aufs Korn genommen, was aber eher für die Beliebtheit des Stadtoberhauptes sprach[46] (vgl. Abb. S. 285). Im normalen Alltag ließ der OB ja sonst auch keine Gelegenheit aus, sich in der Öffentlichkeit zu präsentieren. Nicht umsonst wurde der *Karlsruher Monatsspiegel* wegen seiner häufigen Auftritte im Volksmund die „OB-Klotz-Schau" genannt. Auf die Frage, wer in Karlsruhe etwas zu sagen habe, nannten 1965 80 % der Stadtbevölkerung den Oberbürgermeister, 5 % meinten sogar, er bestimme, was in den *Badischen Neuesten Nachrichten* geschrieben würde.[47]

Daß in der Nachkriegszeit aber inzwischen demokratische Strukturen Fuß gefaßt hatten, stellten Kommunal-, Landtags- und Bundestagswahlen unter Beweis. So wählten zwar 47,9 % der Bürger in Karlsruhe bei der Gemeinderatswahl von 1965 die Partei des Oberbürgermeisters (SPD), aber bei der Landtagswahl 1964 waren es 5,6 % weniger gewesen, und bei der Bundestagswahl von 1965 wählten sogar nur 38,2 % der Einwohner der Fächerstadt die Sozialdemokraten, eine Tatsache, die auch wieder für die Popularität des damaligen Stadtoberhauptes spricht.[48] 1965 war der Spitzenkandidat der CDU, der ehemalige Wirtschaftsminister Professor Ludwig Erhard, erneut Bundeskanzler geworden. Ministerpräsident des Landes Baden-Württemberg war seit 1964 Kurt Georg Kiesinger, ebenfalls Mitglied der CDU. Bereits 1959 hatte die Bundesversammlung bei der Wahl des Staatsoberhauptes den Kandidaten der Christdemokraten, Dr. Heinrich Lübke, gewählt. Ministerpräsident und Bundespräsident konnten für die Teilnahme an der größten Festveranstaltung des Jahres 1965 in Karlsruhe gewonnen werden, nämlich der Feier des 250jährigen Stadtjubiläums – mit einem Festakt in der Schwarzwaldhalle am 23. Juni.

Fastnachtsumzug 1965 mit einer Parodie auf Günther Klotz

Majolika-Krug zum Stadtjubiläum

Das Stadtjubiläum

Zu den ersten Jubiläumsvorbereitungen gehörte die Herstellung eines Jubiläumskruges durch die Majolika-Manufaktur. Der Karlsruher Kunstmaler Rudolf O. Karrmann gestaltete den Krug, der bereits am 12. Oktober 1962 von der Presse der Öffentlichkeit vorgestellt werden konnte[49] (vgl. Abb.). Schon bei früheren Gelegenheiten, z. B. bei der Ehrung verdienter Persönlichkeiten, waren Majolika-Vasen oft und gern als Präsent überreicht worden. Diese Tradition hat sich bis heute erhalten.[50]

Am 28. Januar 1964 wandte sich Oberbürgermeister Klotz über die Presse an die Karlsruher Bevölkerung, *jetzt schon mit dem „Jubiläumsputz" zu beginnen.* Er dachte dabei vor allem an die Grundstückseigentümer: *Das erste Viertel seines Jahrtausends hat Karlsruhe 1965 vollendet. Bekannte Autoren überdenken heute schon die 250 Jahre seit der Gründung der Stadt durch den Markgrafen Carl Wilhelm von Baden-Durlach, und die städtischen Ämter bemühen sich bereits um das festliche Kleid des Jubilars . . .*

Viel ist noch zu tun. Das beginnt mit dem Saubermachen der Vorgärten, einer Erneuerung ihrer Bepflanzung, dem Anstrich des Vorgartenzauns oder seiner Beseitigung, wenn er gar zu altmodisch und schlecht ist. Vorgärten sollen wieder Ziergärten werden! Auch bei alten Häusern ist es möglich, die Fassade durch neuen Verputz oder Anstrich zu verbessern. Bei Werksteinen hilft das Sandstrahlgebläse, und schließlich trägt schon ein Anstrich der Fenster und Türen zur Aufhellung bei. Notdächer sollten endlich durch einwandfreie Dächer mit ordentlichen Gesimsen ersetzt werden; schadhafte Dachrinnen müssen vor allem an den Straßenseiten erneuert werden. Besonders wichtig ist es, die letzten Ruinen im Stadtgebiet wieder aufzubauen und halb aufgebaute Häuser endlich fertigzustellen, damit sich die Baulücken schließen.

Auch gewerbliche Betriebe sollten dafür sorgen, daß verfallene Schuppen entweder aufgebaut oder beseitigt werden, daß unordentliche Lagerplätze aufgeräumt oder mit einer sauberen Einfriedigung umgeben werden; das gilt besonders für Altmaterialplätze und Autofriedhöfe.[51]

Angeregt durch zwei Medaillenprägungen der privaten Konkurrenz war 1964 auch schon die offizielle Gedenk-Medaille zum Stadtjubiläum auf Anregung der Stadtverwaltung von der Städtischen Sparkasse herausgegeben worden.[52]

Schließlich konnte am 23. Dezember 1964 das umfangreiche Veranstaltungsprogramm der Stadt Karlsruhe für das Jubiläumsjahr 1965, das im wesentlichen später auch so durchgeführt wurde, im Amtsblatt veröffentlicht werden (vgl. Abb. S. 287).

Zu den Maßnahmen der Verschönerung des

Übersicht über die Veranstaltungen zum Stadtjubiläum 1965

„Für jeden etwas" / Offizieller Festakt mit dem Bundespräsidenten

Am 18. Dezember legte Oberbürgermeister Günther Klotz im Haus Solms einer Anzahl Vertreter aller Sparten des kulturellen und öffentlichen Lebens das Programm zum Stadtjubiläum 1965 vor, das kaum noch Änderungen erfahren dürfte. Der Bundespräsident hat sein Erscheinen beim offiziellen Festakt im Juni zugesagt. Da er am 17. Juni nahe der Zonengrenze sprechen wird, konnte er seine Anwesenheit in Karlsruhe bis jetzt noch nicht genau festlegen, so daß der Termin erst in einigen Wochen bekanntgegeben werden kann. In der Sitzung am 18. 12. wurden noch zahlreiche Anregungen gegeben, die nach Möglichkeit verwirklicht werden sollen. Prof. Dr. Otto Haupt schilderte die Gliederung seiner Jubiläumsausstellung im Landesgewerbeamt. Bedauerlicherweise kann das Badische Landesmuseum seine Schätze im Jubiläumsjahr noch nicht zeigen, da die Bauarbeiten an der Tiefgarage und am Schloß und die lange Einrichtungszeit danach dies unmöglich machen. Die Kosten für das Stadtjubiläum 1965 sind auf etwa 786 000 DM veranschlagt.

Nach dem Stand vom 15. Dezember 1964 ergibt sich folgende Übersicht:

24. Januar:
Länderspiel Hallenhandball Deutschland gegen Jugoslawien. Veranstalter: Deutscher Handballbund.

12. bis 21. März:
Blumenschau des Badischen Gartenbauverbandes in der Schwarzwaldhalle. Veranstalter: Gesellschaft zur Förderung des badischen Gartenbaus.

20. März:
Eröffnung des Oberrheinischen Dichtermuseums in der Röntgenstraße 6. Veranstalter Volksbund für Dichtung.

24. April:
Länderkampf im Fußball Deutschland gegen Zypern.

25. April:
Radsportveranstaltung: Großer Straßenpreis der Stadt Karlsruhe. Veranstalter: Radfahrerverein „Sturm" Mühlburg.

28. April:
Festkonzert der Bamberger Symphoniker unter Joseph Keilberth in der Schwarzwaldhalle. Veranstalter: Förderungsgemeinschaft der deutschen Kunst e. V. und Stadt Karlsruhe.

Ende April/Anfang Mai:
Feier des 200jährigen Jubiläums der Badischen Landesbibliothek mit Einweihung des neuen Bibliotheksgebäudes und Ausstellung wertvoller Bestände (Handschriften und dergl.).

8. Mai bis 27. Juni:
Carl-Weysser-Ausstellung im Rathaus Durlach. Veranstalter: Stadt Karlsruhe.

10. Mai:
Gastspiel der Comédie de l'Est Strasbourg. Balzac: „Le Faiseur" (im Kleinen Haus des Badischen Staatstheaters). Veranstalter: Deutsch-Französische Gesellschaft.

15./16. Mai:
Deutsche Hallenmeisterschaften im Schwimmen Veranstalter: Deutscher Schwimmverband.

20. Mai:
Konzert des Stuttgarter Kammerorchesters unter Karl Münchinger in der Stadthalle. Veranstalter: Förderungsgemeinschaft der deutschen Kunst e. V.

21. Mai:
Verleihung der städtischen Förderungspreise für Bildende Kunst, Musik und Literatur im Bürgersaal des Rathauses. Veranstalter: Stadt Karlsruhe.

27. bis 30. Mai:
Badisches Bundesliederfest 1965. Veranstalter: Badischer Sängerbund e. V.

Mai/Juni:
Gastspiel des Schillertheaters Berlin. Veranstalter: Badisches Staatstheater.

10. Juni:
Technische Hochschule: „Heinrich Hertz in Karlsruhe" Vortrag zur Entdeckung der elektrischen Wellen von Professor Wolf mit Experimenten von Professor Buckel.

5./6. Juni:
Internationale Kanu-Regatta. Veranstalter: Deutscher Kanu-Verband.

5. bis 7. Juni:
Bundestreffen der Karpatendeutschen Landsmannschaft.

12./13. Juni:
Deutsche Basketball-Meisterschaften in der Schwarzwaldhalle. Veranstalter: Deutscher Basketballbund.

Juni:
Festakt der Stadt in der Schwarzwaldhalle.

Juni:
Volkstümliche Veranstaltung in der Schwarzwaldhalle unter Mitwirkung von Kräften des Badischen Staatstheaters und auswärtiger Künstler „250 Jahre heitere Muse". Veranstalter: Badisches Staatstheater und Stadt Karlsruhe.

18. bis 20. Juni:
Drittes großes Karlsruher Reit- und Springturnier. Veranstalter: Reiterverein Durlach.

20. Juni bis 15. August:
Ausstellung „Badische Malerei des 19. Jahrhunderts" im Badischen Kunstverein.

26./27. Juni:
Drei-Länderkampf im Rudern Deutschland — Österreich — Jugoslawien und 34. Internationale Karlsruher Ruderregatta. Veranstalter: Deutscher Ruderverband.

27. Juni:
Festkonzert zum Stadtjubiläum „Die Schöpfung" von Haydn mit der Badischen Staatskapelle und dem Karlsruher Oratorienchor. Veranstalter: Badisches Staatstheater.

Juni:
Konzertabend am Badischen Hof im Kostüm der Zeit Karlsruher und Durlacher Hofkomponisten. Veranstalter: Badisches Staatstheater.

Juni:
Uraufführung des stadtgeschichtlichen Filmes „Lebenslauf einer Stadt". Veranstalter: Stadt Karlsruhe.

Anfang Juli:
Eröffnung der großen Jubiläumsausstellung „Karlsruhe — gestern, heute und morgen" im Landesgewerbeamt (Dauer: 3 Monate). Veranstalter: Stadt Karlsruhe.

2. Juli:
Verleihung des Hermann-Hesse-Preises im Bürgersaal des Rathauses. Veranstalter: Förderungsgemeinschaft der deutschen Kunst e. V.

3. Juli bis 1. August:
Freilichtbühne im Schloßpark: Aufführungen von „Schluck und Jau" von Gerhart Hauptmann und ein großer Ballettabend. Veranstalter: Badisches Staatstheater.

16. Juli:
Landesschulturnfest mit 2500 Teilnehmern. Veranstalter: Kultusministerium Baden-Württemberg.

31. Juli bis 5. September:
Foyer der Wirtschaftsoberschule: Gemäldeausstellung Willi Müller-Hufschmid. Veranstalter: Stadt Karlsruhe.

2. September:
„Karlsruher Schloßmusik vor 200 Jahren". Veranstalter: Kammerquartett für alte Musik.

30. September:
Stadthalle: Konzert des Symphonie-Orchesters des Süddeutschen Rundfunks Stuttgart. Veranstalter: SDR Stuttgart.

5. Oktober:
Stadthalle: Liederabend Erika Köth. Veranstalter: Förderungsgemeinschaft der deutschen Kunst e. V.

21. Oktober bis 12. Dezember:
Jahresschau des Baden-Württembergischen Kunsthandwerks 1965 im Landesgewerbeamt. Veranstalter: Landesgewerbeamt, Bund der Kunsthandwerker Stuttgart, Badischer Kunstgewerbeverein Karlsruhe und Stadt Karlsruhe.

23. Oktober:
7. Internationales Seniorenschwimmfest des KSN 1899.

23. Oktober:
Europaball in der Schwarzwaldhalle, evtl. verbunden mit einem Tanzturnier der Karlsruher Tanzclubs. Veranstalter: Europa-Union Karlsruhe.

27. Oktober:
Festkonzert der Wiener Symphoniker unter Wolfgang Sawallisch in der Schwarzwaldhalle Veranstalter: Förderungsgemeinschaft der deutschen Kunst e. V.

Oktober:
Vollversammlung des DIHT (Deutscher Industrie- und Handelstag).

Oktober/November:
Karlsruher Musiktage. Veranstalter: Gesellschaft der Musikfreunde Karlsruhe.

1. November:
„Ein deutsches Requim" von Johannes Brahms in der Stadthalle. Veranstalter: Lehrergesangverein Karlsruhe e. V.

20./21. November:
Internationales Wasserball-Turnier des KSN 1899.

15. Dezember:
Veranstaltung für alte Mitbürger in der Schwarzwaldhalle. Veranstalter: Stadt Karlsruhe.

Außerdem finden noch folgende Veranstaltungen statt, die sich entweder über das ganze Jahr erstrecken oder deren Termine noch nicht feststehen:

Veranstaltungen des Badischen Staatstheaters:

a) 250 Jahre Deutsches Musiktheater (von Gluck bis Henze);
b) 250 Jahre Deutsches Drama (von Lessing bis Brecht);
c) 3 Ballettabende.

Sendungen des Süddeutschen Rundfunks zum Stadtjubiläum 1965:

a) „Die Waldstädter". Szenen aus dem Alltag einer Karlsruher Familie (6 Sendungen zu 35 Minuten). Manuskript: Helmut Haag.
b) „Musik am Karlsruher Hof" (Arbeitstitel) 2 Sendungen. Manuskript: Wilhelm Krumbach;
c) „Karlsruhe heute" (Arbeitstitel) Feature von Elisabeth Wyrambe und Georg Dickenberger 1 Sendung;
d) „Karlsruher Miniaturen" 6 Beiträge von Adolf von Grolman, Gustav Faber und Wilhelm Zentner;
e) „Karlsruher Komponisten" 4 Musiksendungen; Möglicherweise bringt auch das Fernsehen eine Sendung aus Karlsruhe.

Tanzturnier der Karlsruher Tanzclubs (diese Veranstaltungen wird evtl. mit O. Z. 38 zusammengelegt).

Historische Übung der Karlsruher Freiwilligen Feuerwehr.

Leichtathletiksportfest.

Opernaufführung der Bad. Hochschule für Musik: „Die Romanische Lukrezia" von Kaspar Casimir Schweitzelberg.

Die »offizielle« Gedenkmünze der Sparkasse ist da

Noch rechtzeitig zu Weihnachten brachte die Städtische Sparkasse Karlsruhe die „offizielle" Gedenkmünze zum 250jährigen Bestehen der Stadt Karlsruhe auf den Markt. Sie ist das Ergebnis eines Wettbewerbs, zu dem zwei Karlsruher und zwei auswärtige Künstler eingeladen worden waren. Die Jury — bestehend aus fünf Persönlichkeiten des öffentlichen Lebens — wählte den Entwurf von Professor Albert Holl. Die Medaille zeigt auf der Vorderseite das Porträt des Stadtgründers, Markgraf Karl Wilhelm von Baden-Durlach, auf der Rückseite das Schloß in seiner Form von 1770 mit dem Stadtwappen und der Andeutung von fünf Radial-Straßen. Die Preise für die verschieden großen Prägungen liegen zwischen 20 und 250 Mark.

Im Amtsblatt wurden die Aktivitäten des Jubiläumsjahres als Weihnachtsgeschenk an die Karlsruher am 23. Dezember 1964 angekündigt

Stadtbildes gehörten auf Initiative der Arbeitsgemeinschaft Karlsruher Bürgervereine auch ein Blumenschmuck-Wettbewerb für die Bevölkerung und ein Schaufenster-Wettbewerb für die Geschäftsleute. So wurde das Stadtjubiläum nicht nur von Kulturinstitutionen, wie Theater und Museen, sondern unter aktiver Teilnahme der Einwohnerschaft und Geschäftswelt bestritten. Beinahe jedes Fenster war in jenen Tagen mit üppigem Blumenschmuck versehen. 186 Schaufenster waren – zumeist mit historischen Themen aus der 250jährigen Stadtgeschichte – dekoriert und Schaufensterpuppen als badische Gardesoldaten und Biedermeier-Fräuleins verkleidet worden. Dem ersten Karlsruher Oberbürgermeister Wilhelm Christian Griesbach hatte man in einem Schaufenster den Tisch gedeckt (vgl. Abb.). Auch anderer Persönlichkeiten wurde auf originelle Weise gedacht.[53] Die hübschen Dekorationen stießen bei der Bevölkerung und vor allem bei den Kindern auf

Schaufensterdekoration im Jubiläumsjahr

lebhafte Resonanz und erreichten damit sicherlich weite Bevölkerungskreise. Die vom 9. Juli bis zum 3. Oktober im Landesgewerbeamt in der Karl-Friedrich-Straße veranstaltete Jubiläums-Ausstellung zur Stadtgeschichte *Karlsruhe gestern – heute – morgen* war von dem Karlsruher Architekturprofessor Otto Haupt und dessen Sohn konzipiert worden. Mit ihrer kollagehaften Ausstellungstechnik sprach diese ebenfalls ein breites Publikum an. Sie erreichte immerhin 25.000 Besucher.[54] Hier fanden dann ebenso die 60 prämierten Bilder Karlsruher Schulkinder ihren Platz, die sich künstlerisch mit der Jubiläums-Stadt beschäftigt hatten; insgesamt waren so über 300 Werke an den Schulen entstanden.[55]

Der eigentliche Höhepunkt des Jubiläumsjahres war aber der Besuch des Bundespräsidenten am 22. und 23. Juni in Karlsruhe .[56] Am Vorabend des Festaktes mit seiner Gattin von Oberbürgermeister Klotz und anderen prominenten Vertretern der Stadt sowie zahlreichen Schaulustigen im Hauptbahnhof empfangen, fuhr er am folgenden Tag mit Polizeieskorte, den sogenannten *Weißen Mäusen,* von seinem nächtlichen Domizil, dem erst wenige Monate zuvor eröffneten Parkhotel, zur Schwarzwaldhalle, wo ihm die Ehrenbürgerwürde verliehen wurde (Vgl. Abb.). Wie zu Großherzogs Zeiten wurde Dr. Heinrich Lübke dabei von einer großen Menschenmenge, darunter vielen Schulkindern, die an dieser Strecke fähnchenschwenkend und jubelnd Spalier standen, begrüßt. Alle Schüler an Karlsruher Schulen hatten übrigens an diesem Tag schulfrei bekommen. Die Ansprache des Bundespräsidenten, die Reden von Kiesinger und Klotz, wie überhaupt der ganze Festakt in der Schwarzwaldhalle, sind in der Presse, aber auch im Film, damals eingehend gewürdigt und sehr positiv aufgenommen worden[57] (vgl. Abb.). Ein origineller Versprecher Lübkes auf dem anschließenden Festbankett in der Stadthalle stieß dabei ebenfalls auf wohlwollende Resonanz. In seiner Erwiderung auf den Toast des Oberbür-

Ankunft der Limousine des Bundespräsidenten am Festplatz

Ministerpräsident Kurt Georg Kiesinger, Bundespräsident Heinrich Lübke und Oberbürgermeister Günther Klotz nach dem Festakt vor der Schwarzwaldhalle

germeisters hatte er *Baden-Württemberg und seine Landeshauptstadt Karlsruhe* hochleben lassen, was *das entsetzte Zusammenzucken von Ministerpräsident Kiesinger, der ihm gegenüber an der Tafel saß,* und ein *glucksende(s) Lachen, das sich im Saal verbreitete,* auslöste. Oberbürgermeister Klotz half schließlich mit dem Ausspruch *prophetische Worte, Herr Bundespräsident* aus der Verlegenheit.[58] Nach einem Besuch des Kernforschungszentrums in Leopoldshafen verließ Lübke am Abend die Fächerstadt wieder.[59] Für die Karlsruher Bürgerschaft war damit aber die Feier des Stadtjubiläums nicht beendet. So fanden im zweiten Halbjahr 1965 neben den offiziellen Veranstaltungen im Jubiläumsprogramm noch mehrere Bürgerfeste und Bälle in der Schwarzwaldhalle statt, die meistens mit einem Großfeuerwerk im Stadtgarten verbunden waren.[60]

Feuerwerk im Stadtgarten am Abend der Jubiläumsfeier

Noch am Abend der Rückkehr des Bundespräsidenten hatte ein solches Fest stattgefunden und war mit Begeisterung von der Bevölkerung gefeiert worden (vgl. Abb.). Etwas von dieser Festtagsstimmung sollte wohl auch in dem Angebot der mit dem Feuerwerk beauftragten Pyrotechnik-Firma bei den Veranstaltern wachgerufen werden, das gleichsam eine vorwegnehmende Beschreibung des tatsächlichen Ereignisses sein könnte. Hier im Auszug das *Schlußbukett: Elektrisch gezündet erheben sich beim Steigen der letzten Bomben des Finales die folgenden Bomben und Feuertöpfe, die ein märchenhaftes, innerhalb einer Sekunde sich bildendes Schlußbukett über die Abschußstelle zaubern. Der Himmel ist bedeckt vom Dröhnen der Blitzschläge und dem Strahlen tausender, heller Feuerbälle.*[61]

Anmerkungen

1 Vgl. auch zum folgenden Josef Werner: Karlsruhe 1945 – Unter Hakenkreuz, Trikolore und Sternenbanner, Karlsruhe 1985, S. 217 ff. und Herbert Meininger und Hubert Doerrschuck: 250 Jahre Karlsruhe – Die Chronik zum Jubiläum der Stadt, Karlsruhe 1965, S. 130 ff. sowie A. Abele und G. Leidlmair: Karlsruhe – Studien zur innerstädtischen Gliederung und Viertelsbildung, Karlsruhe 1972, S. 17 f.

2 Vgl. Bernd Boehle: Lebensfrohe Großstadt Karlsruhe, in: Deutschland-Revue, Heft 2, Jg. 1956, S. 5 ff. und Filmberichte Nr. 5 und 9 des „Karlsruher Monatsspiegels", 1957/58 über den Wiederaufbau; originale Filmbänder und Videokopien im Bestand des Stadtarchivs Karlsruhe (StadtAK).

3 Vgl. Geschichte der Stadt Karlsruhe und ihrer Vororte in Daten, zusammengestellt vom Stadtarchiv 1956, S. 59 ff. und Meininger und Doerrschuck (wie Anm. 1), S. 164.

[4] Vgl. Abele und Leidlmair (wie Anm. 1), S. 24 ff. und Kleiner Statistischer Wegweiser der Stadt Karlsruhe 1967, S. 10.

[5] Vgl. Hans-Th. Bauer: Die Karlsruher Industrie heute – anhand einiger Zahlen, in: Karlsruher Wirtschaftsspiegel Nr. 8, 1965/66, S. 25–28 und Meininger und Doerrschuck (wie Anm. 1), S. 149 sowie Berthold Kessinger: Die Wirtschaftsstruktur des Stadtkreises Karlsruhe, in: Karlsruher Wirtschaftsspiegel Nr. 7, 1964/65, S. 29–35.

[6] Vgl. Kleiner Statistischer Wegweiser, Karlsruhe 1964, S. 7 und Filmberichte Nr. 42 (1961) und Nr. 70 (1963) des „Karlsruher Monatsspiegels" (wie Anm. 2) über das Flüchtlingslager in Rastatt und die Begrüßung des 250 000. Einwohners.

[7] Kleiner Statistischer Wegweiser (wie Anm. 6.), S. 7.

[8] Vgl. Hans G. Schlenker: Wohnen in der Stadt im Grünen, in: Karlsruhe heute und morgen, Heft 4, 1965, S. 2–7.

[9] Vgl. Was wir in 10 Jahren bauten . . ., Festschrift aus Anlaß des 10jährigen Bestehens der Gemeinnützigen Flüchtlings-Wohnungsbaugenossenschaft Stuttgart GmbH, 1958, Sozialwohnungen in Karlsruhe auf S. 30, 34, 46, 49 und 50.

[10] Vgl. Abele und Leidlmair (wie Anm. 1), S. 19 und S. 22 f.

[11] Vgl. Günther Klotz: Planen für die Zukunft, in: Baden-Württemberg, Heft 4, 16. Jg, 1969, S. 5–11 und Harald Ringler: Carols-Ruhe – eine markgräfliche Residenz – Die städtebauliche Entwicklung Karlsruhes von der Stadtgründung bis heute, in: Architektur-Journal, 4. Jg., Wiesbaden 1986, S. 5–9.

[12] Vgl. Walter Kiehl: Altstadt, in: Karlsruhe heute und morgen, Heft 2, 1964, S. 14–19 und Knut Jacob (Hrsg.): Alte Heimat – Neue Heimat, Karlsruhe 1981, S. 17 und 22 sowie Altstadtsanierung Karlsruhe „Dörfle", Studie der Freien Planungsgruppe Berlin GmbH 1981, S. 5 und Egon Martin: Vorstellung der Fallstudien – Karlsruhe, zur Fachtagung „Stadterneuerung zwischen Flächensanierung und Objekterhaltung" am 19. und 20. Nov. 1981 in Karlsruhe, in: Karlsruher Beiträge Nr. 2, 1984, S. 37–70.

[13] Elisabeth Seitz: Dokumentation über ihre Tätigkeit in der Altstadt von 1951 bis 1955, Kopie StadtAK 8/StS.

[14] Josef Werner: Planen und Bauen nach 1945, in: Architektur-Journal (wie Anm. 11), S. 13–18.

[15] Karl Pflästerer: Erläuterungsbericht zum Bebauungsplan für die Südstadt, Karlsruhe 1951, S. 10.

[16] Ottokar Uhl (Hrsg.): Bedingungen der Stadtbauerneuerung – Theoretische und praktische Ergebnisse des Studienprojektes Karlsruhe-Südstadt SS 1975 – SS 1977, Karlsruhe 1980, S. 162.

[17] Vgl. Hartmut Meny: 24 Jahre Wohnen in der Waldstadt – Gespräch mit der ersten Waldstadtbewohnerin, in: 25 Jahre Waldstadt. Der Waldstadtbürger, Sonderausgabe 1982, S. 36–39 und Helmut Haag: Die Waldstädter – Szenen aus dem Alltag einer Karlsruher Familie, Manuskript für die 1. Folge des Hörspiels, gesendet vom Süddeutschen Rundfunk am 14. März 1965, Kopie StadtAK/8 StS.

[18] Vgl. Die Motorisierung in Karlsruhe, hrsg. vom Statistischen Amt der Stadt Karlsruhe, 1964, S. 8.

[19] Vgl. Max Beller: Stadtplanung in Karlsruhe, in: Karlsruhe plant und baut für seine Bürger, Dokumentation zsgst. v. Klaus Lindemann 1968, S. 57–76 und „Karlsruher Monatsspiegel" (wie Anm. 2) Nr. 32, 1960, über den geplanten Ausbau der Kriegsstraße.

[20] Vgl. Badische Neueste Nachrichten vom 31. Dezember 1958, S. 13 und „Karlsruher Monatsspiegel" (wie Anm. 2) Nr. 57, 1962, über die „verstopfte Waldstraße".

[21] Vgl. „Karlsruher Monatsspiegel" (wie Anm. 2) Nr. 28, 31 und 32, 1960, über eine Hochzeit auf dem Vespa-Roller, die Premiere des Films „Der letzte Fußgänger" und eine „Europäische Autoschau" in der Schwarzwaldhalle sowie „Die Motorisierung in Karlsruhe" (wie Anm. 18), S. 29 f.

[22] Vgl. Die Motorisierung in Karlsruhe (wie Anm. 18), S. 29 f.

[23] Vgl. Arnold Bergstraesser/Friedrich E. Tenbruck u. a. (Hrsg.): Soziale Verflechtung und Gliederung im Raum Karlsruhe, Schriftenreihe der Industrie- und Handelskammer Karlsruhe, Bd. 2, 1965, S. 184 ff.

[24] Vgl. Bernhard Wagner: Bilder von der Karlsruher Straßenbahn, Krefeld 1981, S. 109 und „Karlsruher Monatsspiegel" (wie Anm. 2), Nr. 42, 1961, über die Jungfernfahrt der Straßenbahn nach Herrenalb.

[25] Vgl. „Karlsruher Monatsspiegel" (wie Anm. 2), Nr. 35 und 40, 1961, über die Eröffnung der Straßenbahnlinie in die Waldstadt und das weibliche Personal der Straßenbahn.

[26] Vgl. Bergstraesser/Tenbruck (wie Anm. 23), S. 169 ff.

[27] Vgl. Berthold Kessinger: Karlsruhe als Handelsstadt, in: Karlsruher Wirtschaftsspiegel Nr. 9, 1966/67, S. 36–42, und Anzeige der Firma Pfannkuch, in: Karlsruher Wirtschaftsspiegel Nr. 13, 1970/71, S. 85.

[28] Vgl. Statistisches Jahrbuch der Stadt Karlsruhe 1965, S. 93 f.

[29] Kleiner Statistischer Wegweiser der Stadt Karlsruhe (wie Anm. 4), S. 16.

[30] Vgl. Statistisches Jahrbuch (wie Anm. 28), S. 71 und Kleiner Statistischer Wegweiser der Stadt Karlsruhe (wie Anm. 4), S. 12.

[31] Vgl. Bergstraesser/Tenbruck (wie Anm. 23), S. 117.

[32] Vgl. Gerhard Bechtold: Kino-Schauplätze in der Stadt, Karlsruhe 1987, S. 110.

[33] Zur Produktionsweise Emil Meinzers vgl. „Karlsruher Monatsspiegel" (wie Anm. 2) Nr. 50, 1962.

[34] Vgl. Bechtold (wie Anm. 32) S. 104 ff. und Statistisches Jahrbuch (wie Anm. 28), S. 136.

[35] Vgl. Statistisches Jahrbuch (wie Anm. 28) S. 50 f. und 127 ff. und Kleiner Statistischer Wegweiser (wie Anm. 4), S. 4 und 28 sowie Kleiner Statistischer Wegweiser (wie Anm. 6), S. 30.

[36] Bergstraesser/Tenbruck (wie Anm. 23), S. 147 f.
[37] Vgl. ebenda S. 149 und Statistisches Jahrbuch (wie Anm. 28), S. 137.
[38] Vgl. Sportberichte über den KSC im „Karlsruher Monatsspiegel" (wie Anm. 2) Nr. 1–6, 10, 12, 15, 26, 28, 29, 32, 34, 36, 38, 41, 50, 54, 64, 72, 80, 83, 87, 1957 bis 1965 und Bergstraesser und Tenbruck (wie Anm. 23), S. 120 u. 150.
[39] Vgl. Die natürliche Bevölkerungsentwicklung 1960–1978, hrsg. v. Amt für Einwohnerwesen und Statistik, Karlsruhe 1979, S. 31.
[40] Vgl. Karlsruhe als Schulstadt – Vom Neu- und Wiederaufbau der Karlsruher Schulen, Sonderdruck aus der Zeitschrift „Baden", 1957, Heft 2, dritte erweiterte Ausgabe, April 1962.
[41] Vgl. Peter Jechalke: 75 Jahre Goethe-Gymnasium – Ein Rückblick, in: Festschrift „Goetheschule 75 Jahre Goethegymnasium", Karlsruhe o. J. (1983), S. 14–25.
[42] Vgl. Badische Neueste Nachrichten vom 5. Oktober 1957, S. 26 und nach eigener Erinnerung.
[43] Vgl. Gerlinde Brandenburger u. a.: Denkmäler, Brunnen und Freiplastiken in Karlsruhe, Karlsruhe 1987, S. 449 f. (=Veröffentlichungen des Karlsruher Stadtarchivs Bd. 7) und Badische Neueste Nachrichten vom 8. Juli 1974, S. 9.
[44] Vgl. „Karlsruher Monatsspiegel" (wie Anm. 2) Nr. 87 und 88 sowie Amtsblatt der Stadt Karlsruhe vom 2. November 1979.
[45] Vgl. Badische Neueste Nachrichten vom 7. Februar 1951, S. 4 und Badische Allgemeine Zeitung vom 25. Januar 1955.
[46] Vgl. Amtsblatt der Stadt Karlsruhe vom 5. März 1965, S. 1 und „Karlsruher Monatsspiegel" (wie Anm. 2), Nr. 84.
[47] Vgl. Bergstraesser/Tenbruck (wie Anm. 23), S. 133.
[48] Vgl. Kleiner Statistischer Wegweiser der Stadt Karlsruhe (wie Anm. 4), S. 30.
[49] Vgl. Badische Neueste Nachrichten vom 12. Oktober 1952, S. 26.
[50] Vgl. Amtsblatt der Stadt Karlsruhe vom 3. November 1989, S. 3 mit einem Beispiel.
[51] Allgemeine Zeitung vom 28. Januar 1964.
[52] Vgl. Badische Neueste Nachrichten vom 11. Dezember 1964, S. 13.
[53] Vgl. Amtsblatt der Stadt Karlsruhe vom 7. Mai 1965, S. 2, Badische Neueste Nachrichten vom 15. Juni 1965, S. 9 und Karlsruher Wirtschaftsspiegel Nr. 8, 1965/66, S. 10.
[54] Vgl. Oskar Fehrenbach: Suggestive Szenerie Karlsruhe 1715–1965, in: Karlsruhe heute und morgen, Heft 3, 1965, S. 36–39, Allgemeine Zeitung vom 10. Juli 1965 und Badische Volkszeitung vom 28. September 1965, S. 9, sowie den Katalog zur Ausstellung „Karlsruhe 1715–1965", hrsg. von der Stadt Karlsruhe 1965.
[55] Vgl. Badische Neueste Nachrichten vom 23. Juni 1965, S. 11.
[56] Am eigentlichen Karlsruher Geburtstag, dem 17. Juni, zugleich Tag der deutschen Einheit, war der Bundespräsident wegen einer Ansprache an der Zonengrenze verhindert. Vgl. Amtsblatt der Stadt Karlsruhe vom 23. Dezember 1964, S. 3.
[57] Vgl. Hans G. Schlenker: Die Feier des Jahres, in: Karlsruhe heute und morgen, Heft 3, 1965, S. 8–22 und Badische Volkszeitung vom 22. Juni 1965, S. 9 und vom 24. Juni 1965, S. 9 f. sowie „Karlsruher Monatsspiegel" (wie Anm. 2) Nr. 88.
[58] Badische Volkszeitung vom 24. Juni 1965, S. 11. In der Baden-Abstimmung vom 9. Dezember 1951 hatten übrigens 69 % der wählenden Karlsruher für die Wiederherstellung der alten Landesgrenzen gestimmt. In der erneuten Abstimmung zum gleichen Thema am 7. Juni 1970 waren es nur noch 36 % gewesen. Vgl. Badische Neueste Nachrichten vom 10. Dezember 1951, S. 6 und vom 8. Juni 1970, S 7.
[59] Vgl. Badische Neueste Nachrichten vom 24. Juni 1965, S. 9.
[60] Vgl. Akte Stadtjubiläum: Bürgerfeste, 1965/66, StadtAK 1/H-Reg. 4794.
[61] „Sonder-Programm-Entwurf für ein Kunst- und Höhenfeuerwerk" der Pyrotechnischen Fabrik Oskar Lunig, Stuttgart, in: Akte Stadtjubiläum: Bürgerfeste (wie Anm. 60).

Gilles Piot/Birgit Schweizer/Dominique Stemer

Zur Ausstellung: Didaktik, räumliche und graphische Gestaltung

Gedanken zur konzeptionellen Gestaltung der Ausstellung

Ausgangspunkt unserer Überlegungen zum formalen und didaktischen Konzept der Ausstellung waren die Leitgedanken des inhaltlichen Konzepts: Im Rahmen eines chronologischen Aufbaus des Karlsruher Alltags über drei Jahrhunderte sollten sachthematische Schwerpunkte gebildet werden. Diese orientieren sich an „Jubiläumsdaten" der Stadt seit ihrer Gründung im Jahre 1715.

Der Besucher erfährt alle 25 Jahre etwas über das zeittypische Geschehen im Karlsruher Alltag. Die Dimension der Zeit, des historischen Zeitraums und seiner konzeptionellen Teilung in Vierteljahrhunderte rückte in den Mittelpunkt unserer weiteren Auseinandersetzung mit dem Thema und bestimmte letztlich die Ausformung der räumlichen und didaktischen Gestaltung der Ausstellung.

Der Besucher bewegt sich mit Eintritt in die Ausstellung auf einer Ebene, wo der Zeitgeist, der Gang der Weltgeschichte mit seinen konstituierenden Kräften wie z. B. der Erfindung der Dampfmaschine, der Nähmaschine oder dem Ende der Napoleonischen Kriege gegenstandslos dargestellt wird. – Alles, was sich im kultur-historischen Zeitraum abspielt, fassen wir als Raum. Der Zeitraum, die historischen Ereignisse der letzten 275 Jahre, werden in einem realen Raum oder Gang (Zeit-Gang) dargestellt. Dieser Gang wird zum zentralen Medium der historischen Erfahrung. Er stellt den zu gehenden Weg dar, ein Leitsystem, über das der Besucher die transitorischen oder konstituierenden Momente des Alltags in Karlsruhe bzw. der Weltgeschichte erfährt. Im Rhythmus von 25 Jahren öffnet sich der Gang auf seitlich liegende inselartige Räume. Der Charakter des Ganges ist fließend; die Strömungen des Zeitgeistes, die Zusammenhänge der Ereignisse, wirtschaftliche, politische, gesellschaftliche Bewegungen – der fließende Charakter des Ganges verstärkt das Verständnis für den Fluß der Zeit, für das kontinuitive historische Fortschreiten, obwohl oder gerade weil sich für den Besucher nun alle 25 Jahre der Vorhang lüftet, hinter dem er die kulturell bedeutenden Aspekte Karlsruher Alltagsgeschichte zu sehen bekommt.

Der Gang durch die Zeit leistet den Zugang zu vergangenen Epochen über Gelebtes und Erlebtes. Er vergegenwärtigt epochalen Wandel in einem auf die vorangegangenen Generationen, die Eltern, die Großeltern, die Urgroßeltern bezugnehmenden Prozeß bis zum Moment der Trennung zwischen selbst erlebter Geschichte und historischem Niemandsland. Erinnerungen und Vermittlungen der vorangegangenen Generationen gehen in die eigene Wahrnehmung mit ein und ermöglichen den direkten Bezug zum Gegenstand und damit zur Epoche. Derartige Retrospektiven öffnen den Weg und den Zugang zu weiter zurückliegenden Zusammenhängen.

Im Gegensatz zur linear verlaufenden, fließenden Denkachse des weltgeschichtlichen Ganges fokussieren wir Räume, in denen das Karlsruher Alltagsleben pulsiert. Diese Räume (Sach-Zeit) sind mit den historischen Zeugnissen des städtischen Alltags ausgestattet. Auf dieser Ebene erhält der Besucher den Einblick in die lokalhistorischen Ereignisse anhand der spezifischen Gegenstände als Zeitzeugen.

Die zeitliche Dimension der Räume ent-

spricht den Sequenzen von 25 Jahren, darüber hinaus stehen sie in Bezug zu den weltgeschichtlichen Ereignissen und damit auch unter deren Einfluß. Dem Anspruch des musealen Objekts nach der Justierung von Raum und Zeit wird man somit gerecht; die Verfügbarkeit des Gegenstands tritt unter der historischen Retrospektive in zunehmendem Maße zurück. Die Tendenz der Entmaterialisierung historischer Zeugnisse soll allerdings nicht vertuscht, sondern bewußt in die Didaktik der Ausstellung miteinbezogen werden, um dem Besucher das Zeit-Parameter gegenwärtig zu erhalten.
Je weiter der Besucher in die Vergangenheit zurückgeht, desto mehr verringert sich die Verfügbarkeit von historischen Zeugnissen. Die Räume werden spärlicher. Mit der Ersetzung des selten gewordenen Exponats durch sein mediales Abbild wird die zeitliche Distanz und die Rarität des Objekts zunehmend deutlicher. Der Reiz der medialen Umsetzung liegt zudem darin, daß sie sich auf der Wellenlänge heutiger Sehgewohnheiten bewegt und schließlich, am Ende der Ausstellung, den Besucher wieder in die eigene Zeit versetzt.
Der regelmäßige Wechsel zwischen dem Zeit-Gang und der Sach-Zeit in inhaltlichen und formalen Sequenzen von 25 Jahren ermöglicht auch körperlich den Nachvollzug der in der Ausstellungskonzeption vertretenen Geschichtsauffassung, das Erfassen der Dialektik zwischen Welt- und Alltagsgeschichte, beispielsweise die Wahrnehmung des Zusammenhangs zwischen der Erfindung der Nähmaschine im Jahre 1830 und der Entstehung einer industriellen Produktion von Nähmaschinen in Karlsruhe 1865, schließlich auch der Bedeutung dieser Entwicklung samt ihrem Einfluß auf den Alltag der Frauen in Karlsruhe (Fabrik- oder/und Heimarbeit).
Die formale Trennung des Zeit-Ganges und der Sach-Zeit mit fixierten Verbindungswegen erfaßt zusätzlich das unvermeidbare Künstliche historischer Rekonstruktion und der daraus resultierenden Ausstellungskonzeption: Alle 25 Jahre erhält der Besucher den Einblick ins Karlsruher Alltagsgeschehen.

Überlegungen zur didaktischen Umsetzung der Ausstellungsinhalte

Das Medium Wechselausstellung bietet die Möglichkeit eines intensiven, kurzweiligen und freiwilligen Lernens. Aufgrund der in den letzten Jahren vorherrschenden Neigung zu ausgeprägter ästhetischer Gestaltung von Ausstellungen stellt sich die Frage, inwieweit das Formale als Sprache zur Information des Besuchers ausreicht.
Die Präsentation ist die formale Erscheinung der didaktischen Umsetzung musealer Inhalte. Deshalb sollte die Didaktik am Knotenpunkt zwischen inhaltlicher und formaler Konzeption der Ausstellung stehen.
Die Ausstellungsdidaktik hat die Aufgabe, die freiwillige Aufmerksamkeit des Betrachters anzusprechen und auf eine vergnügliche Art die Interaktion mit den dargestellten Inhalten zu gewährleisten.
Die Dreidimensionalität von Ausstellungen steckt dabei im Zwiespalt, da sie zwar dem sinnlichen Vergnügen gereicht, dennoch nicht unbedingt das wirksame Lernen garantiert. Und doch ist die dreidimensionale Form (die Materialität des Gegenstands) der wichtigste Aspekt für Ausstellungen und deshalb unverzichtbar. An der Stelle der Umsetzung von inhaltlicher Zweidimensionalität zur Dreidimensionalität der Ausstellung steht das didaktische Werkzeug. Wenn die Form die Fähigkeit besitzt, Inhalten und deren didaktischer Aufgabe den Vorrang einzuräumen, bekommt die formale Sprache eine ausstellungspädagogische Dimension. Sie ist das Mittel zum Zweck und nicht mehr der Zweck selbst.
Ausstellungsdidaktik ist zeit- und kostenaufwendig, weil sie eine Vielzahl von Motivatoren bedenken muß. Sie macht die Nützlichkeit, die Eindeutigkeit und Klarheit musealer Absichten aus; sie beinhaltet eine ich-bezo-

gene Bedeutung für den Besucher und gibt ihm Gelegenheit, den Inhalt zu erfassen, sich eventuell überraschen zu lassen, oder ermöglicht die unmittelbare Rückkoppelung auf Fragen oder Kenntnisse des Besuchers (Redimensionierungseffekt).
Die Didaktik dient dem musealen Exponat; sie hat ihm gegenüber eine untergeordnete Stellung, vermeidet jedoch seine kulturelle Isolation. Gerade heute, wo die mediale Wirklichkeit unsere Wahrnehmung beansprucht, muß die Ausstellungsdidaktik das sachbezogene Sprachdefizit des Exponats stützen. Sein Schweigen erregt eher das spekulativ Imaginäre und verfälscht die kulturelle Identität.
Die konzeptionelle Didaktik soll das Ausstellungskonzept durchgehend transparent machen. Die übergreifende Idee der Umsetzung (Inhalt-Form) muß einfach und anschaulich sein. Die Ganzheit des Umsetzungskonzepts gibt die Details vor, und im Detail spiegelt sich die gesamte Idee der Didaktik. Viele Ausstellungen vergeuden das freiwillige Potential an Aufmerksamkeit des Besuchers entweder, weil die Grammatik der Umsetzung zu undurchsichtig ist, oder weil die fehlende Didaktik den Besucher auf eine ständige und mühsame Suche nach der tragenden Idee der Ausstellung zwingt. Der Besucher läßt sich innerhalb eines gelungenen Konzepts, wo er die konzeptionelle Didaktik durchschaut, eher für das Detail motivieren und mit Irritationen, Participatory Graphics, Design oder anderen Angeboten herausfordern.
Die grundsätzlichen Erkenntnisse und möglichen Anwendungen der konzeptionellen Ausstellungsdidaktik, die hier beschrieben wurden, sind nicht neu; die museumspädagogische Praxis hat sie sich längst zu eigen gemacht. Aber nicht im „Nachhinein“ wollen wir die Anwendung einer konzeptionellen Ausstellungsdidaktik ansiedeln, sondern als einen integralen Teil der Konzeptionsarbeit überhaupt betrachten.
Konzeptionelle Didaktik heißt, wesentlich früher mit einer Verschmelzung von Inhalt und Form zu beginnen. – Was nützen die besten Inhalte, wenn sie am Ende der Planung keine adäquate Umsetzung und Präsentationsform nachweisen können? Die Wechselausstellung selbst soll nicht in Form zahlreicher und unterschiedlicher Arbeitsweisen brillieren, sondern als Ergebnis gemeinsamer und synthetischer Produktivität.

Bildnachweis

Vorsatz: Stadtarchiv Karlsruhe (StadtAK) 8/PBS XVI 24
Nachsatz: StadtAK 8/PBS XVI 8

Seite	
8	StadtAK 8/PBS X 1755
21	Generallandesarchiv Karlsruhe (GLA) 206/551
26	GLA G Karlsruhe 243
27	StadtAK 3/B 106
29	StadtAK 8/PBS XVI 15
35	StadtAK 8/PBS III 1798
35	StadtAK 8/PBS III 1797
37	GLA 206/2619
40	GLA G Karlsruhe 30
40	GLA G Karlsruhe 107
40	StadtAK 8/PBS XIVe 46
41	StadtAK 8/PBS XIVe 184, 185, 187
42	GLA 206/35
43	StadtAK 8/PBS XVI 95
47	GLA 357/2111
52	StadtAK 8/PBS XV 149
52	GLA G Karlsruhe 286
53	GLA 206/2763
55	GLA G Karlsruhe 164–165
56	GLA 206/2628
59	GLA 206/2908
60	GLA G Karlsruhe 161
65	StadtAK 8/PBS X 809
65	StadtAK 8/PBS X 817
67	StadtAK 8/PBS XIIIb 54
69	StadtAK 8/PBS XIIIb 190
71	GLA G Karlsruhe 297
73	StadtAK 8/PBS XIIIa 143
75	Theodor Hartleben: Statistisches Gemälde der Residenzstadt Karlsruhe und ihrer Umgebungen, Karlsruhe 1815, nach S. 298
77	StadtAK 8/PBS XIVe 148
78	StadtAK 8/PBS XIVe 87
80	GLA G Karlsruhe 200
81	GLA G Karlsruhe 201
89	StadtAK 8/Diaslg. XIIIa 100 (Original Pfinzgaumuseum)
91	StadtAK 8/PBS OXIVe 65
91	GLA G Karlsruhe 201
95	StadtAK 8/XV 961
100	Stadtgeschichte im Prinz-Max-Palais (Dauerausstellung)
101	StadtAK 8/PBS OXIVa 622
101	StadtAK 8/PBS XIIIa 51
102	StadtAK 8/PBS OXIVf 20
102	GLA I/B Karlsruhe 138
104/105	StadtAK 8/PBS XVI 187
106/107	StadtAK 8/PBS XV 1730
109	GLA I/B: Karlsruhe 12
113	StadtAK 8/PBS IV 151
116	StadtAK 8/PBS XI 1369
118	StadtAK 8/PBS X 597
118	StadtAK 8/PBS XIIIb 266
119	StadtAK 8/StS 18/B 11
120	StadtAK 8/PBS XV 1730
120	GLA 357/2400
121	StadtAK 8/PBS XII 13
121	StadtAK 8/PBS XIVe 28
123	StadtAK 8/PBS XI 1249
124	StadtAK 8/PBS XI 1633
125	StadtAK 8/StS 2/9
130/131	StadtAK 8/PBS XVI 215
133	StadtAK 8/PBS X 267
133	StadtAK 8/PBS X 254
135	StadtAK 8/PBS X 267
137	StadtAK 8/PBS X 267
138	StadtAK 8/PBS X 267
139	Chronik der Haupt- und Residenzstadt Karlsruhe für das Jahr 1890, Karlsruhe 1891, S. 98
140	StadtAK 8/PBS X 161
143	StadtAK 8/PBS X 254
146	Benedikt Schwarz: Chronik der Gesellschaft Eintracht, Karlsruhe 1835–1925, Karlsruhe 1925, S. 58
147	Ebenda, S. 99
148	StadtAK 8/PBS XI 1758
149	StadtAK 8/PBS X 161
152	Friedrich von Weech: Karlsruhe. Geschichte der Stadt und ihrer Verwaltung, Bd. 3.1. Karlsruhe 1904, S. 326
154	StadtAK 8/PBS XI 1758
156	StadtAK 8/PBS X 161
157	StadtAK 8/PBS XIIIc 56
159	StadtAK 8/PBS XV 1089
163	StadtAK 8/PBS XI 726
164	Albert Bürklin: Der Kanzleirat, Lahr 1887, S. 10
165	StadtAK 8/PBS XIVg 23
168	Albert Bürklin, S. 33
169	StadtAK 8/PBS XIVe 153
171	StadtAK 8/PBS XIIIc 193
173	StadtAK 8/PBS XI 1771
175	StadtAK 8/PBS XI 2
178	StadtAK 8/PBS XI 1657
180	StadtAK 2/R 1222
181	StadtAK 8/PBS XIVf 34
181	StadtAK 8/StS 24/13, S. 45

Seite	
182	StadtAK 8/PBS XIVf 33
183	StadtAK 8/StS 24/13, S. 9
185	GLA 357/2282
186	StadtAK 8/StS 24/13, S. 12
187	100 Jahre Seneca 1856–1956, Karlsruhe 1956, S. 9
188	IWKA, Werbeabteilung
190	StadtAK 8/PBS XIVf 21
192	StadtAK 8/PBS IV 126
198	StadtAK 8/PBS OVI 460
198	StadtAK 8/PBS OVI 449
199	StadtAK 8/PBS OVI 269
200	StadtAK 8/PBS OVI 78
202	StadtAK 8/PBS OVI 77
202	StadtAK 8/PBS OVI 187
203	StadtAK 8/PBS OXIVa 968
204	StadtAK 8/PBS OVI 262
205	StadtAK 8/PBS OVI 288
210	Georg Botz (Hrsg.): Die Gartenstadt Karlsruhe, Karlsruhe 1925, S. 17 u. S. 34
212	StadtAK 8/PBS OVI 285
213	StadtAK 8/PBS OVI 60
215	StadtAK 8/Alben 27
217	StadtAK 1/H-Reg. 1814
219	StadtAK 8/PBS OVI 155
219	StadtAK 8/PBS OVI 398
220	StadtAK 8/PBS OVI 194
221	StadtAK 8/Alben 138
221	StadtAK 8/PBSVI 399a
222	StadtAK 8/StS 4/42
225	StadtAK 8/PBS OVI 289
225	StadtAK 8/PBS OVI 236
226	StadtAK 8/PBS XI 1680
229	StadtAK 8/Alben 5 Bd. 3, S. 324
232	StadtAK 1/TBA 249
233	StadtAK 8/Alben 5 Bd. 2, S. 168
235	StadtAK 8/Alben 5 Bd. 3, S. 290
236	StadtAK 8/Alben 5 Bd. 3, S. 249
237	StadtAK 8/Alben 5 Bd. 3, S. 248
238	StadtAK 8/Alben 5 Bd. 1, S. 98
240	StadtAK 8/Alben 5 Bd. 3, S. 275
240	StadtAK 8/Alben 5 Bd. 3, S. 272
241	StadtAK 8/StS 8/185a
242	GLA 465d/1465
243	StadtAK 1/Schulen 29
244	StadtAK 8/Alben 5 Bd. 3, S. 336
245	StadtAK 8/Alben 5 Bd. 5, S. 596
248	StadtAK 8/Alben 5 Bd. 2, S. 220
248	StadtAK 8/Alben 53
249	StadtAK 8/StS 8/56
252	StadtAK 1/WuE 1
248	StadtAK 1/H-Reg. 1025
255	StadtAK 8/Alben 5, Bd. 3, S. 283
256	StadtAK 8/Alben 5 Bd. 3, S. 290
258	StadtAK 8/Alben 5 Bd. 2, S. 241
263	StadtAK 8/Alben 5 Bd. 4, S. 402
264	StadtAK 8/Alben 5 Bd. 5, S. 532
265	StadtAK 8/Alben 5 Bd. 5, S. 471
266	StadtAK 8/Alben 5 Bd. 5, S. 468
267	StadtAK 8/Alben 5 Bd. 6, S. 669
268	StadtAK 8/PBS OVI/324/9
269	StadtAK 8/Alben 5, Bd. 7, S. 767
270	Bildstelle der Stadt Karlsruhe Nr. I 0990
271	Bildstelle der Stadt Karlsruhe Nr. I 1085
272	Bildstelle der Stadt Karlsruhe Nr. I 0698
273	Altstadtsanierung Karlsruhe. Bericht über die Entwicklung und den Stand, Foto Nr. 10
274	Bildstelle der Stadt Karlsruhe Nr. I 1511
275	Bildstelle der Stadt Karlsruhe Nr. II 0544
277	Karlsruhe – Eine Heimatkunde in Karte, Bild und Wort (1959), S. 16
277	Karlsruher Wirtschaftsspiegel 1964/65, S. 30
278	Bildstelle der Stadt Karlsruhe Nr. I 0726
280	Karlsruhe heute und morgen, Heft 4, 1965, S. 5
280	Bildstelle der Stadt Karlsruhe Nr. I 1126
281	StadtAK 8/PBS X 2891
283	Karlsruhe heute und morgen, Heft 2, 1964, S. 13
285	Bildstelle der Stadt Karlsruhe Nr. I 1295
286	Bildstelle der Stadt Karlsruhe Nr. I 0927
288	Bildstelle der Stadt Karlsruhe Nr. II 0563
289	Bildstelle der Stadt Karlsruhe Nr. I 1359
289	Bildstelle der Stadt Karlsruhe Nr. II 0573
290	Bildstelle der Stadt Karlsruhe Nr. I 1481

Quellen- und Literaturverzeichnis

Zusammengestellt und bearbeitet von Ernst Otto Bräunche

I. Quellen

Erzbischöfliches Archiv Freiburg (EAF)
- II. b. 5783

Generallandesarchiv Karlsruhe (GLA)
- 57/645
- 59/366,
- 60/1665
- 61/681
- 74/2820, 2823, 9044, 10427
- 148/245, 249, 289
- 465d/68, 1465, 1469
- 206/17, 23, 24, 117, 129, 130, 172, 225, 298, 1783, 1809, 2037, 2239, 2486, 2564, 2599, 2610, 2619, 2628, 2644, 2658, 2660, 2722, 2724, 2767, 2904, 2929, 3226, 3279, 3300, 3437, 3445
- 233/17675
- 236/6633, 10305, 17053, 17054, 17057, 17060
- 237/26187
- 357/2282, 2398, 2400, 2783, 2806, 2808, 2816, 2825, 4397, 10295
- 435/1078

Stadtarchiv Karlsruhe (StadtAK)
- 1/AEST 351, 460, 666, 990
- 1/H-Reg. 119, 1022, 1025, 1874, 1931, 1932, 1956, 1957, 1983, 1996, 4413, 4781, 4782, 4794
- 1/Schulen 29, 90
- 1/TBA 198, 249, 369
- 1/WuE 1, 2, 6, 9
- 3/B 3, 4, 5, 7, 9, 18a, 100, 105a, 106, 108, 109
- 8/Alben 5, 53, 138
- 8/StS 8/185a
- 8/StS 13/112
- 8/Filme (Karlsruher Monatsspiegel)

II. Gedruckte Quellen und zeitgenössische Literatur

Adreßbücher Karlsruhe 1865, 1890, 1933/34–1941
Amtsblatt der Stadt Karlsruhe
Badische Landeszeitung
Badische Neueste Nachrichten
Badische Presse
Badischer Beobachter
Maria Baum: Drei Klassen von Lohnarbeiterinnen in Industrie und Handel der Stadt Karlsruhe, Karlsruhe 1906
Beiträge zur Statistik der Stadt Karlsruhe, Bd. 3, Karlsruhe 1898
Beiträge zur Statistik der inneren Verwaltung des Großherzogthums Baden. Hrsg. vom Handelsministerium, 20. Heft. Die Volkszählung vom Dezember 1864, I. Theil, Carlsruhe 1865
Berichte der Handelskammer für Karlsruhe und Baden 1864 ff.
Karl Bittmann: Die badische Fabrikinspektion im ersten Vierteljahrhundert ihrer Tätigkeit 1878 bis 1903, Karlsruhe 1903
Karl Bittmann: Arbeiterhaushalt und Teuerung, Jena 1914
Friedrich Leopold Brunn: Briefe über Karlsruhe, Karlsruhe 1789, Reprint 1988
Karl Brunner (Hrsg.): Die bad. Schulordnungen 1, Berlin 1902 (= Monumenta Germaniae Paedagogica 24)
Albert Bürklin: Der Kanzleirath, oder Bilder aus dem Familienleben eines Subaltern-Beamten. Ernst-humoristischer Beitrag zur Besoldungsfrage, 4. Aufl. Karlsruhe 1859, 10. Auflage Lahr 1887
Chronik der Haupt- und Residenzstadt Karlsruhe für das Jahr 1885 ff.
Correspondenzblatt der Gewerkschaften Deutschlands
Deutsche Metallarbeiterzeitung (DMZ)
Rudolf Fuchs: Die Verhältnisse der Industriearbeiter in 17 Landgemeinden bei Karlsruhe, Karlsruhe 1904
Der Führer
Die Fürsorge für die Kriegerfamilien der Stadt Karlsruhe im ersten Kriegsjahre. Hrsg. von der Kriegsunterstützungskommission, Karlsruhe 1915
Carl Wilhelm Friedrich Ludwig von Drais: Geschichte der Regierung und Bildung von Baden unter Karl Friedrich, Bd. 1, Karlsruhe 1816
Ehrenbuch der Stadt Karlsruhe 1914–1918. Hrsg. von der Stadt Karlsruhe, Karlsruhe 1930
Otto Ebbecke: Die deutsche Erhebung in Baden, Karlsruhe 1933
125 Jahre Städtische Sparkasse Karlsruhe 1813–1938, o. D., o. J. (Karlsruhe 1938)
Festschrift zum 40jährigen Bestehen des Mieter- und Bauvereins Karlsruhe e.G.m.b.H. 1897–1937, Karlsruhe 1937.
Alfons Fischer: Der Karlsruher Arbeiterdiskussionsklub, Leipzig 1908
„Fritz Kröber Heim" Das Bannheim der Karlsruher Hitlerjugend, Karlsruhe o. J. (1934)
Geschichte des Badischen Frauenvereins, Karlsruhe 1881

Johann Friedrich Carl Grimm: Bemerkungen eines Reisenden durch Deutschland, Frankreich, England und Holland in Briefen an seine Freunde. Altenburg 1775, Teil 1
Heinrich Hansjakob: In der Residenz. Erinnerungen eines badischen Landtagsabgeordneten von Heinrich Hansjakob, 4. Aufl. Stuttgart 1911
Theodor Hartleben: Statistisches Gemälde der Residenzstadt Karlsruhe und ihrer Umgebungen, Karlsruhe 1815
Moritz Hecht: Drei Dörfer der badischen Hardt, Karlsruhe 1895
Oskar Hüssy: Die Grenzlandhauptstadt Karlsruhe und ihre Verwaltung im Kriege, in: Karlsruher Adreßbuch, 67. Jg., 1940, ohne Seitenangabe, vor S. I. 1.
Eugen Huhn: Karlsruhe und seine Umgebung, Karlsruhe 1843
Hygienischer Führer durch die Haupt- und Residenzstadt Karlsruhe, Karlsruhe 1897
Allgemeines Intelligenz- oder Wochenblatt für sämtliche Hochfürstlich-Badische Lande
Friedrich Jäger: Der wirtschaftliche Aufstieg der Gau- und Grenzlandhauptstadt Karlsruhe, in: Karlsruher Adreßbuch, 64. Jg., 1937, vor S. I. 1.
Jahrbuch der badischen Fabrikinspektion (JbbF)
Jahresbericht der Handelskammer der Großherzoglichen Residenzstadt Karlsruhe für das Jahr 1864. Karlsruhe 1865
Jahresbericht der Handelskammer der Großherzoglichen Residenzstadt Karlsruhe für das Jahr 1865, Karlsruhe 1866
Jahresbericht des Badischen Frauenvereins für das Jahr vom 1. 7. 1864 bis 1865
Karlsruhe als Wohnort und Industrieplatz. Hrsg. von Stadtrat und Stadt Karlsruhe, Karlsruhe 1914
Karlsruhe heute und morgen, Jge. 1964/65
Karlsruhe 1911. Festschrift der 83. Versammlung deutscher Naturforscher und Ärzte gewidmet, Karlsruhe 1911
Karlsruher Intelligenz- und Tageblatt
Karlsruher Tagblatt
Karlsruher Wirtschaftsspiegel
Karlsruher Zeitung
Kriegstätigkeit des Bad. Frauenvereins 1914–1919, Karlsruhe 1919
Markgräflich-Badische Hebammenordnung oder Instruction, Karlsruhe 1795
Ludwig Marum. Briefe aus dem Konzentrationslager Kislau, hrsg. von den Stadtarchiven Karlsruhe und Mannheim, 2. Aufl. Karlsruhe 1988
Ernst Philipp Moritz: Anton Reiser, Leipzig 1987 (Berlin 1785 ff.), dritter Teil
Karl Friedrich Nebenius: Karl Friedrich von Baden, Karlsruhe 1868
Carl Friedrich Oelenheinz: Notizen meistens aus dem zweiten Decenio seit Erbauung der Residenz Carlsruhe anno 1715, Karlsruhe 1901
Hans von Pezold: Zur Geschichte der Prostitution in Karlsruhe, Karlsruhe 1826
Anselm Rabiosus (Pseudonym): Reise durch Oberdeutschland, Sachsen/Leipzig 1778, Teil 1
Regulativ und Hausordnung der Karl-Friedrich-Leopold- und Sophien-Stiftung, Karlsruhe 1833
Residenzanzeiger
Johann Christian Roller: Erster Versuch einer Beschreibung der Stadt Pforzheim mit besonderer Beziehung auf das physische Wohl ihrer Bewohner, Pforzheim 1811
Städtische Spar- und Pfandleihkasse Karlsruhe. Denkschrift aus Anlaß des 100jährigen Bestehens der Anstalt, Karlsruhe 1913
Statistische Jahrbücher für das Großherzogtum Baden, Karlsruhe
Statistisches Jahrbuch der Stadt Karlsruhe, 44. Jg. 1989
Südwestdeutsches Volksblatt (SwVb)
Verwaltungs- und Rechenschaftsberichte der Landeshauptstadt Karlsruhe 1933–38, Karlsruhe 1934–41
Heinrich Vierordt: Das Buch meines Lebens. Erinnerungen von Heinrich Vierordt, 2. Aufl. Heidelberg 1934
Ders.: Die Alt-Karlsruher Messe, in: Die Pyramide, Jg. 13, 1924, Nr. 50, S. 283–285
Volksfreund (Vf)

III. Sekundärliteratur (Auswahl)

Die Alltagskultur der letzten 100 Jahre: Überlegungen zur Sammelkonzeption kulturgeschichtlicher und volkskundlicher Museen. 4. Arbeitstagung der Arbeitsgruppe „Kulturgeschichtliche Museen" in der Deutschen Gesellschaft für Volkskunde. 29. Mai bis 1. Juni 1978 in Berlin, Berlin 1980
Johannes Augel: Italienische Einwanderung und Wirtschaftstätigkeit in rheinischen Städten des 17. und 18. Jahrhunderts. Bonn, 1971
Karl Ludwig Ay: Außerständische Menschen in Süddeutschland bis zur Epoche der französischen Revolution, in: Otto Büsche/Walter Grab (Hrsg.): „Die demokratische Bewegung in Mitteleuropa im ausgehenden 18. Jahrhundert, e. Tagungsbericht, Berlin 1980, S. 43–56 (= Einzelveröffentlichungen der Historischen Kommission zu Berlin, Band 29)
Hermann Bausinger u. a.: Grundzüge der Volkskunde, Darmstadt 1978
Gerhard Bechtold: Kino-Schauplätze in Stadt. Eine Kulturgeschichte des Kinos in Karlsruhe, Karlsruhe 1987
Bernhard Beideck: Geschichte des Volksschulwesens der Haupt- und Residenzstadt Karlsruhe, Karlsruhe 1890
Hermann Bink: Karlsruher Sagen, in: Die Pyramide 1931, Nr. 19, S. 76–77
Irmgard Bietsch e. a. (Hrsg.): Essen und Trinken im Mittelalter und in der Neuzeit. Vorträge eines interdisziplinarischen Symposiums 10.–13. Juni 1987, Universität Gießen, Sigmaringen 1987

Willi A. Boelke: Wirtschaftsgeschichte Baden-Württembergs von den Römern bis heute, Stuttgart 1987
Ulrich Borsdorf/Mathilde Jamin (Hrsg.): Über Leben im Krieg, Kriegserfahrungen im Ruhrgebiet 1939–1945, Reinbek bei Hamburg 1989
Georg Botz (Hrsg.): Die Gartenstadt Karlsruhe. Hrsg. im Auftrag der Verwaltung der Gartenstadt Karlsruhe eGmbH, Karlsruhe 1925
Ders.: Städtische Kleinhaustypen, in: Heimat und Handwerk. Beilage zur Badischen Gewerbe- und Handwerkerzeitung, hrsg. vom Großherzoglich-badischen Landesgewerbeamt, Nr. 7/8, Karlsruhe, 24. Juli 1915, S. 24–34
Karl Dietrich Bracher/Manfred Funke/HansAdolf Jacobsen (Hrsg.): Nationalsozialistische Diktatur 1933–1945. Eine Bilanz, Bonn 1983
Gerlinde Brandenburger u. a.: Denkmäler, Brunnen und Freiplastiken in Karlsruhe 1715–1945, 2. Aufl. Karlsruhe 1989 (= Veröffentlichungen des Karlsruher Stadtarchivs Bd. 7)
Ernst Otto Bräunche: Agitation und Propaganda, in: 1933. Machtergreifung in Freiburg und Südbaden, Freiburg 1983, S. 24–31 (= Stadt und Geschichte. Neue Reihe des Stadtarchivs Freiburg i. Br. Heft 4)
Ders.: Die Entwicklung der NSDAP in Baden bis 1932/33, in: Zeitschrift für die Geschichte des Oberrheins (ZGO), 125, NF. 86, 1977, S. 331–375.
Ders.: Die NSDAP in Baden 1928–1933. Der Weg zur Macht, in: Thomas Schnabel (Hrsg.): Die Machtergreifung in Südwestdeutschland. Das Ende der Weimarer Republik in Baden und Weimar 1928–1933, Stuttgart 1982 S. 15–48. (= Schriften zur politischen Landeskunde Baden-Württembergs Bd. 6)
Ders.: Von der Demokratie zur Diktatur in Baden und Karlsruhe, in: Wilfried Rößling (Hrsg.): Stilstreit und Führerprinzip. Künstler und Werk in Baden 1930–1945, S. 11–27
Peter Brand/Reinhard Rürup: Arbeiter-, Soldaten- und Volksräte in Baden 1918/19, Düsseldorf 1980 (= Quellen zur Geschichte der Rätebewegung in Deutschland Bd. 3)
Martin Broszat/Norbert Frei (Hrsg.): Ploetz. Das Dritte Reich. Ursprünge, Ereignisse, Wirkungen, Freiburg/Würzburg 1983
Carlo Maria Cipolla/Knut Borchardt: Europäische Wirtschaftsgeschichte 2, Stuttgart 1983
Hans-Joachim Clewing: Friedrich Eisenlohr und die Hochbauten der Badischen Staatseisenbahn, Karlsruhe 1968
Curjel & Moser: Städtebauliche Akzente um 1900 in Karlsruhe, Ausstellungskatalog Badischer Kunstverein, Karlsruhe 1987
Richard v. Dülmen (Hrsg.): Kultur der einfachen Leute, München 1983
Ders./Norbert Schindler (Hrsg.): Zur Wiederentdekkung des vergessenen Alltags (16.–20. Jahrhundert), Frankfurt a. Main 1984
Norbert Elias: Zum Begriff des Alltags, in: Materialien zur Soziologie des Alltags, hrsg. von Kurt Hammerich und Michael Klein, Opladen 1978, S. 22–29 (= Kölner Zeitschrift für Soziologie und Sozialpsychologie, Sonderheft 20)
Karl Gustav Fecht: Geschichte der Haupt- und Residenzstadt Karlsruhe, Karlsruhe 1887.
Ders.: Geschichte der Stadt Durlach, Heidelberg 1869
Wolfram Fischer: Quellen zur Geschichte des deutschen Handwerks. Selbstzeugnisse seit der Reformationszeit, Göttingen 1957
Otto Goldfarb: Die kommerzielle und industrielle Entwicklung der Stadt Karlsruhe, Diss. Frankfurt a. M. 1925
Robert Goldschmit: Die Stadt Karlsruhe, ihre Geschichte und ihre Verwaltung. Festschrift zur Erinnerung an das 200jährige Bestehen der Stadt, Karlsruhe 1915
Elisabeth Gransche und Franz Rothenbacher: Wohnbedingungen in der zweiten Hälfte des 19. Jahrhunderts 1861–1910, in: Geschichte und Gesellschaft, Zeitschrift für Historische Sozialwissenschaft, 14. Jg., 1988, Heft 1, Familie, Haushalt, Wohnen, hrsg. von Hans Ulrich Wehler, S. 64–95
Ina-Maria Greverus: Alltag und Alltagswelt: Problemfeld oder Spekulation im Wissenschaftsbetrieb, in: Zeitschrift für Volkskunde 79, 1983, S. 1–14
Dies.: Kultur und Alltagswelt. Eine Einführung in Fragen der Kulturanthropologie, München 1978
Günther Grünthal: Die Frau im Dritten Reich, in: Fridericiana. Zeitschrift der Universität Karlsruhe, Heft 43, Karlsruhe 1989, S. 33–46
Egon Gütermann: Die Karlsruher Brauindustrie, Karlsruhe 1909
Erich Hampe: Der Zivile Luftschutz im Zweiten Weltkrieg. Dokumentation und Erfahrungsberichte über Aufbau und Einsatz, Frankfurt a. Main 1963
Emil Heidelberger: Das Karlsruher Baugewerbe, Karlsruhe 1915
Matthias von Hellfeld/Arno Klönne: Die betrogene Generation. Jugend im Faschismus. Quellen und Dokumente, Köln 1985
Ulrich Herbert: Arbeiterschaft im „Dritten Reich". Zwischenbilanz und offene Fragen, in: Geschichte und Gesellschaft. Zeitschrift für Historische Sozialwissenschaften, 15. Jg. 1989/Heft 3, Arbeit und Arbeiter im „Dritten Reich", hrsg. von Heinrich August Winkler, S. 320–360
Ders.: Vor der eigenen Tür. Bemerkungen zur Erforschung der Alltagsgeschichte des Nationalsozialismus, in: Dieter Galinski/Ulrich Herbert/Ulla Lachauer (Hrsg.): Nazis und Nachbarn. Schüler erforschen den Alltag im Nationalsozialismus. Ergebnisse, Erfahrungen, Anregungen, Reinbek bei Hamburg 1982, S. 9–33
Ernst Hinrichs/Günter Wiegelmann (Hrsg.) Sozialer und kultureller Wandel in der ländlichen Welt des 18. Jahr-

hunderts, Wolfenbüttel 1982
Walter Huber: Die Stephanienstraße. Ein Stück Bau- und Kulturgeschichte in Karlsruhe, Karlsruhe 1954
Heinrich Hübsch 1795–1863. Der große Baumeister der Romantik. Ausstellungskatalog, Karlsruhe, 1984, S. 53, Kat. Nr. 24
Industriearchitektur in Karlsruhe, Karlsruhe 1987 (= Veröffentl. des Karlsruher Stadtarchivs Bd. 6)
Dieter Jetter: Grundzüge der Hospitalgeschichte. Darmstadt 1973
Juden in Karlsruhe. Beiträge zu ihrer Geschichte bis zur nationalsozialistischen Machtergreifung, hrsg. von Heinz Schmitt unter Mitwirkung von Ernst Otto Bräunche und Manfred Koch, Karlsruhe 1988 (= Veröffentlichungen des Karlsruher Stadtarchivs Bd. 8)
Erwin Kech: Die Gründung der Großherzoglich-badischen Staatsbahnen, Karlsruhe 1905
Ian Kershaw: Der Hitler-Mythos. Volksmeinung und Propaganda im Dritten Reich, Stuttgart 1980
Dorothea Klinsiek: Die Frau im NS-Staat, Stuttgart 1982
Arno Klönne: Jugend im Dritten Reich. Die Hitlerjugend und ihre Gegner. Dokumente und Analysen, Düsseldorf/Köln 1982
Jürgen Kochendörfer: Die wirtschaftliche Entwicklung der Lokomotivenfabriken in Karlsruhe und Esslingen unter der Leitung von Emil Keßler, in: Esslinger Studien Bd. 22, 1983, S. 143–188
Jürgen Kocka: Klassen oder Kultur. Durchbrüche und Sackgassen in der Arbeitergeschichte, in: Merkur XXXVI. Jg. 1982, S. 955–965
Johannes Körting: Geschichte der Gewerbeförderung in Baden, Karlsruhe 1965
Jürgen Kuczynski: Geschichte des Alltags des Deutschen Volkes, 1600 bis 1945, Studien, Band 4 (1871–1918), Köln 1981
Henri Lefebvre: Critique de la vie quotidienne, Paris 1947 (Deutsch: Kritik des Alltagslebens, München 1974–75)
Ders.: La vie quotidienne dans le monde moderne, Paris 1968 (Deutsch: Das Alltagsleben in der modernen Welt, Frankfurt a. Main 1972)
Falko Lehmann: Friedrich Theodor Fischer (1803–1867), Architekt im Großherzogtum Baden, Horb 1984
Wolfgang Leiser: Die Stadt im süddeutschen Kleinstaat des Ancien Régime, in: Volker Press (Hrsg.): Städtewesen und Merkantilismus in Mitteleuropa, Köln 1983, S. 111–135
Herbert Lögler, Karlsruhe im Zeichen der nationalsozialistischen Machtergreifung, masch. schr. Diplomarbeit Mannheim 1984
Klaus-Jürgen Matz: Pauperismus und Bevölkerung. Die gesetzlichen Ehebeschränkungen in den süddeutschen Staaten während des 19. Jahrhunderts, Stuttgart 1980
Michael Mitterauer: Ledige Mütter. Zur Geschichte unehelicher Geburten in Europa, München 1983
Hans Mommsen und Susanne Willems (Hrsg.): Herrschaftsalltag im Dritten Reich. Studien und Texte, Düsseldorf 1988
Klaus-Peter Müller: Politik und Gesellschaft im Krieg. Der Legitimitätsverlust des badischen Staates 1914–1918, Stuttgart 1988 (= Veröffentlichungen der Kommission für Geschichtliche Landeskunde in Baden-Württemberg, Reihe B, Forschungen, 109. Band)
Lutz Niethammer (Hrsg.): Lebenserfahrung und kollektives Gedächtnis. Die Praxis der „Oral History“, Frankfurt a. M. 1980
Richard J. Overy: „Blitzkriegswirtschaft“? Finanzpolitik, Lebensstandard und Arbeitseinsatz in Deutschland 1939–1942, in: Vierteljahreshefte für Zeitgeschichte 36. Jg., 1988, S. 379–435
Detlev Peukert und Jürgen Reulecke (Hrsg.): Die Reihen fest geschlossen. Beiträge zur Geschichte des Alltags unterm Nationalsozialismus, Wuppertal 1981
Martin Poroszat: Plädoyer für Alltagsgeschichte, in: Merkur XXXVI. Jg. 1982, S. 1244–1248
Willy Real: Die Revolution in Baden 1848/49. Stuttgart, Berlin, Köln, Mainz 1983
Anne Reuter-Rautenberg/Katrin Simons/Ekkehard Westermann: Karlsruher Kinder im Dritten Reich, Karlsruhe 1982
Hans-Detlef Rösiger: Durlach und Karlsruhe, Karlsruhe 1974 (Reprint der 1. Auflage von 1924)
August Roth: Die Rechtsverhältnisse der landesherrlichen Beamten in der Markgrafschaft Baden-Durlach im 18. Jahrhundert, Karlsruhe 1906
Sabine Rumpel: Thäterinnen der Liebe. Frauen in Wohltätigkeitsvereinen, in: Carola Lipp (Hrsg.): Schimpfende Weiber und patriotische Jungfrauen. Frauen im Vormärz und in der Revolution 1848/49, Baden-Baden 1986, S. 206–231
Ernst von Salomon: Eine Epoche ging zu Ende, in: Merian Karlsruhe, Heft 2/18, 1965, S. 17–19
Klaus Saul/Jens Flemming/Dirk Stegmann/Peter-Christian Witt (Hrsg.): Arbeiterfamilien im Kaiserreich, Düsseldorf 1982
Meinrad Schaab: Mannheim. Typus und Individualität einer oberrheinischen Festung-, Residenz- und Industriestadt, in: Mannheimer Hefte 1 (1977), S. 7–17
Jörg Schadt: Verfolgung und Widerstand unter dem Nationalsozialismus in Baden. Die Lageberichte der Gestapo und des Generalanwalts Karlsruhe 1933–1940, Stuttgart 1976 (= Veröffentlichungen des Stadtarchivs Mannheim Bd. 3)
Heinz Schmitt: Karlsruher Stadtteile, Mühlburg. Ausstellung Prinz-Max-Palais 1982
Ders.: Volkstrachten in Baden. Ihre Rolle in Kunst, Staat, Wirtschaft und Gesellschaft in zwei Jahrhunderten, Karlsruhe 1988
Ernst Schneider: Durlacher Volksleben 1500–1800. Karlsruhe 1980 (= Veröffentlichungen des Karlsruher Stadtarchivs Bd. 5)
Ders.: Karlsruher Hintersassen des 18. Jahrhunderts, in: Badische Familienkunde 1959, Heft 9

Ders.: Chronik der edlen Narrheit. Geschichte der Karlsruher Fastnacht im 19. Jahrhundert, in: Forschungen und Berichte der Volkskunde in Baden-Württemberg, Bd. 3, 1974–77, S. 41–67
Franz Schneider: Die Anfänge von Schloß und Stadt Karlsruhe, in: Zeitschrift für die Geschichte des Oberrheins (ZGO) 85, (1933), S. 423–455
Michael Schneider: Streit um Arbeitszeit, Köln 1984
Benedict Schwarz: Chronik der Gesellschaft Eintracht Karlsruhe 1835–1925, Karlsruhe 1925
Ders.: Geschichte der Karlsruher Schulen, Karlsruhe 1905
Hansmartin Schwarzmaier: Der Traum vom Frieden. Die Vorgeschichte der Gründung Karlsruhes und das europäische Kriegstheater in der Barockzeit, in: Beiträge zur Landesgeschichte 5 (Oktober 1989) S. 13–18
Ders.: Vom Empire zum Biedermeier: Der badische Hof nach dem Tod Großherzog Karl-Friedrichs, in: Württembergisches Landesmuseum (Hrsg.): Baden und Württemberg im Zeitalter Napoleons, Ausstellungskatalog, Stuttgart 1987, Band 2, S. 44
Karl Stiefel: Baden 1648–1952, Karlsruhe 1977 (2 Bde.)
Bernhard Stier: Fürsorge und Disziplinierung im Zeitalter des Absolutismus. Das Pforzheimer Zucht- und Waisenhaus und die badische Sozialpolitik im 18. Jahrhundert, Sigmaringen 1988 (= Quellen und Studien zur Geschichte der Stadt Pforzheim Bd. 1)
Rita Thalmann: Frauen im Dritten Reich, München/Wien 1984
Gustav Trautmann: Wohnungswesen der Landeshauptstadt Karlsruhe in Vergangenheit und Gegenwart, Maschschr. Wirtschafts- und Sozialwiss. Diss. Universität Frankfurt 1922
Herbert Tümmel: Deutsche Laufbildprojektoren für 35- und 70-mm-Film. Ein Katalog, Stiftung Deutsche Kinematik, Berlin 1986
Ottokar Uhl (Hrsg.): Bedingungen der Stadtbauerneuerung – Theoretische und praktische Ergebnisse des Studienprojektes Karlsruhe-Südstadt, Karlsruhe 1980
Arthur Valdenaire: Friedrich Weinbrenner. Sein Leben und seine Bauten, Karlsruhe 1926
August Varnhagen von Ense: Die Karlsruher Jahre 1816–1819, Neuausgabe, Karlsruhe 1924
Emil Vierneisel: Neutralitätspolitik unter Markgraf Karl Wilhelm von Baden-Durlach, in: ZGO 72 (1918), S. 373–417; S. 496–525 und ZGO 73 (1919), S. 77–132
Herwart Vorländer: Die NSV: Darstellung und Dokumentation einer nationalsozialistischen Organisation, Boppard a. Rhein 1988 (= Schriften des Bundesarchivs 35)
Bernhard Wagner: Bilder von der Karlsruher Straßenbahn, Karlsruhe 1981
Friedrich von Weech: Geschichte der Stadt Karlsruhe, 3 Bände, Karlsruhe 1895–1904
Friedrich Weinbrenner 1776–1826, Ausstellungskatalog Karlsruhe 1982
Josef Werner: Hakenkreuz und Judenstern. Das Schicksal der Karlsruher Juden im Dritten Reich, Karlsruhe 1988 (= Veröffentlichungen des Karlsruher Stadtarchivs Bd. 9)
Ders.: Karlsruhe 1945. Unter Hakenkreuz, Trikolore und Sternenbanner, Karlsruhe, 2. Aufl. 1986
Ders.: Planen und Bauen nach 1945, in: Architektur, 4. Jg., Wiesbaden 1986, S. 13–18
Günter Wiegelmann u. a.: Volkskunde. Eine Einführung, Berlin 1977
Wirtschaftliche und soziale Strukturen im soziokulturellen Wandel. Bd. II, Festschrift Wilhelm Abel, 1974
Hans Georg Zier: Die Industrialisierung des Karlsruher Raumes, in: Oberrheinische Studien, Bd. 2, Karlsruhe 1973, S. 335–372.

Autoren

Brigitte *Baumstark,* Dr. phil. des. (1988 promoviert über „Die Großherzoglich Badische Kunstgewerbeschule in Karlsruhe 1878–1920"), geb. 1955, seit 1989 Sachgebietsleiterin für das Pfinzgaumuseum Karlsruhe-Durlach. Veröffentlichungen: Katalogbeiträge zu Denkmäler, Brunnen und Freiplastiken in Karlsruhe 1715–1945, 1987; mit Susanne Käfer: Ein Schreibschrank des Speyrer Fürstbischofs Franz Christoph Hutten zu Stolzenberg, Kunstgeschichte und Technik, 1989.

Rainer *Beck,* M. A., geb. 1959, Studium der neueren und neuesten Geschichte, Kunstgeschichte und Mediävistik an der Universität Karlsruhe; arbeitet z. Zt. als Journalist für verschiedene Zeitungen. Veröffentlichungen u. a.: zus. mit Winfried Flammann: Die Seldeneck'sche Brauerei in Mühlburg, in: Industriearchitektur in Karlsruhe, 1987; Die Kunstvereine in Freiburg und Karlsruhe von 1930 bis 1937, in: Stilstreit und Führerprinzip. Künstler und Werk in Baden 1930–1945, 1987. Daneben Mitarbeit an zahlreichen Ausstellungen.

Ernst Otto *Bräunche,* Dr. phil., geb. 1954, seit 1985 Stadtarchivleiter in Karlsruhe. Veröffentlichungen u. a.: Die Entwicklung der NSDAP in Baden bis 1932/33, in: ZGO 1977; Parteien und Reichstagswahlen in der Rheinpfalz 1871 bis 1914 (Diss.), 1982; 1933. Machtergreifung in Freiburg und Südbaden (Mitautor), 1983; Eugen Jäger (1842–1926), in: Pfälzische Lebensbilder IV, 1986; Von der Demokratie zur Diktatur in Baden und Karlsruhe, in: Stilstreit und Führerprinzip, 1987; Vom Schutzjuden zum Bürger zweiter Klasse, in: Juden in Karlsruhe, 1988.

Isolde *Brunner-Schubert,* M. A., Dr. phil., geb. 1942, seit 1976 freie Mitarbeit beim Bayerischen Rundfunk. Schwerpunkt der Sendungen: Eigene Forschungsergebnisse zur Kultur- und Sozialgeschichte des 19. und 20. Jahrhunderts. Veröffentlichungen u. a.: Lebensformen in mittelfränkischen Gemeinden, 1974; Stereotype Vorstellungen im Beamtentum vor der Mitte des 19. Jahrhunderts, in: Stereotype Vorstellungen im Alltagsleben, 1988.

Wolfgang *Glaeser,* geb. 1957, Studium Französisch und Geschichte an der Universität Freiburg. Erarbeitet seit 1989 im Auftrag der IG Metall eine Dokumentation zur Karlsruher Gewerkschaftgeschichte.

Erich *Lacker,* geb. 1930, seit 1958/59 Lehrer, seit 1979 am Helmholtz-Gymnasium Karlsruhe (Mathematik, Physik, Erdkunde). Beschäftigt sich seit mehreren Jahren u. a. in Zeitungs- und Festschriftbeiträgen mit der Geschichte des Luftkrieges über Karlsruhe.

Alexander *Mohr,* M. A., geb. 1960, Studium Germanistik und Geschichte an der Universität Stuttgart, derzeit Doktorand bei Prof. Axel Kuhn (Stuttgart) mit dem Thema „Soziale Unruhen am Oberrhein im ausgehenden 18. Jahrhundert".

Christina *Müller,* geb. 1962, 1987/88 Staatsexamen für das Lehramt an Gymnasien in den Fächern Geschichte und Deutsch an der Universität Heidelberg, derzeit Doktorandin bei Prof. Volker Sellin (Heidelberg) mit dem Thema „Karlsruhe im 18. Jahrhundert. Zur Genese und zur sozialen Schichtung einer residenzstädtischen Bevölkerung".

Gilles *Piot,* M. A., geb. 1956, Studium der empirischen Kulturwissenschaft und Völkerkunde in Tübingen, Veröffentlichungen unterschiedlicher Art, freiberuflich tätig als Ausstellungsmacher, seit 1986 didaktische, räumliche und graphische Konzeptionen von Ausstellungen.

Peter *Pretsch,* M. A., geb. 1954, seit 1982 Leiter der Stadtgeschichtlichen Sammlungen Karlsruhe. Veröffentlichungen u. a.: Karl Friedrich Drais von Sauerbronn 1785–1851, Katalogteil der Schrift zur Ausstellung, 1985; Begleitschriften zu den Stadtteilausstellungen „Rüppurr" (1985), „Knielingen" (1986) und „Hagsfeld" (1988); Nicht mehr bestehende Firmengebäude in der Gebrauchs- und Werbegraphik des 19. Jahrhunderts, in: Industriearchitektur in Karlsruhe, 1987; Juden im Karlsruher kulturellen Leben des 19. und ersten Drittels des 20. Jahrhunderts, in: Juden in Karlsruhe, 1988.

Heinz *Schmitt,* Dr. phil., geb. 1933, seit 1978 Direktor von Stadtbibliothek-Archiv-Sammlungen der Stadt Karlsruhe. Veröffentlichungen u. a.: Das Vereinsleben der Stadt Weinheim an der Bergstraße, 1963; Weinheimer Wortschatz, 3. Aufl. 1986; Stuttgarter Stadtteilfeste, in: Forschungen und Berichte zur Volkskunde in Baden-Württemberg Bd. 3, 1980; Karlsruhe ehemals, gestern und heute, 1980; Karlsruher Stadtteile: Mühlburg, 1982; Heinrich Hübsch, in: Heinrich Hübsch 1795–1863, 1983; Theorie und Praxis der nationalsozialistischen Trachtenpflege, in: Volkskunde und Nationalsozialismus, 1987; Volkstracht in Baden, 1988.

Birgit *Schweizer,* M. A., Studium der empirischen Kulturwissenschaft und Erziehungswissenschaft in Tübingen. Veröffentlichungen unterschiedlicher Art, freiberuflich tätig, als Ausstellungsmacherin, seit 1986 didaktische, räumliche und graphische Konzeptionen von Ausstellungen.

Dominique *Stemer,* Dipl.-Ing. FH, Architekt, geb. 1958, Studium in Stuttgart und an der Hochschule für bildende Künste in Frankfurt bei Prof. Peter Cook. Freiberuflich tätig.

Veröffentlichungen des Karlsruher Stadtarchivs

Band 1
Ernst Schneider: Die Stadtgemarkung Karlsruhe im Spiegel der Flurnamen, 1965, 210 Seiten

Band 2
Ludwin Langenfeld: Die Badische Revolution 1848–1849, Dokumente des Karlsruher Stadtarchivs und des Pfinzgau-Museums, 1973, 48 Seiten, vergriffen

Band 3
Das Pfinzgaumuseum in Karlsruhe-Durlach, Akzente seiner Neugestaltung, 1976, 80 Seiten

Band 4
Ludwin Langenfeld und Ernst Schneider: Die Staufer am Oberrhein – Geschichte, Handschriften, Urkunden, Kunst, 1977, 52 Seiten, vergriffen

Band 5
Ernst Schneider: Durlacher Volksleben 1500 bis 1800, Volkskundliches aus archivalischen Quellen, zugleich ein Beitrag zur Geschichte der ehemaligen Stadt Durlach, 1980, 239 Seiten

Band 6
Industriearchitektur in Karlsruhe. Beiträge zur Industrie- und Baugeschichte der ehemaligen badischen Haupt- und Residenzstadt bis zum Ausbruch des Ersten Weltkrieges, 1987, 200 Seiten

Band 7
Denkmäler, Brunnen und Freiplastiken in Karlsruhe 1715–1945, 2. Aufl. 1989, 720 Seiten

Band 8
Juden in Karlsruhe – Beiträge zu ihrer Geschichte bis zur nationalsozialistischen Machtergreifung, 1988, 640 Seiten, Neuauflage in Vorbereitung

Band 9
Josef Werner: Hakenkreuz und Judenstern. Das Schicksal der Karlsruher Juden im Dritten Reich, 1988, 544 Seiten, Neuauflage in Vorbereitung

Band 10
Alltag in Karlsruhe – Vom Lebenswandel einer Stadt in drei Jahrhunderten, 1990, 304 Seiten

Band 11 (in Vorbereitung)
Manfred Koch: Karlsruher Chronik – Daten, Bilder, Analysen (erscheint im Herbst 1990)

Band 12 (in Vorbereitung)
Ernst Otto Bräunche, Angelika Herkert und Angelika Sauer: Geschichte und Bestände des Stadtarchivs Karlsruhe (erscheint im Herbst 1990)

Band 13 (in Vorbereitung)
Bernhard Schmitt: Karlsruhe im Ersten Weltkrieg

Gemeinsame Veröffentlichungen der Stadtarchive Karlsruhe und Mannheim

- Ludwig Marum – Briefe aus dem Konzentrationslager Kislau, 1984, 2. Aufl. 1988, 168 Seiten
- Peter Brandt/Reinhard Rürup: Volksbewegung und demokratische Neuordnung in Baden 1918/19. Zur Vorgeschichte und Geschichte der Revolution (in Vorbereitung).

Bei der Gründung im Jahr 1715 hatte Karlsruhe eine Gemarkungsfläche von gerade 158 ha. 1812 vergrößerte als erste Eingemeindung Klein-Karlsruhe das Stadtgebiet. Nach 1886, als Mühlburg eingemeindet wurde, kamen eine Reihe weiterer Vororte hinzu. 1938 schließlich erweiterten Durlach-Aue und Hagsfeld die Gemarkungsfläche auf mehr als 12.300 ha. Ihren heutigen Umfang erhielt die Stadt erst im Zuge der Verwaltungsreformen in den 70er Jahren. Die Karte zeigt die Entwicklung der Stadtgemarkung bis zum Jahr 1965.

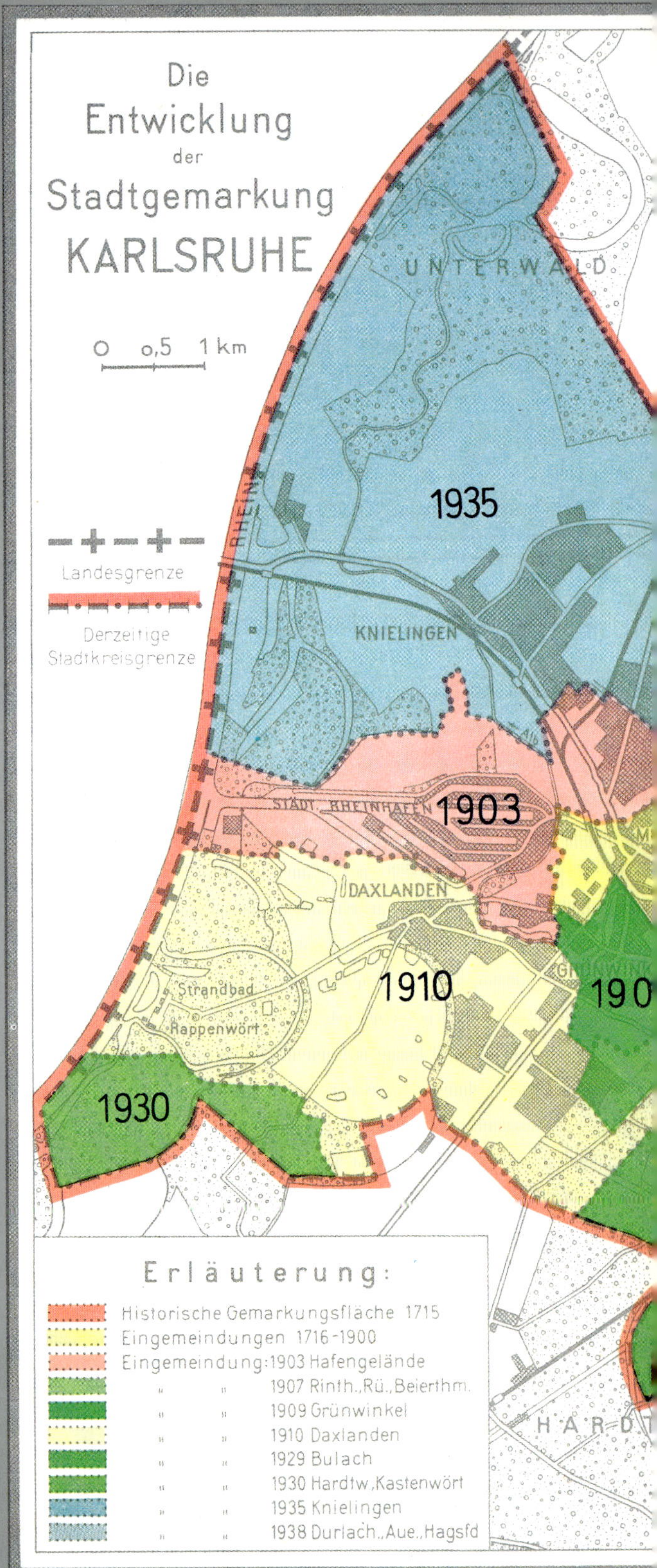

Hergestellt v. Städt. Verm.- u. Liegenschaftsamt